DAS ALTER - EINE HERAUSFORDERUNG FUER DIE KIRCHE

Ein theologischer Beitrag zur Auseinandersetzung mit den Fragen des dritten und vierten Lebensabschnitts

von

BERNHARD JOSS-DUBACH

von Worb

Dissertation zur Erlangung der Doktorwürde der Theologischen Fakultät der Universität Basel

1987 Theologischer Verlag Zürich

Genehmigt von der Theologischen Fakultät der Universität Basel
auf Antrag der Herren

Prof. Dr. Jan Milič Lochman, Basel und
Prof. Dr. Walter Neidhart, Basel

Basel, 4. Juli 1985

Der Dekan
Prof. Dr. Ernst Jenni

Einleitung

"Ehe Alter John einzog, gab es einen gewaltigen Krach. Bei Schirmers muss das so sein. Alles Neue oder Aussergewöhnliche wird auf jeden Fall ausführlich und meistens auch laut besprochen. Ohne einen ordentlichen Krach geht das Leben in der Familie nicht voran.
Schirmers sassen beim Abendessen in der Küche. Sie ist der grösste Raum in dem alten kleinen Haus, in das sie erst vor kurzem eingezogen sind. Laura und Jakob verfolgten gespannt die Auseinandersetzung zwischen den Eltern. Mutter war dafür, dass Alter John bei ihnen wohne.
Vater hatte, wie er dauernd sagte, so seine Bedenken. Alter John ist fünfundsiebzig, sagte er. Er kann doch bald ein Pflegefall werden. Ausserdem spinnt er ein bisschen! Das weisst du doch, Irene.
Ja? fragte Mutter bloss und machte Vater noch wütender. Wenn die Eltern auf hundert waren, vor allem Vater, dann war es vernünftiger, man mischte sich nicht ein.
Laura traute sich trotzdem: Alter John ist doch Mamas Vater, sagte sie.
Jakob fügte schnell hinzu: Unser Grossvater!
Hältst du mich für dämlich, schrie Vater und trommelte mit der Gabel auf dem Teller. Mutter machte ihn darauf aufmerksam, dass der Teller kaputtgehen könne. Vater kümmerte sich nicht darum. Er trommelte weiter und sagte, mit vor Zorn zusammengezogenen Augenbrauen: Ihr habt euch hier überhaupt nicht einzumischen.
Aber das ist doch ihr gutes Recht, fand Mutter, stand auf und zog den Teller unter Vaters wirbelnder Gabel weg. Die Kinder werden genauso mit Alter John zusammenleben wie wir.
Na ja, brummte Vater, legte die Gabel ein wenig verlegen auf den Tisch und bohrte mit einem Streichholz in seiner Pfeife."
Quelle: P. Härtling, Alter John, Beltz Verlag, Weinheim und Basel, 1981.

Der Bericht "Global 2000"[1)] rechnet mit einem prozentualen Zuwachs der betagten Bevölkerung (65 Jahre und älter) von 1975 bis ins Jahr 2000 von 41% in den entwickelten Regionen, von 127% in den unterentwickelten Regionen der Welt.[2)] Die Altersgruppe der über 64-jährigen wird also die grösste Zunahme haben und um 49 auf 107 Millionen in den Industrieländern, um 125 auf 223 Millionen in der dritten Welt anwachsen. Ein Viertel des Bevölkerungszuwachses wird in den entwickelten Ländern auf die Vergrösserung dieser Altersgruppe zurückzuführen sein.[3)] Rund 6% der Weltbevölkerung werden dann Betagte sein.[4)] Diese Zahlen veranschaulichen, welche Herausforderung hier der Oekumene wartet.[5)]
Die Eingangsszene von Peter Härtlings Kinderroman "Alter John" drückt treffend die gesellschaftliche Situation des Alters in unserem Land und unsere persönliche Betroffenheit aus. Jedes von uns erfährt in seiner Verwandtschaft, Bekanntschaft oder näheren Umgebung die Lebensprobleme, die sich im Alter neu und verändert stellen. Was geschieht bei der Abhängigkeit von Betreuung und Pflege, was könnten wir alle für mehr Selbständigkeit und Integration älterer Menschen tun? Welche Initiativen können die Aelteren selbst ergreifen?
In vielen Kirchgemeinden der Schweiz ist in den vergangenen zwanzig

Jahren der zunehmende Anteil alter Menschen zu einer Herausforderung kirchlicher Arbeit geworden. Was tun die Kirchen, was können die Kirchgemeinden tun? Es gibt Gründe genug, um sich aus theologischer Sicht mit dem Alter als eigenständigem Lebensabschnitt auseinanderzusetzen. Voraussetzung dafür ist eine nüchterne Darstellung und Zurkenntnisnahme der auch in unserem Land intensivierten Altersforschung. Diese Dissertation versucht, aus theologischer Sicht einen Beitrag zu einem ganzheitlichen Verständnis des Alters und zur kirchlichen Arbeit gemeinsam mit älteren Menschen zu geben. Sie möchte in Theorie und Praxis herausfordern, vorurteilslos und engagiert mit älteren Menschen zusammenzuleben. Wir haben uns auf das Altern der Bevölkerung in der Schweiz und die Arbeit der evangelisch-reformierten Kirchen in unserem Land konzentriert. Die Arbeit ist zum grossen Teil neben der Aufgabe eines vollen Pfarramtes entstanden. Das möge manche ihrer Unvollständigkeiten, Mängel und Ungereimtheiten erklären. Für die Drucklegung konnte sie nur noch geringfügig verändert werden. Eine ergänzende Literaturliste soll dem Leser aber den Zugang zu weiteren wertvollen Beiträgen erschliessen, die seit 1985 erschienen sind.

Zu danken habe ich insbesondere den Professoren, die die Entstehung dieser Dissertation ermöglicht und begleitet haben. Herr Prof. Dr. Jan Milič Lochman hat mich in grosszügiger und fördernder Weise immer wieder ermutigt, "am Ball zu bleiben", und hat mich mit Rat und Tat bei der Erarbeitung unterstützt.
Herr Prof. Dr. Walter Neidhart hat durch seine sorgfältige und teilweise auch grundsätzliche Kritik wesentlich zur Gestaltung und Formulierung der Arbeit beigetragen. Er hat mich besonders im praktischen Teil fachkundig beraten.
Pfr. Willi Hirsch (Bern) hat mich in unvergesslicher Weise in die pfarramtliche Tätigkeit eingeführt.
Dank gilt dem Pfarrteam, dem Kirchgemeinderat und der mich begleitenden Gemeinde in Nidau, Port und Bellmund, die mich in vielfältiger Weise unterstützt haben und mir 1983 ein Urlaubssemester ermöglichten.
Danken möchte ich all jenen, die mir mit ihrem Fachwissen und ihrem Einsatz im bibliothekarischen und anderen Bereichen weitergeholfen haben, insbesondere Herrn U. Jahnke von der Pro Senectute in Zürich, der "Ringli-Gruppe" in Nidau[6)] und Herrn H. Wernli vom Bundesamt für Statistik. Schliesslich verdanke ich viel den Gesprächen mit meinem Bruder Rudolf, der in der Onkologie arbeitet, meiner Schwester Annemarie, die lange Jahre in der Sozialarbeit tätig war, und meinem Freundeskreis, insbesondere Georges Greiner, Ulrich Gerber, Pierre Lichtenhahn und Dieter Splinter. Herr E. Dubach hat die Mühe auf sich genommen, die Arbeit in ihre endgültige Form zu bringen. Stephan Flückiger hat graphisch mitgearbeitet, und meine Frau Anne Joss-Dubach hat mich in sprachlicher Hinsicht beraten.

Ich widme die Dissertation meinen Eltern, die mir ein lebendiges Beispiel eines erfüllten und aktiven Alterns sind und all die Jahre ihr Bestes für ihre Kinder gegeben haben. Die Arbeit möge der Kirche, vielen Gemeinden und ihren Verantwortlichen eine Hilfe und Ermutigung für ihre Arbeit sein.

Port, im Herbst 1986

INHALTSVERZEICHNIS

1. HUMANWISSENSCHAFTLICHE ERKENNTNISSE

Eingangs ist die formale Differenzierung des Begriffs "Alter", die wir im folgenden verwenden, kurz zu umreissen. Wir verstehen unter dem "Alter" ("vita tertia") den Lebensabschnitt, der mit 65 Jahren, resp. mit der Pensionierung einsetzt[1], während wir mit der "zweiten Lebenshälfte" die Zeit vom 45. Altersjahr an bezeichnen. Die "mittleren Jahre" umreissen die Spanne vom 45. Altersjahr an bis zur Pensionierung, die bei Eltern meist mit der Ablösung der Kinder einsetzt. Gelegentlich stellen wir dem "vierten Lebensabschnitt" ("quatrième âge", "vita quarta"; ab 80 Jahren bis zum Tod) den "dritten Lebensabschnitt" ("troisième âge" oder ebenfalls "vita tertia"; ab 65 bis 79 Jahren) gegenüber[2]. Entsprechend lassen sich "die Aelteren" als Gesamtheit der Menschen in der zweiten Lebenshälfte unterscheiden in "die Aelteren" im engeren Sinne (ab 45 bis 64 Jahren), die "Alten" oder "Betagten" (im weiteren Sinn: ab 65 Jahren, auch "Senioren" genannt; im engeren Sinn: ab 65 bis 79 Jahren) und die "Hochbetagten" (ab 80 Jahren).[3] Die gemeinte Abgrenzung ist jeweils aus dem Zusammenhang gut ersichtlich.

Aus dieser formalen Differenzierung des Altersbegriffs ergibt sich die erste Frage: Wie hat sich die Bevölkerung in der Schweiz altersmässig entwickelt, und welches sind die demographischen Gründe, dass wir uns heute vermehrt mit den besonderen Fragen dieses Lebensabschnitts befassen?

1.1. Die Bevölkerungsentwicklung aus demographischer Sicht

Die Altersstruktur der Bevölkerung in den Industriestaaten hat sich seit Beginn des Jahrhunderts stark verändert. Der Anteil der über 65-Jährigen an der Gesamtbevölkerung hat prozentual massiv zugenommen und wird weiterhin anwachsen. Insbesondere wächst der Anteil der hochbetagten Bevölkerung. Familien mit 4 oder gar 5 Generationen sind keine Seltenheit mehr.[1]
Die Bevölkerungsentwicklung wird leider immer wieder mit dem Stichwort 'Ueberalterung' zusammengefasst.[2] Dieser Begriff beinhaltet eine negative Wertung des Alters, die aus unserer Sicht nicht gerechtfertigt ist.[3] Es ist am klarsten und zutreffendsten, wenn man vom "Altern der Bevölkerung" spricht, wie dies in der Neubearbeitung des Berichtes "Die Altersfragen in der Schweiz" wohlüberlegt geschieht.[4]

Um die Bevölkerungsentwicklung zu analysieren, unterscheidet man drei Grundkomponenten: Die Geburten (die Natalität), die Wanderungen (die Migration) und die Sterblichkeit (die Mortalität). Weiter können die Heiraten (die Nuptialität), die Scheidungen und andere Differenzierungen berücksichtigt werden.[5]

Die Sterblichkeit wird auch in Zukunft in der Schweiz leicht abnehmen, aber sie beeinflusst die Entwicklung am wenigsten. Anders war dies in den vergangenen Jahrhunderten, und verschieden ist es heute in den Entwicklungsländern.[6]

Viel nachhaltiger beeinflussen die Wanderungsbewegungen die Bevölkerungsstruktur. Die Schweiz hat in den Jahren 1950 bis 1974 eine starke Immigration von Arbeitskräften erlebt, worauf nach der Oelkrise der Ausländerbestand um über 200'000 Personen zurückging. Die Einwanderer waren vor allem im Alter von zwanzig bis vierzig Jahren und schoben damit das Altern der Bevölkerung vorübergehend auf.[7)]

Starken Veränderungen unterworfen war in diesem Jahrhundert die Geburtenzahl. Während in Deutschland die beiden Weltkriege und die Weltwirtschaftskrise 1932 einen starken Geburtenausfall brachten,[8)] sank die Geburtenrate in der Schweiz bis zum zweiten Weltkrieg,[9)] erhöhte sich Ende des Krieges in kurzer Zeit und blieb bis 1964 ungefähr konstant. Dann aber fiel sie massiv von 19,2 lebendgeborenen Kindern je tausend Einwohner im Jahre 1964 auf 11,5 Lebendgeborene 1981.[10)]

Die durch die Faktoren der Bevölkerungsentwicklung bedingten Veränderungen lassen sich bekanntlich am anschaulichsten anhand der Darstellung des Altersaufbaus resp. der Altersstruktur zeigen. Noch 1900 weist die Altersstruktur graphisch dargestellt Pyramidenform auf, heute ergibt die Zeichnung eine "sich nach unten verjüngende Glocke".[11)] Die Entwicklung wird aus einer Gegenüberstellung des Altersaufbaus 1900, 1941, 1965 und 1977 deutlich ersichtlich:[12)]

Grafik 1: Wohnbevölkerung der Schweiz nach Geschlecht und Alter 1900
(Eidgenössische Volkszählung: 1. Dezember)

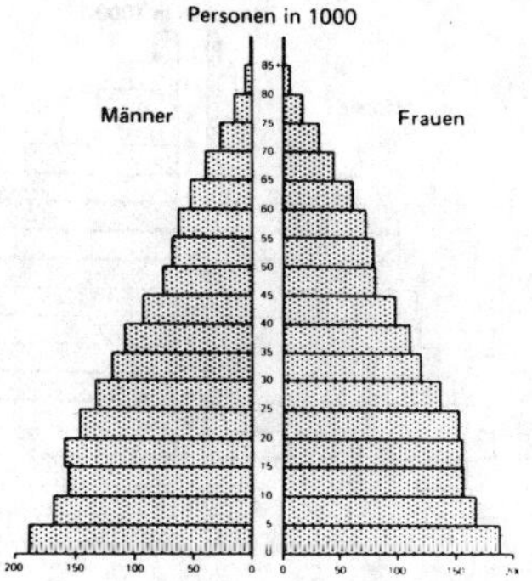

Grafik 2: Wohnbevölkerung der Schweiz nach Geschlecht und Alter 1941
(Eidgenössische Volkszählung: 1. Dezember)

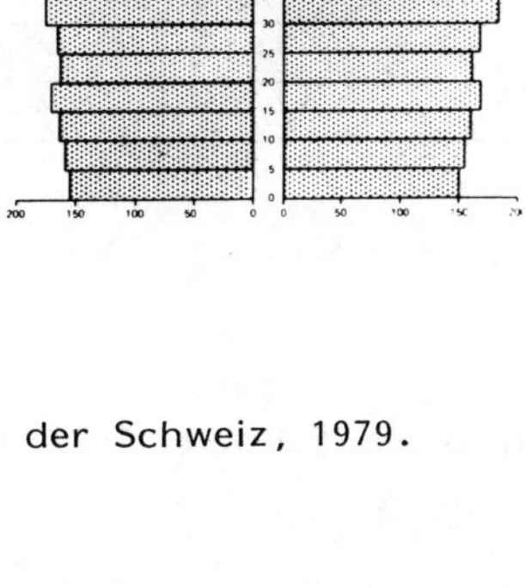

Quelle: Die Altersfragen in der Schweiz, 1979.

Grafik 3: Wohnbevölkerung der Schweiz nach Geschlecht und Alter 1965
(Fortschreibung: 1. Januar)

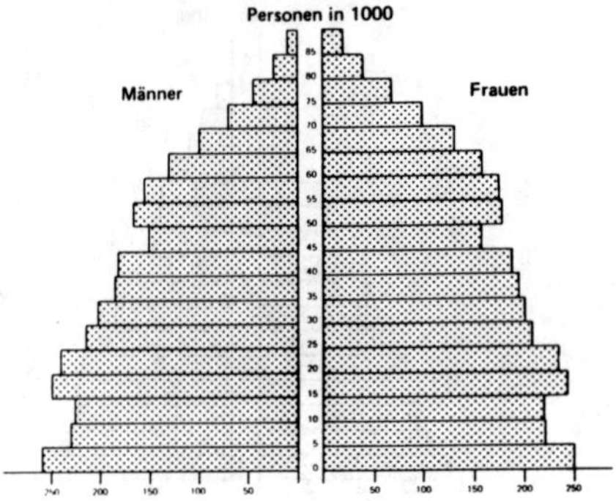

Grafik 4: Wohnbevölkerung der Schweiz nach Geschlecht und Alter 1977
(Fortschreibung: 1. Januar)

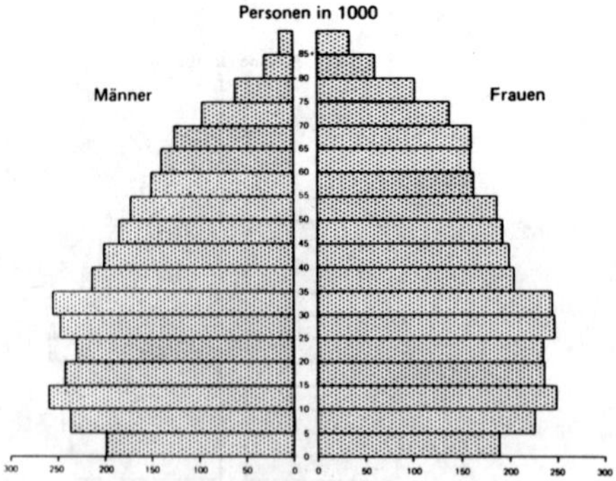

Quelle: Die Altersfragen in der Schweiz, 1979.

Treffend fasst der Bericht zu den Altersfragen in der Schweiz die Veränderung zusammen: "Die Entwicklung der Altersstruktur der Bevölkerung in diesem Jahrhundert ist durch eine Umkehrung des Verhältnisses zwischen zwei der drei grossen Altersklassen gekennzeichnet: Der Anteil der Jungen nimmt massiv ab, derjenige der Alten stark zu. Die mittlere Gruppe, die der potentiell Erwerbstätigen bleibt praktisch unverändert."[13)]

Wir wollen einige Merkmale dieser Entwicklung hervorheben.

Während die mittlere Lebenserwartung eines neugeborenen Knaben 1881/88 noch 43,3 Jahre betrug, ist sie bis zur Periode 1968/73 auf 70,31 Jahre angestiegen.[14)] Bis Anfang 1984 erhöhte sie sich auf 72,8 Jahre.[15)] Die mittlere Lebenserwartung eines neugeborenen Mädchens betrug 1881/88 45,7 Jahre, 1968/73 76,22 Jahre[16)] und ist bis 1984 auf 79,5 Jahre gestiegen.[17)] Wir werden auf die Veränderung des Lebenslaufs durch die erhöhte Lebenserwartung noch zu sprechen kommen[18)].

Der Anteil der 65-Jährigen und Aelteren betrug 1860 noch 5,09 Prozent, 1920 5,85%, 1950 9,61% und im Jahre 1980 13,85% der Gesamtbevölkerung.[19)] Die Zunahme des Anteils ist bei den Hochbetagten sogar noch bedeutend höher. Vergröbernd kann man sagen, dass sich in unserem Jahrhundert die Wohnbevölkerung der Schweiz etwa verdoppelt haben wird. Die Zahl der Personen von 65 und mehr Jahren wird sich verfünffacht, die Anzahl der Personen von 80 und mehr Jahren verzehnfacht haben.[20)]

Das Geschlechtsverhältnis der Bevölkerung hat sich vor allem in den oberen Altersklassen verschoben, da das Altern der Frauen ausgeprägter ist. Je höher die Altersklasse, umso grösser der Anteil der Frauen. Im Jahre 1980 betrug der Anteil der Frauen bei den 65-69-Jährigen 55,2%, bei den 70-74-Jährigen 58,3%, bei den 75-79-Jährigen 61,8% und bei den Personen von 80 und mehr Jahren 67,8%.[21)]

Entsprechend sind eine grössere Anzahl der Frauen verwitwet oder alleinstehend. Hier ist zu beachten, dass die Frau durchschnittlich gesehen in unserem Lande früher heiratet als der Mann .[22)]
Der Anteil der Verheirateten bei den Frauen von 65 und mehr Jahren ist durchgehend kleiner als bei den Männern.[23)]
1980 waren zum Beispiel von den 65-69-Jährigen 6240 Männer verwitwet, bei den Frauen 43007. Das Verhältnis von 1 : 4 kann als grober Durchschnitt pro Jahrgang der Betagten gelten. Umgekehrt waren aber 100'685 Männer verheiratet, bei den Frauen nur 82'745.[24)] Die kirchliche Witwen- und Witwerarbeit wird also in den kommenden Jahren an Bedeutung gewinnen, wenn sie die spezifischen Bedürfnisse und Interessen dieser Bevölkerungsgruppe aufzunehmen vermag.[25)]

Wie bestens bekannt ist, haben sich auch die regionale Altersstruktur und die Altersstruktur in den Städten und Agglomerationen stark verändert. Seit Jahren haben die Landwirtschafts- und Bergregionen mit einer Abwanderung zu kämpfen, wenn nicht der Tourismus oder andere Wirtschaftszweige Arbeitsplätze schaffen. Eine starke Ueberalterung (hier ist das Wort jetzt angemessen) vieler Gemeinden, z.B. in den Kantonen Tessin und Graubünden, war die Folge. Dörfer sind sogar verlassen worden, einst bewirtschaftetes Land liegt brach und verwildert. Die Bevölkerung in den Ballungszentren hat allein in den Jahren 1970-1980 50 und mehr % zugenommen, dagegen in den peripheren Randregionen 20 und mehr Prozent abgenommen. Die Gegenmassnahmen des Bundes konnten bisher die Abwanderung keineswegs ganz aufhalten.[26] Bei Agglomerationsgemeinden mit starker Bautätigkeit in den letzten Jahren kann der Anteil der über 65-Jährigen auf weniger als 6% der Wohnbevölkerung schrumpfen,[27] während in städtischen Quartieren und auch in Wohnsiedlungen oft eine starke Ueberalterung festzustellen ist. "Allgemein nimmt der junge Bevölkerungsteil mit dem Ansteigen der Einwohnerzahl der Gemeinden im Verhältnis ab; hingegen nimmt die mittlere Altersgruppe mit steigender Einwohnerzahl zu. Die Bevölkerung von 65 und mehr Jahren ist hingegen in den kleinen und grossen Gemeinden stark vertreten, während in den Gemeinden mit 5'000 bis 20'000 Einwohnern" ein geringerer Prozentsatz "der Einwohner 65 Jahre und älter sind."[28]

Altersaufbau der Wohnbevölkerung der Schweiz 1980[29)]
Grafik 5

Quelle: Bundesamt für Statistik, Bern.

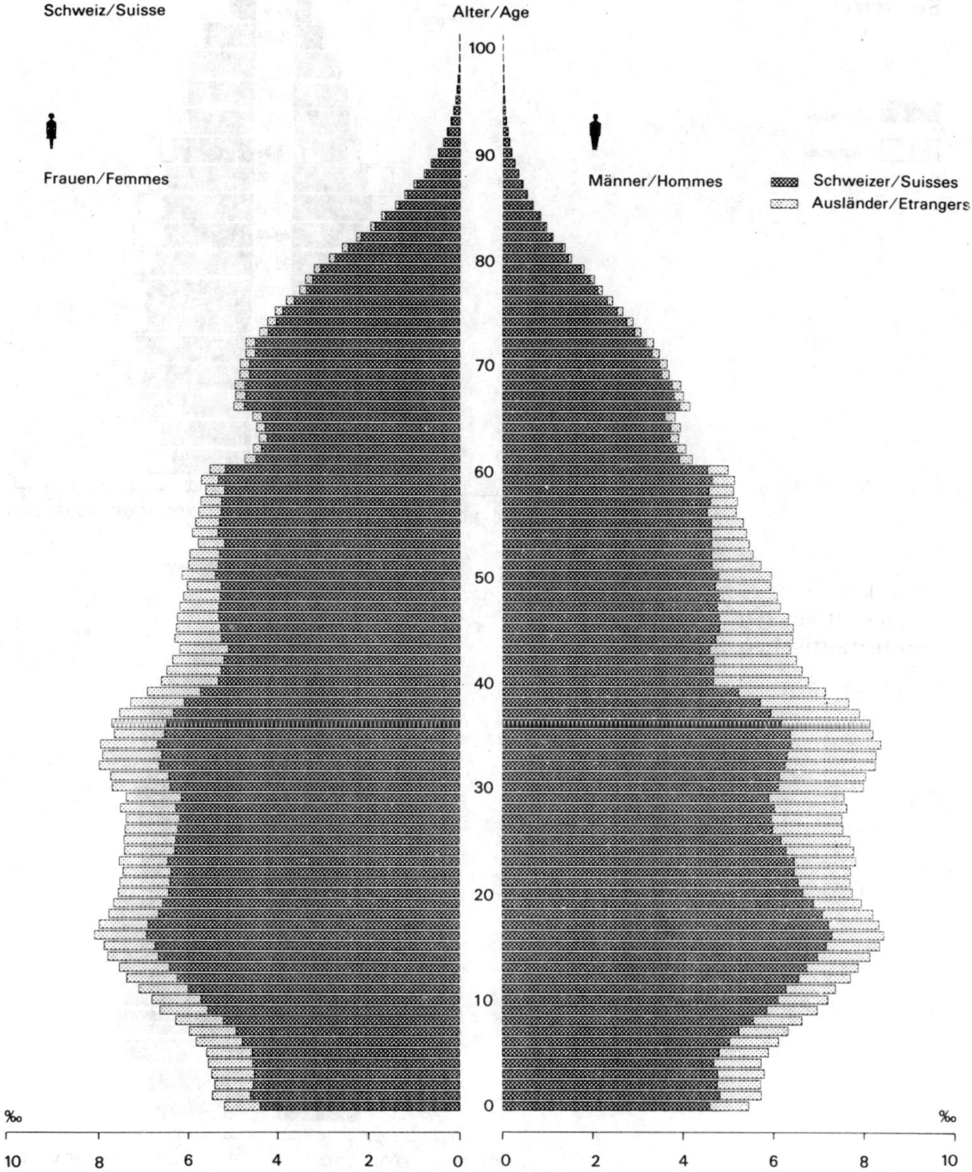

Altersaufbau der römisch-katholischen und protestantischen Schweizer 1980[30)]

Grafik 6
Altersaufbau der römisch-katholischen Schweizer

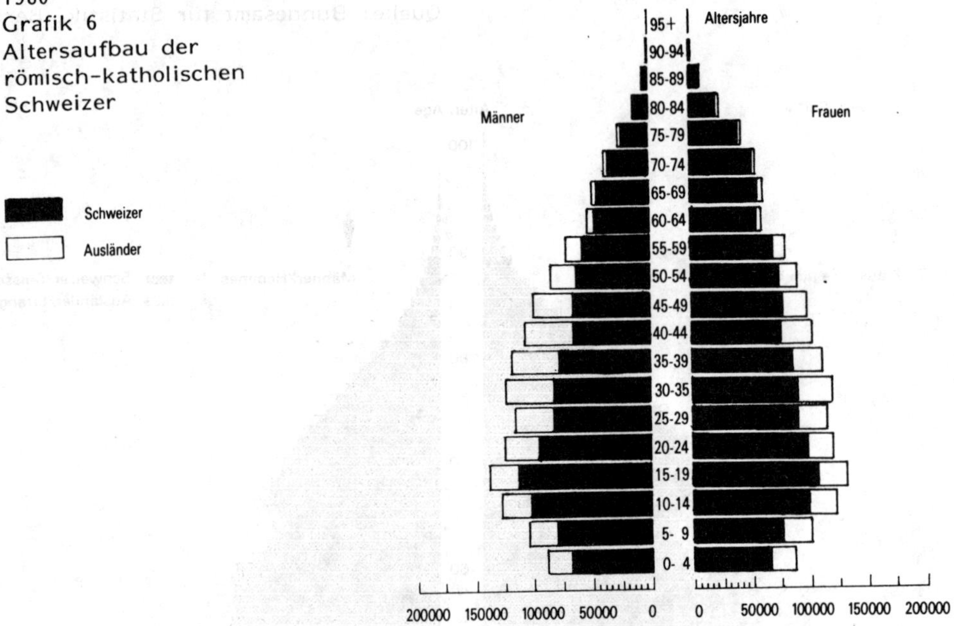

Grafik 7
Altersaufbau der protestantischen Schweizer

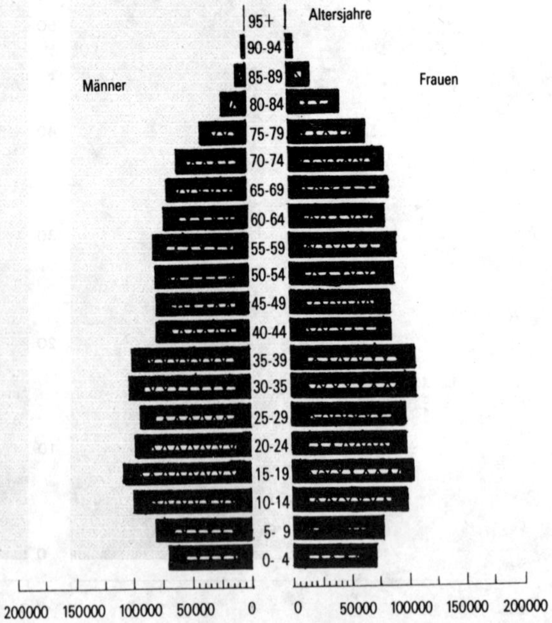

Grafik 8
Altersaufbau der protestantischen Schweizer Frauen.

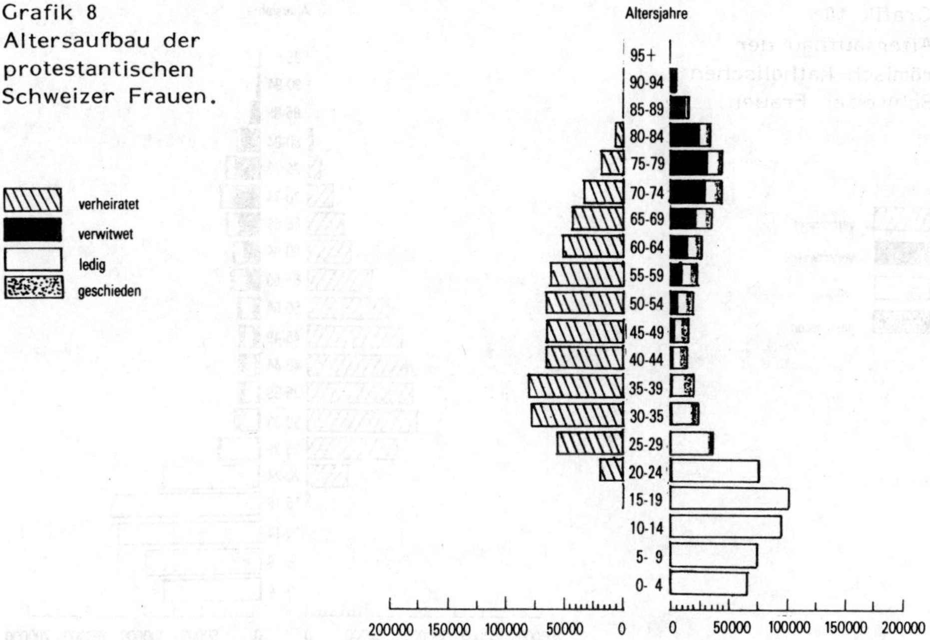

Grafik 9
Altersaufbau der protestantischen Schweizer Männer.

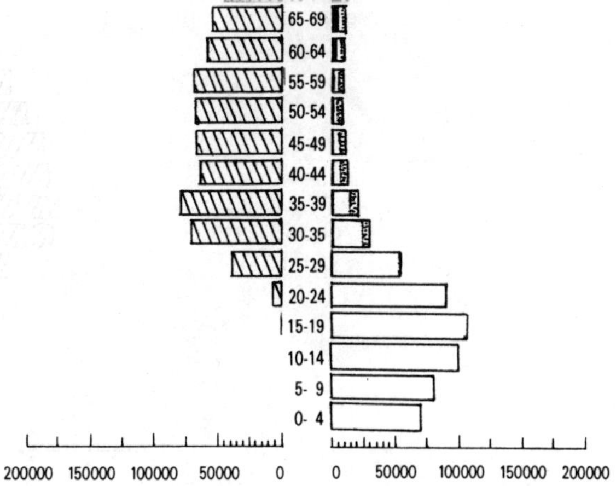

Grafik 10
Altersaufbau der römisch-katholischen Schweizer Frauen.

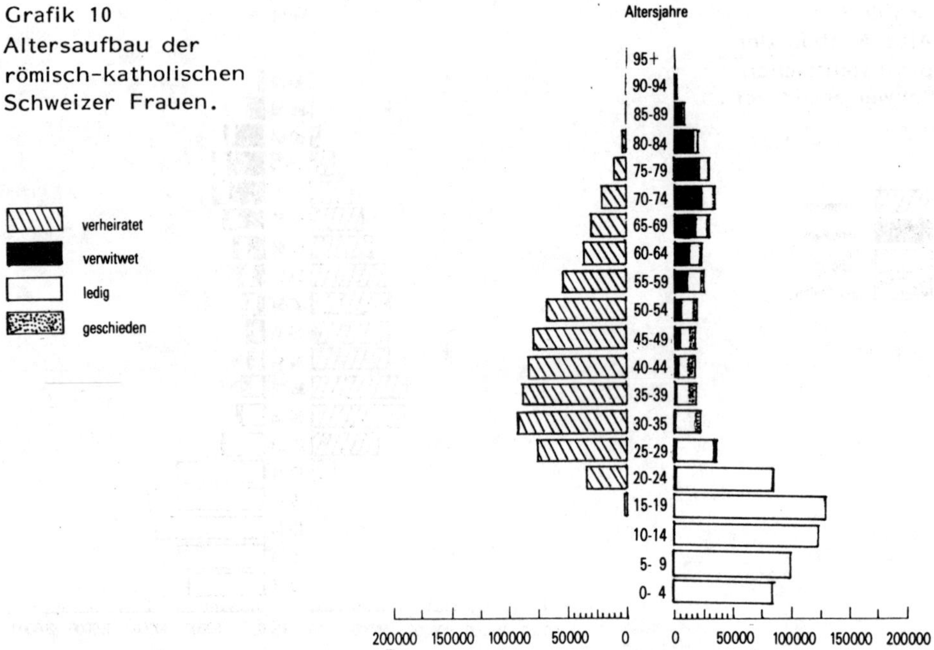

Grafik 11
Altersaufbau der römisch-katholischen Schweizer Männer.

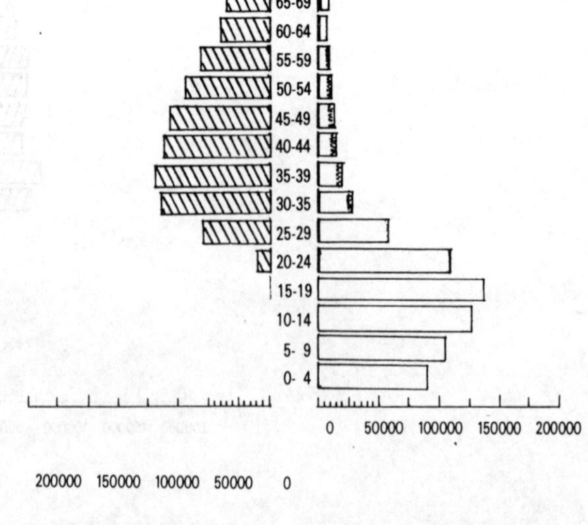

Es würde zu weit führen, die Ergebnisse bezüglich der regionalen und konfessionellen Differenzierung darzustellen. Interessante Hinweise geben die Grafiken 6 bis 11, die den prozentual grösseren Anteil der Betagten bei den Protestanten belegen. Wichtig ist auch die Bemerkung, dass die katholischen Kantone ihre Einheitlichkeit besser bewahrt haben als die protestantischen Stadtkantone.[31] Dies zeigt sich unter anderem deutlich am Anteil der Mischehen, der 1980 bei einem schweizerischen Durchschnitt von 19,1% in den Urkantonen, Wallis und Freiburg bei 7,6 bis 12,6% lag, in Stadtkantonen wie Genf und Basel-Stadt dagegen bei 27,3 und 26,5%.[32] Dies scheint mir vor allem in Hinblick auf die oekumenische Zusammenarbeit und Gemeinschaft an der Basis entscheidend. Aus dem bisher Gesagten kann man schliessen, dass gegen die oberen Altersklassen die Anzahl konfessioneller Mischehen sinkt, während sie in den mittleren und jüngeren Altersklassen Verheirateter eher zunimmt.

Zusammenfassend können wir zur bisherigen Bevölkerungsentwicklung feststellen: Auf Grund der demographischen Erkenntnisse ist das Altern der Bevölkerung als ein differenzierter Prozess zu beurteilen, der zwar demographisch von den drei Grundkomponenten (-der Geburtenrate, der Sterblichkeit und den Wanderungen-) her analysiert werden kann, der aber im Ganzen viele Aspekte und Faktoren aufweist und nicht einlinig interpretiert werden darf.

Eine entscheidende Frage bleibt: Welches sind die Zukunftsperspektiven der Bevölkerungsentwicklung? Obwohl Bevölkerungsprognosen nur Modellrechnungen mit mehreren vorausgesetzten Rahmenbedingungen sind und keine sicheren Voraussagen, wollen wir doch eine Variante der Entwicklung hier referieren, die der Landesbericht zuhanden der UNO-Weltkonferenz über das Altern 1982 darstellte.[33]

Folgende Annahmen waren ihr zugrundegelegt:

Bis zum Jahre 2001 steigt die mittlere Lebenserwartung auf 72,1 Jahre beim Mann, auf 78,8 Jahre bei der Frau.

1982 bis 1986 nimmt die Wanderungsbewegung um jährlich 10'000 Personen ab, von 1987 ab bleibt die Wanderungsbilanz ausgeglichen.

Bei der Fruchtbarkeit (Natalität) wurde mit einer mittleren, leicht steigenden Geburtenrate gerechnet, 1980 bis 84 = 1,5, 1985 bis 1989 = 1,65 und 1990 und später = 1,8 Kinder pro Frau im gebärfähigen Alter.[34]

Unter Voraussetzung dieser Annahmen ergab sich folgendes Bild:

Bevölkerungsprojektion von 1980 bis 2040 nach Altersklassen[35]

Wohnbevölkerung	1980	1990	2000	2010	2020	2030	2040
in 1000	6314	6433	6579	6508	6352	6069	5752
Index	100,0	101,9	104,2	103,1	100,6	96,5	91,1
Altersgruppen							
0 - 19 Jahre %	27,7	23,5	23,5	22,5	21,0	21,6	21,5
20 - 64 Jahre %	58,5	61,9	60,2	58,9	57,4	54,7	54,3
65+ Jahre %	13,8	14,6	16,3	18,6	21,6	23,7	24,2

Mit höchster Wahrscheinlichkeit wird in der Zukunft der Anteil der 65 und

mehr Jahre alten Bevölkerung kräftig zunehmen.[36] Da die Gesamtfruchtbarkeitsrate sogar noch eher niedriger liegt, als dort angenommen wurde, dürfte die Zunahme des alten Bevölkerungsteiles eher noch ausgeprägter als in dieser Prognosevariante verlaufen. Zudem wurde die damals zugrundegelegte, für das Jahr 2001 vorausgesagte mittlere Lebenserwartung beim Mann und bei der Frau schon 1984 deutlich überschritten (vgl. oben)!
Die Herausforderung, die der dritte Lebensabschnitt für die Gesellschaft und die Kirchen bedeutet, wird in den kommenden Jahren auf Grund der demographischen Entwicklung zunehmen.

1.2. Die Bevölkerungsentwicklung und die erhöhte Lebenserwartung aus historischer Sicht

Wir haben im Abschnitt 1.1. schon von der erhöhten durchschnittlichen Lebenserwartung gesprochen und sie zunächst einfach in Zahlen kurz dargestellt.[1] Der bevölkerungsgeschichtliche Hintergrund und die Veränderung des Lebenszyklus sind dabei noch nicht in den Blick gekommen. Nicht nur die mittlere Lebensdauer hat sich ja verändert, sondern viel mehr noch hat der Ablauf der Lebensphasen eine tiefgreifende Wandlung erfahren.

Die sozialgeschichtliche Forschung hat erstaunliche Ergebnisse über das Leben der Menschen im Alltag vergangener Jahrhunderte erbracht. Das Quellenmaterial für eine breitangelegte demographische Feldforschung beziehen die Sozialhistoriker vor allem aus den Rodeleintragungen in Pfarreiarchiven.[2] Es ist erstaunlich, wieviel die spröden Angaben über Geburt, Taufe, Trauung und Beerdigung hergeben, wenn sie in grössere Zusammenhänge gestellt werden.
Einen Neuaufschwung der historischen Demographie hatte 1946 der französische Forscher Jean Meuvret (1901-1971) ausgelöst, als er in der französischen Zeitschrift "Population" einen achtseitigen Artikel publizierte zum Thema "Les crises de subsistances et la démographie de la France d'Ancien Régime".[3] Er zeigte anhand mikroregionaler Studien in Frankreich, dass in den Krisenjahren 1684-1685, 1693-1694 und 1709-1710 eine erhöhte Sterblichkeit und eine sinkende Natalität in verblüffender Korrelation standen zu gestiegenen Weizenpreisen. Somit war der Hunger der Schwächsten ein wesentlicher Faktor steigender Mortalität im Ancien Régime.[4] Sein Schüler Pierre Goubert erweiterte diese These zur demographischen Subsistenzkrisentheorie.[5] Damit begann vorerst in Frankreich, dann auf internationaler Ebene eine intensive demographische Forschungsarbeit, die zwar einige der anfänglichen Generalisierungen relativierte, aber reiche sozialgeschichtliche Erkenntnisse brachte.[6]

Besonders im französischen Sprachraum wurden grossartige Werke zu Bevölkerungsentwicklung publiziert. Eine dieser Arbeiten stellt die Bevölkerungsentwicklung in Genf dar: "La population de Genève du seizième au début du dix-neuvième siècle. Etude démographique" von Alfred Perrenoud, veröffentlicht 1979.[7] Genf ist für eine solche Studie sehr geeignet, weil die Quellen qualitativ gut und von hohem Vollständigkeitsgrade sind. Perrenoud erforschte beinahe drei Jahrhunderte der Bevölkerungsentwicklung Genfs.[8] Wir zeigen hier eine der Graphiken, die vom 16. bis anfangs des 19. Jahrhunderts die stetige Zunahme von Todesfällen älterer Leute und die Abnahme der Sterbefälle in den ersten vier Lebensjahren zeigt.[9] Schon für diesen Zeitraum lässt sich also in Genf ein deutliches Altern der Bevölkerung aufweisen.[10]

Tabelle 13: Prozentuale Verteilung des Todesalters nach Altersgruppen (Totgeborene ausgenommen)

Alter	1580 1599	1600 1649	1650 1699	1700 1749	1750 1799	1800 1811
0 - 1 Jahr	24,6	24,3	23,3	19,9	21,0	17,1
1 - 4 Jahre	19,2	18,3	16,3	14,7	11,1	9,2
5 - 9 Jahre	7,6	6,7	6,5	6,3	5,3	4,2
10 - 14 Jahre	4,7	4,0	3,4	2,5	2,8	2,3
15 - 19 Jahre	4,5	4,2	3,6	2,7	2,8	2,9
20 - 24 Jahre	3,8	3,7	3,7	3,2	3,3	4,4
25 - 34 Jahre	8,1	6,7	6,6	6,2	6,0	6,6
35 - 44 Jahre	8,6	7,4	7,9	7,6	6,6	7,5
45 - 54 Jahre	5,7	6,2	7,6	8,0	8,0	9,8
55 - 64 Jahre	5,5	6,8	8,2	10,4	10,8	12,2
65 - 74 Jahre	4,1	5,4	7,0	10,4	11,8	13,3
75 - 84 Jahre	2,7	4,5	4,9	7,5	8,3	8,6
85 und mehr	0,8	1,7	0,9	1,6	2,3	1,9

Grafik 14: Prozentuale Verteilung des Todesalters nach Altersgruppen (Totgeborene ausgenommen) in 6 Zeitabschnitten (ohne die Pestjahre 1615-1616)

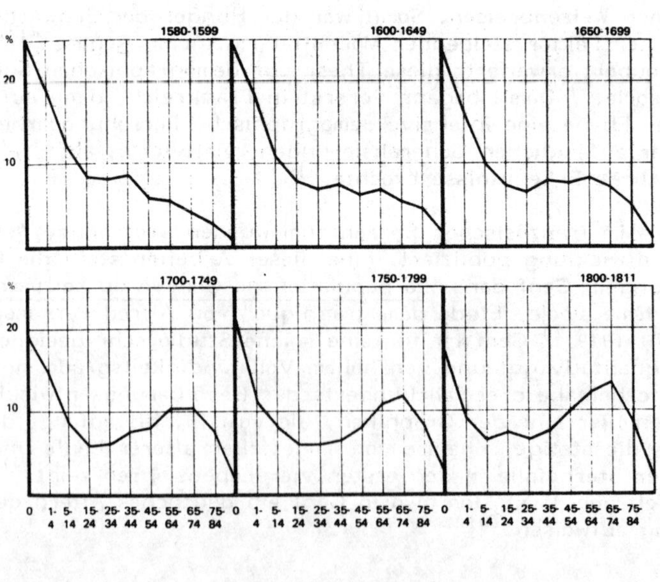

Quelle: A. Perrenoud, La population de Genève ... , Genève, 1979.

Die Bevölkerungsentwicklung, die seit der 2. Hälfte des 18. Jahrhunderts in vielen Ländern Europas einsetzte, lässt sich im Begriff der 'demographischen Transition' fassen.[11] Von einer Bevölkerungsbewegung mit hohen Geburten- und Sterberaten fand eine Veränderung zu niedriger Geburtenzahl und Sterblichkeit statt.[12]
In einer Zeitspanne von rund zweihundert Jahren sank in verschobenen Phasen zuerst die Mortalität (1), was bald einen starken Geburtenüberschuss zur Folge hatte (2). Erst später sank auch die Natalität (3), worauf sich die Vitalstatistiken wieder auf demselben tieferen Niveau einpendelten (4). Schematisch lässt sich dies folgendermassen darstellen:[13]

Grafik 15:
Demographische Transition, schematisch

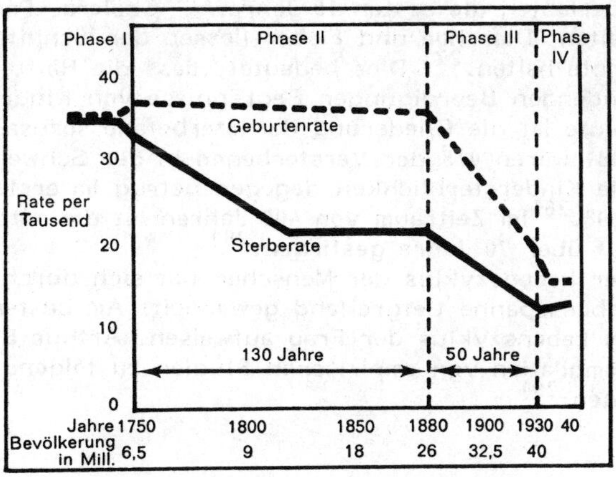

Die Bevölkerungsentwicklung in England und Wales

Quelle: W. Mickel u.a., Politik und Gesellschaft, Hirschgraben-Verlag, Frankfurt a.M., 1980^7.

Die demographische Transition stellt für Europa im wesentlichen die Bevölkerungsentwicklung von der Agrar- zur Industriegesellschaft dar.[14] Die Fortschritte der Medizin, die verbesserte Hygiene etwa in den Städten, die relative Zunahme von Aerzten und Krankenhäusern, die besseren administrativen Massnahmen z.B. Quarantänen u.a. führten dazu, dass die Mortalität schnell sank. Einerseits löste sich die ständische Gesellschaft mit ihren Einschränkungen der Nuptialität auf, andrerseits blieb das bisherige generative Verhalten mit hoher Kinderzahl erhalten. Dies führte in den Anfängen der Industrialisierung zu einem massiven Geburtenüberschuss und einer Bevölkerungswelle. Der Pauperismus, das Massenelend und die Auswanderung breiter Kreise nach Amerika waren die Folge. Erst gegen Ende des 19. Jahrhunderts resp. im 20. Jahrhundert sank dann die Geburtenrate in den Industrieländern wieder und glich sich der Sterberate an.[15]

Es würde hier zu weit führen, auch auf die sozioprofessionelle und schichtenspezifische Ungleichheit vor Krankheit und Tod einzugehen. Die Forschungen hierzu sind im Gang.[16)]

Kommen wir nun zurück auf die Veränderung des Lebenslaufs.
Es mag vorerst paradox tönen, aber die biologische Lebenserwartung an sich hat in den letzten Jahrhunderten nicht oder nur wenig zugenommen.[17)]
Nach wie vor räumt die Natur dem Organismus eine durchschnittliche Lebensspanne von gut hundert Jahren ein.[18)] Vielmehr konnten die vorzeitigen Todesursachen reduziert werden.[19)]
Eltern verloren im 17. Jahrhundert von den durchschnittlich sieben Kindern zwei bis drei schon im ersten Lebensjahr,[20)] und nur die Hälfte der Kinder überlebten die ersten 15 Jahre.[21)] Cholera, Pocken, und Infektionskrankheiten, Diarrhoe und Fieber liessen den Schnitter Tod unter Kindern reiche Ernte halten.[22)] Dies bedeutet, dass die Hälfte oder mehr der stattfindenden Beerdigungen Begräbnisse von Kindern waren.[23)]
Heute ist die Gliederung der Sterbefälle sozusagen auf den Kopf gestellt.[24)]
1981 waren 4/5 der Verstorbenen in der Schweiz 60 und mehr Jahre alt.[25)]
Die Kindersterblichkeit dagegen betrug im ersten Lebensjahr nur noch 0,9%.[26)] Im Zeitraum von 400 Jahren ist die mittlere Lebensdauer von 30[27)] auf über 70 Jahre gestiegen.[28)]
Der Lebenszyklus der Menschen hat sich durch diese Erweiterung der Lebensspanne tiefgreifend gewandelt. Am besten lässt sich die Entwicklung am Lebenszyklus der Frau aufweisen. Arthur E. Imhof kommt auf Grund der Kompilation von empirischen Studien zu folgenden eindrücklichen Resultaten:[29)]

Grafik 16:

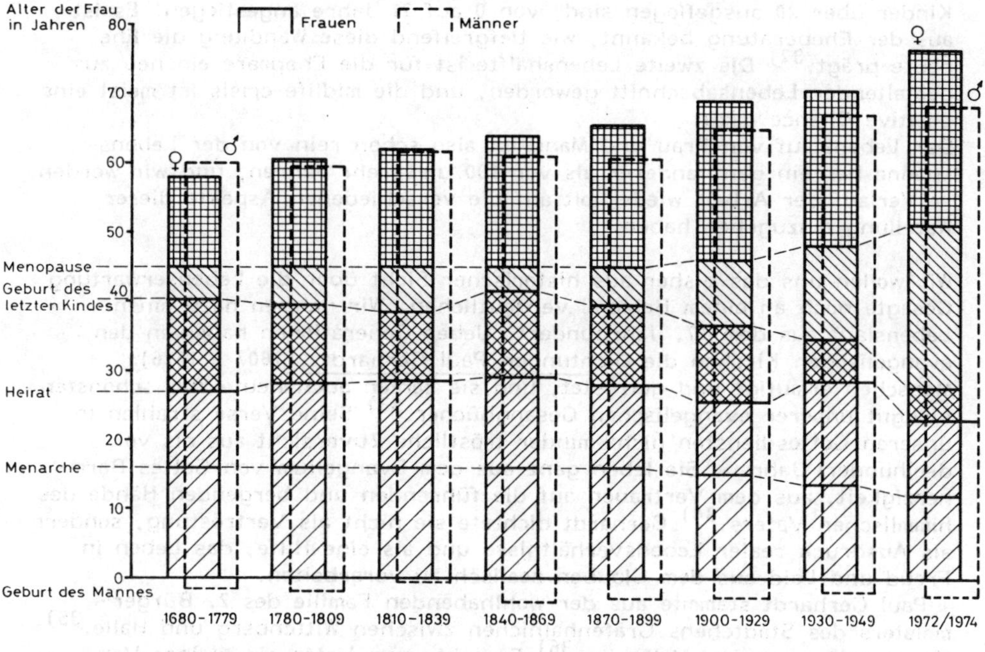

Quelle: A. Imhof, Die gewonnenen Jahre, C.H. Beck, München, 1981.

Die Figur stellt die Lebensphasen heiratender Frauen nach ihrem prozentualen Anteil am gesamten Lebenszyklus zusammen und versucht, für die letzten dreihundert Jahre die wichtigsten Veränderungen im Lebenslauf zu verdeutlichen.

Wir wollen die Angaben in einigen Hinsichten interpretieren:

Im Gegensatz zu heute hatten im 17./18. Jahrhundert die Männer eine höhere Lebenserwartung als die Frauen. Auch nach Abzug der Kindbettsterblichkeit bei den Frauen ändert sich erstaunlicherweise nichts an dieser Tatsache.[30] Auf der Figur sieht man deutlich, dass sich die durchschnittliche Witwenschaftsdauer, also die Dauer, während welcher die Frauen im Alter ohne ihren Mann leben müssen, kontinuierlich erhöht hat. (Man darf natürlich nicht einfach die Lebenserwartung von Mann und Frau einander gegenüberstellen, sondern muss das Alter zur Zeit der Heirat mitberücksichtigen, darum sind die "Säulen" der Männer verschoben).

Anteilsmässig hat die Zeit der Kindheit (von der Geburt bis zur Menarche = erste Regelblutung) deutlich abgenommen. Auf die mit der Akzeleration verbundenen Wandlungen können wir hier nicht näher eingehen.

Die Zeit von der Heirat bis zur Geburt des letzten Kindes hat sich sogar noch deutlicher verringert. Hatten die Frauen bis gegen Ende des letzten Jahrhunderts die Geburt des jüngsten von fünf bis sieben Kindern mit etwa vierzig Jahren, so heute bei zwei Kindern mit 27,5 und bei drei Kindern mit 30,5 Jahren.[31]

Damit ist die Zeitspanne, in der die Eltern wieder zu zweit und die Kinder über 20 ausgeflogen sind, von 0 auf 21 Jahre angestiegen! Es ist aus der Eheberatung bekannt, wie tiefgreifend diese Wandlung die Ehe heute prägt.[32] Die zweite Lebenshälfte ist für die Ehepaare ein neu zu gestaltender Lebensabschnitt geworden, und die midlife-crisis ist meist eine positive Chance dazu.
Der Lebenslauf von Frau und Mann ist also schon rein von der Lebensspanne her ein ganz anderer als vor 100 und mehr Jahren, und wir werden im Verlauf der Arbeit wiederholt auf die verschiedenen Aspekte dieser Wandlung einzugehen haben.

Wir wollen uns das bisher aus historischer Sicht über die Lebenserwartung Gesagte noch an einem Beispiel verdeutlichen. Wir nehmen dazu einen Lebenslauf aus dem 17. Jahrhundert. Ueber Generationen haben in den evangelischen Kirchen die Dichtungen Paul Gerhardts (1607 - 1676) Menschen ermutigt und getröstet, und sie zählen auch heute zum schönsten Liedgut unserer evangelischen Gesangbücher.[33] Seine Verse strahlen in unseren Gottesdiensten nicht minder tröstliche Zuversicht aus als vor dreihundert Jahren. Sie leben ganz aus dem Evangelium von Gottes Barmherzigkeit, aus dem Vertrauen auf die führenden und bergenden Hände des himmlischen Vaters.[34] Gerhardt dichtete sie nicht als Vertröstung, sondern als Ausdruck realer Lebensverhältnisse und als eine Hilfe, das Leben in Freud und Leid aus dem Glauben seelisch zu verarbeiten.

Paul Gerhardt stammte aus der wohlhabenden Familie des 2. Bürgermeisters des Städtchens Gräfenhainichen zwischen Wittenberg und Halle.[35] Mit 14 Jahren war er Vollwaise.[36] Er erbte vom Vater ein kleines Vermögen, das ihm das Studium ermöglichte.[37] Als Mensch seiner Zeit erlebte er den Dreissigjährigen Krieg (Gräfenhainichen wurde von den schwedischen Truppen in Flammen gelegt)[38] und mehrmals die Pest.[39] Sein Bruder scheint an der Pest gestorben zu sein.[40] Ueber die frühen Abschnitte des Lebens von Paul Gerhardt wissen wir nur wenig.[41] Nachdem er 1651 seine erste Pfarrstelle in Mittenwalde südlich Berlin erhalten hatte,[42] heiratete er im späten Alter von 48 Jahren 1655 die 15 Jahre jüngere Anna Maria Berthold, Tochter eines Berliner Kammergerichtsadvokaten.[43] Im Jahr 1657 begrub er das erste Kind, ein Töchterlein,[44] 1660 den zweiten und 1665 den dritten Sohn.[45] Einzig der Knabe Paul Friedrich blieb ihm.[46] Mit seiner Geburt begann jedoch die Erkrankung der Mutter.[47] 1657 wurde Gerhardt zum Diakon an die St. Nikolai-Kirche in Berlin berufen.[48] In die schwere Berliner Zeit fiel sein Widerstand gegen die Unterschrift unter die reformierten Edikte des Kurfürsten, was ihn schliesslich die Stelle kostete.[49] 1668 verlor er seine Frau.[50] Mit seiner verwitweten Schwägerin und einem sechsköpfigen Haushalt kam er dann an die Pfarrstelle in Lübben in der Lausitz.[51] Im hohen Alter von 70 Jahren starb er 1676.[52]
Die hohe Kindersterblichkeit, die geschlechtsspezifische Ungleichheit der Lebenserwartung - Gerhardt war acht Jahre lang Witwer -, die recht gute gesellschaftliche Stellung und trotzdem immer wieder äusserst karge Existenz, all das hat dieses Leben mitgeprägt. Einen ähnlichen Lebenslauftypus, mit den für das 17. Jahrhundert in manchem bezeichnenden, markanten Einschnitten, gibt es heute in den Industrieländern nicht mehr.

1.3. Das Altern aus medizinischer Sicht

Das Altern wird gesellschaftlich nach wie vor häufig mit negativen Altersstereotypen beurteilt.[1] Hintergründig spielt dabei die persönliche Angst vor Abhängigkeit, Behinderung, Krankheit und Tod eine wichtige Rolle.[2] Gerade aus medizinischer Sicht kann jedoch das Alter keineswegs einfach mit Abbau, Verlust und Defizit beschrieben werden,[3] vielmehr ist es heute mehr den je ein eigener, gestaltbarer Lebensabschnitt, in dem man für seine Gesundheit und körperliche Vitalität Mitverantwortung trägt.[4]

Die Gerontologie hat wesentliches zu dieser neuen Sicht des Alters beigetragen. Sie ist die interdisziplinäre Erforschung des Alterungsprozesses, des Alterns in umfassendem Sinne.[5] Seit Anfang dieses Jahrhunderts wurde das Altern vor allem von der Medizin als spezielles Forschungsgebiet erkannt, und heute beteiligen sich an der gerontologischen Forschung auch die Biologie, die Psychologie und die Soziologie u.a..[6]
Die Geriatrie im speziellen ist die Medizin der alten Menschen, die Altersheilkunde. Von der British Geriatric Society wird sie folgendermassen definiert: "Geriatrie ist ein Zweig der Allgemeinmedizin und befasst sich mit den klinischen, präventiven, medikamentösen und sozialen Aspekten der Krankheit bei älteren Menschen."[7] Als ihr Vater gilt der Amerikaner Ignatz L. Nascher, der 1909 ein Programm der Geriatrie veröffentlichte und dabei erstmals den Begriff "geriatrics" verwendete.[8] Noch heute sind die USA und England führend in dieser Disziplin.[9] Sie beschäftigt sich hauptsächlich mit drei Bereichen: Mit dem Altern an sich, mit den Erkrankungen älterer Menschen und mit der Organisation der medizinischen, psychischen und sozialen Hilfen für alte Menschen.[10] Die meisten Regional- und Kantonsspitäler in der Schweiz haben heute eine geriatrische Abteilung, und sowohl der Allgemeinmediziner wie der Facharzt für Innere Medizin wenden geriatrische Erkenntnisse an. Jeder Gemeindehelfer, Sozialarbeiter oder Pfarrer wird beim Kontakt mit alten Menschen auch mit der Geriatrie in Berührung kommen.[11]

Biologisch-medizinisch gesehen ist das Altern auf drei ineinandergreifende Prozesse zurückzuführen:
"1) Organe oder Teile von Organen werden in ihrer Grösse reduziert,
2) Gewebestrukturen unterliegen einer Verfestigung und Versteifung,
3) Organfunktionen werden quantitativ und qualitativ verändert."[12]
Das Altern des Organismus ist hauptsächlich darin begründet, dass bestimmte Stoffe, Moleküle oder Zellen nicht erneuert werden. Das Collagen, ein Eiweiss in den Bindegeweben von Knochen, Haut, Sehnen und Gelenken verfestigt und versteift sich, es altert.[13] In Zellen, die teilungsunfähig sind, führt eine Störung der Proteinsynthese oder die Verlangsamung, resp. Beendigung der Eiweissbildung aufgrund einer sogenannten molekularen Uhr zum Absterben der Zellen.[14] Diese Zellen finden sich vor allem in den Nervenknoten, den Ganglien der Sinnesorgane und des Gehirns.[15] Die Folgen davon sind vielfältig. Die Leistungsfähigkeit der Sinnesorgane, von Geschmack, Auge und Ohr wird reduziert. Die Reaktionsgeschwindigkeit nimmt ab, die Adaptionsfähigkeit des Körpers (beispielsweise an Kälte) wird

verringert. Schliesslich wird davon das Gleichgewicht der Körperfunktionen, die Homöostase beeinträchtigt.[16] Diese biochemischen Vorgänge, die heute intensiv erforscht werden, gehören wohl auch langfristig zur "condition humaine".[17]

Wie sieht die Krankheitshäufigkeit im Alter nun aus? Die Gleichsetzung des Alters mit Krankheit oder Behinderung geht an der Realität vorbei. Die geriatrischen Abteilungen an den Spitälern behandeln vor allem Patienten, die über 75 Jahre alt sind.[18] Leute mit hohem Erkrankungsrisiko sind bei einem oder mehreren der folgenden Charakteristika häufig: über 80-jährig, alleinstehend, mit bescheidenem Einkommen und Vermögen, vor nicht allzu langer Zeit aus dem Spital entlassen und vor kurzem verwitwet.[19]
Man schätzt, dass in der Schweiz zur Zeit je 1% der über 65-jährigen Wohnbevölkerung ein geriatrisches resp. ein psychiatrisch-geriatrisches Spitalbett benötigen und 6-8% ein Heimbett. Die überwiegende Anzahl der alten Menschen lebt also selbständig in der eigenen Wohnung.[20] Geriatrische Patienten sind vorwiegend unter den Hochbetagten zu finden, nicht einfach unter den Alten.

Welches sind die wesentlichen Krankheiten im Alter?[21]
Auf diese Frage gibt es keine einfache Antwort. Meistens leiden z.B. Hochbetagte an multiplen Erkrankungen, und entsprechend ist eine Einzeldiagnose die Ausnahme. Aber sowohl bei der Feststellung des Hospitalisierungsgrundes wie auch der Todesursache gibt es eine Hauptdiagnose.[22]
An erster Stelle der Krankheiten, die zu einer Spitaleinweisung führen, stehen die Erkrankungen von Herz und Kreislauf (z.B. Arteriosklerose), die mit dem Alter noch zunehmen.[23] Bei den 85 und mehr Jahre alten Patienten sind es 1/3 der Eingewiesenen.[24] An zweiter Stelle stehen die Karzinome/Tumore (die verschiedenen Krebserkrankungen), wobei bei den Männern das Bronchial- und das Prostatakarzinom, bei den Frauen das Mammakarzinom (Brustkrebs) dominieren.[25] Den dritthäufigsten Grund mit 10-12% der Spitaleinweisungen bilden Krankheiten des Verdauungstraktes (gastrointestinale Krankheiten), wobei sie bei 85 und mehr Jahre Alten stark abnehmen.[26] Bei den Männern stehen dann an vierter Stelle die urogenitalen Erkrankungen (Erkrankungen der Harn- und Geschlechtsorgane), bei den Frauen der Altersdiabetes.[27]
In einer solchen Zusammenstellung fehlen die Krankheiten und Beschwerden des Bewegungsapparates.[28] Sie verursachen chronische Schmerzen, führen aber meist nicht zu Hospitalisierung, es sei denn, dass es durch erhöhte Fallneigung zu einem Unfall kommt.[29] Man rechnet, dass in der Schweiz etwa 40% der Betagten mit solchen Beschwerden zu kämpfen haben (Rheuma, Arthritis, Arthrose).[30]
Eine Verschlechterung der Sehfähigkeit und die Schwerhörigkeit sind im Alter häufig.[31]

Breitgefächert sind die verschiedenen Arten der psychischen Erkrankungen.[32] Einerseits hat man bereits früher latent oder manifest bestehende psychische Erkrankungen auf ihren altersspezifischen Verlauf hin untersucht, andrerseits gibt es altersbedingte Störungen, die oft psychosomatische Gründe haben.[33] "Ueber die Häufigkeit altersbedingter psychischer Störungen in der betagten Bevölkerung der Schweiz liegen keine Angaben vor. Meist wird mit rund 10% mehr oder weniger deutlichen Störungen in der über 65-jährigen Bevölkerung gerechnet, wobei ein Anstieg der Häufigkeit mit zunehmendem Alter angenommen wird."[34] Meist führen Verwirrtheit oder schwere Depression zur Einweisung in geriatrische Abteilungen, da sie die Selbständigkeit einschränken oder verunmöglichen. Verwirrte Betagte kommen in ihrer sozialen Umgebung nicht mehr zurecht oder gefährden sich selbst resp. andere (Gas, Elektrizität).[35] Somatische Erkrankungen wie auch psychische Ueberforderungen können seelische Erkrankungen auslösen, es besteht jedoch bei nicht chronischen cerebralen Funktionsstörungen eine gute Hoffnung auf Heilung.[36] Man unterscheidet abnorme Varianten seelischen Wesens (Psychopathien, Neurosen, abnorme Erlebnisreaktionen), exogene Psychosen (mit körperlichen Ursachen, z.B. Sklerose, akute Folge einer Infektion, Schädigung durch Alkoholismus u.a.) und endogene Psychosen (Schizophrenie, manisch-depressive Erkrankung, senile Psychosen u.a.). Auf die dementiellen, hirnorganischen Erkrankungen werden wir später noch näher eingehen.[37]

Es scheint mir für die Gemeindearbeit wichtig, die wesentlichen somatischen und psychischen Krankheitsbilder und -verläufe ein wenig zu kennen. Die obige Uebersicht über die wesentlichen Erkrankungen soll ja auf keinen Fall dazu führen, das Vorurteil vom generell kranken und schwachen alten Menschen zu zementieren. Es werden leider sehr oft behandelbare Krankheiten übersehen, von den Betagten zu lange verschwiegen oder einfach dem hohen Alter zugeschrieben. Malcolm Hodkinson schreibt:
"Grosse pädagogische Anstrengungen sind erforderlich, um die alten Menschen, ihre Verwandten und all diejenigen, die sich beruflich mit den Aelteren befassen, zu lehren, dass immer medizinische Hilfe geholt werden sollte, wenn es aus ungeklärten Gründen zu einer Verschlechterung des Gesundheitszustandes oder der Körperfunktionen kommt, und dass solche Veränderungen nicht als Teil des normalen Alternsprozesses akzeptiert werden dürfen."[38] Die therapeutischen Möglichkeiten sind heute um vieles verbessert. Darum brauchen Betagte oft den Anstoss durch einen Nahestehenden, bevor sie medizinische Hilfe in Anspruch nehmen. Sie haben einerseits einen gesunden Willen zur Selbsthilfe, andrerseits aber eine oft schädliche Skepsis bezüglich den medizinisch-therapeutischen Möglichkeiten.

Werfen wir nun einen Blick auf die wesentlichen Todesursachen, die statistisch gut erfasst sind.[39] Wie hat sich die Sterblichkeit in den letzten Jahrzehnten entwickelt?
Spielten anfangs des Jahrhunderts Diphtherie, Keuchhusten, die epidemische Kinderlähmung und vor allem die Tuberkulose eine wichtige Rolle bei den Todesursachen, so sind diese Krankheiten durch eine fortlaufende Abnahme stark in den Hintergrund getreten oder ganz verschwunden.[40]
1951 bis 1977 haben die Sterblichkeit durch Infektionskrankheiten um drei Viertel, diejenige durch kardiovaskuläre Erkrankungen bei den Frauen um beinahe die Hälfte, bei den Männern um einen Viertel ebenfalls abgenommen.[41] Entgegen einer weitverbreiteten Meinung hat die Sterblichkeit

durch Krebserkrankungen nicht zugenommen. Während bei den Männern die Mortalität an Tumoren/Karzinomen stabil verlief (+0,8%), hat sie bei den Frauen deutlich abgenommen (-21%).[42] Es ist irreführend, nur die absolute Zahl der Todesfälle zu betrachten.[43] Einschränkend muss gesagt werden, dass in der Altersklasse von 65 und mehr Jahren die Krebserkrankungen bei den Frauen nur sehr leicht abgenommen, bei den Männern hingegen um 10% zugenommen haben.[44] Gliedert man die Todesursachen nach Geschlecht und Altersklassen, ergibt sich folgende Uebersicht:

Tabelle 17

Ausgewählte Todesursachen 1980; grobe Gliederung nach Geschlecht und Altersklassen[45])

Männer	50 - 59		60 - 69		70 - 79		80 - 89		90 - 99	
Kardiovaskuläre Krankheiten	1057	34,7%*	2548	41,6%	4886	48,9%	4020	57,7%	739	62,8%
Krebskrankh.	1052	34,5%	2017	32,9%	2745	27,6%	1324	19,0%	141	11,9%
Gastrointestinale Krankheiten	191	6,2%	314	5,1%	401	4,0%	218	3,1%	30	2,5%
Unfälle durch Verkehr	107	1,6%	118	1,9%	109	1,0%	44	0,6%	3	0,2%
Unfälle durch Sturz	49	1,6%	69	1,1%	126	1,2%	150	2,1%	36	3,0%
Gesamtzahl Todesfälle	3041		6118		9974		6967		1176	

Frauen	50 - 59		60 - 69		70 - 79		80 - 89		90 - 99	
Kardiovaskuläre Krankheiten	327	20,6%	1163	35,0%	4513	53,0%	6618	65,2%	1966	70,4%
Krebskrankh.	787	49,6%	1346	40,5%	2094	24,6%	1387	13,6%	216	7,7%
Gastrointestinale Krankheiten	88	2,8%	116	3,4%	307	3,6%	318	3,1%	51	1,8%
Unfälle durch Verkehr	36	2,2%	36	1,0%	61	0,7%	24	0,2%	2	0,07%
Unfälle durch Sturz	12	0,7%	29	0,8%	148	1,7%	338	3,3%	142	5,0%
Gesamtzahl Todesfälle	1584		3321		8502		10156		2792	

* Prozentualer Anteil an der Gesamtzahl der Todesfälle

Die Zusammenstellung nach Geschlecht und Altersklassen zeigt wichtige Differenzierungen:

Während sowohl bei den Frauen wie bei den Männern der Anteil der kardiovaskulären Krankheiten mit dem Alter zunimmt, sinkt die Zahl der Todesfälle durch Krebs anteilsmässig. Zusammen haben sie durchgehend einen Anteil an der Gesamtzahl von über 2/3.

Mit dem Alter sinkt auch der Anteil der gastrointestinalen Erkrankungen als Todesursache.

Die Todesfälle durch Unfall oder Sturz sind hier aufgeführt, weil Betagte diesen Gefahren speziell ausgesetzt sind.
Von den 1981 bei Verkehrsunfällen getöteten Fussgängern waren nicht weniger als 72% über 50 Jahre alt (194 von 269).[46] Der Anteil der Betagten betrug 58%.[47]
Bei den Todesfällen durch Sturz fällt das deutliche Ansteigen bis in die Altersklasse der 80-89-Jährigen auf.

Man hat in den sechziger und siebziger Jahren international auf die erhöhte Alterssuizidalität hingewiesen.[48] Diese auch für die Schweiz geltende Tatsache stimmt sowohl nachdenklich wie auch traurig. Sie ist ein wichtiger Indikator dafür, dass Isolation und Einsamkeit ein wesentliches Problem alter Menschen sind. Setzt man die Anzahl der Suizide 1980 zu der Gesamtzahl der jeweils in einer Altersklasse Lebenden in Korrelation, so wird der prozentuale Anstieg besonders bei den Männern markant sichtbar.[49] Wir werden später auf diese Problematik noch zu sprechen kommen.[50]

Tabelle 18: Suizide 1980 in Korrelation zur Gesamtzahl der Angehörigen der jeweiligen Altersklasse

Altersklasse	Gesamtzahl Männer	Suizide	%	Gesamtzahl Frauen	Suizide	%
50-59	342'197	190	0,055	370'827	79	0,021
60-69	258'271	156	0,060	304'084	63	0,020
70-79	174'079	110	0,063	259'007	69	0,026
80-89	50'759	44	0,086	104'551	25	0,023
90-99	4'069	3	0,073	10'845	1	0,009

Die Sozial- und Präventivmedizin, die sich einerseits "mit den durch die gesellschaftliche Umwelt bedingten Ursachen von Krankheit, Invalidität und vorzeitigem Tod" und deren Auswirkungen,[51] andrerseits mit der primären (verhütenden) und sekundären (früherfassenden) Prophylaxe (Vorbeugung) befasst,[52] wird gerade im Bereich der Gerontologie in den nächsten Jahren weiter an Bedeutung gewinnen. Die chronisch-degenerativen Leiden sind zu einem wesentlichen Teil durch die Lebensgewohnheiten bedingt,[53] Unfälle sind durch ein richtiges Verhalten zu vermeiden.[54] Im Alter hat besonders eine richtige Ernährung grosse Bedeutung.[55] Isolation und Einsamkeit werden durch neue Kontakte, durch Begleitung und das Erleben von Gemeinschaft verhindert. Die Kirchgemeinden können in Zusammenarbeit mit dem Praktischen Arzt viel zu einem gesunden Altern und der notwendigen Aufklärung beitragen.

1.4. Das Altern aus soziologischer Sicht – Aktivierung, Ausgrenzung, Disengagement oder Integration?

Die soziologische Diskussion der Altersfrage bewegt sich auf einem ausserordentlich hohen und differenzierten Niveau, ist aber durch Standardwerke sehr gut zugänglich. Wir wollen uns in Kürze die wesentlichen theoretischen Konzepte vor Augen führen und durch Einbeziehung einiger Bereiche der Alterssoziologie den heutigen gesellschaftlichen Rahmen unseres Themas in den Blick bekommen.[1)]

Die Soziologie trifft bei der Auseinandersetzung mit der Altersfrage auf mehrere theoretische Knacknüsse:
Verhalten, Lebenssituation und sozialer Status der alten Menschen in unserer Gesellschaft sind äusserst verschieden und lassen sich nicht einfach auf Grund der Kategorie des kalendarischen Lebensalters beschreiben. Das Altern ist zwischen verschiedenen Personen auf Grund ihrer sozialen Umwelt, ihrer Biographie, ihrer Gesundheit, ihres sozialen Status u.a.m. sehr unterschiedlich. "Die Alten" oder Senioren sind keine homogene Gruppe, und ihre Lebenssituationen differieren erheblich. Verluste geistiger und körperlicher Fähigkeiten können sie von ihrer Persönlichkeit und Sozialisation her verschieden gut kompensieren, ihre materiellen Lebensverhältnisse sind oft kaum zu vergleichen.[2)] Anknüpfungspunkt für das soziologische Verständnis des Alters ist einerseits die Veränderung sozialer Rollen und Aufgaben, andrerseits die Interaktion und Kommunikation der Persönlichkeit in der neuen, von anderen Normen bestimmten Lebenssituation.[3)]

<u>Die Aktivitätstheorie</u> ist seit den fünfziger Jahren aus den Fragestellungen und Problemen der sozialen Arbeit in den Vereinigten Staaten entwickelt worden. Sie geht davon aus, dass die Betagten ähnliche Wünsche und Bedürfnisse haben wie in den mittleren Jahren und dass ihnen durch Gemeinwesenarbeit, durch therapeutisch-psychologische und sozialarbeiterische Anstösse und Hilfestellungen zur möglichst breiten Erhaltung ihrer Aktivitäten in der neuen Lebenssituation des Alters verholfen werden soll. Die Forderung dieser Theorie für die Altersarbeit ist daher Aktivierung und Reaktivierung. Die Leute sollten sich in der neuen Lebenssituation entsprechend ihren eigenen Bedürfnissen und den gesellschaftlichen Normen anpassen und erfolgreich alt werden.[4)]
Die Aktivitätstheorie zeigt zweifelsohne wichtige und noch heute gültige Aspekte für das Altern auf. Ein wichtiges Ziel jeder öffentlichen Sozialarbeit, kirchlichen Erwachsenenbildung und Gemeindearbeit wird es sein, Hilfe zur Selbsthilfe und Selbstverwirklichung der Menschen im dritten Lebensabschnitt zu geben. Die Alten selbst sollen ihre Bedürfnisse und ihre Hoffnungen anmelden, ihre Lebenssituation positiv gestalten und ihre Solidarität und gemeinsame, auch politische Verantwortung entdecken. Die Fürsorge im traditionellen Sinn trägt die Gefahr in sich, unnötige Abhängigkeiten zu schaffen. Fürsorge, Betreuung und Pflege wo notwendig, so könnte man formulieren, Ermöglichung der Selbständigkeit, Eigeninitiative und Unabhängigkeit aber, wo immer dies realisierbar ist.

Die Aktivitätstheorie ist insofern problematisch, als sie einseitig das Verhalten der mittleren Jahre zum Massstab für das Altern macht. Daher versucht sie erfolgreiches Altern mit geglückter Anpassung an die veränderte Lebenssituation unter Beibehaltung gleicher Aktivität zu umschreiben.[5] Dem Alter angemessenen Rollen werden auf Grund von Anpassungsnormen umschrieben und sollen den gesellschaftlichen Konformitätserwartungen entsprechen.[6] Es wird ein Bild vom glücklichen alten Menschen entworfen, das Werte und Normen der Mittelschicht verallgemeinert.[7] Zudem vermag die Theorie soziologisch im strengen Sinn wenig zu erklären.

Bleibender Wert der Aktivitätstheorie ist aber, dass sie in der Sozialarbeit und in pflegerischen Berufen Tätige motiviert, alte Menschen nicht durch Vorurteile und 'hilflose Hilfe' zu entmündigen,[8] sondern für Aktivität, Eigeninitiative und Selbsthilfe zu gewinnen. Der Amerikaner Louis Lowy schreibt, nachdem er beinahe dreissig Jahre in der Sozialarbeit mit älteren Menschen tätig ist, mit guten Gründen:[9] "Für die Zukunft erscheint es mir besonders wichtig, neben Altenpflege und sozialer Altenarbeit, die gewiss unentbehrlich sind, stärkere Akzente auf die Aktivierung und Bildung älterer und alter Menschen zu setzen, um das Potential der älteren Generation weiterzuentwickeln. Meine Erfahrungen in der Gruppenarbeit und Gruppenpädagogik wie auch in der Gemeinwesenarbeit haben sehr deutlich gezeigt, wie stark die Mobilisierung der Eigenkräfte der Menschen zu neuen Formen gemeinsamen Tuns mit anderen führen kann."[10]

Ebenfalls von amerikanischen Verhältnissen aus gelang es dem Soziologen Talcott Parsons, wesentliche Grundprobleme des Alterns in den Industriegesellschaften empirisch und analytisch zu erfassen.[11]
Er charakterisierte das gesellschaftliche Wertesystem, mit dem sich auch die ältere Generation auseinandersetzen muss, durch den Begriff des "instrumental activism", eines instrumentalen Aktivismus.[12] Es ist die erbrachte, sozial nützliche Leistung, die zählt, und auf Grund seiner sich lohnenden oder nicht lohnenden Aktivität wird das Individuum bewertet.[13] Je grösser seine potentielle Leistungsfähigkeit sowohl quantitativ/qualitativ als auch zeitlich ist, umso grösseres Gewicht hat seine Rolle im gesellschaftlichen Wertesystem. Von daher ist die hohe Bewertung der Jugend und der Jugendlichkeit im amerikanischen Leben zu verstehen,[14] ebenso die Verdrängung des Todes, da mit dem Tod jede Leistungsfähigkeit abbricht.[15]
Im Wandel der Gesellschaft und der damit verbundenen Differenzierung zeigt sich nun aber, dass nicht nur die physische Leistungsfähigkeit, sondern auch die durch Erfahrung gewonnene Erkenntnis, Kompetenz und Urteilsfähigkeit an Bedeutung gewinnen.[16] Diese Leistungsfähigkeit hat ihren Höhepunkt im Lebenszyklus jedoch viel später als die physische Leistungsfähigkeit.[17] Ein Beispiel dafür ist, dass die berufstätige Frau in den mittleren Jahren auch nach der Menopause zunehmend einen geachteten Status geniesst.[18] In den kommenden Jahren werden, so Parsons schon 1964, der steigende Bevölkerungsanteil und das immer höhere Bildungsniveau der Betagten bewirken, dass die Rolle des alten Menschen in der Gesellschaft neu definiert werden muss.[19]
Es scheint zwar, dass eine enge Beziehung besteht zwischen Krankheit, mangelnder Leistungsfähigkeit und Alter. Als abweichendes Verhalten ist Krankheit jedoch eine der wichtigsten Möglichkeiten, dem Leistungsdruck zu entfliehen.[20] Wenn also das gesellschaftliche Verdikt lautet, die alten Leute

seien nutzlos, ist es dann nicht ein folgerichtiger Legitimationsversuch dieses Status, fragt Parsons pointiert, dass die alten Leute sich durch Krankheit und Rückzug nutzlos machen?[21] Die fundamentale Aufgabe kann es von daher nach Parsons nur sein, den sozialen Status Aelterer in unserer Gesellschaft aufzuwerten und neu zu definieren.[22]
Parsons hatte nicht nur gesehen, dass in einer auf Jugend und Jugendlichkeit ausgerichteten Leistungs- und Konsumgesellschaft die eigentlichen Werte des Alters verdeckt bleiben. Ebenso scharf hatte er die Kernfamilie ("nuclear family") als Teil der Sozialstruktur herausgearbeitet.[23] Generalisierend beanspruchte er dabei für sein Familienverständnis interkulturelle Gültigkeit, was man aber doch wohl bezweifeln muss.[24] In wesentlichen Merkmalen entspricht die Familie den kleinen Gruppen.[25] Sie differenziert sich nach Parsons in der hierarchischen Dimension nach dem unterschiedlichen Einfluss auf Entscheidungsprozesse in Dominanz und Subordination. Bezüglich der qualitativen Funktion der Familie unterscheidet er die instrumental- aussenorientierte Funktion einerseits, die expressive, auf die internen Beziehungen konzentrierte Funktion andrerseits.[26] In einem Vier-Rollen-Muster ordnete er nun die Familienmitglieder ein, wobei die Generationenfolge bezüglich Dominanz oder Unterordnung unterscheidet, das Geschlecht aber über die instrumentale oder expressive Funktion.[27] Folglich schrieb Parsons dem Vater vor allem die dominant-instrumentale Rolle zu usw. Damit hatte er nicht mehr, aber auch nicht weniger als den Durchschnittstyp der "American family" seiner Generation charakterisiert. Seine Analyse stellte jedoch sehr präzis die Frage, ob nicht der Wandel der Gesellschaft dazu führt, dass die Familie in ihrer Anpassung an das industrielle System zur isolierten Kernfamilie wird. Die Berufsrolle des Vaters würde dann im wesentlichen Status und Situation der Familie bestimmen. Durch die starke Ablösung von verwandtschaftlichen Bindungen wäre eine höchstmögliche Mobilität gewährleistet, die das industrielle System erfordert.[28] Die Beziehung zwischen Eltern und verheirateten Kindern wäre damit von untergeordneter Bedeutung, und die Eltern wären, nachdem die Kinder eine eigene Kernfamilie gegründet haben, wieder völlig auf sich selber angewiesen.[29]
Nun stimmt es zwar, dass die Kernfamilie gleichzeitig auch die normale Haushaltseinheit ist, aber die These von der isolierten Kernfamilie konnte in den Forschungen nach Parsons gerade in Bezug auf die gegenseitige Hilfeleistungen von Elternfamilie und Nachkommenschaftsfamilie korrigiert werden.[30] Eltern leisten ihren Kindern unmittelbar nach dem Schritt in die Selbständigkeit und der Heirat zahlreiche wertvolle Dienste, und umgekehrt entlasten die Kinder ihre Eltern in höherem Alter zunehmend von Aufgaben, die sie nicht mehr erfüllen können, und lassen ihnen Hilfe und Betreuung zukommen.[31] Ein grosser Teil der Aelteren hat zumindest ein Kind mit dessen Familie in der näheren Umgebung ihres Wohnortes.[32] Wichtige Beziehungen zwischen Eltern und Kindern sind also nicht von der Haushaltsgemeinschaft abhängig (L. Rosenmayr).[33]

Im teilweisen Anschluss an Parsons wurde von Cumming und Henry die Theorie des Disengagements formuliert, die in den sechziger und anfangs der siebziger Jahre die alterssoziologische Diskussion bestimmte. Damit

rückte ein wesentlicher Gesichtspunkt des Alterns in den Mittelpunkt soziologischer Theoriebildung: der Rückzug aus dem gesellschaftlichen Leben.[34)]
Wie sah die Disengagement-Theorie damals aus? Der Rückzug aus den Rollen und Aufgaben der mittleren Jahre ist früher oder später notwendig und natürlich. Er ist nicht einfach möglichst weit hinauszuschieben oder durch andere Aktivitäten zu kompensieren, wie dies die Aktivitätstheorie gefordert hatte. Vielmehr können Aktivitätsreduktion und Introversion ebenso wichtige Bestandteile eines glücklichen Alters ausmachen.[35)] Die Universalität des Todes wird für diese Theorie zu einem wesentlichen Ausgangspunkt. Der Tod macht es deutlich: Verluste sind im Alter unvermeidlich, die allmähliche Lösung von Bindungen zwischen dem Individuum und der Gesellschaft notwendig.[36)] Die Theorie des Disengagement sieht sehr wohl die interindividuellen Unterschiede; Verlauf und Zeitpunkte des Disengagements sind verschieden. Der Prozess des Rückzugs unterscheidet sich auch nach dem Geschlecht, da dem Mann entsprechend Parsons vor allem die instrumentell definierten Rollen (Berufstätigkeit u.a.) zugeschrieben werden, der Frau vor allem die sozioemotional ausgerichteten (Sorge für Haushalt und Familie).[37)] Der Rückgang sozialer Aktivität und Interaktion wird primär bedingt durch die Veränderungen intellektueller und körperlicher Fähigkeiten, die sich im Alter ergeben.[38)] Gleichzeitig wird das Disengagement als Selbstregulation des Gesellschaftssystems beschrieben, um das Gleichgewicht zwischen in Beruf und Arbeitswelt einsteigenden Jungen und aus der beruflichen Tätigkeit ausscheidenden Alten zu erhalten.[39)] Die Theorie lehnt sich hier an die funktionalistische Systemtheorie Parsons an. Durch die Beendung wichtiger Lebensrollen (Beruf, Erziehung der Kinder u.a.) wird der Lebensraum ("social life space") zwar reduziert, was Unzufriedenheit und eine persönliche Krise zur Folge haben kann.[40)] Wenn aber ein Individuum die Begrenztheit der Lebensspanne erkennt, die Notwendigkeit einer Verminderung seines Lebensraumes sieht und die Abnahme der verfügbaren individuellen Kräfte anzunehmen weiss, so wird es zum richtigen Zeitpunkt für ein Disengagement bereit sein. Die Qualität bestehender Beziehungen wird sich verändern und die altershomogene Interaktion an Bedeutung gewinnen.[41)]
Diese Theorie hat vor allem in einer gewissen Einseitigkeit ihre Schwächen: Das vorausgesetzte Gleichgewicht des Gesellschaftssystems und die regulative Ablösung resp. das Disengagement der Alten zugunsten der in das Positionen- und Rollensystem nachdrängenden Jungen wird harmonisierend gesehen und vernachlässigt die konfliktträchtigen Probleme der Arbeitslosigkeit im mittleren Alter, die Möglichkeit einer flexiblen Altersgrenze u.a..[42)] Insbesondere vernachlässigt sie, dass ein zunehmender Teil der Bevölkerung bei ihrer Pensionierung einen Lebensabschnitt vor sich hat, der aktiv und bei guter Gesundheit gestaltet werden kann.[43)]
Aber auch, wenn diese Theorie der Gefahr nicht entging, soziale Probleme als biologisch notwendigen und sich aus dem Gesellschaftsgleichgewicht ergebenden Wandel zu verzeichnen, so machte sie doch zu Recht darauf aufmerksam, dass der Tod, das Loslassen und der Verlust wichtige Merkmale des Alters auch aus soziologischer Sicht sind.

Eine zentrale Frage zieht sich fast wie ein roter Faden durch die soziologische Erforschung des Alters: Ist die primäre Kennzeichnung der Lage alter Menschen in unserer Gesellschaft nicht diejenige der Ausgrenzung,[44] Benachteiligung und Entwertung? Verschiedene Begriffe wurden verwendet, um die gesellschaftliche Ausgrenzung alter Menschen zu charakterisieren: 'Alter als Exil',[45] 'Ghettoisierung der Alten', 'das Elend der alten Leute',[46] 'die Alten als Randgruppe', 'Marginalisierung der Alten', 'Segregation der Alten', 'Alter als Stigma',[47] 'Devalorisierung',[48] 'Desintegration' - die Liste liesse sich fortsetzen. Kurz und verallgemeinernd liesse sich das Grundmuster dieser Argumentation folgendermassen zusammenfassen: Die Veränderung des sozialen Status alter Menschen bedeutet primär Ausgliederung aus den sozialen Bezugssystemen, was Funktionsverlust, Isolierung von der Umwelt und Vereinsamung zur Folge hat. Die Ausgrenzung aus dem gesellschaftlichen Leben geht einher mit materieller Schlechterstellung und Einschränkung der Lebensmöglichkeiten. Als Kontrapunkt ist darauf hinzuweisen, dass Segregation vor allem in den Vereinigten Staaten als ein positives Integrationskonzept für ältere Menschen realisiert wurde.[49] In den USA gibt es eine bedeutende Wanderung Pensionierter in bevorzugte Gebiete und Regionen (z.B. Florida). An mehreren Orten sind sogenannte retirement-communities entstanden, von denen man einen stärkeren Kontakt der Betagten untereinander und die Hebung der Lebensqualität durch die Ausgrenzung in speziell altengerechten Gemeinwesen erhoffte. Wie weit dies gelungen ist, ist mehr als fraglich. Der Versuch ist jedenfalls auf europäische Verhältnisse kaum übertragbar.[50] Bevor wir uns der theoretischen Formulierung zuwenden, sei ein Blick auf die pfarramtlichen Erfahrungen erlaubt.[51] Trotz der breitangelegten Förderung, die die gesellschaftliche Integration Betagter von der öffentlichen Hand, von gemeinnützigen Institutionen und von Kirchgemeinden in unserem Land erfährt, hat die Kritik an der Ausgrenzung ihr gutes Recht. Nach wie vor werden in unserem Land alte Menschen von Ort zu Ort geschoben, weil niemand sie will. Nach wie vor gibt es alte Menschen, die verwahrlost und ohne zureichende Ernährung in ihren Wohnungen leben. Nach wie vor beziehen viele alte Leute die Ergänzungsleistungen der AHV nicht, weil sie diese als Armengeld der Fürsorge betrachten. Nach wie vor ist die Vereinsamung alter Menschen eine grosse Herausforderung für Christen und Kirchen. Ein Umdenken breiter Bevölkerungskreise tut not, damit sich das Bewusstsein durchsetzen kann, dass das Alter die gestaltbare Zukunft von uns allen ist.[52] Theoretisch formuliert bedeutet dies nun, dass die Theorie der Ausgrenzung berechtigt ist, in folgenden Richtungen aber differenziert werden muss:

Welches sind Gruppen der Altenbevölkerung, die ökonomisch-materiell benachteiligt sind und welches ist das Verhältnis der Einkommen und Vermögen Alter zu demjenigen anderer Einkommens- und Vermögensgruppen?[53]

Wie kann die altersabhängige Verschlechterung des Gesundheitszustandes und der Mobilität durch offene Altershilfe kompensiert werden?[54]

Welche Wege und Kräfte gibt es, damit der soziokulturelle Status des Alters neu aufgewertet wird, gerade auch bei den Betagten selbst?[55]

Wie wird sich durch das Nachrücken besser gebildeter Generationen das Gesundheitsverhalten und auch die soziale Teilhabe verändern? In welchen

Gruppen wird weiterhin mit der Gefahr der Isolation und medizinischen Unterversorgung gerechnet werden müssen?[56)]

Weitaus am schärfsten ist die Anklage gesellschaftlicher Ausgrenzung des Alters von existenzialistisch-humanistischem und von marxistischem Hintergrund her erhoben worden.
Simone de Beauvoir schreibt in "la vieillesse":[57)] "Und das ist der Grund, weshalb ich dieses Buch schreibe: um die Verschwörung des Schweigens zu brechen. Die Konsumgesellschaft, so schreibt Marcuse, hat das unglückliche Bewusstsein durch ein glückliches Bewusstsein ersetzt und verwirft jedes Schuldgefühl. Sie muss aus ihrer Ruhe gerissen werden. Denn gegenüber den alten Menschen ist sie nicht nur schuldig, sondern kriminell. Verschanzt hinter den Mythen des Wirtschaftswachstums und des Ueberflusses, behandelt sie die Alten wie Parias."[58)] Kern der Kritik ist die Kritik der Arbeits- und Eigentumsverhältnisse.[59)] "Die Tragödie des Alters ist die radikale Verurteilung eines ganzen Systems, das das Leben verstümmelt: eines Systems, das der bei weitem überwiegenden Mehrheit der Menschen keinerlei Daseinsgrund gibt. Arbeit und Erschöpfung verschleiern diesen Mangel: er enthüllt sich im Augenblick des Ruhestands. Das ist viel schlimmer als die Langeweile. Alt geworden, hat der Arbeiter keinen Platz mehr auf der Welt, weil man ihm in Wahrheit nie einen Platz zuerkannt hat: er hatte nur keine Zeit das zu merken. Wenn er sich dessen bewusst wird, verfällt er in eine Art stumpfsinnige Verzweiflung."[60)] Bewusst haben wir hier ausführlicher zitiert, weil Simone de Beauvoirs "la vieillesse" der brillanteste Essay zum Thema des Alters darstellt. Sie steht mit ihrem Werk in der besten franz. Tradition einer enzyklopädischen Gelehrtheit[61)] und der Moralisten.[62)] Sowohl die objektiven Bedingungen des Alters wie die subjektive Erfahrung des 'In-der-Welt-Seins' werden umfassend dargestellt.[63)]

Der Marxismus hat sich meines Wissens bisher nur ungenügend mit den Problemen des Alters auseinandergesetzt. Allenfalls die Verelendung der Arbeiter im Alter mochte noch interessieren, aber sonst kamen die spezifischen Lebensprobleme des Alters kaum in den Blick. Alte Menschen sind nicht revolutionäres Subjekt, sondern ohnmächtig und vereinzelt den Lebensverhältnissen im Kapitalismus preisgegeben.[64)]
Die Argumentationslinien von einem eher traditionellen marxistischen Denken her werden in der Analyse von O. Bujard und U. Lange deutlich.[65)] In nicht minder scharfer Anklage als S. de Beauvoir haben sie für Deutschland die Armut im Alter als Konsequenz des kapitalistischen Verteilungssystems darzustellen versucht.[66)] An der im Prinzip verelendeten Lage der Arbeiterklasse wird festgehalten.[67)] Wenn auch zugestanden wird, dass die materielle Armut in kapitalistischen Gesellschaften vermindert oder gar beseitigt werden kann, so ist doch die strukturell virtuelle Armut immanent unaufhebbar.[68)] Von daher sind soziokulturelle Erklärungsansätze als Teilerklärungen unbefriedigend und verfehlen den Kern des Problems.[69)]
Die Verhältnisse in Deutschland sind von den Autoren her eindeutig. Regenerationsdefizite und materielle Armut führen zu einer Deklassierung der nicht mehr im Arbeitsprozess integrierten Alten. Der Rückgang des

Einkommens bei Rentnern, die Benachteiligung der Witwen als Rentenbezüger und der limitierte Sozialhilfeempfang sind Ausdruck eines Systems, das Voraussetzungen der Armut gesetzlich verankert und mit diskriminierender Verwaltungspraxis die verfassungsrechtlich verankerte Sozialstaatlichkeit unterläuft.[70)] Eine solche doch eher orthodox-marxistische Argumentation hat vor allem folgende Schwächen:

Die Verelendungstheorie auf die Phänomene des Alterns in der Schweiz anzuwenden, wäre zweifelsohne ahistorisch, dies gilt auch für Deutschland. Mit dem Pauperismus der Arbeiterschaft im 19. Jahrhundert sind die materiellen Probleme der Alten heute nicht zu vergleichen.[71)]

Die stark generalisierte Begrifflichkeit verdeckt, welche Menschen, welche Gruppen der Altenbevölkerung materielle Armut und psychischen Mangel leiden.

Am schwersten wiegt aber, dass jeder sozialstaatliche Fortschritt, jedes Engagement der Sozialarbeit suspekt ist, weil sie die strukturelle Verelendung nicht aufheben, sondern zementieren.[72)]

Den in der soziologischen Diskussion bisher wohl vielseitigsten und integrativsten Entwurf zum Verständnis des Alters in den Industriegesellschaften haben Leopold und Hilde Rosenmayr unter dem Titel "Der alte Mensch in der Gesellschaft" vorgelegt. Für uns ist diese Arbeit wichtig, weil sie, in Oesterreich geschrieben, vielfach mit der Schweiz vergleichbare Verhältnisse vor Augen hat.[73)] Hier einige wichtige Thesen daraus.

L. Rosenmayr teilt unsere Kritik an dem ungenügenden Zugang der marxistischen Theorie zu den Problemen des Alters.[74)] Von österreichischen Zahlen her kritisiert er aber die relative Benachteiligung der Altenpopulation gegenüber den Bevölkerungsgruppen mittleren Alters.[75)] "Bildungsdefizite, schlechter Gesundheitszustand, ungünstige Wohnverhältnisse, soziale Isolation, fehlendes Durchsetzungsvermögen und natürlich niedrige Einkommen - der ganze Fundus sozioökonomischer Nachteile tritt unter den alten Menschen in konzentrierter Form auf."[76)] Einerseits zeigt sich im Alter eine kumulative Benachteiligung (psychische, soziale und materielle Schwierigkeiten treffen zusammen), andrerseits ist eine gesellschaftsbedingte Selbstverursachung auf Grund der Sozialisation häufig (z.B. Sparverhalten).[77)] Biologische, generationenbedingte und sozialstrukturelle Effekte des Alterns sind sorgfältig zu unterscheiden.[78)] Eindeutig lässt sich die Altengruppe bestimmen, die von Isolation und Armut im Alter am stärksten betroffen ist: Es sind die alleinstehenden, insbesondere die verwitweten Frauen über 70.[79)]

Entschieden vertreten die Autoren die Bedeutung der Sozialökologie, der Wohnumwelt im Alter.[80)] Die Umwelt in Wohnung und Siedlungsverband bestimmt die Möglichkeiten der Daseinsorganisation und Lebensbewältigung in wesentlicher Hinsicht. Dem alten Menschen soll ermöglicht werden, im bestehenden Siedlungsverband möglichst selbständig und möglichst lange sein Leben zu gestalten.[81)] In ihre gewohnte Umgebung, die ihnen durch eingeübte Umweltzugänge zahlreiche Entlastungen gibt, sollen Pflege- und Hilfseinrichtungen hineingetragen werden,[82)] auch wenn die Abhängigkeit von Hilfe in höherem Alter und dann vor allem im quatrième âge zunimmt.[83)] Der Nachbarschaftsbegriff ist von daher integrativ zu fassen,[84)] die Altenpolitik hat domizilorientiert zu sein.

Die Betagten sind keine homogene Gruppe, auf Grund der sozioökonomischen und sozialisationsbedingten Heterogenität ist Solidarisierung nur beschränkt möglich. Wir haben bisher vor allem geschlechtsspezifisch, nach Altersklassen und bezüglich der sozioökonomischen Lage differenziert. Ein wichtiger Begriff (z.B. für das Verständnis der Lebensläufe) ist hier hinzuzufügen: Die Jahrgangskohorte oder einfacher ausgedrückt die Generation.[86]

Grafik 19

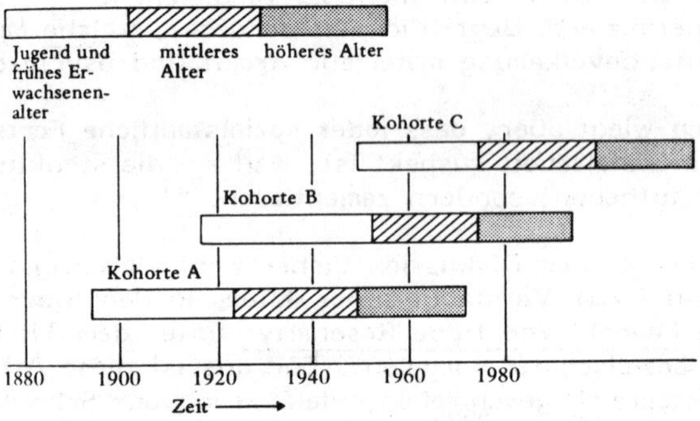

Quelle: L. und H. Rosenmayr, Der alte Mensch in der Gesellschaft, Rowohlt, Reinbek bei Hamburg, 1978.

Die Mitglieder einer Jahrgangskohorte - das sind die Altersgruppen in ihrer Bewegung durch die Zeit - haben einen gemeinsamen Hintergrund historisch- sozialen Wandels,[87] der sie wahrscheinlich mehr von anderen Altersgruppen unterscheidet, als dies durch die unterschiedliche persönliche Reifung und Position im Lebenslauf geschieht.[88]

Ein interessantes Beispiel in der Schweiz sind dafür die Aktivdienstgenerationen. Eindeutig lässt sich aber auch die unterschiedliche Schulbildung zwischen verschiedenen Jahrgangskohorten aufweisen: Je älter die Kohorte nämlich, umso mehr Personen sind ohne Berufslehre oder höhere Schulbildung, was bei den Frauen noch akzentuierter gilt. Die Generationen der Alten werden in Zukunft im Durchschnitt ein höheres Bildungsniveau aufweisen.[89]

Aelterwerden bedeutet keineswegs einfach einen Abbauprozess, wie die populäre Defizittheorie dies behauptet, vielmehr haben Uebung, Training und dosierter Stress auf das Altern einen massgeblichen Einfluss.[90] "Altern ist nicht einfach ein Schicksal, weder ein bloss 'natürlicher' Abbauprozess noch ein ungestörter Weiterbau, sondern Resultat eines inneren und auch sozialen Kampfes. Eine Verstärkung und Verfeinerung der von der Gesellschaft angebotenen Dienste oder Hilfen könnte bedeuten, dass jeder seinen eigenen Stil des Aelterwerdens erstens entdeckt und zweitens mitbestimmen kann und dass Begünstigungen dafür entstehen, dass an der eigenen Person im Aelterwerden gearbeitet wird."[91]

Systemtheoretisch wird das Alter bei Rosenmayr über das Individuum strukturiert.[92] Das Verhältnis zu sich selbst ist der markante Unterschied des menschlichen Alterns zum rein organischen oder biologischen.[93] Die Adaption und Selbstgestaltung geschieht durch dieses Selbst auf verschiedenen Ebenen in einem Austausch, in Aneignung und Gewähren. In diesem Austausch verbinden sich personbezogene, zwischenmenschliche, institutionelle und gesellschaftliche Perspektiven.[94] Gewähren wird nicht nur ambivalent als Disengagement verstanden, sonder auch positiv als bewusstes Loslassen auf Grund von Entscheidungen, das Individuum verliert, um zu geben. Auf dem Hintergrund christlicher Tradition wird hier die schöpferische Kraft des Verlierens, des Verzichtens und Gebens gesehen.[95]

Abschliessend wollen wir nun noch einen Begriff unter die Lupe nehmen, der für die Soziologie des Alters von entscheidender Bedeutung ist: der Begriff der "Integration". Je mehr uns die Problematik der vielfältigen Ausgrenzung der Betagten bewusst wird, je mehr wir die Wichtigkeit von Aktivierung und Reengagement trotz Abgabe sozialer Rollen und Aufgaben im Alter erkennen, je mehr wir auch die persönliche Entfaltung und Selbstverwirklichung des alten Menschen im gewohnten Lebensraum ins Zentrum rücken, umso dringender wird die Frage:
Was bedeutet eigentlich "soziale Integration der Betagten"?
Emile Durkheim hatte in seiner Untersuchung zum Thema Suizid festgestellt, dass die Selbstmordhäufigkeit im umgekehrten Verhältnis steht zum Integrationsgrad einer sozialen Gruppe, der das Individuum angehört.[96] Wir haben oben schon auf die höheren Selbstmordraten der Betagten hingewiesen und wir sahen, dass die Suizidrate bei den Männern bedeutend stärker ansteigt als bei den Frauen.[97] Giosch Albrecht hat in seiner Arbeit "Soziokultureller Wandel und soziale Integration der Betagten" den Hintergrund dieser Tatsache eingehend beleuchtet. Suizidanten und Suizidantinnen haben in ihrem Leben häufiger Rückschläge und Belastungen (wie zerrüttete Familienverhältnisse, Verlust des Ehepartners, eines Kindes, eines nahestehenden Verwandten oder Freundes, Verlust einer Arbeitsstelle, Verlust der körperlichen oder seelischen Beweglichkeit u.a.) zu verarbeiten.[98] Vor allem für den Mann sind Berufsaufgabe und Krankheit oder Behinderung im Alter schwierige Hürden, deren Ueberwindung demjenigen mit niedrigem sozialen Status und dem Alleinstehenden noch zusätzlich erschwert sind.[99] Giosch Albrecht schreibt zu ganzen Problematik eindrücklich:
"Nur in seltenen Fällen zieht sich der ältere Mensch vom gesellschaftlichen Geschehen zurück, aber die Gesellschaft entlässt ihn. Ein dem älteren Menschen angemessenes gesellschaftliches Rollensystem fehlt beinahe gänzlich. Der Betagte wird so in einen nicht genau definierten Bezugsrahmen entlassen, was Verhaltensunsicherheiten nach sich zieht. Sehr viele Bedürfnisse sind nicht mehr altersabhängig, wohl aber die Mittel. Die Diskrepanz verursacht Identitätskrisen, Minderwertigkeits- und Einsamkeitsgefühle, Depressionen, sehr oft auch Selbstmord."[100]
Die Zahlen bezüglich Suizid zeigen soziologisch gesehen deutlich a) die Desintegration oder ungenügende Integration alter Menschen in unser gesellschaftliches Leben und b) die Bedeutung der spezifischen Altersprobleme (Disengagement, Behinderung, Krankheit, Verlust Nahestehender, Tod) bei

Persönlichkeitskrisen.
Es wird darum für das Engagement der Kirche in Altersfragen von ausserordentlicher Bedeutung sein, dass sie zugleich umfassende und auch menschengerechte Vorstellungen von der Integration alter Menschen in unser gesellschaftliches und kirchliches Zusammenleben entwickelt. In Anlehnung an Giosch Albrecht liesse sich die Zielvorstellung einer Integration, die diesen Namen verdient, folgendermassen definieren:
Vom Individuum her gesehen bedeutet Integration die aktive Anpassung, die Reifung der Persönlichkeit durch die Bewältigung der sich wandelnden Lebenssituation im Alter. Sie ist die Fähigkeit, sich im gesellschaftlichen Zusammenleben zurechtzufinden und an dessen Gestaltung mitzuwirken, sich selbst zu verwirklichen, befriedigende soziale Kontakte zu pflegen und auch loszulassen. Von der Gesellschaft her gesehen bedeutet Integration die Offenheit, Subsidiarität und Lebensqualität des Zusammenlebens, dass sich das Individuum verwirklichen, aber auch äussern kann, dass es in seiner Würde und Freiheit anerkannt wird und Verlust, Schmerz und Loslassen nicht isoliert verarbeiten muss.[101)]
Solange die Familie als Primäreinheit sozialer Beziehungen und gegenseitiger Hilfe funktioniert, wird sich die objektive Isolation eines Betagten wohl meist noch in Grenzen halten. Man kann aber mit guten Gründen annehmen, dass ein hoher Prozentsatz Betagter die Desolation in den ersten Jahres nach dem Verlust ihres Partners subjektiv einsam erlebt.[102)] Die Vereinsamung alleinstehender alter Menschen ist wohl eines der schärfsten gesellschaftlichen Probleme unseres Landes. Der Schweizerische Landesbericht zuhanden der UNO-Weltkonferenz über das Altern kommt 1982 zum Schluss: "Bei rund 24% der über 65-jährigen Personen besteht Vereinsamung. Dies zeigt die Bedeutung von Hilfen, die menschliche Kontakte erhalten oder verbessern."[103)]

1.5. Die wirtschaftliche Lage der Betagten aus oekonomischer Sicht

In Deutschland finden seit Jahren harte Auseinandersetzungen um die Sozialpolitik der Regierungskoalitionen statt. Zur Zeit der sozialliberalen Koalition kämpfte man von CDU/CSU-Seite gegen die steigende Staatsverschuldung und sprach von einer 'neuen sozialen Frage', das heisst einer systematischen Vernachlässigung bestimmter sozialer Randgruppen, u.a. auch Teilen der alten Bevölkerung (alleinstehende ältere Frauen, Selbständige und Landwirte im Alter).[1] Auch von der sozialistischen Linken wurde die Sozialpolitik kritisiert. Claus Offe zum Beispiel versuchte nachzuweisen, dass diejenigen unorganisierten Schichten, die ausserhalb der Sphäre der Produktion stehen und keinen Zusammenhang zu ihr aufweisen, vom 'Sozialstaat' vernachlässigt und marginalisiert werden.[2] Von sozialdemokratischer Seite wurde und wird die Verbesserung des sozialen Netzes vertreten. Die Belastungen der rezessiven Phasen der Wirtschaftsentwicklung sollen nicht zu einem Abbau der sozialen Sicherheit führen,[3] was unter der neuen Regierung nun tatsächlich geschieht. Die empirischen Befunde zur Armut sind generell äusserst kontrovers.[4]

Auch wenn in der Schweiz die politischen Meinungen über die Sozialpolitik in den kommenden Jahren eher noch härter aufeinanderprallen werden als bisher, so darf doch im Bereich des Sozialversicherungssystems von einer Konsolidierung des Bestehenden trotz Rezession und von einem breiten Konsens über die grundlegenden Züge der Sozialversicherung gesprochen werden. Die von sozialistischer Seite (PdA) 1969 portierte Initiative "für eine wirkliche Volkspension" wurde in der Abstimmung vom 3. Dezember 1972 klar verworfen, der Gegenvorschlag der Bundesversammlung wurde mit 1'393'797 Ja gegen 418'018 Nein angenommen.[5] Der Verfassungsartikel 34^{quater}BV verankerte die Dreisäulenkonzeption (AHV/IV des Bundes, Pensionskassen, Selbstvorsorge), existenzsichernde Renten auf Grund der ersten Säule, die Anpassung der Renten an die Wirtschaftsentwicklung und die Kontinuität der gewohnten Lebenshaltung auf Grund der zweiten Säule für alle Betagten, Hinterlassenen und Invaliden.[6]
Kontrovers ist vor allem die weitere Entwicklung des Versicherungssystems sowie die Finanzierung der zweiten Säule, die zur Aufstockung grosser Kapitalien führt und von Kritikern als Jahrhundertgeschäft der Versicherungen und Banken bezeichnet wird.[7]
Die erste repräsentative Untersuchung der wirtschaftlichen Lage der Rentner in unserem Land stammte von Willy Schweizer. Die Arbeit wurde im Rahmen des Forschungsprogrammes "Probleme der sozialen Integration in der Schweiz" als Teil des Forschungsprojektes "Arten und Grade der Unabhängigkeit bei den älteren Einwohnern der Schweiz" durchgeführt und 1980 in zwei Bänden von zusammen 650 Seiten veröffentlicht.[8] Da ein Vorbericht im Jahre 1979 vor allem Durchschnittswerte (mittlere Werte) dargestellt hatte, und die Ergebnisse Schweizers einen relativ breiten Wohlstand der Rentner aufwiesen, kam es zu einer scharfen Diskussion.[9] Schweizers Resultate wurden in ihrer endgültigen Fassung vor allem unter methodischen Gesichtspunkten kritisiert. Die Arbeiten der Westschweizer Forscher P. Gilliand, A. Lüthi, H. Abele, P. Eichenberger u.a. und von U. Ernst

korrigierten, differenzierten und ergänzten die Ergebnisse Schweizers.[10] Haupteinwand gegen seine Untersuchung ist, dass sie auf Grund ihres methodischen Vorgehens die Schwierigkeiten der alten Menschen mit geringerem Einkommen minimiert.[11] Das steuerpflichtige Einkommen hatte Schweizer bei Rentner-Ehepaaren beiden Partnern zugeschrieben, was die Resultate nach P. Gilliand und A. Lüthi verfälschte, da das steuerpflichtige Einkommen bei Verheirateten ja nicht auf die Person, sondern auf den Haushalt bezogen ist.[12] Zudem bestritten sie die Repräsentativität der von Schweizer ausgewählten Gruppe zwischen 19 und 59 Jahren[13] und forderten eine einheitliche Definition des Einkommens für den Vergleich zwischen Rentnern und Nichtrentnern.[14]
Die Mittelwerte Schweizers wurden von den Westschweizer Forschern dem Medianwert gegenübergestellt. Während der Mittelwert das arithmetische Mittel bezeichnet, gibt der Medianwert das Einkommen resp. Vermögen an, welches je 50% der Steuerpflichtigen unter- und überschreiten.[15] Schliesslich erwies es sich als wichtige Differenzierung, die Betagten mit einem Einkommen aus einer Berufstätigkeit (Aktive) von denjenigen zu unterscheiden, die kein Einkommen auf Grund von Berufsarbeit erhalten (Nicht-Aktive, 71%).[16] 1982 einigten sich die Westschweizer Forscher auf eine Arbeitsteilung zwischen Freiburg (H. Abele, A. Lüthi) und Lausanne (P. Gilliand, P. Eichenberger).[17] 1983 veröffentlichte P. Gilliand mit andern die auf Schweizers Erhebungsmaterial aufbauende Studie "Rentiers AVS; une autre image de la Suisse", die nicht nur die Unterschiede des Einkommens und Vermögens, sondern auch in einer Korrespondenzanalyse die Lebenssituation und die persönliche Zufriedenheit u.a.m. berücksichtigte.[18] Die Arbeit von A. Lüthi "Die wirtschaftliche Ungleichheit im Rentenalter in der Schweiz" konzentrierte sich auf die Darstellung der ökonomischen Disparitäten und verglich sie mit dem Stand von 1930 vor Einführung der AHV.[19] Im gleichen Jahr publizierte Urs Ernst mit neuem empirischen Erhebungsmaterial von 1978 (1.1.1979) die Dissertation "Die Wohlstandsverteilung in der Schweiz; Stand und Entwicklung der personellen Einkommens- und Vermögensverteilung."[20]
Mit diesen Forschungsarbeiten (- weitere stehen in Aussicht -) darf nun die sozioökonomische Lage der Rentner sowohl hinsichtlich ihrer Differenzierung als auch ihrem Verhältnis zur übrigen Bevölkerung als gut erforscht betrachtet werden.[21] In der folgenden zusammenfassenden Uebersicht werfen wir vom theologischen Interesse her ein spezielles Augenmerk auf die ärmeren und armen Rentner.

Betrachten wir zuerst die Einkommensverteilung im Vergleich verschiedener Bevölkerungsgruppen.

Grafik 20
Die sozioökonomische Zusammensetzung der Steuerpflichtigen in einzelnen Einkommensquantilen 1978 (Quantile nach der Höhe des Nettoeinkommens vor Steuerabzug pro steuerpflichtige Person)[22]

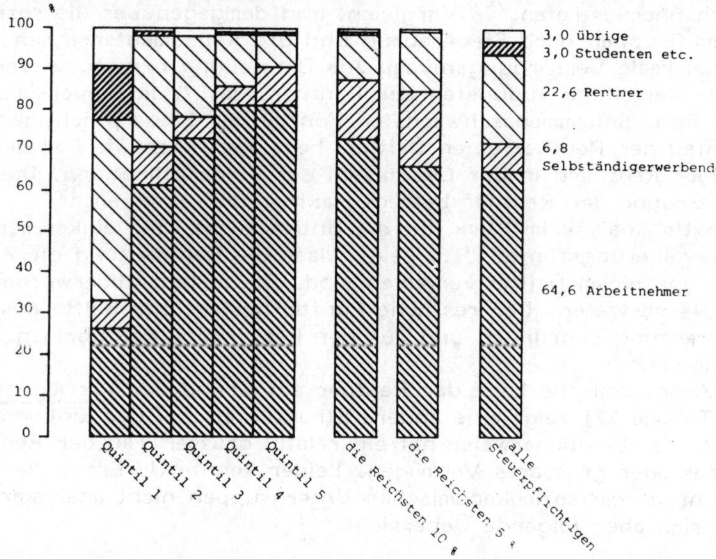

Grafik 21
Die sozioökonomische Zusammensetzung der Steuerpflichtigen in einzelnen Einkommensquantilen 1978 (Quantile nach der Höhe des Nettoeinkommens nach Steuerabzug pro Konsumenteneinheit)[23]

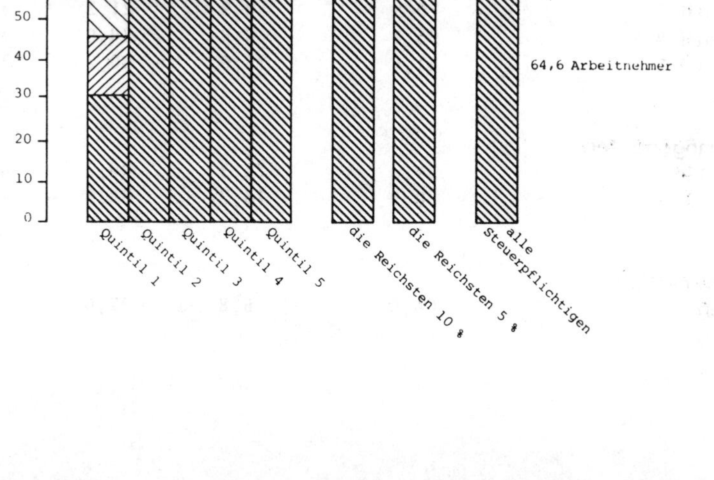

Der einkommensschwächste Fünftel der Steuerpflichtigen besteht nach Graphik 20 aus zwei Dritteln Nichtaktiven, wovon knapp die Hälfte Rentner sind. Der einkommensstärkste Fünftel dagegen besteht nur aus acht Prozent Rentnern, und die Arbeitnehmer und Selbständigerwerbenden sind deutlich übervertreten.[24] Vergleicht man demgegenüber die sozioökonomischen Gruppen nach Steuerabzug und pro Konsumenteneinheit, was viel eher das reale Versorgungsniveau zur Darstellung bringt, so verschiebt sich die Verteilung zugunsten der Rentner, da 57% in Einpersonenhaushalten leben. Beim einkommensschwächsten Fünftel der Steuerpflichtigen beträgt der Anteil der Rentner einen Drittel, liegt aber nach wie vor deutlich über den 22,6% Rentnern in der Gesamtzahl der Steuerpflichtigen. Das Einkommen dieser Gruppe der Rentner beträgt maximal 1050 Franken.[25]
U. Ernst's Analyse im Blick auf die Unterschicht, den einkommensschwächsten Bevölkerungsfünftel "... zeigt, dass die Rentner und die Arbeitnehmer mit je rund einem Drittel vertreten sind. Die Selbständigerwerbenden sind mit 14,4% vertreten. Der restliche Fünftel besteht zur Hälfte aus Schülern, Studenten und Lehrlingen und aus der Restgruppe der übrigen Steuerpflichtigen".[26]
Die sozioökonomische Lage der Rentner auf Grund der Vermögensverteilung (vgl. Tabelle 22) zeigt eine andere Struktur als bei der Einkommensverteilung. Verständlicherweise hat ein relativ grosser Teil der Rentner ein kleineres oder grösseres Vermögen. Leider konnte U. Ernst die Vermögensverhältnisse von sozioökonomischen Untergruppen nicht analysieren. Es ergibt sich aber folgende Uebersicht:[27]

Tabelle 22
Die sozioökonomische Zusammensetzung der Steuerpflichtigen innerhalb einzelner Vermögensquantile, 1.1.1979 (Quantil nach Nettovermögen pro steuerpflichtige Person)

Quantil nach Nettovermögen pro steuerpflichtige Person	Prozentanteile der Arbeitnehmer	Selbständigerwerbenden	Rentner	Restgruppen	Total
Quintil 1 + 2	77,0	2,9	8,9	11,2	100,0
Quintil 3	70,9	4,9	21,2	3,0	100,0
Quintil 4	56,1	8,4	34,0	1,5	100,0
Quintil 5	41,6	15,0	40,2	3,2	100,0
die Vermögendsten					
10%	34,3	16,3	44,7	4,7	100,0
5%	20,9	16,7	54,9	7,5	100,0
alle Steuerpflichtigen	64,6	6,8	22,6	6,0	100,0

Damit haben wir einen ersten Einblick in die Wohlstandsverteilung[28] innerhalb der Schweiz erhalten, die zeigt, dass die Rentner in einer von anderen Bevölkerungsgruppen spezifisch unterschiedenen Lage leben.

Eine Vertiefung dieses Ergebnisses bedeutet die gesonderte Analyse der Einkommens- und Vermögensverhältnisse der Rentner, die nach Geschlecht, Zivilstand, Haushaltgrösse, sozioprofessioneller Kategorie u.a.m. differenziert werden kann.[29]
Eine Gegenüberstellung zeigt, dass W. Schweizer und A. Lüthi nicht nur zu unterschiedlichen Ergebnissen auf Grund der Präzisierungen im Einkommensbegriff u.a. kommen, sondern dass Unterscheidungen, hier zwischen Aktiven und Nichtaktiven, markante Differenzen ergeben.[30]

Willy Schweizer		Ambros Lüthi		

DIE EINKOMMENSVERHAELTNISSE DER RENTNER

Einkommensgruppen	Rentner in %	Einkommensgruppen (verschieden von Schweizer)	Aktive Rentner	Nichtaktive
Kleinsteinkommen (bis Fr. 6'000.-)	0,7%	Kleinsteinkommen (bis Fr. 9'600.-)	2,2%	15,7%
Kleineinkommen (Fr. 6'001 - 12'000)	17,5%	Kleineinkommen (Fr. 9'601 - 18'000)	22,5%	40,1%
Mittlere Einkommen (Fr. 12'001 - 24'000)	40,3%	Mittlere Einkommen (Fr. 18'001 - 36'000)	42,2%	33,5%
Hohe Einkommen (Fr. 24'001 - 36'000)	20,8%	Hohe Einkommen (Fr. 36'001 - 60'000)	20,5%	7,8%
Sehr hohe Einkommen (Mehr als Fr. 36'000)	20,7%	Sehr hohe Einkommen (mehr als Fr. 60'000)	12,7%	2,9%

DIE VERMOEGENSVERHAELTNISSE DER RENTNER

Vermögensgruppen	Rentner	Vermögensgruppen (gleich wie Schweizer)	Aktive Rentner	Nichtaktive
Schulden	0,1%	Schulden	0,3%	0,1%
Kein Vermögen	10,8%	Kein Vermögen	6,9%	13,9%
Kleinstvermögen (bis Fr. 20'000)	14,7%	Kleinstvermögen (bis Fr. 20'000)	9,6%	19,0%
Kleinvermögen (Fr. 20'001 - 50'000)	17,2%	Kleinvermögen (Fr. 20'001 - 50'000)	15,0%	19,1%
Mittlere Vermögen (Fr. 50'001 - 100'000)	18,9%	Mittlere Vermögen (Fr. 50'001 - 100'000)	20,9%	17,6%
Hohe Vermögen (Fr. 100'001 - 500'000)	30,9%	Hohe Vermögen (Fr. 100'001 - 500'000)	37,0%	25,4%
Sehr hohe Vermögen (über Fr. 500'000)	7,4%	Sehr hohe Vermögen (über Fr. 500'000)	10,3%	5,0%

Wenden wir uns zuerst den Einkommensverhältnissen zu. Die Einkommen der Rentner sind auf Grund der Analyse von Urs Ernst ungleichmässiger verteilt als die Arbeitnehmerlöhne resp. -gehälter.[31] "50% der steuerpflichtigen Rentner haben weniger als 22'900 Fr. Jahres- bzw. 1'900 Franken Monatseinkommen. Am dichtesten ist der Einkommensbereich um 13'300 Franken Jahreseinkommen vor Steuerabzug besetzt. Nach Berücksichtigung des Steuerabzugs liegt der Modus bei 14'400 Franken. Ein Fünftel der Rentner bezieht weniger als 12'800 Franken Jahreseinkommen, 8,5% weniger als 10'000 Franken pro Jahr."[32]

Die Disparitäten haben vor allem P. Gilliand und A. Lüthi herausgearbeitet. Die 10% reichsten Rentner verfügen über einen Drittel (34%) der Einkommen, die 20% der Wohlhabendsten sogar über beinahe die Hälfte (48%). Andrerseits erhält der Zehntel der Einkommensschwächsten gerade noch 3% des Einkommenstotals, der Fünftel der Einkommensschwachen 7%.[33]

Besonders charakteristisch sind die Unterschiede zwischen den Altersgruppen. P. Gilliand unterschied die Gruppen unter 70, 70-74, 75-79 und über 80 Jahre. Je höher das Alter, desto kleiner ist das Durchschnittseinkommen. Die Zahl derjenigen, die ein Einkommen im unteren Einkommensfünftel erhalten, nimmt gegen das höhere Alter massiv zu. 11% sind es zwischen 65 und 69 Jahren, 35% im Alter über 80 Jahren.[34]

W. Schweizer weiterführend stellte P. Gilliand fest, dass einkommensschwach vor allem Rentner mit einem oder mehreren der folgenden Charakteristika sind: Ueber 80 Jahre alt (2/5) alleinstehend (vor allem ledig), Frau (3/4), in ländlicher Gegend wohnend, vor allem der Bergregion , in italienisch oder rätoromanisch sprechenden Gebieten zu Hause, ohne Berufsausbildung, mit niedriger Schulbildung, ohne Vermögen, im Alters- und Pflegeheim oder im Spital lebend (1/5), körperlich und/oder seelisch von Betreuung abhängig. Je mehr Charakteristika bei einer Person zusammentreffen, umso höher ist die Wahrscheinlichkeit der Einkommensschwäche.[35]

Das Einkommen setzt sich aus verschiedenen Teilen zusammen. 1976 bezogen beinahe die Hälfte der Rentner eine Pension aus beruflicher Vorsorge neben der 1. Säule der AHV.[36] Auf 1985 ist die zweite Säule für die Arbeitnehmer obligatorisch.[37]

29% der Rentner verdienten sich mit einer Ganz- oder Teilzeitbeschäftigung etwas zur Rente hinzu[38] und hatten gegenüber den Nichterwerbstätigen ein deutlich höheres Medianeinkommen (Fr. 16'300 bei den Nichtaktiven, Fr. 26'800 bei den Aktiven).[39] "Mehr als die Hälfte aller nichterwerbstätigen Rentner hat kein Vermögen, Kleinstvermögen oder Kleinvermögen (bis Fr. 50'000); bei den Erwerbstätigen fällt jedoch weniger als ein Drittel in diese Vermögenskategorie."[40] Auch der Zusammenhang von Einkommen und Immobilienbesitz lässt sich deutlich aufweisen. Das Einkommen liegt bei Mietern markant niedriger als bei Eigentümern.[41]

11% bezogen 1976 Ergänzungsleistungen der AHV.[42] Aeltere Alleinstehende, Knechte und Mägde in der Landwirtschaft, Arbeiter und Hilfsarbeiter aus dem sekundären Wirtschaftssektor bildeten den überwiegenden Anteil.[43] Weitere 5,4% machten die ihnen zustehenden Ergänzungsleistungen nicht geltend.[44] W. Schweizer bezeichnet sie als "verschämte Arme". Ledige und verwitwete Frauen, Leute aus ländlichen Gegenden, Landwirte oder kleine Gewerbetreibende überwiegen hier.[45]

Dies heisst, dass 1/6 der betagten Bevölkerung in einer wirtschaftlich schwierigen Situation leben. Darunter gibt es viele Menschen, die latent oder manifest wirtschaftlich bedrängt sind. Viele leben in Angst und Unsicherheit, ihre Miete oder die Krankenkassenprämie plötzlich nicht mehr bezahlen zu können. Es gibt Kirchenaustritte von Betagten aus wirtschaftlicher Bedrängnis.[46] Die 5% der Bedrängtesten sind vor allem Frauen (3/4), Witwen und Witwer (50%), vor allem höheren Alters (mehr als 50% über 75); sie gehören hauptsächlich zur Alterskohorte oder Generation, die von dem Wirtschaftsaufschwung nach dem Krieg und der Hochkonjunktur nicht mehr profitieren konnte.[47]
Einer der wesentlichsten Gefährdungsfaktoren bei den latent wirtschaftlich Bedrängten ist der mangelnde oder fehlende Versicherungsschutz im Krankheitsfall.[48] Leider wurden 1974 die Volksinitiative und der Gegenvorschlag der Bundesversammlung für eine eidgenössische, obligatorische Krankenversicherung vom Volk verworfen, obwohl eine Mehrheit für eine der beiden Lösungen bestanden hätte.[49] 1976 waren 10% bei den Ehepaaren, 16,7% bei den Alleinstehenden im Krankheitsfall nicht oder nur ungenügend versichert.[50]

Wichtig bei der Beurteilung der Einkommensverhältnisse ist nicht zuletzt die Analyse des Konsumverhaltens.[51] Das Konsum- und Sparverhalten der Rentner weicht stark von demjenigen der übrigen Bevölkerung ab. Im Warenkorb der Rentner beanspruchen die Nahrungsmittel einen Drittel mehr als bei den "Jüngeren", ebenso weisen Heizung, Beleuchtung und Gesundheitspflege im Budget höhere Anteile auf.[52] Zur Fortführung der gewohnten Lebenshaltung wären nach W. Schweizer nicht 60%, wie in der Diskussion der 2. Säule allgemein angenommen wurde, sondern 77% des Erwerbseinkommens vor der Pensionierung nötig.[53]

P. Gilliand hat gegen W. Schweizer nachgewiesen, dass das Einkommensniveau nach der Pensionierung beim weit überwiegenden Teil der Rentner sinkt.[54]

Die Disparitäten sind bei den Vermögensverhältnissen der Rentner markanter als bei den Einkommen. In den Händen der 10% reichsten Rentner konzentriert sich nicht weniger als 53% des Vermögens, während die 10% der Vermögensschwächsten noch 3% des Gesamtvermögens besitzen.[55] "Bei der Vermögensverteilung, die noch stärker schief ist als die Einkommensverteilung, ist der Unterschied zwischen Median und Mittelwert noch ausgeprägter: Währenddem das Medianvermögen 58'300 Franken beträgt, beläuft sich das Durchschnittsvermögen auf 174'300 Franken."[56] 79% der Rentner haben ein niedrigeres Vermögen als der Mittelwert, was die geringe Aussagekraft dieser Zahl aufweist.[57] Die 46% der AHV-Rentner mit einem Vermögen unter 50'000 Franken haben ein Medianeinkommen von 13'100 Franken.[58]

Beim Immobilienbesitz spielt das Alter wie beim Einkommen eine wichtige Rolle. "Während in der jüngsten Rentnergruppe (bis 69 Jahre) rund 45 Prozent der Steuerpflichtigen über Immobilienbesitz verfügen, sind es in der ältesten Rentnergruppe (über 80 Jahre) nur noch 28%."[59] Immobilienbesitz kann die Lebensqualität ganz allgemein heben: Beschäftigung im Haus und im Garten ermöglicht Aktivität; die Kontakte zu den Nachbarn und zur Wohnumgebung sind häufig besser, weil sie in langen Jahren gewachsen sind. Nicht zu unterschätzen ist die Sicherheit, die Wohnbedürfnisse auch im hohen Alter befriedigen zu können.[60)]

Bei den über 79-Jährigen erreicht die Zahl der Vermögenslosen nach W. Schweizer 16,2%. Die Geschiedenen stehen am schlechtesten da, die Frauen sind übervertreten. Vor allem manuell Arbeitende sind ohne Vermögen und beziehen darum auch kein Vermögenseinkommen.[61)]

Die Studien zur wirtschaftlichen Lage der Rentner und der Gesamtbevölkerung stellen eine Fundgrube für die vertiefte Kenntnis der sozioökonomischen Verhältnisse in der Schweiz dar. Sie beweisen einerseits, dass die Gleichsetzung von arm und alt nicht der Realität entspricht. Andrerseits ist das Armutsproblem in der Schweiz klarer lokalisierbar geworden.[62)]

Die pfarramtliche Erfahrung zeigt, dass man die objektive wirtschaftliche Lage nicht mit der Lebensqualität an sich gleichsetzen darf. Sehr oft schützt auch eine gesicherte materielle Existenz vor der sozialen Isolierung nicht. Männer in höherem Alter, die verwitwet oder alleinstehend und leicht behindert sind, finden sich im Haushalt nicht zurecht und verwahrlosen. Umgekehrt ist gerade in der ländlichen Bevölkerung materielle Bedrängnis nicht immer gleich einschneidend wie in der Stadt. Reiche Kontakte zur sozialen Umwelt und der Bezug von Naturalien erleichtern das Leben, was in ökonomischen Analysen nicht direkt erscheint. Schliesslich ist an die Qualität der Wohnumwelt zu denken. Im Altersheim bleiben dem Betagten an eigenem Raum oft nur noch das Nachttischchen, ein Schrank und die Wände beim Bett, an die er eine Postkarte oder ein Bild hängt. Die subjektive Einschätzung der Lebenslage hängt von der Sozialisation, psychischer und physischer Leistungsfähigkeit u.a.m. ab. Sie ist glücklicherweise nicht mit der objektiven materiellen Lebenssituation identisch.[63)]
Die Studie von P. Gilliand hat aber mit aller Deutlichkeit aufgewiesen, dass sowohl die Kontaktintensität wie die Zufriedenheit bezüglich der persönlichen Situation mit den Einkommens- und Vermögensverhältnissen korrespondieren. Einkommensschwache sind eher "wenig oder nicht zufrieden" als Einkommensstarke.[64)]

Die neunte AHV-Revision von 1980 schloss mehrere Lücken im Versicherungssystem und sicherte das Erreichte. Die Renten sind seither über einen Mischindex der wirtschaftlichen Entwicklung angepasst, Hilfeleistungen und Subventionen wurden in verschiedenen Bereichen verbessert und die Finanzierung konsolidiert.[65)]
Mit der zehnten AHV-Revision harren zwei heikle Probleme ihrer Lösung: Die Gleichstellung von Frau und Mann und die Einführung eines flexiblen Rentenalters. Die Gleichberechtigung der Geschlechter bringt grosse versicherungstechnische Probleme mit sich, und der wirtschaftliche Druck scheint feministische Forderungen (autonome Frauenrente u.a.) abzublocken.[66)] Dabei sind die alleinstehenden Frauen, insbesondere die ledigen, deutlich schlechter gestellt, sowohl gegenüber den Männern als auch gegenüber den verheirateten Frauen.[67)] Die Frauen, dies darf man nicht vergessen, sind die wichtigste Gruppe von Rentenbezügern. Im Alter

von sechzig Jahren an sind sie, wie im demographischen Teil erwähnt, deutlich übervertreten.[68] Von zehn Ledigen sind nur drei Männer, und von zwanzig Männern sind nur drei verwitwet, von zwanzig Frauen aber deren acht.[69] Entsprechend sind die Frauen bei den wirtschaftlich Bedrängten deutlich in der Ueberzahl.[70]

1.6. Die Psychologie des Alterns

Trotz den seit spätestens Anfang der siebziger Jahre widerlegten Vorstellungen von einem allgemeinen körperlichen und geistigen Leistungsabfall und einer zunehmenden charakterlichen Rigidität (Starrheit) im Alter[1] wird das negative Altersstereotyp weiterhin in den öffentlichen Medien, in der Werbung und in den pädagogischen Bemühungen vertreten.[2] Oft geschieht dies, gerade in kirchlichen Kreisen, aus dem Anliegen heraus, den moralischen Appell an die Hilfsbereitschaft gegenüber Aelteren zu untermauern.[3] Faktisch wird damit aber das negative Fremdbild vom Alter gestärkt. Alte Menschen werden als unselbständig, hilfebedürftig, arm, gebrechlich, charakterlich schwierig und einsam beschrieben, ohne dass dabei differenzierend angegeben wird, von welchen Alten nun eigentlich gesprochen wird. Sowohl das Urteil Jugendlicher wie das Erwachsener ist sofort konkreter, wenn sie mit älteren Menschen persönlichen Kontakt haben oder mit ihnen zusammenleben.[4]
Oft wird das Leben im Altersheim zur typischen Alterssituation verallgemeinert, was aber keineswegs zutrifft: Nur 6-8% der über 65-Jährigen leben in Heimen, und das Durchschnittsalter der eintretenden Heimbewohner ist ca. 80 Jahre.[5]
Das negative Stereotyp vom Alter ist ein schwerwiegendes sozialpsychologisches Problem, da eine positive Bewältigung und Verarbeitung des Alterns dadurch oft be- oder verhindert wird. Alte Menschen beschränken sich entsprechend den gesellschaftlichen Erwartungen, nehmen gesundheitliche Einbussen als natürliches Altern hin, ziehen sich von öffentlichen Veranstaltungen zurück, weil entweder auf ihre spezifischen Bedürfnisse nicht Rücksicht genommen wird oder sie Rollenerwartungen und Einstellungen gegenüber dem Altern übernehmen, die so nicht der Wirklichkeit, d.h. nicht ihren realen Möglichkeiten entsprechen.[6]

Es ist im deutschen Sprachraum zu einem wesentlichen Teil das Verdienst der Bonner Schule der psychologischen Gerontologie von Hans Thomae und Ursula Lehr, dieses negative Stereotyp widerlegt zu haben.[7] Durch breites empirisches Material ist klar erwiesen, dass das Altern "heute primär soziales Schicksal und erst sekundär funktionelle oder organische Veränderung" ist.[8] In ihrem Nachwort zur dritten Auflage der Psychologie des Alterns, einem Standardwerk in dieser Frage, resümiert Ursula Lehr den Ertrag der psychologischen Erforschung des Alterns folgendermassen: "Das wichtigste Ergebnis der bisherigen Grundlagenforschung ist in diesem Zusammenhang die heute abgesicherte Erkenntnis, derzufolge Altern - psychologisch gesehen: das Verhalten und Erleben im Alter - nur zu einem geringen Teil biologisch bedingt ist bzw. durch den Gesundheitszustand determiniert ist, hingegen durch Umweltfaktoren - d.h. durch soziale und ökologische Momente - weitgehend bestimmt ist. Diese Feststellung erst öffnet den Weg zu Interventionsmassnahmen."[9] Nun ist es gewiss nach wie vor richtig, dass mit zunehmendem Alter die primär physiologisch bedingten Leistungen, etwa die Wahrnehmungsfähigkeit der Sinnesorgane, auf Grund der oben beschriebenen biochemischen Veränderungen und chronischer Krankheiten abnehmen.[10] Aber bei günstiger Förderung, bei Training und Therapie bleiben schon die motorischen Fähigkeiten (die körperliche Beweglichkeit) viel länger erhalten, als dies gemeinhin angenommen wird.[11] Erst recht sind Leistungen wie Intelligenz und Lernfähigkeit von einer stimulierenden Umgebung, von der Lebensgeschichte und Sozialisation abhängig und werden vom Altern sehr spät oder überhaupt nicht betroffen. Unterschiede sind nicht primär auf das kalendarische Alter, vielmehr auf das Altern als sozial bedingtem und individuell sehr verschiedenem Prozess zurückzuführen.[12] Daher die Forderung einer differentiellen Gerontologie,[13] die möglichst exakt immer wieder die sozialen und individuellen Unterschiede berücksichtigt.

Wie verändern sich nun die psychischen Funktionen im Verlauf des Alterns?

Eine Leistungsabnahme kann allgemein festgestellt werden bei der Reaktionsgeschwindigkeit.[14] Reaktionen verlangsamen sich. Dabei braucht der alte Mensch nicht länger für die Erfassung der Situation, wohl aber für seine Entscheidung. Es ist festzustellen, dass der Aeltere sich auf Kosten der Geschwindigkeit, dafür mit grösserer Genauigkeit entscheidet. Das heisst, dass Aeltere beruflich meist zuverlässiger und exakter arbeiten, wenn sie nicht unter Stress stehen. Die Leistung verringert sich also nicht generell, sondern verändert sich.[15]

Recht viele Aeltere beklagen sich über Gedächtnisprobleme, was aber bei psychologischer Prüfung oft nicht mit dem realen Tatbestand übereinstimmt. Es gilt also das subjektive und das objektive Gedächtnis zu unterscheiden.[16]

Das sensorische Gedächtnis resp. die bewusste sensorische Wahrnehmungsfähigkeit (primäres Gedächtnis) wird vom Alter kaum tangiert, wenn der Gesundheitszustand gut ist.[17]

Demgegenüber nimmt das sekundäre Gedächtnis, d.h. die spontane Erinnerungsfähigkeit oder die kurz- und mittelfristige Erinnerung auf Grund von bestimmten Indices im Alter tatsächlich eher ab. Die Gründe dazu können sehr verschieden sein und die Abnahme kann durch Training auch kompensiert werden.[18]

Das Altzeitgedächtnis schliesslich mit sehr lange zurückliegenden Erinnerungen (tertiäres Gedächtnis) wird zwar im Alter aktiver, aber aufs Ganze gesehen ist von einer Abnahme der generellen Erinnerungsdichte im Gegensatz zur spezifischen, auf einzelne Ereignisse oder Personen bezogenen Erinnerungsdichte zu sprechen.[19]

Im Zusammenhang der Erwachsenenbildung ist die Lernfähigkeit[20] von besonderem Interesse. Die Aelteren lernen nicht schlechter, sondern sie lernen anders. Meist haben sie Mühe mit dem Kurzzeitgedächtnis und mit dem Ordnen unübersichtlichen Materials in gegliederte Einheiten (Codierung).[21]

Lernpsychologisch lassen sich folgende Grundsätze angeben:

1) Für Aeltere ist eine klare Gliederung und ein durchdachter Sinnzusammenhang des Stoffes besonders wichtig.

2) Der Lernstoff darf nicht zu schnell geboten werden, da er sonst von Aelteren nicht hinreichend verarbeitet werden kann.

3) Grosse Bedeutung hat für die Aelteren der Lerngewinn durch mehrmaliges Ueben und die Wiederholung.

4) Das Lernen der Aelteren kann gestört werden durch Unterbrechung (Pausen), Ausseneinflüsse oder zu starke Unterteilung. Aeltere lernen am besten im Ganzen, in grösseren Einheiten.
5) Sorgfalt und Ausdauer kompensieren im Alter die nachlassende Geschwindigkeit des Lernens.[22]
Es ist selbstverständlich, dass für die Lernfähigkeit im Alter die Bildung, die Motivation, die Gesundheit u.a.m. eine wichtige Rolle spielen, dies ist aber nicht alterstypisch.[23]

Ebenso unzutreffend wie andere Vorurteile ist die Annahme, dass ältere Menschen weniger umstellungsfähig und flexibel seien und ihre Rigidität, ihre Starrheit mit dem Alter zunehme.[24] Auch hier konnten vor allem Längsschnittuntersuchungen dieses Bild widerlegen. Sie zeigten eine relative Konstanz der Persönlichkeitsmerkmale und ein viel grösseres Gewicht der interindividuellen, sozialisationsbedingten Unterschiede.[25] U. Lehr schreibt: "Die gesamte Lebenssituation, biographische und soziale Momente, scheinen auch im Hinblick auf Persönlichkeitsveränderungen von wesentlicherem Einfluss als das kalendarische Alter!"[26]

Es erstaunt nach alledem nicht mehr, dass auch nicht generell von einem Sinken der beruflichen Leistungsfähigkeit älterer Arbeitnehmer/Angestellter gesprochen werden kann, obwohl ihre Stellung in der Industrie/Verwaltung oft recht schwierig ist.[27] Die Arbeitslosigkeit ist in allen Industrieländern unter den älteren Arbeitnehmern spezifisch höher, obwohl von einem Leistungsabfall nicht gesprochen werden kann.[28] Einzig körperliche Schwerstarbeit, eine unter Zeitdruck stehende Tätigkeit sowie bestimmte ungünstige äussere Bedingungen (Betriebsgrösse, Betriebsklima, Störfaktoren im familiären Bereich, Gesundheit u.a.) beeinträchtigen ihre Leistungsfähigkeit.[29] K.F. Becker schreibt dazu: "Es gibt also typisch ungünstige Arbeitsbedingungen für Aeltere... Diese markieren auch Grenzen für berufliche Leistungen, die mit solchen Konditionen verbunden sind. Im übrigen aber ist festzustellen, dass Aeltere weder mehr fehlen, noch häufiger verunglücken als Jüngere... Gleichwohl sind Aeltere überdurchschnittlich arbeitslos."[30]

Mit der Widerlegung eines generellen, alterstypischen Abbaus der Leistungsfähigkeit und der Persönlichkeit leugnet nun die Psychologie keineswegs, dass durch die neue Lebenssituation im Alter das Individuum in besonderer Weise herausgefordert ist. Es muss sich umstellen und anpassen, es hat sich mit den veränderten objektiven Lebensbedingungen auseinanderzusetzen. Daraus folgt auch, dass durch die Umstellung, wenn das letzte Kind das Heim verlässt, bei der Pensionierung oder beim Verlust näherer Angehöriger Belastungs- und Krisensituationen entstehen können, mit denen sich das Individuum zu beschäftigen hat.[31] James E. Birren, einer der führenden amerikanischen Altersforscher, sagt dazu grundsätzlich: "Das ganze Leben[32] hindurch wird die Anpassungsfähigkeit des Individuums von Situationen auf die Probe gestellt, die für es neu und doch für sein Lebensalter typisch sein können. Adäquate Anpassung bzw. die Bewältigung der Probleme und vorherrschenden Belange einer Altersstufe verhelfen dem Individuum zu zunehmender Differenziertheit und Kompetenz",[33] was wir im alltäglichen Sprachgebrauch als "Wachsen an einer Aufgabe" oder als

"Reifen" bezeichnen.
Von der psychoanalytischen Forschung wird heute die Untersuchung des Lebenszyklus im höheren und hohen Lebensalter als zentrale Aufgabe gesehen.[34] Allgemein hatte die Psychoanalyse eine Psychotherapie im Alter skeptisch beurteilt, da
1) die Rigidität Aelterer eine Therapie, d.h. eine heilende Aufarbeitung der Lebenskonflikte behindere oder verunmögliche,
2) die Erarbeitung der Lebensgeschichte zu aufwendig würde und eine Therapie eine zu lange Dauer hätte (Therapeuten hielten sich in der Praxis oft an eine obere Altersgrenze von 50 Jahren); schliesslich ging
3) S. Freud davon aus, dass die Triebenergie im Alter generell abnimmt und sexuelle oder aggressive Triebimpulse teilweise oder ganz verschwinden.[35]
Demgegenüber versuchte in den Jahren nach dem 2.Weltkrieg nun auch diese Forschungsrichtung, durch die Differenzierung psychosexueller Entwicklungsstufen und der jeweiligen psychosozialen Aufgaben (E.H. Erikson u.a.[36]) die psychische Lebensentwicklung zu erfassen. "Das psychodynamische Konzept des Lebenszyklus geht davon aus, dass die Bewältigung der entscheidenden psychosozialen Konflikte und Aufgaben einer Entwicklungsphase es erlaubt, die Herausforderungen, Möglichkeiten und Gefahren - besonders in der Kindheit und im Alter - der nächsten Phase anzunehmen... Dieser Schritt in die nächste Phase erfordert eine innere Auseinandersetzung, die mit Progressions-, aber auch Regressionsschritten und Abwehr einhergeht. Dadurch kann das Individuum den Eintritt in den nächsten Entwicklungsabschnitt als "Krise" erleben".[37]
In seinen bahnbrechenden Arbeiten über "Identität und Lebenszyklus" hat E.H. Erikson die psychosoziale Krise des reifen Erwachsenenalters als "Integrität gegen Verzweiflung" charakterisiert[38] und als Errungenschaft dieser Lebensphase die "Weisheit" bezeichnet. Er gesteht heute den alten Menschen ein meist noch verkanntes Potential an Produktivität, Kreativität, Offenheit und Sinnlichkeit zu.[39]

Welches sind nun die wesentlichen Lebensaufgaben und Konflikte, die in der zweiten Lebenshälfte durch Anpassung und kreative Verarbeitung vom älteren Menschen zu bewältigen sind?
Es ist klar, dass wir hier über eine recht allgemeine Charakterisierung der Probleme nicht hinausgehen können. Andrerseits ist eine solche Uebersicht für die Praxis nützlich und informativ.

Zuerst werfen wir einen Blick auf den Lebensabschnitt von 45 bis 64 Jahren. Welches sind die besonders häufigen Charakteristika? Die Frauen[40] kehren nach dem Ausfliegen der Kinder häufig wieder in die Berufstätigkeit zurück oder übernehmen eine Teilzeitarbeit, was ein neues Einleben in die Berufssituation, Veränderungen der familiären und partnerschaftlichen Beziehungen, meist aber auch eine Doppelbelastung zur Folge hat. Die Beendung der Erziehungsaufgabe sowie das Klimakterium erfordern eine neue Auseinandersetzung mit dem Selbstbild als Frau und der Lebensaufgabe. Häufig fällt in die Zeit zwischen 45 und 64 der Verlust der Eltern. Die Männer[41] erleben beruflich meist eine Phase der Konsolidierung, der stabilen Erhaltung des Erreichten. Stellenwechsel oder Aufstieg in diesem

Lebensabschnitt sind seltener. Die Endgültigkeit der beruflichen Situation, die Auseinandersetzung mit Vorgesetzten und jüngeren Kollegen, insbesondere aber die Arbeitslosigkeit können schwere Belastungsfaktoren sein. Der Weggang der Kinder ist für den Mann weniger einschneidend. Dagegen hat er sich dadurch vermehrt mit der Beziehung zu seiner Frau auseinanderzusetzen. Die nebenberuflichen Interessen und die nahende Pensionierung erhalten grösseres Gewicht. Stärker als bei Frauen ist dieser Lebensabschnitt durch den Verlust der Eltern oder Angehöriger geprägt.

Natürlich wird die Interaktion in der Ehe durch das Altern mitverändert.[42)] Sie ist zwischen 45 und 64 stark durch die Neubestimmung und den Neuaufbau in der nachfamiliären Phase gekennzeichnet. Das Ehepaar hat die künftigen Erwartungen, gemeinsame Interessen und Möglichkeiten "auszuhandeln". Durch die Trennung von den Kindern rückt die Zweierbeziehung erneut ins Zentrum, und viele Paare leiden an der Perspektive, weitere 20 bis 30 Jahre in einer "beziehungslosen Beziehung" leben zu müssen. Andrerseits erleben viele durch diese Krise hindurch einen Aufbruch und eine bewusste Neugestaltung der Ehe. Das Verhältnis zu Schwiegersöhnen resp. -töchtern und Enkelkindern spielt eine nicht zu unterschätzende Rolle in der Identitätsfindung.
Mit der Pensionierung des Mannes am Anfang des dritten Lebensalters wird die eheliche Interaktion tiefgreifend verändert. Auch der Mann lebt nun primär im häuslichen Bereich, und der Tagesablauf und die Arbeitsteilung müssen neu abgestimmt werden. Für viele Ehen sind in dieser Zeit die Veränderung der Wohnsituation und die Auseinandersetzung mit gesundheitlichen Problemen prägend.[43)] Gleichzeitig besteht die Möglichkeit, neue Chancen des Zusammenlebens auszuschöpfen, etwa Reisen, Verwandtenbesuche und Ferien sowie verschiedenste Freizeitaktivitäten.
Entgegen der weitverbreiteten Meinung von der Abnahme sexueller Aktivität im Alter besteht nur ein geringer Zusammenhang von sexueller Aktivität und Lebensalter. Echte Intimität bedeutet jetzt vor allem auch Nähe und Spiel.[44)]
Am Ende des dritten Lebensabschnittes steht meist der Verlust des Partners und die dadurch erforderliche Trauerarbeit. Oft geht eine längere und kräfteraubende Pflege/Begleitung voran, während der die Partner sich mit der Bilanz ihrer Beziehung und dem Abschied offen oder abwehrend auseinandersetzen.
Häufiger steht die Frau vor der Aufgabe, im Alter alleinstehend als Witwe den letzten Lebensabschnitt zu gestalten oder eine neue Freundschaft/Ehe aufzubauen.[45)]

Blicken wir auf den familiären Bereich: Welches sind hier die wesentlichen Veränderungen und Aufgaben für den alten Menschen?
"Für die Beziehung der verschiedenen Familien innerhalb des Familienverbandes stellen sich folgende psycho-sozialen Aufgaben: Eltern und Kinder müssen sich aus der ursprünglichen Eltern-Kind-Beziehung lösen und eine Beziehung von Erwachsenen im mittleren Lebensalter zu Erwachsenen im jüngeren Lebensalter aufbauen, die die Unabhängigkeit der Jüngeren respektiert. Eng verbunden damit in kurzer zeitlicher Verschiebung ist die Aufgabe, als Grosseltern eine Beziehung zu den Enkelkindern zu gestalten. Eine bisherige stabile Beziehung, die frühzeitige Anerkennung der Selb-

ständigkeit der Kinder und das Zurücktreten eigener Erwartungen wird zur befriedigenden Fortsetzung dieser Beziehung führen. Innere Verbundenheit und Unabhängigkeit auf beiden Seiten charakterisiert das Prinzip "Innere Nähe durch äussere Distanz"."[46)]
Deutlich zeigt sich ein Zusammenhang zwischen Familienkontakt und übrigem Sozialkontakt, insofern als jene, die häufig Sozialkontakte mit Freunden und Bekannten haben, weniger häufig familiären Kontakt pflegen und auch wünschen. Umgekehrt wird der Wunsch nach mehr familiären Kontakten oder die Klage über mangelnden Kontakt vor allem von jenen artikuliert, die während des ganzen Lebens einseitig auf die Familie ausgerichtet waren und wenig Beziehungen zu Freunden oder Bekannten hatten.[47)] "Das Ausmass der Einsamkeitsgefühle ist eher eine Funktion der Erwartungen hinsichtlich der Eltern-Kind-Beziehungen und hinsichtlich anderer Sozialkontakte als eine Funktion der tatsächlichen Kontakte"[48)] und hängt stark mit Inaktivität, Langeweile, Abhängigkeit resp. Gesundheitszustand zusammen.[49)] Zwischen objektiver Isolation und subjektiver Einsamkeit ist also gerade auch in der Seelsorge deutlich zu unterscheiden. Zudem ist räumliche Trennung nicht mit Isolation gleichzusetzen. "Entgegen vielen früheren Auffassungen zeigt sich, dass Beziehungen zwischen den alten Leuten und ihren erwachsenen Kindern in gutem Einvernehme auch ohne Haushaltgemeinschaft möglich sind. Es lässt sich daher mit allen bisherigen Ergebnissen durchaus vereinbaren, dass Familienbeziehungen der Bejahrten über räumliche Trennung hinweg bestehen und wirksam sein können" (L. Rosenmayr).[50)]

Die Pensionierung, das Ausscheiden aus dem Berufsleben stellt einen zentralen Einschnitt im reifen Erwachsenenalter dar. Dieser Problembereich ist durch die Strukturen der Arbeitsteilung in der Industriegesellschaft bedingt und fehlt z.B. in agrarischen Gesellschaften.[51)]
Die Erwartungshaltung zur Pensionierung wird weitgehend durch den Gesundheitszustand, die Zufriedenheit mit der beruflichen Tätigkeit und die ausserberuflichen Interessen und Pläne bestimmt.[52)] Je negativer die Tätigkeit am Arbeitsplatz erlebt wird, umso negativer ist verblüffenderweise die Einstellung zur Berufsaufgabe und umgekehrt![53)] Ebenso erstaunlich ist es, dass die private Lebenssituation in der Erwartungshaltung nur eine schwache Rolle spielt, obschon sie für die faktische Einstellung auf das Leben nach der Pensionierung entscheidend ist.[54)]
Für die Anpassung an den Ruhestand spielen eine wichtige Rolle die Vorbereitung auf die Pensionierung, die familiären und partnerschaftlichen (bei Alleinstehenden die freundschaftlichen und nachbarschaftlichen) Beziehungen sowie natürlich die Sozialisation (deutliche Unterschiede zwischen Arbeitern und Angestellten). Jetzt fallen die lebenslangen Benachteiligungen und die Entfremdung in der Arbeit besonders stark ins Gewicht![55)]
Obwohl die Pensionierung der Frau noch wenig untersucht ist, kann gesagt werden, dass die alleinstehende Frau sich häufig besser und schneller an den Ruhestand gewöhnt, da sie sich gegenüber der doppelbelasteten Ehefrau eher einen eigenen, nebenberuflichen Lebensraum aufbauen konnte.[56)]
Generell gilt: Eine positive Einstellung zu Pensionierung und zum Aelterwerden erleichtert die Anpassung an den Ruhestand.[57)] Darum kommt der Vorbereitung und Information, der aktiven Auseinandersetzung mit dem Alter als Teil unseres Lebens auch im Blick auf die Pensionierung ein

grosses Gewicht zu.[58]

Die Veränderungen der Wohnsituation sind für das Erleben des Alters von grosser Bedeutung.[59] Im dritten Lebensalter wird durch den Auszug der Kinder oder den Verlust des Ehepartners häufig die Wohnung oder das Haus mit Garten zu arbeitsintensiv und ein Umzug ist erforderlich. Dies kann einen tiefen Einschnitt und eine grosse psychische Belastung bedeuten, da die heutige Forschung die zentrale Rolle der ökologischen Lebenssituation, der Wohnumwelt, der vertrauten Umweltzugänge und der Nachbarschaft für die Bewältigung des Alters erwiesen hat.[60] Ein ansehnlicher Teil der Betagten vollziehen nach der Pensionierung einen Wohnungswechsel, viele gezwungenermassen, andere freiwillig. Kündigungen sind bei langjährigen Mietern z.B. aus Renovations- oder Sanierungsgründen nicht selten.[61] Es zeigt sich entgegen der gängigen Idealisierung des Drei-Generationen-Haushaltes, dass die meisten Betagten nicht die Haushaltsgemeinschaft mit den Kindern in einem Haushalt wünschen, sondern "innere Nähe durch äussere Distanz" (Tartler) resp. "Intimität - aber auf Abstand" (Rosenmayr, Köckeis). Dies bedeutet, dass sie enge Sozialkontakte zur Familie, aber bei selbständiger Führung ihres Haushaltes, einem Zusammenwohnen vorziehen.[62]

Auf die Uebersiedlung ins Altersheim und die Anpassung an die Lebenssituation im Heim hat sich bisher die psychologische Erforschung der Auswirkungen der Wohnsituation im Alter vor allem konzentriert.[63] Die Uebersiedlung ins Alters- oder Pflegeheim fällt normalerweise, das muss hier betont werden, in den Anfang des vierten Lebensalters, und auch dann werden viele nicht mit diesem Schritt konfrontiert.[64] Welches sind die Resultate der diesbezüglichen Forschungen?

Als Korrektur des gängigen Bildes erweist sich, "dass gerade diejenigen Betagten, die den engsten Kontakt zu den Kindern haben und am meisten mit ihrer Elternrolle und Grosselternrolle zufrieden sind, am positivsten dem Altenheim gegenüber eingestellt sind."[65] Leider ist das Bild vom Altenheim bei allen Generationen nach wie vor stark negativ geprägt, und entsprechend lehnen auch viele Aeltere das Wohnen im Altersheim ab, weil sie es als letzte Lebensstation und als einen Ort sehen, an den man von der Familie und Gesellschaft abgeschoben wird.[66]

Wäre der alte Mensch sicher, dass für seinen Aufenthalt in der angestammten Wohnung alles getan wird, und würde ihn das Wohnen im Altersheim nicht völlig seiner sozialen Umwelt entreissen, so könnte dieses negative Bild zweifelsohne korrigiert werden. Die Entwicklung der letzten Jahre weist eindeutig auf möglichst offene, dezentralisierte und auch ambulante Hilfe anbietende Alters- und Pflegeheime, die einen regen Kontakt mit der Aussenwelt ermöglichen.[67]

In der Daseinsthematik spielt für alte Menschen die Gesundheit die zentralste Rolle, dies ist das Thema, mit dem sie sich am stärksten auseinandersetzen und beschäftigen. Das Erleben und die Verarbeitung gesundheitlicher Rückschläge, von Krankheit und Therapie, sind darum für die Seelsorge bei alten Menschen von grosser Bedeutung.[68]

Die Selbstbeurteilung des Gesundheitszustandes richtet sich, wie die Untersuchungen zeigen, weitgehend nach dem Grad der körperlichen Beweglichkeit. Einschränkungen der Beweglichkeit (Lähmungen, Arthritis oder

Arthrose z.B.) oder die Reduzierung der sensorischen Fähigkeit (Schwerhörigkeit, Sehschwäche) bilden vor allem die Basis für die Selbstbeurteilung. Sie stimmt also oft nicht mit dem objektiven Gesundheitszustand überein.[69)]
Wenn der Ehepartner erkrankt, bedeutet die Pflege für die/den Pflegende/n in vielen Fällen eine Belastung der Ehe, da sie grosse körperliche Anforderungen stellt und auch die Interaktion tiefgreifend verändert. Es ist beeindruckend, was von vielen alten Menschen bis an die Grenze der psychischen und physischen Leistungsfähigkeit getan wird. Die früher geteilten Aufgaben lasten nun gänzlich auf den Schultern nur eines Partners, und die Behinderung oder Krankheit verändert häufig das seelische Verhalten (Resignation, Depression, stete Vorwürfe, Verwirrtheit u.a.).
Generell kann gesagt werden, dass ein gesunder Lebenswandel, aktive Bewegung und eine angemessene Ernährung auch das subjektive Wohlbefinden erhöhen.[70)] Entgegen der häufigen Annahme, im Alter gehe es vor allem um einen "Ruhestand" und um Schonung (etwa nach der Genesung von einer Krankheit), erweisen die heutigen therapeutischen Erkenntnisse, dass - ausser bei speziellen Diagnosen - der prophylaktischen (vorbeugenden) und therapeutischen (heilenden) Aktivierung sowie dem körperlichen und geistigen Training zentrale Bedeutung zukommen.[71)]

Schliesslich sei als letzter Problembereich die Auseinandersetzung mit der Endlichkeit des Lebens und mit dem Tod angeführt, da hier die empirischen Untersuchungen besonders krass von der gängigen Einschätzung abweichen.[72)] "Obwohl es in einzelnen Fällen so sein kann..., muss insbesondere die generelle Annahme zurückgewiesen werden, eine grössere Angst vor dem Sterben mache ältere Menschen sozusagen "religiöser". In Wahrheit liegt bei älteren Menschen wie z.B. Munnichs ... gezeigt hat, in der Regel eine stärkere Vertrautheit mit der Endlichkeit des Erdenlebens vor als bei mittleren Jahrgängen."[73)] Es gibt also keine spezielle, durch die Angst vor dem Sterben und dem Tod ausgelöste, Altersfrömmigkeit. Vielmehr ist die Glaubenspraxis im Alter primär durch den Lebenslauf und die Sozialisation bedingt.[74)]
Die Seelsorge und die Gemeindearbeit gehen häufig noch davon aus, dass in der Daseinsthematik älterer Menschen das Thema Tod dominiert, sie sich also im besonderen mit den Fragen des Sterbens und des Todes auseinandersetzen. Typische Probleme des Alterns sind aber in viel höherem Mass die Gesundheit (1.), die Einsamkeit und der Verlust von Nächsten (2.), dann auf dem Land die Freizeit, Schwierigkeiten im Umgang mit anderen Menschen und finanzielle Probleme, in der Stadt oder Kleinstadt das Aufgeben des Berufs, die Freizeit, Wohnungs- und Versorgungsprobleme. Erst dahinter wird das Thema Tod angeführt, wie die Untersuchung von K.F. Becker zeigte.[75)] Der Holländer J. Munnichs hat zudem aufgewiesen, dass die Einstellung zur Endlichkeit des Lebens und die Vertrautheit mit ihr vor allem von drei Faktoren abhängen. Erstens nimmt die Vertrautheit mit der Endlichkeit des Lebens mit höherem Lebensalter zu. Zweitens sind eine positive Haltung zur Vorbereitung auf das Sterben und Erfahrungen mit dem Tod, resp. mit der Begleitung Sterbender ausschlaggebend für die positive Einstellung zur Endlichkeit. Drittens zeigt sich: je mehr jemand soziale Kontakte und Austausch mit anderen Menschen hat, umso offener

beschäftigt er sich auch mit den Problemen des Lebensendes. Kurz gesagt wird also die Vertrautheit mit der Endlichkeit des Lebens vor allem bestimmt durch Lebensalter, Lebenserfahrung und soziale Situation.[76)]
W.M. Swenson hat "festgestellt, dass von den über 60jährigen 45% eine positive Einstellung zum Tode haben und das Lebensende durchaus als etwas Selbstverständliches in ihren Zukunftsbezug miteinbeziehen, 44% Gedanken an den Tod verdrängten und 10% furchtsam-ängstliche Einstellungen erkennen liessen, wobei religiöse Ueberzeugungen in stärkerem Masse bei jenen Personen zu finden waren, die das Lebensende bewusst akzeptiert hatten."[77)]

Es ist ein Verdienst der psychologischen Altersforschung, dass sie einerseits empirische Sachverhalte eindrücklich bewusstmacht, andrerseits therapeutische Möglichkeiten auch für die Seelsorge erschliesst. Die breite Grundlagenforschung ermöglicht es heute, die Praxis der Gerontologie interdisziplinär zu koordinieren und gemeinsam präventiv, durch Verbesserung der Lebensbedingungen und durch Rehabilitation gegen ein vorzeitiges Altern zu intervenieren. "Intervention bezeichnet das Insgesamt der Bemühungen, ein hohes Lebensalter bei psychophysischem Wohlbefinden zu erreichen."[78)] Die Möglichkeiten dazu sind zweifelsohne nicht ausgeschöpft.

2. DER BISHERIGE BEITRAG VON KIRCHE UND THEOLOGIE

2.1. Die Arbeit in den Kirchgemeinden

Die Veranstaltung von Altersnachmittagen und Altersausflügen, die Betreuung und Begleitung Betagter gehören heute zu den selbstverständlichen Aufgaben der Kirchgemeinden. Die alten Menschen zählen zu den treuesten Gottesdienstbesuchern, und sie reagieren überwiegend positiv und dankbar auf die kirchliche Altenarbeit.[1)]

Spätestens aber seit den siebziger Jahren ist zuerst und vor allem in städtischen Gemeinden erkannt worden, dass die traditionelle Altersarbeit der Kirchgemeinden den Bedürfnissen und Interessen Betagter nicht immer entspricht. Stark gealterte Quartierbevölkerungen forderten das Engagement der Kirchgemeinden in Fragen der Betreuung, Pflege und Wohnunterkunft in neuen Formen heraus, und mit dem Aufbau einer gezielten Erwachsenenbildung wurden auch die Chancen und Möglichkeiten der Altersbildung erkannt.[2)] Die Zusammenarbeit mit all denjenigen, die sich beruflich mit den Altersfragen befassen, wurde von den Pfarrern und Gemeindehelfern/Sozialarbeitern verschieden intensiv und gezielt angepackt. Im ländlichen Dorf ergeben sich auch heute die informellen Kontakte meist selbstverständlich, in den Agglomerations- und Stadtgemeinden aber können sie nicht einfach vorausgesetzt werden. In Grossstädten ist das Angebot an Diensten für älterwerdende und alte Menschen recht unübersichtlich zersplittert. An der vita-tertia-Ausstellung 1982 in Basel stellten sich nicht weniger als 24 Institutionen, christliche Kirchen und Sozialdienste vor, die sich im Raume Basel in Belangen der Betagten einsetzen.[3)]

Stellt man nun tabellarisch die Aktivitäten in den Kirchgemeinden und die im Bereiche der Altersfragen aktiven Berufstätigen und Institutionen zusammen, so ergibt sich folgende Uebersicht:[4)]

Tabelle 24

Aktivitäten der Kirchgemeinden	Zusammenarbeit mit
getragen von:	Gemeinnützige Institutionen
Kirchgemeinderat	(z.B. Pro Senectute, Pro Infirmis)
Pfarrer	
Sozialarbeiter	
Gemeindehelfer	Oeffentliche Fürsorge/Sozialdienst:
Laienmitarbeiter	Sozialarbeiter(in)/Fürsorger(in)
Engagierte Gemeindeglieder	Gemeindeschreiber
u.a.	Fürsorgekommission
	Fürsorgeamt
Gottesdienste	
Gemeindegottesdienste, Abdankungen	Aerzte:
Bibelgruppen, Gebetskreise	Allgemeinmediziner
	Geriater
	Psychiater
Erwachsenenbildung:	
Vorbereitung auf den dritten Lebensabschnitt	Haus- und Krankenpflegedienst:
	Gemeindeschwester
Kurse über die zweite Lebenshälfte	Vermittlerin
	Hauspflegerin, Haushilfen
Altersbildung	Amt für Altersbetreuung
Altersnachmittage	
Altersausflüge	Spital:
Altersferien	Geriatrie
Altersklubs, Treffpunkte	Sozialdienst
	Pflegepersonal
Altershilfe und Sozialarbeit	
Nachbarschafthilfe	Alters- und Pflegeheim:
Besuchsdienst	Heimleiter(in)
Haushilfen, Mahlzeitendienst	Pflegepersonal
Sozialarbeit	Heimbehorden
Gruppenarbeit	
	Politisch Verantwortliche und Behörden(mitglieder):
Seelsorge	Gemeinderäte
Besuche	Mitglieder der Fürsorgekommission
Begleitung Kranker und Behinderter	Architekten, Planungs- und Bauchfachleute u.a.
Sterbebegleitung	
Begleitung Angehöriger	
Telefonseelsorge	
Medienarbeit	
Kirchgemeindeblatt,	
kirchl. Zeitungen u.a.	
Lokalradio	
Haus- und Krankenpflege	

Mitarbeit und Beteiligung bei:
Heimbehörden
Ausbildung von Laienmitarbeitern
Gesundheitszentren (z.B. Bern)[5]
Planung und Realisierung von Altersheimen, Alterssiedlungen u.a.

Diese Liste erhebt natürlich keinen Anspruch auf Vollständigkeit. Sie müsste je nach Gemeinde ganz verschieden zusammengestellt werden. Aber sie veranschaulicht, wie breit kirchliches Engagement auf der Ebene der Kirchgemeinden ist, und in wie vielfältigen Beziehungen es stattfindet. Es ist zweifelsohne notwendig, dass die Altersthematik als selbständiger sozialethischer Themenbereich erkannt wird. Viele, die in der Altersarbeit engagiert sind, könnten Wegweisung und Hilfe vom Evangelium her gebrauchen, und keineswegs nur im Bereich der Kirche selbst.

Eine zentrale Frage für die Kirchgemeinde ist: Entsprechen die heutigen Angebote der Kirchgemeinde wirklich den Bedürfnissen und Interessen der Betagten? Welche Betagten werden erreicht? Welches sind die Ziele und Wertvorstellungen, die in der kirchlichen Altersarbeit zum Ausdruck kommen? Ursula Koch-Straube hat in ihrer Untersuchung der Gemeindearbeit mit alten Menschen klar gezeigt, wo die Problematik der bisherigen Aktivität meist liegt.[6] Die alten Menschen werden in der Kirche nach wie vor zu sehr auf die Rolle der Abhängigen und Hilfsbedürftigen fixiert. Das Alter wird zuwenig als eigenständiger Lebensabschnitt erkannt, in dem der einzelne selbständig das Leben gestaltet, Schwierigkeiten bewältigt und die Gemeinschaft mit allen Generationen erlebt. Grosse individuelle Hilfsbereitschaft und oft selbstloser Einsatz können nicht darüber hinwegtäuschen, dass die Altersarbeit zu sehr die Ziele Beschäftigung, Unterhaltung, Betreuung und Pflege vor Augen hat. Ohne Absicht übernimmt man damit die negativen Altersstereotypen, die längst nicht mehr der Realität des Alterns entsprechen.[7]
Zuwenig werden die älteren Menschen zu Selbsthilfe, Mitarbeit, diakonisch-missionarischem Dienst und Vertiefung des evangelischen Lebens ermutigt. Die Altersarbeit der Kirchgemeinden sollte nicht mehr auf die Altersbetreuung eingeschränkt werden. Wir müssen nach neuen Formen für die erfüllte Gestaltung dieses Lebensabschnittes suchen.[8]

Der Zusammenarbeit auf allen Ebenen kommt dabei entscheidendes Gewicht zu. Arbeitsgruppen der beruflich Engagierten, die sich vierteljährlich oder halbjährlich treffen, um Erfahrungen und Schwierigkeiten auszutauschen, haben sich in den Gemeinden schon bewährt.[9] Zudem ist es positiv einzuschätzen, wenn der Betagte mit einer Broschüre selbst die Gelegenheit erhält, sich zu informieren und die seinen Bedürfnissen entsprechenden Dienste zu beanspruchen.[10] Vieles gilt es noch aufzubauen. Im Blick auf die Gemeindearbeit gilt generell, was Helga Frisch in ihrem "Tagebuch einer Pastorin" notiert hat: "Die Kirche kann wohl keinen grösseren Fehler machen, als "um der Alten willen alles beim Alten zu lassen". In der Gemeinde begrüssen gerade Senioren alle tragfähigen "Experimente", weil sie in der Kirche lieber jungen Menschen begegnen als der - durch Fehlen der Jugend augenfälligen - Auffassung, Kirche sei 'etwas für alte Leute'."[11]

2.2. Beispiele für von Christen oder der Kirche mitgetragene Initiativen in der Altersfrage

Natürlich setzt sich die Kirche nicht erst in den letzten Jahren mit der Altersfrage auseinander. Wir werden die Ausgangspunkte im Neuen Testament noch umreissen.[1] Ein Blick in die Geschichte des Christentums zeigt, dass die christliche Diakonie sich immer wieder gerade in diesem Bereich entschieden engagierte.[2] Schon dem Philosophen Celsus und anderen Gegnern der Alten Kirche fiel die Barmherzigkeitspflege der Christen auf, die gut organisiert Greise, Kranke, Witwen und Waisen unterstützte und betreute.[3] Die Möglichkeiten dazu wurden durch den Latifundienbesitz der Reichskirche seit Konstantin d.Gr. (306-337) vergrössert, aber gleichzeitig vermochte die Kirche das Interesse der Stoa an der Sklavenbefreiung auf Grund ihres eigenen Grund- und Sklavenbesitzes nicht fortzuführen.[4] Durch das Aufgehen der grösser gewordenen Gemeinden im Gesellschafts- und Wirtschaftszusammenhang und den damit verbundenen Kompromissen der Liebesethik wurde das Mönchtum zum Gegenpol und suchte Brüderlichkeit, Gemeinbesitz, Askese und Barmherzigkeit in evangelischer Radikalität zu verwirklichen.[5] Im Abendland waren im Mittelalter die Klöster und Ordensgemeinschaften die wesentlichen Träger der christlichen Liebestätigkeit, die sich um die Pflege, Fürsorge und Betreuung der Kranken, "Siechen" und alleinstehenden Alten kümmerten.[6] Wenn in der schweizerischen Reformation Huldrich Zwinglis Grundsatz, "das Kirchen- und Klostergut gehöre der Kirche und den Armen" auch nicht vollständig verwirklicht wurde, so setzte jetzt doch eine vom Staat mitgetragenen Sozialpolitik ein, die das Gemeinwesen gegenüber seinen schwächsten Gliedern, so auch den Kranken und Alten, in vermehrtem Masse verpflichtete.[7] In der Genfer Reformation wurde die Diakonie fest im Gemeindeaufbau verankert, indem neben den "ministres" (Pfarrern), "docteurs" (Lehrern) und "anciens" (die Aeltesten, die die Kirchenzucht und kirchliche Gerichtsbarkeit verwalteten) die "diacres" (Diakone) standen, die für die Verwaltung des öffentlichen Armenvermögens und für die Fürsorge, Pflege und Betreuung der Armen und Kranken zuständig waren.[8] Es würde hier zu weit führen, die breite soziale Aktivität des Pietismus, die Säkularisation in der Folge der Aufklärung und das Aufbrechen der sozialen Frage im 19. Jahrhundert - die auch die Frage der Verelendung im Alter war - darzustellen.[9] Aber es kann doch zusammenfassend gesagt werden, dass eine kirchengeschichtliche Aufarbeitung der Altersprobleme sich zentral mit der Geschichte der christlichen Diakonie und mit der Traditionsgeschichte des 5. Gebotes auseinanderzusetzen hätte.

Wir wollen hier einige Beispiele christlicher und kirchlicher Initiativen geben. Zuerst ein eindrückliches Beispiel für die Traditionsgeschichte des fünften Gebots in der Bauernkultur des Kantons Bern: das Stöckli.[10] Das Stöckli ist in der bernischen Landwirtschaft ein (1667 erstmals bezeugtes)[11] vom Bauernhof mit Stall und Heubühne abgetrenntes, alleinstehendes Gebäude mit zusätzlichem Wohnraum.[12] Wenn die alten Eltern dem Sohn, resp. dem Erben das Gut übergeben, so ziehen sie ins Stöckli und erhalten dort ihren Altenteil. Ursprünglich waren die Stöckli Ofen- und Backhäuser, wurden dann aber bei genügender Grösse des Hofes zur "Alterswohnung für die Eltern oder Grosseltern des jungen Bauernehepaares".[13] Meist sind die Stöckli wie das Bauernhaus im Holzbau erstellt und mit der bekannten "Ründi", der halbkreisförmigen Verschalung des Dachgiebels, gestaltet.[14] Obschon die schriftlichen Quellen rar sind, hat sich das Stöckli wohl besonders im 18. Jahrhundert eingebürgert.[15] Es ist an die geschlossene Erbfolge gebunden, das heisst die Uebergabe des Hofes an den jüngsten Sohn, sei es im Verkauf oder in Pacht. Ein "Schleissvertrag" wurde abgeschlossen, der den Alten die Versorgung mit Naturalien, evt. einen Zins und gewisse Rechte sicherte.[16] Das Stöckli ist eine umfassende Regelung der Altersfrage im Rahmen der bäuerlichen Hofgemeinschaft, die sowohl das Wohnproblem wie die Generationenablösung, die Vorsorge wie die soziale Teilhabe alter Menschen menschenfreundlich zu lösen vermag. Die Stöckli werden auch heute für diesen Zweck gebraucht.[17] Ihre Wurzeln haben sie in der typisch bernischen Bauernkultur, die in den Sprüchen an der Stirnseite der Häuser ihren Ausdruck findet und das 5. Gebot eindrücklich praktisch zu verwirklichen vermochte.[18] Ohne der Sozialromantik zu verfallen, kann man am Stöckli einiges für ein humanes Altern heute lernen: "Innere Nähe durch äussere Distanz",[19] soziale Teilhabe der Alten, Integration in die Hofgemeinschaft, Kontinuität in der Frage der Arbeit, rege Interaktion und Kommunikation zwischen den Generationen.

In das letzte Jahrhundert fällt im Kanton Bern die Gründung des ersten Chronischkranken-Pflegeheims, des Asyls Gottesgnad in Rychigen (1885).[20] Anlass war die Tatsache, dass die bernische Gesetzgebung eine Aufnahme von Chronischkranken in Bezirksspitäler ausdrücklich verbot "wie namentlich: Schwindsüchtige, Wassersüchtige, Scrophulöse oder an Geschwüren, Beinfrass, Fisteln und dergleichen Leidende".[21]
Im Kanton Waadt hatte sich schon 1827 ein freier Verein für Unheilbare gebildet, der eine Versorgungssystem für die in Privathäusern lebenden Chronischkranken aufbaute. In Schaffhausen und St. Gallen hatten die Grossen Räte die Errichtung kantonaler Asyle beschlossen. Die medizinische Gesellschaft des Seelandes hatte sich für die Errichtung eines Chronischkrankenpflegeheims eingesetzt.[22] "Unterdessen war von anderer Seite die Sache aufgefasst und auf kantonaler Basis an die Hand genommen worden. Längst schon hatte sich in kirchlichen Kreisen die Ansicht geltend gemacht, die Kirche sollte nicht immer nur predigen, sondern die alte Diakonie, den Dienst an den Armen, erneuern, sich nicht nur mit Worten, sondern mit Taten der rettenden und helfenden Liebe an der sozialen Frage unserer Tage beteiligen, wie ja auch Jesus nicht nur gepredigt, sondern Hungrige gespeist und Kranke geheilt hat, nicht nur der Seele, sondern auch des Leibes Arzt sein will."[23] Von der Kirchensynode von 1883 wurde ein "Ausschuss für kirchliche Liebestätigkeit" ernannt, der je zwei Mitglieder beauftragte, sich mit den Problemen der "Unheilbaren" und der Epileptischen zu befassen.[24] Mit sprichwörtlichem Elan wurde 1884/85 der Verein "der Anstalt Gottesgnad" mit 114 Kirchgemeinden, 6 Korporationen und 47 Privaten als Mitgliedern gegründet und das erste Chronischkrankenpflegeheim in Rychigen eingeweiht.[25] Ebenso wurde die "Anstalt Bethesda" für Epileptische ins Leben gerufen (zuerst in Brüttelenbad, dann in

Tschugg).[26] Von der Gesamtkirche wurden durch Kollekten die wesentlichen finanziellen Mittel zusammengebracht. Führender Initiant und dann auch erster Präsident der Direktion des Chronischkrankenpflegeheims war Pfarrer Gottfried Friedrich Ochsenbein, Schlosswil.[27] Er schrieb im ersten Jahresbericht: "Der Name unserer Anstalt deutet an, dass wir von vorneherein des Bestimmtesten überzeugt waren, nur das Evangelium Jesu Christi biete die Lebenskräfte dar, um die Leibes- und Seelennot von Unheilbaren zu überwinden und diese unsere Ueberzeugung bleibt unentwegt stehn... Die Erlösung durch Christum soll eine Tatsache werden, was sie da nicht ist, wo kein Dank und keine Freude in Gott aufkommen kann."[28]
Die Chronischkranken verteilten sich nach einer Liste von 1888 über alle Lebensalter, am meisten aber waren im Alter zwischen 50 und 70 Jahren.[29] 1888 erfolgte dann die Uebersiedlung des Heims nach Beitenwyl (geschlossen 1973).[30] In den folgenden Jahren und Jahrzehnten wurden Heime in den meisten Amtsbezirken des Kantons aufgebaut.
Heute bestehen Krankenheime in Ittigen, Köniz, St. Niklaus (Koppigen), Mett, Spiez, La Neuveville, Langnau und ein Neubau in Wittigkofen ist geplant.[31] Als "Vereinigte Krankenasyle Gottesgnad des Kantons Bern" sind sie kantonal zusammengeschlossen. Das Asyl Spiez führt zudem eine Schule für Krankenpflege und Spitalgehilfinnen. In sämtlichen Heimen arbeiten Frauenkomitees mit. Das Alter der Betreuten reicht heute vom Kleinkind bis zum Hundertjährigen. Der Hauptteil der Chronischkranken (4/5) ist aber 61-100 Jahre alt.[32] Die Finanzierung des jährlichen Budgets von 30 und mehr Mio. Fr. erfolgt über die Pflegetaxen (indirekt die AHV/IV), Subventionen und eigene Leistungen.[33] Zu vergleichen wären ähnliche Werke in anderen Kantonen (zum Beispiel im Kanton Zürich das Diakoniewerk Neumünster u.a.).[34]

Wie entstand im Kanton Bern der "Verein für das Alter" resp. "Pro Senectute"? Es verwundert nach dem Gesagten nicht mehr, das die Entstehung dieses Vereins eng mit kirchlicher Initiative verknüpft war. Den ersten "Leitsätzen für das kantonalbernische Komitee der schweizerischen Stiftung 'Für das Alter'"entnehmen wir folgende Entstehungsgeschichte: "Im Jahr 1916 wurde in der Abgeordnetenversammlung der vereinigten Asyle "Gottesgnad" die Anregung gemacht, es sollten von diesen Asylen aus Altersheime gegründet werden, um so den vielen Gesuchen um Aufnahme von Greisen und Greisinnen entsprechen zu können, die jetzt sehr oft abgewiesen werden müssen, sobald die Angemeldeten nicht pflegebedürftig sind. Im Jahr 1917 wurde von dieser Abgeordnetenversammlung beschlossen, diese neue Aufgabe dem bernischen Ausschuss für kirchliche Liebestätigkeit zuzuweisen, da die Direktionen der Asyle schon mit Arbeit überhäuft sind."[34] Um Doppelspurigkeiten zu vermeiden, nahm dann 1918 der bernische Ausschuss für kirchliche Liebestätigkeit mit der von der schweizerischen Gemeinnützigen Gesellschaft gegründeten Stiftung "Für das Alter" Kontakt auf, so dass das kantonale Komitee sich der schweizerischen einordnete und von dieser auch anerkannt wurde.[35] Gegründet wurde der Verein "Für das Alter" im Kanton Bern am 5. Oktober 1920, und massgeblicher Initiant war der spätere Münsterpfarrer Hans Wäber, unter dessen Präsidium der Verein alsbald seine Arbeit "als ein Werk der freiwilligen

nicht-staatlichen Altershilfe" in der Oeffentlichkeit begann.[36] Der Verein gliederte sich von Anfang an entsprechend den Amtsbezirken in Sektionen, was für den Kanton Bern typisch ist.[37] In seinen ersten Statuten werden drei Arbeitsziele genannt: 1) Das Verständnis für die Alten in allen Generationen zu fördern, 2) in den Amtsbezirken des Kantons Alterheime zu gründen ("Es werden nicht grosse Anstalten, sondern viele kleine, gemütliche Heime mit familiärem Charakter angestrebt") und 3) kleine Unterstützungen (von Fr. 5-20) an bedürftige Alte auszurichten.[38] Die Arbeit des Vereins hat sich vor allem seit der Einführung der AHV 1948 stark verlagert, aber Ziel ist geblieben, wie schon Pfr. Hans Wäber formulierte, ".. auch den Greisen und Greisinnen einen freundlichen Lebensabend zu verschaffen, soweit das vom Menschen abhängt."[39] Von Beginn seiner Tätigkeit an setzte sich der Verein für eine Regelung der Altersversicherung auf Bundesebene ein, denn "... wenn dem bestehenden Notstand gründlich abgeholfen werden soll, so wird eben doch der Bund eingreifen und auf irgend eine Art, vielleicht mit Benutzung bestehender privater Versicherungsanstalten, die Aufgabe lösen müssen... die Pflicht, für unsere alten Leute besser zu sorgen, bleibt bestehen..."[40]
Die Schweizerische Stiftung "Für das Alter" würde am 23. Oktober 1917 in Winterthur unter dem Patronat der Schweizerischen Gemeinnützigen Gesellschaft (SGG) als ein privates Hilfswerk gegründet. Die zehn Gründer waren: Pfr. A. Reichen, Winterthur; A. Champod, Lausanne; Dr. med. A. v. Schulthess, Zürich; Pfr. A. Wild, Zürich; Pfr. J.R. Hauri, Zürich; Pfr. Fink, Pfungen; Pfr. Kistler, Töss; V. Altherr, St. Gallen; Pfr. R. Weiss, Zürich und W. Gürtler, Winterthur. Es brauchte genau 30 Jahre Aufklärungs- und Fürsorgearbeit, bis am 6. Juli 1947 das Bundesgesetz über die AHV mit einer Mehrheit von 4/5 angenommen wurde. Die Stiftung war wesentlich am Erfolg beteiligt. Die Erfahrungen der Weltwirtschaftskrise und des Zweiten Weltkrieges hatten im Volk der Altersversicherung endlich zum Durchbruch verholfen.[41]

Nach diesem Rückblick in die Geschichte nun einen Blick auf die heutige Arbeit von Pro Senectute. Wie sieht die Tätigkeit von Pro Senectute auf kantonaler Ebene aus? Welche Altershilfen bietet sie? Wir nehmen als Beispiel die Aktivität des Vereins für das Alter im Kanton Bern, die sich weitgehend mit anderen Kantonalvereinen deckt.

Tabelle 25[42]

Die Altershilfen (Leistungen) des Vereins "Für das Alter" im Kanton Bern

Dienstleistungen	Finanzielle Hilfen	Altersheime
Beratungsstellen - Allgemeine Beratung - ev. Betreuung - Information	Bundesmittel Gezielte Hilfe - periodische Geldleist. - einmalige Geldleist. - Sachleistungen	Sektionseigene Heime oder Heime, die durch die Sektion, im Auftrag der Gemeinde, betrieben werden (z.B. Sektion Bern-Stadt)
Dienstleistungen - Mahlzeitendienst - Altersturnen - Fusspflegedienst - Haushilfedienst - Transportdienst usw.	Sektionseigene Mittel Die Sektionen gewähren Geldleistungen gemäss statutarischen Bestimmungen ihres Vereins	- 27 Heime im Kanton Bern 1'084 Plätze
Alterspflege - Gesellige Anlässe - Musikgruppen - Wandergruppen - Ferienwochen usw.		

1981 hat sich die Schweizerische Stiftung Pro Senectute ein neues Leitbild "für ein lebenswertes Alter" gegeben, in dem sie die Hauptziele ihrer Arbeit in sieben Punkten zusammenfasst: Sicherung der Lebensqualität als Hauptziel / Erhaltung der Selbständigkeit / Entwicklung der Fähigkeiten / Förderung der Selbsthilfe / Verbesserung der gesellschaftlichen Stellung / Gewährleistung der materiellen Sicherheit / Vertretung der Anliegen der Betagten in der Oeffentlichkeit.[43] Die kurze Darstellung der Tätigkeit und der Ziele von Pro Senectute zeigt eines mit aller Deutlichkeit: Vom Pioniergeist einiger Männer am Ende des Ersten Weltkrieges initiiert, ist aus Pro Senectute heute das private, vom Bund aber geförderte nationale Werk der Altershilfe und ein vielseitiger Dienstleistungsbetrieb geworden.

Schon früh wurde von den Kirchgemeinden die Notwendigkeit der Geselligkeit und Gemeinschaft unter alten Menschen erkannt. Es war dies eine Reaktion auf die Isolation und Einsamkeit vieler alter Menschen. Sie verloren besonders in den Stadten und ihren Agglomerationen merklich den althergebrachten Generationenzusammenhang und wurden an den Rand des gesellschaftlichen Zusammenlebens gedrängt. Es war ein mutiger Versuch, Gemeinschaft aufzubauen und nicht einfach über den "Zerfall der sittlichen Ordnung" zu klagen.
Die Altersnachmittage (vielerorts "Alterstubete" genannt), hatten nach mündlich zusammengetragener Information wohl verschiedene Ursprünge.[44] Die Weihnachtfeiern für Witwen und Alleinstehende in den Pfarrhäusern

waren ein Anfang. Sie weiteten sich zur Altersweihnacht aus und wurden oft im "Sääli" des Gasthauses oder im Schulhaus abgehalten, weil der Platz im Pfarrhaus für die grosse Zahl der Teilnehmer nicht ausreichte. Von daher entstand das Bedürfnis, sich auch sonst einmal im Jahr zu treffen. Andrerseits mögen die Versammlungen des Blauen Kreuzes, die Gebetskreise der Evangelischen Gesellschaft und anderer Gemeinschaften und die Konventikel ganz allgemein eine Rolle gespielt haben. Eng verknüpft war aber die Entstehung und Durchführung besonders in den Städten auch mit dem Bau der Kirchgemeindehäuser vor und nach dem 2. Weltkrieg. Während auf dem Land die Landfrauenvereine und Frauenvereine die Vorbereitung des 'Zvieris' besorgten, wurden dafür in den städtischen Gemeinden oft eigens gebildete Kreise von Frauen aufgebaut.
Die Altersnachmittage sind zu einer der geschätztesten Institutionen in unserem kirchlichen Leben geworden, und sie finden in den meisten Gemeinden regelmässig statt.
Die Altersausflüge sind jüngeren Datums und stark mit der Motorisierung und der Entstehung von Carunternehmen verbunden. Altersausflüge und Altersferien gehören heute nicht weniger zur festen Aktivität vieler Kirchgemeinden.
Die Einführung der Altersnachmittage, der Ausflüge und Ferien war eine wegweisende Initiative der Kirchgemeinden und wird in Zukunft ein wichtiger Arbeitsbereich bleiben. Gerade die volkskirchliche, auf der Parochialgemeinde basierende Struktur ermöglichte von Anfang an einen weitestgehenden Zugang zu den alten Menschen, wie ihn andere Institutionen nur in geringerem Masse haben.

Wie sieht die Tätigkeit der Kirchen heute auf kantonaler Ebene aus? Eine Umfrage bei den Kantonalkirchen über die Aktivität auf regionaler und kantonaler Ebene ergab folgende Ergebnisse:[45)]

Die Altersarbeit geschieht generell vorab auf der Ebene der Gemeinden. Hier besteht häufig eine positive oekumenische Zusammenarbeit und eine Zusammenarbeit von politischer Gemeinde, Kirchgemeinden und Pro Senectute.

Die Kantonalkirchen haben sich bisher im Rahmen von Vernehmlassungsverfahren, durch Mitarbeit von Pfarrern/Pfarrerinnen in Gremien u.a. in der Altersfrage engagiert. Es gibt einige Beispiele des neuen Ueberdenkens der Problematik. In der neuen Kirchenordnung der Evangelisch- Reformierten Landeskirche des Kantons Bern ist ein Abschnitt über die Altersarbeit der Kirchgemeinden vorgesehen.[46)]
Auf kantonalkirchlicher Ebene existieren jedoch keine formulierten Konzepte offener Altersarbeit.

Ein für die Kantonalkirchen besonders wichtiger Bereich ist die Regelung der Seelsorge in Alters- und Pflegeheimen und in den Spitälern. Auch hier gibt es Beispiele eines neuen Ueberdenkens. Im Kanton Waadt wurde vom Institut für Sozialethik eine Untersuchung über die Heimseelsorge durchgeführt.[47)]

Die Fürsorge-, Gesundheits- und Sozialpolitik liegt in der Schweiz (im Gegensatz zu West-Deutschland (BRD) etwa) weitestgehend in den Händen des Staates.

Trotzdem gibt es Beispiele von Kirchgemeinden, die Altersheime initiierten oder selbst führen.
Die Evang.-Ref. Kirchgemeinde der Höfe im Kanton Schwyz zum Beispiel besitzt ein eigenes Altersheim.[48] Im Kanton Baselland befasste sich die Synode mit dem Bau von zwei evangelischen Altersheimen, "Johanneshaus" in Oberwil und "Jakobushaus" in Thürnen.[49] Zahllos sind zweifelsohne die Fälle, wo sich Kirchgemeinden oder ihre Vertreter aktiv beim Bau von Altersheimen engagierten.

Die Zusammenarbeit von Kirche, Staat und Pro Senectute auf kantonaler Ebene ist verschieden weit gediehen.
Die Evangelisch-reformierte Landeskirche des Kantons Aargau hat eine Kommission für Altersfragen, in der auch die Pro Senectute vertreten ist.[50]

Einen Ausnahmefall stellt die Evang.-Ref. Kirche des Kantons Zug dar, wo Pfr. J. Brunnschweiler sich seit Jahren aktiv mit den Altersfragen auseinandersetzt und in zahlreichen Gremien (auch auf Schweizer Ebene) mitarbeitet. Hier besteht eine gute Altersbildung.[51]

Besondere Erwähnung verdient die Arbeit der Heimstätten, denn ihnen ist es in hohem Masse zu verdanken, dass die Notwendigkeit nicht nur der Altenbetreuung, sondern auch der Altenbildung schon frühzeitig erkannt wurde.
Wir verweisen vor allem auf die Tätigkeit der Evang.-Ref. Heimstätte Boldern. Bereits im Mai 1970 und im Januar 1971 hatten dort Tagungen für Frauen über 50 mit den Themen "Wie jung können Alte sein und bleiben?" und "Ist die ältere Frau in unserer Gesellschaft diskriminiert?" stattgefunden. Von da ab engagierte sich Boldern (insbesondere Patric de Mestral, Else Kähler, Marga Bührig, Madeleine Strub u.a.) gezielt für die Erwachsenenbildung in der zweiten Lebenshälfte und bietet regelmässig Kurse im Themenkreis Altern an.[52]
Pfr. Paul Frehner baute, um der Wirklichkeit einer stark gealterten Gemeinde gerecht zu werden, in der Kirchgemeinde Zürich-Hottingen eine Altenbildung auf und erreichte dabei auch und gerade die sonst "Kirchenfernen". Seit seiner Pensionierung 1977 wirkt er als freier Mitarbeiter am Institut für Erwachsenenbildung der evang.-ref. Landeskirche des Kantons Zürich mit.[53] Das Institut beteiligte sich mit Pfr. Theophil Vogt an der Arbeit der Heimstätte Boldern und trug das Ihre zur Theorie und Praxis der Erwachsenenbildung in der zweiten Lebenshälfte bei.[54]
Nach mündlicher Auskunft von Prof. Hans Ruh hat man sich bisher auf der Ebene des Kirchenbundes mit der Altersfrage erst in Ansätzen auseinandergesetzt, aber man ist sich der anstehenden Problematik bewusst.[55]

Auf schweizerischer Ebene ist es die "Synode 72" gewesen, die sich in ihrem Bericht zu den "soziale(n) Aufgaben der Kirche in der Schweiz" wohl erstmalig unter den kirchlichen Gremien mit der Altersfrage auseinandersetzte.[56] Im Bericht der Sachkommission 8 wird nicht nur die Lage der alten Menschen in der Schweiz beschrieben,[57] sondern es werden auch konkrete Handlungsanweisungen für die kirchliche Praxis gegeben, die heute noch ihre Aktualität besitzen:
"Mit der Zunahme der Zahl der Betagten wachsen die sozialen Probleme dieser Bevölkerungsschicht. Materiell wird für die Betagten heute besser

gesorgt, aber die gesamtmenschliche Hilfe ist oft erst in Ansätzen vorhanden.
1. Allen, die mit Betagten in Familien und Heimen in Kontakt stehen, ist aufgegeben, die den Betagten verbliebenen Fähigkeiten einzusetzen und ihnen so einen Lebensinhalt zu erhalten oder wieder zu schaffen.
2. Erzieher, Publizisten und Politiker müssen Wert und Lebensrecht der wirtschaftlich "uninteressanten" Betagten aufzeigen und ein entsprechendes sozialethisches Verhalten fordern.
3. Die Seelsorge in der Pfarrei hat die spezifische Aufgabe, einerseits gesunde und kranke Betagte durch Information und Gelegenheit zur Mitarbeit am Leben der Pfarrgemeinde teilnehmen zu lassen, andrerseits ihnen den Weg zum angezeigten Zurücktreten und zur Vorbereitung auf das Sterben zu öffnen.
4. Von den kirchlich Verantwortlichen wird erwartet, dass sie die Dringlichkeit und den geistigen Wert der Altersbetreuung und der Pflegeberufe noch bewusster machen und die Glieder ihrer Gemeinschaft auch zu solchen Diensten aufrufen."[58]
Obwohl in den sorgfältig formulierten Thesen teilweise noch das Defizitmodell des Alterns durchschimmert, darf man sie als damals wirklich zukunftsweisenden Beitrag zur Altersfrage betrachten. Die Leistung bestand vor allem darin, dass hier das Problem und die spezifischen Bedürfnisse der Betagten auch im Bereich der kirchlichen Arbeit erkannt wurden.

2.3. Der gegenwärtige Stand der theologischen Forschung zum Thema "Alter"

Als eigenständiges Thema wurde die Altersfrage von den Praktikern in der Gemeindearbeit und in der Erwachsenenbildung zuerst thematisiert. Mit Verspätung begann die akademische Theologie, das Thema wahrzunehmen, obwohl an anderen Fakultäten längst eine intensive gerontologische Forschung betrieben wurde.

Viele Publikationen orientieren sich denn auch an den praktisch-theologischen Aufgaben im Pfarramt, in der Gemeindearbeit und in der Erwachsenenbildung. Im Rahmen von Themen wie "Gemeindearbeit mit alten Menschen" (Koch),[1] "Altersarbeit in der Kirchengemeinde" (Hildemann)[2] u.a. oder von spezifischen Fragestellungen wie "Sterbenskranke und die Kirche" (Engelke),[3] "Erzähl mir von deinem Leben, Handreichung zum Glaubensgespräch mit alten Menschen" (Schmalbrock)[4] u.a. werden zwar einige grundsätzliche Bemerkungen zur Situation alter Menschen vorausgeschickt,aber die Analysen und theologischen Reflexionen beschränken sich auf kurzgefasste Orientierungslinien und Perspektiven. Demgegenüber erstaunt es nicht, dass der "Evangelische Erwachsenenkatechismus" die eigenständige Bedeutung des Themas erkannt hat und in vorbildlicher,an der Gemeindearbeit orientierter Weise behandelt.[5] Auf wesentliche, brennende Fragen ("Was wissen wir über den Alterungsprozess? Wie wird man mit dem Altwerden fertig? Was können wir für alte Menschen tun? Darf man mit alten Menschen vom Sterben sprechen? Altenheim - nein oder ja?" u.a.) wird versucht, der Gemeinde Antwort zu geben.Seit 1979 erscheint vom Deutschen Evangelischen Verband für Altenhilfe die Zeitschrift "Evangelische Impulse, Zeitschrift für die Arbeit mit alten Menschen".[6]

Vorzügliche Forschungsarbeit wurde auf katholischer Seite, besonders in Oesterreich, geleistet. Erstmals eine breite Uebersicht über die "Altenseelsorge heute" legten A. Stiefvater und H. König in vier Bänden vor.[7] M. Schmid und W. Kirchschläger stellten dem Praktiker in "Nochmals glauben Lernen; Sinn und Chancen des Alters" Materialien und theologische Reflexionen zur Verfügung.[8] Ueber die Altenbildung hat F,-J. Hungs eine gediegene Darstellung publiziert.[9]
In den 80iger Jahren ist mit vermehrten praktisch-theologischen Publikationen zu rechnen. "Aelter werden können; Anstösse für neue Erfahrungen" von H. Faber[10] und "Gemeinsam lebt sich's besser" von P. Gruppe[11] sind zwei Beispiele für Publikationen, die nun die gerontologischen Erkenntnisse voraussetzen.

Wenige Autoren haben bisher versucht, das Defizit an theologischer Auseinandersetzung mit der Gerontologie grundsätzlich abzubauen. Karl Friedrich Becker mit "Emanzipation des Alters, ein Ratgeber für die kirchliche Arbeit" u.a.[12] und Jochen Schmauch mit dem Handbuch kirchlicher Altenarbeit sind zwei dieser Ausnahmen.[13] Zum Zeitpunkt des Erscheinens ihrer Arbeiten waren beide Autoren mit einem speziellen Auftrag in der Altersarbeit betraut, K.F. Becker als theologischer Leiter der Ruheständlerarbeit im Rahmen der Männerarbeit der EKD, J. Schmauch als Referent für Alterarbeit beim Caritaswerk für die Diözese Mainz. Die von K.F. Becker u.a. 1978 veröffentlichte Studie "Kirche und ältere Generation"[14] darf in ihrem interdisziplinären Ansatz und in der empirischen Durchführung als beispielhaft gelten. Sie hat die Beziehung älterer Menschen zur Kirche durch die Befragung einer Stichprobe von 445 evangelischen Gemeindegliedern von 60 und mehr Jahren sorgfältig dargestellt.[15] Becker fasst die theologische und praktische Entwicklung in Deutschland folgendermassen zusammen: "Es gibt seit etwa zehn Jahren eine mit Hilfe der Schulen Thomae/Lehr (Bonn) und Blume (Köln) aufgebaute neuartige Arbeit an und mit der älteren Generation im Rahmen der Männerarbeit der Evangelischen Kirche in Hessen und Nassau (vgl. EKD 1970), jetzt im Bereich der ganzen EKD organisiert. Hinzu kommen Neuansätze aller kirchlichen Werke und Verbände. Insbesondere ist hier das der 'offenen Altenarbeit' gewidmete neue 3-Jahre-Schwerpunkteprogramm des Diakonischen Werkes zu erwähnen. Auch die Deutsche Evangelische Arbeitsgemeinschaft für Erwachsenenbildung (DEAE) hat einen Plan für 'Altenbildung' entworfen."[16]

In den Handbüchern der praktischen Theologie ist das Thema erst in Ansätzen aufgearbeitet.[17] Zur Soziologie des Verhältnisses von Betagten und Kirche resp. Religion liegt ein reiches Material u.a. auch aus dem englischen Sprachraum vor.[18]

Wie sieht die Forschungssituation in den exegetischen Wissenschaften aus? Viele sahen sich nach dem 2. Weltkrieg durch die Theologie Karl Barths herausgefordert, da er die ungenügende Vorarbeit der Exegeten für seine Lehre vom Menschen beklagt hatte.[19] In der alttestamentlichen Wissenschaft versuchte es nach verschiedenen Einzelstudien Ludwig Köhler als erster, "den Hebräer in der Gesamtheit seiner Lebenserscheinungen und Lebenserfahrungen", "in der ganzen Mannigfaltigkeit seines äusseren und inneren Lebens" zu sehen.[20] Seine an der Universität Tübingen 1952 gehaltenen Vorlesungen zum Thema "Der Hebräische Mensch - Eine Skizze" sind für uns ausserordentlich hilfreich.[21] Nach exegetischen Einzelstudien und Monographien erschien vom französischen Forscher Roland de Vaux "Das alte Testament und seine Lebensordnungen" in 2 Bänden, eine umfassende Darstellung des sozialen Lebens in Israel und ein Markstein in der Forschung.[22] 1973 veröffentlichte H.W. Wolff die Anthropologie des Alten Testaments, die, geprägt von den Anfragen der 68iger Generation, erstmals eine umfassende Darstellung der alttestamentlichen Lehre vom Menschen vorlegte und besonders die Wortforschung einarbeitete.[23] Im Rahmen des Kapitels "Des Menschen Zeit - Biographische Anthropologie" wurden die Themen "Leben und Tod", "Jungsein und Altern", Arbeiten und Ruhen, Krankheit und Hoffnung anhand der wesentlichen biblischen Texte sorgfältig dargestellt.[24] Es ist hier nicht möglich, den Verlauf der Dekalogforschung in den letzten Jahren darzustellen. Gute Uebersichten, aber auch Einzelarbeiten zum fünften Gebot, liegen vor.[25]

Eine der einzigen umfassenden Studien der neutestamentlichen Anthropologie ist meines Wissens immer noch die Arbeit von W.G. Kümmel, die durch ein ausführliches Literaturverzeichnis auf einen neueren Stand gebracht wurde. Es liegen aber viele Aufsätze und Einzelbeiträge vor.[26] Die Darstellungen der Theologie geben reiche Hinweise. Besonders hervorgehoben sei hier die "Ethik des Neuen Testaments" von W. Schrage, die ein Markstein der Forschung ist.[27)] Die thematischen Untersuchungen konzentrieren sich u.a. auf die Themen "Leiden", "Tod" und "Auferstehung", die für uns von entscheidender Bedeutung sind. Systematische und neutestamentliche Arbeit geht bei solchen Darstellungen oft fliessend ineinander über.[28)] Die Soziologie des Urchristentums ist in den Jahren seit 1968 vermehrt untersucht worden. Zum Verständnis des neutestamentlichen Gemeindelebens und der Stellung der alten Menschen wird uns dies eine Hilfe sein. Die Ekklesiologie des Neuen Testaments ist vorzüglich erarbeitet.[29)] Für unsere Frage werden die zeitgeschichtlichen Quellen von besonderem Gewicht sein. Wir werden uns auf einige grundsätzliche Aspekte beschränken müssen.[30)]

Die Ethik hat das Thema Alter bisher nur wenig zur Kenntnis genommen. Die Artikel in den theologischen Fachzeitschriften sind geradezu dürftig. In den Neuauflagen des "Evangelischen Soziallexikons" und des "Katholischen Soziallexikons" von 1980 sowie in der Theologischen Realenzyklopädie, Bd. 12, 1984 werden erstmals und in überzeugender Form die Erkenntnisse der Gerontologie dargestellt.[31)] Das Interesse der theologischen Ethiker richtet sich sonst aber meist auf die spezifischen Probleme der Sterbehilfe oder auf das traditionell in der Theologie verankerte Thema Tod. Probleme der medizinischen Ethik sind in den letzten Jahren intensiv diskutiert worden.[32)] In den Konkretionen einer ethischen Theologie hat Trutz Rendtorff das Altern ("Altern und der Umgang mit dem Sterben") wohl erstmals in einem ethischen Gesamtentwurf speziell behandelt. Auf weiterführende Literatur wird aber nicht hingewiesen.[33)]

Die Behandlung im Handbuch der christlichen Ethik ist ein Beispiel für viele, welche Lücke hier besteht.[34)] Das wegweisende Werk mit immerhin 1677 Seiten enthält einen vorzüglichen Aufsatz von R. Leuenberger zum Thema "Probleme um das Lebensende", aber das Thema Alter wird nur kurz gestreift.[35)] Im Band 3 wird unter dem Thema "Die Autoritätsstrukturen der Familie in menschenrechtlicher Sicht" in wenigen Sätzen die Struktur der Altersversicherung kritisiert.[36)] Sonst fehlt in den drei Bänden eine gesonderte Behandlung ganz. Man wird nun zu Recht einwenden, dass das Handbuch der christlichen Ethik exemplarisch "die normativen Ergebnisse des grundlegenden ersten Bandes an aktuellen und konkreten Problemfeldern zu verifizieren sucht."[37)] Aus unserer Sicht dürfte jedoch ein sowohl in der Gemeindearbeit als auch in der Gesellschaft derart brennendes Problem nicht einfach ausgeblendet werden. Dies gilt für die ethische Diskussion im Ganzen.

Auch in der Ethik liegen aber erste wichtige Beiträge zum Thema Alter vor. Erwähnt sei hier das Einführungsreferat von J.M. Lochman am Vita-Tertia-Kongress in Basel 1982, "Von der Arbeit zur Ruhe: Aelterwerden und die Frage nach dem Sinn des Lebens". Im Rahmen der biblischen Anthropologie wird darin der Uebergang von der Arbeit zur Ruhe im Alter reflektiert.[38)] Hingewiesen sei auch auf die Aufsätze von N.A. Luyten.[39)]

Abschliessend ein Blick in die Dogmatik. Wichtige dogmatische Loci gehören in den Bereich unseres Themas: Das 5. Gebot als Wegweisung Gottes, "Tod" und "Auferstehung" u.a.. Die gegenüber der Christologie etwas vernachlässigte Anthropologie ist in den letzten Jahren zunehmend auf Interesse gestossen. Die Anfragen der Humanwissenschaften sind heute nicht mehr auszublenden. Die Aufgabe einer theologischen Anthropologie ist erkannt und erneut ins Zentrum gerückt.[40)]

Dabei kommt man nicht am Entwurf der Anthropologie von Karl Barth, vor allem in den Bänden III/1 bis IV/4 der Kirchlichen Dogmatik vorbei.[41)] Die Reflexionen Barth's über den "Menschen in seiner Zeit" sind für unser Thema von besonderer Bedeutung.[42)] Karl Barth hat als Betagter intensiv über das Generationenverhältnis nachgedacht, und wir werden gut daran tun, seine Gedanken sorgfältig zu verarbeiten.[43)]

Als stark auseinanderliegende Entwürfe theologischer Anthropologie neuester Zeit seien hier die von den Autoren selbst als "Lebenswerke" eingestuften Veröffentlichungen von O.H. Pesch "Frei sein aus Gnade; Theologische Anthropologie"[44)] und W.Pannenberg "Anthropologie in theologischer Perspektive"[45)] hervorgehoben.

Erstmals wurde auf der sechsten Vollversammlung des Oekumenischen Rates der Kirchen in Vancouver 1983 von einer Gruppe das Thema des Alterns diskutiert.[46)] Madeleine Barot war die Leiterin, und sie "wies darauf hin, dass die Gruppe der Menschen über 60 Jahren den am schnellsten wachsenden Anteil der Weltbevölkerung darstellt."[47)] Doch wird sich auch die oekumenische Bewegung noch intensiv mit den Konsequenzen dieser Entwicklung auseinandersetzen müssen. Die Arbeitsthesen im Schlussbericht, auf die wir noch zurückkommen werden, verbinden das Thema Alter sichtlich zu eng mit demjenigen der Behinderung.[48)]

Zusammenfassend lässt sich über die bisherige theologische Forschungsarbeit im Bereich der Gerontologie sagen, dass sie uns reiche Anhaltspunkte zu einer systematischen und sozialethischen Durchdringung des Themas gibt, aber eine Gesamtdarstellung steht bisher aus.

3. DER ALTE MENSCH IM RAHMEN DER ALTTESTAMENTLICHEN ANTHROPOLOGIE

3.1. Einleitende Erwägungen

Wir kommen nun zur Auslegung der Heiligen Schrift. Einige methodische und grundsätzliche Erwägungen seien vorausgeschickt.
Es ist unser Ziel, dass die exegetischen Ausführungen auch dem Nichtfachmann und aktiven Gemeindeglied zugänglich bleiben. Die Bereitschaft zur Auseinandersetzung vorausgesetzt, mögen sie vielen eine Hilfe in der Gemeindearbeit und dem Gemeindeaufbau sein. Ich denke vor allem an die Erwachsenenbildung und an die Vorbereitung von Gottesdiensten. Die jeweiligen Schlussabschnitte in den exegetischen Kapiteln entsprechen den Abschnitten "Ziel" oder "zur Verkündigung" in den exegetischen Kommentaren oder Begriffslexika.[1] Explicatio (Auslegung) und applicatio (Anwendung) der Schrift mögen sich damit verbinden.

Wir haben uns bemüht, auf die wesentlichen biblischen Zitate nicht nur zu verweisen, sondern sie direkt in den Text einzufügen, weil erfahrungsgemäss derjenige, der nicht Fachexeget ist, das umständliche Nachschlagen von Einzelzitaten eher meidet.[2] Aus der Fülle der zu einzelnen biblischen Schriften vorliegenden Kommentare haben wir meist zwei bis drei grundlegende Werke konsultiert.

Schliesslich müssen wir den formalen Begriff "Alter" eingangs der Schriftauslegung noch einmal bedenken. Das Alter als Lebensabschnitt nach der Pensionierung resp. dem Beginn des Rentenalters gibt es im nomadischen Leben des Alten Orients oder in den agrarischen Gesellschaften von 1000 v.Chr. bis 150 n.Chr. natürlich nicht. Dazu kommt, dass die durchschnittliche Lebenserwartung im Volk Israel seit der Zeit der Nomaden bis zur Zeit Jesu und der ersten Christengemeinden viel niedriger war als heute.[3] Ist es trotzdem berechtigt, von den "Alten" oder den "Aelteren" zur Zeit des Alten und Neuen Testaments zu sprechen? Wir verstehen im folgenden das Alter umfassend als die zweite Lebenshälfte, im engeren Sinn als den dritten Lebensabschnitt. Das Alte Testament bemisst das tätige Mannesalter auf die Zeit von 20 bis 60 Jahren und sieht die vollste Arbeitskraft in der Zeit zwischen 25/30 und 50 Jahren erreicht.[4] Ein Alter über 40 Jahre war also zweifelsohne häufig. Ein Brief des Neuen Testaments sieht beispielsweise für Frauen über 60 Jahre ein spezielles Amt vor,[5] was auch für diese Zeit erkennen lässt, dass es schon damals den Lebensabschnitt Alter mit seinen spezifischen Lebensproblemen und Aufgaben gab.

Gleichzeitig werden wir immer wieder sehen, dass die Botschaft des Alten und Neuen Testaments das Leben der Betagten heute in eine verblüffend aktuelle und aufschlussreiche Perspektive stellt. Wir werden uns darum nicht einfach auf die historisch auf das Alter bezogenen Texte beschränken.

Hermeneutisch schliessen wir uns den Worten P. Stuhlmachers an, der schreibt: "Auf die Frage, welcher hermeneutische Methodenweg sich heute für die biblische Exegese nahelegt, möchte ich antworten: Wir werden unserer Verpflichtung vor der Tradition, in der wir stehen, und vor dem Wahrheitsgewissen der Gegenwart dann am besten gerecht, wenn wir uns bemühen, eine methodologisch und wirkungsgeschichtlich reflektierte

Hermeneutik des Einverständnisses mit den (biblischen) Texten zu praktizieren. Diese Hermeneutik schliesst ein, dass wir die Bibel als Lern- und Lebensbuch der Kirche ernstnehmen, dass wir uns in reflektierter Weise der historisch-kritischen Auslegungsmethode bedienen und dass wir uns der Lebenssituation bewusst sind, aus der heraus wir zur Exegese aufbrechen und in die unsere Schriftinterpretation zielt."[6)]

Bevor wir uns der alttestamentlichen Ueberlieferung zuwenden, wollen wir uns vergegenwärtigen, welche zentrale Rolle die Aelteren im Ueberlieferungsprozess, der zur Entstehung des Alten Testaments führte, gespielt haben. Die formgeschichtlichen Forschungen seit H. Gunkel haben gezeigt, wie hilfreich das Verstehen der "Wechselbeziehung von Textgattung und Sitz im Leben" der Gesellschaft ist.[7)] Die mündliche Ueberlieferung von Sprüchen, Sagen, Erzählungen, Geboten u.a.m., die sich teilweise über Jahrhunderte erstreckte, setzte typische Kommunikationssituationen voraus, wie etwa das Gespräch in der Familie, den Rechtsprozess im Tor, die Liturgie im Kult.[8)] Eines kennzeichnete einen solchen "Sitz im Leben" wohl meistens und grundlegend: Ueberlieferung bedeutete die Weitergabe von den Aelteren an die Jüngeren.
Ein bekannter Text aus dem Deuteronomium bringt dies anschaulich zum Ausdruck: "Wenn dich dann künftig dein Sohn fragt: 'Was sollen denn die Verordnungen, die Satzungen und Rechte, die euch der Herr, unser Gott geboten hat?, so sollst du zu deinem Sohne sagen: 'Wir waren Sklaven des Pharao in Aegypten. Da führte uns der Herr mit starker Hand heraus aus Aegypten ..." (5.Mos.6,20; vgl. 5.Mos.26,5ff., 2.Mos.12,26ff. und 13,14ff.; Jos.4,6f.).[9)]
Wie G.von Rad richtig bemerkt, setzt die Weisung, dem Sohn die Ueberlieferung von den Heilstaten Gottes und seinen Weisungen weiterzugeben, schon den Anfang eines Traditionsbruches zwischen den Generationen voraus.[10)] Warum kam nun aber der alten Generation im Ueberlieferungsprozess eine besonders wichtige Aufgabe zu? Sie hatte die Erfahrung und die Weisheit, gleichzeitig aber auch die Autorität, um im Gesellschaftsleben die Ueberlieferung weiterzugeben. Dies galt für viele Lebensbereiche, für die Familie, die Sippe und den Stamm, für das Rechtsleben und teilweise auch für den Kult.[11)]

Am markantesten lässt sich dies an der soziologischen Struktur der Familie zeigen, dem sog. Haus (בַּיִת) oder Vaterhaus (בֵּית אָב).[12)] Meist ist damit die Grossfamilie gemeint, zu der auch die verheirateten Söhne und Verwandte, Sklaven und Sklavinnen gehörten.[13)] Ihr stand der Hausvater vor, der sowohl im Bereich des Familieneigentums die wirtschaftlichen Entscheidungen traf, als auch die Rechts- und Mundgewalt hatte.[14)] In der nomadischen Zeit war die Familie wirtschaftlich, kulturell und religiös autark, höchstens die Sippe nahm ihr Aufgaben und Entscheidungen ab.[15)] Erst verbunden mit der Landnahme und Sesshaftwerdung trat die Grossfamilie z.B. Rechtssprechungsaufgaben an die Ortsgerichtsbarkeit ab.[16)] Der Landbesitz sicherte ihr aber auch in der agrarischen Gesellschaft wirtschaftliche Selbstversorgung.[17)] Mit dem Einbezug der Städte in das Königreich entstanden gegenüber dem Landvolk auch städtische Berufsstände (Handwerker, Beamten), in denen die Söhne mit der Heirat wohl

eigene Haushalte begründeten.[18]
Für das Vaterhaus im Volk Israel gilt aber generell, dass per definitionem der Aelteste in der väterlichen Linie die patriarchalische Vollmacht hat und dem Haushalt vorsteht.[19]

Die Stellung der Betagten in Familie und Gesellschaft wird weder von einem Toten- noch von einem Ahnenkult geprägt.[20] Israel hat einen jahrhundertelangen Kampf gegen die diesbezüglichen Einflüsse seiner altorientalischen Umgebung geführt.[21] Die Toten und auch der Tod haben keine eigenständige Macht, einzig und allein Jahwe ist der lebendige Gott. Alles Tote und sogar das Grab sind in höchstem Masse unrein (vgl. 4.Mos. 19,1ff.).[22] Den Alten gebührt keine sakrale Verehrung als werdenden Ahnen.[23] Sie sind nüchtern gesehene Mitmenschen im konkreten, meist übersichtlichen Gemeinschaftsleben. Die Sagen geben davon ein beredtes Zeugnis. In der klassischen Form der Sage stellt sich die Welt quasi als Familie dar, und der Erzähler beschränkt sich auf den geradlinigen Handlungsablauf zwischen zwei oder drei Personen.[24] Die Menschen erscheinen mit all ihren Schwächen und Problemen, und auch eher negative Züge der Erzväter Abraham, Isaak und Jakob werden nicht verschwiegen.

Nicht nur in der Familie, auch in anderen Bereichen des Zusammenlebens hatten die alten Menschen intensiven Anteil am Weg und am Leben des Volkes Israel. Sie lebten in der Abfolge der Generationen und hatten die Treue Jahwes erfahren, der seine Verheissungen nicht fallen lässt, sondern den Bund mit den Vätern und seinem erwählten Volk hält. Sie waren sich gerade als Zeugen der Geschichte ihrer Verantwortung bewusst, "... denn ich, der Herr, dein Gott, bin ein eifersüchtiger Gott, der die Schuld der Väter heimsucht bis ins dritte und vierte Geschlecht an den Kindern derer, die mich hassen,"(- das heisst im Grund an der Grossfamilie -) "der aber Gnade übt bis ins tausendste Geschlecht an den Kindern derer, die mich lieben und meine Gebote halten." (2.Mos.20,5b-6).[25]

3.2. Lebenserwartung und Lebensabschnitte

Jeder Bibelleser ist schon auf die hohen Lebensalter in 1.Mos.5 gestossen.[1] Da steht etwa: "Die gesamte Lebenszeit Adams betrug neunhundertdreissig Jahre, dann starb er" (1.Mos.5,5). Seth wurde 912 Jahre alt, Enos 905, Kenan 910, Mahalaleel 895, Jared 962, Henoch 365. "Henoch wandelte mit Gott, und auf einmal war er nicht mehr da; denn Gott hatte ihn hinweggenommen" (1.Mos.5,24). Methusala wurde 969 Jahre alt, Lamech 777, und Noah's 950 Lebensjahre sind erst nach der Sintflutgeschichte vermerkt (1.Mos.9,29).[2]
Der zehngliedrige Stammbaum der Priesterschrift schliesst an 1.Mos.1-2,4a an und dient der chronologischen Gliederung der nachadamitischen Zeit. Er bildet die Ueberleitung von der Erschaffung des Menschen in die Menschheitsgeschichte.[3] Wie Henoch der Wandel mit Gott und die Entrückung zugeschrieben wird, so werden die Urväter entsprechend ihrer Nähe zur Schöpfung durch eine Lebenskraft charakterisiert, die im Verlauf der Geschichte dann stetig abnahm und verloren ging.[4] Die Lebenszeit der Väter nach Noah bis Abraham betrug noch 200 bis 600 Jahre, bei den Patriarchen 100 bis 200 Jahre und später 70 bis 80 Jahre.[5] Die Priesterschrift macht damit eine klare theologische Aussage: Der Mensch hat seine ursprüngliche Gottesnähe und Lebenskraft im Verlauf der Geschichte verloren, und dies wird als Tatsache ohne Angabe von Gründen festgehalten. Wenn auch nicht geschichtlich in unserem heutigen Verständnis, so sind doch diese hohen Lebensalter der Urväter nicht nur mythisch, sondern einem theologischen Aussagewillen zugeordnet.

Welches ist nun aber die wirkliche Lebenserwartung des Menschen in alttestamentlicher Zeit? L. Köhler und H.W. Wolff ziehen zur Bestimmung die naheliegendste Quelle, die Chronik der Könige von Juda heran.[6] Das höchste Alter ist 66 Jahre (Asaria und Manasse), das niedrigste 21 Jahre (Ahasja). Es ergibt sich ein Durchschnittsalter von 44 Jahren.[7] Bezieht man die hohe Säuglingssterblichkeit im Volke und die überdurchschnittliche Lebensqualität am Hof mit ein, so wird die mittlere Lebenserwartung wenig mehr als 30 Jahre betragen haben.[8]
Der aktive kultische Dienst liegt nach der Bestimmung über das Dienstalter der Leviten in 4.Mos.8,23-26 zwischen 25 und 50 Lebensjahren. Während nach 4.Mos.4,2ff. ihre Dienstzeit von 30 bis 50 Jahren dauert, wird sie hier, vielleicht mangels levitischer Kräfte, erweitert.[9]
Nimmt man die Stelle von 3.Mos.27,3 dazu, wo das reife Mannesalter die Zeit von 20 bis 60 Jahren umfasst (vgl. 4.Mos.1,3), so kann der dritte Lebensabschnitt sehr klar als der Abschnitt von 50 resp. 60 Jahren an abgegrenzt werden.

Dies stimmt mit verschiedenen anderen Stellen überein. Jede Lebenszeit hat ihre Grenze, sagt der Jahwist, der Mensch ist Fleisch und vergänglich. "Da sprach der Herr: Mein Geist soll nicht für immer im Menschen bleiben, weil er auch Fleisch ist; daher soll seine Lebenszeit hundertzwanzig Jahre betragen" (1.Mos.6,3).[10]
Jemand, der 70 oder 80 Jahre erreichte, war im Volk Israel gewiss sehr alt. "Unser Leben währet siebzig Jahre, und wenn's hoch kommt, so sind's

achtzig Jahre, und wenn's köstlich gewesen ist, so ist es Mühe und Arbeit gewesen; denn es fährt schnell dahin, als flögen wir davon" (Ps.90,10 nach Luther).[11] Der Gileaditer Barsillai, den König David aus Erkenntlichkeit gerne nach Jerusalem mitnehmen wollte, "... war sehr alt, ein Mann von achtzig Jahren" (2.Sam.19,33).[12] Auch wenn einige Angaben nicht exakt geschichtlich sind, so hat das Alte Testament doch ein richtiges Wissen um hohe Lebensalter.
Nach Mose mit einem Lebensalter von 120 Jahren sollen nur drei, Josua, Hiob und der Hohepriester Jojada älter als 100 Jahre geworden sein. Das Alter bezeichnet in diesen Fällen die Würde der Person.[13]

Wir finden im Alten Testament verschiedene Gliederungen des Lebens mit drei bis fünf Lebensabschnitten. Es ist aber zu beachten, dass diese Texte, etwa 5.Mos.32,25, keine vollständige Gliederung in Altersgruppen ausdrücken wollen, vielmehr das Gericht am Tage des Verderbens veranschaulichen.[14]

5.Mos.32,25	Jer.51,22	Jer.6,11
Kind, Säugling	Kind	Kind
Junger Mann, Jungfrau	Junger Mann und Jungfrau	Junger Mann
Der ergraute Mann	Mann und Frau	Mann und Frau
	Alte	Alte
		Hochbetagte

Es ist eigentlich überraschend, dass trotz der völlig verschiedenen Lebenserwartung die Lebensabschnitte ähnlich heutigem Gebrauch unterteilt werden. Die Altersangaben sind einfach verschoben.
Am schönsten sieht man dies in 3.Mos.27,1-8, einem Anhang zum Heiligkeitsgesetz.[15] Die Gelübde, am Heiligtum zu dienen, können entsprechend einem Schätzungswert abgelöst werden. Das Heiligtum nimmt kaum mehr Fremde von aussen in Dienst.[16]
So sieht eine Aufstellung nach dem biblischen Text folgendermassen aus:

Alter	Mann	Frau
20 bis 60 Jahre	50 Schekel	30 Schekel
5 bis 20 Jahre	20 Schekel	10 Schekel
1 Monat bis 5 Jahre	5 Schekel	3 Schekel
über 60 Jahre	15 Schekel	10 Schekel

Ist derjenige, der das Gelübde abgelegt hat, nicht in der Lage, den Schätzwert zu entrichten, so hat er nach Vorstellung beim Priester entsprechend seinen Möglichkeiten zu bezahlen (3.Mos.27,8).
Die Liste spiegelt zweifelsohne echte Erfahrung, etwa im Hinblick auf die Abnahme der körperlichen und geistigen Leistungsfähigkeit im Alter über 60 Jahre und dem entsprechend niedriger angesetzten Schätzungswert. Die Frau erhält im hohen Alter einen relativ höheren Wert als im mittleren Alter, da sie in der Grossfamilie weiterhin viele nützliche Arbeit verrichten kann.[17]
Schliesslich soll eine Beobachtung von L.Köhler hier nicht unerwähnt

bleiben. 4.Mos.14,29 und 32,11 setzen voraus, dass der Hebräer mit zwanzig Jahren schon Söhne hat. Hat er mit 18 geheiratet, können wir annehmen, so ist er mit 19 Vater, mit 38 Grossvater, mit 57 Urgrossvater und mit 76 Lebensjahren umfasst seine Grossfamilie nicht weniger als 5 Generationen.[18] Dies entspricht exakt den oben erwähnten Worten des Dekalogs, dass vom Unrecht der Väter die Kinder bis zur dritten oder gar vierten Generation betroffen sind.[19] Trotz der geringeren mittleren Lebenserwartung hatte der Hebräer also eine hohe Chance, Grossvater oder gar Urgrossvater zu werden.

Das Alte Testament macht sich jedoch keine Illusionen über die Lebensdauer. Es kennt die Kürze und Vergänglichkeit eines Menschenlebens vor Gott. Darum ist es die Weisheit des Vernünftigen, das Mass seiner Tage richtig abzuschätzen. "Tue mir kund, o Herr, mein Ende, und welches das Mass meiner Tage sei, dass ich erkenne, wie vergänglich ich bin, Sieh, nur handbreit hast du meine Tage gemacht, und meine Lebenszeit ist wie nichts vor dir. Ja, ein Hauch nur ist alles, was Mensch heisst" (Ps.39,5-6).[20]

3.3. Die Gottesebenbildlichkeit des Menschen

Eine Darstellung des alten Menschen im Rahmen der alttestamentlichen Anthropologie kann sich, wie gesagt, nicht einfach auf diejenigen Stellen beschränken, wo alte Menschen und das Alter ausdrücklich erwähnt sind. Vielmehr sind die wesentlichen Grundzüge der alttestamentlichen Sicht des Menschen miteinzubeziehen. Eine der exegetisch und systematisch wichtigsten und gleichzeitig kontroversesten "Grundfiguren theologischer Anthropologie"[1] ist die Gottesebenbildlichkeit. Welche Aspekte sind im Blick auf den alten Menschen von Bedeutung?

"Und Gott sprach: Lasset uns Menschen machen nach unserem Bilde, uns ähnlich; die sollen herrschen über die Fische im Meer und die Vögel des Himmels, über das Vieh und alles Wild des Feldes und über alles Kriechende, das auf der Erde sich regt. Und Gott schuf den Menschen nach seinem Bilde, nach dem Bilde Gottes schuf er ihn; als Mann und Frau schuf er sie" (1.Mos.1,26-27).[2]

Nach der intensiven Diskussion dieser Worte in den letzten Jahrzehnten dürfen wichtige Punkte in der Frage des Begriffs "imago dei" als geklärt gelten, und wir wollen versuchen, daraus ein paar Konsequenzen für die Sicht des alten Menschen zu formulieren.[3]

Die Gottesebenbildlichkeit ist weder eine Qualität noch eine Eigenschaft oder eine Verhaltensweise des Menschen. Sie bezieht sich nicht auf das Sein oder das Tun des Menschen, sondern auf die Relation des Geschöpfs zu seinem Schöpfer. Besser sollte man sagen: Gott hat den Menschen als seinen Partner und sein Gegenüber, als bündnisfähiges und freies Geschöpf geschaffen. Gott redet den Menschen an, und der Mensch ist zum Antworten und zur Offenheit für Gott berufen.[4]

Auch der alte Mensch ist also zur Koexistenz, zum Zusammenleben und Zusammensein mit Gott geschaffen und erwählt. Weder ist er verloren, noch ist seine Bestimmung das Alleinsein und der Rückzug in sich selbst. Gottes Beziehung zu jedem alten Menschen ist verbürgt in der Treue des Schöpfers zum gottesebenbildlichen Geschöpf.

Die Gottesebenbildlichkeit ist unzerstörbar und unverlierbar.[5] Auch der Sünder und Ungerechte, auch der kranke und leidende Mensch sind Gottes Ebenbild. Weder lässt sich Gottesebenbildlichkeit aufspalten in verlierbare imago = εἰκών = צֶלֶם und unverlierbare similitudo = ὁμοίωσις = דְּמוּת (Mittelalter), noch ist die Gottesebenbildlichkeit als iustitia originalis im Sündenfall verloren gegangen (Reformatoren).[6]

Gott ist dem Menschen treu, und er wird seine Zusage und Verheissung nicht fallen lassen. Wesentliches zu dieser Klärung hatte die exegetische Quellenscheidung und die Zuordnung von 1.Mos.1,26f. zur Priesterschrift beigetragen. Die beiden Schöpfungserzählungen sind zuerst in sich zu verstehen, und so kann 1.Mos.1,26f. nicht von vornherein mit Stellen der zweiten Schöpfungserzählung erklärt werden.[7]

Gottes Treue ist der Grund für die Unantastbarkeit, die Würde und Heiligkeit des Menschen. "Was ist doch der Mensch, dass du seiner gedenkst, und des Menschen Kind, dass du dich seiner annimmst? Du machtest ihn wenig geringer als Engel, mit Ehre und Hoheit kröntest du ihn" (Ps.8,5f.;

vgl. 1.Mos.9,6 und Jak.3.9). Im ganzen Alten Testament hat der alte Mensch diese Hoheit und Ehre in gleichem Masse, er wird weder gesellschaftlich abgewertet noch verkannt.[8]
Der Mensch ist in seiner leiblichen und seelischen Ganzheit Ebenbild Gottes. Er wird nicht gesondert von seinen Lebensverhältnissen gesehen. Eine idealistische Deutung, die das Ebenbild als das geistige Wesen des Menschen oder die sittliche Persönlichkeit deutet, geht am alttestamentlichen Begriff vorbei. Der Mensch ist und bleibt mit Leib und Seele bis zum Tod Gottes Ebenbild.[9]
Der Mensch ist mit der Gabe der Gottesebenbildlichkeit eingewiesen in "die Grundrelationen seines Lebens".[10] Er lebt zusammen als Mann und als Frau und in Gemeinschaft mit seinen Mitmenschen, die Gottes Ebenbild sind. Die Mitmenschlichkeit gehört zu seiner Humanität.[11]
Er lebt zusammen mit den Tieren in einer Flora und Fauna, die seine natürliche Umwelt ist. Er ist beauftragt, über die Tiere zu herrschen, und - man sollte dies auch angesichts heutiger ökologischer Probleme nicht verschweigen - er ist nach dem Alten Testament Herrscher in unbedingter Ueberlegenheit.[12] Er ist als צֶלֶם aber Stellvertreter seines Schöpfers und darum nicht Beherrscher, sondern sorgender Verwalter der ihm anvertrauten Tier- und Pflanzenwelt.[13] So ist ihm das dominium terrae, die Weltverwaltung übertragen.[14]
Er lebt schliesslich zusammen mit seiner Nachkommenschaft, da ihn Gott segnet und beauftragt, in Gemeinschaft mit seinen Kindern sein Leben zu gestalten und die Erde zu füllen. "Seid fruchtbar und mehret euch und füllet die Erde und machet sie euch untertan..." (1.Mos.1,28a).[15] Der alte Mensch lebt im Alten Testament wie jeder Mensch in Konsequenz seiner Gottebenbildlichkeit in diesen Grundbeziehungen des Lebens, und er nimmt auch im Alter an den Aufgaben der Menschen teil.

Im Verlauf seiner Geschichte hat das Volk Israel die Gottesebenbildlichkeit als Grundbestimmtheit menschlicher Existenz eher selten zur Sprache gebracht. Schön kommt der Sinn im Gebet Salomos im apokryphen Buch der Weisheit zum Ausdruck: "Gott der Väter und Herr des Erbarmens, du hast das All durch dein Wort gemacht. Den Menschen hast du durch deine Weisheit erschaffen, damit er über deine Geschöpfe herrscht. Er soll die Welt in Heiligkeit und Gerechtigkeit leiten und Gericht halten in rechter Gesinnung. Gib mir die Weisheit, die an deiner Seite thront, und verstoss mich nicht aus der Schar deiner Kinder! Ich bin ja dein Knecht, der Sohn deiner Magd, ein schwacher Mensch, dessen Leben nur kurz ist...
(Weish.9.1-5a).[16]

Welches sind die Konsequenzen der Gottesebenbildlichkeit des alten Menschen für das Reden und Handeln der Kirche? Die Besinnung auf die Gottesebenbildlichkeit des alten Menschen wird verhindern, dass die Kirche das gesellschaftliche Stereotyp vom leistungsunfähigen, wertlosen alten Menschen übernimmt. Das Alter ist nicht gleichzusetzen mit "der Beschränkung der Lebendigkeit des Menschenlebens".[17] Auch der alte Mensch ist in die Aufgabe einer verantwortlichen Gestaltung der Grundrelationen seines Lebens hineingestellt. Er hat Anteil am Herrschafts- und Verwaltungsauftrag des Menschen für die nichtmenschliche Schöpfung. Er lebt zusammen

mit den jüngeren Generationen, mit seinen Mitmenschen, als Mann oder als Frau. Und er bleibt auch als Pflegebedürftiger und Schwerkranker bis zum Tode, im Leben und im Sterben mit Leib und Seele Gottes Ebenbild.
"Das über den alten Menschen verhängte gesellschaftliche Affektverbot und seine Verbannung in eine defizitäre Ghetto- und Kümmerexistenz widerspricht der Bestimmung des Menschen, die in seiner Gottebenbildlichkeit und damit in seiner Kreativität und Humanität besteht."[18]
Die Gottesebenbildlichkeit des Menschen begründet die Würde, das Lebens- und Entfaltungsrecht des Menschen in jedem Lebensalter. Sie ist dem Menschen als Gottes Geschöpf unverlierbar zugesprochen. Nicht zufälligerweise greift die theologische Begründung der Menschenrechte immer wieder auf die Gottesebenbildlichkeit des Menschen zurück.[19]

3.4. Abraham

Ein Predigtwort Huldrych Zwinglis eröffnet in schönster Weise den Zugang zur Abrahamsüberlieferung. "Das Wort Gottes ist so gwüss und starck, dass, wie Got wil, also geschehend alle Ding von Stund an, so er sin Wort gspricht. Dann es ist so lebendig, so krefftig, dass alle, joch (auch) unvernünfftig Ding sich von Stund an im glichförmig machen, oder, dass ich rechter red, dass alle Ding, sy syind vernünfftig oder unvernünfftig, von im gestaltet, geschickt und zwungen werdend nach sinem Fürnemen."[1]
Gott bewährt seine Segensverheissung an den Nomaden Abraham, trotz aller Hindernisse, die ihr im Wege stehen.
Aber welche Rolle spielt in der Abrahamsüberlieferung das Moment des Alters? Im ersten Komplex der Väterüberlieferung ist das Alter Abrahams und Saras für den Jahwisten, den Elohisten und die Priesterschaft ein wesentliches, man könnte sagen spannungssteigerndes Element. Der Leser fragt sich im Verlaufe der Erzählung immer mehr, wie Gott überhaupt seine Segensverheissung an Abraham noch wahrmachen kann, da Abraham und Sara so lange kinderlos geblieben und alt geworden sind. Paulus sagt anschaulich: "Und er (Abraham) wurde im Glauben nicht schwach, auch nicht angesichts seines erstorbenen Leibes - nahezu hundert Jahre war er alt - sowie auch des erstorbenen Mutterschosses der Sara" (Röm.4,19.).[2]

Bei unserer Interpretation sind uns drei Dinge verwehrt.

Es geht nicht darum, eine Tendenzinterpretation der Abrahamsgeschichte mit alterssoziologischem Interesse zu bieten. Das Alter ist ein Moment der Abrahamserzählung, keineswegs ihr Kern.

Auf Grund der verschiedenen Angaben des Lebensalters eine Altersbiographie von Abraham zu rekonstruieren, ist nicht möglich.[3] Eine Chronologie, welche die ganze Vätergeschichte durchzieht, kennt nur die Priesterschrift,[4] und diese ist durch die Einarbeitung der jahwistischen und elohistischen Quelle in die Priesterschrift durch den Redaktor (R^P)[5] zur massgeblichen geworden. Aber manche Widersprüche blieben bestehen. So wäre Sara in Kap.20 über 90 Jahre alt, und Ismael in Kap.21 beinahe 17.[6] Die alttestamentliche Forschung hat seit H. Gunkel gezeigt, dass man die einzelnen Erzähleinheiten nur aus ihrer Entstehung, aus der Verarbeitung durch die Quelle und im Kontext des Ganzen adäquat verstehen kann. Die Abrahamsüberlieferung ist ein differenzierter Komplex von Sagen/Sagenkränzen, Genealogien, Itinerarien, Segensformeln u.a.m..[7] Wir werden daher gezielt Texte auswählen müssen.

Der heutige alte Mensch ist nicht einfach Abraham oder Sara. Ein pensionierter Staatsangestellter oder eine verwitwete Hilfsarbeiterin in der Blockwohnung ist nicht normativ an der Situation des wandernden Kleinviehnomaden zu messen.[8] Aber die Erzählungen der biblischen Zeugen reden heute uns Menschen in unserer Lebenssituation und unseren gesellschaftlichen Verhältnissen an. Gottes Geist macht sie zum befreienden Wort Gottes, zum Evangelium im Alltag des Lebens. Das möge hier deutlich werden.

Die Erzväter werden in der heutigen Forschung kaum mehr als fiktive Ahnherren oder Eponyme betrachtet, ihre reale, historische Existenz wird mit guten Gründen angenommen. Unsere Darstellung richtet ihr Interesse aber nicht auf eine historische Rekonstruktion der Lebensumstände oder der Ueberlieferungsgeschichte, sondern auf das theologische Gesamtverständnis der Abrahamsüberlieferung.[9)]

Die biblischen Erzähler scheuen sich nicht, die Menschlichkeit und Schwächen, aber auch das Vorbild und den exemplarischen Gehorsam ihrer Gestalten darzustellen.[10)] Dies gilt auch für Abraham. Nach der universalen Weite, mit der die Urgeschichte von der Schöpfung des Kosmos zum Gericht Gottes über die Völker, die Menschheit geführt hatte, verengt sich der Blickwinkel schlagartig auf eine Abstammungslinie, ja auf einen Menschen, auf Abraham.[11)] Abraham ist kein junger Mensch mehr. "Abram aber war 75 Jahre alt, als er aus Haran wegzog" (1.Mos.12,4b).[12)] So sagt es die Priesterschrift.[13)] Der Jahwist[14)] berichtet, dass Abraham seinen Bruder Haran verlor, als der Vater Terach noch lebte. Er hatte sich Saraj zur Frau genommen. Und dann steht in 1.Mos.11,30 der bedeutungsschwere Satz: "Saraj aber war unfruchtbar; sie hatte keine Kinder".[15)] Wer schon erlebt hat, wie schwierig es heute für eine Frau ist, Kinderlosigkeit zu verarbeiten, der kann ein Stück weit erahnen, was Kinderlosigkeit in der orientalischen Welt der Nomaden bedeutete, wo das Ueberleben in einer Sippe und Grossfamilie stark davon abhing, dass männlicher Nachwuchs die Generationenfolge verbürgte.[16)] In Haran (J), weniger wahrscheinlich in Ur-Kasdim (P),[17)] jedenfalls im Zweistromland lebte Abram mit Sara in seiner Sippe.

Nach dieser Ueberleitung folgt in 1.Mos.12,1-4a.6-9 die programmatische Einleitung der Vätergeschichte durch den Jahwisten.[18)] Abram wird von Gott herausgerufen in eine unbekannte Fremde, und Gott schenkt ihm die Verheissung des Segens. Die Wahl dieses einen Menschen ist Gottes souveräne Tat, Gott ist Subjekt, und so, wie er hier in freier Wahl an Abraham handelt, so wird er nicht aufhören, in der Geschichte mit den Vätern und dem Volk Israel zu handeln. "Der Herr sprach zu Abram: Ziehe hinweg aus deinem Vaterlande und aus deiner Verwandtschaft und aus deines Vaters Hause in das Land, das ich dir zeigen werde."[19)] Wie C. Westermann gezeigt hat, ist dieses Wort in der Väterzeit eine Weisung aus der Not und nicht von vornherein eine Glaubensprüfung.[20)] Aber der Jahwist lässt hier erstmals das Motiv des Exodus anklingen, und es ist tatsächlich die radikale Herausforderung Gottes, dass Abraham alles hinter sich lässt und ins Unbekannte aufbricht.[21)]
In dreifacher Artikulation[22)] wird ihm Segen verheissen: Abraham selbst wird gesegnet, sein Leben wird gelingen und von Kraft, Wohlergehen und Fruchtbarkeit[23)] geprägt sein.
Der Segen Abrahams wird seine Nachkommen zu einem grossen Volk werden lassen, und der Nahme Abrahams wird dieses Volk berühmt machen.
Abraham wird den Menschen um sich und der Völkerwelt zum Segen werden.
In welch universalen Horizont göttlichen Handelns wird dieser Abraham gestellt!
Damit hat der Jahwist schon mit wenigen Versen wie mit kräftigen Pinselstrichen die Thematik der Abrahamsgeschichte umrissen: Die Unfruchtbar-

keit Saras - die Herausrufung - der Segen - der Aufbruch. Und er fügt die Landverheissung als eine Verbindung von Väter- und Volksgeschichte ein: "Deinen Nachkommen will ich dieses Land geben" (1.Mos.12,7).[24]

Die Abrahamsgeschichte erzählt, wie Gottes Segensverheissung immer wieder bedroht zu sein scheint, wie sich ihr aus menschlicher Sicht immer wieder die Hindernisse in den Weg türmen. Die Ahnfrau ist gefährdet (1.Mos.12 und 20, vgl. 1.Mos.26). Abraham selbst gefährdet sich, als er Lot im Krieg gegen die Ostkönige aus der Gefangenschaft befreit (1.Mos14,12 ff.). Abrahams Hoffnung auf Nachkommenschaft durch die Nebenfrau Hagar führt zum erbitterten Streit der Frauen (1.Mos.16 und 21). Trotz aller Anfechtung aber hält Abraham an der Verheissung Gottes fest.

Der menschliche Konflikt, in dem Abraham steht, kann die Bibel in Erzählungen, aber auch einfach in einer Frage ausdrücken: "Herr, Jahwe, was kannst du mir geben, da ich doch kinderlos wandere ..." (1.Mos.15,2).[25] Es genügt sogar die Andeutung eines Lachens. Das erste Lachen eines Menschen in der Bibel ist Abrahams ungläubiges Lachen in 1.Mos.17,17(P). "Da warf sich Abraham auf sein Angesicht und lachte und sprach bei sich selbst: Einem Hundertjährigen sollte noch (ein Sohn) geboren werden? und Sara sollte mit neunzig Jahren noch gebären?" (1.Mos.17,17).[26] Das zweite Lachen ist das nicht minder ungläubige Saras, als die drei Gäste Abraham im nächsten Jahr eine Sohn ankündigen. "Sara aber hörte zu am Eingang des Zeltes hinter ihm. Nun waren Abraham und Sara alt und hochbetagt, so dass es Sara nicht mehr nach der Frauen Weise ging. Darum lachte Sara bei sich selbst und dachte: Nun ich welk bin, soll mich noch Liebeslust ankommen? Und auch mein Herr ist alt" (1.Mos.18,10-12).[27] Mit unbefangener Offenheit wird hier von der Alterssexualität gesprochen. Im Lachen Abrahams und Saras findet sich etwas bizarres[28] und angstvolles, es ist ihnen an diesem Punkt im Grunde keineswegs ums Lachen zu Mute, viel zu stark stehen sie an der harten Grenze von Glauben und Unglauben, von Verzweiflung und Hoffnung. "Da sprach der Herr zu Abraham: Warum lacht denn Sara und denkt:'Sollte ich wirklich noch Mutter werden können, da ich doch alt bin?' Ist denn irgend etwas unmöglich für den Herrn?" (1.Mos.18,13f.).[29] In diesem letzten Satz findet sich der kerygmatische Kern der Erzählung: dem Herrn ist wider alle Hindernisse und vernunftgemässe Unmöglichkeit alles möglich. Er hat's in Händen, kann alles wenden. Er gibt dem alten Paar seine Zukunft. Mit feinster psychologischer Beobachtungsgabe zeichnet der Erzähler Sara, die, vom Herrn angesprochen, ihr Lachen ableugnet. Wenn sie könnte, würde sie ihr Lachen zurücknehmen, aber sie kann nicht mehr. Sie erkennt in Furcht, dass sie einen Boten Gottes vor sich hat.[30]

Die Geburt Isaaks ist nüchtern erzählt. "Der Herr aber nahm sich Saras an, wie er verheissen hatte, und tat an ihr nach seinem Worte: Sara ward schwanger und gebar dem Abraham in seinem Alter einen Sohn, um die Zeit, die Gott angekündigt hatte" (1.Mos.21,1f.).[31] Abraham gibt seinem Sohn den Namen Isaak. Isaak heisst "Er lacht", sei es um das Lächeln Gottes in seiner Huld oder das Lächeln des sich über die Geburt freuenden

Vaters auszudrücken.[32)]

Der Leser meint nun aufatmen zu können. Und doch steht der schwierigste Weg Abrahams noch bevor. "Nach diesen Begebenheiten wollte Gott den Abraham prüfen" (1.Mos.22,1a).[33)] Gott schickt ihn ins Land Moria, damit er dort seinen einziggeliebten Sohn Isaak als Brandopfer darbringe. Die Erzählung des Elohisten gewinnt durch ihre jetzige Stellung nach Kap. 21 zusätzlich an drastischem Kontrast.[34)] Das so spät geschenkte Kind soll der Vater wieder loslassen. Musste Abraham sich in Kap.12,1ff. von seiner ganzen Vergangenheit trennen, so "geht es jetzt um die Preisgabe seiner ganzen Zukunft".[35)] Der tödliche Ernst dieses Befehls, die Absurdität seines Inhalts hindern Abraham nicht, auf den allein lebendigen Gott zu setzen. Die Segensverheissung ist allein Gottes Verheissung.[36)] "Da bepackte Abraham am andern Morgen in der Frühe seinen Esel ..." (1.Mos.22,3a).[37)] Wir kennen den Weg Abrahams. Es ist der Weg eines leidenden und schwergeprüften Vaters.[38)]

Leidet Abraham zu Unrecht? Ist Gott ein brutaler Tyrann, Abraham ein höriger Sklave? Das ist der Protest der humanistischen Aufklärung seit Kant. Gott kann nicht befehlen, den Sohn abzuschlachten, heisst es dann scharf. Das Problem dieser Kritik ist, dass sie weder die Freiheit des lebendigen Gottes, noch den freien Gehorsam des menschlichen Subjekts zu sehen vermag. Der aufrechte Gang und die Revolte wären in dieser Sicht die einzige Alternative zur gequälten Ohnmacht.[39)] Wir werden später sehen, dass gerade dieser Humanismus an der Frage des Alters an seine Grenzen stösst. Leiden und Schwäche, Krankheit und Tod gehören zum menschlichen Leben, der Mensch wird im Alter krummes Holz. Aber das ist für den Humanisten letztlich sinnlos, Negation der Humanität.[40)]

Anders die biblische Erzählung. Der Elohist schildert mit grösster Zurückhaltung und indirekter Andeutung des seelischen Geschehens den Leidensweg des Vaters.[41)] Nicht sein beispielhaftes Bestehen der Glaubensprobe, sondern sein Leidensweg ist der Sinn der Erzählung, vom göttlichen Befehl bis zum Aufatmen Abrahams: Gott sei Dank! Das Kind ist gerettet! Gott ist als Prüfender auch der Erlösende. Gott ist als Richter auch der Gnädige. So rühmt die Erzählung des Elohisten letztlich Gott selbst.[42)] "Gott ersieht sich"/"Gott sieht" nennt Abraham den Ort.[43)]

Gleichzeitig markiert die Erzählung einen tiefgreifenden religionsgeschichtlichen Wandel: Die Ablösung des Menschenopfers durch das Tieropfer.[44)] Das AT weiss sowohl vom Opfer des erstgeborenen Knaben als auch vom einzelnen Menschenopfer in besonderer Not.[45)] In 2.Mos.34,20 ist die Ablösung des erstgeborenen Sohnes geboten. Faktisch ist für den Erzähler und seine Hörer das Menschenopfer zurückliegende Vergangenheit; er lässt sie hier anklingen und zeigt: Seit Abraham ist es deutlich, dass das Menschenopfer nicht Gottes Wille ist, und der faktische Vollzug ist dem Israeliten nicht mehr möglich. 3.Mos.20,1ff. wird das Kinderopfer dann strengstens verboten, gegen den kanaanäischen Kultus, der wohl bis in die Königszeit (vgl. 2.Kön.23,10, Jer.32,35 und Ez.16,20f.) Menschenopfer kannte.[46)]

Wie sieht die Abrahamserzählung das Sterben, den Tod und die Trauer?

Hören wir die Worte über Saras Tod. "Sara wurde 127 Jahre alt; so lange lebte sie. Dann starb Sara in Kirjath-Arba - das ist in Hebron - im Lande Kanaan. Da ging Abraham hinein, die Totenklage um Sara zu halten und sie zu beweinen. Darnach stand Abraham auf von seiner Toten und sprach zu den Hethitern: 'ich bin bei euch ein Fremdling und Beisasse; gebt mir eine Grabstätte bei euch zu eigen, dass ich meine Tote hinausbringe und begrabe'" (1.Mos.23,1-4).[47] Hier ist der Trauerritus als Handlung, Begehung geschildert. Die Totenklage hat ihre feste Form und ihren festen Platz in der Familie.[48] Es brauchte Zeit, die Trauer zu verarbeiten. Isaak kann sich erst mit Rebekka über den Tod seiner Mutter trösten (1.Mos. 24,67). Auffällig ist hier, wie Abraham als Mann weint, dann aber nach dem Abschied von seiner Frau aufsteht ("aufsteht von seiner Toten") und die Totenklage beendet.[49] Er geht für die Beerdigung ins Stadttor und verhandelt um den Kauf der Höhle Machpela. Die Trauer und der Abschied haben im Alten Testament ihren natürlichen Ort. Der Mann schämt sich der Klage nicht, aber er weiss sie auch zu beenden, sie hat ihren Ort und ihre Zeit.

Die Erzählung vom Auftrag Abrahams zur Brautwerbung für Isaak in 1.Mos. 24,1-9 (Zuordnung umstritten)[50] zeigt Abraham am Ende seines Lebens. Bewusst will er im Vertrauen auf die Führung Gottes seine Lebensaufgabe beschliessen, indem er für Isaak eine Frau suchen lässt. In manchem sind diese Verse das Vermächtnis des Hochbetagten, jedenfalls seine letzten Worte, die uns berichtet werden. Vielleicht waren sie in einem früheren Ueberlieferungsstadium das Vermächtnis des Sterbenden.[51] Dem Heilswillen Gottes folgt Abraham auch hier, weder soll Jakob eine Kanaaniterin heiraten, noch soll Isaak in die Heimat zurückkehren, von wo Abraham ausgezogen ist. Selbst wenn Abraham ein Scheitern des Knechtes für möglich hält, sind die Worte doch getragen von gläubiger Zuversicht, und der Knecht, durch den Schwur gebunden, vertraut nicht minder der göttlichen Führung.[52]

Den Tod Abrahams erzählt die Priesterschrift in ihrer sachlichen Kühle. "Dies ist die Zeit der Lebensjahre Abrahams, die er gelebt hat: 175 Jahre; dann verschied er. So starb Abraham in schönem Alter, alt und lebenssatt..." (1.Mos.25,7f.)[53] Sterben und Tod gehören hier zum Leben, sie sind der gute Abschluss eines gesegneten Weges. Der Hochbetagte ist lebenssatt. Der Tod ist das gute Ende, das Leben ist in seiner Begrenztheit angenommen. Alt und lebenssatt ist ein fester Begriff des Alten Testaments (vgl. 1.Mos.35,29; Hi.42,17; 1.Chron.23,1; 29,8; 2.Chron.24,15). So zu sterben ist das Ende eines erfüllten Lebens.[54]

Versuchen wir, für unsere Sicht des Alterns einige Folgerungen zu formulieren.
Mit einem offenen Realismus schildert des Alte Testament in seinem vielfältigen Erzählen in der Abrahamsgeschichte den alten Menschen in seiner Ganzheit: Den lachenden und den Gott fürchtenden, den hoffenden und den verzweifelnden, den aufbrechenden und den ruhenden, den glücklichen und den lebenssatt sterbenden Menschen. In seiner leiblichen und seeli-

schen Ganzheit kommt er in den Blick, auch von seiner Sexualität wird offen gesprochen. Seinen Weg geht Abraham im Gehorsam zur Weisung und Verheissung seines Herrn. Er wird nicht verschont von Anfechtung, Leiden und Schwäche. Das Alter ist weder als Zeit verminderter oder gar defizitärer Lebendigkeit charakterisiert, noch wird es statisch gesehen oder auf Ruhe fixiert. Auch im Alter gibt es Aufbruch, Herausrufung und Hoffnung. Abraham bewährt sich als Glaubender, denn Gott kann seine Verheissung nicht fallen lassen. "Abram glaubte dem Herrn, und das rechnete er ihm als Gerechtigkeit an" (1.Mos.15,6.Zuordnung umstritten).[55] Auf seinem Weg ist Abraham zum Vater aller Glaubenden geworden (Röm.4,1ff.).[56] Der Mensch lebt keineswegs im Alter speziell aus Gottes Gnade, vielmehr lebt der Betagte nicht mehr und nicht minder als im ganzen Lebenszyklus allein aus der Gnade und Treue des Herrn. In die Segensverheissung Abrahams sind wir heute hineingenommen, da uns angerechnet werden soll, was der eine Gott Abrahams, Isaaks und Jakobs in Christi Auferweckung für uns getan hat.[57]

3.5. Das Büchlein Ruth

Wenn man die Erzählung von Noomi, Ruth und Boas nur als liebliche Idylle von schlichter Schönheit und erbaulichem Charakter versteht, dann geht man am Reichtum des Büchleins vorbei, und man verkennt seinen theologischen Gehalt.[1] Es ist ganz und gar ungewöhnlich, dass der wichtigste König des Alten Testaments, David, eine moabitische Ahnmutter hat, waren doch die Moabiter wiederholt die Feinde Israels.[2] Das Deuteronomium schliesst den Eintritt eines Moabiters in die Gemeinde des Herrn sogar aus, selbst in der zehnten Generation.[3] Wenn das Büchlein Ruth auch nicht nachexilisch ist, so bot es mit seiner gegenüber Fremden so freundlichen Haltung, etwa in der Zeit Esras mit einer rigorosen Mischehengesetzgebung, immer wieder politischen Zündstoff.[4]

Die schlichte Erzählung stellt die Witwen Noomi und Ruth in ihrer menschlichen Ganzheit dar. Es sind Frauen, die alles verloren haben und doch aus schwierigster Not gemeinsam in ein erfülltes Leben zurückfinden. Zwar braucht man nicht gleich vom "Heroismus der Witwentreue" zu sprechen,[5] aber die hier dargestellten Frauen sind initiative, selbständige und gläubige Menschen, die sich von Hindernissen nicht abschrecken lassen und beharrlichen, getrosten Mut beweisen. Sie stehen im heiteren und freundlichen Licht einer kostbaren Führungsgeschichte. Jahwe's Güte und Vorsehung begleitet die ihm anvertrauten Menschen. So spricht der behäbige Boas zur fleissigen Aehrenleserin Ruth die den Sinn der ganzen Erzählung bündelnden Worte: "Der Herr vergelte Dir dein Tun, und voller Lohn werde dir zuteil von dem Herrn, dem Gott Israels, zu dem du gekommen bist, dich unter seinen Flügeln zu bergen!" (Rt.2,12).[6] Dies ist nicht erbaulich gemeint, sondern ist der Wunsch der Befreiung aus materieller Not und echten Friedens. Es gehört zur Kunst des Erzählers und zu seinem theologischen Fingerspitzengefühl, dass er Boas hier nicht ahnen lässt, wie er selbst zur Verwirklichung dieses Segenswunsches beitragen wird.[7] Unbefangen wird uns der bescheidene Anfang der Heilsgeschichte Gottes erzählt, die zu König David und seiner Dynastie führte und heute Juden und Christen in der Hoffnung auf den Gesalbten, den Messias verbindet.
G. Gerlemann hat darum in der "Judaisierung der Moabiterin Ruth" den Kern der Erzählung gesehen.[8] Die immer wieder zitierten, intensiven Worte Ruths bei ihrem Entscheid für Noomi sind dann, wie in einer Ellipse, der zweite Pol der Botschaft dieser Novelle.[9] "Wo du hingehst, da will auch ich hingehen, und wo du bleibst, da bleibe auch ich; dein Volk ist mein Volk, und dein Gott ist mein Gott. Wo du stirbst, da sterbe auch ich; da will auch ich begraben sein. Der Herr tue mir dies und das: Nur der Tod soll mich von dir scheiden." (Rt.1,16-17)[10] Was in diesen Worten seelisch so tief geht, ist die Entschiedenheit, mit der hier eine junge Frau ihr Leben als ganzes an das Leben ihrer alten Schwiegermutter bindet und ihren Weg teilen will. Theologisch beeindruckt, wie Ruth ihren ganzen zukünftigen Lebensweg Jahwe anvertraut. Sie bricht auf - wie später Boas sagt -, sich unter den Flügeln des Gottes Israels zu bergen.[11]

Der Gott Israels ist ein barmherziger Gott, und er will das Lebensrecht von

Witwen und Waisen. Er ereifert sich gegen ihre Bedrückung.[12] Es ist lohnend, wenn wir uns das vorerst in Erinnerung rufen. "Witwen und Waisen sollt ihr nicht bedrücken", ist die klare Regelung des Bundesbuches (2.Mos.22,22).[13] Das Deuteronomium bezeugt wiederholt den Gott, "der der Waise und der Witwe Recht schafft und den Fremdling liebhat, so dass er ihm Brot und Kleidung gibt".[14] Die Propheten klagen wiederholt und scharf an, dass das Gottesvolk den Waisen nicht zum Recht verhilft und kein Ohr für die Sache der Witwen hat.[15] Gottes kann man sich freuen, so der Psalmist, "weil er ein Vater der Waisen, ein Richter der Witwen ist" (Ps.68,6).[16] Dieser Gott handelt in der Ruth-Geschichte,und das freundliche und gütige Handeln des Boas entspricht diesem göttlichen Willen.

Durch welche Rechte war eine Witwe im Alten Israel vor der Verarmung und dem Elend geschützt? Noomi sieht sicher sehr realistisch, wenn sie die beiden Schwiegertöchter nach dem Aufbruch zur Rückwanderung ermahnt, ins "Haus der Mutter"[17] zurückzukehren. Sie selbst ist zu alt, um noch einmal Ehefrau und Mutter zu werden,[18] und so besteht für Orpa und Ruth keine andere Hoffnung als ein Leben ohne Mann und Kinder und als Fremde in einem fremden Land.[19] Die Möglichkeit einer Leviratsehe schliesst sie aus.[20] Auch hier beobachten wir wieder die erzählerische Feinheit des Verfassers, soll doch gerade diese Möglichkeit am Ende der Erzählung sich erfüllen.[21]

Zu den Rechten der Witwe gehören die Unpfändbarkeit ihres Kleides (5.Mos.24,17), die uneingeschränkte Geltung ihres Gelübdes (4.Mos.30,10), ihr Anteil am Zehnten (5.Mos.14,29,26,12f.) und die Nachlese im Weinberg, an den Oelbäumen oder auf den Feldern (5.Mos.24,19-21). Das Deuteronomium ist speziell witwenfreundlich, was sich z.B. daran erkennen lässt, dass in 3.Mos.23,22 das Recht der Nachlese nur dem Armen und dem Fremdling, nicht aber der Witwe zugesprochen wird.[22] Das Büchlein Ruth setzt das Recht voraus, zeigt jedoch auch, wie sehr seine Anwendung vom Wohlwollen des Landbesitzers abhing.[23]

Die Leviratsehe ist uns in drei alttestamentlichen Texten bezeugt:[24] 1.Mos.38, 5.Mos.25,5-10 und Ruth. Stirbt ein Ehemann ohne männliche Nachkommen, so ist sein Bruder verpflichtet, seine verwitwete Schwägerin zur Frau zu nehmen, für sie zu sorgen und dem verstorbenen Bruder einen männlichen Nachkommen zu geben. "Der erste Sohn, den sie gebiert, soll den Namen des verstorbenen Bruders weiterführen. So soll dessen Name in Israel nicht erlöschen" (5.Mos.25,6).[25] W. Rudolph hat den Vergleich der drei Texte sehr exakt auf den Begriff gebracht: "Alle drei Stellen stimmen hinsichtlich des Anlasses und des Zweckes dieser Einrichtung überein, unterscheiden sich aber in Bezug auf den Kreis der Leviratsverpflichteten und auf die Verbindlichkeit dieser Verpflichtung."[26] Es ist sehr schwierig, sie zu vergleichen, weil sie sehrwahrscheinlich verschiedene Stadien der Rechtsgeschichte voraussetzen.[27]

Onan wird in 1.Mos.38 von Gott mit dem frühzeitigen Tod bestraft, weil er seiner Schwägerin und somit seinem verstorbenen Bruder Nachkommenschaft verweigert. Es scheint hier vorausgesetzt zu sein, dass nicht nur der erstgeborene Sohn, sondern alle Nachkommen aus einer solchen Ehe den

Namen des Verstorbenen tragen.[28] Deutlich hat der Vater als Familienoberhaupt der Grossfamilie rechtsentscheidende Funktion. Darum nämlich greift Tamar zu ihrer List und erhält schliesslich vom Schwiegervater ihr Recht zugesprochen.[29] Die Brüder, und vielleicht auch später nicht nur sie, sind also zur Schwagerehe verpflichtet.[30]

5.Mos.25,5-10 geht detailliert auf den Fall der verweigerten Schwagerehe ein. Die Schwägerin hat jetzt vor den Aeltesten im Tor ein Klagerecht. Aber ein Mann kann sich seiner Verpflichtung entziehen, wenn er das entehrende Zeremoniell in Kauf nimmt. Das Ausziehen des Schuhes steht evt. für den Verzicht auf den Land-Erbanteil.[31] Das Wohnen der Brüder im selben Haus, d.h. in derselben Grossfamilie ist vorausgesetzt.[32]

Im Falle Ruths sind die näheren und entfernteren Verwandten in das Leviratsrecht miteinbezogen, wobei die entfernteren keine Leviratspflicht haben. Die rechtlichen und sozialen Verhältnisse werden uns vom Verfasser mit detaillierter Kenntnis geschildert, ja sogar erklärt (Rt.4,7).[33] Zweck der Leviratsehe sind der Schutz und die (Alters-) Versorgung der Witwe. Der Verstorbene soll Nachkommen erhalten und der Landanteil im Besitz der Familie oder Verwandtschaft bleiben.[34]

Im Büchlein Ruth verbindet sich mit der Leviratsehe das Recht des גֹּאֵל, die גְּאֻלָּה.[35] Es regelt die Pflicht, verlorenes Landeigentum der Familie und versklavte Angehörige zurückzukaufen. Im Kontext der Bestimmungen zum Sabbatjahr (3.Mos.25,1-7) und zum Jobeljahr (3.Mos. 25,8ff.) schützen die Vorschriften Land und Mensch vor willkürlicher Aneignung und sichern die Wiederherstellung der hergebrachten Verhältnisse.[36] Sie bewahren den Israeliten vor Enteignung, Verelendung und Versklavung und sind zentrale Bestimmungen des israelitischen Armen- und Sozialrechts. 3.Mos.25,23 lautet: "Das Land darf nicht endgültig verkauft werden; denn das Land gehört mir (dem Herrn), und ihr seit nur Fremde und Halbbürger bei mir. Für jeden Grundbesitz sollt ihr ein Rückkaufsrecht auf das Land gewähren. Wenn dein Bruder verarmt und etwas von seinem Grundbesitz verkauft, soll sein Verwandter als Löser für ihn eintreten und den verkauften Boden seines Bruders auslösen."[37] Es ist zu vermuten, dass sowohl an ein Vorkaufs- wie Rückkaufsrecht gedacht ist.[38]

Bei Ruth ist der Fall insofern speziell, als das Land durch den Tod der männlichen Erben und nicht primär durch Verarmung verloren ging. Von einer Zahlung des Boas in der Rechtsverhandlung wird nichts erwähnt, weil er den Brautpreis ja an sich selbst bezahlen müsste und mit der Leviratsehe den Unterhalt der Witwe übernimmt. An Stelle des Kaufpreises tritt wohl diese Unterhaltspflicht.[39] Glänzend dargestellt ist das kühl berechnende Verhalten des namenlosen erstberechtigten Lösers. Die Unterhaltspflicht für Noomi wäre er bereit, in Kauf zu nehmen. Aber durch die Schwagerehe mit Ruth würde der erstgeborene Sohn aus dieser Ehe der Erbe des Ackers, der Kauf bedeutete also nur ein begrenzetes Nutzungsrecht. Zudem würden weitere Söhne das eigene Erbe des Lösers für die Söhne aus einer schon bestehenden Ehe schmälern.[40]

Die Rechtsverhandlung ist mit feinster psychologischer Beobachtungsgabe geschildert. Obwohl es ihm um Ruth geht, fällt Boas nicht mit der Tür ins

Haus, sondern kommt zuerst auf das Land zu sprechen.[41] Die überraschende Zustimmung des erstberechtigten Lösers gibt Boas die Gelegenheit, ihn auf die Folgepflicht der Leviratsehe aufmerksam zu machen.[42] Nach dem Zurücktreten des Lösers[43] wird der Abschluss des Loskaufes durch Boas und die Bezeugung durch die Anwesenden in feierlicher Umständlichkeit geschildert.[44] Auf den Abschluss des Geschäftes folgen, echt menschlich, die Segenswünsche der Anwesenden.[45] Im Verborgenen ist im Verlauf des Geschehens Jahwe der Handelnde, und er ist es, der hier letztlich der Löser, der Retter und Befreier ist.[46]

Hat man sich den rechtlichen Hintergrund vergegenwärtigt, so wird nun der Weg der alten Witwe Noomi verständlich. Er erinnert in mancher Hinsicht an den Weg Abrahams, auch diese Frau bricht die Brücken hinter sich ab und wagt die Schritte in eine ungewisse Zukunft.[47] Der Verfasser des Büchleins Ruth erinnert uns selbst an die Frauen der Vätergeschichte (Rt.4,11f.). Anschaulich schildert er uns die Treue von Gottes Führung, die das Lebensrecht der Schwachen durchsetzt.
Nüchtern wird im Rahmen der Exposition die Verwitwung Noomis und der Verlust der beiden Söhne im Lande Moab berichtet.[48] In der ersten Szene[49] ist Noomi als realistische Frau gezeichnet, wenn sie Orpa und Ruth zur Rückkehr ins Mutterhaus auffordert. Sie kümmert sich im Gespräch nicht zuerst um ihr eigenes Wohl, sondern darum, dass die Schwiegertöchter in einer neuen Ehe wieder einen Ort der Ruhe und Geborgenheit - מְנוּחָה, wie es schön heisst[50] - finden. Eine Hoffnung gibt es für sie in Israel nicht, wie es für Noomi keine Hoffnung mehr in Moab gibt. Rechtlichen und sozialen Schutz findet die Witwe in ihrer eigenen Verwandtschaft oder in der Grossfamilie ihres Mannes. Ruth wagt den Weg in eine völlig ungesicherte Zukunft, ihre tiefe Bindung an Noomi, die Schwiegermutter lässt sie ihr Leben aber ganz dem Gott Israels und seinem Volk anvertrauen.[51] Man sollte die Ankunft Noomis in Bethlehem nicht als die Rückkehr einer verhärmten, verbitterten Frau zeichnen.[52] Man psychologisiert damit ihre objektiv bittere Lage und ihr hartes Schicksal. Nicht die Verzweiflung der Frau an Gottes Güte wird erzählt, sondern die Härte der Rückschläge, die sie im Land Moab durchleben musste, klagt sie offen den anderen Frauen.[53] So gross wie die Diskrepanz zwischen ihrem Auszug als wohlhabende Frau und ihrer Rückkehr als verarmte Witwe mit leeren Händen ist, so radikal sollte auch ihr Name geändert werden. Statt Noomi, die Liebliche, sollen sie die Frauen Mara, die Bittere nennen.[54] Auch ihre Not versteht Noomi jedoch aus den Händen Gottes. Ihr Leben zeigt, dass Jahwe wider sie Zeugnis abgelegt hat (ענה בי) und der Allmächtige ihr hartes und schweres Leid (הרע לי) zugefügt hat.[55] Damit fällt die Deutung dahin, dass man am Beispiel Noomi lernen solle, "wie Jahwe den Kleinglauben beschämt".[56] Die Szene vom Einzug Noomis in Bethlehem zeigt, wie eine Frau in ihrer elementaren Lebenskrise offen zu ihrem Leid steht.[57]

Erstaunlich, wie von nun ab Ruth und Noomi unermüdlich die Initiative ergreifen! Ruth entschliesst sich, das Armenrecht des Aehrenlesens in Anspruch zu nehmen, und mit stillem Fleiss arbeitet sie auf dem Feld des

Boas.[58] Eine der schönsten und zärtlichsten Liebesgeschichten des Alten Testaments nimmt hier ihren Anfang.[59] Noomi erkennt bei der Rückkehr Ruths an dem reichen Ertrag sofort, dass sie das Wohlwollen eines Bauern gefunden hat. Und als sie gar vernimmt es sei Boas, sagt sie das schöne Lobwort: "Gesegnet sei er vom Herrn, der seine Gunst den Lebenden und den Toten nicht entzogen hat" (2,20).[60] Was Jahwe den hinterbliebenen Witwen an Gutem tut, das tut er auch ihren verstorbenen Ehemännern zugute.[61] Sorgsam ist Noomi darum bemüht, dass Ruth nicht von den Knechten belästigt oder gar verführt wird, sondern sich an die Mägde hält.[62] So tut Ruth ihre Arbeit bis am Ende der Weizen- und Gerstenernte.[63] Vielleicht hatte Noomi schon gehofft, dass sich in den Erntewochen Boas aus Liebe zu Ruth zur Leviratsehe entschliessen könnte. Aber dies ist nicht der Fall.[64] Und so ergreift sie nun selbst die Initiative mit einem kühnen Plan. Weder ist sie eine durchtriebene Kupplerin, noch eine eiskalte berechnende Egoistin. Aber sie ist eine mutige Frau, die klar eine Lebenschance erkennt und sie ergreift. Sie hat nicht nur die Verantwortung und Sorge, dass Ruth doch wieder einen Ehemann und ein Heim erhält, in dem es ihr gut geht, sondern sie hat auch die Hoffnung, der Familie doch noch männliche Nachkommen zu schaffen.[65] Der weitere Lebensweg der beiden Frauen steht hier als ganzer auf dem Spiel, aber sie riskieren das Wagnis.

Ohne dass von Jahwe viel die Rede ist, wird die gnädige Führung Gottes in einer Szene voll Eros und Agape deutlich.[66] Die zärtliche Begegnung der Liebenden wird, echt alttestamentlich, mit offenen und schönen Worten geschildert, der Plan der Noomi gelingt.[67] Als ihr Ruth das Geschehene berichtet, schätzt sie klar den Fortgang ab: "Der Mann wird nicht ruhen, ehe er noch heute die Sache erledigt hat" (3,18).[68] So findet die Erzählung mit der Geburt des Grossohnes, mit dem Lob der Frauen über die von allen Sorgen befreite Noomi und dem Namen Obed des künftigen Grossvaters Davids ihren Abschluss.[69] "Gepriesen sei der Herr, der es dir heute nicht an einem Löser hat fehlen lassen. Sein Name soll in Israel gerühmt werden. Du wirst jemand haben, der dein Herz erfreut und dich im Alter versorgt; denn deine Schwiegertochter, die dich liebt, hat ihn geboren, sie, die mehr wert ist als sieben Söhne" (4,14 15).[70]

Es ist müssig zu streiten, wer nun im Büchlein Ruth die Hauptperson ist.[71] Aber es ist schön, wendet sich hier am Ende die Aufmerksamkeit noch einmal der glücklichen alten Frau zu und wird von ihrem Grossmutterglück so schlicht gesagt: "Noomi nahm das Kind, drückte es an ihre Brust und wurde seine Wärterin" (4,16).[72]

Das Büchlein Ruth zeigt uns zwei verwitwete Frauen, die auf ihrem gemeinsamen Weg aus einer elementaren Lebenskrise wieder in ein erfülltes Leben zurückfinden. Eine Fremde aus dem Land Moab wird dabei die Ahnmutter des Königs David, die Stammutter des Gesalbten Israels. Gerade dasjenige Leben, das man als sozial wertlos betrachtet, braucht Gott für den Anfang dieser Heilsgeschichte.[73]

Das Alte Testament schützt die Witwe sowohl rechtlich als auch sozial. Die Institutionen der Leviratsehe und des Lösers sind nicht spezifisch israelitisch,[74] aber haben in Israel eine eigene Ausprägung im Jahwerecht

erfahren. Die Novelle rechnet realistisch damit, dass das Recht der Witwen und der Armen in Israel auch gebeugt wurde,[75] was in der Zeit des Königtums immer wieder zur Anklage der Propheten führte. Aber sie zeigt hier in Boas einen Bauern, der dieses Recht respektiert und in redlicher Geradlinigkeit auch beansprucht.[76]
Wir erfahren von der ledigen Frau im Alten Testament relativ wenig. Sie war in der Grossfamilie zu Hause und geschützt. Die Härte des Lebens für eine Witwe bestand jedoch darin, dass sie der Versorgung und der sozialen Integration in eine Gemeinschaft verlustig ging. Gottes Wille ist das Ernstnehmen des Lebensrechtes der Schwachen, und Boas entspricht mit seinem Handeln diesem Willen. Gott hört auf die offene Klage der Witwe Noomi, und er lässt ihren tatkräftigen Neuanfang in Bethlehem gelingen.

3.6. Das 5. Gebot: Ehre deinen Vater und deine Mutter

Der Dekalog gehört in die Befreiungsgeschichte des Volkes Gottes.[1] Durch seine Selbstvorstellung am Eingang der zehn Gebote bestätigt sich Gott als der eine Herr, der Israel aus dem Sklavenhaus Aegypten herausgeführt hat und dem Bundesvolk den Weg der Freiheit weist.[2] Der Bund und die Gebote Gottes gehören untrennbar zusammen.[3] Wie die anderen Gebote kann man systematisch das 5. Gebot nicht aus dem Kontext lösen.

Welches sind die exegetischen Forschungsergebnisse? In der Dekalogforschung[4] hatte das 5. Gebot immer wieder einen zentralen Stellenwert, da es markante Eigenheiten aufweist.
1) Schon der Epheserbrief macht im Zusammenhang mit der Haustafel auf ein Merkmal des 5. Gebotes aufmerksam: "...das ist das erste Gebot, das mit einer Verheissung verbunden ist: Damit es dir wohlergehe und du ein langes Leben auf Erden hast." (Eph.6,2f.).[5] Der Brief zitiert hier nach 5.Mos.5,16, nicht 2.Mos.20,12. Tatsächlich gibt diese Verheissung dem Gebot den Charakter einer werbenden Einladung, eines segensreichen Angebotes.
2) Das Gebot unterscheidet sich in den überlieferten Fassungen. Zuerst der Vergleich von 2.Mos.20,12 und 5.Mos.5,16: Im Deuteronomium stehen nach der Aufforderung, Vater und Mutter zu ehren, zusätzlich die Worte "wie dir der Herr, dein Gott, geboten hat".[6] In der Verheissung ist zwischen "auf dass du lange lebest" und "in dem Lande" die Formulierung "und es dir wohlergehe" eingefügt.[7]
3) Mit dem Sabbatgebot ist es das einzige Gebot, das positiv und nicht prohibitiv formuliert ist. Man hat darum gefragt, ob es vielleicht eine negativ formulierte Urform gegeben habe.[8] Man hat es deswegen sogar aus einem wie immer rekonstruierten Urdekalog ausgeschieden.[9] Eine Alternative dazu war, die Gebote in zwei- oder dreigliedrige Reihen zu unterteilen.[10] Bei den beiden ersten Geboten und bei den Verboten des Totschlags, des Ehebruchs und des Diebstahls können zusammengehörige Untergruppen vermutet werden.[11]
Ein weiterer Versuch ist derjenige Hartmut Gese's, den Dekalog in fünf Paare zu gliedern. Das 5. und 6. Gebot wären dann dem Lebensbereich der eigenen und fremden Familie zugeordnet.[12]
Man sieht an diesem Beispiel, dass die exegetischen Untersuchungen keineswegs Haarspaltereien sind, sondern systematische Konsequenzen haben.
4) Zwar ist die Gebotsformulierung in 2.Mos.20/5.Mos.5 die zentrale, aber es gibt in den Rechtscorpora der Thora verschiedene Stellen, die zu vergleichen sind.

Aufgefallen ist vor allem die Formulierung des Elterngebotes im Heiligkeitsgesetz 3.Mos.19,3: "Jeder von euch soll Mutter und Vater fürchten und auf meine Sabbate achten; ich bin der Herr, euer Gott." Die Mutter ist dem Vater vorgeordnet, und das Verb כבד im Piel ist durch das Verb ירא ersetzt. Das Gebot fasst Eltern- und Sabbatgebot zusammen und schliesst mit der Formel "Ich bin der Herr, euer Gott". Es steht zudem vor dem Gebot, sich keinen anderen Göttern zuzuwenden und sich keine Gottesbilder zu machen.[13]

In 2.Mos.21,12.15-17 stehen (meist als altertümlich beurteilte) Rechtssätze, die Vergehen mit der Todesstrafe bedrohen:
v.15: "Wer seinen Vater oder seine Mutter schlägt, der soll getötet werden."
v.17: "Wer seinem Vater oder seiner Mutter flucht, der soll getötet werden."
Der Rechtsfall wird bei diesen Bestimmungen mit einem Partizip beschrieben, die Rechtsfolgebestimmung nach jedem Gebot in gleicher Form wiederholt.[14]

Weiter ist auf 5.Mos.27,15-26, den sogenannten sichemitischen Dodekalog hinzuweisen. Gerhard von Rad sagt zu dieser Ueberlieferung: "Der sichemitische Dodekalog ist die altertümlichste Verbotsreihe, die uns im Alten Testament erhalten ist und eines der wichtigsten Dokumente, das uns etwas von dem Geist und der liturgischen Form des frühen Jahweglaubens zu erkennen (gibt)."[15] Eingeleitet wird jedes Fluchwort mit אָרוּר = verflucht, gefolgt von der partizipialen Tatbeschreibung. Abschliessend steht die Aufforderung "alles Volk spreche: Amen."[16] Der Fluch über denjenigen, der seinen Vater und seine Mutter "verunehrt",[17] resp. "als verächtlich, als verflucht ansieht und behandelt" (von Rad),[18] steht nach dem wohl später vorgeordneten und erweiterten Bilderverbot an zweiter Stelle der insgesamt 12 Fluchworte.[19]

Schliesslich ist auf 3.Mos.18,1ff. und auf 3.Mos.19,32 zu verweisen: "Vor einem grauen Haupte sollst du aufstehen und das Alter ehren und sollst dich vor deinem Gott fürchten; ich bin der Herr."[20]
Die zahlreichen Varianten des Elterngebotes zeigen, wie zentral und wichtig es für den Jahweglauben des Volkes Israel ist.
5) Das fünfte Gebot steht am Anfang der zweiten Tafel, Der Uebergang von der ersten zur zweiten Tafel des Dekalog bedeutet "keine 'metabasis eis allo genos' (Uebergang in eine andere Gattung)".[21] Das Gebot verweist schon mit dem Verheissungssatz auf das Ziel der Befreiungsgeschichte Gottes: "Auf dass du lange lebest in dem Lande, das der Herr, dein Gott, dir geben will (2.Mos.20,12),[22] Das Verbum כבד wird sowohl für "Gott die Ehre erweisen" wie für "sich zwischenmenschlich respektieren" gebraucht und weist auf die erste Tafel zurück, wo Gottes Ehre im Mittelpunkt steht.[23]

Sieht man verschiedene exegetische Interpretationen des 5. Gebotes durch, so stösst man auf eine Tendenz der Exegeten, einlinigen Interpretationen den Vorzug zu geben. Dies ist problematisch. Die grundsätzliche Formulierung des Gebotes spricht gegen eine allzu einschränkende Interpretation. Vielmehr hat das Gebot einen inneren Reichtum, der nicht eingeengt werden darf. Schon geschichtlich wäre dies unzureichend. Gottes Volk hat mit diesem Gebot wie mit dem ganzen Dekalog seinen Weg gemacht, und es hat es auch immer neu in den gegebenen Lebensverhältnissen interpretiert und verstanden.

Der Frage nach dem 'Sitz im Leben' kommt daher grosses Gewicht zu. Nach Albrecht Alts Unterscheidung von apodiktischem und kasuistischem Recht im berühmten Aufsatz von 1934[24] war es vor allem Erhard Gerstenberger, der mit seiner Dissertation 1961[25] einerseits bestritt, dass die rechtlichen Prohibitive im AT "volksgebunden israelitisch und gottgebunden jahwistisch"[26] sind.[27] Andrerseits bezeichnete er das Sippenethos als den Ursprungsort der Prohibitive.[28] In der nomadischen Grossfamilie ist der Sippenvater verantwortlich für das Verhalten der Familienmitglieder. Er belehrt die Nachkommen und gibt ihnen die Richtschnur für die alltäglichen Entscheidungen. Er weist sie im Notfall auch zurecht. Die Unterweisung in der Familie hat somit primär einen erzieherischen Charakter.[29] Dies könnte erklären, warum die zehn Gebote ohne Strafbestimmungen formuliert sind. Es ist auch vermutet worden, dass sich die Nomaden gerade mit dem 5. Gebot von den Beduinen abgrenzen wollten, die für ihre alten Eltern nur ungenügend sorgen konnten oder sie gar aussetzten.[30]

Wenn der Dekalog seine Ursprünge auch nicht im Sakralrecht hat. so ist der Gottesdienst doch später zu seiner Heimat geworden.[31] Das israelitische Bundeserneuerungsfest feierte nach G. von Rad den Gott Israels und seinen Bund mit dem Volk in einer Liturgie, zu der auch der Dekalog gehörte. Die zehn Gebote waren somit keineswegs blosse Tradition, sondern von steter Aktualität und eine Hoffnung für die Zukunft des Gottesvolkes.[32] Im Gottesdienst wurden die Gesetzestexte vorgetragen. (vgl. Ps.15; 24; 50 und 81, die auf eine Verlesung des Dekalogs hinweisen). Wie Reventlow vermutet, hat die Predigt in der Gestaltung des 5. Gebotes eingegriffen, indem es aus einem ursprünglichen Prohibitiv jetzt positiv formuliert wurde.[33] Von den Predigern könnte die Verheissung zugefügt worden sein.[34] Interessant ist, dass die Verheissung ähnlich vor allem im Deuteronomium erscheint, etwa in 5.Mos.22,6-7. Dort wird in einem "Tierschutzgesetz" verboten, aus einem Vogelnest die Jungen mitsamt der Vogelmutter zu entfernen.[35]
Erst die deuteronomische Fassung des Dekalogs fügt in die Verheissung den Zusatz "damit es dir gut gehe" ein. Sie trennt damit die Zusage eines langen Lebens von der Ackererde. Das könnte gut damit zusammenhängen, dass im Exil das lange Leben und Wohlergehen im Lande als Verheissung für die Zukunft verstanden wurde, während es ursprünglich das Leben auf der eigenen Ackererde der Grossfamilie bedeutete.[36] Die Eltern sind für das Deuteronomium so zu ehren, wie der Gehorsam gegenüber dem Gotteswillen und damit dem ganzen Gesetz es erfordert. Darum die Zufügung "wie dir der Herr, dein Gott, geboten hat". Die Eltern vermitteln den Kindern ja die Gebote und die Achtung der Thora.[37]

Interessant ist, dass im gleichen Deuteronomium auch mit den Schwierigkeiten des Generationenverhältnisses offen gerechnet wird. "Wenn jemand einen störrischen und trotzigen Sohn hat, der auf seinen Vater und seine Mutter nicht hört und auch, wenn sie ihn züchtigen, ihnen nicht gehorchen will, so sollen sein Vater und seine Mutter ihn ergreifen und ihn zu den Aeltesten seiner Stadt und an das Tor jenes Ortes hinausführen... (5.Mos.21,18f.).[38] Die elterliche Gewalt wird klar begrenzt auf die Zurechtweisung.[39] Eine Verstossung, eine Ausschliessung aus der Gemeinschaft oder gar die Todesstrafe kann allein das Gericht im Tor beschliessen. Hier zeigt sich, dass das Gebot, seine Eltern zu ehren, in Extremfällen zur Gerichtsverhandlung im Tor führen konnte. In diese Richtung weisen auch die sehr alten Sätze des Bundesbuches 2.Mos.21.

Man darf also mit guten Gründen annehmen, dass das 5. Gebot in der Grossfamilie und Sippe, seit dem Sesshaftwerden im Kulturland in der

Rechtssprechung am Tor und im Gottesdienst der Feste, später des Tempels seine Rolle spielte. Auf letzteres weisen die Tempeleinlassliturgien Ps.15 und 24 indirekt hin, ebenso die Bundeslade.[40)]

F. Crüsemann hat in seiner Arbeit über den Dekalog[41)] dargestellt, dass die Auswahl und Zusammenstellung von Eingangswort und Geboten wohl in die späte vorexilische Zeit zu datieren ist, zwischen dem Ende des Nordreiches Israel und König Josia. Der Dekalog bedeutet eine Reaktion auf die Krisen des 9. und 8. Jahrhunderts und stellt konzentriert die Hauptforderungen Jahwes heraus.[42)] "Angesprochen sind in ihm die israelitischen Vollbürger, als die von Jahwe aus der Knechtschaft Befreiten. Es geht um die jedem von ihnen durch Jahwe gewährte, sozial auf dem Grundbesitz und den damit verbundenen Rechten beruhende Freiheit. Die Gebote benennen die Bedingungen ihrer Bewahrung."[43)] Er geht jedoch wie wir davon aus, dass die Einzelgebote alle älter sind als ihre Komposition.[44)]

Die zuerst kaum im Vordergrund stehende Frage ist nun zu stellen, an wen sich das Gebot, Vater und Mutter zu ehren, denn richtet. In seinem Kommentar zum 2. Buch Mose schrieb Martin Noth: "Das Elterngebot ... wendet sich nicht an Kinder, die der patria potestas unterstehen, sondern an Erwachsene, die selbst die patria potestas ausüben und ihren alt werdenden Eltern die schuldige Ehre erweisen sollen."[45)] Gegenüber der früheren Auslegung, die den Gehorsam der heranwachsenden Kinder betont hatte, war dies eine wichtige Neuakzentuierung. Das 5. Gebot hat also, etwa im Gottesdienst und Rechtsleben, die rechts-, wehr- und kultfähigen erwachsenen Männer im Blick.

Anders, wenn es in der Grossfamilie zur Sprache kam.[46)] Hier lebten ja Kinder, Eltern, Grosseltern, vielleicht sogar 4 Generationen zusammen. Wohl wurde es hier primär vom Hausvater gelehrt, aber hier war nun eine klare Abgrenzung gar nicht nötig. Die Kinder in jedem Lebensalter waren hier die Adressaten.[47)]

Schon der Dekalog rechnet sehr offen mit der Schuld auch der Väter. Im Zusatz zum Bilderverbot steht der Satz: "... denn ich, der Herr, dein Gott, bin ein eifersüchtiger Gott, der die Schuld der Väter heimsucht bis ins dritte und vierte Geschlecht an den Kindern derer, die mich hassen, der aber Gnade übt bis ins tausendste Geschlecht an den Kindern derer, die mich lieben und meine Gebote halten." (2.Mos.20,5f.).[48)] Von der Schuld der Väter ist die ganze Grossfamilie betroffen, und als ganze leidet sie darunter.[49)] Zwar ist die Zählung der Generationenreihe in den beiden Dekalogfassungen wohl verschieden, je nachdem, ob man mit dem Vater oder dem Sohn zu zählen beginnt.[50)] Aber es ist gemeinsam, dass Gott ein eifernd liebender Gott ist. Gottes Huld zu denen, die ihn lieben und seine Gebote befolgen, dauert unabsehbar in der Folge der Generationen. Gottes Barmherzigkeit überwiegt radikal seinen Zorn.[51)] Der Satz v6b[52)] sieht die Schuld der Väter (und Mütter) primär darin, dass sie ihre Kinder nicht lehren, den einen Gott von ganzem Herzen, von ganzer Seele und mit aller Kraft zu lieben[53)] und seine Weisungen im Lebensalltag zu beachten.

Die Interpretation des fünften Gebots von Karl Barth stimmt wesentlich mit dieser vor allem deuteronomischen Intention überein. "Die im fünften Gebot proklamierte Autorität ist nicht die einer Recht setzenden und durchsetzenden, sondern die einer geistlichen Gewalt. Und die von den Kindern verlangte Ehrung ihrer Eltern meint nicht die äussere und formale Unterwerfung des Willens der jüngeren unter den der älteren Generation, sondern deren Respektierung als die Trägerin und Uebermittlerin der dem Volke hinsichtlich seiner Existenz gegebenen Verheissung."[54] Die Eltern sind der Ehre wert, weil sie uns im weitesten Sinne in die menschliche Gemeinschaft, in das kulturelle und gesellschaftliche Leben einweisen. Sie sind "die Vorangehenden in Schöpfung und Geschichte".[55] Andrerseits sind mit dem Elterngebot letztlich nicht nur die Kinder angesprochen, vielmehr auch die Eltern selbst.[56] Werden sie ihrer Aufgabe gerecht? Entspricht das Zusammenleben in der Familie dem befreienden Anliegen des Dekalogs?[57] Klar werden sie im Deuteronomium auf ihre Aufgabe verwiesen. "Wenn dich dann künftig dein Sohn fragt: "Was sollen denn die Verordnungen, die Satzungen und Rechte, die euch der Herr, unser Gott geboten hat?" so sollst du zu deinem Sohn sagen: ... "(5.Mos. 6,20ff.)[58]

Wir müssen nun noch versuchen, den konkreten Inhalt des Gebotes zu umreissen.

Was heisst כבד im Piel? Es hat die Bedeutung "ehren", "jemandem Gewicht geben", "ihn respektieren", "ihn als gewichtig anerkennen".[59] Entsprechend bedeutet das Niphal, dass ein Mensch "von anderen Menschen geachtet" wird, dass er "Ansehen geniesst".[60] Er wird "an seinem Platz in der Gemeinschaft anerkannt".[61] Ein wenig häufiger erscheint כבד für das Ehren Gottes.[62] Hier kann es parallel zu den Verben des Lobens stehen, allgemein die Gottesverehrung meinen, oder die Bedeutung "Gott sein Gewicht geben",[63] "ihn in seinem Gott-Sein anerkennen"[64] ausdrücken. Das Verhaltensspektrum, das durch כבד im Piel abgedeckt wird, ist relativ breit. Es reicht vom Bezeugen der Ergebenheit bis zum aktiven Handeln aus Anerkennung, etwa mit einer Bezahlung oder Entrichtung eines Vermögensteiles.[65]

Der Bedeutungsgehalt von ירא ist noch breiter.[66] In Lv.19,3 meint das Wort "ehrfürchtige Scheu hegen" oder "in Ehren halten".[67] Die Mehrzahl der Stellen zeigen aber einen theologischen Gebrauch.[68]

Die akkadischen Verben, die den hebräischen כבד und ירא entsprechen, erscheinen in Keilschrifttexten wiederholt in familienrechtlichen Urkunden, vor allem Erbschaftsverträgen bei Adoptivkindern. Breit belegt bedeuten dort die Worte, der Fürsorgepflicht, Altersversorgung und der Begräbnispflicht gegenüber der verwitweten Mutter oder dem verwitweten Vater nachkommen. Dies gilt nach Albertz vom zweiten bis ins erste Jahrtausend für den mesopotamischen Raum.[69] Man hat für diese Interpretation auf die Worte im Spruchbuch verwiesen, z.B. Spr.19,26: "Wer den Vater misshandelt, die Mutter wegjagt, ist ein verkommener, schändlicher Sohn", oder Spr.28,24 "Wer Vater oder Mutter beraubt und meint, er tue kein Unrecht, macht sich zum Genossen des Mörders".[70]
Das Büchlein Tobit,[71] Jesus Sirach[72] und die Rabbinen[73] wissen um diese Bedeutung des 5. Gebots.

Georg Beer fasste in seinem Exoduskommentar im Anschluss an Caspari den konkreten Sinn von כבד folgendermassen zusammen: "Die bejahrten Eltern, die über 60 Jahre alten, deren Arbeitskraft und Lebenswert gering geworden ist (Lev.27,7), soll der Israelit nicht rauh behandeln, ihnen das Gnadenbrot gönnen, sie nicht zur Auswanderung aus dem Haus oder zum Freitod drängen, oder sie gar selbst töten."[74] G. Beer hat damit gewiss nicht zu tief gegriffen, vielmehr das Gebot sehr konkret im Blick auf die patriarchalischen Verhältnisse der hebräischen Grossfamilie verstanden.

Zusammenfassend können wir drei Bedeutungsrichtungen von כבד festhalten:

1) Ehren, respektieren, Gewicht geben
2) Anerkennen und achten in der Gemeinschaft
3) Für das Wohl der alten Eltern sorgen, sie unterstützen und versorgen, sie in gebührender Weise begraben.

Wir können nach der Uebersicht über das alttestamentliche Verständnis des 5. Gebotes einige Linien ausziehen. Die Segensverheissung und die positive Formulierung heben es als gutes Angebot, als befreiende Aufgabe hervor. Es ist Wegweisung zu einem erfüllten und freien Zusammenleben der Generationen auf dem Boden und in dem Land, das der Herr seinem Volk als Leihgabe und Lebensraum gibt. Es richtet sich primär nicht an die Kinder, sondern an die erwachsenen Söhne und Töchter, die für ihre Eltern, für Vater und Mutter gleichermassen einzustehen haben. Zuallererst sind es also die leiblichen, älter gewordenen Eltern, denen Ehre zukommen soll. Schon das alttestamentliche Bezugsfeld des 5. Gebotes zeigt aber, dass diese Ehre nicht minder den Aelteren in umfassendem Sinne zukommt. Weil das 5. Gebot von seinem Sitz im Leben her einen geschichtlichen Weg gemacht hat, wird man es nicht seines inneren Reichtums berauben dürfen. Mit dem Wort "ehren" zielt das Gebot auf eine umfassende Teilhabe auch der alten Eltern am Zusammenleben, auf die im Alltag erwiesene Achtung und die durch die Jüngeren gesicherte Existenz im Alter. Nachfolgenden Generationen wird verheissen, dass sie in ihrem jetzigen Verhältnis zu den Eltern und Aelteren den Weg in ihre eigene Zukunft, ein langes Leben im Lande des Herrn gehen.

3.7. Die Lebensgeschichte im Alter

Das Alter ist nach dem Alten Testament der Segen eines erfüllten Lebens, es ist ein Geschenk Jahwes. Wer Gott liebt, auf sein Wort hört und sich fest an ihn hält, der darf darauf hoffen, ein erfülltes und hohes Alter und den Segen im Lande, das Gott Abraham, Isaak und Jakob zugeschworen hat, zu erleben. So sagt es das Deuteronomium.[1] Aber wie haben Hebräer konkret das Alter erlebt?
Es soll hier nicht eine vorschnelle Typologie oder Charakteristik des Lebens im Alter gezeichnet werden. Ueber grosse Teilbereiche wissen wir aus dem Alten Testament verhältnismässig wenig. Vollständigkeit ist auf Grund der Quellen nicht möglich. Und doch lassen sich einige wesentliche Linien erkennen.

Realistisch und ohne Sentimentalität wird vom bewusst vorbereiteten Abschied alter Menschen erzählt.

Die Erzählung vom Betrug um den Erstgeburtssegen in 1.Mos.27,1-45[2] setzt damit ein, dass "... Isaak alt geworden war und seine Augen erloschen waren, dass er nicht mehr sehen konnte ...".[3] Während der ganzen Erzählung ist Isaak wohl liegend gedacht, jedenfalls verlässt er den Innenraum des Zeltes nicht. Er muss sich aufrichten zum Essen[4] und lässt Jakob zu sich herzutreten.[5]
Die Erzählung hat für die Jakob-Esau-Ueberlieferung als ganze bestimmenden Charakter.[6] So wie Esau für ein Linsengericht sein Erstgeburtsrecht an den Zwillingsbruder verloren hatte,[7] so verliert er jetzt durch die List von Rebekka und Jakob den Segen des Erstgeborenen an den Zwillingsbruder. Die vollzogene Segenshandlung und die ausgesprochenen Segensworte können vom Vater Jakob nicht zurückgenommen werden.[8] Der Segen ist die Lebenskraft des Abschiednehmenden und Scheidenden, die er seinen Nachkommen weitergibt. Dabei ist die körperliche und geistige Lebenskraft als ganze gemeint. Der Segen gehört in diesem frühesten Stadium in die Situation des Abschieds und in den Kreis der Nächsten, der Familie.[9] In einem kunstvollen Spannungsbogen wird erzählt, wie der blinde alte Vater getäuscht wird. Der Handlungsfortgang wird im Aneinanderreihen von Zweierszenen brillant dargestellt.[10] Rebekka lehnt sich gegen das Erstgeburtsrecht und die damit verbundene Benachteiligung ihres Lieblingssohnes[11] mit raffinierter Zielstrebigkeit auf und nützt gekonnt die geschwächten Sinne Isaaks aus: Sie bereitet statt Wildbret zwei Ziegenböckchen - der Geschmackssinn nimmt bekanntlich im Alter stark ab.[12] Auch den Trick von den fellumwickelten Armen bemerkt der Tastsinn des Hochbetagten nicht.[13] Zwar hört er stutzend die Stimme Jakobs,[14] aber der Geruch des Festkleides Esaus[15] überzeugt ihn vollends, dass es sich um den zu segnenden Esau handelt. So vergibt er seinen Segen, und erst, als der Erstgeborene vor ihm steht, erkennt er die Täuschung. "Da erschrak Isaak über alle Massen und sagte ... Ich habe ihn schon gesegnet und er wird auch gesegnet bleiben!" (27,33).[16] Im Segen des Abschied nehmenden Vaters ist der Lebensweg der Nachkommen vorgeprägt, und darum ist der schmerzvolle Aufschrei des betrogenen Sohnes Esau[17] unmittelbar verständlich.

Es ist interessant, 1.Mos.27 mit 1.Mos.47,29-48,22, dem Segen Jakobs zu vergleichen.[18] Auch Jakob ist erblindet, er liegt krank im Bett und muss sich aufrichten, als Joseph mit den Kindern kommt.[19] Auch er küsst die Nachkommen, bevor er sie segnet.[20] Wurde Isaak vom Zweitgeborenen getäuscht und so im familienrechtlich normalen Segen des Erstgeborenen betrogen, so kreuzt Jakob beim Segen von Manasse und Ephraim für Joseph unerwartet die Arme.[21] Joseph will korrigierend eingreifen, aber der Vater lässt sich nicht von der getroffenen Ordnung abbringen. Er wehrt ab: "Ich weiss, mein Sohn, ich weiss wohl!" Der Jüngere Ephraim erhält so den Segen mit der rechten Hand und mit dem Vorrang vor Manasse.[22] In beiden Texten wird das Recht des Erstgeborenen zu Gunsten des Jüngeren aufgehoben, einmal gegen den Willen, das andere Mal durch den Willen des erblindeten alten Vaters.

Die letzten Worte eines scheidenden alten Menschen, der auf seinen Tod zugeht, sind uns im AT mehrmals überliefert:

1.Mos.24,1ff.	Abrahams Auftrag zur Brautwerbung für Isaak
1.Mos.27	Isaak wird beim Erstgeburtssegen betrogen
1.Mos.47,29ff.	Jakobs Segnung von Joseph, Ephraim und Manasse
1.Mos.50,24f.	Josephs letzter Wille
5.Mos.33	Der Segen Moses'
Jos.23f.	Josuas Bundeserneuerung
(1.Sam.12	Worte des scheidenden Samuel)
2.Sam.23	Davids letzte Worte
und 1.Kön.2,1ff.	Davids Weisung für Salomo
2.Kön.13,14-19	Elischas Ankündigung der Zukunft des Königs Joas.

In allen überlieferten Worten geht es um die Kontinuität der Geschichte Gottes mit seinem Volk und um den Willen Gottes für das Leben der Nachkommen. Darum werden sie uns so genau und mit hohem Interesse überliefert. Die Scheidenden sind die Zeugen der göttlichen Verheissung.[23]

Die Geschichte Jakobs ist in unserem Zusammenhang insofern interessant, als sie zeigt, wie die Lebensgeschichte im Alter nach allen Belastungen eines Lebens zu einem guten Abschluss führen kann. Joseph sagt zu seinen Brüdern nach dem Tode des Vaters: "Ihr zwar gedachtet mir Böses zu tun, aber Gott hat es zum Guten gewendet, dass er täte, was jetzt am Tage ist: ein grosses Volk am Leben zu erhalten" (50,20).[24] Gilt dies nicht auch für das Leben Jakobs? Ihm war Böses widerfahren, aber Gott wandte es im Alter zum Guten. Er hatte Angst um die Zukunft seiner Familie und vor allem um den Sohn Benjamin, aber Gott erhielt alle Söhne am Leben. Ausgangspunkt für die Josephsgeschichte ist die Bevorzugung des ersten Sohnes der Rahel durch Jakob. "Israel aber hatte Joseph lieber als alle seine andern Söhne, weil er ihm erst im Alter geboren war, und er liess ihm einen Rock mit Aermeln machen" (1.Mos.37,3).[25] Man kann die Bindung Jakobs an die beiden Letztgeborenen nur verstehen, wenn man an die Lebensgeschichte mit der lange kinderlosen Rahel und an den Tod Rahels bei der Geburt des Schmerzenssohnes Benjamin denkt.[26] Darum ist der alte Vater beim vermeintlichen Tod Josephs so lange untröstlich und sagt, "trauernd werde er zum Sohn ins Totenreich hinunterfahren" (1.Mos.37,35). Darum auch weigert er sich so lange, den Jüngsten Benjamin auf die Reise

nach Aegypten mitzugeben, "er ist allein noch übrig" (1.Mos.42,38). Durch die Hungersnot ist er schliesslich dazu gezwungen, aber die Abschiedsworte des Betagten sind Segenswunsch und Klage zugleich: "Der allmächtige Gott lasse euch Barmherzigkeit finden ... Ich aber, wie ich nun einmal verwaist bin, so bin ich, ach, verwaist!" (1.Mos.43,14).[27)]
Die Rede des Juda vor Joseph in Aegypten (1.Mos.44,18-34) gehört zum psychologisch Tiefsten, was uns im Alten Testament von der seelischen Not eines alten Menschen erzählt wird, und wir dürfen ohne Zögern sagen, dass diese Not über Jahrtausende für Eltern, die ihre Kinder verloren haben, die gleiche geblieben ist. Es ist wohl der tiefste Schmerz in einem Menschenleben, und Juda sagt in bewegenden Worten zu Joseph: "Und nun, wenn ich zu deinem Knechte, meinem Vater, heimkäme, und der Knabe wäre nicht bei uns, an dem er doch mit ganzer Seele hängt, so stirbt er, wenn er sieht, dass der Knabe nicht mehr bei uns ist. So würden deine Knechte die grauen Haare deines Knechtes, unseres Vaters, mit Kummer ins Totenreich hinunterbringen" (1.Mos.44,30f.).[28)]
Die Darstellung der Reaktion Jakobs, als seine Söhne nach Hause zurückkehren, zeigt die Intensität und Anschaulichkeit der hebräischen Sprache. Jakobs Herz "bleibt" zuerst "kalt", weil er den Söhnen nicht glauben kann.[29)] Erst, als sie ihm alles berichtet haben und er die Wagen Josephs sieht, lebt er wieder auf. Der Entschluss, nach Aegypten aufzubrechen, ist schnell gefasst. "Genug! Mein Sohn Joseph lebt noch! Ich will hin und ihn sehen, ehe ich sterbe" (1.Mos.45,28).[30)] Der letzte Lebenswunsch des alten Jakob geht so in Erfüllung, und er sieht sogar noch seine Grossöhne.[31)] So zeigt uns die Josephsnovelle ein Leben, das Jahwe im Alter zum Guten wendet und das sich erfüllt.

Das Alte Testament schweigt nicht vom Gegenbild: dem im Alter scheiternden und unerfüllten Leben.
Die Jugendgeschichte Samuels (1.Sam.1-3) und der Anfang der Ladegeschichte (1.Sam.4) zeigen uns am Priester Eli in Silo, in welche Belastung das Leben im Alter ausmünden kann.[32)] Während Samuel, der erstgeborene Sohn von Hanna und Elkana, als Diener des Herrn am Heiligtum von Silo aufwächst und im Volk hohes Ansehen gewinnt, ist der Priester Eli ohnmächtig mit dem Scheitern seiner Erziehung und dem Treiben seiner Söhne konfrontiert. Es ist auf Grund des jetzigen Textes schwierig abzuschätzen, welches historisch gesehen die Schuld der Söhne war.[33)] Mit der Forderung rohen Fleisches von den Opfernden verletzen die Eliden die Rechte der opfernden Volksgenossen.[34)] Sie verweigern Jahwe die gebührende Ehre, indem sie ihm seinen Teil nehmen.[35)] Schliesslich entehren sie die Dienerinnen am Eingang des Zeltes durch Beischlaf, was vielleicht spätere, deuteronomistische Notiz ist.[36)] Eli reagiert zu schwach, als die Klagen vom Volk vor ihn kommen. Er ist wohl auf Grund seines Alters nicht mehr in der Lage, seinen Söhnen zu wehren.[37)]
Der unbenannte Gottesmann klagt ihn an, seinen Söhnen mehr die Ehre zu geben als Gott. Dahinter steht vielleicht das Zögern des Vaters, an seinen Söhnen die strafrechtlichen Folgen ihres Handelns zu vollziehen. Der Gottesmann kündigt ihm einen schweren Schlag und das Gericht Gottes über sein Haus an.[38)] "Siehe, es kommen Tage, da werde ich deinen Arm und

den Arm des Hauses deines Vaters abhauen, dass in deinem Haus kein Betagter sein wird" (1.Sam.2,31).[39]
Auch Samuel wird zum Zeugen des göttlichen Gerichtes über Elis Haus, und dies muss Eli hart getroffen haben, da Samuel ihm auch zum Sohn geworden ist.[40] Samuel will das empfangene Gesicht verständlicherweise zuerst verschweigen, aber der erblindete Eli will die Wahrheit wissen. Es gehört zur Grösse dieses Mannes, wenn er Samuel zur Antwort gibt: "Er ist der Herr, er tue, was ihm wohlgefällt!"[41] Als letzte Nachricht vernimmt Eli die Niederlage Israels gegen die Philister und den Verlust der Lade.[42] Auf dem Stuhl neben dem Tor hat er den Boten bangend erwartet.[43] Zuerst hört er das wehklagende Geschrei der Bevölkerung. Dann kommt der Bote auch zu ihm, um ihm zu sagen, dass die Lade verloren ist. Die Söhne Elis sind in der Schlacht gefallen.[44] "Als er aber die Lade Gottes erwähnte, fiel Eli neben dem Tor rücklings vom Stuhle, brach das Genick und starb; denn der Mann war alt und schwer. Vierzig Jahre lang war er Richter über Israel gewesen" (1.Sam.4,18).[45]

Man wird überlieferungsgeschichtlich bedenken müssen, dass 1.Sam.1-3/4 das Ende des Heiligtums von Silo als Hauptort israelitischen Kultes darstellt,[46] dass die Jugendgeschichte Samuels sich kontrastartig vom Treiben der Eliden abhebt,[47] und dass in Kap. 4 die Ladegeschichte beginnt.[48] Kap. 1-3 enthalten prophetische Tradition oder gehen in ihrem Kern darauf zurück.[49] Schliesslich ist mit dtr. Redaktion zu rechnen. Einerseits geht eine Epoche nach dem Willen Gottes zu Ende, andrerseits bewahrt Gott die Kontinuität seines freien Heilshandelns. Der Priester Eli ist dabei der hervorgehobene Vertreter einer Zeit, die ihren Abschluss findet, und er ist daher wohl auch durch die Ueberlieferung charakteristisch gezeichnet.[50] Die Bibel hat aber andrerseits gewiss nicht zufällig das Schicksal des Priesters Eli im Alter dargestellt. Sie kennt die Tragik, die einen Lebensabend überschatten kann.

<u>So verschieden der Lebensweg, so verschieden ist das Alter als Lebensabschnitt im AT charakterisiert.</u>
Da ist Moses, der aus dem Gebiet Moabs vom Berg Nebo ins verheissene Land hinüber sieht und das den Vätern zugeschworene Land mit eigenen Augen schaut. Aber er darf es nicht mehr betreten. "Mose war 120 Jahre alt, als er starb, aber seine Augen waren nicht trübe geworden, und seine Frische war nicht gewichen" (5.Mos.34,7).[51]
Da ist Josua, der, alt und hochbetagt, das Volk mit Aeltesten, Richtern und Amtsleuten vor sich versammelt, um den Bund Jahwes mit Israel zu erneuern (Jos.23f.).
Der alte Samuel ruft in einer Abschiedsrede Gott zum Zeugen an, dass er niemanden bedrückt, beraubt oder ihm Gewalt angetan hat (1.Sam.12, 1ff.).[52] Der depressive Saul stürzt sich bei der Niederlage auf dem Berg Gilboa selbst ins Schwert (1.Sam.31,4). Sein Alter kennen wir nicht genau. Salomo verfällt im Alter der Verehrung fremder Götter, so berichtet uns der Deuteronomist.[53] Seine Treue zu Jahwe war nicht mehr ungeteilt. Das grosse Harem des Königs mit zahlreichen ausländischen Frauen wird als Grund angegeben. Salomo hatte einst von Jahwe ein verständiges Herz erbeten, zu regieren und Gut und Böse zu unterscheiden.[54] Er war der

beispielhafte Weise und der Gerechte mit internationalem Ruf geworden.[55] Dieser Salomo wird jetzt im Alter zum Toren und lässt sich durch Frauen von Gott abbringen. Der Deuteronomist sieht darin die Schuld Salomos, die zur Reichsspaltung nach seinem Tod führte.[56]

Der von Krankheit gezeichnete alte Mensch tritt immer wieder in Erscheinung. Ein Beispiel ist König Asa: "... in seinem Alter wurde er krank an den Füssen" (1.Kön.15,23).[57] Handelte es sich um Gicht oder rheumatische Arthritis? Von der Bettlägerigkeit Isaaks und Jakobs haben wir schon gesprochen.[58] Auf die Sehschwäche, resp. Erblindung sind wir bei Isaak, Jakob und Eli gestossen.[59] Schwerhörigkeit und die Minderung des Geschmackssinns wird uns von Barsillai berichtet.[60] Die Sinne werden im hohen Alter geschwächt, was bei Isaak besonders anschaulich erzählt ist.[61] Wegen mangelnder Durchblutung (Sklerose, resp. Arthrose?) fröstelt es den alten David, obwohl man ihn in Decken hüllt.[62] Greise und Greisinnen gehen am Stock (Sach.8,4). Die alten Frauen leiden darunter, dass sie unfähig sind, ein Kind zu empfangen (1.Mos.18,13).
Am klarsten thematisiert der Prediger die Gebrechen des Alters, wir werden darauf noch zurückkommen (Pred.12,1ff).[63] Illusionslos sieht das Alte Testament das Nachlassen der Kräfte und die Schwäche im Alter; aber es weiss ebenso klar, dass das natürliche Altern sehr wohl durch Gottes Willen aufgehalten werden kann. Die Hoffnung auf Gott, könnte man im heutigen Sprachgebrauch sagen, ist eine psychosomatische Kraft: "... (Der Herr) gibt dem Müden Kraft und dem Ohnmächtigen mehrt er die Stärke. Jünglinge werden müde und matt, Krieger straucheln und fallen; aber die auf den Herrn harren, empfangen immer neue Kraft, dass ihnen Schwingen wachsen wie Adlern, dass sie laufen und nicht ermatten,dass sie wandeln und nicht müde werden" (Jes.40,29f.)[64] Bis ins Alter und bis die Haare grau werden trägt Gott die Seinen und errettet sie (Jes. 46,4!).

Abschliessend schauen wir nun noch auf die Thronfolgeerzählung Davids. Sie hat uns für die Lebensgeschichte im Alter kostbare Hinweise erhalten.[65]

Auf dem Tiefpunkt seiner Macht ist der alternde König mit seiner Gefolgschaft nach Mahanaim ins Ostjordanland geflohen, um nicht dem aufständischen Absalom, hinter den sich ein grosser Teil des Volkes in Israel und Juda gestellt hat, in Jerusalem in die Hände zu fallen.[66] Dort hatte ihn neben anderen der reiche Gileaditer Barsillai verpflegt und war dabei gewiss ein nicht geringes Risiko eingegangen.[67] Freunde in der Not vergisst man nicht, auch David tut dies nicht. Als der König nach Niederlage und Tod Absaloms in der Schlacht im Süden des Jabbok im Wald Ephraim von den Judäern am Jordan heimgeholt wird,[68] kommt Barsillai von Rogelim eigens herab, um sich von David zu verabschieden.[69] Er ist ein Mann von nicht weniger als 80 Jahren und scheint in guter körperlicher Verfassung zu sein.[70] David bietet ihm an, ihn nach Jerusalem mitzunehmen und für seine Altersversorgung voll und ganz aufzukommen, was bei einem begüterten Mann wie Barsillai mit Gefolgschaft und Familie wohl nicht Geringes bedeutete.[71] Aber Barsillai weist dies in realistischer Entscheidung zurück: "Wie lange habe ich denn noch zu leben, dass ich mit dem König nach Jerusalem hinaufziehen sollte? Ich bin jetzt achtzig Jahre alt; wie kann ich da noch unterscheiden, was gut und was schlecht ist? Oder kann dein Knecht noch schmecken, was er isst und was er trinkt? Oder kann ich noch der Stimme der Sänger und Sängerinnen lauschen? Warum soll dein Knecht dem Herrn und König noch zur Last fallen? Denn nur ein wenig hat dein Knecht dem Könige gedient. Warum will der König mir so reich vergelten? Lass doch deinen Knecht umkehren, dass ich in meiner Stadt beim Grabe meines Vaters und meiner Mutter sterbe." (2.Sam.19,35-38).[72)]

An Barsillai beeindruckt die realistische Selbstbegrenzung. Der alte Mann bescheidet sich und will bewusst seinen Lebensweg in der Heimat zu Ende gehen. Einen alten Baum kann man nicht verpflanzen.

Ueber das Alter Davids wissen wir wegen des Interesses der Geschichtsschreiber an der Thronnachfolge recht viel. Mit der Angabe, dass der hochbetagte König trotz warmer Decken fröstelte, ist ja nicht nur die mangelnde Durchblutung, sondern generell die Altersschwäche angezeigt.[73)] Zum Verständnis der Stelle muss man wissen, dass dem Altertum die Vorstellung durchaus vertraut war, "dass der Kontakt mit einem jugendfrischen Körper die Lebenskraft erneuern könne".[74)] Wenn die Diener also für den König ein junges Mädchen in ganz Israel suchen und schliesslich in Abischag von Sunem finden, so ist das mitnichten ein "höchst kurios erscheinendes Mittel",[75)] sondern eine ganzheitliche Hilfe und Freude für den alten König. "Das Mädchen war sehr schön, und sie pflegte den König und bediente ihn..."[76)] Man sollte wohl darin, dass er der Abischag nicht beiwohnte, einen Entscheid Davids und keine Aussage über die Alterssexualität sehen. Sie gehörte vermutlich nicht zum Harem.[77)] Im jetzigen Zusammenhang kann man die Erzählung auf 1.Kön.2,13-25 beziehen, wo die Bitte um Abischag von Sunem Adonia den Kopf kostet und die Reaktion Salomos wohl voraussetzt, dass Abischag zum Harem gehörte. So gesehen verweist v4 auf die Altersschwäche Davids.[78)]

Der betagte König ist einem erbitterten Machtkampf um die Thronfolge ausgesetzt. In den Parteien Salomos und Adonias stehen sich charakteristisch gezeichnete Personen in einem dramatischen Kräfteringen gegenüber. Adonia sucht eine Vorentscheidung durch Vereinnahmung wichtiger Persönlichkeiten herbeizuführen.[79)] aber die gezielte Aktion des Propheten Nathan wendet das Blatt zugunsten Salomos. David schwört der einflussreichen Bathseba, dass Salomo nach ihm König auf seinem Thron sein werde, und er veranlasst anschliessend die Salbung und Ausrufung des neuen Königs.[80)] Das autoritative Wort entscheidet die Nachfolgefrage. Auch der hochbetagte König hat das alleinige Entscheidungsrecht über seine Nachfolge, dies wird hier implizit vorausgesetzt und als rechtens betrachtet.[81)]

Das Alte Testament redet sehr offen von dem schwierigen Lebensabschnitt der das Alter im Grunde ist. Die körperlichen Kräfte lassen oft nach, und doch ist der Mensch in besonderer Weise verantwortlich für seine Nächsten, für die Familie und Nachkommenschaft, für den rechten Abschluss seines Lebens und die Vorbereitung des Sterbens. Schuld, Belastungen und Leid der Lebensgeschichte sind dem alten Menschen gegenwärtig. Ein gescheitertes Leben kann im Alter schwer noch zum Guten verändert werden, aber Gott ist alles möglich, und so bleibt er im Alter die Hoffnung. Dabei lässt sich im Alten Testament deutlich der alte Mann, der als graues Haupt und anerkannter Weiser im Tor sitzt und am öffentlichen Leben teilnimmt, unterscheiden vom im Zelt oder Haus lebenden, oft ans Lager gebundenen Hochbetagten. Aber auch der Hochbetagte kann frisch und ohne starke Einschränkung der Leistungsfähigkeit leben, wie es etwa von Mose und Barsillai erzählt wird. Das Alter hat viele Gesichter, aber im Guten und im Bösen steht es unter der Gnade des einen Gottes Israels, der seine Geschichte in der Folge der Generationen nicht abreissen lässt.

3.8. Ruhe und Arbeit im Alter

Ueber die Arbeit ist in der theologischen Sozialethik seit langem regelmässig und intensiv nachgedacht worden. Dies gilt insbesondere für die letzten Jahre. Man denke etwa an die Sozialenzyklia "Laborem exercens" von Papst Johannes Paul II.[1] auf katholischer Seite oder die Auseinandersetzung mit dem marxistischen Arbeitsverständnis auf evangelischer Seite.[2] Unter dem Thema "Von Arbeit zur Ruhe: Aelterwerden und die Frage nach dem Sinn des Lebens" hat sich J.M. Lochman meines Wissens als erster über die Frage von Arbeit und Ruhe im Alter Gedanken gemacht.[3]

Wir beschränken uns hier vorerst in zweierlei Hinsicht: Wir legen zuerst die im Blick auf unser Thema meistdiskutierte Stelle im Alten Testament aus, 1.Mos.2,4b-3,24. Dann geht es uns vor allem um den exegetischen Befund, inwiefern Arbeit, Ruhe und Alter im Alten Testament zusammenhängen.

Arbeit ist für die Bibel eine selbstverständlich zum menschlichen Leben gehörige Dimension und wird meist nicht eigens thematisiert, sondern vorausgesetzt oder beiläufig erwähnt. Anders in 1.Mos.2,4b-3,24.[4] Der Mensch ist in der jahwistischen Schöpfungserzählung von Gott geschaffen und in den Garten Eden "gesetzt", "damit er ihn bebaue und bewahre".[5] Die Arbeit als zweckgerichtetes Tätigsein gehört zur Grundbestimmung, zum Wesen des Menschen. Durch sie erhält der Mensch sich selbst und gestaltet seinen Lebensraum.[6] Das Auffinden von Nahrung ist unmittelbar mit ihr verknüpft. Der Mensch soll keinen Mangel leiden.[7] Gott weist dem Menschen die Arbeit als Mandat und Aufgabe zu. Sie ist der schöpfungsmässige Auftrag des Menschen[8] und gehört als solche zum Paradies, was unserer Paradiesvorstellung völlig widerspricht: ein sorgloses Geniessen im Paradies kennt die Bibel nicht.[9]
Auf dem Hintergrund der Arbeit des palästinischen Bauern wird die menschliche Aufgabe umschrieben als עבד und שמר, als dienendes Bebauen und bewachendes Behüten und Bewahren des Lebensraumes.[10]
In der Erzählung wird von der sozialen Seite der Arbeit nicht abstrahiert. Der arbeitende Mensch braucht eine Hilfe, die ihm entspricht. עזר in v18 bezieht sich nicht ausschliesslich, aber auch auf den arbeitenden Menschen.[11] Arbeit wird erst in der Gemeinschaft von Mann und Frau sinnvolle und von der Einsamkeit befreite Zusammenarbeit. Zum Wesen des Menschen gehört beides: das Angewiesensein auf gegenseitige Hilfe und Beistand wie das Einander-entsprechen von Mann und Frau im Gespräch und im Beieinandersein.[12]

Da Mann und Frau die gute Weisung Gottes missachten, stellt der Jahwist ihr Leben unter die Strafworte Gottes, die Schmerz, Leid und Mühsal im menschlichen Leben erklären.[13] Auf dem Strafspruch über dem Mann liegt ein besonderes Gewicht.[14] Nicht auf dem Mann, sondern auf dem Ackerboden wird ein Fluch lasten. So wie die Frau unter Schmerzen (עצבון) gebiert, so muss auch der Mann mit Mühsal (עצבון) den Acker bearbeiten, um ihm den Ertrag abzuringen.[15] Die Arbeit des Menschen ist mit Last und Mühe verbunden, Dornen und Schweiss gehören zu ihr.[16]

Die Mühe und Härte, die sie prägen, begleiten das ganze Menschenleben.

Ein Leben lang muss sich der Mensch damit auseinandersetzen. Sie gehört auch zum Alter, denn erst der Tod macht ihr ein Ende. "Im Schweisse deines Angesicht sollst du dein Brot essen, bis du zurückkehrst zum Ackerboden" (1.Mos.3,19).[17] Dieser letzte Punkt scheint mir im Blick auf unser Thema von besonderem Gewicht zu sein. Die Arbeit als Grundverfassung des menschlichen Daseins kann nicht auf einen bestimmten Lebensabschnitt eingeschränkt werden, (etwa auf die vita secunda), sondern sie prägt das Leben das Menschen bis zum Tod. Gewiss, er soll sich nicht zu Tode arbeiten, aber auch ausserhalb des Gartens, nachdem er von Gott weggeschickt worden ist weist ihm der Schöpfer noch einmal die Arbeit als Lebensaufgabe zu (v.23).[18] Sie ist die gute Aufgabe, die jeder Mensch für ein sinnerfülltes Leben braucht.

In der Arbeit sieht die Bibel aber nicht die Mitte der menschlichen Existenz. Arbeit ist allein sinnvoll, wenn sie beschränkt und getragen ist durch die Ruhe am siebenten Tag, dem Sabbat.[19] So wie Gott am siebenten Tag der Schöpfung ruhte, und auch sein Wirken im Rythmus von Arbeit und Ruhe von der Arbeit verlief, so soll der Mensch am siebenten Tag ruhen und den Sabbat aussondern für seinen Herrn (1.Mos.2,2; 2.Mos.20,8-11)[20].
Das vierte und das fünfte Gebot folgen im Dekalog nicht nur formal einander, sie hängen engstens zusammen. Dies zeigt 3.Mos.19,3. "Jeder von euch soll Mutter und Vater fürchten und auf meine Sabbate (Ruhetage) achten; ich bin der Herr, euer Gott."[21] Die Eltern und die Alten überliefern den Jungen die Heilsgeschichte, sie wissen, dass die Sabbatruhe im Auszug aus der Sklaverei in Aegypten begründet ist. Wie sollte Israel nicht wissen, dass unbeschränkte, gnadenlose Arbeitshetze und entfremdende Knechtschaftsverhältnisse den Menschen zerstören und ihn seiner Menschlichkeit berauben (vgl. Dt.5,15; 6,20ff.)? Am Sabbat sind alle, auch Sohn und Tochter, auch Sklave und Fremdling gleich (Dt.5,14) und von der Arbeit befreit. Der Sabbat ist die von Gott geschenkte Freiheit für das Wohl der Menschen. Zu diesem Wohl gehört unmittelbar auch das andere, dass die Eltern geachtet werden und ihr Platz in der Gemeinschaft anerkannt wird. Vielleicht haben sie die Ruhe am Sabbat, wenn sie älter sind, besonders nötig. Werden sie mit ihrer Lebens- und Glaubenserfahrung verachtet und wird am Sabbat gearbeitet, so ist dies eine Selbsttäuschung. Der Mensch lebt nicht aus seinem eigenen Wirken oder dem Ertrag seiner Arbeit, sondern allein aus der lebendigen Zuwendung seines Herrn.[22]

Das Alte Testament spricht nirgends von einem Ruhestand des alten Menschen, vielmehr wird durchgehend vorausgesetzt, dass auch der Aeltere in seinen Aufgaben steht und sich erst bei Krankheit oder schwerer Behinderung (vgl. Isaak und Jakob[23]) in sein Haus/sein Zelt zurückzieht. Eine Ausnahme bildet, wie wir oben schon erwähnten, die Begrenzung des Dienstalters der Leviten in 4.Mos.8,23-26 und 4,2ff. auf 50 Jahre.[24] Es sind u.W. die einzigen Texte, die ein Ausscheiden nach einer gewissen Spanne der "Berufstätigkeit" vorsehen. Faszinierend daran ist vor allem, dass die Dienstaltersgrenze relativiert wird, indem auch nach Erreichen der Altersgrenze eine Mithilfe der betagten Leviten erlaubt ist.[25] Interessant ist auch, dass das Alter für die Wehrfähigkeit nur nach unten (nicht unter zwanzig Jahre; vgl. z.B. 4.Mos.1,3 und 26,4), nicht aber gegen oben begrenzt ist. Die Rechts-, Kult- und Wehrfähigkeit konnte der israelitische Vollbürger auf Grund des Alters nicht verlieren. Faktisch wird er sich aber von strapaziösen Heeresfolgen als Betagter oder Hochbetagter zurückgezogen haben.[26)]

Der alte Mensch erlebt in besonderer Weise den Segen, den Arbeitsertrag eines in Gottesfurcht und lebendiger Beziehung zum heiligen Gott gelebten Lebens.
In Psalm 128[27)] wird der צַדִּיק[28)], der Jahwe fürchtet, mit einem Glückwunsch am Ziel seiner Wallfahrt am Feiertag vom Priester begrüsst. Zum Schalom des Gerechten gehört es, dass er den Ertrag seiner Arbeit essen und geniessen darf. "Wohl einem jeden, der den Herrn fürchtet und auf seinen Wegen wandelt! Deiner Hände Arbeit darfst du geniessen; wohl dir, du wirst es gut haben!" (Ps.128,1-2).[29)] An diesem Lebensglück, das Gott seinem Volk Israel frei gewährt, soll er ein Leben lang Freude behalten: "Schaue Jerusalems Glück dein Leben lang! Und sieh die Kinder deiner Kinder!" (Ps.128,5f.). Dieses Lehrgedicht steht der weisheitlichen Tradition sehr nahe und ist wohl nachexilisch.[30)]
Auch das Buch der Sprüche, das besonders über die Zusammenhänge von Arbeit, Fleiss und Faulheit nachgedacht hat, weiss, dass das Ergehen letztlich nicht allein vom Tun des Menschen abhängt, sondern in Jahwes Händen steht: "Der Segen des Herrn, der allein macht reich, eignes Mühen tut nichts hinzu" (Spr.10,22). Nicht der Reichtum an sich zählt, sondern der Arbeitsertrag, den der Gerechte im Frieden seines Hauses geniesst (Spr.15,6).[31)]

Es ist klar, dass die soziologische Struktur sich seit dem letzten Jahrhundert in der Schweiz derart tiefgreifend verändert hat, dass ein Vergleich des Arbeitsbegriffs der Bibel, der primär agrarische Verhältnisse voraussetzt, mit der Arbeitswelt der heutigen Schweiz, in der vor allem der tertiäre Sektor wächst, nur mittelbar möglich ist. Ein zentrales Problem des Alters heute ist, dass mit dem Ruhestand den Betagten nicht nur grossenteils die Möglichkeit zu arbeiten genommen wird, sondern dass auch die soziale Integration abnimmt und viele ohne Aufgaben vor einer Leere stehen. P. Grubbe schreibt dazu treffend: "Ebenso wie in der Landwirtschaft nimmt auch in der Industrie die Zahl der handwerklichen und kleinindustriellen Familienbetriebe, in deren Rahmen alte Menschen nicht nur ein gesichertes Unterkommen haben, sondern auch Aufgaben finden, immer mehr ab... Je wichtiger die Rolle der Landwirtschaft in einem Staat ist, desto enger bleiben alte Menschen ihrer Arbeit, ihrem Beruf und damit dem Leben verbunden. Nach einer Statistik der UNO waren von Männern im Alter von über 65 Jahren noch berufstätig: in Agrarstaaten 70 Prozent; in halbindustrialisierten Staaten 61 Prozent; in Industriestaaten 38 Prozent."[32)]
Sollte aber das Alte Testament nicht dadurch eine grundsätzliche Anfrage an unsere Gesellschaft stellen, als es auch im Alter die Arbeit als Lebensaufgabe betrachtet?

3.9. Die soziale und politische Stellung der Aeltesten

Historisch geht die Stellung der Aeltesten in Israel auf die Zeit weit vor der Landnahme und dem Zusammenschluss zu Stämmen zurück. Sie hat ihren Ursprung in der patriarchalischen Struktur der Familie und der Sippe, später des Stammes.[1] In der "segmentären Gesellschaft" des vorstaatlichen Israel waren die Aeltesten die Repräsentanten der politisch gleichrangigen, mehrstufigen Gruppen, die sich ad hoc bei bestimmten Gelegenheiten zusammenschlossen oder schlicht in nachbarschaftlichen Verhältnissen lebten.[2] Im jahwistischen und elohistischen Geschichtswerk resp. in den fünf Büchern Mose werden sie demgegenüber als Volksvertreter Mose und Josua untergeordnet und sind nicht primär die bevollmächtigten Repräsentanten ihrer Sippen resp. Verbände.[3] "Bei wichtigen, das ganze Volk angehenden Angelegenheiten werden sie versammelt, um den Willen Jahwes entgegenzunehmen."[4] Ein Beispiel dafür ist 4.Mos.11,16f. und 24f., wo auf Gottes Weisung hin Mose 70 Aelteste zusammenruft, die zu seiner Entlastung eingesetzt werden und von Gott mit einem Teil des Geistes, der auf Mose ruht, ausgerüstet werden. Die überlieferungsgeschichtliche Herkunft aus der ekstatischen Prophetenbewegung und die literarkritische Zuordnung (elohistisch?) dieses Abschnittes werden verschieden beurteilt.[5]

Wie aber war die Stellung der Aeltesten in der Königszeit? Wir gehen dazu von einer konkreten Stelle aus.

Nach dem Tode Salomos kam das Volk Israel in Sichem zusammen, um Rehabeam zum König von Israel einzusetzen, wie auch David 2.Sam.5,1-3 auf Grund eines Vertrages zwischen ihm und den Aeltesten Israels zum König über Israel ernannt worden war (vgl. 1.Kön.12,1-20).[6] Israel war wohl in beiden Fällen durch die Aeltesten der Stämme repräsentiert.[7] Diese wollten nun die Akklamation mit der Vertragsbedingung verknüpfen, dass Rehabeam dem Volk eine Erleichterung der Fronlasten zu gewährleiten habe. Rehabeam schob die Antwort um drei Tage auf, um sich mit seinen Leuten zu beraten. Er wandte sich dafür an zwei Gruppen, "die Alten" und "die Kinder". Auf Grund ihres Urteiles wollte er sich selbst eine Meinung bilden und dann entscheiden.[8]

Wer ist mit diesen beiden Gremien gemeint?

הזקנים sind wohl nicht die Stammesrepräsentanten, sondern "die Vertreter der älteren Generation"[9] am Hof, "... die seinem Vater Salomo zu dessen Lebzeiten gedient hatten ..." (1.Kön.12,6).[10] Es handelte sich um die persönlichen Berater und Vertrauten des Königs Salomo. Nicht zufälligerweise wandte sich Rehabeam zuerst an sie. Ihnen gebührte vom Alter her der Vorrang. In der Anwesenheit Rehabeams berieten sie untereinander die recht heikle Frage. Ihre Antwort war klar, aber auch sehr berechnend: Rehabeam sollte erst einmal ihrem Begehren entsprechen, und nach der Akklamation kann er dann die Zügel wieder anspannen.[11] Rehabeam lehnte ihren klugen Rat ab und wandte sich daraufhin an die הילדים, "die Angehörigen seiner eigenen Generation, die seine eigene persönliche Umgebung bildeten"[12] und in der Jugend seine Spielgefährten gewesen waren.[13] הילדים ist somit am besten mit "die Jüngeren" zu übersetzen, denn Rehabeam war immerhin 41 Jahre alt, als er die Herrschaft übernahm

(vgl.1.Kön.14,21).[14] Gewiss schwingt auch ein wenig der spöttische Unterton von "Kindsköpfe" mit.[15]
Den Rat seiner jüngeren Vertrauten befolgte Rehabeam. Er reagierte nicht nach dem Rat der Aelteren mit Verständnis für die Anliegen Israels, sondern lehnte mit überheblicher Arroganz das Begehren des Volkes ab. Die voraussehbare Folge war, dass das Volk Israel ihn nicht als König anerkannte und das Reich Salomos in zwei Teile zerfiel.[16] Damit erfüllte sich Gottes Wort, wie der Deuteronomist beifügt.[17] Die Stelle zeigt, dass den Alten auch am Hof als Berater hohe Bedeutung zukam. Wir erfahren hier, dass sich ein jüngerer König durchaus auch gegen das politische Gewicht der Alten durchsetzen konnte.

In der politischen Administration des Königreiches David/Salomos resp. der Königreiche Juda und Israel unterstanden die Hauptstädte Jerusalem und Samaria dem König und hatten, zumindest in späterer Zeit, einen Stadtobersten.[18] Ausserhalb der Hauptstädte setzte Salomo Statthalter ein, um die Feudallasten einzutreiben.[19] Die lokale Politik auf dem Land scheint aber während der ganzen Zeit der Königsherrschaft von Saul bis zur Reform Josias in den Händen der Aeltesten gelegen zu haben.[20] Neben der Jurisdiktion des Königs und der Priester bestand für die lokalen Rechtsfälle die ad hoc zusammengerufene Rechtsgemeinde, die sich im Tor der befestigten Ortschaft, dem einzigen Aus- und Eingang der Siedlung, zur Rechtssprechung und zur Entscheidung der lokalpolitischen Fragen traf.[21] Zu ihr gehörten ausschliesslich die Vollbürger, die einen eigenen Landanteil hatten, nicht mehr unter Vormundschaft standen und ehe-, kult-, wehr- und rechtsfähig waren.[22] Im Prinzip waren also alle Vollbürger Richter und das heisst Rechtshelfer, die z.B. dem Schwachen und dem schuldlos Angeklagten zu seinem Recht verhalfen.[23] Köhler hat treffend von der "hebräischen Rechtsgemeinde" gesprochen und damit die Gleichberechtigung der Ortssässigen zum Ausdruck gebracht. Es gibt zu dieser Institution im mesopotamischen Raum reiches Vergleichsmaterial. Aber es ist auch interessant, dass in den gänzlich verschiedenen Rechtsverhältnissen der Innerschweiz im 16. Jahrhundert das vergleichbare Gassengericht bestanden hat.[24]

"Die reale Macht lag in aller Regel in den Händen der Aeltesten (sekenim)", stellte schon Max Weber zu den Verhältnissen im alten Israel fest.[25] Dabei gliederten sie sich wohl differenzierter, als wir dies heute noch zu erkennen vermögen. Den Sippen und Familien kam unterschiedliches Gewicht zu, und dasselbe galt auf Grund der unterschiedlichen wirtschaftlichen Lage, der Wehrstärke und des Alters ebenfalls für die Bürger. Es tauchen zum Begriff "Aelteste" Parallelbegriffe wie "die Edlen" oder "die Häupter der Vaterhäuser" auf. Ob sie aber bestimmte Rangstellungen in der Gemeinde bezeichnen, ist nur schwer auszumachen.[26] Das unterschiedliche Gewicht der Bürger spiegelt sich in den Anklagen der Propheten, die auf dem Hintergrund einer starken Verschiebung der Besitzverhältnisse in ihrer Zeit ihre Stimme erheben. Das Deuteronomium schränkte die hebräische Rechtsgemeinde in ihrer Macht dann ein, weil es das Recht zu vereinheitlichen suchte und wohl vom König eingesetzte Richter und Amtleute in den (grösseren) Ortschaften Recht sprechen liess (5.Mos.16,18-20).[27] Das

Alter war bei der Bestimmung für ein solches Amt zweifelsohne ein wesentliches Kriterium. Die traditionale Autorität des Aeltesten auf Grund seiner Erfahrung und Weisheit galt in den politischen Institutionen durchgehend.[28)]

Das Alte Testament verschweigt die Kehrseite dieser politischen Macht der Aeltesten nicht. Auch Alter nämlich schützt vor Torheit und Verblendung nicht. Als die politisch Verantwortlichen waren die Aeltesten nicht nur Adressaten, sondern auch mehrmals hervorgehobene Angeklagte der Prophetie.

Jeremia nimmt einige Aelteste und Priester vor die Stadt ans Scherbentor, um ihnen mit einer prophetischen Zeichenhandlung, dem Zerschlagen eines Kruges, zu demonstrieren, wie Gott an seinem Volk handeln wird (Jer. 19,1-2.10ff.). In seinem Haus, umgeben von den Aeltesten Judas, erlebt Ezechiel die Vision, die ihn nach Jerusalem entrückt und ihn die Entweihung des Tempels durch die Vornehmen sehen lässt (Ez.8,1ff.). Joel appelliert gleich eingangs des Büchleins: "Hört her, ihr Aeltesten, horcht alle auf, ihr Bewohner des Landes! Ist so etwas jemals geschehen in euren Tagen oder in den Tagen eurer Väter?" (Jo.1,2).[29)] Die prophetische Gerichtsankündigung gegen Israel redet scharf von dem Gericht, das auch die Aeltesten treffen wird (Jo.1,14).

Eine chaotisch-anarchistische Revolution wird nach Jesaias Wort in Jerusalem und Juda die politisch Verantwortlichen entmachten, auch die Aeltesten werden nicht verschont (Jes.3,2).[30)] "Ich mache junge Burschen zu ihren Fürsten. Willkür soll über sie herrschen." (Jes.3,4).[31)] Einer wird vor dem anderen nicht mehr sicher sein. "Die Jungen sind frech zu den Alten, die Geringen zu den geachteten Männer" (Jes.3,5).[32)] So, wie man Gott jetzt nicht mehr fürchtet, so werden auch die Aeltesten nicht mehr respektiert werden (vgl. 3.Mos.19,32). Die Begründung für die erschreckende Ankündigung ist denn auch: "... ihre Worte und ihre Taten richten sich gegen den Herrn" (Jes.3,8).[33)]

Dramatisch steigert sich die Anklage im Gerichtswort Jes.3,13-15. Mit den Aeltesten des Volkes und mit den Fürsten geht Jahwe in ein unbarmherziges Gericht. Gott selbst klagt mit seinem Wort die Verantwortlichen an: "Ihr, ihr habt den Weinberg abgeweidet, der Raub des Armen ist in euren Häusern. Warum zertretet ihr mein Volk und zermalmt die Person der Elenden?" (Jes.3,14f.).[34)]

Das Volksklagelied im Exil beklagt, dass die Väter, die Unrecht taten, nicht mehr da sind, aber das Volk jetzt die Folgen tragen muss (Klagel. 5,7). Die Fürsten sind vom Feind erhängt worden, die Aeltesten wurden ihrer Ehre beraubt (v12). Die Alten finden sich nicht mehr zur Rechtsgemeinde zusammen, sie bleiben dem Tor fern. Das Saitenspiel der Jungen ist verstummt (v14). Eine glanzvolle Vergangenheit wird der völligen Trostlosigkeit in der Gegenwart gegenübergestellt. In Trauerkleidern sitzen die Aeltesten am Boden, sind verstummt und streuen sich Erde aufs Haupt. Traurig erklingt die Qina, das Leichenlied. Der Herr hat vollstreckt, was er plante, und seine Gerichtsankündigung ist harte Wirklichkeit geworden (vgl.2,17).[35)]

Kann es da noch verwundern, dass hohes Alter und die geachtete soziale Stellung Bestandteil einer neuen, kommenden eschatologischen Heilszeit sind? Tritojesaia kündet vom endzeitlichen Glück in Jerusalem: "Dort gibt es keinen Säugling mehr, der nur wenige Tage lebt, und keinen Greis, der nicht das volle Alter erreicht; wer als Hundertjähriger stirbt, gilt noch als jung, und wer nicht hundert Jahre alt wird, gilt als verflucht" (Jes. 65,20).[36] Nach Sacharja werden die Hochbetagten, die alle wegen dem hohen Alter einen Stock haben, neben spielenden Kindern das heilige Jerusalem bevölkern (Sach.8,4f.).

Was erfahren wir aber über die älteren Frauen? Der Textbestand dazu ist gering, aber es sind doch einige grundsätzliche Erwägungen angebracht.[37] Die Frau darf im alten Israel keinesfalls einfach plakativ als "unterdrückt" betrachtet werden. Die Rollendifferenzierung zwischen Mann und Frau im Rahmen patriarchalischer Verhältnisse schloss sie nicht von der Teilnahme am wirtschaftlichen und politischen Handeln aus.[38] Es ist interessant, dass die Frau gerade im Alter relativ höher bewertet wird als der Mann (vgl. 3.Mos.27,1-9). Bekannt ist, dass Frauen in der Geschichte Israels, z.B. die Prophetin Mirjam[39] oder Debora,[40] hervorragende Rollen spielten. Auch wenn die öffentlichen Angelegenheiten stark durch die Männer bestimmt wurden, so waren doch die Frauen davon nicht einfach ausgeschlossen, auch in der Rechtsgemeinde und am Hofe nicht.[41] In der Familie hatte die ältere Frau zweifelsohne eine geachtete Stellung. Es ist kein Zufall, dass das Elterngebot Vater und Mutter parallel und ohne Abstufung nennt.[42]
Das Sprüchebuch endet mit dem Lob der tüchtigen Frau (Spr.31,10-31). Das alphabetische Gedicht gehört zu den jüngsten Teilen des Sprüchebuches.[43] Die selbständige wirtschaftliche Handlungsfähigkeit der Frau ist hier gross, und darum sollte man sich hüten, die beschriebene Hausfrau mit der heutigen einfach gleichzusetzen. Selbständig erwirbt sie einen Acker oder pflanzt selbst einen Weinberg.[44] Im Rahmen der Grossfamilie hat sie einen grossen Tätigkeitsraum. Ueber die Jahrhunderte wird wohl das Wort gegolten haben, das dieses Gedicht vom Mann einer tüchtigen Frau sagt: "Angesehen in den Toren ist ihr Mann, wenn er sitzt mit den Aeltesten des Landes" (Spr.31,23).[45]

Wir reden keiner Gerontokratie, keiner Herrschaft der Aeltesten das Wort. Ihre Kehrseiten sind aus den Zentren heutiger politischer Macht hinlänglich bekannt. Man vergleiche dazu etwa die Untersuchung von Pierre Accoce und Pierre Rentchnick über die Kranken, die Weltgeschichte machen.[46] Das Alte Testament hat um diese Kehrseiten klar gewusst. Es kann die Auseinandersetzungen und Intrigen am Hof ohne Blatt vor dem Mund schildern (David). Aus dem Versagen auch der Könige und Aeltesten macht es keinen Hehl.
Das mindert aber nicht das Gewicht der Anfrage, ob einer Gesellschaft, die offensichtliche Schwierigkeiten hat, die Bedürfnisse der Alten wirklich ernst zu nehmen, nicht am besten gedient wäre, wenn diese Alten vermehrt wieder aktiv am gesellschaftlichen und politischen Leben teilnehmen würden und so ihre Lebenserfahrung direkt in das Zusammenleben einbringen

könnten. Das geschieht zunehmend, oft mit kämpferischen Tönen.[47] Jedenfalls sind wir von einem solidarischen Zusammenleben im Generationenverband auf neuer Basis in der Industriegesellschaft noch weit entfernt.

3.10. Das Alter und die Weisheit

"Bei Graugewordenen soll doch Weisheit sein und langes Leben sich mit Einsicht decken. Bei ihm (Gott) allein ist Weisheit und ist Stärke und ihm gebührt das Planen und die Einsicht" (Hi.12,12f.).[1] So antwortet Hiob auf die erste Rede Zophars. Was meint er? Zitiert er seine Freunde und stellt dagegen die Weisheit Gottes? Ist ihm die Altersweisheit fraglich oder negiert er sie? Ist ihm die eigene Prüfung und Erfahrung (v11) wichtiger als der Rat der Alten?[2] Die Freunde Hiobs lehnen seine Klage nicht nur ab, sondern beanspruchen für ihre Argumentation die Weisheit des Alters: "Was weisst du doch, das wir nicht wüssten? Was verstehst du, das uns verborgen wäre? Auch ein Grauer, ein Alter ist unter uns, reicher an Tagen als dein Vater" (Hi.15,9-10).[3]
Kein Zweifel, das war die communis opinio (allgemeine Meinung) im alten Israel: Der Alte ist auf Grund seines Alters weise, und das heisst lebenserfahren, kenntnisreich, mit den Zusammenhängen und schwierigen Fragen des Lebens vertraut. Aber auch im Alter konnte der Mensch derjenige Tor bleiben, zu dem man ihn in seiner Jugend erzogen hatte. Echte Weisheit musste ein Leben lang erlernt und im Alltag bewährt werden. "Eine prächtige Krone ist graues Haar, auf dem Weg der Gerechtigkeit wird sie erlangt" (Spr.16,31).[4] So war es ein hohes Ziel des Vaters, seinen Sohn zur Weisheit zu erziehen. "Erziehe den Knaben gemäss seinem Lebensweg, so wird er, auch wenn alt geworden, nicht von ihm abbiegen" (Spr.22,6).[5] Israel hat nicht die Augen davor verschlossen, dass Alter und Weisheit, Lebenslänge und Einsicht sich sehr oft nicht decken. "Besser ein junger Mann, der arm aber weise, als ein König, der alt, aber ein Tor, der nicht mehr versteht, sich warnen zu lassen" (Pred.4,13).[6]

Dass der Prediger dies scharf erkennt, verwundert nicht. Er kommt aus der Weisheit, aber kann die Weisheit nicht mehr überbewerten. Auch sie unterliegt der Vergänglichkeit alles Kreatürlichen.
Der Prediger konnte im Alter nicht mehr einen durch Gottes Segen erfüllten Lebensabschnitt sehen, in dem "die Krone der Alten die Kindeskinder sind" (Spr.17,6)[7] und den man alt und lebenssatt beschliesst. Wenn alles eitel ist (Pred.1,2 u.a.), ist nicht gerade das Alter ein vortreffliches Beispiel dafür? Wohin führt die lebenslange Mühe des Menschen, findet er Erfüllung im Alter? Der Prediger ist skeptisch, weil ihm der Mensch unersättlich erscheint, und seine Lebensgier auch im Alter letztlich unbefriedigt bleibt. "Wenn einer hundert Kinder zeugte und viele Jahre lebte und viele Lebensjahre hätte, aber am Guten nicht satt würde, so würde ich sagen: Glücklicher als er ist die Fehlgeburt... Und wenn er zweimal tausend Jahre lebte, aber sähe kein Glück - geht nicht alles an einen Ort?" (Pred.6,3.6).[8] Was bringt das Leben, wenn es von soviel Bedrückungen, Schmerzen und Tränen geprägt ist und ohne Trost bleibt? Sind nicht die Toten glücklicher als die Lebenden, die noch nicht Geborenen glücklicher als die Geborenen (Pred.4,1-2) und die Fehlgeburt schliesslich glücklicher als der alte Mensch (Pred.6,3). Das Lob des Todes und des Nichtgeborenseins bei Kohälät entspringt der Ohnmacht des Predigers gegenüber dem unschuldigen Leiden.

Vom bisher Gesagten her können wir uns einer der eindrücklichsten Beschreibungen des Alters im Alten Testament zuwenden, Pred.11,9-12,7. Sie steht im Rahmen einer Gegenüberstellung von Jugend und Alter, was ihre drastische Deutlichkeit noch verstärkt.[9]
Einleitend ermahnt der Prediger zwei Mal die jungen Menschen. Der Jüngling soll sich seiner Jugend von Herzen freuen, denn die Blüte der Jugend geht schnell vorbei (11,9-10). In den Tagen seiner Jugend soll der junge Mensch seinen Schöpfer nicht vergessen, die Tage und Jahre, die ihm nicht mehr gefallen, kommen schnell genug (12,1).
Die Beschreibung der Beschwernisse und Gebrechen des Alters gab es auch im Alten Aegypten, und sie gehörte wohl zur gebräuchlichen Lehre des Aelteren für den jungen Menschen.[10] Und doch erhält sie hier bei Kohälät ein spezielles Gewicht, bildet sie doch im ganzen der Sammlung den Ausklang und ist mit kunstvoller Bildrede und Allegorie inhaltlich breit ausgestaltet.[11] Gegenüber dem Hintergrund der blühenden Jugend wird das Alter in scharfem Kontrast als sprechendes Beispiel der Vergeblichkeit und Vergänglichkeit des Menschenlebens dargestellt. Wir zitieren hier den Text Pred.12,1-7 unter Beifügung der Bedeutung der einzelnen Bilder als ganzen.[12]

"Und denke an deinen Schöpfer in den Tagen deiner Jugend,	
bevor die Tage des Uebels kommen und (die) Jahre sich einstellen,	
von denen du sagst: "Sie gefallen mir nicht",	
bevor sich die Sonne und das Licht	die widrige
und der Mond und die Sterne verfinstern	Jahreszeit
und die Wolken nach dem Regen (immer) wiederkehren,	des Alters
am Tage, da die Wächter des Hauses zittern	die Arme
und die starken Männer sich krümmen	die Beine
und die Mahlmägde zu mahlen aufhören,	die Zähne
weil ihrer wenig geworden sind,	
und dunkel werden, die durch die Fenster schauen,	die Augen
und die Türen zur Strasse verschlossen werden,	die Ohren
wenn das Geräusch der Mühle leise zu werden beginnt	das Reden?
und man aufsteht beim Vogelgezwitscher(?)	leichter Schlaf
und alle Lieder nur mehr leise klingen.	die Stimme
Auch vor einer Anhöhe fürchtet man sich,	
und Schrecken ist auf der Strasse,	
und es blüht die Mandel,	das weisse Haupt
und schleppt sich schwer die Heuschrecke,	mühsamer Gang
und die Kaper 'versagt' -	Appetitlosigkeit(?)
denn der Mensch geht in sein Ewigkeitshaus	Sterben
und auf der Strasse gehen die Klagemänner umher,	Trauer
bevor die silberne Schnur zerreisst,	Lampe(?) und
und die goldene Schale zerspringt	Wasserstelle
und der Krug am Brunnen zerschellt	als Sinnbilder
und das Schöpfrad am Schachte zerbricht	des Lebens
und der Staub wieder zur Erde zurückkehrt,	(vgl. 1.Mos.2,7; 3,19)
wie er gewesen,	
und der Hauch zurückkehrt zu Gott,	
der ihn gegeben."	

In einem dreifachen Beschreibungsgang wird die Last des Alters und des Sterbens veranschaulicht (v1b.2-5.6-7), wobei der zweite Abschnitt stark durch das Bild des Hauses geprägt ist.[13] Der Prediger weiss uns vor Augen zu führen, wie angefochten und eitel ein Menschenleben im Alter ist. Auch der erfolgreich sein Leben meisternde Mensch, der sich seines Wohlstandes, seiner Weisheit und seines Fleisses freuen kann, muss mit seiner Vergänglichkeit und mit dem Nachlassen seiner Kräfte im Alter rechnen. Ob Tor oder Weiser, ob Mensch oder Tier, ob Gerechter oder Sünder, alle haben sie das eine Geschick, den Tod.[14]

Israel war das Leiden der Menschen schon vor dem Prediger zur Anfechtung und zum Problem geworden.[15] Daran brach ein schwieriges Generationenproblem auf. Was, wenn die Väter saure Trauben gegessen haben, aber erst den Söhnen die Zähne davon stumpf werden (Jer.31,29; Ez.18,2; vgl. Klagel.5,7)? Wie konnte man als Verbannter im Exil das Geschichtshandeln Jahwes verstehen, wenn doch Gott seinem Volk die Landverheissung und die Verheissung des immerwährenden Bundes mit dem davidischen Königtum gegeben hatte (so die Frage des Deuteronomisten)?[16] Warum sind die Gottlosen oft glücklicher als die Gerechten? Immer wieder war behauptet worden: "Einst war ich jung, nun bin ich alt, nie sah ich einen Gerechten verlassen, noch seine Kinder betteln um Brot" (Ps.37,25).[17] Gab es nicht die Verlassenheit des Gottesfürchtigen und das unverdiente Glück des Gottlosen, wie der Prediger es ausdrückt: "Beides habe ich gesehen in meinem flüchtigen Dasein: Mancher Fromme kommt um bei all seiner Frömmigkeit, und mancher Gottlose wird alt bei all seiner Schlechtigkeit" (Pred.7,16).[18]

Am tiefsten ist die Anfechtung des Leidenden im Buch Hiob zur Sprache gebracht.
Wie alt war Hiob, als er seine Kinder, sein Hab und Gut, seine Gesundheit und seine Freunde verlor? Aehnlich, wie wenn man nach der Krankheit Hiobs fragt,[19] ist dies eine von aussen an die Hioberzählung herangetragene Frage, die das Werk nicht direkt thematisiert. Zwar wird Hiob in der Rahmenerzählung als der gerechte Knecht seines Gottes dargestellt, der alt und lebenssatt starb. Er bekam nach der Genesung noch einmal sieben Söhne und drei Töchter, und bei der Erbteilung wurden sogar die Töchter berücksichtigt. Er sah vier Generationen seiner Kinder und Kindeskinder. Sein Alter erreichte dasjenige der Väter Abraham, Isaak und Jakob, er lebte nach der Genesung noch 140 Jahre. So schildert es der zweite, wohl ältere Schluss der Rahmenerzählung (Hi.42,11ff.).[20] Damit ist aber nichts anderes ausgedrückt, als dass Hiob, der gerechte Knecht Gottes, ein hohes und gesegnetes Alter erreichte, wie es seiner Gerechtigkeit entsprach. Der Reichtum und Segen in seiner späteren Lebenszeit überwog denjenigen der früheren Jahre.

Im grossen Abschnitt der Reden Hiobs und seiner Freunde[21] bezeichnet Eliphas Hiob als den Jüngeren, der es wohl nicht besser wissen könne als die ergrauten Häupter, die ihn zur Busse zu bewegen versuchen (Hi.15,10). Daran nehmen ja die Freunde, Eliphas, Bildad und Zophar, Anstoss, dass er der überlieferten Weisheit der Alten, ihrer Erfahrung und

Einsicht wiederspricht und wider Gott sein Recht und seine Unschuld behauptet. Das ist ihnen Lästerung in Hiobs Mund.

Eliphas beendet seine erste Rede mit den Worten, Hiob solle die Zucht des Allmächtigen nicht verschmähen, das Leiden werde sein Ende haben. "Du wirst erfahren, dass deine Nachkommen zahlreich sind, deine Sprösslinge wie das Gras der Erde. Bei voller Kraft steigst du ins Grab, wie man Garben einträgt zu ihrer Zeit" (Hi.5,25f.).[22)]

Hiob widerspricht aus seiner Not heraus, denn die Pfeile des Allmächtigen stecken in ihm (6,4). Sein Leid ist unerträglich geworden, die Kraft zu leiden hat er nicht mehr, denn jede Hilfe ist entschwunden (6,11.13). "Schneller als das Weberschiffchen eilen meine Tage, der Faden geht aus, sie schwinden dahin. Denk daran, dass mein Leben nur ein Hauch ist. Nie mehr schaut mein Auge Glück" (7,6-7).[23)] Warum macht ihn Gott zur Zielscheibe seines Zorns (7,20)? Er will ja nicht ewig leben (7,16), lieber wäre er längst tot (7,15).

Bildads erste Rede verteidigt scharf die Gerechtigkeit Gottes. Gott kann nicht das Recht beugen (8,3). Hiob soll sich an die Weisheit der früheren Generation und der Väter erinnern (8,8). Vergibt Gott nicht einem jeden nach seinem Tun, hängen Tun und Ergehen nicht untrennbar zusammen?

Hiob weiss sehr wohl, dass er dem Allmächtigen Schöpfer nichts entgegnen kann, er kann Gott nicht vor Gericht ziehen (9,1-3), und doch beharrt er wider Gott auf seiner Schuldlosigkeit. Darin besteht ja seine tiefste Anfechtung: Er weiss, dass er vor Gott im Recht ist, und doch ist Gott allein im Recht.[24)]

Zophar hält Hiob vor, dass die Weisheit Gottes tiefer ist als alle menschliche Weisheit es je erfassen kann (11,1-12), darum soll Hiob in Gott seine Hoffnung finden. Nur der Frevler kann hoffen, bald das Leben zu beenden (11,13-20). Auf Grund seiner Worte verschärfen die Freunde im folgenden die Anklage Hiobs dahingehend, er werde durch sein Reden selbst zum Frevler (15,17-35; 18,5-21; 20,4-29; 22,1-11; 25,1-6).

Hiob hat von solchen Worten genug. Er will sein Recht vor Gott einklagen, er will einen Rechtsstreit mit Gott führen (13,6). Er scheut sich nicht, den Rechtsfall vorzubringen (13,18). Sein Leben ist hoffnungsloser geworden als das eines gefällten Baumes, denn dessen Sprösslinge können wieder treiben. Stirbt aber ein Mensch, so ist es für ihn vorbei (14,7-10). Oder könnte Gott ihn in der Unterwelt vom Zorn fernhalten, bis er vorbei ist, und ihn dann wieder aufleben lassen (14,13-14)?
Angesichts des Todes zeigt sich vollends die Unverständlichkeit der Wege Gottes. "Der eine stirbt in vollem Glück, ist ganz in Frieden, sorgenfrei ... Der andere stirbt mit bitterer Seele und hat kein Glück genossen" (21,23.25).[25)] Das Glück der Frevler ist absurd, ihr Alter und ihr Segen stehen in schreiendem Widerspruch zur Lage Hiobs. "Warum bleiben Frevler am Leben, werden alt und stark an Kraft?" (21,7).[26)]
Der von seinen Freunden des Unrechts angeklagte, verlassene Hiob appelliert an den Zeugen im Himmel, der ihm allein bei Gott sein Recht schaffen kann, er appelliert an Gott gegen Gott (16,18-22; 19,23-27). "Doch ich, ich weiss: mein Erlöser lebt, als letzter erhebt er sich über dem Staub, ohne meine Haut, die so zerfetzte, und ohne mein Fleisch werde ich Gott schauen" (19,25-26).[27)]

Wenn Hiob sich in seiner Schlussrede[28] nach seiner Vergangenheit sehnt,[29] so sagt er auch positiv, wozu er Gott herausfordert: Den geprüften Unschuldigen anzusehen und den Segen wiederherzustellen, der einst seinen Lebensweg so glücklich machte. In der Gemeinde des Tores war er der Angesehenste, junge Menschen traten aus Ehrfurcht zur Seite, die Alten erhoben sich von ihren Plätzen und blieben stehen.[30]

Es scheint mir ein wesentlicher Aspekt der Hioberzählung zu sein, dass Hiob sein Recht wider die Weisheit der Alten behauptet. Er tut es nicht wie Elihu, der als Jüngerer sich zurückgehalten hat (eine wahrhaft meisterliche Anknüpfung für die Einfügung eines Späteren).[31] Elihu begründet sein Schweigen: "Ich dachte: Mag erst das Alter reden, der Jahre Fülle Weisheit künden. Jedoch, es ist der Geist im Menschen, des Allmächtigen Hauch, der ihn verständig macht. Die alt an Jahren sind, nicht immer sind sie weise, noch Greise stets des Rechten kundig" (32,7-9).[32] Umso grösser ist dann der Anspruch seiner Vollmacht, da er behauptet, von Gottes Geist getrieben zu sein (32,18).

Hiob aber erhebt seine Klage allein aus der Not, unschuldig von Gott geschlagen zu sein, und aus dem Leiden widerspricht er den Argumenten seiner Freunde. Er wartet auf die Antwort Gottes.[33]

Weder das Leiden des Menschen, noch die Schwäche im Alter hat das Alte Testament verschwiegen. Die Botschaft der Bibel hat wenig zu tun mit dem erbaulichen Vertrösten vieler evangelischer Predigten heute. Vom Schmerz und Notschrei der Leidenden gibt sie reiches Zeugnis. "Das Rufen aus der Not, der Schrei aus der Tiefe, die Klage gehört im Alten Testament notwendig zu dem zwischen Gott und Mensch Geschehenden, vom Anfang bis zum Ende."[34]

Es würde weitreichende Konsequenzen haben, wenn wir in der Altersarbeit dieses elementare Recht des Menschen, vor Gott und Menschen seine Not zu klagen, ernster nehmen würden. Leiden bliebe nicht stumm, es bekäme die Würde der Sprache.[35] Mitnichten muss der Leidende mit seiner Not selber fertig werden, er darf und soll seinen Appell, seinen Anruf vor Gott bringen. Er tut dies im Alten Testament in der Gemeinschaft des Gottesvolkes, aber auch als Einzelner. Gott kann das Leiden wenden, er tröstet sein Volk.[36] Wenn unsere Gemeinden heute das Leiden in ihrer Mitte, den Schmerz und die Not alter Menschen nicht ernst nehmen, so gehen sie am biblischen Zeugnis vorbei. Gerade die Aelteren können stellvertretend aus Weisheit, und das heisst aus Lebenserfahrung, Wege der Leidensbewältigung weisen.

3.11. Psalm 71 - ein Gebetslied im Alter

Der 23. Psalm bleibt wohl auch in Zukunft derjenige Psalm, den die Gemeinde in unserer reformierten Kirche am besten kennt. Besonders für die ältere Generation hat er einen zentralen Stellenwert. Diesen Psalm kennen viele zumindest in den Anfangsworten auswendig. Aeltere haben oft mit diesem Psalm beten gelernt. Daneben sind vielen Worte aus Psalm 8; 90; 103; 121; 127 u.a. m. (oft auch im Wortlaut der Kirchenlieder) vertraut. Für das Glaubensleben älterer Menschen ist der Psalter vielleicht der wichtigste Teil der Heiligen Schrift.[1]

Fragen wir nun aber umgekehrt, wo der alte Mensch im Psalter direkt erscheint, so sind die Belege eher selten. Das ist gut verständlich, die Psalmen haben das Leben des Menschen als ganzes im Blick. Die Menschen aller Generationen sprachen die überlieferten Worte. Mehrheitlich waren die Sänger wohl nicht von hohem Alter, sondern sie rühmten den Herrn in der Gemeinde des Volkes und lobten ihn "im Kreise der Alten" (Ps.107,32), derjenigen Alten nämlich, die nicht mehr singen konnten.
Im Gottesdienst wird die Gnade besungen, die Gott dem Gerechten zukommen lässt: "Der Gerechte gedeiht wie die Palme, er wächst wie die Zedern des Libanon. Gepflanzt im Hause des Herrn, gedeihen sie in den Vorhöfen unseres Gottes. Sie tragen Frucht noch im Alter und bleiben voll Saft und Frische; sie verkünden: Gerecht ist der Herr; mein Fels ist er, an ihm ist kein Unrecht" (Ps.92,13-15).[2]
Die Alten loben den Ruhm des Herrn, seinen Weg mit dem Volk Israel und seine guten Gebote bewusster. Sie kennen die Erzählungen der Väter, die Worte der Propheten und die Thora. Sie wissen auch, wie vergänglich und kurz das Menschenleben vor Gottes Ewigkeit ist. Der Herr "... weiss, was für Geschöpfe wir sind, er gedenkt daran, dass wir Staub sind. Des Menschen Tage sind wie das Gras, er blüht wie die Blume des Feldes: Wenn der Wind darüber geht, so ist sie dahin, und ihre Stätte weiss nichts mehr von ihr" (Ps.103,14-16).[3] Aber das Alter schützt vor Torheit nicht. Der Sänger des 119. Psalms sieht sich verständiger als die Alten, weil er Gottes Weisungen beachtet und ernst nimmt (Ps.119,100). In der Gemeinde des Herrn gehören Jung und Alt zusammen und sind gemeinsam eingeladen, Gott zu loben. Auch der Greis ist nicht ausgeschlossen, denn er hat nicht vergessen, was der Herr ihm Gutes getan hat (Ps.103,2). So werden die ganze Schöpfung, Himmel und Erde zum Gotteslob aufgefordert. Der Name des Herr ist erhaben und ein Ruhm für alle, die auf ihn vertrauen. "Lobet den Herrn ... ihr Jünglinge und ihr Jungfrauen alle, ihr Greise mitsamt den Kindern!" (Ps.148,1a.12).[4]

Ein einziger Psalm ist explizit das Gebetslied eines alten Menschen, der 71..[5] Es ist uns natürlich nicht möglich, die konkrete, persönliche Situation oder die Psychologie eines alten Menschen aus diesem Gebetslied zu rekonstruieren.[6] Die Gattungsforschung seit Gunkel hat klar gezeigt, dass die Psalmen auf Grund des inhaltlich Gemeinsamen und der gemeinsamen Form der Einzelstücke in literarische Gattungen oder Formgruppen zu gliedern sind.[7] Im "Klagelied des Einzelnen" oder genauer im "Gebetslied des

Einzelnen"[8] spricht nicht ein Individuum, das den Psalm kunstvoll verfasst hat, vielmehr bedienen sich die Gläubigen des überkommenen, "konventionierten Formelgutes"[9] und stehen mitten in der "Geschichte der Gebetssprache Israels".[10] Als Glied der Gemeinde bringen sie ihre Not in offener und bewegter Aussagekraft vor Jahwe.
So ist der wohl aus der Zeit nach dem Exil stammende 71. Psalm überreich an Parallelen zu früher entstandenen Psalmen und Formulierungen in der Thora und bei den Propheten. Wir versuchen im folgenden eine eigene Uebersetzung unter Angabe der wesentlichen Parallelstellen.[11]

1 Bei dir, Gott habe ich Zuflucht gefunden.
Lass mich nie zu Schanden werden!
2 In deiner Gerechtigkeit befreie mich und rette mich!
Höre mir zu und hilf mir!
3 Sei mir ein Fels des Schutzes, eine feste Burg um Ps.31,2-4a
mir zu helfen! Ps.18,3
Ja, du bist mein Fels und meine Burg.
4 Mein Gott, rette mich aus der Hand des Uebeltäters, Jer.15,21
aus der Faust des Verbrechers und Unterdrückers,
5 denn du bist meine Hoffnung, Herr!
Gott, (du bist) mein Vertrauen seit meiner Jugend.
6 Auf dich habe ich mich gestützt vom Mutterleib an, Ps.22,10-11
vom Schoss meiner Mutter an bist du mein Schutz.
Dir galt stets mein Lob.
7 Ein Gezeichneter wurde ich für viele, Ps.31,12f.
du aber bist meine sichere Zuflucht gewesen.
8 Mein Mund ist voll von deinem Lob (und)
den ganzen Tag (erfüllt) von deinem Ruhm.
9 Verwirf mich nicht in der Zeit des Alters! (Jes.46,4)
Wenn meine Kraft schwindet, verlass mich nicht!
10 Denn meine Feinde reden über mich,
und sie, die mir nach dem Leben trachten,
beraten untereinander:
11 "Gott hat ihn verlassen. Verfolgt und packt ihn, Ps.3,3
denn er hat keinen Retter!"
12 Gott, sei mir nicht fern! Ps.38,22f./
Mein Gott, eile mir zu Hilfe! Ps.35,22b
13 Jene, die mein Leben bekämpfen, sollen zugrunde Ps.40,14b.15;
gehen. Schimpf und Schande sollen jene bedecken, 70,2f
die mein Unglück suchen. Ps.35,4.26
14 Ich aber will 'mit Geduld' hoffen
und all deinen Ruhm mehren.
15 Mein Mund soll von deiner Gerechtigkeit erzählen,
den ganzen Tag von deiner Hilfe (sprechen),
denn ich kenne 'ihr Ausmass' nicht.
16 Ich werde einziehen dank der Machttaten des Herrn.
Ich werde allein deine Gerechtigkeit rühmen.
17 Gott, du hast mich von Jugend auf gelehrt,
und bis heute verkünde ich deine Wunder.
18 Auch wenn ich alt und grau bin, (Jes.46,4)
Gott, verlasse mich nicht,
damit ich von deinem (machtvollen) Arm Ps.22,31f.
der ganzen kommenden Generation erzähle!
19 Deine Gerechtigkeit, Gott, (reicht) bis zur Himmels-
höhe!
Der du so grosse Taten vollbracht hast, Herr,
wer ist dir gleich!
20 Du liessest uns viel und schwere Not erfahren, 1.Sam.2,6;
(aber) du belebtest uns wieder. Ps.30,4

Aus den Tiefen der Erde führst du mich wieder herauf. (Ps.86,13)
21 Mehre mein Ansehen und tröste mich wieder!
22 So will ich dich preisen mit dem Harfenspiel,
deine Treue (loben), mein Gott.
Ich will dir auf der Leier spielen, Heiliger Israels.
23 Jubeln sollen meine Lippen ...
und meine Seele, die du erlöst hast.
24 Auch meine Zunge soll den ganzen Tag Ps.35,28
von deiner Gerechtigkeit erzählen,
denn alle gehen zugrunde und werden beschämt, Ps.35,4.26;
die mein Unglück suchen. 40,15; 70,3

Ist es nicht beeindruckend, wie breit die Psalmsänger auf die Sprache ihrer Väter zurückgreifen können, wie intensiv sie in und mit ihr leben, und wie kräftig sie damit ihren Notschrei, ihr Vertrauen und ihr Lob verkünden? Und wie lebendig bewegt ist dieses Gebet!
Das hat natürlich nichts mit der Psychologie des alten Menschen zu tun, der als unruhig und unentschieden charakterisiert ist (gegen L. Jacquet),[12] sondern mit der starken Ausdruckskraft der Psalmisten. Kein Zug von Starrheit oder Unbeweglichkeit! "Wes das Herz voll ist, des geht der Mund über". Trotz der Not des Beters ist der Psalm" ... von Aeusserungen des Vertrauens und jubelnden Ausrufen sehr stark durchdrungen ...".[13]
Es gibt von der Theologie der Psalmen her wohl keine angemessenere Formulierung des Lebens der alten Menschen coram deo, als wir sie hier im Psalm 71 haben.
Die ganze Spannweite des Lebens vor Gott wird dabei durchlaufen:

vv1-2	Zuflucht bei Gott	Flehen
vv3-4	Schutz vor Feinden	Bitte
vv5-6	Erinnerung an die Jugend	Schilderung
v 7	Not	Schilderung
v 8	Lob Gottes	Lob
v 9	Alter	Bitte
vv10-11	Gerede der Feinde	Schilderung
vv12-13	Eingreifen Gottes	Bitte
vv14-16	Vertrauen in Gegenwart und Zukunft	Lob
v 17	Erinnerung	Schilderung
v 18	Alter	Bitte
vv19-20	Gerechtigkeit Gottes	Lob
v 21	Trost	Bitte
vv22-24	Lobgelübde	Lobgelübde

Hier würde der Dank, die תּוֹדָה anschliessen.[14]

Auch wenn man erkennt, dass es sich um ein Gebetsformular handelt, das evt. der Gebetsliteratur nachexilischer Zeit zuzuordnen ist,[15] so darf man von einer begeisternden Vitalität dieses Psalms sprechen. Martin Luther hat treffend geurteilt, wenn er in der Psalmenvorlesung 1513/15 zum 71. Psalm schreibt: "Je gefälliger und passender dieser Psalm für den Intellekt ist, desto fruchtbarer und ergiebiger ist er für das Gemüt. Denn alle Lob- und Bittpsalmen sind voller Inbrunst und damit den Seraphim angepasst. Denn Gott zu loben und zu ihm zu beten ist die höchste Vollendung und Vollkommenheit ..."[16]

Die Situation des Beters im 71. Psalm sollte man nicht zu exakt definieren wollen. Als alter Mensch bittet er um die Nähe und Hilfe Gottes (v2f..9.18). Es lässt sich vermuten, dass er von Krankheit und Schwäche gezeichnet ist (v.7.9). Zynische Gegner verfolgen ihn (v4.10-11.13.24) und spotten über seine Hilflosigkeit (v11). Aber sie schaden sich selbst (v.24). Jahwe, der Herr, ist die sichere Zuflucht des Beters, und im Heiligtum können die Verfolger ihm nichts mehr anhaben (חסה, v.1-2).[17] Jahwe errettet ihn vom Tod (v20). Seit seiner Jugendzeit, ja vom Mutterleib an hat er auf Jahwe vertraut (v.6.17). So, wie der Herr ihn in der Vergangenheit lernte zu loben und zu singen (v17), so wird er seinen Gott jetzt und in Zukunft Tag für Tag preisen (v8.19.22-24). Seine ganze Freude besteht darin, zum Spiel von Harfe und Leier das Lob Gottes erklingen zu lassen (v22) und an die künftige Generation weiterzugeben (v18).

Ob es sich tatsächlich um einen Krankheitspsalm handelt, ist unsicher, aber doch anzunehmen.[18] Darum beratschlagen die Verfolger wohl über die Hilflosigkeit des verstossenen Psalmisten. Sie werden jedoch, allein durch Gottes Tat, beschämt und zugrunde gehen. Auch ob es sich um einen Sänger und Dichter selbst oder einfach um einen Beter aus der Gemeinde handelt, der singt, ist nicht zwingend auszumachen.[19]

Ein alter Mensch findet in Gott allein seine Zuflucht, seine Hilfe und sein Heil. Darum gilt Gott sein ganzes Lob. Von der Gerechtigkeit (צדקה) ist in keinem anderen Psalm häufiger die Rede als im 71. Psalm.[20] Darum ist er seit der Reformation eine zentrale Schriftstelle.[21] Der Psalm redet einzig und allein von der Gerechtigkeit Gottes, die er loben und preisen will. Sie ist die Quelle des Trostes und nimmt den Betagten für Gott in Anspruch.[22] Das Gebetslied ist geprägt von höchster Lebendigkeit und hat trotz der Not des Beters kein Anzeichen von lethargischer Passivität. Der Betagte darf wissen, dass der Herr ihn in der Not und der Schwäche erretten wird und ihm seine Tatkraft wieder schenkt.

Der 71. Psalm lehrt uns, ein für allemal das Stereotyp des zur Ruhe gekommenen, in sich gekehrten, höchstens noch betenden alten Menschen über Bord zu werfen. Gerade der betende alte Mensch ist herausgefordert und in höchstem Masse in Anspruch genommen. Gebet und Lied fordern Tatkraft und Lebendigkeit. Die Psalmisten leben aus einer vitalen und allseitig offenen Ausdruckskraft: Bitte, Schilderung der Not, Hilferuf, Aeusserung des Vertrauens, Lob und Dank, all diese Formen können in einem einzigen Psalm verbunden sein. Aber die Psalmisten haben wie jeder Beter nur eine Hoffnung und Zuversicht: Dass Gott ihnen in seiner erhabenen Gerechtigkeit nahe ist und auf ihr freudiges Lob hört. "Es ist gerade der Glaube an die Gerechtigkeit Gottes zugleich die Quelle allen Trostes und der Inbegriff strengster Inanspruchnahme des Menschen."[22]

3.12. Alter, Sterben und Tod

Im mittleren Alter wurde der König Hiskia schwer krank und sein Leben war in Frage gestellt.[1] Wie uns in den Berichten 2.Kön.20,1-11 und Jes.38,1-8 parallel erzählt wird, besuchte ihn der Prophet Jesaia, und kündigte ihm den nahen Tod an.[2] Hiskia wandte sich wortlos vom Propheten ab, denn nur eines blieb ihm übrig: zum Herrn zu beten. Jahwe, der Herr allein hat Macht über Leben und Tod, er lässt sterben und macht lebendig. So wie er für Hiskia der Herr der Geschichte und der alleinige Bürge seiner Herrschaft war, so gibt er dem einzelnen das Leben und kann es ihm auch wieder nehmen. Ohne Zögern erzählt die Bibel, dass der König in seiner Not laut weinte.[3] Jahwe aber erhörte ihn. Jesaia besuchte den König ein zweites Mal und kündigte ihm die Genesung an.[4] Der Tod des Königs wäre ein vorzeitiger Tod gewesen, und dies war für den Israeliten ein schweres Leid. Tun und Ergehen hingen ja für ihn im Rahmen einer "synthetischen Lebensauffassung"[5] zusammen, und Hiskia betonte darum in seinem Gebet seine Treue und forderte Gott auf, daran zu denken. Je vorzeitiger der Tod eintrat, umso schwerer wog für den Israeliten das Unglück.[6]

Im Jesaiabuch wird uns ein Hiskia zugeschriebener Dankpsalm überliefert (Jes.38,10-20), der in schönster Weise die alttestamentliche Sicht des Todes zusammenfasst. Schon im Leben kann ein schwerkranker Mensch im Tod, zu den Toren der Scheol, der Unterwelt entboten sein. Tod ist der Abbruch der Beziehungen zu den Mitmenschen und zu Gott, das Ausgeschlossensein von der Teilnahme am Gottesdienst und täglichen Leben, Tod ist die absolute, abgeschnittene Verhältnislosigkeit.[7] "Ja, in der Unterwelt dankt man dir nicht, die Toten loben dich nicht; wer ins Grab gesunken ist, kann nichts mehr von deiner Güte erhoffen. Nur die Lebenden danken dir, wie ich am heutigen Tag. Von deiner Treue erzählt der Vater den Kindern" (Jes.38,18f.).[8]

Jahwe ist nicht in der Unterwelt zu suchen. Dort preist ihn keiner mehr. Im Tod verstummt das Loben. Darum ist Gott der einzige, der vor dem Abgrund des Todes errettet und den Menschen der Grube entreisst. "Pars pro toto" ist der Verfolgte, Schwerkranke und Angeklagte ohne Hilfe Gottes dem Tod, der Unterwelt preisgegeben, auch wenn er noch lebt.[9] In den Klage- und Dankliedern des Einzelnen ertönt immer wieder die flehentliche Bitte, dass Jahwe den Menschen der ins Leben hineinragenden Domäne des Todes nicht preisgibt. "Lass mein Gebet vor dich kommen, neige dein Ohr zu meiner Klage! Denn meine Seele ist mit Leiden gesättigt und mein Leben dem Totenreich nahe" (Ps.88,3f.).[10] Dies wusste jeder Israelit: Gott allein rettet, heilt und richtet auf.

Ein Mangel der theologischen Interpretation des Todesverständnisses im Alten Testament liegt oft darin, dass vernachlässigt wird, wie stark der Israelit Leben und Tod in der Gemeinschaft, in Sippe, Gemeinde und Volk erlebt hat.[11] Gewiss sang nicht ein kollektives Ich die Klagelieder des Einzelnen, wie früher manchmal vermutet worden ist.[12] Aber der Einzelne nahm im Klagelied mit seiner ganzen Existenz Anteil am Weg des Gottesvolkes, das Gott zum Bunde mit sich erwählt hatte, er sprach die Sprache, die ihm tradiert und gelehrt worden war. "Der Einzelne ist, was er ist, als Israelit. Seine Not ist nicht nur je seine eigene, und auch seine Erwählung und Errettung ist nicht auf ihn beschränkt. Er ist an Israels Not und Verwerfung ... beteiligt, wie er auch an Israels Erwählung und Heil ... Anteil hat."[13] In der Gemeinde des Gottesvolkes kündete er von seinen Leidenserfahrungen und der ihm wiederfahrenen Hilfe des Gottes Israels.

Am deutlichsten wird dieser soziale Bezug des Todesverständnisses in den grossen Ankündigungen von Segen und Fluch in 3.Mos.26,1ff. und 5.Mos. 28,1ff., die "in den Schlusskorpora der grossen Gesetzessammlungen in H und Dtn" (Heiligkeitsgesetz und Deuteronomium/5.Buch Mose) stehen.[14] Im Gottesdienst hatten Segen und Fluch gewiss ihren Platz. Indem sich das Volk auf den Bund mit Jahwe verpflichtete, wurde es auch nachdrücklich ermahnt, auf Gottes Worte zu hören, seine Gebote zu beachten und nach seiner Weisung zu leben.[15] Wohlstand oder Not, Frieden oder Unterdrückung, Leben oder Tod waren die Zukunft, die sich das Volk durch seinen Lebensweg selbst wählte, und dies galt gerade für den Einzelnen in der Gemeinschaft. Die Fluchankündigung in 5.Mos.28 ist einem monumentalen Fresko menschlichen Elends zu vergleichen, das auf Grund der Leidenserfahrungen wiederholt erweitert wurde.[16] Der Segen für das im verheissenen Land sesshaft gewordene Volk bestand vor allem in Fruchtbarkeit von Mensch, Tier und Acker, im äusseren und inneren Frieden, in Wohlstand, politischer und wirtschaftlicher Macht, im Geniessen des Ertrags der eigenen Arbeit. Die natürlichen Güter wurden (im positiven Sinne) heilsmaterialistisch als Segen Jahwes verstanden, die Gott gibt, aber auch wieder nehmen kann.[17] Sie stehen für all das, was ein von Not und vorzeitigem Tod befreites Leben ausmacht.
Der Fluch dagegen bedeutete den Verlust all dieser Güter, die Bedrohung und Zerstörung des Lebens, kurz den Tod. So sagt Mose am Ende des Deuteronomiums: "... ganz nahe ist dir das Wort, in deinem Munde und in deinem Herzen, dass du darnach tun kannst. Siehe, ich habe dir heute vorgelegt Leben und Glück, Tod und Unglück" (5.Mos.30,14f.).[18]

Auf diesem Hintergrund ist es nun verständlich, wieso der Israelit sich so stark ein langes Leben wünschte und den Tod im Alter als Erfüllung eines glücklichen Lebens betrachtete. Das Leben war das höchste Gut, es war der Segen des einen Gottes. "Wenn ihr dem Herrn, eurem Gott dient, wird er dein Brot und dein Wasser segnen. Ich werde Krankheiten von dir fernhalten. In deinem Land wird es keine Frau geben, die eine Fehlgeburt hat oder kinderlos bleibt. Ich lasse dich die volle Zahl deiner Lebenstage erreichen" (2.Mos.23,25f.).[19] Gemeinsam mit den Völkern seiner Umwelt, vor allem Aegyptern und Babyloniern,[20] war für Israel eine hohe Zahl von Lebenstagen intensiv erwünschtes Glück. Israel verstand dieses Glück ganz aus der Gnade Jahwes, der der Herr des Lebens ist. Es erstaunt nicht, dass gerade dem König ein hohes Alter gewünscht wurde, etwa in Ps.21,5: "Leben erbat er (der König) von dir, du gabst es ihm, viele Tage, für immer und ewig",[21] oder in Ps.72,5, wo der Wunsch ins Messianische gesteigert erscheint: "Er soll leben, solange die Sonne bleibt und der Mond, bis zu den fernsten Geschlechtern".[22]

Sprichwörtlich ist für diese Sicht des Alten Testaments die Wendung "er starb alt und lebenssatt".[23] Sie erscheint nur in jüngeren Teilen des AT, bei der Priesterschrift, beim Chronisten und in der Rahmenerzählung des Hiobbuches.[24] Sie charakterisiert besonders den Tod Abrahams, Isaaks, Hiobs, Davids und Jojadas, des Hohepriesters.[25] Sie erreichten ein hohes Alter, und für die Väter und Hiob gehörte dazu die Freude, die nachkommenden Generationen mitzuerleben.[26] Begreiflicher Wunsch der Scheidenden war es, im Grab der Väter beigesetzt zu werden.[27] Parallele Wendung ist "er starb in schönem Alter" (von Abraham 1.Mos.25,8, von Gideon Ri.8,32). In 1.Chron.29,28 heisst es vom kaum zu übertreffenden Segen Davids im Alter: "Er starb in hohem Alter, satt an Tagen, Reichtum und Ehre ...".[28] Dabei schwingt in der Wendung "alt und lebenssatt" wohl beides mit, sowohl der gesegnete Reichtum der Lebenstage wie die Genüge der Lebensdauer. Was längst galt, wurde in diesen Formeln prägnant zusammengefasst: der Tod im hohen Alter war das Zeichen eines in Gerechtigkeit und Gottesfurcht gelebten Lebens.

Es ist für uns heute hilfreich, wie aus dieser Sicht der Betagte im Alten Testament die Nähe des Todes meist nüchtern und realistisch annimmt.[29] Weder wird der Tod beschönigend verdrängt, noch wird er der Anlass quälender Angst, der alte Israelit geht ihm mit Fassung entgegen. Es war schlimm, wenn der Tod, wie es gewiss oft der Fall war, vorzeitig ein Leben zerstörte, aber der im Alter ein erfülltes Leben abschliessende Tod war kein Grund zur Furcht. Wir haben früher schon die realistische Sicht Barsillais erwähnt. David selbst sagte bei seinem Abschied nach dem Deuteronomisten: "Ich gehe jetzt den Weg aller Welt ..." (1.Kön.2,2; vgl. Jos.23,14). Es ist eine treffende Wendung, die vielleicht schon viel älter war, also nicht erst vom Deuteronomisten geprägt wurde.[30] Die Bereitschaft, den eigenen Tod hinzunehmen, drückt sich auch in den Worten "zu den Stammesgenossen versammelt werden" und "sich zu den Vätern legen" aus. Ursprünglich bezogen sie sich auf das Begräbnis im Familiengrab, wurden aber später formale Bezeichnungen für das Sterben, wie etwa beim Deuteronomisten.[31] Ein gutes Beispiel dafür ist 1.Kön.14,31, wo das Begräbnis gesondert erwähnt wird: "Und Rehabeam legte sich zu seinen Vätern und ward begraben bei seinen Vätern in der Davidsstadt."[32]
So intensiv der Israelit am Leben hing, so selten waren Todeswunsch und Suizid.[33]

Dieser realistischen und nüchternen Sicht des Todes entspricht das Bewusstsein der Vergänglichkeit menschlichen Lebens, das das ganze Alte Testament durchzieht.[34]
In der Paradiesgeschichte 1.Mos.2,4b-3,24 ist der Tod nicht die Strafe für die Verfehlung, die der Mensch beging. Vielmehr ist der sich verfehlende, von Gott getrennte Mensch gezeichnet und begrenzt durch Mühsal, Leid und Tod.[35] "Im Schweisse deines Angesichts sollst du dein Brot essen, bis du wieder zur Erde kehrst, von der du genommen bist; denn Erde bist du, und zur Erde musst du zurück" (1.Mos.3,19).[36] Der Tod ist der Weg, den alle Welt früher oder später geht. Wie das Wasser in der Trockenheit versickert und verschwindet, so ist der Mensch vergänglich. "Wir müssen alle sterben und sind wie das Wasser, das man auf die Erde schüttet und nicht

wieder einsammeln kann ..." (2.Sam.14,14).[37] Der Mensch ist nicht mehr als ein Hauch (הבל ; רוח) oder Schatten (צלם). Er vergeht, wie Blumen oder Gras in der Hitze des Sommers verwelken (vgl. Ps.103,14-16; Jes.40,6-8; 51,12; Ps.90,5f.). Er ist Fleisch, das gegenüber Gottes Macht und Ewigkeit ohne Macht und vergänglich ist (Ps.78,39). Ohne den Lebensodem Gottes "... muss alles Fleisch zusammen sterben, der Mensch zum Staube wiederkehren" (Hi.34,15).[38] Das menschliche Leben ist nicht erst im Alter hinfällig und schwach. Während dem ganzen Leben kann man allein auf Jahwe trauen und nicht "auf Fleisch" (vgl. Ps.56,5).[39]

Ueber <u>das Sterben</u> selbst erfahren wir im Alten Testament eher wenig. Es wird oft kurz vermerkt, wie etwa in 1.Mos.49,33: "Als nun Jakob seinen Söhnen alle diese Weisungen gegeben hatte, zog er seine Füsse auf das Bett zurück, verschied und wurde versammelt zu seinen Stammesgenossen"[40] (vgl. oben die deuteronomistischen Wendungen).[41] Die dichterischen Bilder sind zahlreich und unmittelbar anschaulich, im Danklied des Hiskia zum Beispiel: "Meine Hütte ist abgebrochen und fortgewandert von mir wie ein Hirtenzelt. Ausgewoben habe ich mein Leben wie ein Weber, vom Gestell schneidet er mich" (Jes.38,12).[42]
Aber schon in diesem Danklied klingt es an, und vor allem dann in den Krankheits- und Heilungspsalmen wird es deutlich, dass Israel vom <u>Schmerz und Schrecken des Todes</u> nicht geschwiegen hat. Seit der breit angelegten Untersuchung von Klaus Seybold über "das Gebet des Kranken im Alten Testament" werden zur Gruppe der Krankheitspsalmen Ps.38; 41 und 88 gezählt, in unserem Zusammenhang sind aber auch Ps.6 und 22 zu vergleichen.[43] Man kann auf Grund dieser Texte natürlich nicht Sterbeerlebnisse beschreiben. Israel spricht wenig von der natürlichen Wirklichkeit des Sterbens, umso mehr aber von seiner Glaubenserfahrung angesichts des Sterbens.[44]

<u>Der 88. Psalm</u>, ein Gebetslied des Einzelnen, ist besonders eindrücklich, weil der Beter schwerkrank und völlig vom Tod umschlossen ist.[45] Er kann nur noch schreien, aber er vermag um eine Errettung durch Gott kaum mehr zu flehen.[46] Der Sterbende ist ganz der Kälte, dem Schrecken und der Bitternis in der Todeswelt preisgegeben.[47] Nicht mehr die Bedrängnis durch seine Feinde oder seine Schuld vor Gott beklagt er, sondern allein noch die Verlassenheit in der Finsternis des Todes.[48] Jahwe aber ist und bleibt auch in diesem Psalm der Gott des Heils, er ist der einzige, der den Beter noch hören könnte.[49] Das verzweifelte Flehen des Psalmisten spitzt sich auf die Frage zu, warum Gott so lange sein Antlitz verbirgt und den Todkranken verstösst.[50] Wir wissen nicht, an welcher tödlichen Krankheit der Beter litt. Er war wohl von Jugend an schwer krank und lebte vielleicht ausgestossen ausserhalb der Siedlung.[51] Der Tod ist ihm eine Grube, zu der man hinabsteigt, Finsternis und Tiefe, ein von Wogen überfluteter Ort, ein Gefängnis, ein schreckliches Land des Vergessens.[52] Der Todkranke ist dem Zorn Jahwes ohnmächtig ausgeliefert.[53] Er ist ausgeschlossen vom Loben Gottes, herausgerissen aus der Geschichte seines Volkes und der völligen Trostlosigkeit preisgegeben. Von solcher Tiefe des Schmerzes, von solcher Finsternis der Gottferne sprach Israel in beinahe expressionistischer Ausdrucksstärke. Einziger Lichtschimmer in diesem

Gebet ist, dass sich der Beter auch in dieser äussersten Not an den Gott seines Heils klammern kann.[54]
Lange war es in der Glaubensgeschichte des Volkes Israel eine Selbstverständlichkeit, dass Tote nicht wieder lebendig werden, Schatten nicht wieder aufstehen (vgl. Jes.26,14). Und doch wurde durch die Katastrophe des Exils die Frage laut, ob dies wirklich so ist. Im 88. Psalm fragt der Psalmist verzweifelt: "Wirst du an den Toten Wunder tun, werden Schatten aufstehen, um dich zu preisen? Erzählt man im Grab von deiner Huld, von deiner Treue im Totenreich?" (Ps.88,11ff.;[55] vgl. Hi.14,14a). Auch wenn dies zuerst eine unmögliche Möglichkeit war, so war doch die Frage gestellt. Der Tod war für den Jahweglauben ein "merkwürdiges theologisches Vakuum".[56] Die Todeswelt ist der Hand Gottes nicht völlig entzogen, sondern steht seinem Vordringen offen. Wollten die Israeliten auch fliehen vor Gottes Gericht, sie könnten es nicht: "Wenn sie in die Totenwelt einbrechen: meine Hand packt sie auch dort" (Am.9,2a;[57] vgl. Ps.139,8). Ps.16 und 73,23f. sprechen von einer Verbundenheit mit Gott, die nicht abbrechen kann. Die Vorstellung einer Entrückung, die in 1.Mos.5,24 und 2.Kön.2,1ff. erscheint, wird in Ps.49,16 als ein Geschehen nach dem Tod wieder aufgenommen.[58] Interessant ist, dass schon früh all diese Stellen (wie auch Ez.37) auf die Auferstehung der Toten gedeutet wurden.[59] Aber dies kann nicht darüber hinwegtäuschen, dass die Hoffnung auf die Auferstehung erst ganz am Rande des Alten Testaments auftaucht.[60] Die Stelle Jes.26,19 wird von den Exegeten verschieden beurteilt, beschränkt jedenfalls die Auferstehung auf die Gläubigen: "Deine Toten werden leben, die Leichen stehen wieder auf; wer in der Erde liegt, wird erwachen und jubeln..." (Jes.26,19).[61] Erst die ganz in die Apokalyptik gehörenden Worte im Danielbuch Dan.12,2 erweitern diese Erwartung und dehnen sie über das Gottesvolk zur allgemeinen Auferstehung der Toten aus. "Von denen, die im Lande des Staubes schlafen, werden viele erwachen, die einen zum ewigen Leben, die anderen zur Schmach, zu ewiger Abscheu".[62] Bis hierhin hatte das Volk Israel einen langen Weg des Fragens und Suchens, des zögernden Vortastens an der Grenze menschlicher Existenz zurückgelegt. Aber durchgehend war es dabei von der Gewissheit geleitet, dass Gott ein Gott des Heils ist, der Macht hat über Leben und Tod.

Bezüglich der Bestattungsbräuche können wir uns abschliessend kurz fassen.[63] Der Tote musste sofort beigesetzt werden, da dem Leichnam in der Wärme des Klimas bald die Verwesung drohte. Von den Angehörigen selbst wurde er normalerweise ausserhalb der Siedlung am Begräbnisplatz erdbestattet.[64] Felsengräber waren den Wohlhabenden und Königen vorbehalten.[65] Verbrennung und Steinigung waren Vollzugsformen der Todesstrafe, Leichenverbrennung aber praktizierte man nicht.[66] Ein Fluch war es, wenn Leichname ohne Bestattung im Freien verwesten und ein Frass von Vögeln oder Tieren wurden (vgl.5.Mos.28,26; Jer.22,19; 1.Kön.21,23f. u.a.)[67]
Alles Tote war im äussersten Grade unrein. Die Unreinheit ging auf Menschen und Gegenstände in der Umgebung des Verstorbenen über, und strenge kultische Reinigungsvorschriften mussten eingehalten werden.[68]
Israel hat, wie schon erwähnt, einen jahrhundertelangen Kampf gegen alle

Formen des Toten- und Ahnenkultes und des Okkultismus geführt, und die tragische Geschichte Sauls (vgl. 1.Sam.28) gibt ein eindrückliches Beispiel, wie aktuell dieser Kampf zeitweise gewesen sein muss. Israel hat durch seine Geschichte den Tod radikal entmythisiert und entsakralisiert.[69)] Wichtige Gräber waren den Israeliten bekannt, aber die Angaben darüber sind aus verständlicher Zurückhaltung heraus spröde.[70)]

Das Alte Testament sieht im hohen Alter einen Segen und nicht eine kaum zu tragende Last. Auch Leben im Alter soll nach Gottes Willen erfülltes und sinnvolles Leben sein. Im Kreis der Grossfamilie, in der Mitte von Kindern und Kindeskindern lebt der alte Mensch integriert und in reichen menschlichen Bezügen. Auch wenn von der Furcht vor dem Tod und seinem Schrecken offen geredet wird, so stirbt der alte und lebenssatte Mensch doch ohne Klage. Der Mensch ist Gottes Geschöpf und so vergänglich. Schwer anzunehmen war für den Israeliten, dass mit dem Tod jede lobende Beziehung zum Schöpfer abbrach, und zuerst zögernd, dann aber immer entschiedener, hat Israel begonnen, an diesem Punkt umzudenken. Die nüchterne und realistische, gegenüber der Umwelt durchgehend entmythisierende Sicht des Todes im Alten Testament ist uns heute eine befreiende Hilfe, weil sehr viele Zeitgenossen, auch viele Aeltere diese nüchterne Sicht teilen.

4. DER ALTE MENSCH AUS DER SICHT DER NEUTESTAMENTLICHEN ANTHROPOLOGIE

4.1. Einleitende Erwägung

Das Neue Testament setzt einerseits die alttestamentliche Sicht des Alters voraus, bietet aber andrerseits ein tiefgreifend verändertes Verständnis des Alters. Das physische Alter wird selten direkt thematisiert oder auch nur erwähnt. Darin liegt ein markanter Hinweis auf die Wandlung, die hier stattgefunden hat. Es ist durchaus begreiflich, wenn in der theologischen Anthropologie und Ethik des Neuen Testaments die Frage des Alterns bisher nicht behandelt wurde.[1] Aber befragt man von unserer heutigen Situation her die Evangelien, die Apostelgeschichte, die Briefe und die Apokalypse, so verändert sich dieses Bild sehr rasch.
Der alte Mensch ist als Getaufter in die Hoffnung auf das Reich Gottes hineingenommen.[2] Er ist in die Nachfolge Jesu und so zu einem hilfreichen, aktiv gestalteten und sich in der Liebe bewährenden Leben berufen.[3] Im Glauben kann er Sorgen, Trauer und Leid dem himmlischen Vater anvertrauen.[4] Durch Gottes rechtfertigende und heiligende Gnade in Christus ist er von Schuld und Belastungen befreit zu einem neuen Leben ohne Leistungszwang und ohne Verdrängung des Todes.[5] In der Gemeinschaft der Christen ist ihm verheissen, ein erfülltes Leben zu erfahren, Miterbe Christi zu sein und so der kommenden Herrlichkeit Gottes entgegenzugehen.[6] Schon einige andeutungsweise aufgeführte Gesichtspunkte neutestamentlicher Anthropologie zeigen, dass das Evangelium, von der Kirche heute in die Gesellschaft eingebracht, nicht ohne weitreichende Konsequenzen angesichts der Desintegration alter Menschen sein kann. Die Gemeinde Christi ist herausgefordert, zu einem menschenwürdigen Alter nach Kräften beizutragen. Dort, wo Menschen Menschen brauchen, ist sie zu einem ganzheitlichen Zeugnis und Dienst aufgerufen.

4.2. Hinweise auf das Verständnis des Alters in der Umwelt des NT

Zuerst wollen wir einen Blick in die Umwelt des Neuen Testaments werfen. Im zeitgenössischen Judentum, etwa im Pharisäismus, hat man sich weitgehend der alttestamentlichen Sicht des Alters angeschlossen.[1] Und doch gibt es einige neue Akzente.

Die Schriftgelehrten Lehrer waren von einem Kreis von Schülern umgeben, die sie auf ihren Wegen begleiteten und in einer Lebensgemeinschaft mit ihnen zusammenlebten. Durch Lehr- und auch Streitgespräche wurden die Schüler mit der Ueberlieferung der Alten vertraut, im Schulgespräch konnten sie die sie bedrängenden Fragen an den Lehrer stellen. Ziel war ein gründliches Studium der Thora und der Propheten und die Fähigkeit, die Schrift in den konkreten Fragen und Entscheidungen des Alltags anwenden zu können. Nicht jeder war dazu befähigt, darum hatte ein Lernwilliger um die Aufnahme in die Schule des Lehrers nachzusuchen, und dieser entschied über Aufnahme oder Zurückweisung auf Grund einer Prüfung.[2]

Wiederholt wird nun im Midrasch über die dem Lehrer gebührende Ehre diskutiert.[3] Ehre gebührt schon den Genossen im Schülerkreis, und auf ihre Ehre soll der Schüler nicht minder achten als auf seine eigene.[4] Erst recht aber soll die Begegnung mit dem Lehrer von Ehrfurcht geprägt sein. Die Ehre des Lehrers kann sogar derjenigen des Vaters vorgehen: "Wenn der Sohn (eines Vaters) das meiste seines Wissens vor dem Lehrer erworben hat, so geht der Lehrer überall (in Sachen der Ehre) dem Vater vor, denn er (der Sohn) samt seinem Vater sind zur Ehre seines Lehrers verpflichtet."[5] Ein Alter (זקן) kann gesagt werden, "ist aber nichts andres als ein Gelehrter", einer also, "der Weisheit erworben hat".[6]

Es gibt einige spätere Belege, die zeigen, dass man sich mit der Gliederung des Lebenslaufes auseinandersetzte, wenn auch nicht eine festgeprägte Anzahl Lebensstufen systematisiert wurde.

Ein wertvoller Text findet sich in der Mischna, im Traktat Abot: "Jehuda, Sohn Thema's spricht: ... Fünf Jahre alt zur Mikra (Schrift), zehn Jahre alt zur Mischna, dreizehn Jahre alt zur Gebotsausübung, fünfzehn Jahre alt zum Talmud, achtzehn Jahre alt zum Traubaldachin, zwanzig Jahre alt zum Erstreben (des Lebensunterhalts), dreissig Jahre alt zur Vollkraft, vierzig Jahre alt zur Einsicht, fünfzig Jahre alt zum Rat, sechzig Jahre alt zum Alter, siebzig Jahre alt zum Greisenalter, achtzig Jahre alt zum Vollmass des Alters, neunzig Jahre alt zum Gebücktsein, hundert Jahre alt wie gestorben und aus der Welt fortgegangen und geschwunden."[7]
Eine solche Differenzierung der Lebensstufen war vor allem für die Gelehrten von hohem Interesse. Bezeichnenderweise wird von R. Jehuda der Lebenslauf auf dem Hintergrund der Erziehung des schriftkundigen und gesetzestreuen Frommen und des Lebensweges des Mannes (nicht etwa der Frau) gesehen.

In den Midraschim findet sich zur Auslegung von Pred.1,2, dem Wort von der Eitelkeit menschlichen Lebens, eine Gliederung des Lebenslaufs in sieben Phasen.[8] Nach R. Simeon Ben Elieser wird dort überliefert: "Im ersten Jahre gleicht er (der Mensch) einem Königssohne, der in der Sänfte

ruht, alle umarmen und küssen ihn; im zweiten und dritten Jahr gleicht er dem Schwein, weil er seine Hand in die Rinnen steckt; im zehnten Jahr hüpft er wie ein Böckchen; im zwanzigsten Jahre wiehert er wie ein Pferd, putzt sich und will ein Weib haben; ist er verheiratet, so gleicht er dem (lasttragenden) Esel; zeugt er Kinder, so wird sein Antlitz frech wie ein Hund, um ihnen Brot und Speise zu verschaffen; wird er endlich alt, so gleicht er dem Affen. Jedoch das ist nur mit den Ungebildeten der Fall, von den Gebildeten heisst jeder in seinem Alter noch ein König ..."[9] Dies ist gewiss nicht gerade eine schmeichelhafte Beschreibung des Lebenslaufes! Interessant ist aber, wie erst im Alter eine Unterscheidung gemacht wird. Das Alter wird nach dem Bildungsgrad differenziert. Vernichtender könnte das Urteil über die Nichtigkeit eines Alters ohne Weisheit und Bildung wohl kaum ausfallen: Der Alte gleicht dem Affen.[10] Darauf zielt diese Schriftauslegung jedoch ab: Die Eitelkeit des Lebens anhand der Nichtigkeit jedes Lebensabschnittes zu dokumentieren. Die Senilität des Ungebildeten wird zum anschaulichen Beispiel dafür.
Die relative Seltenheit solcher Belege zeigt, dass im einfachen Volk kaum mehr als die durch die sprachliche Differenzierung gegebenen Lebensabschnitte unterschieden wurden (Säugling / junger Mann, Jungfrau / Mann und Frau / Alte / Hochbetagte). Es kann wohl kaum behauptet werden, dass "im Neuen Testament der chronologische Lebenslauf als eine geordnete Aufeinanderfolge von jeweils besonders charakterisierten Lebensstufen verstanden" wird.[11]

Die Gemeinde von Qumran hatte sehr klare Festsetzungen, in welchem Alter man aufgenommen werden und dann ein Amt bekleiden konnte.[12]
Die Aufnahme in die Ordensgemeinschaft erfolgte mit 20 Jahren, nach vorangehender 10-jähriger Ausbildung und mit einem anschliessenden

Noviziat		(vgl. IQSa I,6-10 u.a.)
Der Richter musste	25-60 Jahre alt sein	(CD X 6f.),
der Aufseher	30-60 Jahre	(CD XIV 6f.),
der Aufseher aller Lager	30-50 Jahre	(CD XIV 8f.).[13]

Im endzeitlichen Krieg der Söhne des Lichts gegen die Söhne der Finsternis konnten nach der Kriegsrolle allein die gesunden Männer ebenfalls im Alter unter 60 oder 50 Jahren teilnehmen.[14]
"Alle sollen kampfwillige Männer sein und vollkommen an Geist und Fleisch und bereit zum Tag der Rache."[15]

Es interessiert uns nun natürlich, wie Qumran die über 60-jährigen, die Greise sah. Es ist beeindruckend, wie scharf der Gegensatz zur Lebensgemeinschaft Jesu und zu den ersten Christengemeinden diesbezüglich ist. Die Behinderten werden als unreine, von Gott Geschlagene aus der Gemeinde der Heiligen ausgeschlossen und -geschieden. "... jeder Mann, der an seinem Fleisch geschlagen ist, gelähmt an den Füssen oder Händen, hinkend oder blind oder taub oder stumm oder mit einem Makel an seinem Fleisch geschlagen, der vor den Augen sichtbar ist, oder ein alter Mann, der zittert, so dass er sich nicht aufrecht halten kann inmitten der Gemeinde: nicht dürfen diese kom(men), um (in)mitten der Gemeinde der angesehenen Männer einen Platz einzunehmen; denn die Engel der Heiligkeit sind (in ihrer Ge)meinde".[16] Nicht einmal, wenn man jemanden von den (ausgeschiedenen) Behinderten oder Greisen um einen Rat fragen muss, dürfen sie in die Versammlung treten, man hat sie dann höchstens anzufragen.[17] Sie werden vom Kommen des Messias ausgeschlossen sein[18] und die, die sich eines Vergehens schuldig gemacht haben, taub oder blind sind, werden dem Verderben unter dem Zorn Gottes preisgegeben sein.[19]

Andrerseits ist aber auch zu sehen, dass nicht nur die Absonderung von den Behinderten und Alten, sondern auch das materielle Aufkommen für sie in Qumran seinen festen Platz hatte. Die alttestamentlichen Weisungen gaben dafür den Anhalt: "... den Lohn von we(nig)stens (z)wei Tagen je Monat sollen sie in die Hände des Aufsehers und der Richter abgeben. Davon soll man den W(ai)sen geben, und davon soll man den Elenden und Armen unterstützen; und (weiterhin) für den Greis (, der im Sterben liegt) ... ."[20]

Die Differenz ist markant: Während für Jesus Gottes Güte keine Grenzen kennt und gerade den Kranken, Schwachen und Sünder sucht, erfordert die nur schöpfungstheologisch gemilderte dualistische Theologie Qumrans eine klare Scheidung von all denjenigen, die in der Finsternis ausserhalb Qumrans leben. Die streng gesetzestreue und hierarchisch gegliederte Ordensgemeinde war für einen anderen Messias vorbereitet als Jesus![21]

Die griechische und römische Antike unterschied teilweise systematisch die Lebensalter, vor allem im Hinblick auf die Stellung des Bürgers im öffentlichen Recht und in der Polis.[22]

Platon beginnt sein Werk Politeia (der Staat) mit dem Gespräch des Sokrates und des gealterten Kephalos über das Alter.[23]
"Ich freue mich wirklich, Kephalos, .. mit Hochbetagten zu sprechen. Denn von ihnen müssen wir lernen; sie sind ja einen Weg schon früher gegangen, den wir vielleicht auch gehen müssen; sie sagen uns, ob er steinig und schwierig ist oder leicht und gangbar. Und so möchte auch ich dich gern um deine Meinung fragen - denn du bist dort, wo die Dichter vom 'Tor des Todes' sprechen - ob du das Greisenalter für eine Bürde des Lebens hältst oder nicht!"[24] Die Antwort des Kephalos ist positiv. Wenn einige unzufrieden seien, ihre nachlassenden Kräfte und die Verachtung durch die Verwandten beklagten, so sei dies eine Folge ihres Charakters. Wer dagegen gerecht sein Leben lebte, der habe im Alter die gute Hoffnung als Freundin und könne mit seinem erworbenen Reichtum vernünftig umgehen. Das Leben nach dem Tod und der Hades brauchten ihn nicht zu ängstigen.[25] Damit klingen spätere Motive des Werkes schon hier am Anfang an, nicht zuletzt die Frage der Gerechtigkeit,[26] das Höhlengleichnis[27] und der krönende Abschluss des Werkes.[28] Die Philosophen resp. Staatsmänner erreichen ihre höchste Aufgabe vom fünfzigsten Altersjahr an. Sie sind dann für die Politeia und die wahre Erkenntnis, die Philosophie verantwortlich und erziehen die Tüchtigsten unter den Jüngeren für deren kommende Aufgaben. Der Bildungsgang der Philosophen ist klar gegliedert und an Bedingungen des Charakters und der Begabung geknüpft: Jugend (Arithmetik und Geometrie), 17-20 Jahre (Leibesübungen), 20-30 Jahre (Wissenschaft), 30-35 Jahre (Dialektik), 35-50 Jahre (Praxis im Staat), über 50 Jahre (Führung zur höchsten Idee) sind die Phasen nach Platon.[29]

Die Lebensphasen werden bei verschiedenen Autoren nach Lebensjahren gegliedert. M.T. Varro unterscheidet fünf Lebensstufen: puer bis 15, dann erhält der Junge die Toga virilis, adulescens bis 30, iuvenis bis 45, senior bis 60 (- unser Wort Senioren kommt also aus dem Lateinischen, ist aber alles andere als bedeutungsgleich -), senex bis zum Lebensende.[30] Für Aemter gab es in der Laufbahn eines Senators jeweils Mindestalter zwischen 25 bis 33 Jahren, je nach Amt.[31]

Die bedeutendste Schrift, die aus der Antike ausschliesslich dem Thema "Alter" gewidmet ist, ist wohl Cicero's Abhandlung "Cato der Aeltere über das Greisenalter".[32] Cicero schreibt: "Das Leben hat seine bestimmte Bahn, und es gibt nur einen Weg der Natur, und der ist einfach; und jeder Lebensabschnitt hat seine Zeit zugemessen bekommen: die Schwäche der Kinder, die Wildheit der Jugend, der Ernst des Mannesalters und die Reife des Greisenalters haben etwas Naturgemässes, das zu seiner Zeit ergriffen sein will."[33] Systematisch denkt er in vier Gedankengängen über die negativ scheinenden Aspekte des Alters nach: die Einschränkung der Tätigkeit, die Schwächung der körperlichen Kräfte, die Abnahme der sinnlichen Erlebnisfähigkeit und die Nähe zum Tod.[34] Es ist eindrücklich, wie der gewiegte Redner und Politiker für die Humanität des Alters einsteht und angesichts des Todes auf die Unsterblichkeit der Seele hofft.[35] Dem Leben ist ein bestimmtes Mass gesetzt.[36] Auch wenn das Greisenalter wie der letzte Akt eines Schauspiels erscheint, so soll man nach Cicero nicht minder alle Kräfte für ein erfülltes Alter einsetzen.[37]

Die Frage der durchschnittlichen Lebensdauer ist für die römische Kaiserzeit untersucht worden,[38] aber Angaben für den palästinischen und hellenistischen Raum lassen sich auf Grund der vorhandenen Quellen für die neutestamentliche Zeit kaum machen. Es ist falsch, wenn gesagt wird, dass es keine Hochbetagten gab und man darum das Problem des Alters nicht kannte oder darüber nachdachte.[39] Andrerseits lag, neben einer viel höheren Kindersterblichkeit, der prozentuale Anteil der Alten unter den heutigen Zahlen, und diese waren in der agrarischen Gesellschaft selbstverständlich integriert. Das Zurücktreten des Alters im Neuen Testament ist aber nicht primär darauf zurückzuführen, wie wir im folgenden sehen werden, sondern auf die Naherwartung Jesu und der ersten christlichen Gemeinden.[40]

4.3. Die Botschaft von der Gottesherrschaft, dem nahe gekommenen Reich Gottes

Warum erscheint das Alter als Lebensabschnitt im Neuen Testament gegenüber den alttestamentlichen Schriften, aber auch gegenüber den Quellen der Umwelt, merklich seltener?

Wir wollen bei der Mitte der Verkündigung Jesu einsetzen, der Botschaft vom nahenden Gottesreich. Von daher können wir eine erste Antwort klar formulieren.

Jesus kündigt das nahende Gottesreich, die verborgen in der Gegenwart schon anbrechende endzeitliche Herrschaft des himmlischen Vaters an. Sie ist zwar die allem menschlichen Tun radikal entzogene Zukunft Gottes, in Jesus aber, seinen Worten und Taten, ist sie inmitten der Menschen schon gegenwärtig.

Die Nähe des Gottesreiches relativiert alle Unterschiede physischen Alters. Ganz Israel, jeder einzelne ist zur Umkehr und zur Nachfolge Jesu aufgerufen. Gott sucht in seiner bedingungslosen Güte nicht zuerst die Gesetzestreuen oder die Schriftgelehrten, die in Israel das weise Alter repräsentieren, sondern die Leidenden und Kranken, die Armen und Schwachen, die Ausgestossenen und Verachteten. Seine Herrschaft ist in Jesus offenbare, anbrechende und befreiende Gnade.

Damit haben wir schon sehr viel gesagt und exegetische Entscheidungen vorweggenommen. Die Botschaft vom Reich Gottes wird zwar in der heutigen Exegese generell als die Mitte der Verkündigung Jesu betrachtet, aber über ihre Bedeutung herrscht keineswegs Einigkeit. Die Literatur kann hier nicht durchdiskutiert werden.[1] Einige wesentliche Linien wollen wir uns jedoch im Blick auf unser Thema verdeutlichen. Wir schliessen uns dabei dem Erkenntnisweg einer Christologie von unten her an, wie sie die neutestamentliche Exegese heute zum grossen Teil voraussetzt.

Kein Zweifel, Jesus spricht vom zukünftigen Kommen des Gottesreiches, ἡ βασιλεία τοῦ θεοῦ ist die futurisch-eschatologisch zu verstehende, die endzeitliche Herrschaft Gottes,[2] die dem jetzigen Weltlauf durch Gottes Gericht ein Ende setzt und eine neue, befreite Schöpfung beginnen lässt.[3] ἤγγικεν ἡ βασιλεία τοῦ θεοῦ meint das nahe Kommen der Endereignisse und der Gottesherrschaft (hebr. מלכות יהוה).[4] Die Nähe veranschaulicht etwa Mk. 13,30, ein Einzelwort Jesu im Rahmen der von der Gemeinde stark erweiterten Markusapokalypse:[5] "Amen, ich sage euch: Diese Generation wird nicht vergehen, bis das alles eintrifft" (vgl. Mt.24,34; Lk.21,32).[6] Wenn der Feigenbaum voll Saft ist und Blätter treibt, so ist der Sommer nahe, und so nahe ist jetzt auch das Gottesreich (Mk.13,28f.).[7] Zwar lässt sich diese Zukunft Gottes nicht wie in der Apokalyptik als gegliederter Geschichtsablauf berechnen und an Endzeichen erkennen, es ist ein überraschendes Kommen, das die stete Wachsamkeit erfordert.[8] Aber die Nähe ist gewiss. "Wahrlich, ich sage euch: Unter denen, die hier stehen, sind einige, die den Tod nicht schmecken werden, bis sie gesehen haben, dass das Reich Gottes mit Macht gekommen ist" (Mk.9,1).[9]

Radikal wird das alltägliche, seinen normalen Gang gehende Leben in

Frage gestellt.[10] Die nahende Gottesherrschaft fordert die Umkehr und die Nachfolge.[11] Sie fordert das Verlassen der eingeschliffenen alten Lebensverhältnisse und den Aufbruch in eine neue, nicht mehr von Leistung und Ehre, sondern von Barmherzigkeit und Demut bestimmte Welt.
Ein Jünger bittet ihn, bevor er sich mit ihm auf den Weg macht, noch seinen verstorbenen Vater beerdigen zu dürfen. "Da sagte Jesus zu ihm: Folge mir nach und lass die Toten ihre Toten begraben" (Mt.8,22).[12] Nach dem Lukasevangelisten schickt ihn Jesus aus, das Reich Gottes zu verkündigen (Lk.9,60). Mit dieser provokativen Konfrontation rüttelt Jesus seine Hörer auf, bewegt sie zum Aufhorchen auf das Wort vom Einbruch Gottes in diese bedrängte Welt.[13] Er schreckt vor schockierender Schroffheit nicht zurück, aber es geht ihm nicht um die Provokation an sich, sondern um den Ruf in die Nachfolge, den gemeinsamen Weg in die Freiheit des lebendigen Gottes und das Sammeln des Gottesvolkes Israel in der angebrochenen Endzeit.[14]

Die Naherwartung des Reiches Gottes lässt sich nicht in die Dimensionen von Raum und Zeit verrechnen, sie sprengt diese Kategorien.[15] Sie ist eschatologisch und nicht nach Zukünftigkeit und Gegenwart aufzuschlüsseln.[16] Es ist auch nicht angemessen, die Reich-Gottes-Botschaft derart zu entmythologisieren oder als Täuschung Jesu zu psychologisieren, dass sie schlussendlich der Elimination verfällt.[17] Vielmehr ist die beharrliche und geduldige Erwartung immer neu schon im Neuen Testament, erst recht in unserer heutigen Weltsituation, die Erwartung des nahen Kommens Gottes, seiner versöhnenden Herrschaft und heilbringenden Zukunft. Sie ist die universale Hoffnung einer friedvollen und ganz dem Schöpfer gehörenden Welt.

Durch die Nähe des Gottesreiches werden die Unterschiede des Alters, der Lebenserfahrung und Lebensweisheit von völlig untergeordneter Bedeutung. Angesichts des nahen Kommens Gottes spielen solche Qualifikationen keine Rolle mehr; was zählt, ist die Offenheit und Empfänglichkeit für Gottes Liebe. Rangordnungen und Ansprüche auf Ehre werden im Himmelreich geradezu auf den Kopf gestellt. "Wenn ihr nicht umkehrt und werdet wie die Kinder, so werdet ihr nicht ins Reich der Himmel kommen" (Mt.18,3).[18] Jesus redet nicht einer infantilen Regression das Wort, vielmehr will er das arglose Vertrauen, die Offenheit des Kindes als gelebte Menschlichkeit vor Gott gleichnishaft veranschaulichen. Das Kind empfängt mit spontaner Freude Schutz und Geborgenheit von den Aelteren.[19] Der Matthäusevangelist betont zusätzlich, der Grösste im Himmelreich werde derjenige sein, der sich selbst zum Kinde erniedrigt (Mt.18,4).[20] Das Geschenk göttlicher Vatergüte soll in der Lebenspraxis als Demut zum Tragen kommen.[21] Die Jünger Jesu, die klein und hilflos wie Kinder bleiben, werden damit in scharfem Gegensatz zu den Schülern des Schriftgelehrten charakterisiert, deren Ziel es ist, einmal Rab(bi) = (m)ein Grosser, ein geachteter und angesehener Lehrer zu werden.[22] Von humanistischer Seite ist eindrücklich gezeigt worden, dass Jesus als erster "die Kindheit als menschlichen Wert, als Beispiel der Menschlichkeit darstellt".[23]

Das Kommen der Gottesherrschaft ist nahe. In Wort und Tat Jesu aber

bricht das Reich Gottes an, in seiner heilbringenden Praxis ist es präsent.[24)]
Die im oekumenischen Dialog immer wieder zitierten Worte von Lk.4,14ff.[25)] zeigen: Die Leidenden ganz Israels sollen am anbrechenden Heil Anteil erhalten. Auf eigene Initiative hin liest Jesus nach dem Lukasevangelisten in Nazareth aus dem Jesaiabuch die Worte Kap.61,1f., die schon im Frühjudentum eschatologisch-messianisch verstanden wurden.[26)] "Der Geist des Herrn ruht auf mir; denn der Herr hat mich gesandt, damit ich den Armen eine gute Nachricht bringe; damit ich den Gefangenen die Entlassung verkünde und den Blinden das Augenlicht; damit ich die Zerschlagenen 'in Freiheit entlasse' und ein Gnadenjahr des Herrn ausrufe" (Lk.4,18f.).[27)]
Dieses Prophetenwort ist die Zukunftshoffnung Israels. Die Leidenden werden von ihrer Not befreit sein, die Geknechteten werden aus der Unfreiheit der Verhältnisse entlassen, Gottes Reich lässt das leibliche und seelische Wohl der Menschen und den Frieden eines neuen Zusammenlebens im Angesichte Gottes Wirklichkeit werden. Der messianische Bote ist gesandt, unter den Armen und Bedrängten des Gottesvolkes diese gute Nachricht anbrechen zu lassen.[28)]
Das Entscheidende des Textes liegt aber nicht nur im Inhalt der Hoffnung, vielmehr sagt Jesus die Erfüllung des Schriftworts am heutigen Tag an.[29)] Damit löst er jedoch nicht nur Staunen und Bewunderung aus,[30)] sondern bald auch Hass und Verfolgung.[31)] Er selbst verkörpere in seinem Reden und Tun den Propheten der anbrechenden Herrschaft Gottes? War das nicht eine anstössige, gotteslästerliche Ueberheblichkeit? Dass Israel sich verstockt zeigt und die Heiden Gottes Heil erfahren, ist das nicht schockierendes Paradox und dem Gläubigen unerträglich?[32)] Was hat sie der Sohn Josephs anzuklagen?

Bald wird weitherum in Galiläa bekannt: Auf seinem Weg erhalten Menschen Anteil an einem neuen, von Krankheit und Elend befreiten Leben, die vorher ohne Hoffnung waren.[33)] Jesu Vollmacht, Gutes zu tun und Leben zu retten (Mk.3,4) ist die befreiende Kraft von Gottes anbrechender Herrschaft, die in diese Todeswelt einbricht. Er heilt Menschen, er reisst sie aus der Not der leiblichen Behinderung[34)] und aus der Macht der Geisteskrankheit heraus.[35)] Er entlässt solche, die Unsägliches gelitten haben und ihn nur noch verzweifelt rufen können, in ein gesundes, neues Leben. Ihr Glauben rettet sie.[36)]

Diese Taten Jesu sind nicht, wie sonst im Profangriechischen, als θαῦμα = Wunder bezeichnet, sondern sind einfach Zeichen (σημεῖα) oder Machttaten (δυνάμεις), die das Erstaunen (θαυμάζειν) der Bevölkerung hervorrufen.[37)] Jesus will damit nicht seine Vollmacht demonstrieren, er lehnt dies vielmehr ausdrücklich ab.[38)] Aber in seiner Befreiung geplagter Kranker von den Dämonen, die nach spätjüdischem Verständnis oft den Kranken beherrschen und Ursache seines Leidens sind,[39)] ist das Gottesreich mitten unter den Menschen gegenwärtig. "Wenn ich jedoch mit dem Finger Gottes die Dämonen austreibe, dann ist die Herrschaft Gottes über euch gekommen." (Lk.11,20).[40)]

Wenn man in historischer Wahrhaftigkeit fragt und sich nicht um eine Differenzierung des Ueberlieferungsgutes drückt,[41)] wird man dem kerygmatischen Kern, der frohen Botschaft der Wunderberichte am nächsten kommen.[42)] Sie weisen mit Entschiedenheit auf einen Jesus, der sich nicht in frommer Resignation in das Leiden von Menschen ergibt, sondern gegen die Krankheit und das damit verbundene Elend des Menschen ankämpft und es besiegt.[43)] Gottes Wille ist das leibliche und seelische Wohl des Menschen. Die Wunder sind von daher ganz als Reichswunder zu verstehen, als Zeichen der anbrechenden Herrschaft Gottes.[44)] Noch werden nicht alle Menschen von Krankheit und Leiden befreit, aber alle, die Gesunden, Behinderten und Geheilten sind in die Nachfolge Jesu berufen.[45)]

Der Markusevangelist wehrt entschieden ein falsches Verständnis der Heilungen ab. Jesus ist kein Wundertäter im hellenistischen Sinn, kein "theios aner".[46)] Jesus sucht die Wunder nicht, er verpflichtet Geheilte und Dämonen zum Schweigen (Mk.1,32-39), er geht selbst den Weg ins Leiden, ohne dass die Jünger ihn verstehen (Mk.8,27-33), er hilft sich nicht selbst, er steigt nicht vom Kreuz herab (Mk.15,29-31).[47)] Vielmehr lernen die ihn Begegnenden, sich zu freuen, wenn Jesus Menschen hilft, auch wenn sie selbst behindert bleiben.[48)] Auch die "leer Ausgegangenen" werden in die Nachfolge gerufen und zum Tisch eingeladen, auch sie erfahren, was Jesus mit ihnen vorhat.[49)]

Zweifelsohne gab es auch ältere Menschen unter den Geheilten: Die Schwiegermutter des Petrus, die an Fieber litt (Mk.1,30f.) und der geisteskranke Gerasener vielleicht (Mk.5,1ff), die zwölf Jahre lang an Blutfluss leidende Frau (Mk.5,25ff.), der blinde Bartimäus vielleicht (Mk.10,46ff.), die Frau, die 18 Jahre lang an der Verkrümmung ihres Rückens litt (Lk.13,10ff.), der Mann, der 38 Jahre lang krank war (Joh.5,1ff.). Es ist gut verständlich, dass wir häufiger explizit vernehmen, wenn ein Mensch noch jung gewesen ist: Es waren dann der Vater oder die Mutter, die um seine Heilung baten (Mk.5,21ff., Mk.9,14ff.). Eine einzige exakte Altersangabe ist erhalten: Das Töchterlein des Synagogenvorstehers Jairus war nach Mk.5,42 zwölf Jahre alt.

Im Zentrum der Wundergeschichten steht die Befreiung des leidenden, von Schmerzen gequälten Menschen, die Erlösung des von seinen Mitmenschen gemiedenen Behinderten. Das Alter der Kranken und Behinderten tritt hinter Jesu vollmächtigem Handeln ganz in den Hintergrund. Die frohe Botschaft vom Heilwerden des Menschen in Gottes Reich konnte nicht verschwiegen werden. Sie breitete sich wie ein Lauffeuer aus. Auch wenn die Sammelberichte des Markus[50)] keine historischen Reportagen sind, so zeigen sie doch die Ausstrahlung, die offene Aufnahme, die die befreiende Kunde unter den vielen Leidenden, Kranken und Behinderten fand.

Mit den Worten H. Küngs können wir das Gesagte treffend zusammenfassen:

"Die Botschaft vom Reich Gottes zielt auf den Menschen in allen seinen Dimensionen, nicht nur auf die Seele des Menschen, sondern auf den ganzen Menschen in seiner ganzen konkreten leidvollen Welt. Und sie gilt allen Menschen: nicht nur den Starken, Jungen, Gesunden, Tüchtigen, die die Welt so gerne verherrlicht, sondern auch den Schwachen, Kranken, Alten, Untüchtigen, die die Welt so gerne vergisst, übersieht, vernachlässigt. Jesus hat nicht nur geredet, sondern auch eingegriffen in den Bereich von Krankheit und Ungerechtigkeit. Er hat nicht nur die Vollmacht des Predigens, sondern auch das Charisma des Heilens. Er ist nicht nur

Verkünder und Ratgeber. Er ist zugleich Heilender und Helfender."[51]

Die Gewissheit der befreienden, verborgenen Gegenwart des Reiches Gottes hat über Jahrhunderte Menschen motiviert und gestärkt, Chronischkranke und Schwerstbehinderte zu pflegen und nicht in billiger Resignation ihrem Schicksal zu überlassen. In den Kranken haben Pflegende immer wieder die Gegenwart des leidenden und rettenden Christus erfahren.[52] Sollen da die Heilungsgeschichten des Neuen Testaments weiterhin eine solche Randexistenz in unserem Gemeindeleben, in Verkündigung, Katechese und Bibelarbeit fristen, wie dies weithin geschieht?[53]

Kein Leben ist ohne Belastungen und Schuld, kein Leben ist ohne Sünde. Viele alte Menschen hatten sicher schon zu Jesu Zeiten schwer, dies zu tragen. Selbstvorwürfe verfehlten Lebens und der Schmerz, mit seinen Vorsätzen gescheitert zu sein, können einen Menschen im Alter schwer belasten. Dazu kommen Wunden von Schicksalsschlägen, die manchmal auch nach Jahren nicht ganz vernarbt oder verheilt sind. Lohnt es sich überhaupt noch, sich mit all den Erschwernissen des täglichen Lebens auseinanderzusetzen, wenn sich im Grunde am Leben nichts mehr ändern lässt?[54] Solche Fragen waren dem Menschen des Altertums keineswegs fremd, das zeigt Ciceros Abhandlung.[55] Sie verschärften sich für den gläubigen Juden durch die Frage nach dem Bestehen im kommenden Gericht Gottes.

Wie haben Menschen, die Jesus begegneten, Vergebung der Sünden und Befreiung von den Belastungen ihrer Vergangenheit erfahren? Dieser Aspekt gehört wesentlich zur Botschaft vom Reich Gottes, ohne ihn wäre ja das eschatologische Gericht bei Jesus immer noch wie bei Johannes Mitte der Zukunft Gottes.[56] Dem aber ist nicht so.

Jesus ist merkwürdig desinteressiert an der Vergangenheit und der Schuld der ihm begegnenden Menschen. Als die Jünger ihn bei der Begegnung eines geburtsblinden Bettlers fragen, ob dessen eigene oder der Eltern Sünde Ursache seines Schicksals seien, negiert er beides.[57] "Weder er noch seine Eltern haben gesündigt; sondern (er ist blind geboren), damit Gottes Werke an ihm offenbar werden" (Jh.9,3).[58] Jesus verneint nach dem Johannesevangelium scharf den Zusammenhang von Sünde und Krankheit.[59] Zwar können es nach geschehener Heilung die Pharisäer nicht lassen, die Vergangenheit des Geheilten auszuforschen und zur Beurteilung des komplexen Falles die Eltern beizuziehen. Aber deren Antwort ist ebenso kurz wie prägnant:[60] "Fragt doch ihn selbst, er ist alt genug und kann selbst für sich sprechen" (Jh.9,21).[61] Jesus dagegen geht es allein darum, das in der Heilung Leidender die Kraft des Vaters, der den Sohn gesandt hat, offenbar wird. Er verherrlicht nach dem Johannesevangelisten im gehorsamen Tun der heilbringenden Werke den himmlischen Vater allein.[62] Dazu hat ihn Gott in die Welt gesandt. "Solange ich in der Welt bin, bin ich das Licht der Welt" (Jh.9,5).[63]

Jesus sucht gerade diejenigen Menschen auf oder nimmt sie als Vorbild in seinen Gleichniserzählungen, die als Sünder disqualifiziert und geächtet waren: Zöllner, Huren, Ehebrecherinnen, die religiös Unwissenden, die Samaritaner.[64] Jesus scheut es nicht, in schlechter Gesellschaft zu verkehren.[65] Er wird nicht nur als Fresser und Säufer verächtlich gemacht, sondern auch als Freund von Zöllnern und Sündern verspottet (Mt.11,19).[66]

Lk.7,36-50[67] wird erzählt, wie Jesus im Hause eines Pharisäers mit Namen Simon zu Tische liegt. Da dringt störend eine wohl stadtbekannte Prostituierte in den Raum ein. Sie beginnt, ihm die Füsse mit Tränen zu benetzen und mit den Haaren abzutrocknen, die Füsse zu küssen und mit Oel zu salben (vielleicht ist dies sekundäre Verbindung mit der Salbungsgeschichte).[68] Ihr Verhalten ist von fein angetönter Erotik und von schwärmerischer Verehrung (an der Grenze zur Hysterie) geprägt.[69] Die anstössige Störung durch die Frau beginnt den Pharisäer zu beschäftigen. Bevor der Pharisäer aber auch nur ein Wort von seinen Gedanken geäussert hat, geht Jesus auf seine Bedenken ein.[70] Die Pointe des Gleichnisses und seiner Anwendung ist, dass er den Spiess gerade umkehrt. So, wie der Schuldner mit der grossen Summe dankbarer für den Erlass der Forderung, so hat diese Sünderin viel geliebt, weil ihr viele Sünden vergeben werden.[71] Jesus spricht ihr in skandalöser Vollmacht die Vergebung der Sünden zu.[72]

An der zweiten Stelle, wo Jesus explizit Sünden vergibt, bei der Heilung des Gelähmten, (Mk.2,1-12), wird von den Schriftgelehrten verständlicherweise gefragt: "Was redet dieser so? er lästert. Wer kann Sünden vergeben ausser Gott allein?" (Mk.2,7).[73] Aber Jesus beansprucht nicht an Gottes Stelle zu treten, vielmehr wird in seinem Wort und Handeln die eschatologische Sündenvergebung Gottes, der Gnadenerlass des himmlischen Vaters offenbar. Wohl erst die nachösterliche Gemeinde hat ihm in deutender Explikation die Macht auf Erden zugesprochen, Sünden zu vergeben (Mk.2,10).[74] Jesus hat die Wirklichkeit des Gottesreiches gelebt, Sündenvergebung ist der in seinem Handeln offenbare Vollzug des beginnenden Gnadenerlasses Gottes.[75]

Jesus hat immer wieder die Tischgemeinschaft[76] mit den verschiedensten Menschen aller Schichten und Berufe aktiv praktiziert. Die Evangelisten überliefern übereinstimmend und historisch zweifelsohne richtig, dass die Tischgemeinschaft mit den Zöllnern und Sündern, mit Menschen, die einen "unmoralischen Lebenswandel" führten oder ein "unehrenhaftes Gewerbe" betrieben,[77] ihn sehr bald in Verruf gebracht hat.
Aber Jesu Antwort auf die vorwurfsvolle Anfrage der Empörten ist klar und einfach: "Nicht die Gesunden brauchen den Arzt, sondern die Kranken. Ich bin nicht gekommen, Gerechte zu rufen, sondern Sünder" (Mk.2,17).[78] Die Einladung zum Reich Gottes, die Chance neuen Lebens durchbricht die Isolierung der Ausgestossenen und lässt sie die befreiende Gemeinschaft und die Versöhnung am einen Tisch erfahren (vgl. Mk.2,14-17 u.a.). Nie rechnet Jesus Menschen ihre Sünden auf oder qualifiziert sie anhand einer quantitativen Lebensbilanz. Er lebt die bedingungslose Annahme und das Erbarmen Gottes in der anbrechenden, eschatologischen Heilszeit. Er weist uns den Weg, aktiv die Gemeinschaft mit den Schwachen zu suchen.

Eines der schönsten Worte dazu steht in Lk.14,12-14,[79] und ich erlaube mir hier, es ganz zu zitieren:
"Dann sagte er zu dem Gastgeber: Wenn du mittags oder abends ein Essen gibst, so lade nicht deine Freunde oder deine Brüder, deine Verwandten oder reiche Nachbarn ein; sonst laden auch sie dich ein, und damit ist dir wieder alles vergolten. Nein, wenn du ein Essen gibst, dann lade Arme, Krüppel, Lahme und Blinde ein. Du wirst selig sein, denn sie können es

dir nicht vergelten; es wird dir vergolten werden bei der Auferstehung der Gerechten."[80]

Im Blick darauf werden wir uns fragen müssen: Was bedeutet es eigentlich, wenn wir zwar nicht mehr wie im letzten Jahrhundert dem alten Menschen einen Holznapf machen und ihn hinter den Ofen setzen,[81] sondern den Tisch überhaupt nicht mehr mit alten Nächsten teilen und sie in Heimen alleine essen lassen?[82] Was bedeutet die eschatologische Vergebung der Sünden für gescheiterte alte Menschen, für Alte ohne positive Lebensbilanz, für alte Strafgefangene zum Beispiel? Auch wenn weder Mk.2,1-17 noch Lk.7,36-50 der alte Mensch im Blick ist, so zeigt Jesu Verhalten und Zuspruch doch eins: Es gibt keinen Menschen, und sei er in seinem Leben noch so gescheitert, der nicht auf die gnädige Zuwendung, die bedingungslose Annahme durch Gott hoffen kann. Was wir im Glauben als Geschenk annehmen, die Befreiung von allen Belastungen der Vergangenheit, macht uns offen für die intensive Liebe Gottes, die Gemeinschaft mit jedem Menschen, und sei er noch so schwierig. Darin leben wir gegenüber den heutigen Betagten noch kaum in der Nachfolge Jesu.

Wir wollen nun noch auf einen letzten wichtigen Aspekt der anbrechenden Herrschaft Gottes hinweisen. Wir haben gesehen, dass im Alten Testament der alte Mensch in besonderer Weise den Arbeitsertrag seines Lebens geniessen darf. Segen im Alter ist verstanden als Folge eines in Gerechtigkeit und Gottesfurcht gelebten Lebens.[83]
Arbeit und Leistung tauchen nun aber in der Botschaft Jesu in einer völlig veränderten Perspektive auf. Wir wollen uns dies an dem Gleichnis von den Arbeitern im Weinberg oder besser von der anstössigen Güte des Weinbergbesitzers veranschaulichen (Mt.20,1-16).[84]

Zuerst eine kirchengeschichtliche Notiz, die in unserem Zusammenhang interessant ist. Seit der Alten Kirche war dieses Gleichnis immer wieder auf die Berufung der Arbeiter in den Weinberg Gottes, und das heisst in das endzeitliche Gottesvolk gedeutet worden.[85] Allegorisch deutete man dabei den fünfmal neu ergehenden Ruf auf die Zeitalter der Heilsgeschichte seit Adam oder auf die in verschiedenen Lebensaltern berufenen Christen. Schon bei Origenes (185-254 n.Chr?), einem der grössten Ausleger der griechischen Kirchenväter, sind die beiden Deutungen verbunden.[86] Zur zweiten Deutung schreibt Origenes folgendes: "Es erweisen sich nämlich die, die in der Kindheit und im Jugendalter berufen werden, die Werke des Gottesreiches zu tun, als diejenigen, die gemeinsam bei Tagesanbruch vom Hausherrn angestellt wurden; die, die nach dem Erwachsenwerden zur Gottesfurcht kommen, als diejenigen, die in der dritten Stunde hinzukamen; die, die schon Männer sind, als diejenigen, die um die sechste in den Weinberg geschickt wurden; die, die als alte Männer (= πρεσβύτας) zur Gottesfurcht geführt werden, als diejenigen, die um die neunte Stunde aufgenommen wurden auf das Wort Gottes hin, nach der Hitze der Jugend und der Last der Arbeiten bis ins hohe Alter (= τῆς πρεσβυτικῆς ἡλικίας); die, die Greise nahe dem Lebensende (= τοὺς δὲ πρὸς αὐτῇ τῇ ἐξόδῳ γέροντας) sind, erweisen sich als diejenigen, die um die elfte Stunde berufen wurden zu den Weinbergarbeiten."[87] Diese allegorische Deutungsweise, die Zug um Zug das Gleichnis zu übertragen sucht, ist höchst eindrücklich, aber sie trifft natürlich nicht die ursprüngliche Absicht des Gleichnisses Jesu.

Im Gegensatz zu Luther, der das Gleichnis einmal anhand der Zwei-Reiche-Lehre desinterpretierte,[88] hat Calvin in der von ihm in seiner Institutio aufgenommenen Deutung feinstes theologisches Gespür bewiesen.[89] Zwar klingt auch bei ihm die allegorische Auslegung auf die Lebensalter an, aber ins Zentrum rückt nun bei ihm ganz die Gnade des Hausherrn, die nicht nach dem Mass menschlichen Verdienstes bemisst: "Durch die in diesem Gleichnis uns gegebene Regel hat der Herr dargelegt, wie die Verschiedenheit der vielfältigen Berufung doch zu der e i n e n Gnade in Beziehung steht. Wenn hier die Männer, die erst in der elften Stunde in den Weinberg geschickt werden, den Arbeitern gleichgestellt sind, die den ganzen Tag geschafft haben, so ist damit ein Bild derer gegeben, die Gott zum Ruhm seiner herrlichen Gnade am Ende des Tages, am Schluss ihres Lebens nach seiner Güte belohnt hat; dabei bezahlt er keinen Preis für ihre Arbeit, sondern er ergiesst in Menschen, die er o h n e W e r k e erwählt hat, die Reichtümer seiner Güte."[90] Richtig hat Calvin die Nähe dieses Gleichnisses zur Rechtfertigung ohne Werke nach Paulus gesehen.

Um zum <u>ursprünglichen Sinn des Gleichnisses</u> vorzustossen, darf man nach übereinstimmender Analyse der Exegeten nicht von Mt.19,30 oder 20,16 ("so werden die Letzten Erste und die Ersten Letzte sein"[91]), erst recht nicht von dem auf Grund der Textkritik viel späteren Versteil 20,16b ("Denn viele sind berufen, aber wenige sind auserwählt"[92]) her deuten.[93] Der späte Vers Mt.20,16b fasst das Gleichnis als Gericht über die Berufenen und als Ausscheiden der murrenden Ersten auf.[94] Der Matthäusevangelist bezieht durch die "Rahmung" in Mt.19,30 und 20,16a das Gleichnis auf "die Umkehr der Rangordnung am Jüngsten Tag".[95] Die Jünger und die Gemeinde sind nicht davor gefeit, Gottes Güte aufs Spiel zu setzen und damit von Ersten zu Letzten zu werden, wenn sie sich nicht mit den Kleinen, den Letzten freuen, die Gott beruft.[96]

Bevor wir nun die Pointe des Gleichnisses nach Jesus herausarbeiten, ist auf die höchst <u>konkrete Schilderung der Arbeitsverhältnisse</u> einzugehen. Es ist eine unbestreitbare Stärke der Auslegung von J. Jeremias, dass er uns immer wieder den gesellschaftlichen Hintergrund vermittelt.[97] Der Arbeitstag beginnt in der Morgenfrühe und endet mit dem Sonnenuntergang.[98] Wir wissen, dass es zur Zeit Jesu in Palästina viele Arbeitslose gab. Das Angebot an Arbeitskräften, resp. Tagelöhnern auf dem Markt, dem Dorfplatz, war tatsächlich gross.[99] Entsprechend dem damaligen Arbeitsrecht wird ein Arbeiter zum Taglohn eingestellt, der am Morgen bei der Anstellung auf Grund mündlicher Abmachung abgesprochen wird.[100] Exakt ist wohl auch die Beobachtung, dass diejenigen die später am Tag noch keine Arbeit gefunden haben, froh sind, überhaupt irgendwo anpacken zu können und darum mit der Zusicherung zufrieden sind, dass sie entsprechend ihrer Arbeit entschädigt werden.[101] Sonst stehen, resp. sitzen sie eben beim Markt und schwatzen gemeinsam.
J. Jeremias hat darauf hingewiesen, dass man mit einer gehörigen Portion orientalischer Gleichgültigkeit rechnen kann, wenn's um die Arbeit geht. Von einer aktiven Arbeitssuche der Arbeitslosen ist jedenfalls im Gleichnis keine Rede. Wenn nicht heute, dann eben morgen! Und folgt man ihm, so

ist die Antwort der Taglöhner, die noch gegen Abend müssig sind, sie seien von niemandem angeworben worden, nichts als faule Ausrede. Arbeit ist in der Traubenernte in den Weinbergen viel zu viel vorhanden, und sie kann, wie es hier durch das wiederholte Herbeirufen neuer Arbeiter angedeutet ist, auch eilen, weil der nächtliche Frost die nicht gelesenen Trauben zerstört.[102] Die Arbeit wird im Gleichnis nicht idealisiert. Sie ist hart, besonders in der mittäglichen Hitze und beim heissen Südwind. Das Murren derer, die den ganzen Tag geschuftet haben, ist nur allzu verständlich![103]

Das Gleichnis, das Jesus erzählt, ist anstössig und schockierend. Offensichtlich handelt es sich um eine Ungerechtigkeit, wenn die Arbeiter, die den ganzen Tag im Schweisse ihres Angesichts gearbeitet haben, genau den gleichen Lohn erhalten wie die zuletzt Gekommenen:[104] einen Denar, und das heisst einen normalen Tageslohn.[105] Bis am Ende des Tages haben die in der elften Stunde Gerufenen auf dem Markt geschwatzt und erst in der Abendkühle noch für ein, zwei Stündchen die Aermel hochgekrempelt. Sie sollen genau gleich viel erhalten?
Jesus zielt mit seinem Gleichnis ganz auf das anstössige Verhalten des Hausherrn und das unverständige Murren der Arbeiter, die den ganzen Tag durch gearbeitet haben.[106] Der Hausherr ist kein anderer als Gott. In seiner freien Güte (ἀγαθός εἰμι = ich bin gütig) und souveränen Gerechtigkeit ("Sollte es mir nicht freistehen, mit meinem Eigentum zu machen, was ich will")[107] handelt er nicht nach menschlichen Leistungs- und Gerechtigkeitsmassstäben, wo jeder auf Grund seiner Leistung entlöhnt wird und entsprechend auf Grund seiner religiösen Gerechtigkeit im kommenden Gottesreich entschädigt werden will.
Was würde mit den Tagelöhnern geschehen, die am Abend ohne Lohn zu ihrer Familie zurückkommen? Hätten die Kinder und die Frau am nächsten Tag noch zu essen? Der Tageslohn ist ja nicht mehr als das Existenzminimum. In seinem gütigen Erbarmen, seiner solidarischen Huld gibt Gott jedem nach seinen Bedürfnissen und lässt niemanden leer ausgehen.[108] Er sorgt für die Arbeiter, er ruft sie aktiv in den Weinberg, er gibt ihnen allen das Nötige für ihr Leben (vgl.Mt.6,25-34). Das ist der gnädige Gott, der sorgende himmlische Vater. Gegenüber der anbrechenden Herrschaft Gottes ist das Murren der unzufriedenen Arbeiter nichts als ein blinder Widerstand gegen die Güte des Schöpfers. Was sie vermeintlich für die Willkür eines ungerechten Hausherrn halten, ist nichts anderes als die Gnade des himmlischen Vaters. Von Jesus an seine Gegner - die Pharisäer etwa - adressiert, war dieses Gleichnis explosiv und eine Provokation.[109]

Wir sehen: Von der nahenden Herrschaft Gottes her fällt auf die Arbeit der Menschen ein entscheidend verändertes Licht; das gilt auch für viele andere Stellen im Neuen Testament.[110] Das Leben, auch das des alten Menschen, kann nicht nach seiner produktiven und gesellschaftlich nützlichen Leistung, nicht nach dem Lebensertrag, nicht nach dem religiösen, oder intellektuellen Bildungsgrad, schlicht nicht nach menschlichen Massstäben beurteilt werden. Ueberall wo dies geschieht, geht man an der Realität des Lebens vorbei. Es kann auch in unserer Gesellschaft nicht anders als anstössig und schockierend sein, dass ein Leben seinen Sinn, seinen Wert und Grund allein aus Gottes Gnade hat. Diese frohe Botschaft ist in Jesu Leben Wirklichkeit geworden, diese Herrschaft Gottes ist in ihm angebrochen.[111] Die Kirche hat wohl zu überlegen, was sie zur Frage von Arbeit und Ruhe, Leistung und Lebenssinn im Alter sagt und vertritt. Treffend hat W. Schmithals formuliert: "So aber versteht der Christ seine Zeit. Wer aus der Gnade Gottes lebt, legt die Last seiner Vergangenheit und die Sorge um seine Zukunft in Gottes Hand und kann darum augenblicklich leben. Vergebung und Hoffnung weisen ihn in das Heute als den Ort eigentlichen Lebens ein. Die gegenwärtige Leistung will nicht die Bedingung für Leben schaffen, sondern ist, recht geleistet, selbst Leben. An die Stelle der Quantität des Geleisteten, die mit dem Leben errungen werden soll, tritt die Qualität des im Zeichen der Gnade Gottes gelebten Lebens selbst."[112]

4.4. Zacharias und Elisabeth, Simeon und Hanna

Der Lukasevangelist leitet sein Evangelium mit einem kunstvoll in Form einer Periode gestalteten Vorwort ein, das das Ziel seines Evangeliums gegenüber den ihm vorliegenden Quellen Mk., Redequelle (Q) und Sondergut (S) in dreifacher Hinsicht umreisst.[1] Ziel des Evangelisten ist es, die Ueberlieferung nach dem Bericht der "Augenzeugen und Diener am Wort" und den bisher verfassten Schriften aufzuzeichnen, genaue Nachforschungen anzustellen, wie alles von Anfang an verlief, und dann in ordentlicher Reihenfolge die Geschehnisse darzustellen. Damit werde Theophilus sich vergewissern können, dass er zuverlässig über den christlichen Glauben und über die Lehre der Christen unterrichtet worden sei (Lk.1,1-4).[2]

Die "Vorgeschichten" oder "Kindheitsgeschichten" sind von daher zu sehen. Sie sind Sondergut des Lukas ohne direkte Beziehung zur matthäischen Vorgeschichte.[3] Dass dem Lukasevangelisten in Lk.1,5-80 eine inhaltlich und stilistisch geschlossene Komposition gelungen ist, ist nicht zu bestreiten, wohl aber, dass er ausschliesslich selber erzählt.[4] Vielmehr nimmt er Ueberlieferung auf, wie dies auch für das 2.Kap. generell von den Exegeten angenommen wird.[5] In den Hymnen Lk.1,46-55.68-75; 2,29-32 lehnt er sich besonders stark an die Septuaginta an, und er hat wohl im Magnificat, Benedictus und Nunc dimittis, wie sie auf Grund der ersten Worte in der lateinischen Uebersetzung Vulgata genannt werden, Tradition aus täuferischen oder judenchristlichen Kreisen verarbeitet.[6] Auch die Kindheitsgeschichten sind ihm vielleicht schon schriftlich vorgelegen.[7] Das mindert seine schriftstellerische Leistung nicht, denn er hat die Ueberlieferung eindrücklich durchgearbeitet und sorgfältig komponiert. Wie E. Schweizer erneut gezeigt hat, sind nicht nur Ankündigung, Geburt, Beschneidung und Namengebung des Täufers mit der Ankündigung, Geburt, Beschneidung und Namengebung Jesu in parallelem Ablauf kunstvoll verschränkt und durch die Verwandtschaft von Maria und Elisabeth (Begrüssungsszene) direkt verbunden, sondern es ergibt sich bis in die Einzelelemente der Szenen Parallelität, zumindest vergleichbarer Aufbau.[8] In der Verknüpfung der Kindheit Johannes' und Jesu wird die Geschichte Israels nahtlos mit der Geschichte Jesu verbunden.[9] Während Johannes der Prophet Gottes ist, der seinem Herrn vorangeht und ihm den Weg bereitet (1,76), ist Jesus der erwartete Gottessohn und Messias, der als Davidsspross ohne Ende über das Haus Jakob herrschen wird (1,32f. u.a.). In ihm erfüllt sich die Heilsweissagung des Nathan an David (2.Sam.7, vgl. Lk.3,31). Damit ist auch gesagt, dass Jesu Ankündigung, Geburt und Namengebung diejenige des Johannes überbietet.[10] Die in Johannes endende Zeit Israels ist streng auf die Zeit Jesu als Zeit der Erfüllung zugeordnet (vgl.Lk.16,16).[11] Während der Matthäusevangelist theologisch die Erfüllung des Bundes in Jesu Leben und Sterben durch die Anführung der Reflexionszitate deutet,[12] stehen am Anfang des Lukasevangliums konkrete Menschen aus Israel, die die Erfüllung der Verheissungen in Jesus erkennen und als Heil für Israel und die Völkerwelt verkünden: Zacharias, Elisabeth, Maria, (die Hirten), Simeon und Hanna.[13]
E. Schweizer hat etwas pointiert formuliert: "Es ist Gottes Handeln in einer

irdischen Lebensgeschichte, das bei Jesus zur Vollendung kommt und die Endzeit anzeigt ... Erstaunlich ist dabei, dass - gegen Mk., Jh., alle Briefe und Glaubenszusammenfassungen (auch in Apg.) - Kindheitsgeschichten erzählt werden. Das entscheidende Heil besteht also im Geboren- (und Verkündet-) werden Jesu selbst. Natürlich wird sein späteres Wirken vorausgesetzt. Aber betont wird nur, dass sich darin das Schicksal Israels und der Völker entscheidet".[14)]

Wenn wir also die vier explizit alt genannten Menschen in Lk.1-2 nachzuzeichnen und zu erfassen suchen, so werden wir sie zuerst als Zeugen des in Israel sich erfüllenden Heilsgeschehens, der Geburt und Kindheit des Messias sehen müssen.
Wie stark der Lukasevangelist die Kontinuität zur Verheissungsgeschichte des Gottesvolkes sieht, zeigt die unverhohlene Freude am Tempelgottesdienst. Im Tempel waren Menschen offen für Gottes Handeln, hier brachten sie ihre Klage, ihre Not, ihr Lob, ihre Bitte und ihren Jubel vor Gott, und hier begann das neu in die Geschichte Israels einbrechende Handeln Gottes.[15)]

Zacharias war nach dem Lukasevangelisten Priester und gehörte zu einer der 24 Priesterklassen, derjenigen des Abija. Zweimal im Jahr versah jede Klasse eine Woche lang den Tempeldienst. Auch die Frau des Zacharias, Elisabeth, stammte aus priesterlichem, aaronitischem Geschlecht.[16)] Später wird deutlich, dass das Ehepaar ausserhalb von Jerusalem im Bergland Judäas wohnte, eine genaue Ortsangabe fehlt jedoch (vgl. Lk.1,23;39). Beide waren in vorgerücktem Alter (καὶ ἀμφότεροι προβεβηκότες ἐν ταῖς ἡμέραις αὐτῶν ἦσαν),[17)] und ihre Gerechtigkeit vor Gott und der untadelige Lebenswandel nach der Thora werden speziell betont.[18)] Die Freude der Gläubigen an den Geboten Gottes und ihre freie Bereitschaft zum Dienst treten in ein helles, freundliches Licht.
Die Belastung, die die beiden alten Menschen bedrängte, wird zuerst sehr nüchtern festgestellt: Sie hatten keine Kinder.[19)] Unfruchtbarkeit wurde in der damaligen Welt der Frau zugeschrieben, auch wenn dies ja keineswegs so sein muss. Es war für eine Frau eine Schmach vor den Mitmenschen (1,25), kinderlos zu sein.

In der Erzählung von Zacharias und Elisabeth, resp. der Ankündigung und Geburt Johannes des Täufers, klingen die alttestamentlichen Beispiele kinderloser Ehepaare an: Abraham und Sara (1.Mos.15,2-4 u.a.; vgl. Kap.18), Manoah und seine Frau, die Eltern Simsons (Ri.13,2; vgl. das ganze Kap.13) und Elkana und Hanna, die Eltern Samuels (1.Sam1,2 vgl. Kap.1).[20)] Typologisch kann man acht gemeinsame Elemente dieser Erzählungen und von Lk.1,5-25 feststellen:[21)]

Angabe der Kinderlosigkeit des Ehepaares: 1.Mos.16,1; 17,17 u.a.; Ri.13,2; 1.Sam.1,2; Lk.1,7.

Schilderung der Not der kinderlosen Frau: 1.Mos.16 u.a.; 1.Sam.1,6ff; Lk.1,25).

Erscheinung des/der Boten: 1.Mos.18,1ff.; Ri.13,3ff.; 1.Sam.1,13ff. tritt an die Stelle des Boten der Priester Eli; Lk.1,11ff.

Verheissung eines Sohnes: 1.Mos.18,10; Ri.13,5; 1.Sam.1,17; Lk.1,13.

Vergewisserung/Zweifel der Empfänger: 1.Mos.18,11ff.; Ri.13,8ff.; (1.Sam.1,18 ist Hanna die von Anfang an vertrauende Empfängerin der Verheissung); Lk.1,18.

Bekräftigung der Verheissung (durch Wiederholung/Zeichen): 1.Mos.18,13-14; Ri.13,9ff.; Lk.1,19f.

Bestimmung des Sohnes für einen hervorgehobenen Dienst Gottes: 1.Mos.17 u.a.; Nasiräat: Ri.13,5 u.a.; 1.Sam.1,11; Lk.1,15.

Angabe der Schwangerschaft der Frau und der Geburt des Sohnes: 1.Mos.21,1f.; Ri.13,24; 1.Sam,1,19f.; Lk.1,24f..

Zweifelsohne kennt der Lukasevangelist diese Parallelen genau, er spielt vor allem auf 1.Mos.18 direkt an:

1.Mos.18,11 zu Lk.1,7: "vorgerückten Alters"

1.Mos.17,19 zu Lk.1,13: "Deine Frau ... wird dir einen Sohn gebären; dem sollst du den Namen ... geben"

1.Mos.18,14 zu Lk.1,37: "Für Gott ist nichts unmöglich".[22)]

In der historischen Beurteilung von Luk.1,5-25 ergeben sich von daher hauptsächlich drei Möglichkeiten:
1) Es handelt sich um eine rein typologisch gestaltete Erzählung ohne realen historischen Hintergrund, die vom Lukasevangelisten (resp. seiner Gemeinde) aus teilweise überliefertem Material komponiert und gestaltet wurde.
2) Aus der typologisch gestalteten Erzählung spricht einerseits die geschichtliche, tradierte, andrerseits die menschlich konkrete Erfahrung des Evangelisten (resp. seiner Gemeinde). Die Vorgeschichte verflicht historischen Hintergrund, Ueberlieferung, Ereignis und Bedeutung so, dass sie untrennbar verbunden sind.
3) Die Erzählung tradiert historisch das Schicksal konkreter Menschen und deutet sie aus dem Glauben an den gekommenen Messias.
Ueberlieferungsgeschichtlich hat R. Bultmann die Meinung vertreten, dass in Lk.1 "eine sekundäre Kombination der Vorgeschichte des Täufers mit der Weissagung der Geburt Jesu" vorliegt,[23)] was auf einen längeren überlieferungsgeschichtlichen Prozess hinweisen würde. Wir neigen zu dieser Ansicht und in der historischen Beurteilung zur zweiten Möglichkeit.

Eltern machen in der Geburtsgeschichte des Täufers noch einmal diejenigen Erfahrungen, die schon frühere Generationen in Israel durchlebt hatten. Für eine kinderlose alte Frau war es ein Schutz, dass sie in ihrer Not nicht alleine stand, sondern dass die Ahnmutter Sara ihr darin vorausgegangen war. Gleichzeitig konnte sie aus den Schriften die Hoffnung schöpfen, dass es Gott möglich ist, aus durchlittener Not zu befreien, eine alte Wunde zu heilen und das menschliche Schicksal auch im Alter zu wenden. Aus dieser Erfahrung Israels ist hier das Geschehen verstanden, in dem sich erneut das freie Handeln Gottes erweist. "Was dort durchlitten und in Dank und Freude verwandelt wurde, konzentriert sich noch einmal in ihrem Schicksal und deutet darauf hin, dass sich der Sinn aller dieser menschlichen Erfahrungen erfüllen wird."[24] Allein schon in den Namen ist die Botschaft der Erzählung enthalten. Zacharias heisst "Der Herr gedachte", Elisabeth wohl "Gottes Schwur" oder "Gottes Glück", und Johannes heisst "Der Herr ist gnädig."[25]

Zacharias fällt beim Tempeldienst durch das Los die hohe Ehre zu, das Räucheropfer frühmorgens und am Nachmittag darzubringen, was seltene oder später sogar nur einmalige Aufgabe im Leben eines Priesters war.[26] Vom Dienst am Ort der Gegenwart Gottes, im Tempel ist er als Betagter nicht ausgeschlossen.

Das Erscheinen des Boten des Herrn (ἄγγελος κυρίου) lässt Zacharias zutiefst erschrecken. Furcht und angstvoller Schrecken sind schon im Alten Testament die Reaktion des von Gott überraschten Menschen (vgl. Jes.6). Der Herr ist der heilige Richter des Sünders.[27] Aber der Engel bringt Zacharias eine gute Nachricht: "Fürchte dich nicht, Zacharias! Dein Gebet ist erhört worden. Deine Frau Elisabet wird dir einen Sohn gebären; dem sollst du den Namen Johannes geben" (Lk.1,13).[28] Es ist eine Freudennachricht nicht nur für Zacharias selbst, sondern für viele, die sich mit ihm freuen werden (Lk.1,14). Johannes wird ein Prophet seines Volkes sein.

Die anbrechende Heilszeit wird nicht nur durch die Umkehr vieler, sondern umfassend durch die Versöhnung der Generationen, der Väter und Söhne charakterisiert. Der Lukasevangelist bezieht sich wörtlich auf das Prophetenwort Mal.3,23f: "Bevor aber der Tag des Herrn kommt, der grosse und furchtbare Tag, seht, da sende ich zu euch den Propheten Elija. Er wird das Herz der Väter wieder den Söhnen zuwenden und das Herz der Söhne ihren Vätern, damit ich nicht kommen und das Land dem Untergang weihen muss."[29]

Die Zweifel des betagten Zacharias an dieser Verheissung sind verständlich. Sein eigenes und Elisabeths hohes Alter scheinen die Glaubwürdigkeit der Verheissung in Frage zu stellen.[30] Das alttestamentliche Schema der Verheissung ist hier aufgenommen: Verheissung Gottes - Zweifel des Angesprochenen - Auftrag - Zeichen.[31] Zacharias bittet um ein Zeichen und erhält es als Strafe für seine Bedenken im Verstummen bis zur Geburt des Sohnes.[32] Der Priester muss als der exemplarisch Gerechte seines Volkes im Alter neu erlernen, dass dem Herrn nichts unmöglich ist.

Was Zacharias nicht mehr zu hoffen wagte, trifft ein. Elisabeth wird schwanger.[33] Der Herr befreit das Ehepaar aus der Not und handelt durch sie in seiner Heilsgeschichte.

Die anbrechende Vollendungszeit ist auch in der Begegnung zwischen Elisabeth und Maria feinsinnig gedeutet (Lk.1,39-45.56). Erfüllt vom heiligen Geist und in prophetischer Erkenntnis ruft Elisabeth ihrer Verwandten Maria den Willkommensgruss zu. Sie weiss, welche Ehre es ist, die Mutter des Messias zu begrüssen. Aus Freude hüpft das Kind in ihrem Leib.[34] Mit ihrem prophetischen Ruf (Lk.1,43-45) lässt sie erkennen, dass sich hier der Wegbereiter und der alle Verheissungen erfüllende Messias erstmals begegnen. Die Verbundenheit der schwangeren Frauen wird deutlich unterstrichen. Drei Monate bleibt Maria bei Elisabeth (Lk,1,56). Wie auch sonst wiederholt im Lukasevangelium[35)] stehen hier die Frauen ganz im Zentrum der Erzählung des Evangelisten. Die alte Frau steht neben der jüngeren, vor Gott aber sind sie beide zur Freude und zum Jubel berufen.

Die Erzählung von der Geburt Lk.1,57ff. ist im Rückbezug auf 1,1-25 und als Abschluss dieser Verse, aber auch in auffallender Parallelität zur Geburtsgeschichte Jesu erzählt.[36)] Elisabeth gebärt einen Sohn. War ihre Kinderlosigkeit einst eine schwere Belastung ihres Lebens, so freuen sich nun bei der Beschneidung Nachbarn und Verwandte mit ihr am Erbarmen, das ihr Gott erwiesen hat.[37)]
Die Verheissung des Boten Gottes erfüllt sich in jedem Zug. Die Verwandten wollen dem Kind zuerst den Namen des Vaters geben. Zum Erstaunen der Angehörigen und Nachbarn widerspricht aber nicht nur Elisabeth, sondern auch der (taube?[38)]) Zacharias, der den Namen "Johannes" auf ein mit Wachs bestrichenes Holztäfelchen schreibt.[39)] Indem Zacharias den Auftrag Gottes erfüllt, löst sich augenblicklich auch seine Zunge. Er kann nun endlich das Geschehene erzählen und Gott dafür loben.[40)]

Das Benedictus ist als prophetisches Wort bezeichnet und gliedert sich in zwei Strophen, Lk.1,68-75 und 1,76-79. Es ist ein Lob des Herrn, der sein Volk gemäss den gegebenen Verheissungen erlöst, und ein prophetisches Wort, das den Lebensauftrag des Kindes als Wegbereitung für den kommenden Herrn preist.[41)] Johannes wird das Volk zur Erkenntnis des Erbarmens Gottes führen.
Man sollte nicht bestreiten, dass in Lk.1,68-75 ein schon bestehender Psalm aufgenommen und ergänzt worden ist.[42)] Wie kunstvoll der Evangelist das Lied jedoch gestaltet hat, zeigen die chiastisch, in umkehrender Reihenfolge sich wiederholenden Stichworte[43)] und die reichen Bezüge zur alttestamentlichen Hymnik.[44)]
Dem Volk Israel wird die Befreiung von seinen Feinden und die Erfüllung des Abrahamsbundes, Friede und Sündenvergebung verheissen. Durch den Retter aus Davids Geschlecht und seinen wegbereitenden Propheten werden die Menschen in den Gottes- und Friedensdienst der eschatologischen Heilszeit geführt.
Auch im Neuen Testament erfüllt sich, wie im Alten, der Sinn des Lebens eines alten Menschen immer neu im Lob Gottes, des Retters aus aller Not.

In den Kindheitsgeschichten des Lukasevangeliums erscheinen zwei weitere alte Menschen: Simeon und Hanna (Lk.2,21-40).[45)] Mehrere Züge sind ihnen gemeinsam. Beide leben in Jerusalem, beide sind als gerecht und gottesfürchtig charakterisiert, beide erwarten in fester Hoffnung den Trost und die Erlösung Israels, beide dienen dem Herrn mit ihrem ganzen Leben.[46)] Simeon und Hanna leben nicht rückwärtsgewandt und auf die Vergangenheit fixiert, im Gegenteil. Ihr Leben steht im Licht der Hoffnung Israels.

Simeon ist vom Evangelisten als ein alter Mann mit dem intensiven Glauben an die zukünftige Gerechtigkeit und Erlösung gezeichnet. Der Geist Gottes ist mit ihm, eine Qualifikation, die im Alten Testament nur sehr selten einem Menschen zugeschrieben wird.[47)] Seine Hoffnung ist die Hoffnung auf den Messias, und es ist ihm verheissen, dass er ihn noch vor seinem Tod sehen wird (Lk.2,26).

Es ist kein Zufall, dass Hanna, die Prophetin, als eine vom Schicksal schwer geprüfte Frau dargestellt wird. Nur sieben Jahre war sie verheiratet gewesen und hatte dann ihren Mann verloren. Nimmt man die Heirat mit 14 Jahren an, wie es damals üblich war, dann lebte sie bis 84 nicht weniger als 63 Jahre lang als alleinstehende Frau.[48] Alleinsein muss für die Frau aber in dieser Zeit keineswegs nur Not, Mangel und Betrübnis bedeuten, vielmehr kann die Selbständigkeit auch Stärkung und innere Freiheit zum Dienst beinhalten.

Welche politischen Konsequenzen eine solche innere Stärke einer Frau haben konnte, zeigt der Lebensweg von Judith in den apokryphen Schriften des Alten Testaments. Die Witwe Judith befreite Israel mit ausserordentlichem Mut und raffinierter Schlauheit, wird da berichtet, aus den Fesseln einer hoffnungslosen Besetzung durch den Tyrannen Holofernes.[49]

Man sollte also die Prophetin Hanna auf dem Hintergrund der Geschichte Israels nicht zu einer etwas hysterischen, überfrommen Alten verzeichnen. Vielmehr ist sie nach dem Lukasevangelisten in ungeteilter Hingabe auf den Dienst an dem einen Herrn im Tempel ausgerichtet und zu ausserordentlicher Ausdauer im Fasten und Gebet bereit. Eine solche, innerlich gestärkte Frau weiss in wacher Anteilnahme um die Not der Menschen und des Volkes, und sie erwartet wie Simeon in gespannter Hoffnung die Hilfe des Herrn.

Diese beiden alten, Gott ungeteilt dienenden Menschen zeigt uns der Lukasevangelist im Tempel als die Zeugen des gekommenen Heils. Mann und Frau haben teil an der Freude über die Herrlichkeit, die für das Volk Israel angebrochen ist. Maria und Joseph sind zur Beschneidung, Reinigung und Erstgeburtsgabe[50] nach Jerusalem gekommen, als Simeon durch den Geist in den Tempel geführt wird, während Hanna meist dort zu finden ist.[51] Mit prophetischem Charisma begrüssen sie im Kind zum Erstaunen der Eltern den ersehnten Messias.[52] Mit dem Kind in den Armen preist Simeon Gott: "Nun lässt du, Herr, deinen Knecht, wie du gesagt hast, in Frieden scheiden. Denn meine Augen haben das Heil gesehen ..." (Lk.2,29f.).[53] Er kann nun in Frieden sterben, denn er hat selbst die Erfüllung der alten Verheissungen, um die er gebetet hatte, erlebt.[54] Er segnet die Eltern und weissagt - der Lukasevangelist zitiert Worte Deuterojesaias[55] - den Weg des Erlösers, an dem sich in Israel die Meinungen scheiden werden.[56] Gott greift durch seinen Propheten schon jetzt nach dem Kind, das das Licht für alle Völker sein wird.[57] Auch Hanna wird zur Zeugin vor den Anwesenden im Tempel.

Ein kinderloses altes Ehepaar, ein gottesfürchtiger Mann kurz vor seinem Tod, eine seit Jahrzehnten verwitwete Frau, allesamt in vorgerücktem Alter, erscheinen hier am Anfang des Lukasevangeliums als die Zeugen des gekommenen Messias. Sie leben aus der Offenheit für die Zukunft Gottes, die sie die Erfüllung der alten Verheissungen mitten unter ihnen erkennen lässt. Das Alter als Zeit der Resignation, das Alter als Zeit der Hoffnung? Die Antwort hier in den Kindheitsgeschichten des Lukasevangeliums ist deutlich. Alte Menschen haben intensiven Anteil am hoffnungsvollen Zeugnis der Christengemeinde, dass Gott seine Treue bewährt und in Christus der Frieden für alle Menschen angebrochen ist.

4.5. Nikodemus

Eingangs werfen wir einen kurzen Blick auf das Alter Jesu. Wie alt war Jesus während seiner Wirksamkeit? Der chronologische Rahmen des Lebens Jesu lässt sich heute auf Grund der historisch-kritischen Forschung mit hoher Wahrscheinlichkeit in die absolute Chronologie einordnen. "Dieser Jesus nun war zu Anfang (seines Wirkens) etwa dreissig Jahre alt und war, wie man glaubte, ein Sohn Josephs ..." (Lk.3,23).[1] Die Angabe des Lukasevangeliums ist, wie L. Goppelt (die Forschungsresultate zusammenfassend) feststellt, ungefähr zutreffend.[2] Jesus wurde unter dem judäischen Prokurator Pontius Pilatus hingerichtet, wie es auch durch Tacitus in den Annalen berichtet wird.[3] Pilatus hatte seine Herrschaft 26 (27) bis 36 (37) n.Chr. inne.[4] Geboren wurde Jesus nach der gemeinsamen Ueberlieferung in den Vorgeschichten des Mt. und Lk. unter Herodes dem Grossen, der bis 4 v.Chr. regierte.[5] Wie sich nun aus der Datierung der Wirksamkeit des Täufers als terminus a quo und der Bekehrung des Paulus als terminus ante quem schliessen lässt, trat Jesus nur wenige Jahre, wohl 28 bis 30 ins Rampenlicht der Geschichte.[6] Jesus war also während seiner Wirksamkeit ein dreissigjähriger Mann, nicht jung, nicht alt, kurz: mittleren Alters und in der vollen Lebenskraft, wie die Rabbinen diesen Lebensabschnitt charakterisierten.[7]

Diese Feststellung ist nicht von geringer Bedeutung, denn Jesus hat wiederholt Lehr- und Streitgespräche mit den Schriftgelehrten, den Pharisäern und den Sadduzäern geführt.[8] In diesen Gesprächen standen sich wohl oft zwei Generationen gegenüber. Auf der einen Seite stand ein jüngerer Mann, mit einem Anspruch und einer Vollmacht, die meist Erstaunen auslösten. Auf der anderen Seite waren Vertreter der älteren Generation, schriftkundige und lebenserfahrene Männer, die meist mit Kritik oder Unverständnis auf seine radikalen Worte reagierten.
R. Bultmann hat die Formung der sogenannten Apophthegmata vor allem der palästinischen Urgemeinde zugeordnet.[9] Zweifelsohne war es eine verallgemeinernde Tendenz der Redaktion, Jesus immer wieder die Pharisäer und Schriftgelehrten als Gegner gegenüberzustellen.[10] In der historischen Beurteilung wird man R. Bultmann nach wie vor zustimmen, wenn er sagt: "So wenig also die einzelnen Streitgespräche historische Berichte über einzelne Ereignisse des Lebens Jesu sind: der allgemeine Charakter dieses Lebens und Wirkens wird in ihnen auf Grund geschichtlicher Erinnerung richtig wiedergegeben sein."[11]

Davon zu unterscheiden ist nun die Begegnung Jesu mit Nikodemus Joh.3,1-21.[12] Der Johannesevangelist scheint das Schulgespräch vorauszusetzen, und er arbeitet in Joh.3,3 ein überliefertes Wort Jesu ein.[13] Vielleicht ist dieses Logion der Ausgangspunkt für die Gestaltung der Begegnung.[14] S. Schulz hat pointiert zusammengefasst: Der Johannesevangelist "hat unter Verwendung traditioneller Sprüche und in Anlehnung an den soteriologischen Redetypus des Hellenismus die Nikodemus-Szene geschaffen, die dann ohne literarische Naht in eine Predigt ohne konkrete Situation übergeht, was ... die durchgehende Technik bei der Gestaltung der Offenbarungsreden bis einschliesslich Kap.13 ist".[15]

Ueber die Analyse der Form von Joh.3,1-21 besteht in der Forschung keineswegs Einigkeit.[16] Es gibt mehrere Beobachtungen, die bei einer sorgfältigen Lektüre des Textes auffallen.[17]
Erstens verschwindet nach seinem Einwand von v9 und der Anrede durch Jesus v10 Nikodemus von der Bildfläche und wird erst viel später im Evangelium wieder genannt, nämlich Joh.7,50ff. und 19,38ff..
Zweitens spricht Jesus in v11 im Plural "wir", v12 wieder in 1. Singular "ich", von v13 an aber in 3. Person "er" von sich selbst.
Drittens mündet das Nikodemusgespräch in eine Rede Jesu, die als "Offenbarungsrede",[18] "Monolog",[19] "kerygmatische Ausführung des Evangelisten"[20] oder "christologisch-soteriologische Rede"[21] bezeichnet wird.
Auf Grund dieser Beobachtungen wird vor allem die Offenbarungsrede auf verschiedene Arten von dem Gespräch mit Nikodemus abgegrenzt. Ihren Anfang sieht man in v13 (Schnackenburg, Schulz[22]) oder v16,[23] oder man unterscheidet mehr inhaltlich den Abschnitt über das Geheimnis der Wiedergeburt 3,1-8 von der Enthüllung dieses Geheimnisses in der Offenbarungsrede vom Menschensohn, der als κρίσις in diese Welt gekommen ist (R. Bultmann).[24] R. Schnackenburg zieht die Verse Joh.3,31-36 hypothetisch vor vv13-21,[25] da sie in ihrem jetzigen Zusammenhang im Munde des Täufers nur schwer zu erklären sind, während Bultmann sie hinter vv13-21 rückt.[26]
R. Schnackenburg vermutet in vv13-21 und 31-36 Aufzeichnungen des Evangelisten im Anschluss an das Nikodemusgespräch, die von den Schülern zu einem Ganzen komponiert wurden.[27] Schnackenburgs literarkritische Hypothese kann vor allem insofern nicht überzeugen, als der Titel "der Sohn" in vv31-36 durch den des "Menschensohns" in v13f. abgelöst würde, worauf v16ff. der Titel des "einziggeborenen Sohns" noch dazukäme.[28]
Wir verzichten auf eine Analyse dieser verschiedenen Meinungen und beschränken uns auf Joh.3,1-21 in ihrem jetzigen Zusammenhang.

Der Grund, warum wir auf Joh.3 besonders eingehen, liegt im Vorkommen des Wortes γέρων = alter Mann, Greis. Es ist Joh.3,4 Hapaxlegomenon im ganzen Neuen Testament.[29] Dabei bezieht sich das Wort wohl nicht primär auf Nikodemus selbst, sondern auf die Veranschaulichung des Einwandes von Nikodemus.[30] "Wie kann ein Mensch geboren werden, wenn er ein Greis ist?"[31] Die Behauptung Jesu, dass ein Mensch von oben geboren werden muss, um das Reich Gottes zu schauen, soll durch die Gegenfrage des Schriftgelehrten ad absurdum geführt werden. "'Geboren werden' geschieht dem Menschen doch am Anfang seines Lebens; wie nun, wenn er schon alt ist? Nikodemus braucht dabei nicht an sich selbst zu denken; an dem Grenzfall des Greises zeigt sich besonder krass, was für jedes Menschenalter gilt: Es gibt doch nur eine Geburt. Noch schärfer spitzt der Pharisäer die zweite Frage zu, den Gedanken noch weiter verfolgend: Der Mensch kann doch nicht aufs neue in den Mutterschoss zurückkehren und geboren werden?"[32] Richtig hält Schnackenburg fest, dass die Einwände des Nikodemus auf das "von oben" im Satze Jesu gar nicht eingehen.[33]

Wir wollen nun versuchen, die Begegnung Jesu mit Nikodemus narrativ, d.h. erzählend, aber streng dem Text verpflichtet, auszulegen. Nikodemus besucht Jesus eines Nachts, als dieser zum Passahfest in Jerusalem weilt, um mit ihm unter vier Augen ins Gespräch zu kommen.[34] Er ist Pharisäer und "Vorsteher der Juden", zählt also zum Hohen Rat, dem Synhedrium.[35] Der Evangelist zeichnet ihn von vornherein als Repräsentanten des Judentums. Er wird von Jesus "Lehrer Israels" genannt, was ihn als Schriftgelehrten ausweist.[36] Er ist ein Mann von hoher Autorität in Belangen der Religion und des Rechts, gleichzeitig aber mit seiner Kompetenz ein erstaunlich lebendiger Gelehrter, der es nicht scheut, Jesus persönlich aufzusuchen. Im Johannesevangelium werden die Pharisäer sonst durchwegs als scharfe Gegner Jesu gezeichnet.[37]
Dass Nikodemus in der Nacht zu Jesus kommt (v2), kann verschiedene Gründe haben. Ist es dieselbe "Furcht vor den Juden" wie bei Joseph von Arimathäa, die diesen seine Jüngerschaft geheimhalten lässt?[38] Ist es einfach die rabbinische Gewohnheit, Lehrgespräche und das Studium der Thora vorzugsweise auch nachts abzuhalten?[39] Oder ist es eine bildliche Anspielung auf sein Kommen aus dem Dunkel der Welt ins Licht des Offenbarers?[40] Die Frage lässt sich nicht eindeutig entscheiden. Jedenfalls hat das Gespräch einen Zug des Geheimnisvollen[41] und des Vertraulichen unter den beiden, die sich begegnen. Nikodemus tritt Jesus "mit Erwartung und Respekt" gegenüber.[42] Für ihn scheint festzustehen, dass Jesus auf Grund seiner Zeichen ein von Gott ermächtigter Lehrer, ein Rabbi ist. Das ist nicht wenig, ist doch Jesus nie von einem Rabbi ordiniert worden.[43] Ist Nikodemus einer derjenigen, die auf Grund der Zeichen Jesu an seinen Namen glauben (Joh.2,23f.), denen sich Jesus aber nicht anvertraut (so schon J. Calvin)?[44] Kaum, er glaubt nicht an Jesus. Vielmehr ist er durch das Geschehene bewegt und zur kritischen Anfrage veranlasst.[45] Aber er kommt gar nicht dazu, eine Frage zu stellen, auch nicht die Frage nach dem Heil.[46]

Jesus antwortet ihm, bevor er fragt. Er konfrontiert den gelehrten Mann schroff mit der Notwendigkeit, von neuem geboren zu werden, um das Reich Gottes zu sehen. Dieses gänzlich andere Woher seines Lebens kann sich der Mensch nicht selbst geben, sondern die neue Existenz wird ihm allein in der Wiedergeburt geschenkt. Von oben, aus Gottes Kraft und Macht muss er neuer Mensch werden. Nicht durch eine Besserung, sondern allein durch einen neuen Ursprung seines Lebens kann er in das Reich Gottes gelangen (Joh.3,3).[47]

Der Evangelist verwendet hier ein wiederkehrendes Element seiner Dialoggestaltung: Nikodemus missversteht das Wort Christi. Wie es dem rabbinischen Schulgespräch entspricht, formuliert er Einwände.[48] Wie kann ein alter Mensch, ein Greis wiedergeboren werden, ist seine nichts als logische Frage. Aber er verschärft sie geradezu ins Absurde: Es ist doch ein Ding der Unmöglichkeit, in den Leib seiner Mutter zurückzukehren und ein zweites Mal geboren zu werden.[49] Indem Nikodemus das Wort Jesu scharfsinnig und realistisch in Frage stellt, missversteht er es völlig.

Jesu Antwort sagt klar, wo das Missverständnis des Nikodemus liegt: "Wenn einer nicht aus Wasser und Geist geboren wird, kann er in das Reich Gottes nicht hineingelangen" (Joh.3,5).[50] Der Mensch ist σάρξ, d.h.

Fleisch, er ist irdisch-vergänglich; so ist er geboren und so wird er sterben.[51] Aber das ist ja die neue Wirklichkeit, die Nikodemus im Offenbarer begegnet, dass der Mensch, ob alt oder jung, "aus Wasser und Geist" neu geboren werden darf. Das ist die Wendung eines Lebens, die in der Taufe zum ersten Mal Ereignis wird.[52] Es ist die für jeden Gläubigen Geheimnis bleibende Freiheit des Geistes. Wie der Wind weht der Geist, wo er will, und ist menschlicher Verfügbarkeit völlig entzogen. Auch wenn der Mensch das Woher und Wohin nicht kennt, so ist der Geist machtvolle Realität. Ohne Wiedergeburt aus dem freien Geist gibt es keinen Eingang in Gottes Welt.[53]

Wie Jesus im Markusevangelium im parallelen Wort sagt, wird der Mensch dabei wie ein Kind, empfänglich und offen für das nahe Reich Gottes (vgl.Mk.10,15 par.). Das Neue Testament redet in mehreren Bildern von der Begründung der völlig neuen Existenz, die dem Christen in der Taufe und dann immer neu durch Gottes Gnade widerfährt. Sie ist wie das Anziehen eines neuen Kleides, einer neuen Waffenausrüstung (Röm.13,12ff.; Eph.4,17ff; Mt.22,11f., Apk.6,9ff; 7,13f. u.a.). Paulus spricht noch radikaler vom Sterben mit Christus und dem neuen Leben mit ihm (Röm.6,8 u.a.). Christsein und Christwerden heisst nichts anderes, als den Schritt aus dem Tod ins Leben hinter sich zu haben (Joh.5,24 u.a.).[54]

Das ist aber für unser Thema das Verheissungsvolle: Neuer Mensch darf auch der Alte und Hochbetagte durch Gottes freien Geist werden. Die Unterscheidung zwischen Jung und Alt, genauer die abwertende Qualifizierung des γέρων, er könne nicht wiedergeboren werden, ist sogar das elementare Missverständnis des Nikodemus angesichts des eschatologisch neuen Lebens 'in Christus'. Der Mensch ist vergänglich, er ist in Schuld und Unrecht dem Dunkel der Welt preisgegeben, er ist Fleisch. Aber er darf und soll ein geretteter und glücklicher, ein seliger Mensch werden. Das ist, dürfen wir vorgreifend sagen, ihm in der Offenbarung des von Gott, dem Vater gesandten Sohnes zugesprochen und verheissen.

Nikodemus scheint in seinen Worten im Verlaufe des Gesprächs immer unsicherer zu werden.[55] Eigentlich ist es erstaunlich. Der Evangelist könnte ihn jetzt als Schriftgelehrten an die alttestamentlichen Verheissungen der endzeitlichen Verleihung des Geistes denken lassen. Nikodemus könnte danach fragen, ob etwa die Verheissung des Joel (Jo. 2,28) mit dem zu tun habe, wovon Jesus spricht. Dort heisst es: "Und nach diesem wird es geschehen, dass ich meinen Geist ausgiesse über alles Fleisch; und eure Söhne und Töchter werden weissagen, eure Greise werden Träume träumen, eure Jünglinge werden Gesichte sehen."[56] Aber davon erzählt der Johannesevangelist nichts. Einzig die etwas unsicher gewordene, zwischen Erstaunen und Ungläubigkeit schwankende Frage kann Nikodemus Jesus noch entgegenhalten: "Wie kann dies geschehen?" (Joh.3,9).[57] Daraus spricht Lebenserfahrung, die gelernt hat, sorgfältig Mögliches und Unmögliches zu vergleichen und abzuwägen.[58] Aber die Unsicherheit des Nikodemus liegt auf der Hand. Jesus behauptet ihm im Grund etwas, vor dem er nur noch den Kopf schütteln kann. Wie sollte es möglich sein?

Jesu Entgegnung ist kein verständnisvolles Eingehen auf Nikodemus; im Gegenteil. Entschieden wirft er ihm vor, dass er gerade als Schriftgelehrter doch verstehen müsste.[59] "Du bist der Lehrer Israels und begreifst das nicht" (Joh.3,10).[60] Er hat ihm und den anderen erst von dem Irdischen erzählt, und das Zeugnis wurde abgelehnt und nicht mit dem Glauben beantwortet. Wie erst, wenn er von den himmlischen, göttlichen Dingen redet?[61] Damit ist das direkte Gespräch von Jesus und Nikodemus beendet, Nikodemus verschwindet aus unserem Gesichtsfeld. Gewiss hört er nach dem Evangelisten im folgenden Jesus noch zu, aber wir erfahren nicht, wie er reagiert hat.[62]

Man kann Nikodemus zugute halten, dass er nach dem Johannesevangelisten von dem nächtlichen Gespräch nicht unberührt geblieben ist. Als die Hohepriester und Pharisäer sich beunruhigt über die Gerüchte und das öffentliche Auftreten Jesu während des Laubhüttenfests zeigen, und sie am liebsten eine unmittelbare Verhaftung gesehen hätten (Joh.7,45), gibt ihnen Nikodemus zu bedenken, dass zu einem ordentlichen Strafverfahren gemäss der Thora vor ein Urteil zuallererst das Verhör gehöre. Aggressiv und emotional wird er angefahren: "Bist denn auch du aus Galiläa? Forsche nach und sieh: Aus Galiläa ersteht kein Prophet!" (Joh.7,52).[63]
Ist Nikodemus Christ geworden? Der Evangelist könnte tatsächlich einen solchen Weg des Nikodemus angedeutet gaben. Das dritte und letzte Mal erscheint er nämlich bei der Kreuzabnahme, gemeinsam mit Joseph von Arimathäa, einem geheimen Jünger Jesu, der inkognito bleiben will (Joh.19,38-42)[64]. Ausdrücklich wird auf das nächtliche Gespräch von Nikodemus mit Jesus Bezug genommen.[65] Nikodemus bringt, wie es den jüdischen Begräbnisbräuchen entspricht,[66] eine Mischung verschiedener Gewürze in überreicher Menge mit.[67] Gemeinsam mit Joseph von Arimathäa, der auch in den synoptischen Evangelien bezeugt ist, bindet er den Leichnam Jesu nach der Abnahme vom Kreuz in die mit Gewürzen bestreuten Binden ein und setzt ihn in einem nahe gelegenen, leeren Grab bei (Joh.19,40-42). Man kann nicht sagen, dass einem der so dargestellte Nikodemus in seiner redlichen Wahrhaftigkeit nicht sehr nahe steht.

Wir wollen jetzt noch einmal auf die Worte Jesu Joh.3,13-21 zurückblicken. In ihnen ist nämlich in nuce das ganze Evangelium des Johannes und eines der schönsten Worte des 4. Evangelisten enthalten. Eine umfassende Auslegung würde den hier gegebenen Rahmen sprengen. Dazu verweisen wir vor allem auf den Kommentar von R. Schnackenburg.[68] M. Luther hat einmal gesagt, jeder Christ sollte diese herrlichen Worte auswendig können und täglich einmal in seinem Herzen bedenken, damit er daraus Trost und Freude empfange.[69] Er hat übersetzt: "Also hat Gott die Welt geliebet, das er seinen eingeboren Son gab, auff das alle, die an jn gleuben, nicht verloren werden, sondern das ewige Leben haben" (Joh.3,16).[70]
Gott hat seinen Sohn nicht in die Welt gesandt, um sie dem verurteilenden Gericht zuzuführen, auch nicht, weil er seine Macht und Herrlichkeit demonstrieren wollte. Gott hat diese Welt geliebt, und aus seiner reinen und grundlosen Liebe allein lässt er den Menschensohn in die Welt kommen, gibt er den Einziggeborenen Sohn hin. Zwar ist für das Johannesevangelium die Kreuzigung zugleich auch die Erhöhung und Verherrlichung des Sohnes, aber von Doketismus kann keine Rede sein. Joh.17 und Joh.18-19 gehören

untrennbar zusammen.[71] Der Gekreuzigte und Erhöhte ist der Grund der Errettung, die Hingabe des Sohnes der Grund für die Gabe des ewigen Lebens. Gottes Wille ist die Rettung dieser Welt, seiner Schöpfung durch den herabgekommenen Sohn.[72] Darum ist es schlicht unverständlich und widerspricht dem angebotenen Glück, dass die Menschen das Licht zurückweisen und die Finsternis suchen. Aber sie könnten es nicht ertragen, mit ihren Taten aus der Finsternis ins Licht zu treten.[73] Darin vollzieht sich an den Menschen das gegenwärtige, eschatologische Gericht,[74] dass sie nicht an den Namen des Sohnes Gottes glauben.[75] Wie Gottes Liebe jedoch die ganze Welt liebt, so ist und bleibt es seine Absicht, dass jeder, der an seinen Sohn glaubt, das Heil und ewiges Leben habe. Christus ist der "Retter der Welt".[76]

Dort, wo alte Menschen in der Gemeinschaft von Jung und Alt mit diesen Worten zu leben beginnen, (ob es nun damals im 1./2. Jahrhundert war oder heute geschieht) haben die dunklen, bedrohlichen und belastenden Seiten des Alters, die Abnahme der Kräfte und die Nähe des Todes nicht mehr das gleiche Gewicht. Der Mensch darf auch im Alter wie in jedem Lebensabschnitt wissen, dass der Tod nicht das letzte Wort hat. Von dieser tröstlichen Gewissheit schrieb 1982 der bald achtzig Jahre alte K. Rahner: "So sind ... die Stile der hoffenden Erwartung des ewigen Lebens während unseres Lebens im Alter sehr verschieden. Es kann dem einen die Hoffnung des ewigen Lebens als wunderbar tröstliches Licht das Herz erfüllen und er so freudig auf die letzte Stunde hingehen. Einem anderen ist es gegeben (das ist letztlich dieselbe Gnade), in der Standhaftigkeit eines nüchternen Glaubens zu leben, ohne sich mit eigenen Farben den Himmel ausmalen zu wollen: Ich glaube an das ewige Leben ... Der alte Mensch ist auf die Grenzlinie zwischen Zeit und Ewigkeit gestellt. Und da hat er seine heiligste Aufgabe. Sie kann eine schwere Last sein. Aber Gott trägt sie mit uns und nimmt sie uns ab, wenn wir wirklich nicht mehr können."[77] Das Beispiel des gelehrten Nikodemus zeigt uns, dass man gerade im Alter angesichts des Todes und der Frage des ewigen Lebens Suchender und Fragender werden darf.

4.6. Das 5. Gebot im Neuen Testament

Jesus beruft Menschen aus dem Volk Israel, Fischer, Zöllner, Frauen, einfache Leute u.a. in seine Nachfolge.[1] Der Meister wählt sich aber auch souverän einen Kreis von Jüngern aus. Bei den Rabbinen mussten sich die Schüler vorgängig um die Aufnahme in den Schülerkreis bewerben, bevor sie am Thorastudium im Lehrhaus teilnehmen durften.[2] Nicht so bei Jesus. Vielmehr beruft er Menschen von ihrer Arbeit und Familie weg zur Nachfolge, und das heisst dann zur Lebens- und Wandergemeinschaft mit ihm.[3] Die Jünger geben ihren Beruf auf, sie lassen ihren Besitz zurück, sie trennen sich von ihrer Familie und ihren Eltern und werden seine Jünger. Nicht nur die Zwölf, sondern auch andere Jünger und Frauen zählten zu diesem Kreis.[4] Als Arbeiter werden sie in die Ernte gesandt und verkünden das Gottesreich. In der anbrechenden eschatologischen Heilszeit sammeln sie das Volk Israel.[5]
Man sollte das Gewicht, das der Entscheid, Jesus nachzufolgen, hatte, nicht bagatellisieren. Das verdeutlicht etwa Lk.14,26f.: "Wenn jemand zu mir kommt und nicht Vater und Mutter, Frau und Kinder, Söhne und Töchter, ja sogar sein Leben gering achtet (hasst), dann kann er nicht mein Jünger sein".[6] "Hassen" heisst hier klar sich lösen von, sich trennen, sich abkehren von seiner eigenen Vergangenheit (vgl. Lk.9,61f.).[7] In einer brüderlichen und schwesterlichen Gemeinschaft leben Jesus und seine Jünger zeichenhaft für ganz Israel die Umkehr, die Hinwendung des ganzen Lebens zu Gott.[8]
Sie emigrieren jedoch nicht in eine abgesonderte Ordensgemeinschaft wie Qumran und die Essener, sie begründen keine "hairesis", keine jüdische Sonderrichtung, sondern sie leben inmitten des einfachen Landvolkes und der verschiedenen jüdischen Gruppierungen, der Pharisäer, Sadduzäer und Zeloten.[9] Zweifelsohne haben sie ihre Angehörigen wie Jesus selbst auch wieder getroffen, und gewiss nicht nur unter negativen Vorzeichen.[10] Aber sie sind in die eine grosse Aufgabe hineingestellt, allen das nahende Gottesreich zu verkünden und tatkräftig zu bezeugen.
Jesus nimmt die Menschen in ihrer je konkreten Lebenssituation ernst. Nicht alle verlassen ihr Heim und ihre Familie, nicht alle ziehen mit ihm. Aber alle können in ihren Lebensverhältnissen neu beginnen, den Willen Gottes zu tun und so das Leben zu gewinnen.[11]
Der Aussätzige, den Jesus geheilt hat, soll hingehen um sich dem Priester zu zeigen und entsprechend der Thora des Mose das Opfer darzubringen.[12] Der Hauptmann von Kapernaum setzt sein Vertrauen ganz auf die souveräne Vollmacht Jesu; darin bewährt sich sein Glaube, der grösser ist als alles Vertrauen, das Jesus in Israel geschenkt wurde.[13] Der Gerasener "Legion" geht in die Stadt und erzählt überall, wie Jesus ihn von seiner Geisteskrankheit geheilt hat.[14] Frauen sorgen mit ihrem Vermögen für Jesus und den Kreis seiner Jünger und nehmen sie gastfreundlich auf.[15] Der Samaritaner tut Gottes Willen, indem er sich als einziger um den Zusammengeschlagenen und Ausgeraubten kümmert.[16] Zachäus, der Zöllner, will die Hälfte seines Besitzes den Armen geben und das erpresste Gut vierfach zurückerstatten.[17] Die arme Witwe legt ihr letztes Hab und Gut in den Opferstock.[18] Simon von Kyrene trägt Jesus das Kreuz.[19] Joseph von

Arimathäa bestattet den Leichnam Jesu.[20] Elementar geht es um die Taten konkreter Liebe, die aus reinem Herzen und in ehrlichem Gehorsam und Vertrauen getan werden. Das Doppelgebot der Liebe, darüber ist sich heute die Auslegung einig, fasst die Weisung Jesu für das Leben der Menschen zusammen.[21]

Vom Gesagten her ist nun aber zu fragen: Besteht nicht eine Spannung zwischen dem Aufbruch der Jünger in die Nachfolge, ihrer Trennung von der Familie einerseits, und andrerseits der Forderung des ganzheitlichen Gehorsams und Tuns des Willens Gottes, zu dem nach dem Dekalog auch das Gebot gehört, Vater und Mutter zu ehren? Die Grossfamilie, die dem Orientalen alles bedeutet, in der er seinen Eltern Rechenschaft schuldig ist, sich an seinen Kindern freut und das Land als Basis der Existenz bebaut, wird von Jesus klar in Frage gestellt,[22] wenn er sagt: "Amen, ich sage euch: Niemand verlässt Haus, Brüder, Schwestern, Mutter, Vater, Kinder oder Aecker um meinetwillen, der dafür nicht das Hundertfache zurückerhält - und zwar schon jetzt in dieser Stunde: Häuser, Brüder, Schwestern, Mütter, Kinder und Aecker" (Mk.10,29f.).[23] Die Jünger leben in einer neuen Familie, sie erleben die neue Gemeinschaft derer, die das Wort von der Gottesherrschaft hören und annehmen.[24] Jesus sagt: "Wer den Willen Gottes tut, der ist mir Bruder, Schwester und Mutter" (Mk.3,35).[25] An Stelle der Angehörigen tritt jetzt das gesammelte Gottesvolk, die Gemeinschaft derjenigen, die auf das Reich hoffen. Vater aber ist nur einer, der himmlische Vater! "Auch sollt ihr niemand auf Erden euren Vater nennen, denn nur einer ist euer Vater, der im Himmel" (Mt.23,9).[26] Ist damit das 5. Gebot ausser Kraft gesetzt?

Wir treten damit in die stark kontroverse Diskussion über die Stellung Jesu zum Gesetz ein. Schon in den neutestamentlichen Christengemeinden wurde darüber sehr verschieden nachgedacht.[27] Immer neu brach natürlich die Frage der rechten Auseinandersetzung und Abgrenzung zum Judentum auf. Das zeigt uns schon die verschiedene Sicht des Gesetzesverständnisses Jesu in den Evangelien.[28]

Um eine einigermassen saubere Antwort zu erhalten, müssen wir uns zuerst der Traditionsgeschichte des 5. Gebots im Frühjudentum zuwenden. Sie ist in der neueren wissenschaftlichen Diskussion breit untersucht worden.[29] Man kann deutlich sechs verschiedene Ueberlieferungsbereiche unterscheiden, die auch für die neutestamentliche Aufnahme des 5. Gebots wesentlich sind.[30]

1. Der Dekalog als ganzer spielte im Frühjudentum eine sehr geringe Rolle. Er wird "bis zum Ende des 1.Jh.n.Chr. nur bei Philo, Josephus und im Liber Antiquitatum (Ps.-Philo) als Dekalog zitiert".[31] In der Apokalyptik wird er nicht erwähnt.[32] Als Zusammenfassung der Gebote wird er erst im hellenistischen Judentum wieder aktuell, weil er für die Proselytenaufnahme eine einprägsame, an den zehn Fingern abzuzählende Summe des jüdischen Glaubens bot.[33] Zusammen mit der goldenen Regel und den beiden Hauptgeboten stellte er die Gerechtigkeit dar, von der der Proselyt nach der Bekehrung nicht mehr abweichen durfte.[34] Deutlich rückten dabei die Sozialgebote der zweiten Tafel ins Zentrum des Interesses.[35]

2. Relativ unabhängig von der Ueberlieferung des Gesamtdekalogs oder der zweiten Tafel wurden die Einzelgebote tradiert.[36)] Aus weisheitlicher Tradition stammte eine hohe Wertung des 5. Gebotes, da es die weisheitlichen Mahnungen zu gerechtem Verhalten zusammenfasste.[37)] Der Vater ist der Lehrer des Sohnes, die Mutter hat den Sohn unter Schmerzen geboren. Darum hat der Sohn zu tun, was die Eltern erfreut. Auch nach dem Tod des Vaters hat er die Mutter zu respektieren. Beiden Elternteilen steht das ordentliche Begräbnis zu. Wer der Ermahnung des Vaters folgt, wird Gutes tun und Barmherzigkeit gegen die Armen üben. Man kann solche Paränese besonders schön in Tob. 4,1ff. nachlesen.[38)]

Eng werden das Ehren Gottes und das Ehren der Eltern verknüpft, in der stoischen Popularphilosophie und dann auch bei Philo sind die Eltern gar die Abbilder Gottes.[39)]

Das Elterngebot wird sozial ausgeweitet auf die Geschwister und Verwandten, die Schwiegereltern z.B.. Es wird mit dem Gebot der Nächstenliebe und (anschliessend an 3.Mos.19,32) mit der Ermahnung verbunden, dem Alter die Ehre zu geben.[40)]

Sehr selten erscheint es für den Gehorsam von Kindern, was unsere Deutung primär auf die Erwachsenen bestätigt.[41)]

Schliesslich wird es nun breit ausgelegt auf die materielle Unterstützung und Fürsorgepflicht gegenüber den Eltern.[42)] Man sollte dies nicht als eine neue Deutung des Gebotes verstehen, die ihm alttestamentlich fremd war, vielmehr war es im Frühjudentum auf Grund der völlig veränderten Sozialverhältnisse z.B. in den Städten nicht mehr selbstverständlich, dass die alten Eltern durch die Kinder materiell unterstützt wurden.[43)]

3. Von der Form des Dekalogs und der Einzelgebote sind die "Reihenbildungen mit Forderungen sozialen Inhalts" zu unterscheiden, wie sie kontinuierlich von den Propheten bis ins Frühchristentum zu belegen sind, sowohl im hellenistischen wie auch im palästinischen Raum.[44)] In ihnen wird, wie K. Berger gezeigt hat, an das gerechte Verhalten im Gericht appelliert. Es wird ermahnt, die sozial Schwachen nicht zu unterdrücken und auszubeuten, sondern sie zu unterstützen und ihnen zu helfen. Schliesslich wird das Verhalten im Geiste der Nächstenliebe gefordert.[45)] K. Berger unterschätzt wohl ein wenig die Heterogenität des von ihm beigebrachten Materials.

Interessant für uns ist, dass neben den traditionell unterprivilegierten Gruppen der Witwen, der Waisen und der Fremdlinge, aber auch neben den Schwachen wie den Durstigen, Hungrigen, Gefangenen und Nackten nun auch die Kranken, die Behinderten (etwa Blinde und Taube), die Greise und die Toten vorkommen.[46)]

In Qumran beispielsweise werden die Mönche in der Damaskusschrift verpflichtet, mindestens zwei Tageslöhne pro Monat an den Aufseher und die Richter abzugeben. "Davon soll man den W(ai)sen geben, und davon soll man den Elenden und Armen unterstützen; und (weiterhin) für den Greis (, der im Sterben liegt) und für den Mann, der heimatlos ist, und für denjenigen, der in ein fremdes Volk gefangen weggeführt wird, und für die Jungfrau, die keinen Löser hat ..."[47)]

Die Gottlosigkeit der oberflächlichen Geniesser zeigt sich nach Weish.2,10 in

dem durch sie verübten Unrecht. Sie sagen: "Lasst uns den Gerechten unterdrücken, der in Armut lebt, die Witwe nicht schonen und das graue Haar des betagten Greises nicht scheuen!"[48]
Oft wird den sozialen Forderungen das Elterngebot zugeordnet. In den sozialen Reihen kommen Vater und Mutter wiederholt vor.[49]

4. Welche Rolle spielte das 5. Gebot im rabbinischen Judentum? Mehrfach wird betont, dass es das schwerste unter den schweren Geboten ist. Durch die Verheissung wird es aber dem leichtesten Gebot der leichten, dem Freilassen der Vogelmutter in 5.Mos.22,6f., gleichgestellt.[50] Es wird hervorgehoben, dass kein Unterschied besteht zwischen Mann und Frau, ebenso, dass die Furcht gegen Vater und Mutter derjenigen gegen Gott gleichgestellt ist.[51] Der Grenzfall, dass die Ehrung Gottes der Ehrfurcht gegen die Eltern entgegensteht, bleibt aber nicht unerwähnt.[52] Spr.3,9 ("Ehre den Herrn mit deinem Vermögen, mit dem Besten von dem, was du erntest")[53] dient der Begründung, dass die Eltern materiell zu unterstützen seien.[54] Gleichviel, ob man Vermögen besitzt oder nicht, man ist zu Unterstützung der Eltern verpflichtet, auch wenn man dafür herumgehen muss, um zu betteln.[55]
Sehr schön fasst die rabbinische Sicht des 5. Gebots folgendes Wort zusammen: "Worin besteht die Ehrfurcht vor dem Vater? Man setze sich nicht auf seinen Platz, man rede nicht an seiner Stelle und man widerspreche seinen Worten nicht. Worin besteht die Ehrerbietung: Man speist und tränkt ihn, man kleidet und bedeckt ihn, man führt ihn ein und aus."[56] Schon in dieser Welt, erst recht in der künftigen erhält der Gläubige den Lohn für die Elternehrung, die Liebeswerke und das Friedenstiften. Das Thorastudium aber wiegt so schwer wie diese drei zusammen.[57]
Köstlich ist eine rabbinische Geschichte, ein Midrasch. Sie geht von einer paradoxen Behauptung aus: "Es kann einer seinem Vater gemästete Hühner zu essen geben und doch den Gehinnom (die Hölle) erben; und es kann ein andrer ihn an die Mühle bringen und doch den Gan Eden (das Paradies) erben. Wie ist dies möglich? Der eine speist seinen Vater mit Hühnern, aber wenn der Vater nach ihrer Herkunft fragt, weicht der Sohn aus: "Alter, Alter iss und schweige; denn Hunde fressen und schweigen!" Er wird den Gehinnom erben. Umgekehrt arbeitet der andere Sohn an der Mühle, als eine Versammlung der Müller einberufen wird. Da ruft der Sohn den Vater: "Vater, komm und mahle für mich!" Er will nämlich Beschimpfung und Schläge an Stelle des Vaters auf sich nehmen. So erbt er den Gan Eden."[58]

Welches ist nun die Haltung Jesu zum 5. Gebot?
Jesus hat den Dekalog aufgenommen und ausdrücklich positiv als Weg zum ewigen Leben bestätigt. Dies zeigt uns Mk.10,17-22, resp.10,19 (vgl. par. Mt.19,16-22 resp.19,18f; Lk.18,18-23, resp.18,20).[59] Mit E. Schweizer, R. Bultmann und W. Schrage[60] sind wir der Meinung, dass man die Perikope von der Frage des Reichen nach dem ewigen Leben nicht der ursprünglichen Ueberlieferung von Jesus absprechen sollte. Die von K. Berger vorgetragene Interpretation, die die Erzählung aus der hellenistisch-judenchristlichen Gemeinde zu verstehen sucht, bleibt aber von hohem Interesse,

da sie das Verständnis in einer späteren Gemeindesituation, vor allem aber auch bei Mt. und Lk. eindrücklich darstellt.[61)] Wir beschränken uns hier auf die Markusfassung.

Zur Form seien nur die wichtigsten Beobachtungen angemerkt:

- Der Evangelist (oder schon vorher die Gemeinde) hat zur Perikope erweiternd überlieferte Jesusworte, d.h. Einzellogia angehängt (v23b.25 und 27).[62)] Das lässt sich deutlich daran erkennen, dass in vv17-21 die Nachfolge Zielpunkt der Perikope ist, von v23 an aber der Reichtum thematisch ins Zentrum rückt.
- Die Gebote sind als "Reihe sozialer Forderungen" mit grosser Nähe zum Dekalog zitiert, die erste Tafel aber fehlt.[63)]
- Das 5. Gebot steht überraschenderweise am Schluss, ohne Verheissung und ohne "deine" (Mutter), wobei diesbezüglich die Textüberlieferungen schwankend sind.[64)]
- Das 7.(6.) Gebot steht am Anfang (je nach Textüberlieferung), gefolgt vom 6.(7.), 8. und 9. Gebot; das 10. fehlt, oder es ist abgewandelt.[65)]
- Die Gebote sind als mit μή negierter Imperativ im Aorist formuliert, was sich so in der Dekalogrezeptionen weder in der LXX noch bei Philo oder Paulus findet.[66)]

Welches ist nun der Inhalt der Perikope? Wir wollen dabei klar die neutestamentliche Frage stellen: Setzt Jesus das 5. Gebot ausser Kraft, löst er es zugunsten einer anderen Forderung auf (vgl. Mt.5,17-19)? Davon kann nun gewiss keine Rede sein!

Das nicht nur gelehrte, sondern im vollen Gehorsam gelebte 5. Gebot gehört notwendig zum Glauben, um das ewige Leben zu ererben. Es ist Gottes gute Gabe, nicht knechtender Zwang, und als solches praktizier- und lebbar. Die Erfüllung der Gebote der zweiten Tafel ist die in Jesu Nachfolge ganzheitlich gelebte Liebe zum Nächsten.[67)] Wie verläuft die Begegnung?

Den Reichen hat seine Frage gewiss schon längere Zeit beschäftigt, als er zu Jesus läuft und sich vor ihm auf die Knie wirft (Mk.10,17). Es ist die Frage nicht nur dieses Mannes, sondern die Frage, die Israel immer wieder gestellt hat (vgl.Ps.15; 24,3-6 die Tempeleinlassliturgien, besonders aber auch Ps.34,13ff.).[67)] Sie erhält ihr spezifisches, über das Alte Testament hinausgehende Gepräge, weil im Frühjudentum nun das ewige Leben auch das Leben jenseits der Todesgrenze meint.[68)]

Jesus weist den Reichen ohne weitere Auslegung auf die Gebote des allein guten Gottes hin. Er zitiert sie in ungesetzlicher, spontaner Freiheit.[69)] Wenn der Fragesteller sagt, dass er sie von seiner Jugend an gehalten hat, so glaubt ihm Jesus dies, er widerspricht ihm jedenfalls nicht. Er gewinnt den Reichen in seiner suchenden Bereitschaft, sich für das ewige Leben einzusetzen, sogar lieb. Der täglich gelebte Gehorsam ist keine Unmöglichkeit, sondern im Zusammenleben der Gemeinde Israels Tag für Tag neu das Ziel, um das man sich redlich bemüht.[70)] Der Reiche stellt somit keineswegs eine etwas selbstherrliche Behauptung auf, selbst wenn er sich täuschen sollte. Jesus liebt ihn, er nimmt ihn mit seinem guten Willen ernst, und vor allem: er sucht ihn.[71)] In seiner zweiten Antwort sagt er: "Eines fehlt dir. Geh hin, verkaufe alles, was du hast, und gib es den Armen, und du wirst einen Schatz im Himmel haben; und komm, folge mir nach!" (Mk.10,21)[72)] Es ist sicher richtig, dass Jesus die Gebote der zweiten Tafel

des Dekalogs gegenüber dem Verständnis des Reichen nicht nur quantitativ, sondern qualitativ überbietet. Er zielt auf den ganzen Gehorsam des Reichen in der aktuellen Situation (so L. Goppelt).[73] Der Ruf in die Nachfolge hat nicht einfach generell das Aufgeben des ganzen Besitzes zur Voraussetzung, vielmehr ist es die der Einladung folgende konkrete Art, wie sich Nachfolge vollzieht (so E. Schweizer).[74]
Nachfolge bedeutet das Aufbrechen in die persönliche Gemeinschaft mit Jesus, der selbst arm und ohne Reichtum war, der viel leiden musste und den Weg ans Kreuz ging (so J. Gnilka).[75]
Aber meiner Ansicht nach ist die Auslegung Karl Barths darin nach wie vor unerreicht, dass sie Jesu Ruf in die Nachfolge gerade als Erfüllung des in den zehn Geboten Geforderten versteht.
Dass er verkaufen soll, was er hat, ist die Forderung und Einladung, ganz aus der Freiheit zu leben, die die Bindung an den gnädigen und barmherzigen Gott gegenüber dem Nächsten bedeutet. Er kann sich dann nicht mehr an seine Güter oder an den Mammon binden. Dass er den Verkaufserlös den Armen geben soll, ist die Aufforderung und der Zuspruch, die von der zweiten Tafel geforderte Liebe zum Nächsten zu praktizieren und so, wie Gottes Liebe es tut, dem armen Nächsten ohne Erwartung einer Gegenleistung alles zu schenken. Dass er schliesslich in die Nachfolge Jesu gerufen wird, ist die Gewissheit und Zuversicht, dass er in der Gemeinschaft mit Jesus, indem er Jesu Weg geht und sein Leben teilt, sich befreit von seiner falschen Bindung an die Erhaltung und Vermehrung seines Besitzes und für seine zeitliche und ewige Zukunft selbst verantwortlich wird. Davor versagt der Reiche, und darum versagt er nicht nur vor der Forderung Jesu, sondern gerade auch vor den zehn Geboten, dem fünften Gebot und dem Willen des einen guten Gottes.[76]

Wir fragten, ob Jesus das 5. Gebot mit seiner konkreten Praxis der Berufung in die Nachfolge und mit seinen Worte, dass Nachfolge die Trennung von den Eltern und Geschwistern bedeuten kann, aufgehoben hat. Wir können jetzt versuchen, eine Antwort zu geben.

Kein Zweifel, es gab für die Jünger bei der Berufung diese Spannung zwischen der Bindung an die Grossfamilie und dem Aufbruch mit Jesus. In einem Logion durchbricht Jesus tatsächlich das 5. Gebot: Er hält dem in die Nachfolge Gerufenen, der um die Erlaubnis bittet, zuerst noch seinen Vater zu begraben, entgegen: "Lass die Toten ihre Toten begraben; du aber geh hin und verkündige das Reich Gottes! (Lk.9,60)[77] In äusserster Radikalität missachtet er hier nicht nur das 5. Gebot, sondern jegliche Pietät.[78]
Aber die Gebote, so auch das fünfte, und Jesu Ruf in die Gottesherrschaft sind der eine Wille des guten Gottes. U. Luz hat darum wohl auch im Blick auf das 5. Gebot richtig formuliert:
"Jesu hat das Gesetz wohl nur in konkreten Einzelfällen übertreten. Massstab seines Verhaltens scheint die Liebe zu den Disqualifizierten, Armen und Leidenden gewesen zu sein, denen er das Gottesreich vornehmlich zusprach und denen seine eigene, es keimhaft verwirklichende Liebe galt."[79]

Dass Jesus und mit ihm die ersten Christengemeinden das fünfte Gebot als den guten Willen Gottes verstanden haben, zeigt Mk.7,9-13.[80] Die Phari-

säer und Schriftgelehrten berufen sich auf die Ueberlieferung der Alten (v5: ... διὰ τί οὐ περιπατοῦσιν οἱ μαθηταί σου κατὰ τὴν παράδοσιν τῶν πρεσβυτέρων...),[81] wenn sie Jesus wegen seiner Uebertretung der Reinheitsgesetze in die Zange nehmen (Mk.7,1-2.5). Scharf stellt Jesus das Gebot Gottes der Ueberlieferung der Alten gegenüber, da sie nichts anderes als die eigene Ueberlieferung der Menschen ist.[82] Jesu Kritik ist also gegen Pharisäer und Sadduzäer gerichtet, weil der ganzheitlich verstandene Willen Gottes nicht nur die formale Tradition der Gesetzesauslegung (Pharisäer), sondern auch die konkrete Praxis, Weisungen der Thora in bestimmten Fällen ausser Kraft zu setzen (Sadduzäer), in Frage stellt.[83] Die exegetischen Gründe, die eine nachträgliche Einfügung von Mk.7,9-13 durch den Evangelisten erkennen lassen, brauchen hier nicht dargelegt zu werden, wir verweisen auf die Kommentare.[84] Es ist wahrscheinlich, dass der "Korbanstreit" auf Jesus zurückgeht.
Zweifelsohne steht die Gemeinde des Markus aber in der Nachfolge ihres Herrn, wenn sie die Auslegung, die Halacha an den inhaltlich verstandenen Willen des einen Gottes verweist und zeigt, dass die menschliche Ueberlieferung im offensichtlichen Gegensatz zum Recht und zur Liebe des einen Gottes praktiziert wird.[85]
קָרְבָּן (frühjüdisch auch קוֹנָם) meint im AT das Opfer.[86] Im Frühjudentum ist der allgemeine Wortgebrauch nicht unbekannt, aber das Wort ist nun vor allem terminus technicus für die Gelöbnisformel geworden, wenn jemand Gott etwas als Opfergabe zugelobt.[87] In der Regel gelobt man, selbst keinen Nutzen von einer Sache zu haben und entzieht so z.B. ein Vermögen profaner Nutzung. Man kann die Gelöbnisformel aber auch andern gegenüber gebrauchen, vor allem in familiären und verwandtschaftlichen Beziehungen. Man entzieht dann z.B. den Eltern das Erbe ohne damit das Gut dem Tempel real übergeben zu müssen.[88]
"Die Auswirkungen eines solchen Gelübdes reichen unter Umständen sehr weit und können bis zum völligen Abbruch der gegenseitigen Beziehungen führen mit allem, was das einzuschliessen pflegt. In einer patriarchalischen Lebensordnung, wie sie das Spätjudentum darstellt, müssen die Auswirkungen noch besonders fühlbar werden, wenn das קונם zwischen Mann und Frau ... oder zwischen Eltern und Kinder ... oder Kinder und Eltern tritt."[89] Es ist umstritten, von welcher Zeit an das rabbinische Judentum eine Aufhebung des Gelübdes in Härtefällen vorgesehen hat, wohl aber erst in der Zeit nach 70.[90] In Mk.7,9-13 gibt Jesus, resp. die palästinische oder markinische Gemeinde den Schriftbeweis, dass die Pharisäer und Schriftgelehrten mit ihrer Ueberlieferung Gottes Gebot ausser Kraft setzen.
Das fünfte Gebot wird in Uebereinstimmung sowohl mit der LXX als auch mit dem masoretischen Text von 5.Mos.5,16 unter Weglassung der Verheissung zitiert.[91] J. Gnilka hat wohl richtig gesehen, dass das Zitat von 3.Mos.20,9 schon vorgreifend die Korbanpraxis verurteilt und unter Gottes Fluch stellt.[92] In doppelter Schärfe wird den Pharisäern und Schriftgelehrten Gottes Wille, die Eltern zu ehren, entgegengehalten. Sie werden angeklagt, mit der von ihnen geschaffenen Korbanpraxis die ganzheitliche, liebende Beziehung zu den Eltern nicht nur in Einzelfällen, sondern grundsätzlich fallen gelassen zu haben. Jesus als gläubiger Jude und mit ihm die Christengemeinde haben das 5. Gebot nicht nur selbstverständlich

übernommen, sondern sie haben es vielmehr gegen eine Umgehung und missbräuchliche Ausserkraftsetzung vehement verteidigt.

5. Wir kommen nun zum fünften Ueberlieferungszusammenhang, in dem das Elterngebot erscheint, die Tugend- und Lasterkataloge im Neuen Testament.[93] Wie vielleicht schon Mk.7,9-13, gehören sie zum Ueberlieferungsgut der frühen Christengemeinden. In ihnen werden nominal Tugenden oder Laster aneinandergereiht, meist in substantivischer, seltener in adjektivischer Form. Sie sind von A. Vögtle und S. Wibbing in traditionsgeschichtlichem Zusammenhang untersucht worden. Sie lassen sich sowohl in der hellenistischen wie auch in der frühjüdischen Tradition breit belegen.[94] Obwohl die neutestamentlichen Beispiele für Tugend- und Lasterkataloge zahlreich sind, sind die Belege für eine Aufnahme des 5. Gebotes sehr beschränkt.
Mk.7,21-22 (par. Mt.15,19), wo die zweite Tafel des Dekalogs im Hintergrund steht, fehlt gerade das 5. Gebot und wird vom Matthäusevangelisten, der die dreizehn Laster auf deren sieben reduziert und sie stärker an der zweiten Tafel ausrichtet, nicht beigefügt.[95]
Ebenso erwähnt Paulus in Röm.13,9, wo er die zweite Tafel heranzieht, das 5. Gebot nicht, sagt aber, dass alle Gebote in dem einen der Nächstenliebe als Erfüllung des Gesetzes zusammengefasst sind.[96] So bleiben als Belegstellen einzig Röm.1,29f., 1.Tim.1,9f. und 2.Tim.3,2f..

Den Ungehorsam gegen die Eltern stellt Paulus (Röm.1,30) in die Reihe all desjenigen Unrechts, das der Mensch tut und akzeptiert, weil er sich von der in der Schöpfung offenkundigen Herrlichkeit Gottes abwendet. So offenbart sich Gottes Zorn über die Ungerechtigkeit der Menschen, von der sich auch die Juden nicht ausnehmen können (Röm.2,17ff.). Gott gibt die Menschen ihrem Unrecht preis.[97]

Nach 1.Tim.1,9 gehören zu all denen, die vom guten Gesetz ihres Unrechts überführt werden (usus elenchticus), auch die Vater- und Muttermörder. J. Jeremias hat gezeigt, dass der Lasterkatalog 1.Tim.1,9f sich deutlich an den Dekalog anlehnt und mit den Vater- und Muttermördern die Uebertreter des 5. Gebots nach ihren schwerwiegendsten Vergehen charakterisiert.[98] Vater- und Muttermörder sind hier Hapaxlegomena im Neuen Testament.[99]

Nach 2.Tim.3,2, wo der Ungehorsam gegen die Eltern das 6. Glied eines 19 Laster umfassenden Katalogs ist, gehört es zu Not, Leiden und Drangsal der letzten Zeit, dass die Eltern nicht mehr geachtet werden. Das Kommen des Reiches Gottes durch Leiden hindurch wird durch den Zerfall der zwischenmenschlichen Beziehungen angekündigt.[100] Diese Erwartung finden wir auch in Lk.12,53 und im rabbinischen Judentum. In der Mischna, Sota 9,15 steht über die Drangsal, bevor der Messias kommt: "Jünglinge beschämen das Angesicht der Greise, Greise stehen auf vor Knaben, der Sohn verunehrt den Vater, die Tochter lehnt sich wider ihre Mutter auf, die Schwiegertochter wider ihre Schwiegermutter, die Feinde des Mannes sind seine Hausgenossen (vgl. Mi. 7,6). Das Aussehen des Geschlechts (der dann lebenden Generation) ist wie das Aussehen des Hundes, indem der Sohn sich nicht vor seinem Vater schämt."[101]

6. Die neutestamentliche Gemeinde hat das 5. Gebot in Kontinuität zum Alten Testament und zum Judentum weitergegeben. Das erweist sich auch im letzten Ueberlieferungskomplex, wo es vorkommt, in den Haustafeln.[102] Die Gemeinden haben die Haustafeln aus der griechisch-stoischen und der jüdisch-hellenistischen Tradition gekannt und aus christlicher Perspektive übernommen und umgeformt.[103] Wir finden das 5. Gebot implizit oder explizit in den beiden wichtigsten Beispielen von Haustafeln im Neuen Testament Eph.6,1-4 und Kol.3,20f.. Auf die Haustafeln im 1. Petrusbrief und im Titusbrief werden wir später noch zurückkommen.[104]
E. Schweizer bemerkt: "Vermutlich ist das Gebot der Elternehrung aus dem Dekalog auf das Verhalten der Frau zum Mann und des Sklaven zum Herrn ausgeweitet worden...".[105] Ein Beleg, dass dies auch im hellenistischen Judentum geschah, ist die Auslegung von Philo in seiner Dekalogschrift.[106] Das fünfte Gebot regelt dort nicht nur das Verhältnis von Eltern und Kindern, sondern auch von Greisen und Jünglingen, Herren und Sklaven u.a.m..[107] Luther knüpft mit seiner Auslegung des 5. Gebotes an eine lange Tradition an, die schon im Neuen Testament selbst ihre Wurzeln hat.[108]
Markante Kennzeichen der Haustafeln im Epheser- und Kolosserbrief sind folgende:

- Im Gegensatz zu den griechischen Beispielen, die sich ausschliesslich an den erwachsenen, freien Mann richten, werden im Neuen Testament beide Partner, Kinder und Eltern, angesprochen und als handelnde Subjekte ernst genommen.[109]
- Die Verkündigung und das Wirken Jesu hat die Gemeinde immer wieder daran erinnert, dass im Gegensatz zu den weltlichen Machthabern derjenige, der im Namen Jesu gross sein will, aller Diener werden muss. Der Menschensohn hat sein Leben im Dienst für die Menschen hingegeben (Mk.10,43-45). Unterordnung meint darum primär Dienst.[110]
- Entgegen einer asketischen Emigration aus der Gesellschaft und aus dem Zusammenleben werden die Christen in realistischer Weltlichkeit in Ehe, Familie und Arbeitsverhältnisse der oikonomia eingewiesen.[111] Entgegen der griechischen Tradition wird die Unterordnung nicht naturrechtlich begründet. Gott, Staat und Vaterland werden im Kol. wie im Eph. nicht vorgeordnet.[112]
- Das Verhalten im Haus geschieht im Geist des Kyrios Jesus Christus. Die Christen gestalten ihre Beziehungen aus Gottes Gebot. An Stelle des Diatribe-Stils steht nun z.B. in Eph. 6,1 die Form Anrede - Imperativ - Begründung.[113]
- Einmalig für das Alte wie das Neue Testament ist, dass das Elterngebot auf den Gehorsam der noch nicht erwachsenen, in der Erziehung stehenden Kinder gedeutet wird. Diese Auslegung ist sehr selten und erscheint nach K. Berger aussertestamentarisch nur bei Philo. In Eph.6,1-4 ist sie explizit, in Kol.3,20f. ist sie implizit.[114]
- Realistisch wird nicht nur mit dem Ungehorsam der Kinder, sondern auch mit der Möglichkeit falscher Erziehung durch die Eltern, vor allem durch die Väter, gerechnet. Während der Kolosserbrief als Konsequenz die Entmutigung des Kindes sieht, sieht sie der Epheserbrief im Zorn, in der Wut der Kinder.[115]

- Wenn sich auch die Haustafeln gegen ein Gleichmachen aller Unterschiede abgrenzen, so zeigt Kol.3,11 (vgl. Gal.3,28) doch auch, dass in Christus alle Menschen zum Ebenbild Gottes und ohne Rücksicht auf ihre Unterschiede zu neuen Menschen berufen sind. Ihre Beziehungen sollen von Liebe, Vergebung und Geduld getragen sein.[116)]

Zwei Grundlinien heben sich in den verschiedenen Ueberlieferungszusammenhängen des 5. Gebotes im Neuen Testament und in dessen Umwelt besonders hervor. Einerseits werden die Eltern und alleinstehenden Aelteren vom 5. Gebot her auch materiell unterstützt und getragen. Andrerseits wird das 5. Gebot in recht verschiedenen Lebenszusammenhängen konkret ausgelegt. Die späteren Varianten seiner Auslegung in der Kirchengeschichte sind grösstenteils schon im Neuen Testament angelegt. So wird jede Generation und jede Gesellschaft neu darum ringen müssen, den Eltern und den Aelteren, und das heisst den Vorangehenden in Geschichte und Schöpfung gerecht zu werden.

4.7. Abraham und die Rechtfertigung der Glaubenden allein aus Gnade

Es ist ein gewagtes Unternehmen, bei der ausserordentlichen Differenziertheit der Römerbriefauslegung gerade das zentrale 4. Kapitel herauszugreifen und hier einige Linien im Blick auf die Frage des Alters auszuziehen. Andrerseits stehen wir als Christen immer neu vor der Aufgabe, auf das Evangelium zu hören und uns die Verheissung im offenbaren Wort Gottes zusprechen zu lassen.[1] Beim Thema "Abraham und die Rechtfertigung der Glaubenden allein aus Gnade" dürfte eine oberflächliche Aktualisierung im Rahmen unserer Fragestellung ganz an der Substanz vorbeigehen. Weder die Frage nach dem Sinn des Lebens, noch die Frage nach dem Verhältnis von Theologie und Anthropologie, noch jene nach der Existenz Gottes eröffnen uns auch nur einen hinreichenden Zugang zu Röm.4.[2]
Wir wollen von dem Satz des Paulus in Gal.3,29 ausgehen: "Wenn ihr aber zu Christus gehört, dann seid ihr damit Nachkommen Abrahams und Empfänger des Erbes, wie es die Verheissung zusagt."[3] Abraham war die Verheissung zahlreicher Nachkommen und des Landes, das Gott ihm geben will, zugesprochen worden (1.Mos.15,5-7); frühjüdisch-apokalyptisch verstand man dies dahingehend, dass ihm verheissen war, Welterbe zu sein.[4]
An dieser Verheissung sollen die Christen Anteil erhalten?
Nichts weniger als das, sagt Paulus. Christen, so unbeholfen, angefochten und fragend sie Glaubende zu sein versuchen, haben Anteil an der Abraham gegebenen Verheissung, weil er der Vater aller Glaubenden ist.[5] Gott hat sich in seiner unverbrüchlichen Treue uns zugesagt, und er bewährt seine Gnade auch im eschatologischen Gericht. Der Schöpfer greift nach uns, um sein Recht an uns durchzusetzen und seine Herrschaft als befreiende Liebe zu verwirklichen. Wie können wir darauf unser Vertrauen setzen, dass Gottes Gnade uns in all unseren Zweifeln und Aengsten, in all unserer angefochtenen Lebenshoffnung gilt?
Abraham war weder eine herausragende religiöse Persönlichkeit noch ein Beispiel für religiös verdienstvolles Handeln oder besondere Leistungen der Frömmigkeit. Dazu wollte ihn Paulus nicht heranziehen.[6] Man kann ihn nicht zu jenen Gerechten zählen, die dem Tod zugehen, wie es in der syrischen Baruchapokalypse beschrieben ist: "Die Gerechten erwarten gern das Ende, und furchtlos gehen sie aus diesem Leben. Weil sie bei dir (Herr) einen Schatz an Werken haben, der in den Vorratskammern aufbewahrt wird, darum verlassen sie auch furchtlos diese Welt, und voll freudiger Zuversicht harren sie darauf, dass sie die Welt empfangen, die du ihnen verheissen hast."[7]
Abraham war, wie Paulus sagt, nicht auf Grund seiner Werke gerecht.[8] Er blickte im Alter nicht zurück auf ein Leben, das sich Erlösung, Heimkehr und Empfang des Lohns vor Gott erworben hatte und darum den Tod nicht zu fürchten brauchte.[9] Er lebte nicht als Gerechter, dessen Lebensweg sich erfüllt hatte und der darum alt und lebenssatt getrost seinem Lebensende zuging.

Jesus hat einmal in einer Parabel, einer Beispielgeschichte, scharf gezeigt, wie naheliegend ein Leben aus einer Optik der Selbstzufriedenheit eigentlich ist. Der Pharisäer in Lk.18,9-14,[10] der mit einem Zöllner gleichzeitig zum

Gebet im Tempel weilt, dankt Gott für seine Gerechtigkeit: "Gott, ich danke dir, dass ich nicht wie die übrigen Menschen bin, Räuber, Rechtsbrecher, Ehebrecher, oder auch wie dieser Zöllner hier. Ich faste zweimal die Woche und gebe den Zehnten von allen meinen Einkünften."[11] Der Pharisäer erkennt nicht, dass vor Gott nicht verrechenbare Leistungen, nicht die Verdienste eines gelebten Lebens zählen. Erst recht ist er für den wirklichen Gott blind, wenn er meint, Gott für sich allein beanspruchen und andere von ihm ausschliessen zu können. Gottes Gerechtigkeit sucht gerade nicht ihn, sondern den Verlorenen, den Sünder: den Zöllner, der sich verzweifelt mit den Fäusten auf die Brust trommelt und nur flehentlich um Gottes Gnade bitten kann.

Genau darum geht es Paulus bei Abraham, dem die Gerechtigkeit ohne Werke zugerechnet wurde. Abraham glaubte, obwohl seine Hoffnung längst in Verzweiflung, sein Vertrauen längst in massiven Zweifel an Gott hätte münden können. Paulus sagt in aller Schärfe, dass er realistisch gesehen nichts mehr zu hoffen hatte.[12] Abraham machte sich keine Illusionen über seinen körperlichen Zustand. Seine Zeugungskraft war verloschen, der Mutterschoss Saras unfruchtbar. Abraham war beinahe hundertjährig (Röm.4,19; 1.Mos.17,17). Es wäre tatsächlich das Realistischste gewesen, wenn er im "Unglauben gezweifelt" hätte.[13] Aber er tat dies nicht. Vielmehr stärkte ihn die Verheissung Gottes immer neu, "wider alle Hoffnung auf Hoffnung hin" zu glauben (Röm.4,18) und Gott die Ehre zu geben.[14]

Im Diatribe-Stil gibt Paulus den Schriftbeweis,[15] dass auf Grund von
1.Mos.15,6 "Abraham glaubte Gott, und das wurde ihm als Gerechtigkeit angerechnet",[16]
1.Mos.17,10f. "Das aber ist der Bund zwischen mir und euch und deinen Nachkommen, den ihr halten sollt: Alles was männlich ist unter euch, das soll beschnitten werden... Das soll ein Zeichen sein des Bundes zwischen mir und euch"[17]
und ihrer zeitlichen Reihenfolge Abraham sein Glaube zur Gerechtigkeit angerechnet wurde, bevor er beschnitten war und bevor Israel das Gesetz erhielt. Seine Gerechtigkeit bestand also weder in der Beschneidung noch in der Erfüllung der vom Gesetz geforderten Werke, sondern allein in seinem Glauben.[18]

Dabei ist der Gedankengang klar gegliedert:

4,1-8 Abraham wurde nicht auf Grund seiner Werke, sondern auf Grund seines Glaubens gerechtfertigt.

4,9-12 Abraham wurde vor der Beschneidung gerechtfertigt, darum ist er zum Vater aller Glaubenden, der Heiden (Unbeschnittenen) und der Juden (Beschnittenen) geworden.

4,13-16(17a)[19] Die Abraham gegebene Verheissung hat ihre Gültigkeit nicht durch das Gesetz, sondern allein aus Glauben durch die Gnade Gottes.

4,17(17b)[19]-22 Abrahams Glaube war Vertrauen auf Gott, den Schöpfer, der seine Verheissung erfüllen wird. Darum wurde Abraham der Glaube zur Gerechtigkeit angerechnet.

4,23-25 Abrahams Glaube hat den Auferweckungsglauben der Christen aus Juden und Heiden vorweggenommen.[20]

Konsequent wird im Gedankengang die zentrale These von Röm.3,21-31 "Gottes Gerechtigkeit durch Glauben an Jesus Christus für alle Glaubenden" (Röm.3,22)[21] aufgenommen. 4,1-8 bezieht sich auf 3,27f. (Rechtfertigung sola fide, allein aus Glauben), 4,9-12 auf 3,29f. (Glaubensgerechtigkeit für alle Glaubenden, Juden und Heiden), 4,13-16 auf 3,31 (das Gesetz wird durch den Glauben nicht ausser Kraft gesetzt).

Mit seiner Argumentation entreisst Paulus in scharfsinniger Beweisführung Abraham dem Ausschliesslichkeitsanspruch der Synagoge.[22] Für die Juden war Abraham nicht nur Stammvater nach dem Fleisch, sondern auch Vater aller Proselyten.[23] Paulus aber zeigt, dass er das Vorbild, der Typos christlicher Glaubensgerechtigkeit[24] und damit Vater prinzipiell aller Glaubenden ist. Er stellt die Glaubensgerechtigkeit als Macht und Gabe[25] in den universalen Horizont der ganzen Schöpfung: Die Erwählungsgeschichte, die in kontingenter Verheissung an Abraham ihren Anfang genommen hat, bleibt nicht auf Israel beschränkt. Diese Verheissung gilt über die Grenzen des erwählten Gottesvolkes hinaus allen Glaubenden. Gott sucht alle Menschen, der Schöpfer sucht alle seine Geschöpfe, das Evangelium wird universal proklamiert.[26]

Man muss sich die Tragweite dieser Aussagen vergegenwärtigen. Am besten gelingt dies anhand einer Missinterpretation paulinischer Theologie, wie sie G. Klein vorgelegt hat. Er hat behauptet, die Offenbarung der Gerechtigkeit nach Paulus sei streng auf die Zeit nach dem Christusgeschehen beschränkt, genauer sei ihr terminus ante quem non (Zeitpunkt vor dem nicht) die Kreuzigung Christi.[27] Röm.3,21-31 weise im Gedankengang einen Knick auf, da v27f. von der Rechtfertigung ohne den Ruhm der Werke, v29f. von der damit erwiesenen Irrelevanz des Unterschieds von Juden und Heiden handle.[28] Durch die Subsumption unter den Begriff ἄνθρωπος (=Mensch) v28 werde jede Differenz von Juden und Heiden aufgehoben, das Judentum werde gar entsakralisiert und profanisiert.[29] "In der Nebenordnung von Juden und Heiden in ihrer gemeinsamen Unterordnung unter die übergreifende Kategorie werden die Begriffe Ἰουδαῖος (=Jude) und περιτομή (=Beschneidung) auf die Ebene ethnographischer Klassifikationen heruntergehoben und damit religiös vollständig depotenziert".[30] G. Klein hat selbst die Aporie, zu der seine Ausgangsthesen führen, vor aller Auslegung von Röm.4 formuliert: Wie ist es möglich, dass Paulus im Schriftbeweis eine Gestalt heranzieht, die zur Zeit vor dem Kreuz Christi gehört, in der die Gottesgerechtigkeit ja noch gar nicht offenbar war?[31] Es ist eine logische Konsequenz bei Klein, dass Paulus Abraham nur als "Modell" anführt, um die "Strukturelemente des Rechtfertigungsgeschehens" darzustellen.[32] "Das Kontinuum zwischen Abraham und den Glaubenden ist also ein Rückentwurf heutigen Glaubens."[33] G. Kleins Interpretation von Röm.4 mit ihren antisemitischen Implikationen ist nach dem jahrelangen Dialog zwischen Juden und Christen kaum zu verstehen.

Demgegenüber haben sowohl E. Käsemann wie U. Wilckens[34] scharf betont, dass Abraham als Gottloser aus Glauben gerechtfertigt wurde und damit zum Stammvater aller Glaubenden geworden ist. An den Glaubenden wird die Abraham gegebene Verheissung Wirklichkeit, und dies geschieht wie bei ihm wider alle faktische Realität und gründet allein in der Geschichte von Gottes Treue.[35] U. Wilckens hat zu Recht darauf hingewiesen, dass Paulus zu den Nachkommen, zum "Samen" Abrahams auch diejenigen Juden zählt, die "aus dem Glauben Abrahams" leben (Röm.4,16) und nicht aus dem Gesetz. "Dass damit nicht Juden ante Christum, sondern ausschliesslich die Judenchristen der Gegenwart gemeint seien, wird weder gesagt noch ist dies aus dem Duktus des Textes zu entnehmen, so sehr dieser auch aktuelle Zielrichtung hat."[36] Es geht nicht an, den Juden abzusprechen, dass ihnen "Gottes Verheissungsworte anvertraut" sind (Röm.3,1f.) und dass "bezeugt vom Gesetz und den Propheten" die Gerechtigkeit Gottes offenbar geworden ist (Röm.3,21). Abraham ist das Urbild des Glaubens, nicht bloss Modell oder Beispiel.[37]

Inwiefern hat nun Abrahams Glaube den christlichen Glauben vorweggenommen, oder besser, inwiefern steht Abraham am Anfang der Geschichte der Glaubensgerechtigkeit? Das Besondere ist nach Paulus nicht, dass Abraham ganz auf die göttliche Verheissung vertraute. So konnte dies auch das Frühjudentum sagen und dann die Anerkennung durch Gott als Bekräftigung der Frömmigkeit und der Gerechtigkeit der Werke Abrahams verstehen.[38] Abraham war nach Paulus gehorsam im Glauben, und das heisst, er rühmte sich seines Tuns nicht. Er konnte sich selbst vor Gott keine Leistungen zurechnen.[39]

Das besagt nun nicht, dass Paulus Werke a priori negiert, aber er lehnt sie als Verdienst ab, um vor Gott Gerechtigkeit zu erlangen. So gesehen ist die gegenteilige Argumentation in Jak.2,21ff.,[40] wo auch Abraham als Vater der Christen (gemeinsam mit der Hure Rahab!) angeführt wird, nicht nur Antithese und Widerspruch, sondern berechtigte Verteidigung des Satzes, dass Glauben in den Taten der Liebe wirksam werden und Frucht tragen soll.[41] Gewiss steht hinter Jak.2 die traditionelle jüdische Auslegung, dass gerecht ist, wer gerecht handelt. Dies wird an der Opferung Isaaks exemplifiziert.[42] Aber das Vorzeichen vor der Klammer ist auch bei Jakobus, dass jede gute Gabe von oben kommt, dass Christen durch das Wort der Wahrheit zu Erstlingswerken einer neuen Schöpfung geworden sind (Jak.1,17f.) und aus Glauben um die Weisheit bitten sollen, die Reinheit, Friedfertigkeit und Milde ermöglicht (Jak.1,5 und 3,17).[43] Gegen eine quietistische Erstarrung und eine Fixierung des Glaubens auf dogmatische Lehrwahrheiten ruft der Brief entschieden in die konkrete, praktische Bewährung des Glaubens im Alltag des Lebens.[44]

Rechtfertigung allein aus Glauben ist nach Paulus Rechtfertigung dessen, der gottlos ist und in seinem Tun nicht über Unrecht und Sünde hinauskommt.[45] Paulus trifft mit dem Rekurs auf Ps.32,1f. und auf David einen weiteren Nerv des jüdischen Selbstverständnisses. Pointiert gesagt wird David als Sünder Abraham als Gottlosem zur Seite gestellt. Im Gedankengang sind damit zwei Schriftzeugen für seine Argumentation beigebracht.[46] Aber nicht nur das, in aller Entschiedenheit beweist Paulus seinen Satz, dass Gottes Gnade allein den Menschen rechtfertigen kann, anhand der Gerechtigkeit, die dem glaubenden Abraham von Gott zugerechnet wurde, und anhand der Vergebung, die dem Sünder David von Gott widerfuhr.

Kein einziger ist aus sich selbst vor Gott gerecht, auch Abraham und David waren es wider allen jüdischen Ruhm (καύχημα v2) nicht.[47] Keiner kann sich seiner Gerechtigkeit rühmen, auch nicht ein einziger.[48]

Es wird nun deutlich, dass von daher alles Gewicht auf den gerechtsprechenden Gott fällt: Paulus redet in diesem Kapitel tatsächlich in einer Radikalität von Gott, die mit frommer Erbaulichkeit rein gar nichts mehr zu tun hat.
Gott spricht dem Gottlosen Gerechtigkeit zu (...ἐπὶ τὸν δικαιοῦντα τὸν ἀσεβῆ...), der die Werke des Gesetzes aus Schuld nicht tun konnte und damit zum Sünder wurde (Röm.4,4f.). Die Rechtfertigung als Rechtfertigung des Gottlosen wird hier, einmalig expressis verbis, als Spitze paulinischen Redens von Gott artikuliert.[49] Gott ist derjenige, der das Unrecht der Menschen nicht will und der in beteiligter Liebe den Menschen nur im Zorn an seine selbstverschuldete Ungerechtigkeit preisgeben kann.[50] Er ist derjenige, der den Menschen die gute Thora gegeben hat, aber sie erkennen daran stets von neuem, dass das Gesetz ihre Sünde, ihr Unrecht an den Tag bringt.[51] Universal sind die Menschen in ihrer Ungerechtigkeit gefangen, und allein der Freispruch Gottes kann dieses Gefängnis aufbrechen (Röm.1,18-3,20).

Abraham hat an den Gott geglaubt, "der die Toten lebendig macht und das Nichtseiende ins Sein ruft" (Röm.4,17).[52] Gottes Macht der Totenauferweckung wird vom Juden täglich im 18-Bittengebet in der 2. Benediktion gepriesen, und das Frühjudentum erwähnt wiederholt in heilsgeschichtlichem Zusammenhang die creatio ex nihilo, die Schöpfung aus dem Nichts.[53] Vom Anfang der Welt bis zu ihrem Ende ist Gott einer, die eschatologische Auferweckung der Toten vollendet die Schöpfung in eschatologischer Neuschöpfung. Die Kraft des Schöpfers ist stets gegenwärtig, und sie manifestiert sich gerade in der Rechtfertigung des Gottlosen.[54] Treffend hat E. Käsemann im Blick auf den Gedankengang des Paulus, besonders auf v17, gesagt: "Die Pointe solcher Feststellungen liegt darin, dass die Rechtfertigung diesem Zusammenhang" (von Schöpfung aus dem Nichts und eschatologischer Totenauferweckung) "eingeordnet wird. Sie ist in eschatologischer Zeit erfolgende creatio ex nihilo und Vorwegnahme der Totenauferweckung inmitten noch anhaltender irdischer Anfechtung. Als solche muss sie notwendig justificatio impii" (Rechtfertigung des Gottlosen) "sein und bleiben."[55] Der Glaube Abrahams an den Gott, der die Macht hat, seine Verheissung wahr zu machen, ist Glaube an keinen anderen Gott als an den, der Christus auferweckt hat. Paulus erweist in seinem Gedankengang in konsequenter Geradlinigkeit, dass Rechtfertigungsglaube und Auferweckungsglaube, besser der den Gottlosen rechtfertigende Gott Abrahams und der Gott der beschnittenen und unbeschnittenen Gläubigen, der Christus auferweckt hat, ein und derselbe Gott ist. Er ist Gott in seiner Treue, in seiner schöpferischen Macht und in seiner zum Leben befreienden Güte. Kreuz und Auferstehung Christi sind die eschatologische Tat Gottes, der seinen Sohn hingibt, um das Unrecht der Menschen auf sich zu nehmen, und der ihn auferweckt, um uns mit seiner Auferweckung die Rechtfertigung, den Freispruch und die heiligende Gnade zu schenken (Röm.4,25). Die Heiligung des Christenlebens, wie sie vor allem Jakobus betont hat, ändert nichts daran, dass wir täglich aus Gottes Gnade neu geschaffen werden, täglich neu allein aus Gnade leben, täglich neu durch Gottes Ruf aus dem Tod ins Leben kommen.

Von daher wird uns nun verständlich, warum Paulus - auf den ersten Blick sehr paradox - vom Ausziehen oder sogar Sterben des alten Menschen und vom Anziehen oder sogar Auferwecktwerden des neuen Menschen sprechen kann.[56] Der Christ lebt tatsächlich bis ins hohe Alter unter diesen sich widersprechenden, "zweifachen Bestimmung",[57] wenn ihm auch zugesagt ist, dass Gott mit ihm ein klares Ziel hat:
"Wenn jemand in Christus ist, so ist er eine Neuschöpfung; das Alte ist vergangen - siehe, Neues ist geworden." (2.Kor.5,17).[58]
Die in Christus geschehene Wende des Lebens vom alten zum neuen, vom ungerechten zum erlösten Menschen ist Gottes befreiende Tat, und "all Morgen" darf der Mensch wieder umkehren vom Tod zum Leben, von der Finsternis zum Licht. Gerade daran, dass der Christ "simul peccator et iustus",[59] Sünder und Gerechter zugleich bleibt, erkennt er, dass er weiterhin, auch nach der Taufe, ganz und allein aus Gottes schöpferischer Gnade lebt.
Als Abgrenzung weist G. Ebeling bei dieser Unterscheidung des Paulus von altem und neuem Menschen treffend auf die ideologiekritische Pointe in unserer heutigen Gesellschaft hin:
"Es geht selbstverständlich nicht um den Gegensatz von alt und jung, der allerdings im Denken vieler - oder richtiger: aus Gedankenlosigkeit - eine wichtige soteriologische Rolle spielt. Das Altern hinauszuzögern, sich jung zu erhalten oder wenigstens sich jung aufzumachen und zu geben und dennoch möglichst alt werden zu wollen, das ist eine der flachsten, aber verbreitetsten Soteriologien. Der zum Idol erhobene junge Mensch mit seinen evidenten Vorzügen, neben denen seine Nöte und Aengste freilich meist verkannt werden, ist ein typischer Fall des alten Menschen im biblischen Sinne."[60]
Es braucht nicht viel Scharfsicht, um zu sehen, dass diese altersfeindliche "Gedankenlosigkeit" massive kommerzielle und wirtschaftliche Hintergründe hat.
Die Glaubensgerechtigkeit des alten Abraham ist nicht nur der schärfste Gegensatz zur Leistungsgerechtigkeit unserer Gesellschaft, sondern auch zur Verkennung der Verstrickung des Menschen in seine Schuld und sein Unrecht, von der auch heutige Ohren, wie zu Zeiten des Paulus, nur ungern hören. Aber die frohe Botschaft, das Evangelium von Gottes offenbarter Gerechtigkeit ist die Verheissung, dass Gott sich selbst und uns Menschen treu bleibt. In der Auferweckung des Gekreuzigten hat er seine Treue eschatologisch erwiesen; auch wenn wir noch nicht im Schauen wandeln, so hat doch unser Glaube festen Grund. Im Vertrauen auf seine Gnade und schöpferische Macht hoffen wir, wo keine Hoffnung angebracht zu sein scheint, glauben wir, auch dort, wo unsere Werke kläglich scheitern. Darum ertönt auch heute der Ruf an Jung und Alt:" Lasst euch versöhnen mit Gott! Den, der von Sünde nichts wusste, hat er für uns zur Sünde gemacht, damit wir durch ihn Gottes Gerechtigkeit würden" (2.Kor.5,20f.).[61]

4.8. Die Witwen

Vom Alten Testament her war das Judentum zur Zeit Jesu offen für die Not der sozial Schwachen. Philo von Alexandrien schreibt: "... wie sollte es mir dem Sterblichen geziemen, den Nacken hoch zu tragen, mich aufzublähen und stolz zu tun gegen meinesgleichen, Menschen ungleichen Geschickes zwar, die aber doch gleicher Abstammung mit mir sind, die alle eine Mutter haben, die allen Menschen gemeinsame Natur? Ich werde mich also, auch wenn ich Gewalt über Land und Meer erlangen sollte, zugänglich und gefällig zeigen den Aermsten und Niedrigsten und solchen, die der Verwandtenhilfe entbehren, die beider Eltern beraubt sind, Frauen, die im Witwenstande leben, Greisen, die Kinder entweder überhaupt nicht gehabt oder die sie gehabt (, aber) früh verloren haben."[1] Philo begründet hier naturrechtlich, mit der allen Menschen gemeinsamen Natur und Sterblichkeit, die persönliche Hilfsbereitschaft gegenüber Menschen in sozialer Not. Die aufgezählten Fälle, Arme, Waisen, Witwen und kinderlose Alte, sind typische Schicksale, in denen Not in der antiken Gesellschaft beinahe unvermeidlich war. Die jüdische Gemeinde kannte dafür eine gute Armenfürsorge, und wie wir den hellenistisch-jüdischen Bekehrungsgeschichten entnehmen können, galt es als Konsequenz der Bekehrung, Besitz aufzugeben, sich an der Armenfürsorge zu beteiligen und Unannehmlichkeiten und soziale Diskriminierung in Kauf zu nehmen. Wegweisendes Beispiel für die Hilfsbereitschaft gegenüber den Armen war Hiob.[2]

Worin bestand die schwierige Lage der Witwe (ἡ χήρα)? Sie spricht sich schon im Wortstamm aus: die Verlassene, leer Gelassene.[3] Ihre prekäre Situation war - besonders, wenn sie für Kinder zu sorgen hatte - zuerst einmal materieller Art.[4]
Jesus warnte die Jünger in prophetischer Anklage vor den Schriftgelehrten: "Sie, die die Häuser der Witwen aufzehren und (dabei) zum Schein lange Gebete sprechen, sie werden ein (umso) strengeres Gericht empfangen" (Mk.12,40).[5] Jesus war ein Anwalt der Witwen, deren Rechtshelfer ihre Stellung zur Aneignung des Grundeigentums ihrer Klienten missbrauchten. Die Stelle zeigt, dass selbst vermögende Witwen nicht vor dem Verlust ihres Eigentums gesichert waren.[6] Die Lage der Witwen war aber nicht nur materiell, sondern vor allem auch rechtlich schwierig. Witwen hatten wohl öfters Schwierigkeiten, vor Gericht zu ihrem Recht zu kommen. Die Parabel Lk.18,2-5 gibt dafür ein anschauliches Beispiel:[7] Ohne richterliche Verfügung kann eine Witwe gegenüber ihrem Verfahrensgegner nicht zu ihrem Recht kommen. Der Richter will demgegenüber den Prozess hinauszögern und wagt nicht, ihn gegen den mächtigen Schuldner zugunsten der Witwe zu entscheiden.[8] Im Alten Testament und im Frühjudentum ist es darum eine immer neu erhobene Forderung, der Witwe sei im Gerichtsverfahren zu ihren Recht zu verhelfen, und sie sei nicht zu bedrücken.

Aber gerade so, in ihrer materiellen und rechtlichen Not, erweist sich die Witwe als Beispiel der mutigen, gläubigen Frau. Nicht zufälligerweise erscheint sie mehrmals im Evangelium. Jesus lebt nicht nur eine für die damalige Zeit unerhörte Offenheit gegenüber Frauen,[9] er ist auch der Not der Witwen nahe.

Er setzt sich im Tempel dem Opferstock gegenüber und beobachtet die Leute, die Geld einwerfen (Mk.12,42-44). Im Vertrauen auf Gottes Güte und Fürsorge legt eine Witwe zwei "Franken" ein. Auch wenn es unvergleichlich weniger ist als die Beträge der Reichen, es ist ihr Lebensunterhalt: "... sie aber hat von ihrer Armut alles, was sie hatte, hineingelegt, ihren ganzen Lebensunterhalt!"[10] Für Jesus ist sie Beispiel eines freien Glaubens und Gebens.[11]

Die unnachgiebige Beharrlichkeit der Witwe, die wiederholt an den säumigen Richter appelliert, ist für ihn Beispiel der betenden Frau, die mit ihrem Bitten vom gnädigen Gott nicht ablässt (Lk.18,2-5). Vor dem anhaltenden Gebet der Gläubigen wird Gott die Errettung seiner Auserwählten nicht auf die lange Bank schieben.[12] Das Gleichnis scheut sich nicht vor drastischer Anschaulichkeit. Dem starken Richter nämlich, der sich weder um Gott noch um Menschen kümmert, ist nicht mehr wohl in seiner Haut: Er fürchtet, dass die Witwe kommt, dabei tätlich wird und er sein Gesicht verliert.[13] So kühn kann das Evangelium in seinen Gleichnissen vom Gebet erzählen! Wenn diese klägliche Richtersfigur die Witwe erhört, wie sollte da nicht der gnädige, allmächtige Gott seine Gemeinde erhören?

Mit Jesus ist die eschatologische Gottesherrschaft angebrochen. Das Witwenschicksal ist nicht einfach mit Hoffnungslosigkeit gleichzusetzen. In der Erzählung von der Auferweckung des Jünglings von Nain (Lk.7,11-17)[14] sind zwei Züge in unserem Zusammenhang besonders bedeutungsvoll:

1) Die Witwe hatte mit ihrem einzigen Sohn alles verloren, sie war nun nicht nur alleinstehend, sondern wohl auch kinderlos.

2) Die grosse Anteilnahme der Bevölkerung, auch wenn sie zur Form der Wundererzählungen gehört, deutet doch an, dass wir uns eine Witwe im damaligen Palästina keineswegs von vornherein als vereinsamte Frau vorstellen dürfen.[15]

Das Kerygma dieser Erzählung ist, dass schon im Wirken des irdischen Jesus die Macht des Auferstandenen über Leben und Tod aufleuchtet. Gottes Hilfe ist unter den Menschen gegenwärtig.[16]

Wie hat die erste Christengemeinde in Jerusalem Jesu Verständnis für die Not der Witwen und seine prophetische Anklage des ihnen zugefügten Unrechts aufgenommen?[17]

Die urchristliche Gemeinde schloss sich dem alttestamentlichen und frühjüdischen Engagement für die rechtlich und materiell Not leidende Witwe an. Sie wusste sich in der Nachfolge Jesu, wenn sie in ihrer Gemeinschaft Arme mittrug und versorgte.

Die Jünger lebten ihr Engagement aus der befreienden Gewissheit, dass der Herr Jesus Christus von Gott auferweckt worden war. Er war in ihrer Mitte gewesen und hatte sie zu seinen Zeugen beauftragt.[18] In der Gemeinschaft der rasch wachsenden Gemeinde erfuhren sie die Kraft des endzeitlich ganz Israel verheissenen Geistes. Die Verheissung des Propheten Joel hatte sich in ihrer Mitte an Pfingsten erfüllt. Jede gelinderte oder beseitigte körperliche, seelische, materielle oder rechtliche Not war darum für die Gemeinde ein neues Zeichen der Erfüllung der alten prophetischen Verheissungen.[19] Sie konnten es nicht anders verstehen, als dass in der

Kraft dieses Geistes, aus der befreienden Macht des auferweckten und erhöhten Messias Menschen aus der Angst, der Behinderung und den Schmerzen ihrer Krankheit befreit wurden.[20]
In der Kraft dieses Geistes lebte die Gemeinde auch ihre Gemeinschaft (ἡ κοινωνία = Koinonia).[21] Sie hörte auf die Worte, Erzählungen und Mahnungen von Jesus, wie sie ihnen die Augenzeugen berichteten (die Lehre der Apostel). Sie brachen das Brot und assen gemeinsam in den Häusern, sie beteten gemeinsam, nahmen am Tempelgottesdienst teil, und teilten so ihre Erfahrungen und ihr tägliches Leben. Es war kein steifes, griesgrämiges Leben, vielmehr ein frohes Zusammensein und ein offenes Zugehen auf die Aussenstehenden, das mancherorts Sympathie und neue Lebenshoffnung weckte.[22]

Im Blick auf die sog. "Summarien", die zusammenfassenden Berichte der Apg. über das erste Gemeindeleben, sind uns vor allem zwei Feststellungen wichtig:
1) Sie lassen sich nicht lösen aus dem Gesamtzusammenhang von Apg.1-6, der Gewissheit, dass der Gekreuzigte auferweckt worden war, der Erfahrung, dass der Geist in ihrer Mitte gegenwärtig war und der brennenden Erwartung, dass der Herr bald kommt.
2) Es ist bemühend, wie sich die Theologie immer wieder an der Gütergemeinschaft der ersten Christengemeinde die Zähne ausbeisst,[23] aber vom anderen fast nichts sagt: von der Wohn-, Tisch- und Lebensgemeinschaft. Selbst wenn der Verfasser die Berichte komponiert und dabei wohl auf Ueberlieferung zurückgegriffen hat,[24] so ist doch dies historisch, dass sich die erste Gemeinde anschickte, nicht nur Wort und Gebet, sondern aus Wort und Gebet ihr ganzes Leben als täglichen Gottesdienst zu teilen. Wir können uns vorstellen, dass eine Witwe sich in dieser Mitte, dass ein kinderloser Alter sich hier getragen und verstanden fühlten.

Es gab damals in Jerusalem viele gläubige Juden, die aus der Diaspora in die Gottesstadt gekommen waren, um dort ihr Alter zu verbringen. Sie hofften auf die Zionsverheissung und wollten darum in Jerusalem sterben und begraben werden.[25] Meist hatten sie in der ihnen sonst fremden Stadt keine Angehörigen. Wenn sie den Partner verloren, standen sie allein und waren vor materieller Not nur ungenügend gesichert. Das Stück Land, das viele von ihnen sich ursprünglich gekauft hatte, mussten wohl manche wieder verkaufen, und schlimmstenfalls hatte die jüdische Armenfürsorge für sie aufzukommen.[26] Sie waren Hellenisten, das heisst Griechisch sprechende Diasporajuden, die auch bald in der Christengemeinde eine eigene Gruppe bildeten.[27]
Wir erhalten vielleicht in der Apg. ein Beispiel für diesen Kreis: Joseph mit Beinamen Barnabas. Er war ein Levit von der Insel Zypern. Es ist natürlich auch möglich, dass er nur zeitweilig in Jerusalem weilte. Von ihm wird jedenfalls erzählt, dass er einen Acker zugunsten der Gemeinde verkaufte. Aus freiem Willen stellte er den Aposteln den Erlös zur Verfügung (Apg.4,36f.).[28]
Die Lage war wohl für die hellenistischen Witwen am schwierigsten, sie waren sozial besonders schlecht gestellt. Zu den sprachlichen Problemen und der rechtlichen Hilflosigkeit kam bei vielen von ihnen die materielle Not, der die Christengemeinde durch Witwenmahlzeiten entgegentrat.[29]

Die äussere Situation war gewiss auch bei anderen Gemeindegliedern nicht eben rosig: Die Jünger aus Galiläa hatten ihre Erwerbsgrundlage durch das Verlassen ihrer Heimat verloren und waren als Fischer, Bauern oder Zöllner in Jerusalem wohl zuerst ohne Arbeit.[30] Die Christengemeinde sah sich vor nicht geringe soziale Probleme gestellt, und es brauchte die Anstrengung aller, damit niemand in ihrer Mitte Not litt.

Wie in den Kommentaren immer wieder festgehalten wird, ist es richtig, dass es sich bei der Gütergemeinschaft der Gemeinde nicht um einen "Urkommunismus" (K. Kautzky), nicht um eine Produktionsgemeinschaft wie im Qumran, nicht um eine organisierte Konsumgenossenschaft oder einen "religiösen Liebeskommunismus" (E. Troeltsch) handelte. Es war eine Lebens- und Wohngemeinschaft in den Häusern, die durch freiwilligen Besitzverzicht in der Nachfolge des Herrn und durch das solidarische Teilen in der Gemeinde die sozial Schwachen integrierte und für sie einstehen konnte. So wie sie gemeinsam das Brot brachen und gemeinsam beteten, so teilten sie auch gemeinsam ihr weniges Hab und Gut.[31]
Von da her gesehen ist es nun keineswegs aussergewöhnlich, dass Hanania und Saphira ihr Grundstück verkauften, auch nicht, dass sie einen Teil des Erlöses beiseite legten (Apg.5,1-11). Mit aller Schärfe wird aber vom Verfasser der Apg. anhand dieses Beispiels gezeigt, dass Gott ein freies und ehrliches Geben, nicht aber die heuchlerisch vorgespielte Grosszügigkeit fordert, und dass über letzterer der Fluch steht.[32]

Die Hauptschwierigkeit für die Urgemeinde wird darin gelegen haben, dass die hellenistisch-judenchristliche und die aramäisch-palästinische Gemeindegruppe aneinander vorbeilebten und sich schliesslich spalteten. Dies ist nach Vermutung der Exegeten der Hintergrund von Apg.6,1-7.[33] "In jener Zeit, als die Zahl der Jünger immer mehr anwuchs, kam es dazu, dass die Griechen gegen die Hebräer aufbegehrten, weil ihre Witwen bei der täglichen Speisung übersehen wurden." (Apg.6,1).[34] Es ist kein Zufall, dass gerade die Versorgung der Witwen ein wunder Punkt war, und der Konflikt hier zu brodeln begann. Die jüdische Armenfürsorge kam für die christlichen Witwen sehrwahrscheinlich schon nicht mehr auf, und die aramäischen Judenchristen hatten gegenüber den Hellenisten ein mehreres zu leisten, da die Verwandtenhilfe (vgl. Philo) bei den Griechischsprachigen seltener spielte.[35]
Den Dienst (ἡ διακονία = diakonia) für die hellenistischen Witwen konnten die Apostel nicht zusätzlich zu ihren Aufgaben auch noch übernehmen. Darum setzten sie mit Einverständnis der Gemeinde eine Gruppe von sieben Hellenisten ein.[36] Mit der Organisation dieser Selbsthilfe sollte eine befriedigende Vorbereitung und Austeilung der Mahlzeiten für die Witwen gewährleistet werden. Zwar erfahren wir viel zu wenig, um über diese gemeinschaftliche Unterstützung der Schwachen genaueres sagen zu können. Die Sieben erscheinen später in der Apg. nur als Verkündiger des Wortes.[37] Aber die hellenistische Namenliste zeigt, dass Lukas hier historische Ueberlieferung einbringt.[38]

Der Apostel Paulus hat seine grossangelegte Sammelaktion zugunsten der Jerusalemer Gemeinde nicht zuletzt für die Witwen und Waisen, die kinderlosen Alten, die Behinderten und Kranken organisiert.[39] Sie ist nach

Röm.15,26f., der letzten Erwähnung, bevor Paulus sie nach Jerusalem überbringt, für die Armen unter den Jerusalemer Christen bestimmt (gen. part.).[40] Sie soll in leiblichen Dingen (ἐν τοῖς σαρκικοῖς) ein Zeichen des freien Dankes der heidenchristlichen Gemeinden sein, die (τοῖς πνευματικοῖς) die Gabe des Evangeliums erhalten haben.[41] Primär ging es Paulus um die materielle Unterstützung, aber verbunden damit auch um den Erweis, dass seine Verkündigung des Evangeliums unter den Heiden, den Unbeschnittenen, reiche Ernte gebracht hatte.[42] Die Gemeinden des paulinischen Missionsgebietes, von Achaja, Mazedonien, Galatien bis zu Korinth, halfen nach ihren Möglichkeiten, die schwierige materielle Lage in Jerusalem zu verbessern.[43] Die Aktion übertraf gewiss die beim Apostelkonzil von Paulus übernommene Verpflichtung.[44]

Die Anfragen der Korinther, die Paulus 1.Kor.7 zu beantworten hatte, zeigen uns, wie die Probleme der Witwen in ganz anderer Hinsicht in Christengemeinden Diskussionsgegenstand sein konnten.[45] Sie waren ihm wohl schriftlich gestellt worden.[46]
Die Korinther beschäftigte vor allem die Frage, ob Witwen wieder heiraten dürfen.[47] Wenn man die Antworten des Paulus in diesem Kapitel richtig einordnen will, so hat man sich zu vergegenwärtigen, dass es schon damals heidnische, rigoristisch-asketische Tendenzen gab, die in die Christengemeinden eingetragen wurden und nicht nur die Gemeinschaft mit den kultischen Prostituierten, sondern auch die Sexualität und Heirat an sich, erst recht die Wiederverheiratung von Witwen ablehnten resp. verurteilten.[48] Demgegenüber standen in Korinth die Libertinisten, die in der Hafenstadt (nicht weniger als viele heute in unserer Gesellschaft) ihre lukrativen Geschäfte mit der Parole "alles ist erlaubt!" machten.[49] Paulus war selbst nicht verheiratet und zog um des ungeteilten Dienstes willen die Ehelosigkeit offen vor.[50] Aber er bewährt gegenüber den Anfragen die in Christus geschenkte Freiheit. In seinen im besten Sinne des Wortes seelsorgerlichen Ratschlägen verlangt er von niemandem, unverheiratet zu bleiben. "Die Frau ist an ihren Mann gebunden, solange er lebt. Ist er entschlafen, so ist sie frei, wieder zu heiraten, wen sie will - jedoch in Uebereinstimmung mit dem Herrn. Glücklicher freilich ist sie, wenn sie so bleibt. Das ist zwar nur meine Meinung, doch ich glaube immerhin auch, den Geist Gottes zu besitzen" (1.Kor.7,39f.).[51] Man kann nur staunen über die freiheitliche Wegweisung, die der Apostel gibt. Von gesetzlich-sturer Härte keine Spur. Schon der Kirchenvater Tertullian hat dann im Rahmen der verhängnisvollen Entwicklung kirchlicher Sexualethik die Wiederverheiratung der Witwen ausdrücklich gegen Paulus abgelehnt.[52]

Wir haben bisher die Witwen altersmässig nicht weiter differenziert. Keineswegs setzten wir etwa voraus, dass alle Witwen ältere Frauen waren. In der damaligen Zeit werden junge Witwen gewiss zahlreicher gewesen sein als heute. Der einzige Text, in welchem wir das Alter differenzieren können, ist zugleich der ausführlichste über die Witwen im Neuen Testament: Die Weisung für Witwen in 1.Tim.5,3-16.[53]

In den Pastoralbriefen haben wir eine Gemeinde vor uns, die sich intensiv mit der Aufgabenverteilung, aber auch dem Zusammenleben der verschiedenen Generationen in der Gemeinde auseinandersetzt.[54] Dabei kann jetzt die Jugendlichkeit eines Gemeindeleiters anscheinend zum Anstoss werden und seine Anerkennung mindern (1.Tim.4,12). Aber gegen solche Bedenken wird Timotheus ganz einfach zum vorbildlichen Dienst ermutigt.[55] Wie schon bei Jesus die Nachfolgenden eine im Dienst verbundene neue Familie waren, so sind nun auch die Gemeindeglieder einander Vater und Mutter, Schwester und Bruder. Ihre Gemeinschaft ist geprägt von herzlicher Verbundenheit. Für den jungen Gemeindeleiter gelten die älteren Männer wie Väter, die älteren Frauen wie Mütter, die er nicht herunterzukanzeln und vor den Kopf zu stossen braucht, sondern mit guten Worten ermahnt.[56]

Welchen Platz erhalten im Zusammenleben der Generationen die Witwen? "Ehre die Witwen, die wirklich Witwen sind!" (1.Tim.5,3)[57] Vom 5. Gebot her ist hier mit τίμα = ehre! nicht nur der anerkennende Respekt in der Gemeinschaft, sondern auch die Fürsorge und materielle Unterstützung gemeint.[58] Gerade alte Frauen können in der Gemeinde gegenüber den jüngeren wertvolle Aufgaben übernehmen. Sie können ihre Erfahrungen in Kindererziehung, Haushalt und im Zusammenleben und gemeinsamen Dienst mit dem Mann weitergeben und so als gute Lehrerinnen ihre Lebenserfahrung in die Gemeinschaft einbringen (Tit.2,3f.).[59]

Der 1. Timotheusbrief geht davon aus, dass Kinder oder Grosskinder, wenn sie in einem Haus mit der Witwe zusammenleben, für diese sorgen. Wer für die im Haus mit ihm zusammenlebenden Eltern oder Angehörigen nicht sorgt, verleugnet damit nichts weniger als den Glauben selbst und "ist schlimmer denn ein Ungläubiger" (1.Tim.5,4). Die Gemeinde soll in diesem Fall nicht belastet werden.[60]

Als wirkliche Witwen betrachtet der Brief diejenigen, die von keinem Hausverband und von keiner Verwandtenhilfe mehr getragen sind. Objektiv sind sie einsam und setzen ihre Hoffnung aus erfahrenem Leid ganz auf Gott. Es sind Witwen, für die keine Familienangehörigen mehr aufkommen können. Gerade ihr anhaltendes Gebet (vgl. Lk.18,2-5) ist echt und glaubwürdig.[61]

Es ist nun verblüffend und überraschend zugleich, dass ausgerechnet diese Frauen, die am Rande des gesellschaftlichen Lebens stehen, in der Christengemeinde mit einem hervorgehobenen Dienst betraut werden. In nüchterner Weltlichkeit werden nicht die jüngeren Witwen dazu ausgewählt. Sie wären der Verantwortung in mancher Hinsicht nicht gewachsen und könnten die eingegangene Bindung an den Dienst in Treue zu Christus nicht durchhalten, da viele von ihnen früher oder später doch wieder heiraten wollen. Sie sollen diese Gelegenheit auch ergreifen und eine neue Ehe und Familie aufbauen (1.Tim.5,11-15).[62] Wie Paulus im 1.Kor., so grenzt sich auch hier die Christengemeinde gegen jene asketischen Rigoristen ab, die die Heirat und die Wiederverheiratung der Witwen strikte ablehnen. Den Enthaltsamkeitsforderungen hält der Verfasser des 1.Timotheusbriefes radikal die gute Schöpfung Gottes entgegen, "denn alle Gottesschöpfung ist gut, und nichts davon ist verwerflich, wenn es mit Danksagung genossen wird" (1.Tim.4,4).[63]

Folgende Bedingungen sollten für den Witwendienst erfüllt sein (1.Tim.5,9f.):
- Das Mindestalter ist 60 Jahre;
- Die Witwe darf nur einmal verheiratet gewesen sein (sehrwahrscheinlich werden damit die wiederverheirateten Geschiedenen ausgeschlossen);
- Sie muss sich mit Werken der Liebe aktiv engagiert haben, sei es mit der Erziehung von Kindern (evt. Waisenkindern), mit der Gastfreundschaft und Bereitschaft zur Beherbergung in ihrem Haus, mit dem selbstlosen Dienst für die Gemeinde, mit der Unterstützung von in Not Geratenen oder mit anderen guten Werken.[64)]

Diese Witwen von 60 und mehr Jahren werden ganz in den Dienst der Gemeinde genommen und von ihr in ihrer Arbeit auch getragen. Wir erfahren leider wenig über die besonderen Aufgaben der Witwen. Gebet und Fürbitte, der persönliche Einsatz für die Unterbringung und Beherbergung von Wanderpredigern, die Erziehung von Waisenkindern und manch andere Aufgabe wird man diesen Frauen zugewiesen haben. Das Verhältnis ihres Aufgabenkreises zu dem der leitenden Manner wird nicht klar abgegrenzt.[65)]

Ist es nicht erstaunlich, dass das erste für Frauen vorgesehene "Amt" in den frühen Christengemeinden gerade für die Frauen über 60 und für die sonst gesellschaftlich diskriminierten Witwen geschaffen wurde? Die Alte Kirche hat nicht nur die Witwenfürsorge konsequent ausgebaut, wobei sogar Witwenheime errichtet wurden,[66)] sondern auch den Dienst der Gemeindewitwen in den Gemeindeordnungen geregelt, wobei sie aber, obwohl zum "höheren Klerus" gezählt, doch mehr und mehr dem bischöflichen Amt unterstanden.[67)]
Mit der starken Zunahme der Alleinstehenden und Witwen in der reformierten Kirche unseres Landes in den letzten Jahrzehnten ist die Frage ihres Dienstes und ihrer Aufgaben in der kirchlichen Arbeit dringender denn je gestellt. Kirchliche Aufgabe ist nicht allein die seelsorgerliche Begleitung, sondern muss mehr und mehr auch die Beteiligung älterer, alleinstehender Frauen an der Gemeindearbeit sein.

4.9. Die Aelteren und der Dienst der Aeltesten in den ersten Christengemeinden

Wie wir schon bei der Darstellung der Urgemeinde in Jerusalem und ihrer Versorgung der Witwen und Alten gesehen haben, kommt es bei der Analyse der neutestamentlichen Gemeindeverhältnisse in entscheidendem Mass darauf an, die Gesamtzusammenhänge nicht aus den Augen zu verlieren. Um die Stellen, wo "die Alten"/"die Aeltesten" im NT explizit vorkommen, richtig einzuordnen, blicken wir darum vorerst auf das Gemeindeverständnis des Paulus.[1)]

Das ewige Leben in Christus manifestiert sich nach Paulus in den Charismata, in den Diensten, der Berufung der Christen. Die Charismata sind Gaben des heiligen Geistes, und auch wenn sie verschieden sind, so sind sie doch die Wirkung des einen Geistes. Der Christ ist getauft und Glied des Leibes Christi, und er ist so mit all seinen Fähigkeiten in den gehorsamen Dienst seines Herrn gerufen. "Dienst ist nicht bloss Konsequenz, sondern Erscheinung und Realität der Gnade".[2)]

Es gibt bei Paulus keine fest der Gemeinde gegenüberstehenden, speziellen Aemter mit Sonderrechten und Privilegien, sondern jedes Charisma ist dem Dienst an der Erbauung der gesamten Gemeinde eingeordnet, sei es nun die Prophetie, die Lehre, die Seelsorge, die Versorgung der Armen oder eine andere Aufgabe.[3)]
Erstaunlicherweise kennen die paulinischen Gemeinden auch den Dienst der Aeltesten (οἱ πρεσβύτεροι) nicht. Paulus erwähnt die Apostel, die Propheten, die Lehrer, die Episkopoi ("Aufseher") und die Diakone, von den Aeltesten aber spricht er in keinem der sicher ihm zuzuschreibenden Briefe.[4)] Sie fehlen auch im Hebräerbrief, in der Didache und im Barnabasbrief, was zeigt, dass bis in die spätere Zeit Gemeinden auch ausserhalb des Missionsgebietes des Paulus ohne einen Aeltestenrat ihr Zusammenleben organisieren und tragen konnten.[5)]

Im Leibe Christi sind die vielen Glieder nach Paulus zur einen Gemeinschaft der Heiligen verbunden.[6)] Trotz aller menschlichen Unterschiede des Alters oder der Aufgaben sind die Glieder alle aufeinander angewiesen. Jeder lebt seine Berufung gemäss dem, was ihm der Herr in seinem Leben zugeteilt hat, gemeinsam aber sind die Christen Freigelassene des Herrn und Sklaven Christi (1.Kor.7,17.22).[7)] Es gibt zwar Glieder, die die Schwächeren zu sein scheinen, aber es zeigt sich, dass gerade sie wichtige Aufgaben erfüllen. Es gibt Glieder, die eine geringere Stellung innehaben, sie sind aber umso mehr der Achtung wert.[8)]
Mit Gliedern, die leiden, leiden alle mit, denn Gott hat gerade den Schwachen, Benachteiligten, Geringen und Leidenden hohe Ehre zukommen lassen.[9)] Wie sollte dies für Paulus nicht auch im Blick auf die Alten gelten? Unterschiede spalten die Gemeinde nicht, sondern verbinden die Glieder in der Freude, in der gegenseitigen Sorge und Achtung füreinander im einen Leib Christi.[10)] In der Gemeinde verwirklicht sich eschatologisch die Herrschaft Christi, und jeder Christ, wie gering und unwichtig er sich auch vorkommen mag, ist zu aktivem Dienst und zur Freiheit in Christus berufen.[11)]

Darum können die charismatisch begabten Einzelnen einander auch nicht, wie dies in Korinth geschieht, durch Parteibildung bekämpfen,[12] die Gemeinschaft zerstören und die Rücksicht auf die Schwachen missachten.[13] Ihre Charismata messen sich an klaren Kriterien: Einerseits hat jeder sein eigenes, unverwechselbares Charisma, er ist unendlich wertvoll in seiner je ihm eigenen Aufgabe und wird gebraucht.[14] Andrerseits aber hat niemand seine Aufgabe für sich selbst, sondern sie ist ihm für den Dienst und den Aufbau der Gemeinde gegeben. In der Nächstenliebe sind die Christen sich gegenseitig verantwortlich, ihr Ziel ist die einmütige Gemeinschaft, und ihre Charismen, auch die Ekstase und Glossolalie (das Zungenreden), sind dem Dienst für das Zusammenleben verpflichtet.[15]

Eine kirchliche Altersarbeit, die diesen Namen verdient, wird also nicht davon absehen können, dass alle Christen, auch die Alten, als Glieder des Leibes Christi mit ihrer je eigenen Aufgabe in den aktiven, lebendigen Dienst berufen sind. Christus will in jedem Leben seine Gnade für die Gemeinde und die Welt erweisen. Hat Paulus wohl in bewusster Abgrenzung dem Aeltestenrat kein Gewicht gegeben?

Es ist nicht verwunderlich, dass die Aelteren in den neutestamentlichen Gemeinden wie jüngere Generationen in gemeindliche Aufgaben gerufen werden.[16] Mit den Christen jeden Alters sind sie in den frohen und freien Dienst ihres Herrn berufen. Die Aelteren werden nicht von den Ansprüchen verschont, die ein solches Leben stellt: Die Gemeinden lebten in einer gleichgültigen, kritisch gesinnten oder feindlichen Umwelt, die zur Bewährung insbesondere in gemeindeleitenden Aufgaben viel Kraft und Mut erforderte. Wir sprechen bewusst von "den Aelteren", denn eine genauere altersmässige Abgrenzung ist - mit Ausnahmen - nicht möglich, und der Uebergang in die titulare Amtsbezeichnung "die Aeltesten" ist meist fliessend.

πρεσβύτερος, -α, Komparativ von πρέσβυς, bezeichnet im Griechischen den Menschen höheren Alters, die Angehörigen der älteren Generation.[17] Im Gegensatz zu γέρων, wo der negative Sinnbezug (Abnahme der Kräfte o.ä.) mitschwingt, gehört zu πρεσβύτερος der positive Bezug auf die geachtete Stellung in der Gemeinschaft und auf die Weisheit des Alters.[18] πρεσβύτερος kann titular gebraucht werden als Amtsbezeichnung.[19] Es erscheint so in Aegypten für Vorstandsmitglieder von Genossenschaften, Kultgenossenschaften und Gremien dörflicher Selbstverwaltung.[20] In Sparta werden u.a. die Vorsitzenden der Magistratsversammlung so genannt.[21] Aber in Griechenland bezeichnet der Begriff sonst die Aelteren im Gegensatz zu den Jüngeren.[22] Schliesslich kann πρεσβεύω für die Tätigkeit der Gesandten gebraucht werden, weil sie Altersweisheit voraussetzt.[23]
In der LXX (Septuaginta) sind drei Bedeutungen erkennbar: Der Aeltere an Lebensjahren, bei der Mehrheit der Belege die Aeltesten im institutionellen Sinne und schliesslich Gesandter, Sprecher, Unterhändler.[24]

Versuchen wir nun, anhand ausgewählter Beispiele die Verwendung der Wortgruppe πρεσβ-, damit aber auch die Stellung der Aelteren in neutestamentlichen Gemeinden klarer zu erfassen.
Die Pastoralbriefe zeigen, dass die Zusammenarbeit und gegenseitige

Achtung der Jungen und der Alten in diesen Christengemeinden erstrebtes Ziel und immer neu gelebte Wirklichkeit war.

πρεσβύτερος, ὁ / der Aeltere, Aelteste erscheint in den Pastoralbriefen vier Mal: 1.Tim.5,1.17.19; Tit.1,5.

πρεσβύτερα, ἡ / die Aeltere: 1.Tim.5,2

πρεσβύτης, ὁ / der Alte: Tit.2,2

πρεσβῦτις, ἡ / die Alte: Tit.2,3

πρεσβυτέριον, τό / der Aeltestenrat: 1.Tim.4,14.[25]

Es zeigt sich in den Pastoralbriefen eine der wesentlichen Schwierigkeiten in der Auslegung des Wortes πρεσβύτερος: Amtsbezeichnung und Altersbezeichnung sind nicht streng voneinander zu trennen, sondern die Bedeutungen gehen oft fliessend ineinander über.[26]

Die Haustafel erscheint im Tit.2,1-10 in abgewandelter Form, sie richtet sich an "die verschiedenen Stände in der Gemeinde". Sie ist nicht mehr Ermahnung der Eltern und Kinder für ihr Zusammenleben in der Gemeinschaft des Hauses, sondern Ermahnung der älteren und jüngeren Generation in der Gemeinde selbst.[27]

Die Aelteren sind an erster Stelle zum vorbildlichen Dienst berufen. Es geht dem Verfasser nicht um eine zur Schau gestellte, oberflächliche Frömmigkeit, nicht um ein Pochen der Aelteren auf ihre Erfahrung und Autorität. Vielmehr zielt er bei den Aelteren mit seinen Worten auf ein gesundes, ganzheitlich aus dem Glauben gelebtes Leben. Die Geduld, Liebe und Standhaftigkeit der älteren Männer hat in der Gemeinde einen hohen Stellenwert.[28] Nicht anders gilt dies auch für die älteren Frauen. Sie sollen sich nicht in oberflächliches Geschwätz einlassen oder mit dem Alkohol die Flucht aus der Wirklichkeit antreten. Sie sollen sich in ihren reichen Lebensaufgaben bewähren und können so den jungen Frauen zum Vorbild werden und ihre Lebenserfahrung überzeugend an sie weitergeben.[29] Für die Aussenstehenden ist das konkrete Leben der Christen das beste Beispiel für die Glaubwürdigkeit des Wortes Gottes. Wenn Christen unglaubwürdig leben, wie sollte dann nicht auch das Evangelium in Misskredit geraten?[30] Die Aelteren haben sich in besonderem Mass mit den Schwierigkeiten und Belastungen, die ein Christenleben mit sich bringt, auseinandergesetzt, darum werden sie auch aufgerufen, ein glaubwürdiges Leben zu führen und so den Jungen Vorbild zu sein.

An dieser Stelle im Titusbrief meinen πρεσβύτιδας (πρεσβῦτις) und πρεσβύτας (πρεσβύτης) die älteren Frauen und Männer im Gegensatz zur Generation der Jungen.

1.Tim.5 zeigt, dass die Aelteren aktiv in den Dienst gerufen sind und dafür von der Gemeinde auch unterstützt werden.[31]

J. Jeremias hat (unabhängig davon, ob man seine Verteidigung der Echtheit der Pastoralbriefe übernimmt oder ablehnt)[32] gezeigt, dass nicht nur in 1.Tim.5,1, sondern auch in 1.Tim.5,17 die Uebersetzung mit "die Alten" am besten das mit πρεσβύτεροι Gemeinte wiedergibt.[33] Wenn die Alten in Verkündigung und Lehre tätig sind, ist dort zu lesen, dann sind sie doppelter Ehre wert.[34] Das heisst auf Grund von v18 nichts anderes, als dass sie gegenüber den Alten ohne Verwandtenhilfe, die von der Gemeinde

versorgt werden, die doppelte Unterstützung erhalten.[35] Der Anschluss an den Abschnitt über die Witwen ist dann fliessend: In beiden Abschnitten geht es um die mit besonderen Aufgaben betrauten älteren Gemeindeglieder, die von der Gemeinde für ihren Einsatz belohnt werden.[36] Doppelt wird v18 die Entschädigung begründet, einerseits mit einer allegorisch interpretierten Tierschutzbestimmung des Alten Testaments (5.Mos.25,4; 1. Kor.9,9), andrerseits mit einem von Jesus aufgegriffenen Sprichwort: "Ein jeder Arbeiter ist seines Lohnes wert" (vgl. Luk.10,7).[37]
Die Aelteren beteiligen sich in den Gemeinden der Pastoralbriefe an leitenden Funktionen. Dazu gehören, wie wir in Tit.1,7 erfahren, die ἐπίσκοποι = "Aufseher". Gemeindeleitende Aufgaben werden aber nicht auf Grund des Dienstalters oder des Aufstiegs durch eine Aemterhierarchie vergeben, sondern auf Grund der Bewährung im Dienst für die Gemeinde und auf Grund der persönlichen Integrität. Nur so können Beauftragte dann überzeugend ihre Aufgaben wahrnehmen (Tit.1,5-9).[38]
Missbrauchen die Aelteren ihren Dienst, so muss ihnen Timotheus als der Jüngere entschieden entgegentreten. Zuerst sollen zwei bis drei Zeugen angehört werden, damit sie eine gerechte Beurteilung erfahren.[39] Stellt sich aber ihre Schuld heraus, so erhalten sie vor allen Gemeindegliedern eine Zurechtweisung, damit eine belehrende Wirkung nicht ausbleibt.[40] Die Einsetzung in den Dienst durch Handauflegung soll erst nach sorgfältiger Prüfung erfolgen.[41]
Erst recht darf Timotheus in einem schwierigen Fall nicht persönliche Rücksichten walten lassen.[42] Durch Prophetenwort und Handauflegung des Aeltestenrates ist er in seine Aufgabe eingesetzt worden, und er hat sich darin zu bewähren.[43] Die christliche Gemeinde erträgt in ihrer Mitte keine Korruption und Günstlingswirtschaft.

Die Pastoralbriefe geben uns ein eindrückliches Zeugnis, wie in den frühen Christengemeinden die ältere und die jüngere Generation solidarisch zusammenlebten. In der neuen Familie erleben die Christen eine eschatologische Gemeinschaft, in der auch die Aelteren, seien sie nun Frauen oder Männer, in den aktiven Dienst und zu einem erfüllten Leben berufen sind. In herzlicher Verbundenheit und gleichzeitig mit leitenden Aufgaben betraut sind Aeltere in die Gemeinden integriert und nehmen am Auftrag teil, die Hoffnung auf den lebendigen Gott, der der Heiland aller Menschen ist, zu bezeugen. Das ist ihre echte, gelebte Frömmigkeit (vgl. 1.Tim.4,6-11).

Nach diesem Blick in die Pastoralbriefe stellt sich eine zentrale Frage: Wie haben neutestamentliche Gemeinden die Institution des Aeltestenrates übernommen und für ihre Aufgaben adaptiert?
Zweifelsohne stehen sie in der jüdischen Tradition.[44] Das Synhedrium (συνέδριον, τό) war im Frühjudentum spätestens seit Antiochus III. (223-187 v.Chr.) die leitende Jerusalemer Behörde, der unter dem Vorsitz des Hohepriesters der sadduzäische Priesteradel (ἀρχιερεῖς), die Aeltesten der angesehensten Familien und Sippen (πρεσβύτεροι)[45] und seit Königin Alexandra (76-67 v.Chr.) die pharisäischen Schriftgelehrten (γραμματεῖς) angehörten.[46] Das Synhedrium in Jerusalem verhaftete Jesus, verhörte ihn und befand ihn für schuldig (Mk.14). Auch die Apostel mussten sich später

wiederholt vor dem Synhedrium als Gerichtshof verantworten (vgl. Apg.4,5ff.; 5,17ff.; 6,8ff. u.a.). πρεσβυτέριον, τό kann eher selten auf Grund geläufigen hellenistisch-jüdischen Sprachgebrauchs im NT den Hohen Rat in Jerusalem bezeichnen (Lk.22,66; Apg.22,5).[47] Diese Verfassung des Aeltestenrates beschränkte sich aber nicht auf die oberste jüdische Behörde. Vielmehr waren auch ausserhalb Jerusalems in Städten und Dörfern kleine Synhedrien solche Räte, die als Gerichtshöfe die Rechtssprechung wahrnahmen.[48] Schliesslich standen auch Aeltestenräte den Synagogengemeinden vor.[49] Die Christengemeinden knüpfen also an die jüdische Tradition an, wenn sich nach diesen Vorbildern die Aeltesten zu gemeindeleitenden Gremien zusammenfanden.

Jedoch sind die Aufgabe und der tragende Grund für diesen Dienst verschieden.
Das lässt sich schon am Beispiel der Jerusalemer Urgemeinde zeigen. Soweit wir nach der Apostelgeschichte erkennen können, waren hier die Apostel und die Aeltesten die Leitenden der Gemeinde (Apg.15; vgl. Apg.11,30; 15,2.4.6.22-23; 16,4; 21,18). Nach Paulus spielten am Apostelkonzil (Gal.2,9) die "Säulen" Jakobus, Petrus und Johannes eine herausragende Rolle in diesem Kreis, was sich auch in der Apg. erkennen lässt (Apg.15,7.13). Später scheint Jakobus die Leitung dieses Gremiums der Aeltesten innegehabt zu haben (Apg.21,18). Dieser Aeltestenrat war es denn auch, der im Falle des Aposteldekrets, unterstützt von der Gemeinde, den Antiochenern eine Weisung für die Minimalforderungen gegenüber den Heidenchristen überbringen liess.[50]
Fungierten die Apostel und Aeltesten "eindeutig als oberster Gerichtshof und massgebliche Lehrinstanz für die Gesamtkirche", wie dies G. Bornkamm für die spätere Zeit unter Jakobus annimmt?[51] G. Bornkamm rechnet meines Erachtens allzu stark mit einer festgeregelten Aeltestenverfassung und allzu wenig mit der besonderen Lage der Christengemeinden.
Die Christen der Urgemeinde erfuhren in ihrer Mitte die Macht des Geistes und standen von aussen unter zunehmender Bedrängnis und Verfolgung. Für die Verteilung der leitenden Aufgaben hatte in der ersten Generation die Augenzeugenschaft der Apostel, die Berufung durch den Auferstandenen (vgl. 1.Kor.15,3-8) und die charismatische Begabung im Dienst eine zentrale Bedeutung. Die Zahl der Apostel aber nahm ab, die Gemeinde wuchs, und mit der Entstehung zahlreicher neuer Gemeinden war man auf ältere und bewährte Gemeindeglieder angewiesen.

Das zeigen besonders eindrücklich die Beispiele Aeltester im Uebergang von der zweiten zur dritten Generation.[52]
Die gemeindeleitenden Aeltesten tragen im Jakobusbrief solidarisch die Fürbitte für die Kranken in der Gemeinde mit. Erkrankte Gemeindeglieder werden aufgefordert, sie an ihr Bett zu rufen. Die Aeltesten haben dann die Aufgabe, zu Besuch zu kommen, mit den Kranken gemeinsam zu beten und sie im Namen des Herrn zu salben. Eher zufällig erfahren wir an dieser Stelle, dass die Aeltesten in den Gemeinden Kranke begleiteten und ihnen zur Seite standen, und dass dies als ein wichtiger Teil ihres Dienstes angesehen wurde (Jak.5,14-16).[53] Man kann sich ohne weiteres fragen, ob nicht auch heute die Alten - und nicht nur als Aelteste - in unseren

Besuchsdiensten wichtige Aufgaben übernehmen könnten, für die sonst nur wenige Zeit und Ruhe finden.

Interessant ist die Sicht des 1. Petrusbriefes.[54] Er bringt die charismatische Begabung aller Christen klar zum Ausdruck. Jeder Christ ist einer der vielen lebendigen Steine, die zusammen zu einem geistlichen Haus, zu einem heiligen Tempel Gottes aufgebaut werden. Die Christen sind das auserwählte Geschlecht, die königliche Priesterschaft Gottes. Das allgemeine Priestertum aller Gläubigen leitet sich aus der Taufe ab, in der sie alle am Geist Gottes Anteil erhalten haben (1.Petr.2,1-10).[55] In der verfolgten und leidenden Gemeinde erhält die gegenseitige Hilfsbereitschaft besondere Bedeutung: "Jeder soll den anderen mit der Begabung dienen, die er durch Gottes Gnade empfangen hat", sei es nun im Gottesdienst, in der Gemeindefürsorge oder in einer anderen Aufgabe (1.Petr.4,10f.).[56]

Das Amt der gemeindeleitenden Aeltesten wird im ersten Petrusbrief aus der Situation der verfolgten und leidenden Gemeinde gesehen (vgl. 1.Petr. 5,1-9). Das Gewicht der Ermahnung liegt bei ihnen, nicht bei den Jüngeren, von denen nur kurz die Unterordnung, und das heisst die Bereitschaft zum Dienst gefordert wird.[57]
οἱ νεώτεροι = die Jüngeren 1.Petr.5,5 wird oft von den Exegeten auf die Gemeinde im Ganzen, oder im speziellen auf die Neugetauften gedeutet. Aber beide Möglichkeiten sind wenig überzeugend.[58] Aehnlich wie in den Pastoralbriefen ist die Haustafel zur Gemeindetafel ausgestaltet, die Alt und Jung ermahnt.
"Man muss wissen, dass in der Antike die gesellschaftliche Schichtung zwischen Jungen und Alten in etwa vergleichbare Unterschiede aufriss wie die zwischen Frauen und Männern, Sklaven und Freien".[59] Ein Generationenproblem gab es schon damals.[60] Darum werden die Aeltesten ermahnt, nicht wie Herren, sondern wie Diener ihren gemeindeleitenden Dienst zu versehen.[61]

In drei Antithesen wird der echte Dienst der auch in der Verfolgung strikt für ihre Herde verantwortlichen Hirten charakterisiert:[62]
"nicht gezwungen, sondern freiwillig", und d.h. aus Freude am Dienst und in froher Einsatzbereitschaft sollen sie für die Gemeinde dasein;
"nicht aus Profitsucht, sondern aus Bereitschaft", und d.h. ohne jeden persönlichen Gewinn sollen sie sich engagieren;
"nicht wie solche, die in ihrem Bereich sich als Herren aufführen, sondern als Vorbilder der Herde", und d.h. mit allen Konsequenzen, die für die Gemeindeleitenden ihre Aufgabe in der Verfolgung haben konnte.[63]
In der Verfolgung ist die Gemeinde in besonderem Mass auf die Standhaftigkeit ihrer erfahrensten und geprüftesten Zeugen, auf die Aeltesten angewiesen. Man traut also in einer solchen Gemeinde den Aelteren unter ihnen gerade nicht weniger, sondern mehr zu. Darum nennt sich der Verfasser συμπρεσβύτερος = "Mitältesten" und "Zeugen der Leiden Christi".[64] In aller leidvollen Erfahrung der verfolgten Gemeinde bleibt die Naherwartung, die Hoffnung auf die kommende Herrlichkeit gewiss.[65] In gegenseitiger Unterordnung und Dienstbereitschaft sind die Jungen und die Aelteren füreinander da und aufeinander angewiesen.

Abschliessend werfen wir nun noch einmal einen Blick in die Apostelgeschichte. Wohl die historisch frühesten Stellen, die von den leitenden Aufgaben der Aeltesten in den heidenchristlichen Gemeinden sprechen, sind in Apg.14,23 und 20,17-38 zu finden.[66] Es ist heute die einhellige Ueberzeugung der historisch-kritischen Auslegung, dass der Verfasser der Apg. die Gemeindeverhältnisse seiner eigenen Zeit auf diejenigen des Paulus überträgt, wenn er die Einsetzung von Aeltesten durch Paulus auf seiner ersten Missionsreise berichtet: "Sie setzten für sie (die Gläubigen) in jeder Gemeinde Aelteste ein und befahlen sie unter Gebet und Fasten dem Herrn, an den sie zum Glauben gekommen waren" (Apg.14,23).[67]

Die Abschiedsrede des Paulus in Milet (Apg.20,17-38) aber hat nicht nur insofern hohe Bedeutung, als sie Tradition über Paulus wohl aus paulinischen Gemeinden aufnimmt und verarbeitet.[68]
Ihr zentraler Stellenwert ergibt sich nicht allein daraus, das der alte Paulus (er nennt sich im Philemonbrief einen alten Mann πρεσβύτης Phlm.1,9) hier den Gemeindeältesten als Abschluss seines Missionswerkes sein Vermächtnis anvertraut, bevor er als Gefangener nach Jerusalem abfährt.[69]
Vielmehr ist Paulus den Gemeinden und ihren Leitenden mit seinem Wirken immer neu ein bleibendes Beispiel des selbstlosen, das ganze Leben in Anspruch nehmenden Dienstes im Namen Jesu Christi. Das offene Bezeugen des Evangeliums von der Gnade Gottes vor Juden und Griechen hat Paulus in Verfolgung und Anfechtung geführt.[70] Er hat das Evangelium ohne Abstriche, die Lehre ohne etwas vorzuenthalten weitergegeben.[71] Er hat seinen Dienst unentgeltlich und im konkreten Einsatz für die Schwachen gelebt.[72] Er hat es nicht gescheut, sich Tag und Nacht um die Ermahnung der Gemeindeglieder, um jeden einzelnen unter Tränen zu bemühen.[73]
Paulus hat in jeder Hinsicht ein Beispiel gegeben, welchen Einsatz es erfordert, die Worte des Herrn zu bezeugen. Werden die gemeindeleitenden Aeltesten nun von ihm als "Bischöfe" bezeichnet, so werden sie für ihren Dienst nicht in apostolischer Sukzession beauftragt, sondern sie werden in geschichtlicher Kontinuität für ihre besondere Aufgabe, die Leitung der Gemeinde verpflichtet.[74]

Der Verfasser der Apostelgeschichte verschmelzt die aus dem paulinischen Missionsgebiet stammende Tradition der ἐπίσκοποι mit dem Aeltestenamt und setzt sie gleich, was im Hinblick auf die spätere Entwicklung des monarchischen Einzelepiskopats mit einem untergeordneten Aeltestenrat besonders aufschlussreich ist: Hier waren noch alle Aeltesten auch Bischöfe.[75]

Damit ist der Dienst der Aeltesten deutlich umrissen. Es war keine einfache, keine billig zu erfüllende Aufgabe. Vielmehr griff Gott nach dem ganzen Menschen und beanspruchte ihn in seinem ganzen Leben. Es ist das erstaunliche Zeugnis des Neuen Testaments, dass auch die Aelteren in vielen neutestamentlichen Gemeinden ihre Aufgabe inner- und ausserhalb des Aeltestenrates in besonderem Masse erfahren durften. Ihr Alter war kein Hindernis, und sie waren herausgefordert, als erfahrene und bewährte Zeugen ihrem Herrn auch in einer ablehnenden oder gar feindlichen Umwelt nachzufolgen.[76]
Die Kirchen des Ostens erleben die Relevanz dieser Worte in ihrer Situation seit Jahrzehnten. Viele Gemeinden wurden durch die Aelteren auch durch die schweren Zeiten des Stalinismus durchgetragen und beginnen heute neu zu wachsen und Nachwuchs auch junger Menschen zu erhalten.[77]

4.10. Die Auferweckung des Gekreuzigten und die Freiheit der Christen in Leiden, Sterben und Tod

Die Auferstehungshoffnung der Christen[1] lässt sich nicht abtrennen von ihrer jüdischen Herkunftsgeschichte.[2] Zwar wurde schon zur Zeit Jesu die Erwartung der Totenauferstehung nicht von allen Juden geteilt. Es scheint, dass Qumran, die Ordensgemeinschaft am Toten Meer, die Auferstehungshoffnung nicht gekannt hat.[3]
In den Evangelien erfahren wir, dass die Sadduzäer lehrten, "es gebe keine Auferstehung" (Mk.12,18par.).[4] Sie wollten daher Jesus mit einer scharfsinnigen Fangfrage von der Unsinnigkeit der Auferstehungshoffnung überzeugen. Aber Jesus wehrte ab: Gott ist ein Gott der Lebendigen und nicht der Toten. Seine an Abraham, Isaak und Jakob gegebene Erwählungsverheissung kann nicht hinfällig sein, es steht in seiner Macht, die Toten in der ganz anderen, himmlischen Welt auferstehen zu lassen (vgl. Mk.12,18-27).[5]
Die Auferstehungshoffnung wurde im zeitgenössischen Judentum nicht nur bestritten, sondern es gab auch keine einheitliche Vorstellung darüber.[6] Immer bedrängender war in den Jahrhunderten vor Christus im Judentum die Frage geworden, was denn mit den leidenden, gefolterten, ermordeten und zu Tode geschundenen Gerechten des Gottesvolkes geschehe, und ob sie des Israel verheissenen Heils noch teilhaftig werden könnten. Die Auferstehung war darum, wie stark auch immer bei ihrer Entstehung iranische Einflüsse eine Rolle gespielt haben mögen, eine Antwort auf die Theodizeefrage.[7] In der bedrängenden Not Israels war sie sowohl im Blick auf den Einzelnen wie auf das Volk aufgebrochen. Gott wird seinen Erwählten, so lautete nun die meist apokalyptische Antwort, ihr Recht geben und damit sich selbst rechtfertigen, er wird die Toten nicht der Verlorenheit preisgeben.[8] Aber neben der Vorstellung von einer leiblichen Auferstehung (aller Gerechten, nur einer bestimmten Gruppe oder einer allgemeinen Totenauferstehung zum Gericht) gab es auch die Vorstellungen von der Aufnahme der Seelen in den Himmel, von einem ewigen Leben, von der Entrückung, von der Unsterblichkeit der Seelen u.a.m..[9]
Demgegenüber bestand der fundamentale Unterschied zur Auferstehungshoffnung der ersten Christengemeinden vor allem in einem: Die Auferstehung der Toten als Folge des Glaubens an die Auferweckung des gekreuzigten Messias kannte und kennt das Judentum nicht.[10] "Die Hoffnung der urchristlichen Gemeinden auf die endzeitliche Auferstehung ihrer Toten entspricht weithin der jüdischen. Während jedoch im Judentum die Auferstehung der Gerechten als Folge ihres gerechten Tuns erhofft wird, wird sie im Christentum als Heilswirkung der Auferstehung Jesu für die, die ihm im Glauben zugehören, erwartet."[11]

Wir können hier das christliche Auferstehungszeugnis natürlich nicht umfassend darstellen, aber einige Grundlinien mögen zeigen, dass das Alter im Lichte dieses Zeugnisses in einem völlig neuen Horizont steht.
Wir beschränken uns zuerst auf den 1. Thessalonicherbrief.[12] Er ist die älteste Schrift des Neuen Testaments.[13] Paulus hat ihn etwa im Jahr 50 in herzlicher Verbundenheit an die heidenchristliche Gemeinde in der nord-

griechischen Hafenstadt geschrieben. Von Philippi herkommend hatte er die Gemeinde gegründet, war aber bald aus der Stadt vertrieben worden (Apg.17,1- 9).[14] Darum hatte er aus Athen Timotheus entsandt, um mehr über ihren weiteren Weg zu erfahren. Timotheus brachte ihm guten Bericht zurück, die Gemeinde blühte rasch auf, und dafür war Paulus Gott dankbar.[15] Trotz starker Verfolgung war die Gemeinde Vorbild für die Christen in ganz Achaja und Mazedonien geworden.[16]
Die Christen lebten aus einer grossen Hoffnung: Der baldigen Wiederkunft des Herrn. Der Thessalonicherbrief ist durchzogen von dieser intensiven Zukunftserwartung. Nicht erst 1.Thess.4,13-5,11 ist sie thematisch, sondern schon im dritten Vers wird das Leben aus der Kraft des Geistes in den eschatologischen Erwartungshorizont gestellt: "Unablässig gedenken wir euer, des tätigen Glaubens und der sich mühenden Liebe und der anhaltenden Hoffnung auf unseren Herrn Jesus Christus vor Gott unserem Vater" (1.Thess.1,3).[17]
1.Thess.1,9b-10 verwendet Paulus wohl eine übernommene Glaubensformel, die die grundsätzlichen Punkte seiner Missionspredigt zusammenfasst, oder ein Tauflied.[18] Interessanterweise beschränken die Worte sich in ihrem zweiten Teil auf die Auferweckung und Wiederkunft: Jesus, der Sohn des lebendigen Gottes, ist von den Toten auferweckt worden, er wird die Gläubigen vor dem endzeitlichen, nahenden Gerichtszorn Gottes erretten (1.Thess.1,10).[19] Die Christen freuen sich auf das Kommen Christi, sie sind zur Herrschaft und Herrlichkeit des wahrhaftigen Gottes berufen (1.Thess.2,12). Die Thessalonicher werden für Paulus, Silvanus und Timotheus ihre Freude und ihr Ruhm vor dem Herrn Jesus Christus sein, wenn er kommt (2,19).[20] Die Parusieerwartung ist der rote Faden des ganzen Briefes (vergleiche etwa 1.Thess.3,13; 4,13ff.; 5,23), und ohne Uebertreibung kann man sagen, dass die Hoffnung auf das nahende Zusammensein mit Jesus Christus, dem Herrn, auf das kommende Reich Gottes und eine neue Schöpfung die Mitte des 1. Thessalonicherbriefes ist.[21]
Es ist klar, dass diese brennende Erwartung unter Gliedern der Gemeinde auch missverstanden werden konnte.[22] Wieso muss man sich z.B., wenn man des göttlichen Geistes schon teilhaftig ist, noch Tag für Tag mit der Arbeit abmühen,[23] wieso muss man sich anstrengen in gelebter Liebe zu allen Menschen?[24] Wieso leiden Christen unter Verfolgung? Das Schlimmste aber für die Gemeinde war, dass Menschen in ihrer Mitte gestorben waren: Wieso sterben Menschen aus ihrer Mitte und sind dann durch den Tod verloren, vom kommenden Reich Gottes gar ausgeschlossen?[25]

Wir wissen nicht, aus welchen Gründen die Gemeindeglieder verstorben waren. War es gewaltsamer Tod, Verfolgung, Unfall? Das ist wenig wahrscheinlich. Paulus spricht von "Entschlafenen". Es waren ganz einfach Menschen, die auf Grund ihres Alters oder einer Krankheit eingeschlafen, friedlich aus dieser Welt geschieden waren.[26] Der Tod eines lieben Angehörigen, eines Bruders oder einer Schwester aus der Gemeinde ist gerade dann hart und schmerzt, wenn es ein guter Abschied, ein ruhiges Sterben ist.[27] Es gibt in jeder Gemeinde, wenn sie sich der Schwachen annimmt, wie in Thessalonich, so auch in Korinth, "viele Kranke und Gebrechliche und beträchtlich viele Entschlafene" (1.Kor.11,30).[28] Jede Christengemeinde hat trotz der nahen Erwartung des Reiches Gottes damit

zu rechnen, dass Glieder aus ihrer Mitte entschlafen.
Mit dem Verbum κοιμάω im Pass. wird der Tod nicht etwa als Schlaf interpretiert. Vielmehr wird ganz einfach auf den Vorgang des natürlichen Sterbens (selten, etwa Apg.7,60 bei Stephanus, auf das unnatürliche Sterben nach Steinigung) geblickt. Man bezeichnet den Tod nach dem Eindruck, den er nach dem letzten noch Wahrnehmbaren hinterlässt: Sterben ist ein friedliches Entschlafen. Das Wort drückt keine euphemistische Verharmlosung aus, sondern die getroste Zuversicht angesichts des Todes.[29]
Paulus ermutigt die Thessalonicher: Christen plagt angesichts des Sterbens und des Todes keine verzweifelte Trauer, wie sie Menschen ohne Hoffnung erschüttert. Man sollte nicht sagen, dass der Gläubige nicht trauert, oder dass er sich nur um die Entschlafenen sorgt. Das ginge an dem Schmerz, den die Trennung für jeden Betroffenen bedeutet, vorbei.[30] Es ist vielmehr keine hoffnungslose, keine verzweifelte Trauer. Darum geht es Paulus. Mit dem Tod ist für die Toten nicht aus und Schluss, und die Trauernden sind nicht der Hoffnungslosigkeit und Verzweiflung überlassen.[31]

Auf welche Hoffnung aber stützt er sich dabei? "Denn wenn wir glauben, dass Jesus gestorben und auferstanden ist ..." (1.Thess.4,14).[32] Die Hoffnung des Paulus und der Gemeinde in Thessalonich ist nicht unbegründet, sie hat ihren festen und gewissen Grund in keinem anderen als Christus selbst.[33]
Christi Tod und Auferstehung sind die Mitte des Evangeliums, und die Thessalonicher erhalten mit der frohen Botschaft Anteil an der kommenden Seligkeit und am anbrechenden glücklichen und erfüllten Leben im Geiste Christi. Christi Tod und Auferweckung gehören zur Mitte der Missionsverkündigung des Paulus und seines Auftrages.[34] Christus war gehorsam bis zum Tod am Kreuz (Phil.2,8)[35] und ist für uns gestorben, uns, den Menschen zugut. "Denn uns hat Gott nicht für ein Zorngericht bestimmt, vielmehr sollen wir das Heil erlangen durch unseren Herrn Jesus Christus, der für uns gestorben ist ..." (1.Thess.5,9f.).[36] Paulus sagt im 1.Thess.4,14 in äusserster Kürze, was er anderswo in seinen Briefen breiter formuliert hat. Vielleicht nimmt er eine Formel aus dem Traditionsgut der Gemeinde auf:
Ἰησοῦς ἀπέθανεν καὶ ἀνέστη, Jesus ist gestorben und auferstanden.[37]
Es fällt aufs Ganze gesehen gegenüber den übrigen Briefen im Thessalonicherbrief auf, dass Paulus das Gewicht nicht auf das Kreuz/die Kreuzigung legt, sondern ganz auf den kommenden, auferstandenen Retter.
Von daher ist es theologisch wohl auch zu verstehen, dass er hier vom Auferstehen Christi spricht. Mehrheitlich formuliert Paulus gerade anders. Als Beispiel sei 1.Kor.15,3-5 genannt, wo er auch von der Frage der Totenauferstehung auf die Mitte des Evangeliums zu sprechen kommt:

> "Christus ist für unsere Sünden gestorben, nach den Schriften;
> und ist begraben worden.
> Und er ist auferweckt worden am dritten Tage, nach den Schriften;
> und ist Kephas erschienen und dann den Zwölfen."[38]

Christi Auferstehung ist für Paulus zuerst und vor allem Auferweckung durch Gott, Gottes souveränes Handeln. Im Zentrum der Auferstehung am dritten Tag steht für Paulus Gottes eschatologische Tat.[39] Auferstehung und Auferweckung als die beiden Seiten des einen Geschehens lassen sich jedoch nicht trennen. Hier an dieser Stelle im Thessalonicherbrief liegt Paulus am Auferstehen Christi, des erhöhten kommenden Retters. Durch die in Christi Tod und Auferstehung Wirklichkeit gewordene Erlösung der Menschen wird Gott seine Verheissung endzeitlich erfüllen und die Christen mit Jesus zusammenführen. Zugleich werden die Verstorbenen und die Lebenden mit Christus leben (1.Thess.5,10).

Wenn die Thessalonicher das Evangelium von Tod und Auferstehung Christi angenommen haben, dann brauchen sie nicht zu verzweifeln; οὕτως = also wird Gott auch die Entschlafenen nicht verloren sein lassen, sondern "durch Jesus mit ihm zusammenführen".[40] Mit Christus werden sie der endzeitlichen Herrlichkeit teilhaftig werden. So wie Christus für alle gestorben ist und sie nun nicht mehr für sich allein leben können (vgl. 2.Kor.5,15), so wie Christus auferweckt worden ist und zur Rechten Gottes für sie eintreten wird (vgl. Röm.8,34), so gewiss werden auch die Entschlafenen zur Gemeinschaft der von Gott Zusammengeführten gehören. Die Gewissheit der in Jesus geschehenen Wende verbürgt die feste Hoffnung auf die kommende Herrlichkeit für die Lebenden und Verstorbenen.
Paulus bezieht sich 1.Thess.4,15 auf ein Wort des Herrn, vielleicht aus frühchristlich-prophetischer Ueberlieferung,[41] und sagt es mit allem Nachdruck: Die Lebenden werden den Verstorbenen nichts voraus haben, denn bei der Parusie werden zuerst die Verstorbenen auferstehen, und alle gemeinsam werden dann zur Gemeinschaft mit Christus geführt werden. Paulus scheut sich nicht, die Herrlichkeit des kommenden Geschehens v16 in den Bildern apokalyptischer Hoffnung zu beschreiben, denn wie sollte die Kunde von der endzeitlichen Verwandlung der Verstorbenen nicht in den ganzen Kosmos hinaus ertönen?[42]
Angesichts des Verlustes lieber Nächster ist den Thessalonichern Trost und Hoffnung, dass die neue Schöpfung nicht mehr von Tod und Leid beherrscht sein wird, sondern dass sie im Reich Gottes in der Gemeinschaft mit Christus leben werden (1.Thess.4,17f.). Dieser Trost wäre nicht echter Trost, wenn er ihnen nicht ermutigend zugesprochen würde. Darum fordert sie Paulus auf, sich gegenseitig zu trösten (1.Thess.4,18). Sie leben in der gespannten und wachen Erwartung des Tags des Herrn, "angetan mit der Rüstung des Glaubens und der Liebe und dem Helm der Heilshoffnung" (1.Thess.5,8).[43]

Von dieser Interpretation einiger Aspekte des 1. Thessalonicherbriefes her und im Blick auf das grosse Auferstehungskapitel in 1.Kor.15 lassen sich Missverständnisse, die auch heute in der Gemeinde wiederholt den Zugang zum Auferstehungszeugnis belasten, korrigieren.

Auferstehung bedeutet "keine Rückkehr in dieses raumzeitliche Leben". Hans Küng hat dies mit guten Gründen betont.[44] Die Entschlafenen sind verstorben, und sie haben die Grenze des Todes endgültig überschritten. So ist auch Christus, der Erstling der Entschlafenen,[45] gestorben und begraben worden. Die Erscheinungen des Auferstandenen in den Evangelien und nach 1.Kor.15,5-8 sind nicht Reportagen, die sich historisch verifizieren liessen, sondern Zeugnisse Betroffener von Christi leiblicher

Auferstehung.[46] In ihrer ganzen Vielfalt bezeugen die Ostererzählungen der Evangelien immer wieder das eine: Christus ist wirklich und leibhaftig auferstanden.[47] Gott hat den Weg des Gekreuzigten bestätigt und ihn aufgenommen in seine Herrlichkeit.

Auferweckung bedeutet Verwandlung des ganzen Menschen, auch seines Leibes. Als Verwandelte werden die Gläubigen leben im Anschluss an ihre gelebte, konkrete und persönliche Existenz.[48] Dass solches möglich und wirklich sein wird, verbürgt allein die Schöpfermacht Gottes, "der die Toten lebendig macht und das Nichtseiende ins Sein ruft" (Röm.4,17). In Christi Auferweckung macht Gott, der Schöpfer offenbar, dass er uns zum ewigen Leben erwählt hat.[49] Paulus betont in 1.Kor.15,51: Es ist ein Geheimnis, das letztlich unser Verstehen und unsere Vorstellungskraft sprengt, es ist und bleibt ganz Gottes Geheimnis.[50] Aber wir dürfen hoffen und dessen gewiss sein: "Gesät wird in Vergänglichkeit, auferweckt in Unvergänglichkeit. Gesät wird in Unehre, auferweckt in Herrlichkeit. Gesät wird in Schwachheit, auferweckt wird in Kraft. Gesät wird ein beseelter Leib, auferweckt ein geistlicher Leib ..." (1.Kor.15,42-44).[51]

Der Auferweckungsglaube bedeutet nicht Resignation oder Schicksalsergebenheit angesichts der Todeswelt, in der wir leben, sondern Befreiung zum Aufstand gegen den Tod und zum Kampf gegen diesen Feind des Lebens.[52] Wir leben aus der Zuversicht, dass Christus Sieger ist und wir schon jetzt Anteil haben an diesem Sieg.[53] Die christliche Arbeit gegen den Tod ist im Herrn nicht aussichtslos. Vielmehr steht sie in der Aussicht, dass der Tod von Gott besiegt werden wird und einmal das Wort in Erfüllung geht: "Verschlungen ist der Tod vom Sieg. Tod, wo ist dein Sieg? Tod, wo ist dein Stachel?" (1.Kor.15,54f.).[54]

Von dieser Hoffnung und befreienden Botschaft her stehen die Christen zum Leiden, zum Sterben und zum Tod in einem Verhältnis getroster Zuversicht.[55]

Gott hat im Leiden, Sterben und Tod Christi seine Liebe zu uns offenbart, er hat für uns alle seinen Sohn dahingegeben.[56] All unser Leiden, Sterben und Tod ist von der Hoffnung auf das in Christus angebrochene neue Leben getragen.[57] In Christi Auferweckung verbürgt uns Gott selbst, dass kein Leiden endgültiges Schicksal ist, sondern vorläufig und begrenzt bleibt. Wir werden in dieser Welt nicht befreit von allem Leiden, wir sind aber im Leiden bewahrt vor Verzweiflung und Trostlosigkeit.[58]

Dabei wird der Tod aus christlicher Perspektive nicht etwa verharmlost. Christus hat den Tod eines Verbrechers erlitten, indem er am Kreuz starb. Er, der am Kreuze hing, war verflucht und ist an unserer Stelle zum Fluch geworden (Gal.3,13).[59] Der Tod ist das Geschick aller Menschen, die von Adam herkommen, alle sind unter der Herrschaft des Todes, ihr kann niemand entfliehen (Röm.5,12).[60] Der Tod ist schliesslich nichts anderes als der Sünde Sold (Röm.6,23), und das heisst, nicht die Folge einzelner Verfehlungen eines oder der Menschen in ihrem Leben, sondern die harte Konsequenz der Versklavung unter die Macht des Unrechts, der Sünde und der Schuld in dieser Welt.[61] Der Tod ist die Preisgabe des Menschen an die Verlorenheit und Verurteilung. Der Tod führt den Menschen in die Einsamkeit und Verhältnislosigkeit.[62] Wiederum können wir sagen: Christus

hat diesen schrecklichen Tod durchlebt. Er ist seinen Tod in grösster Verlassenheit gestorben, auch Gott hat ihn verlassen.[63]
Aber der Schrecken ist unserem Tod genommen, denn durch die Taufe im Namen Christi sind die Christen diesen schrecklichen Tod schon gestorben. "Wir sind also durch die Taufe auf seinen Tod mit ihm begraben worden, damit, wie Christus durch die Herrlichkeit des Vaters von den Toten auferweckt worden ist, so auch wir in einem neuen Leben wandeln" (Röm.6,4).[64] Auch wenn wir sterben müssen und der Tod täglich vor uns steht, leben wir aus der befreienden Gewissheit, dass Gott den Tod in Christus besiegt hat. Jemand mag schon gestorben sein, jemand mag im Sterben liegen, die Verheissung steht über ihm, dass er gemeinsam mit Christus am ewigen Leben Anteil haben und mit ihm leben wird. Die Frage nach einem seligen, und das heisst glücklichen Leben und Sterben erhält im Evangelium eine gute Antwort. Gerade der alte Mensch soll um sie wissen und getrost seinem Lebensende zugehen. Er hat die befreiende Zuversicht: Wir leben und werden leben!
Es wird keinem Christen abgenommen, sich in dieser Welt mit all ihrem Schmerz, ihrer Trauer und ihrer Verlorenheit zu bewähren.[65] Christen kämpfen gegen menschlich verschuldetes Leiden, gegen sinnloses oder aufhebbares Leiden, weil sie in der Nachfolge Christi immer wieder neu die Bereitschaft erlernen, sich für den Bruder oder die Schwester einzusetzen und hinzugeben.[66] Aber sie werden durch erfahrene Not, durch miterlebten und erlittenen Schmerz auch gestärkt in der Sehnsucht nach der Vollendung. In ihrer Schwäche und Gebrechlichkeit nehmen sie Anteil an der Kraft Christi.
Paulus hat das sehr direkt an seiner Krankheit erfahren, die ihm ein Dorn im Fleisch war, und er hat den Herrn auch gebeten, ihn davon zu befreien. Aber er wusste, ohne Leiden zu suchen oder zu provozieren, um den guten Sinn von Leiden und Schwäche.[67] "Meine Gnade genügt dir; denn sie erweist ihre Kraft in der Schwachheit. Viel lieber also will ich mich meiner Schwachheit rühmen, damit die Kraft Christi auf mich herabkommt. Deswegen bejahe ich meine Ohnmacht, alle Misshandlungen und Nöte, Verfolgungen und Aengste, die ich für Christus ertrage; denn wenn ich schwach bin, dann bin ich stark" (2.Kor.12,9f.).[68]
Gerechtfertigt aus dem Glauben an Jesus, den Gekreuzigten und Auferweckten, stehen Christen in der Gnade Gottes, und sie hoffen wach und gespannt auf die kommende Herrlichkeit. Diese Hoffnung steht in scharfem Kontrast zur Hoffnungslosigkeit derer, die Gott nicht kennen. Noch einmal muss betont werden: Nicht dass sie aller Schwäche, allem Leiden, allem Schmerz und Seufzen der menschlichen und aussermenschlichen Kreatur enthoben wären.[69] Die Christen rühmen sich in durchlebter Not vielmehr nicht nur der kommenden Herrlichkeit, sondern auch der gegenwärtigen Bedrängnisse und der aktuellen Not. Sie leiden mit aller Kreatur in solidarischer Sympathie die Not dieser Welt. "... wir rühmen uns auch inmitten von Bedrängnissen. Denn wir wissen: Bedrängnis erbringt Geduld, Geduld Bewährung, Bewährung aber Hoffnung; und diese Hoffnung lässt nicht zuschanden werden." (Röm.5,3-5).[70] Christen leiden in der Not dieser Welt mit Christus, sie haben am Leiden Christi teil (1.Petr.4,13).[71]
Man kann von der Auferweckung des Gekreuzigten her nicht anders als von

einer Freiheit der Christen in Leiden, Sterben und Tod sprechen. Christen sind angesichts von Leiden, Sterben und Tod nicht trostlose, verzweifelte, sondern hoffende Menschen. Als Vorschuss künftiger Herrlichkeit ist ihnen der Geist Christi gegeben, der für sie eintritt und sich ihrer Schwachheit annimmt; "... wo der Geist des Herrn ist, da ist Freiheit" (2.Kor.3,17).[72]

Welche Bedeutung hat diese Perspektive angesichts der vielen alten Menschen, die chronischkrank sind, die an ihrer Behinderung leiden oder die seelisch unüberwindbare Schwierigkeiten haben?

Bei den heute gewaltig verbesserten Möglichkeiten der Medizin sind gerade alte Menschen in unserer Gesellschaft häufig von multiplen Erkrankungen betroffen, bei denen konsequente Therapie Fortschritte und Verbesserungen bringen kann. Von den Aerzten, Pflegenden, Betreuenden und Patienten selbst wird die grösste Anstrengung erfordert. Aber nicht nur sind Christen (in all ihrer Ohnmacht und Schwäche, die sie immer wieder erfahren), zu einem engagierten Dienst am leidenden Mitmenschen gerufen, sondern auch als Leidende selbst sind sie tapfere Kämpfer gegen Krankheit und Schmerz; sie versuchen, das Leiden mit Gottes Hilfe zu tragen und zu verarbeiten.

Gegenüber alten Menschen, die krank und schwach sind, wird den Jüngeren bewusst, dass wir Menschen unser Leben nicht davor abkapseln können, Leiden, Sterben und Tod früher oder später selbst und am eigenen Leib zu erfahren. Eines ist gewiss: Wir können ruhig darauf zugehen. Das Evangelium spricht uns die Hoffnung leiblicher Auferstehung zu. Gott hat in Christi Tod und Auferstehung die Erlösung und Rettung des ganzen, leiblich-seelischen Menschen verheissen. Die Ganzheitlichkeit dieser Hoffnung macht Leiden tragbar. Wir dürfen uns die Zuversicht schenken lassen, dass wir Leiden durchleben auf Gottes Herrlichkeit hin.

"Leiden. Wunderbare Verwandlung. Die starken, tätigen Hände sind dir gebunden. Ohnmächtig, einsam siehst du das Ende deiner Tat. Doch atmest du auf und legst das Rechte still und getrost in stärkere Hand und gibst dich zufrieden. Nur einen Augenblick berührtest du selig die Freiheit, dann übergabst du sie Gott, damit er sie herrlich vollende." (D. Bonhoeffer).[73]

5. DAS SYSTEMATISCH-ETHISCHE VERSTAENDNIS DES ALTERS IM RAHMEN DER THEOLOGISCHEN ANTHROPOLOGIE

5.1. Einleitende Erwägungen

Mit der Vorordnung eines Ueberblicks über die Ergebnisse der Gerontologie hat diese Arbeit schon deutlich signalisiert, dass wir am Gespräch mit den empirischen Humanwissenschaften lebhaft interessiert sind. Den forschungsgeschichtlichen Rückstand der theologischen Disziplinen im Blick auf unser Thema mussten wir wiederholt betonen.[1)]

Andrerseits hat Ende der siebziger, anfangs der achtziger Jahre ein intensives Bedenken des Verhältnisses von theologischer Anthropologie und Humanwissenschaft in verschiedenen Veröffentlichungen und Gesamtentwürfen seinen Niederschlag gefunden. Exemplarisch seien hier die Werke von W. Neidhart/H. Ott "Krone der Schöpfung? Humanwissenschaften und Theologie", Chr. Frey "Arbeitsbuch Anthropologie, Christliche Lehre vom Menschen und humanwissenschaftliche Forschung", A. Peters "Der Mensch", O.H. Pesch "Frei sein aus Gnade / Theologische Anthropologie" und " W. Pannenberg "Anthropologie in theologischer Perspektive" erwähnt.[2)]

Von einem theologischen Konsens über das methodische Vorgehen kann zur Zeit nicht gesprochen werden.
W. Pannenberg plädiert für eine kritische Aneignung der anthropologischen Erkenntnisse aus der Perspektive der Theologie.[3)] "Ihr geht es darum, die von den anthropologischen Disziplinen beschriebenen Phänomene des Menschseins theologisch in Anspruch zu nehmen. Das geschieht, indem ihre säkulare Beschreibung als eine vorläufige Auffassung der Sachverhalte angenommen wird, die dadurch zu vertiefen ist, dass an den anthropologischen Befunden selbst eine weitere, theologisch relevante Dimension aufgewiesen wird. Die Vermutung, dass sich solche Aspekte an den von anderen Disziplinen erforschten Sachverhalten im einzelnen aufzeigen lassen, ist die Generalhypothese, die das Vorgehen dieser Untersuchung bestimmt ...".[4)] Die Bewahrheitung theologisch anthropologischer Aussagen (Gottebenbildlichkeit, Sünde u.a.) sucht W. Pannenberg entlang der Frage nach der Identität des Menschen, die den roten Faden seiner Untersuchung bildet. Er versucht, den Begriff des Menschen dadurch zu gewinnen, dass er vom Allgemein-Abstrakten zum Konkreten vorstösst, auf dessen Erfassung der Duktus des Fragens schon von Anfang zielt.[5)]
Die grösste Nähe zur konkreten Wirklichkeit sieht er in der Geschichtswissenschaft erreicht, während die abstrakten Abgrenzungen der Humanbiologie den Ausgangspunkt abgeben.[6)] Man kann sich fragen, ob er nicht die humane Allgemeingültigkeit des religiösen Abhängigkeitsgefühls bei D.F. Schleiermacher auf neuer Ebene wiederaufnimmt. Die Weltoffenheit des Menschen im geschichtlichen Prozess der Menschwerdung des Menschen findet nach ihm ihren eigentlichen Sinn in der Gottoffenheit, die die Welt als Totalität erschliesst.[7)] Ohne die Möglichkeit eines solchen Vorgehens von vornherein bestreiten zu wollen, ist unser Interesse in dieser Untersuchung anders gerichtet.

Wir zielen nicht primär auf die Erarbeitung des Begriffs des Menschen, sondern auf den Menschen in seinen konkreten Lebensverhältnissen, auf das Erfragen und Suchen nach der Humanität des Menschen im Alter und in unserer heutigen Gesellschaft.[8)] Ausgehend von der gesellschaftlichen Realität des zunehmenden Alterns der Bevölkerung und der damit aufgeworfenen Frage nach der menschlichen Bewältigung des Alters haben wir in hermeneutisch verantworteter Besinnung auf das Alte und Neue Testament Perspektiven gewonnen, um jetzt zu einem neuen systematisch-ethischen Verständnis des Alters im Rahmen der theologischen Anthropologie und in Bezug auf die empirischen Humanwissenschaften, vor allem auf die Gerontologie zu kommen. Von vornherein ist in unserem Gedankengang ein diastatisches Verhältnis zu den nichttheologischen Wissenschaften zurückgewiesen. Der kritische Dialog wird vielmehr in solidarischem Austausch vollzogen.[9)] Gleichzeitig wird aber intensiv nach dem Gegenwartsbezug des überlieferten biblischen Zeugnisses gefragt, und wir versuchen, seine Bedeutung für die Zukunft des Zusammenlebens der Generationen darzustellen. Wir sind uns der Pluralität des methodischen Vorgehens und theologischer Ergebnisse wohl bewusst und betrachten darum unseren Gedankengang als einen vorläufigen Beitrag zur Auseinandersetzung mit dem dritten und vierten Lebensabschnitt. Wir verstehen unsere Arbeit als eine Hilfe zu einem glaubwürdigen Zeugnis der Kirche in unserer Gesellschaft, eine Hilfe, die Gespräch und Reflexion, vor allem aber Praxis und Engagement freisetzen soll.

Welche Vorstellungen von Humanität vertritt die Kirche angesichts des Alterns der Bevölkerung, und welches sind Massstäbe ihrer Praxis im Zusammenleben mit betagten Menschen? Welche theologischen Grundgedanken zur Humanität im Alter haben in der heutigen Gesellschaft besondere Relevanz?

Es geht uns um die Skizzierung einiger Grundlinien, welche die Wiedergabe und Verarbeitung wesentlicher Aussagen bisheriger theologischer Arbeit zum Thema miteinbezieht. Wir bemühen uns, wichtige Zitate direkt in den Gedankengang einzufügen, um dem Leser das mühsame Nachschlagen in einem Anhang zu ersparen und andere mit ihrer Sicht der Probleme unverstellt zu Wort kommen zu lassen.[10)]

Gegenüber W. Pannenberg betonen wir das Recht einer theologischen Anthropologie und Ethik, die die Selbstkundgabe Gottes in der Geschichte seines Handelns und seiner Offenbarung in Jesus Christus als eine unverfügbare, allein dem hörenden Glauben sich erschliessende Tatsache voraussetzt.[11)] Weder schliesst diese Voraussetzung aus, dass das überlieferte Menschenwort in seiner geschichtlichen und gesellschaftlichen Bedingtheit gesehen wird, noch dass seine Auslegung in der heutigen Wirklichkeit im Dialog mit den Humanwissenschaften bewahrheitet wird. Aber wir teilen die Blickrichtung einer Theologie, wie sie E. Schlink intendiert, wenn er schreibt: "Wie die alttestamtlichen Aussagen über den Menschen den Bund Gottes mit Israel, und wie die neutestamentlichen die Erscheinung Jesu Christi zur Voraussetzung haben und von hier aus entfaltet sind, so müssen wir auch heute in den theologischen Aussagen über den Menschen bei Gottes Heilshandeln am Menschen einsetzen."[12)] So fragen wir denn entschieden nach dem Alter als Gabe und Aufgabe für den Menschen in seiner Begegnung mit Gott und seinen Mitmenschen.

5.2. Das Alter als gute Gabe und Aufgabe des Schöpfers

Das Alter ist eine gute Gabe Gottes, des Schöpfers, der den Menschen auch im letzten Lebensabschnitt zu einem tätigen, freien und erfüllten Leben beruft. Es ist weder einfach Defizit noch nur Verlust. Die Gesellschaft wird erkennen, dass sie Lebensraum und Lebensrechte der Betagten nicht ohne Minderung der gesamtgesellschaftlichen Lebensqualität einschränken oder gar beschneiden kann. Das Alter konfrontiert uns mit der Begrenztheit menschlichen Lebens. Das Leben läuft auf ein Ende hin und ist befristet.
Wagen wir das Vertrauen auf Gott, der unser Leben erhält, trägt und errettet?

Die Theologie hatte, insbesondere vom Alten Testament her, längst guten Grund, die gesellschaftliche Diskriminierung und Abwertung des Alters abzulehnen. Stattdessen hat sie die gesellschaftliche Entwicklung bisher nicht nur mehr oder weniger ignoriert, sondern auch die gängige, pauschale Parallelisierung von Alter mit Schwäche, Krankheit, Gebrechlichkeit und Passivität häufig unreflektiert übernommen. Sie bedurfte der Herausforderung durch die gerontologische Forschung, um endlich die Hefte einer Revision zu unterziehen.[1]

Die biblischen Schriften bezeugen breit, dass das Alter nicht minder als frühere Lebensabschnitte volles, ganzheitliches Leben ist, und dass den alten Menschen auf Grund ihrer Stellung im Generationenzusammenhang und auf Grund ihrer menschlichen Würde Ehre gebührt. "Ehre" meint Achtung und Ernstnehmen in der Gemeinschaft und Gesellschaft, echte materielle und menschliche Unterstützung, wo diese notwendig ist, sowie Integration und Beteiligung am Zusammenleben.[2] Diese Aufgaben sind den Generationen unabhängig davon gegeben, ob wir in einer patriarchalisch-agrarischen oder in einer konsum- und produktionsorientierten Industriegesellschaft leben.

Wir sind heute wohl gewohnt, von den Schwächen und Problemen, nicht aber von den Stärken und Qualitäten der Alternden zu reden. Wir haben erneut zu lernen, welches die positiven Möglichkeiten und Chancen des Alters sind.

Ein alter Mensch ist durch seinen Lebensweg innerlich gewachsen. Er hat Lebenserfahrung gesammelt und ist in guten und schlechten Tagen erhalten und bewahrt worden. Er ist gewiss in manchem auch gescheitert und hat sich mit den Schwierigkeiten des Lebens auseinandersetzen müssen. Er hat aber die freie Güte Gottes erfahren und als Christ seinen individuellen Weg mit dem Evangelium gemacht. Vielleicht ist er von rüstiger Tatkraft, oder er weiss sich auf Grund seiner Kräfte zu bescheiden. Jeder Lebenslauf, jede Biographie hat besondere Merkmale und zeigt den Weg eines Menschen in seiner unverwechselbaren Eigenheit und Prägung durch Freud und Leid. Aber wird ein Leben nicht gerade im Alter Zeugnis der unverbrüchlichen Treue Gottes, der auch das fehlerhafte Leben von uns Menschen erhält und trägt? Nichts anderes als diese Treue ist ja die eigentliche Stärke des alten Menschen, um deretwillen er echten Respekt und Achtung verdient. Man darf mit gutem Grund fordern, dass sich die "Ehrfurcht vor dem Leben" gerade in diesem Zusammenhang zu bewähren hat.[3]

So gesehen wird die Auseinandersetzung mit dem Alter zur Aufgabe in jedem Lebensabschnitt und beginnt schon in der Jugend. Durch die Marginalisierung[4)] der kranken alten Menschen hinter den weissen Mauern von Pflegeheimen und Spitälern ist unsere Gesellschaft der direkten Auseinandersetzung mit dem Alter und dem Tod, einst in der Grossfamilie und Lebenswelt des Dorfes oder der Kleinstadt das Natürliche und Selbstverständliche, auf weite Strecken verlustig gegangen. Es ist Aufgabe der Christen, durch aktiv gesuchte Gemeinschaft, Anteilnahme und Solidarität mit alten Menschen Freude und Last der Betagten kennenzulernen und sich dabei der Befristung auch ihres eigenen Lebens bewusst zu werden. Jeder, wenn nicht ein vorzeitiger Tod sein Leben allzu früh abbricht, wird einmal alt werden. Dann werden andere ihn respektieren oder eben zur Seite schieben. So paradox dies tönt, so wahr ist es: "Das Alter ist unsere Zukunft!"[5)] Die Christengemeinde hat viele Chancen, die Auseinandersetzung mit Freud und Leid des Alters in Unterricht, Verkündigung, Gespräch, Seelsorge und Bildungsarbeit zu fördern.[6)]

Wir geben niemand anderem als Gott selbst die Ehre, wenn wir uns für das Lebensrecht und den Lebensraum alter Menschen engagieren. Unsere Gesellschaft hat trotz sozialer Sicherungssysteme weithin verlernt, das Lebensrecht alter Menschen ernst zu nehmen und sie am gesellschaftlichen Leben teilhaben zu lassen. Sie ist mühsam daran, unter veränderten soziologischen Bedingungen zu lernen, alte Menschen als selbständige und vollwertige Glieder unseres Zusammenlebens zu achten und zu respektieren.

Man täusche sich nicht: Die alten Menschen werden sich zunehmend in das öffentliche Leben einmischen und ihre Interessen und Bedürfnisse selbst artikulieren. Seit 1986 bestehen in der Schweiz erste Gruppen der "Grauen Panther", die sich deutlich zu Worte melden.[7)] Die Betagten werden sich bewusst werden, dass sie selbst am meisten Verantwortung für die Gestaltung ihrer Lebensbedingungen tragen und vor allem sie selbst in Zusammenarbeit mit den anderen Generationen Lösungen ihrer Probleme erreichen können.

In besonderem Masse haben die Christen die Aufgabe, für das Lebensrecht derjenigen einzustehen, die schwächer sind, die sich in Folge chronischer Erkrankung oder starker Behinderung nicht in gleichem Masse artikulieren können. Es ist nicht gleichgültig hinzunehmen, wenn ein öffentlicher Neubau den Behinderten nicht zugänglich ist. Es ist nicht gleichgültig hinzunehmen, wenn auf die Interessen der Fussgänger, insbesondere der Kinder und Betagten im Verkehr keine Rücksicht genommen wird. Es ist nicht gleichgültig hinzunehmen, wenn alte Menschen isoliert und vereinsamt leben. Das Alter ist die gute Gabe des Schöpfers, und die Gesellschaft hat kein Recht, dieses Leben weniger ernst zu nehmen oder weniger zu fördern, als dasjenige jüngerer Menschen.[8)]

Der alte Mensch ist nicht weniger als in früheren Lebensabschnitten zu einem freien, tätigen und erfüllten Leben berufen, auch wenn die Möglichkeiten durch die körperlichen Kräfte eingeschränkt werden. Es ist sorgfältig zu unterscheiden zwischen all dem, was der alte Mensch auf Grund seiner physischen und psychischen Kräfte nicht mehr kann, und denjenigen Lebensmöglichkeiten, die ihm durch die Gesellschaft unberechtigterweise abgesprochen oder genommen werden.

Wie alle Christen sind alte Menschen in die Gemeinde zum Lob Gottes und zum Dank berufen, zum Hören auf sein Wort und seine Weisung für das tägliche Zusammenleben. Es wäre falsch, Dankbarkeit, Demut und Bescheidenheit, wie dies in vielen Erbauungsbüchern zum Thema Alter geschieht, nun gerade in besonderem Masse dem Alter zuzuschreiben.[9] Die Christen aller Generationen und so auch die Betagten sind dazu befreit, offen und frei ihre Klage, ihre Bitten und ihr Lob vor Gott zu bringen und dem himmlischen Vater anzuvertrauen. Gewiss: sie sind sich mehr als die jüngere Generation bewusst, dass ihr Leben befristet ist und seine Grenze hat. Aber sie hoffen darauf, dass derselbe Gott, der sie in ihrem Leben in Freud und Leid erhalten, getragen und errettet hat, sie auch an der Grenze des Todes nicht verlässt, sondern ihnen treu bleibt.

Vom Gesagten mag einiges selbstverständlich erscheinen. Wir sollten uns aber bewusst sein, dass man das Alter auch ganz anders beurteilen kann. Wir wollen uns dies an der Darstellung von J. Améry verdeutlichen.
J. Améry hat in einem brillanten Essay "Ueber das Altern, Revolte und Resignation" gezeigt, wie das Alter von einem atheistischen Humanismus her gesehen werden kann.[10]
Das Alter ist für ihn das desillusionierende An-den-Tag-Kommen der Negation unserer Existenz, der unaufhaltbare, irreversible Zerfall des Körpers, die Entfremdung von der sich fort-entwickelnden Kultur, das soziale Urteil über den gelebten Lebenslauf, ein sinnloses Vegetieren, unter das der Tod den Schlusspunkt setzt. "Das Altern, mit dem das Nicht und "Un" unserer Existenz sich vorstellt und uns evident wird, ist eine verödete Lebensregion, bar jeden vernünftigen Trostes; man soll sich nichts vormachen. Im Altern werden wir zum weltlosen inneren Sinn reiner Zeit. Als Alternde werden wir unserem Körper fremd und seiner trägen Masse zugleich näher als je zuvor. Wenn wir die Lebenshöhe überschritten haben, verbietet uns die Gesellschaft den Selbstentwurf und wird die Kultur zur Lastkultur, die wir nicht mehr verstehen, die vielmehr uns zu verstehen gibt, dass wir als altes Eisen des Geistes auf die Abfallhalden der Epoche gehören. Im Altern schliesslich müssen wir mit dem Sterben leben, skandalöse Zumutung, Demütigung sondergleichen, die wir einstecken, nicht in Demut, sondern als Gedemütigte. Alle Symptome der unheilbaren Krankheit sind rückführbar auf das unbegreifliche Wirken des Todesvirus, mit dem wir in die Welt treten."[11]

Es gilt, diese messerscharfe Anklage der Menschenwidrigkeit des Alters aus der Feder eines Intellektuellen ernst zu nehmen und nicht einfach zu verwässern. Gewiss, in die Resignation, die seine revoltierende Anklage schon in ihrem Ansatz enthält, können wir nicht einstimmen. Aber klar sieht J. Améry: Wenn das Alter letztlich nicht nur Entfremdung, Belastung, Demütigung und sozialer Ausschluss sein soll, dann kann dies nicht schlicht mit einer Veränderung der äusseren sozialen Lebensbedingungen herbeigeführt werden. "Kein Zweifel ist erlaubt, dass das soziale Altern durch unsere Welt des Habens essentiell mitbestimmt ist. Ganz unstatthaft aber wäre es, wollte man das Phänomen von Altern und Altsein durch den Blick

der anderen auf ein paar Grundprobleme der sozialen Struktur von Markt- und Profitwirtschaft reduzieren."[12] Die Verbesserung der Lebensverhältnisse allein ist Kosmetik an der unentrinnbar gegebenen existenziellen Not des Alterns. Die Wahrheit des Alters ist für Améry, sieht man ihr nur ins Gesicht und verdrängt sie nicht, die bare Trostlosigkeit, und ein Jenseits des Selbst ist reine Illusion.[13]
Man kann sich fragen, ob Améry's Revolte und Resignation nicht auch mit jener selbstverständlich-harmlosen Erbaulichkeit zusammenhängt, mit der Christengemeinden oft die Realität des Alters übertünchen und verdecken. Oft verkündigt die Kirche einen tatsächlich illusionären Jenseitstrost statt das Evangelium, das den Menschen in seinem Leid, in seiner Furcht und Angst ernst nimmt und ihm eine Hoffnung wider alle Hoffnung schenkt.

Zum Alter gehören, darauf weist J. Améry unerbittlich hin, auch die 'negativen' Dimensionen: der Verlust von Angehörigen und guten Freunden, das Aufgeben einer zu gross gewordenen Wohnung, das Sich-Lösen von Liebgewordenem, die Entfremdung von dieser Welt. Um Verlust, Sich-Lösen kommt ein Mensch in seinem ganzen Leben nicht herum, wiewohl er sich durch den "Habenmodus der Existenz" darüber hinwegtäuschen mag.[14]
Gegen J. Améry betonen wir aber: Der Christ kann im Alter die Begrenzung und Beschränkung seiner äusseren Lebensmöglichkeiten in getroster Zuversicht als die guten Grenzen seines Lebens annehmen. Er braucht sich dazu nicht auf ein illusionäres Jenseits seiner selbst zu vertrösten.
K. Barth sagt in seinen Ausführungen zur endenden Zeit des Menschen: "Der Mensch als solcher hat also kein Jenseits, und er bedarf auch keines solchen; denn Gott ist sein Jenseits. Dass er, Gott, als des Menschen Schöpfer, Bundesgenosse, Richter und Retter sein schon in seinem Leben und endgültig, ausschliesslich und total in seinem Tode treues Gegenüber war, ist und sein wird, das ist des Menschen Jenseits."[15] Dies aber ist nicht mehr "Treuherzigkeit" des real zu einer "Kreatur der Negation" gewordenen alten Menschen,[16] sondern die Verheissung des seinem Geschöpf treu bleibenden Schöpfers, dass er als endender, diesseitiger und sterbender Mensch "nicht Nichts, sondern des ewigen Lebens Gottes teilhaftig sein" wird.[17]

5.3. Der Betagte als Gottes Ebenbild

Gott ist dem Menschen auch im Alter treu, denn der Mensch ist sein ihm ebenbildlich geschaffenes Geschöpf. Zwar ist die Geschichte der Generationen geprägt von der Geschichte fortlaufenden Unrechts und belastender Schuld im Generationenverhältnis. Gesellschaftliches Versagen angesichts der humanen Rechte alter Menschen ist oft Ausdruck von Selbstliebe, Entfremdung und Beziehungslosigkeit unter Menschen, gleichzeitig aber auch Auswirkung der gesellschaftlichen Situation Betagter. Als Gottes Ebenbild hat der alte Mensch ein Lebens- und Entfaltungsrecht. Er hat ein Recht auf die Achtung seiner menschlichen Würde, auch wenn er seelisch oder körperlich krank ist oder im Sterben liegt. Zeigt sich nicht in Jesus Christus, dem wahren Ebenbild Gottes, der Sinn des Alters: Die Bestimmung des Menschen zur Mitmenschlichkeit, zur Freiheit und zur eschatologischen Teilhabe an der Herrlichkeit Gottes?

Während in der exegetischen Diskussion von 1.Mos.1,26f. ein recht breiter Grundkonsens festgehalten werden konnte,[1] ist die Auslegung der Gottesebenbildlichkeit im Blick auf die neutestamentlichen Stellen und den systematischen Zusammenhang mit dem Alten Testament kontrovers.[2] A. Peters hat die Situation der systematischen Diskussion als "Anthropologie zwischen protologisch-adamitischer oder eschatologisch-christozentrischer Bestimmung der Imago Dei" charakterisiert.[3] Der Entwurf einer Anthropologie vorgängig zur Christologie und der Entwurf einer Anthropologie entfaltet aus der Christologie stehen sich in der theologischen Systematik in verschiedenen Varianten gegenüber.[4]

Wir können hier nur auf die wesentlichen Probleme diese Fragenkreises hinweisen.[5]
Erstens wird diskutiert, ob mit der Bezeichnung Christi als Ebenbild Gottes (εἰκών 2.Kor.4,4; Kol.1,15; Hebr.1,3) vorausgesetzt ist, dass der gefallene Mensch durch die Sünde seiner Gottesebenbildlichkeit verlustig gegangen ist.[6] Wir haben darauf oben geantwortet, dass auch der Sünder Gottes Ebenbild ist und bleibt.[7]
Zweitens ist εἰκών als Bezeichnung für Christus nicht mit dem alttestamentlichen Begriff des Ebenbildes identisch.[8] Im neutestamentlichen Verständnis manifestiert sich im Bild der Schöpfer; εἰκών bezeichnet die Erscheinung Gottes, die Sichtbarwerdung und Gegenwart Gottes in Christus. In der Herrlichkeit Christi offenbart sich die Herrlichkeit Gottes.[9]
Drittens sprechen die echten und die unechten Paulusbriefe von der Verwandlung der Glaubenden in Christi Ebenbild (vgl. 1.Kor.15,49; 2.Kor.3,18; Röm.8,29; Kol.3,10f. u.a.).[10]
Viertens ist die Verhältnisbestimmung der Gegenüberstellung von Adam und Christus bei Paulus (vgl. Röm.5,12-21 u.a.; sogenannte Adam-Christus-Typologie) zur Lehre von Gottes Ebenbild kontrovers.[11]
Schliesslich werden verwandte Stellen unterschiedlich für die Interpretation beigezogen. Vor allem E. Schlink hat betont, dass Aussagen über die ebenbildliche Entsprechung zwischen Mensch und Gott sowohl im AT wie auch im NT häufig sind, auch wenn der Begriff "Ebenbild" nicht direkt vorkommt.[12]

Es soll hier jetzt nicht unsere Aufgabe sein, die verschiedenen Lösungsversuche der theologischen Anthropologien darzulegen und zu diskutieren. Wir ziehen einige Linien im Blick auf unser Thema aus, ohne alle theologischen Entscheidungen ausführlich zu begründen. Rückblickend auf das Alte Testament können wir jedenfalls festhalten, dass es an die Theologie des Volkes Israel anschliesst, wenn die neutestamentliche Gemeinde in Jesus Christus die Erfüllung der imago Dei sieht. Er ist der allein wahre, neue Mensch, der als Bild Gottes in Gemeinschaft mit Gott für die Menschen lebt.[13] "Und er ist das Ebenbild des unsichtbaren Gottes, der Erstgeborene der ganzen Schöpfung; denn in ihm ist alles, was in den Himmeln und auf Erden ist, erschaffen worden ..." (Kol.1,15f.).[14] In Christus erhalten die Menschen Anteil an der Herrlichkeit Gottes, dazu sind sie bestimmt, erwählt und befreit. "Denn die er zum voraus ersehen hat, die hat er auch vorherbestimmt, gleichgestaltet zu sein dem Bilde seines Sohnes, damit er der Erstgeborene sei unter vielen Brüdern" (Röm.8,29).[15] Gott hat seinen Sohn für alle dahingegeben, und so ist der Mensch im Leben und im Sterben dazu berufen, Gott zu entsprechen und seine Hoffnung darauf zu setzen, dass der Auferweckte für ihn eintritt.[16]

Die Würde des Menschen sollte man theologisch nicht aus seiner Sonderstellung im Rahmen der Evolution und gegenüber dem Tier begründen.[17] Zweifelsohne ist die Sonderstellung des Menschen in der Natur von hohem Interesse, gerade wenn man, wie die moderne Anthropologie, von der Hypothese der Kontinuität zwischen Tier und Mensch und von der Weltoffenheit des Menschen ausgeht.[18] Andrerseits kann die Würde und der Wert des menschlichen Lebens nicht allein für den gesunden Menschen herausgearbeitet werden, der zur Sprache und Reflexion, zur Welterfahrung und beherrschenden Gestaltung seiner natürlichen Lebensbedingungen fähig ist. Eine solche Sichtweise würde den pflegebedürftigen und den schwerkranken oder schwerbehinderten Menschen bewusst oder unbewusst aus der Betrachtung ausklammern.[19] Die körperlichen und seelischen Voraussetzungen des Menschseins können aber bis an die äussersten Grenzen reduziert sein, etwa bei den verschiedenen Arten chronischer Erkrankung im Alter oder bei akuten Hirnschädigungen, und gerade die Kennzeichen der Sonderstellung gegenüber dem Tier können dann hinfällig sein.[20]

Die humane Würde des betagten Menschen begründet sich theologisch gesehen vielmehr in der Beziehung des Schöpfers und Erlösers zu seinem Geschöpf, und in der Bestimmung des Menschen zum Leben mit Gott und seinen Mitmenschen.[21] Der Mensch ist Person, indem er aus der Beziehung zu Gott sein Leben empfängt, in der Beziehung zu den Mitmenschen Liebe und Gemeinschaft erfährt und so zum dialogischen, zum sprechenden, zum antwortenden und sich ausdrückenden Menschen werden darf. Die Angewiesenheit charakterisiert sein Leben also nicht erst im Alter, sondern ist eine Grundbedingung seiner Existenz.[22]
Gleichzeitig ist er Person in seiner leib-seelischen Ganzheit. Diesen Gesichtspunkt hat die Theologie des 20. Jahrhunderts in Abgrenzung gegen die platonische Tradition und ihr "leibfeindliches" Erbe besonders betont. Die Würde des Menschen ist nicht vom Wert seines Körpers abzutrennen, personale Mitte und Leiblichkeit sind untrennbar verbunden.[23]

Wer mit den Betagten zusammenlebt, der wird sehr bald erfahren, dass die Respektierung der humanen Würde und der Stellung der Betagten in der Gesellschaft oft in Frage gestellt ist. Insbesondere gilt dies, wenn alte Menschen psychisch oder physisch krank und pflegebedürftig werden.[24)]
Gewiss: Von vielen Kindern wird bis an die Grenzen des Möglichen für die Eltern gesorgt, und Kinder und Pflegende geben ihre Kräfte und Zeit oft mit grossem persönlichem Engagement. Die Gesellschaft wendet einen erheblichen Teil des Sozialprodukts für die Pflege und Betreuung Betagter auf.

Aber wir kennen auch die Probleme.[25)] Es gibt Betagte, die als zunehmend pflegebedürftige ein entwürdigendes Hin- und Herschieben zwischen Privatwohnung, Spital und Pflegeheim erleben. Kinder, die in gleichgültig hingenommener Beziehungslosigkeit zu ihren isolierten Eltern gelebt haben, streiten sich nach dem Tod um das Erbe. Wir kennen die Rücksichtslosigkeit, mit der Betagte im täglichen Leben auf die Seite gestossen, belächelt und nicht mehr ernst genommen werden. In der sozialpolitischen Diskussion schlägt oft ein sozialdarwinistisches Denken durch, das aus privater Interessenvertretung und mittels der Selbstdurchsetzung des Stärkeren die Rechte des Schwächeren missachtet und den schwachen Menschen - entweder durch Verharmlosung seiner Probleme oder durch Zurückweisung seiner Bedürfnisse - an den Rand drängt.[26)]
Wir kennen die Probleme unseres Gesundheitswesens. Oft werden in Kliniken Langzeitpatienten oder unheilbar Kranke nicht aufgenommen, und auch in Pflegeheimen verhindern Wartelisten und Mangel an Pflegebetten und qualifiziertem Personal die Aufnahme.[27)]
Ohne moralisch im einzelnen werten zu wollen, ist diese Situation verstehbar als Ausdruck der Selbstliebe, der Entfremdung und Beziehungslosigkeit der Menschen. Sie ist ein Ausdruck der Sünde, die das gesellschaftliche und persönliche Zusammenleben der Menschen immer wieder in Zerrissenheit und Schuld führt und auch eine minimale Solidarität in Frage stellt. Wäre die prophetische Anklage bestehender Missstände und der Anstoss zu Veränderungen nicht eine Aufgabe der Kirche?[28)]
Das in der Gottesebenbildlichkeit verbürgte unverlierbare Lebens- und Entfaltungsrecht des Menschen, das 5. Gebot als Aufforderung zur Achtung der Eltern und älteren Generation, vor allem aber die Lebenshingabe Jesu Christi für die Schwachen und Kranken werden ja nicht öffentlich negiert, aber praktisch wird sehr oft das Gegenteil von Gottes gutem Gebot gelebt und verwirklicht!

Es scheint mir von etwelcher Bedeutung, wenn wir in unserer These betonen, dass der Betagte ein Lebens- resp. Entfaltungsrecht und ein Anrecht auf menschliche Würde auch als körperlich oder seelisch Kranker resp. als Sterbender hat. In Jesus Christus, dem wahren Ebenbild Gottes, ist es offenbar, dass der Betagte zur Mitmenschlichkeit, zur Freiheit und zur eschatologischen Teilhabe an der Herrlichkeit Gottes bestimmt ist. Das Leben des Betagten ist mit der Nähe des Todes nicht dem Nichts preisgegeben. Sünde, Leid, Krankheit und Tod können den Menschen vor Gott nicht endgültig entwerten oder disqualifizieren.[29)] Vielmehr gilt, was U. Eibach, dem wir in unserem Gedankengang im wesentlichen gefolgt sind, in prägnanten Worten formuliert hat. "Denn dieses einmalige irdische Leben, wie verfehlt, versehrt und "sinnlos" es auch immer sein mag, hat eine einzigartige Zukunft, die uns durch Gottes in Jesus Christus konkret gewordene vergebende Liebe als Freispruch und Verheissung des Lebens erneut so zugesprochen und im Glauben zugeeignet ist, dass sie schon jetzt, für dieses zeitliche Leben gilt. Die im Tode Jesu Christi geschehene Versöhnung Gottes mit dem Menschen (2.Kor.5,19) und das in seiner Auferweckung verbürgte vollendete und ewige Leben vor Gott gibt dem Menschen schon auf Erden in jeder, auch der entstelltesten Gestalt, den Charakter des unersetzlichen, unverlierbaren einzigartigen Wertes, von Gott geliebte und der Gemeinschaft mit ihm für wert geachtete Person zu sein."[30] Die Gottesebenbildlichkeit des Menschen ist also die Bestimmung des Menschen als Gottes Geschöpf, die sich zeichenhaft in empfangener Liebe, eschatologisch aber in der Neuschöpfung des Menschen in Christus verwirklicht.

5.4. Die Freiheit des alten Menschen

Zentrale Lebensaufgabe der Betagten ist die Auseinandersetzung mit ihrer Lebensgeschichte, mit den neuen Möglichkeiten in einer veränderten Lebenssituation und mit ihrem Beitrag zu einem humanen Zusammenleben der Generationen.
In jedem Leben bleibt manches Stückwerk, Fragment. Im Lichte der Versöhnung in Jesus Christus zeigen sich jedoch hoffnungsvolle Perspektiven: Nicht Leistung, Arbeit und Konsum geben dem Leben seine Rechtfertigung, sondern die Offenheit und die Freiheit für die Gnade Gottes und die tätige Erfüllung der Lebensaufgaben.
So werden Betagte die jüngeren Generationen auch freigeben können für ihr eigenes Leben, ihnen hilfreich und begleitend zur Seite stehen und wo nötig auch Hilfe annehmen. Das Leben ist durch alle Schwierigkeiten und Sorgen hindurch bewahrt geblieben, und es steht unter der Verheissung künftiger Erfüllung. Die Hoffnung auf das Reich Gottes lässt auch Betagte zu frohen und freien Christenmenschen werden.

Wir beschränken uns darauf, drei der mit dieser These angesprochenen Gesichtspunkte etwas näher zu enfalten.

Das Alter ist in unserer Gesellschaft stark durch das Ausscheiden aus dem Produktions- und Arbeitsprozess bei der Pensionierung charakterisiert. Tätigkeit und Arbeit gehören aber nach dem biblischen Zeugnis zum Menschsein des Menschen auch im Alter, sie sind eine Grunddimension der Humanität.[1)]
Wie wenig reflektiert dieser Widerspruch in der Theologie noch ist, zeigen etwa die Ausführungen von Eberhard Jüngel "Der alte Mensch - als Kriterium der Lebensqualität; Bemerkungen zur Menschenwürde der leistungsunfähigen Person".[2)] Es ist heute unhaltbar, den alten Menschen als Repräsentanten der Menschenwürde der leistungsunfähigen Person zu typisieren, wenn man weiss, dass das Alter längst nicht mehr mit Leistungsabfall und Defizit identifiziert werden kann.[3)] Schon der Ansatz verfehlt Wesentliches, wenn E. Jüngel sagt: "Wer die Lebensqualität einer Gesellschaft steigern will, muss deshalb die Leistungen der Gesellschaft steigern."[4)] Der Begriff der Lebensqualität wurde ja gerade gegen die andauernde Steigerung allein der produktiven und spezialisierten Leistung und gegen die Entfremdung von einem ganzheitlichen Leben geprägt.[5)] Zu einem erfüllten Leben gehören auch Musse, Freude am Spiel, zweckfreies Tun und Ruhe. Der Leistungsbegriff der Wachstumsgesellschaft kann spätestens seit "The Limits to Growth" ("Die Grenzen des Wachstums"), dem Bericht des Club of Rome im Jahre 1972 nicht mehr den Massstab einer sozialen Beurteilung des Alters abgeben.[6)] Ebenso ist eine Optik verfehlt, die die Alten als unproduktiv typisiert und sie als zunehmende Belastung für das Wirtschaftssystem betrachtet, weil die mittleren, berufstätigen Generationen über die Sozialversicherung für ihre materielle Existenz aufkommen müssen. (Dieser Standpunkt wird nicht von E. Jüngel, aber sonst wiederholt in der sozialpolitischen Diskussion vertreten).[7)] Man rechtfertigt ja damit nur die unverantwortbare Reduktion des Leistungsbegriffs auf die produktiv-

nützliche, die ökonomische Leistung und geht an der Frage vorbei, ob die alten Menschen nicht ihrer Humanität entfremdet werden, wenn sie in einer untätigen, höchstens noch konsumberechtigten Existenz isoliert und von dem gesellschaftlichen Arbeitsprozess ausgeschlossen werden.
Faktisch gesehen gelingt dies schon gar nicht. Alte Menschen sind zu einem erstaunlichen Prozentsatz auch nach ihrer Pensionierung erwerbstätig,[8] und sie leisten auch sonst wichtige Arbeit in Betreuung und Pflege von Angehörigen, in der Unterstützung der Nachkommenschaftsfamilien, in Haus und Garten u.a.m.. Unsere Gesellschaft muss erkennen, dass sie den alten Menschen gar nicht auf das Abstellgleis der Untätigkeit manövrieren kann. Zu einem nicht unwesentlichen Teil sind Leere und Vereinsamung im Alter Folge der jahrelang geleisteten entfremdeten Arbeit. In dem Masse, wie es in unserem Zusammenleben gelingt, den alten Menschen nach ihren Möglichkeiten in der Gesellschaft, in Familie und Gemeinde sinnvolle Aufgaben und Tätigkeiten zu übertragen, wird sich durch eine integrative gesellschaftliche Arbeitsteilung auch die Lebensqualität im mittleren Alter verbessern. Menschliches Leben lässt sich dann nicht mehr primär an der effizienten, produktiven Leistung messen, sondern es wird im realen Dienst für den anderen gefördert. Der alte Mensch wird sich nicht nur "seine Ruhe gönnen", sondern nach seinen Möglichkeiten seinen anerkannten Beitrag zur gesellschaftlichen, nicht auf die produktive Dimension reduzierbaren Tätigkeit leisten. Die Begründung der Menschenwürde in der Rechtfertigung aus Glauben durch Christi Tod und Auferstehung und nicht in der Gerechtigkeit aus Werken/ Leistung hat dann sowohl im Blick auf den arbeitenden alten Menschen wie auch auf den z.B. chronischkranken alten Menschen ihre Gültigkeit.[9]

Von der biblischen Perspektive her hat die Arbeit auch im Alter einen polyvalenten Charakter.

Gott gibt den alten Menschen in ihrer Arbeit und ihren Aufgaben Anteil an seiner Tätigkeit, seiner "actuositas".[10] Arbeit ist eine Freude und befriedigt den Menschen, sie ist, wie K. Barth sagte, "des Menschen tätige Bejahung seines Daseins als menschliches Geschöpf".[11] An dem besonderen Ort, wo der alte Mensch durch seine Lebensgeschichte und durch die Vorsehung Gottes steht, wird er mit den ihm gegebenen Kräften dankbar seine Arbeit tun. Das heisst nun natürlich nicht, dass er sich in eine Diskriminierung des älteren Arbeitnehmers oder des älteren Behinderten einfach ergibt, ganz im Gegenteil. Er wird seine Rechte sehr bewusst in Anspruch nehmen und sich für die Gestaltung der Arbeits- und Lebenswelt gerade der Schwächeren einsetzen. Gottes Wille ist das Wohl des Menschen auch in seiner Arbeit.

Die Arbeit hat aber nach dem Zeugnis der Bibel auch jene andere Seite: Sie ist Mühe oft ohne direkten Ertrag, hat Entfremdung und Belastung zur Folge und geschieht im "Schweisse des Angesichts" (1.Mos.3,17-19). Die Arbeit hat Konflikt- und oft auch Klassencharakter.[12]
Die Betagten erleben die Entfremdung von der Arbeitswelt heute besonders scharf. Durch die stetig sich verkürzenden Zeiten des Kapitalumschlags verschwinden Berufe, Arbeitsprozesse werden rationalisiert und revolutioniert (man vgl. etwa das Druckereigewerbe). Die Wirtschaftsentwicklung

zwingt ganze Branchen in einen harten Ueberlebenskampf (vgl. die Uhrenindustrie) und traditionelle Produktionsbereiche werden ins Ausland ausgelagert. Die Heimarbeit, einst ein wichtiger Tätigkeitsbereich alter Menschen, hat in unserem Land stark an Bedeutung eingebüsst.[13] Die alten Menschen erleben die Mühe der Arbeit im Alter zunehmend, und sie verausgaben sich zu Erhaltung ihrer Selbständigkeit vielfach, bis es wirklich "nicht mehr geht". Die Arbeit hat den doppelten Charakter von Segen und Fluch.[14]

Eines ist im Hinblick auf das Alter besonders zu betonen: Die Arbeit ist nicht Mitte und Sinn des menschlichen Lebens, ebensowenig, wie dies der Konsum von Gütern sein kann. Alte Menschen haben heute glücklicherweise eine kritische Distanz zu einem Markt, der ihre Bedürfnisse zunehmend entdeckt und auch auszunützen sucht; sie suchen im Konsum meist nicht ihr Lebensglück. Sie sind dagegen stark durch die harte Arbeit ihres Lebens geprägt, die kaum Raum für anderes liess. Demgegenüber ist es die Botschaft der Bibel, dass die Arbeit nicht die Mitte des Alters ist. "Die Arbeit kann im Gehorsam gegen Gottes Gebot nur beiläufig, nur als Parergon getan werden, im Zusammenhang des Dienstes, zu dem der Mensch eigentlich und wesentlich aufgerufen ist ...".[15] Sie ist ausgerichtet auf die Ruhe am siebenten Tag und auf die Gnade unseres Schöpfers, der von einer verkrampften Sorge um das tägliche Leben befreit und alte Menschen in den guten Dienst für ihre Nächsten in Familie, Gemeinde und Gesellschaft ruft.

So ist es die positive Chance des Alters, befreit vom Leistungs- und Arbeitszwang Neuanfänge zu wagen, alte Beziehungen wieder aufzunehmen, längst fällige Arbeit zu tun, zu reisen und auch ein wenig zu faulenzen. All das, was in der Anspannung des Berufslebens am Rande getan wurde, könnte nun einen zentraleren Stellenwert bekommen: Die Weiterbildung, die Beteiligung am öffentlichen Leben, wenn auch vielleicht im zweiten Glied, die stille Freude an der Natur, das Zusammenleben mit der jüngeren Generation und den Kindern. Dass die Monotonie, die Wiederholung und Abstumpfung in der Arbeitswelt dies nach der Pensionierung oft verhindert und das Ausscheiden aus dem "Stress" der beruflichen Arbeit vielfach gesundheitliche, psychosomatische Einbussen bringt, lässt sich bei den heutigen Verhältnissen kaum abstreiten.[16] Das muss aber nicht so bleiben! Eine Humanisierung des Ausscheidens aus dem produktiven Arbeitsprozess erweist sich vielmehr als eine der zentralsten Fragen in der zukünftigen Gestaltung des Alters.[17] Ermutigend ist jedenfalls, dass die Freiheit und Aktivität im Alter zunehmend von den Betagten entdeckt und auch genutzt wird.

Abschliessen können wir diesen ersten Gedankengang mit der Zusammenfassung, dass das Alter tatsächlich einen Weg "von der Arbeit zur Ruhe" bedeutet, wie dies J.M. Lochman[18] formuliert hat. Noch einmal betonen wir, dass damit nicht die Leistungsfähigkeit oder das Abnehmen der Kräfte als Kennzeichen des Alters generell gesehen werden, aber der alte Mensch erfährt die Begrenzung aller Arbeit und ihre Hinwendung auf die Ruhe und die Gnade des sorgenden Schöpfers als den guten Sinn seines tätigen und aktiven, im Dienst am Mitmenschen gelebten Lebens.

Wir wollen nun unseren Blick auf einen zweiten Bereich des Lebens im Alter werfen.

Der alte Mensch ist in besonderem Masse berufen und herausgefordert, sein Zusammenleben mit den jüngeren Generationen sinnvoll und weise zu gestalten. Während das fünfte Gebot primär die Achtung und Unterstützung, die die erwachsenen Kinder ihren Eltern entgegenbringen, im Blick hat, schauen wir hier gerade umgekehrt von der älteren zu den jüngeren Generationen. Sehr realistisch rechnet die Bibel sowohl im Alten wie im Neuen Testament damit, dass dieses Verhältnis belastet, in Frage gestellt oder gebrochen sein kann. Das gehört zur Schuld, die wir in unserem Zusammenleben erfahren, und entgegen einem einseitigen Patriarchalismus rechnet die Bibel auch mit der Schuld der Aelteren, nicht nur der Jüngeren.[19] Dies gilt auch heute. In den Jugendrevolten der Jahre 1980-82 etwa ging es offensichtlich nicht nur um die ohnmächtige Rebellion einer zum Teil an den Rand gedrängten, ausgeflippten und gestrandeten Jugend, sondern auch um die Schuld einer zu "Packeis" (-wie die Jungen es nannten-) und Beziehungslosigkeit erstarrten Erwachsenenwelt, die für die Not, Angst und Bedürfnisse vieler Junger weder Raum noch Zeit, geschweige denn menschliche Nähe und Wärme hat.[20]

Es ist angebracht, hier nun den Aelteren selbst aus ihrer Sicht das Wort zu geben. K. Rahner schreibt, dass gerade im schwierigen Generationenkonflikt die Alten eine wichtige Rolle spielen können, nämlich die der Vermittler zwischen den Generationen und der Fürsprecher der Jungen.[21]
Es ist tatsächlich oft so, dass ältere Menschen, wenn sie die Jugend nicht völlig ablehnen und sich vor ihr abkapseln, eine grössere Nähe zu Jugendlichen finden als die Eltern. Das Verhältnis ist unbelasteter und steht nicht unter dem gleichen Erwartungsdruck wie das Eltern-Kinder-Verhältnis. Gleichzeitig ergeben sich auch Möglichkeiten aktiver Unterstützung der Jungen, die Eltern vielleicht so nicht haben. "Die Alten können oft den Versuch machen, eine Brücke zwischen den Generationen zu sein" schreibt K. Rahner.

"Wenn einer arm und alt in einem engen Altersheim leben muss, mehr oder weniger vergessen von seiner Sippe, dem ist die Aufgabe, von der nun geredet werden soll, praktisch verwehrt, und er muss mit seinem Alter anders als Mensch und Christ fertig werden. Aber für viele Alte gibt es doch die gemeinte Aufgabe. Nur muss man sie sehen und wahrnehmen wollen. Die Funktion des Opas und der Oma in vielen Familien ist ja bekannt und geschätzt. Sie sind oft die von der Jugend geliebten und von den Erwachsenen geschätzten Vermittler zwischen den zwei Generationen, unter denen sie leben. In früheren Zeiten hatten die Alten oft eine fast institutionalisierte Aufgabe des Rates, der Weitergabe der Tradition, des Ausgleichs. Eine solche Vermittlerfunktion der Alten muss sich nicht auf Familie und Sippe im engeren Sinne beschränken. Sie kann sich noch ziemlich weit darüber hinaus ausdehnen. Die Alten sollten nicht deshalb, weil man ihnen die bestimmende Führung in gesellschaftlichen Gruppen, "das letzte Wort", nicht belässt, verdrossen aus solchen gesellschaftlichen Gruppierungen sich zurückziehen, sich selber dazu verdammen, zum alten Eisen zu gehören, sich auf dem Abstellgeleise stehend empfinden. Sie sollen sich selber ein wenig Bescheidenheit und Selbstverleugnung zumuten und ruhig, wenn jetzt vielleicht auch nur in der zweiten Reihe, nüchtern und heiter in solchen

Gruppen weitermachen...die Alten sollten sich nicht fürchten unbefangen und ihrer selbst sicher unter der übrigen Menschheit zu bleiben. Ihre Lebenserfahrung ist ein Kapital, das für die nächsten Generationen Zinsen tragen kann".[22)]

In ähnlichem Sinne wie K. Rahner hat die eidgenössische Kommission für Jugendfragen in ihren "Stichworten zum Dialog mit der Jugend" 1981 konkrete Beispiele zusammengetragen, die Möglichkeiten solidarischen Einstehens der Aelteren zugunsten der Jugend aufweisen.[23)] Es ist klar, dass für die persönlichen Möglichkeiten des Einzelnen nicht nur der soziale Kontext, sondern auch die Sozialisation eine grosse Rolle spielt. Es könnte aber gerade eine Aufgabe der Kirche sein, zu einem lebendigen Kontakt zu animieren und beizutragen.

Ein zweiter Gesichtspunkt des Verhältnisses zu den jüngeren Generationen ist, dass die Aelteren die Jungen ohne Klage für ihr eigenes Leben und ihre eigenen Erfahrungen freigeben und sie dabei mit wachem Interesse begleiten. Dies ist K. Barth im Alter besonders wichtig gewesen.[24)] Er hat die Relativität des Generationenunterschiedes wiederholt betont und dem Alter kein Recht zu unbeteiligter Ruhe zugestanden.[25)] Vielmehr sind nach K. Barth Jung und Alt in gleichem Masse beschenkt und gefordert, und auch der Aeltere bleibt in der Nachfolge Christi unterwegs.[26)] Ohne die Unterschiede zu übersehen, hat er zur gegenseitigen Solidarität unter den Generationen eingeladen, auch zur Solidarität mit den schon Verstorbenen.[27)] Er hat das Verhältnis der Generationen als ein Verhältnis der Freiheit und offenen Liebe umschrieben. Seine zuerst für sich persönlich formulierten Lebensregeln[28)] sind ein prägnanter Hinweis darauf, dass das Loslassen und Freigeben der Jüngeren im Alter eingeübt und gelernt sein will und oft eine gewisse Besonnenheit, ja Milde erfordert. Man kann der Jugend die eigenen Erfahrungen nicht abnehmen oder ersparen.

"Lebensregeln für ältere Menschen im Verhältnis zu jüngeren

1. Du sollst dir klar machen, dass die jüngeren, die verwandten oder sonst lieben Menschen beiderlei Geschlechts ihre Wege nach ihren eigenen (nicht deinen) Grundsätzen, Ideen und Gelüsten zu gehen, ihre eigenen Erfahrungen zu machen und nach ihren eigenen (nicht deiner) Fasson selig zu sein und zu werden das Recht haben.
2. Du sollst ihnen also weder mit deinem Vorbild noch mit deiner Zuneigung, noch mit Wohltaten nach deinem Geschmack zu nahe treten.
3. Du sollst sie in keiner Weise an deine Person binden und dir verpflichten wollen.
4. Du sollst dich weder wundern noch gar ärgern und betrüben, wenn du merken musst, dass sie öfters keine oder nur wenig Zeit für dich haben, dass du sie, so gut du es mit ihnen meinen magst und so sicher du deiner Sache ihnen gegenüber zu sein denkst, gelegentlich störst und langweilst und dass sie dann unbekümmert an dir und deinen Ratschlägen vorbeibrausen.
5. Du sollst bei diesem ihrem Tun reumütig denken, dass du es in deinen jüngeren Jahren den damals älteren Herrschaften gegenüber vielleicht (wahrscheinlich) ganz ähnlich gehalten hast.
6. Du sollst also für jeden Beweis von echter Aufmerksamkeit und ernst-

lichem Vertrauen, der dir von ihrer Seite widerfahren mag, dankbar sein, du sollst aber solche Beweise von ihnen weder erwarten noch gar verlangen.

7. Du sollst sie unter keinen Umständen fallen lassen, sollst sie vielmehr, indem du sie freigibst, in heiterer Gelassenheit begleiten, im Vertrauen auf Gott auch ihnen das Beste zutrauen, sie unter allen Umständen lieb behalten und für sie beten."[29]

Ein dritter Gesichtspunkt zum Generationenverhältnis wird vor allem vom Alten Testament betont[30] und hat heute in den Sozialbeziehungen zwischen Aelteren und ihren Nachkommen eine hohe Relevanz. Es ist nicht nur eine Aufgabe der Aelteren, das Zeugnis von der erfahrenen Treue Gottes weiterzugeben, sondern auch den Abschied von dieser Welt verantwortlich vorzubereiten und nicht zu verdrängen. Mancher bittere Streit, der Familien und Verwandtschaften oft über Jahrzehnte belastet, könnte vermieden werden, wenn die Betagten mit der Abfassung eines Testaments ihre Verhältnisse klar regeln würden. Sie sind dies ihrer Nachwelt schuldig und sollten damit nicht gedankenlos zuwarten. Eine rechtzeitige Regelung wird dem betagten Christenmenschen keine Ueberforderung bedeuten, da er nüchtern mit der Nähe des Todes rechnen und trotzdem vital und offen sein Leben gestalten kann.

Unser letzter Gedankengang schliesst an das bisher Gesagte an und wird immer wieder der rote Faden im Leben der alten Christenmenschen sein. Ohne schönen Idealbildern zu frönen können wir klar und deutlich sagen: Alte Menschen sind berufen, ihren Weg als frohe und senkrechte Menschen zu gehen. Sowohl im Blick auf ihre Vergangenheit als auch im Blick auf ihre Zukunft leben sie in Freiheit. Sie sollen sich ihres Lebens freuen und es in Dankbarkeit geniessen. Die wiederholte Aufforderung des Philipperbriefes gilt auch ihnen: "Freut euch im Herrn!"[31]
Ihre Freude kann sich gerade darin bewähren, dass sie sich auch gegenüber den Schattenseiten ihres Lebens durchsetzt. Ihr froher Mut kann angesichts der Belastungen, die sie zu tragen haben, ganz mit der Vergebung und der Verheissung Gottes rechnen. Ihre Klage und ihren Schmerz können sie getrost Gott anvertrauen. Bitterkeit soll kein Kennzeichen ihres Lebens sein. Getrost können sie damit rechnen, dass Christus den Weg in die Finsternis des Todes am Kreuz auch für sie gegangen ist. Ihr Herz wird so jeden Tag ausgehen und sich die Freude im Grossen und im Kleinen suchen.

Jeder Seelsorger und Sozialarbeiter, jeder Christ wird bestätigen, dass es in seiner Umgebung und Gemeinde viele solche alte Menschen gibt, die in munterer und senkrechter Tapferkeit ihr Leben bewältigen, die ihnen gestellten Hindernisse überwinden und auch mit ihrem Leiden fertig werden. Viele alte Menschen haben einen geradezu erfrischenden Humor. "Originale", wie sie im Konformismus unseres gesellschaftlichen Lebens immer seltener werden, sind unter den Aelteren zahlreich. Altersheime haben erfreulicherweise auch damit zu rechnen, dass sich "alte" Pensionäre mit Schalk und Schlauheit über die Heimordnung hinwegsetzen und ab und zu ihre eigenen Wege gehen. Denken wir schliesslich an all jene stillen Menschen, die zwar nicht auffallen, aber in gütiger Offenheit für andere stets ein Lächeln haben und sich über jede Begegnung freuen!

Sind dies nicht Zeichen der Vorfreude auf die Offenbarung der eschatologischen Freude, der endgültigen Erfüllung des Lebens in Gottes Herrlichkeit, eines Lebens, das hier immer wieder Fragment, Stückwerk bleiben wird?
Karl Rahner schreibt:"Wir Alten sind noch nicht fertig. In einem wahren Sinn ist doch noch alles offen; der Ausgang unseres Lebensdramas ist noch Zukunft, und alles, was von der Vergangenheit her unerbittlich ist, steht unter dem Spruch des Gottes einer alles verwandeln könnenden Liebe, der auch unser vergangenes Leben, ohne es auslöschen zu müssen, umsetzen kann in selige Freiheit. In seiner Ewigkeit kann alle unsere Zeit gültig bleiben und doch so verwandelt werden, dass man seine Zeit bewahrt hat und sie dann ohne Reue annehmen kann."[32)]

5.5. Das 5. Gebot

Das 5. Gebot stellt den Erwachsenen die gute und befreiende Aufgabe, für die leiblichen Eltern und die Aelteren einzustehen, sie im Leben der Gesellschaft zu achten, am sozialen Zusammenleben teilhaben zu lassen und sich für ihr Lebensrecht und ihr Wohl im Alter einzusetzen.
Mit der Verheissung dieses Gebotes - "damit du lange lebst in dem Land, das der Herr, dein Gott, dir geben will" - wird deutlich, wieviel Lebensraum im Generationenverhältnis auf dem Spiele steht.
Wie ihre Eltern sind auch die Jüngeren in eine selbständige Gestaltung ihres Lebens in der Nachfolge Jesu Christi berufen. Jede Trennung, gar das Abbrechen der Beziehung zu den Eltern, kann nur eine vorläufige Entscheidung sein, nicht aber die Aufhebung des 5. Gebotes bedeuten. Gott allein wird letztlich das Verhältnis der Generationen, von Vätern und Söhnen, von Müttern und Töchtern, das jetzt oft noch schwierig und belastet ist, erneuern und versöhnen können. In Jesus Christus ist uns aber gerade diese Versöhnung schon jetzt verheissen.

Zuerst müssen wir uns in unserer Erklärung des fünften Gebotes von irreführenden und den ursprünglichen Sinn verfehlenden Auslegungen der Theologiegeschichte abgrenzen.

Wir können heute nicht mehr wie in der reformatorischen Theologie sagen: "Also haben wir dreierlei Väter in diesem Gebote vorgestellet: des Blutes, im Hause und im Lande" (so M. Luther im Grossen Katechismus).[1] Schon K. Barth hat sich gegen diese extensive Deutung gewandt.[2] Sie war in reformatorischer Zeit durchaus verständlich, und man sollte sie nicht in der Weise kritisieren, dass die Reformatoren "den patriarchalisch verwurzelten, durch den pater familias symbolisierten Ordo der Autoritäten tabuisiert" hätten.[3] Der autoritäre Missbrauch des 5. Gebotes und die falsche Tabuisierung von Herrschaftsverhältnissen war vielmehr eine der historischen Folgen, unter der im protestantischen Raum vor allem das Luthertum gelitten hat.[4]
Einer patriarchalischen Verlängerung des Gebots entsprach in keiner Weise eine vom 5. Gebot her ebenso berechtigte matriarchalische.[5]
Sowohl M. Luther wie auch J. Calvin haben demgegenüber klar um die Begrenzung des Gebotes gewusst. Wir wollen den Eltern nur im Herrn gehorchen, sagt J. Calvin, und sie für Fremde betrachten, wenn sie uns von der Nachfolge des Herrn abbringen wollen. "Genau so verhält es sich im entsprechenden Falle mit Fürsten und Herren und allen uns übergeordneten Ständen."[6]

Die reformatorische, extensive Deutung des 5. Gebots verfehlt seinen konkreten und klaren Bezug auf die Eltern. Vater und Mutter sind gemeint. Mit Recht kann man auf 3.Mos.19,32 verweisen und dann Eltern im Sinne von Aelteren, der älteren Generation nämlich, miteinbeziehen. K.F. Becker hat mich auf die Verhältnisse in deutschen Bauerndörfern aufmerksam gemacht, wo die Bedeutungen Eltern - Aeltere bis in dieses Jahrhundert nicht getrennt wurden.[7]

"Gegen seinen Wortsinn hat man das Gebot, Vater und Mutter zu ehren, dazu eingesetzt, Kindern bedingungslose Unterordnung und strengen Gehorsam als den heiligen Willen Gottes einzuprägen."[8] Leider ist die Auslegungsgeschichte des 5. Gebots bis heute nur unzureichend geschrieben. Theologie hat jedenfalls die psychoanalytische Kritik einer unzulässigen, zu repressiven Zwecken missbrauchten Anwendung des Elterngebots sehr ernst zu nehmen.[9] Immer wieder ist es aus dem konkreten Kontext der Befreiungsgeschichte Gottes mit seinem Volk gelöst worden.

Seine positive Formulierung und die mit dem Gebot verbundene Verheissung zeigen aber, dass Gott uns in ein freies Zusammenleben einweisen will, in dem alle Betroffenen ein erfülltes und von Liebe und Anerkennung geprägtes Leben gestalten können.
Dies wird in denjenigen Familien entscheidend sein, wo traumatische Belastungen und schwere Spannungen eine heilsame Distanz notwendig machen. Die Anerkennung der Eltern wird auch dann nicht gehaltlos, sondern sie ist eine Wegweisung, sich gegenseitig nicht bis aufs Blut zu quälen und zu bekämpfen (vgl. Gal.5,15!), andrerseits auch nicht unbegrenzt Ansprüche aneinander zu stellen.[10]
Das 5. Gebot weist mit seiner Verheissung den Weg, Leben zu mehren, die Lebenschancen der Betroffenen zu schützen und zu fördern. Dies gilt nicht nur in der Familie, sondern auch im gesellschaftlichen und kirchlichen Zusammenleben der jüngeren und älteren Generation.[11]

In der exegetischen Diskussion der letzten Jahre wurde ein starkes Gewicht darauf gelegt, dass sich das 5. Gebot nicht nur an die Söhne und Töchter in jüngeren oder allen Lebensaltern, sondern primär an die erwachsenen Kinder in der hebräischen Grossfamilie wendet, dabei im speziellen an die kult-, wehr- und rechtsfähigen Söhne.[12] "Das Gebot, Vater und Mutter zu ehren, macht die Kinder nicht nur für die Durchsetzung des Lebensrechtes ihrer alternden Eltern verantwortlich, sondern auch für die Bereitung eines glücklichen Lebensabends. Unter diesem Gebot steht die Freiheit des Lebens für Eltern und Kinder auf dem Spiel."[13] Das Elterngebot hat klare sozialethische Konsequenzen, und es ist das Verdienst von H.-J. Kraus, sie erstmals in dieser Prägnanz ins Blickfeld gerückt zu haben. Es ist im Grunde nicht zu begreifen, wieso diese Bedeutung des 5. Gebotes in der exegetischen und systematischen Auslegung so stark in den Hintergrund getreten ist.

Martin Luther zum Beispiel hat im Grossen Katechismus noch sehr konkret um diese Aufgabe gewusst. Die im 5. (,nach Luthers Zählung 4.) Gebot geforderte Ehre gegen die Eltern heisst, "dass man ihnen auch mit Werken, das ist mit Leib und Gut, solche Ehre beweise, dass man ihnen diene, helfe und sie versorge, wenn sie alt, krank, gebrechlich oder arm sind, und solches alles nicht allein gerne, sondern mit Demut und Ehrerbietung, als vor Gott getan".[14]

Es ist mithin keine Tendenzinterpretation im Rahmen dieser Arbeit, sondern die Bemühung um den vollen Gehalt des 5. Gebots, wenn man die Sorge für die älter gewordenen Eltern als die Aufgabe der jüngeren Generation versteht.

Die Rolle des 5. Gebots ist im Neuen Testament durch zwei Aspekte charakterisiert. Einerseits wird in den veränderten Sozialverhältnissen der jüdischen und hellenistischen Umwelt im Verständnis des 5. Gebotes die Verantwortung für die materielle Versorgung der Eltern und die auf Verwandtenhilfe basierende Unterstützung der alleinstehenden Aelteren zur selbstverständlichen Komponente des Gebotsverständnisses sowohl des Rabbinismus, des hellenistischen Judentums als auch Jesu selbst und der Christengemeinden.[15] Jesus und die Gemeinde wenden sich an diesem Punkt entschieden gegen eine Umgehung von Gottes Willen für das Zusammenleben der Generationen.[16] Andrerseits wird das 5. Gebot im charismatischen Geist der Christengemeinden ausserordentlich vital in die Lebensverhältnisse übersetzt und aktualisiert. Während es in den Lasterkatalogen der Abgrenzung gegenüber der heidnischen Umwelt dient, in der Alte auch ignoriert und als quantité négligeable behandelt werden können, weist es in den Haustafeln die Christen in ihr konkretes alltägliches Leben in der grossfamiliären Hausgemeinschaft ein und ermutigt Eltern und Kinder zum gegenseitigen Dienst.[17]
Das Neue Testament scheut es nicht, auch offen von der Trennung von der Familie und den Eltern zu sprechen, die die Nachfolge Jesu mit sich bringen kann. Der Ruf in die Nachfolge kann auch heute die Herausforderung bedeuten, die Eltern zu verlassen und unabhängig von der ihnen zu erweisenden Achtung sich z.B. für ein wenig prestigeträchtiges Engagement zur Verfügung zu stellen. Dies geschieht dann nicht aus Ablehnung der Eltern, sondern in Erfüllung des ganzheitlichen Anspruchs, den ein selbständiger Lebensweg im Geiste Christi bedeuten kann. Es ist dies eine äusserste Möglichkeit, aber keine Aufhebung des 5. Gebots und gewiss nicht der Normalfall.[18] Vielmehr werden sich Christen aus der Liebe zu Gott und den Nächsten engagieren für ein gelungenes und die Lebensmöglichkeiten förderndes Zusammenleben von Eltern und Kindern, von Aelteren und Jüngeren in unserer Gesellschaft.

Die Familienverhältnisse haben sich gegenüber der agrarischen Gesellschaft im alten Israel, zur Zeit Jesu und in der Reformation in unserer heutigen kapitalistischen Industriegesellschaft gravierend verändert. Die Familie ist grossenteils zur Zweigenerationen-Kleinfamilie geworden. Oekonomische und pädagogische Funktionen, etwa der Arbeitsplatz des Mannes oder die berufliche Ausbildung der Kinder, sind aus dem Haushalt ausgegliedert worden. Die alten Eltern sind heute normalerweise nicht mehr in der Familie eines ihrer Kinder integriert.[19]

Die damit vollzogene, tiefgreifende Veränderung des Generationenverhältnisses hat zum Beispiel A. Mitscherlich in seinem Werk "Auf dem Weg zur vaterlosen Gesellschaft, Ideen zur Sozialpsychologie" eindringlich analysiert.[20] Einerseits steigen die Leistungsansprüche an die beruflich und familiär eingespannten mittleren Lebensalter. Massenmedien, Mobilität und Konsumverhalten in einer immer differenzierter arbeitsteiligen Gesellschaft lassen den affektiven Kontakt zu den Kindern in vielen Familien und auch gesamtgesellschaftlich verflachen. Es wächst eine vaterlose Generation auf, der der Vater weder Lehrer, noch Vorbild oder Freund sein kann. Andrerseits wird das Alter zu einem Abschnitt ohne hinreichenden Kontakt zu den

jüngeren Generationen, geprägt von Verlassenheit und mangelnden Möglichkeiten, sich nach der Monotonie des Berufslebens sinnvolle Tätigkeitsbereiche zu schaffen. "Die Auflösung des Sozialkontaktes am Anfang und am Ende der Lebensspanne haben die gleiche Wirkursache, die narzisstische Regression, zu der die Zustände in der Hauptperiode des Lebens - als Arbeits- und Genussvollzug - herausfordern."[21]
Das heisst nun nicht, dass die Aelteren vom gesellschaftlichen Leben ausgeschlossen sein müssen oder dass die Familie als Institution abgedankt hat. Es zeichnen sich in Hochhäusern und Blöcken, aber auch in städtischen Quartieren neue Formen des familiären Zusammenlebens ab, mit getrennten Haushalten zwar, aber nicht minder intensivem Kontakt zwischen Eltern und Kindern und gegenseitigen Hilfeleistungen.[22] Die nachbarschaftliche und familiäre Hilfe spielt eine grosse Rolle bei der Sicherung eines selbständigen Lebens der alten Eltern.[23]
Ehren heisst hier in einem neuen gesellschaftlichen Bezugsfeld nichts anderes als in der Bibel: Die Eltern und Aelteren im Zusammenleben der Gesellschaft zu achten, ihnen das verdiente Gewicht und den ehrlichen Respekt in der Gemeinschaft zu erweisen und ihr Lebensrecht nicht minder ernst als das eigene zu nehmen. Das 5. Gebot ist ein klarer Auftrag für die Christen, die ältere Generation nicht weiterhin an den Rand unseres Lebens zu drängen, sondern sie an einem erfüllten Zusammenleben im Volk Gottes und in der Gesellschaft teilhaben zu lassen.

5.6. Die Betagten in der Kirche

"Die Kirchen sollten die Gaben der jungen und alten Menschen gleichermassen anerkennen und nutzbar machen und alle alternden und behinderten Menschen in das umfassende Amt der Kirchen einbeziehen und sie an der Erbauung des Leibes Christi mitwirken lassen.

Die Kirchen sollten anerkennen, dass Behinderte und Alternde unter uns ihren selbstverständlichen, legitimen Platz haben. Sie sollten sich tatkräftig dafür einsetzen, persönliche Barrieren zu erkennen und abzubauen, sie sollten dafür sorgen, dass Verkehrsmittel und Gebäude für Behinderte und Alte leicht zugänglich sind, gewährleisten, dass während des Gottesdienstes genügend Hilfen für die Verständigung da sind, und dafür sorgen, dass die Alten, Kranken und Sterbenden liebevoll und angemessen betreut werden. Vor allem sollten die Kirchen ihre Verantwortung dafür erkennen, Menschen zum Sterben wie zum Leben vorzubereiten auf der Grundlage und in der Hoffnung auf unser Leben in Jesus Christus."

(Aus: Empfehlungen 29 und 30 der Fachgruppe "Das Leben in Gemeinschaft teilen und heil machen" der sechsten Vollversammlung des Oekumenischen Rates der Kirchen 1983 in Vancouver).

Die sechste Vollversammlung des Oekumenischen Rates der Kirchen in Vancouver 1983 befasste sich in der Fachgruppe "Das Leben in Gemeinschaft teilen und heil machen" erstmals eingehend mit der Frage des Alters.[1)]
P. Potter, Generalsekretär, hatte 1981 in Dresden anlässlich der Zentralausschussitzung das heilende Amt der Kirche in den Mittelpunkt seiner Ausführungen gestellt.[2)] Er plädierte für einen umfassenden, ganzheitlichen Begriff von Gesundheit und Heilung.[3)] "Heilung bedeutet Heil und Frieden. In Hebräisch, Griechisch und den anderen indoeuropäischen Sprachen hat Heil die Bedeutung: Integrität, Ganzheitlichkeit, Authentizität, Fülle, Unversehrtheit, realisierte Totalität."[4)] Angeregt worden war er dazu durch einen Bericht der christlichen Gesundheitskommission, deren Vorarbeiten seit Nairobi 1975 nun in die Beratungen der vierten Fachgruppe in Vancouver 1983 miteingingen.[5)]
Mit dem Begriff des heilenden Amtes wurde derjenige des teilenden Amtes verbunden. "Teilen ist schon im Wesen des dreieinigen Gottes als das einer "Gemeinschaft des Teilens" begründet... Darum ist die Kirche als lebendiger Leib Christi ihrem eigentlichen Wesen und Auftrag nach eine koinonia des Teilens und Heilens."[6)]
Nicht ganz klar wird, wie die beiden Begriffe demjenigen der Diakonie zugeordnet werden. Man könnte meinen, im Sinne der Unter- oder Einordnung, wenn man zu den theologischen Grundlagen im dritten Abschnitt

liest: "Diakonie als teilendes, heilendes und versöhnendes Amt der Kirche gehört unabdingbar zum Wesen der Kirche."[7] Aber im Bericht der Fachgruppe wird dann wieder unterteilt in das teilende und das heilende Amt, und der Begriff der Diakonie tritt stark zurück.[8]
Das heilende Amt der Kirche wird, das erkennt man im Bericht sehr bald, deutlich aus der Not der dritten und der vierten Welt gesehen, überhaupt nur eine hinreichende Gesundheitsversorgung ihrer Bevölkerung aufzubauen.[9] Diese Blickrichtung mag erklären, warum die Themen Behinderung und Alter nicht genügend getrennt und unterschieden werden.[10] Wir haben in unserer Arbeit immer wieder betont, dass eine Differenzierung der Altersfrage und der Frage von Behinderung und Krankheit im Alter dringend notwendig ist.[11] In dem oekumenischen Bericht wird dies aber vernachlässigt, weniger noch in den Empfehlungen als in den zusammenfassenden Ausführungen. Einerseits ist der Bericht ein engagiertes Plädoyer, "die Behinderten, Alten und Sterbenden"[12] in das gesellschaftliche, kirchliche und familiäre Zusammenleben vermehrt zu integrieren. Andrerseits aber bleiben die Thesen und Empfehlungen durch die angesprochenen Unklarheiten noch zu abstrakt und lassen die dringende Notwendigkeit erkennen, die Frage des Alters im oekumenischen Rahmen weiterzubearbeiten.[13] Die Fachgruppe 4 schreibt:

"Behinderung und Alter

13. Den allumfassenden Charakter dieses Themas zeigt das Faktum, dass 450 Millionen Menschen - 85% davon in der Dritten Welt - behindert sind. Wir alle werden älter, d.h. unser Sterben hat gewissermassen schon begonnen. Behinderung kann durch Unfall, Krankheit, Erb- und Geburtsschäden, Folter, Hunger und Krieg verursacht werden. Die tieferen Ursachen sind aber vielfach in den Bedingungen zu suchen, die ungezählte Menschen zu einem Leben in wirtschaftlicher und sozialer Ungerechtigkeit und Armut verdammen. Sie stellen eine Herausforderung dar, der sich die Gesellschaft und die Kirche nicht verschliessen können, denn behinderte Menschen gibt es in allen kulturellen, gesellschaftlichen und wirtschaftlichen Schichten. Auf diese Herausforderung beginnt man mit vorbeugenden Massnahmen gegen die Ursachen und die auslösenden Faktoren der Behinderung zu antworten.

13.1 Früher wurden die Behinderten, Alten und Todkranken oft von einer sinnvollen Teilnahme am Leben der Familie ausgeschlossen, Bildung und Möglichkeiten der Persönlichkeitsentfaltung blieben ihnen versagt, oder sie wurden in Anstalten eingeschlossen. Gesellschaft und Kirche boten ihnen wenig bis keine gefühlsmässige oder geistliche Hilfe. Die dadurch bewirkte Entmenschlichung, Vereinsamung, Entbehrung, die Aengste und Schuldgefühle dieser Menschen, die man zudem ihrer wirtschaftlichen Existenz beraubte, spotten der Beschreibung.

13.2 Nicht nur die Behinderten, Alten und Sterbenden, sondern wir alle müssen uns mit unserer Sterblichkeit auseinandersetzen und unseren Tod akzeptieren. Und dadurch, dass wir lernen, uns selbst zu akzeptieren, können wir auch andere akzeptieren. Gottes Gnade schenkte uns die Fähigkeit, einander zu akzeptieren und zu lieben, wie Christus uns geliebt hat. Die Kirche hat ihre führende Rolle zur Betreuung der Behinderten, Alten und Sterbenden im allgemeinen zögernd angenommen. Erst seit kurzem werden wir uns bewusst, wie sehr wir diese Menschen vernachlässigt und zurückgewiesen haben."[14]

Mit den Ausführungen und den Empfehlungen ist ein markanter Schritt getan, um die Kirchen zu einem Ueberdenken ihres Lebens mit den Betagten zu ermutigen. Wie R. Rohrandt zu Recht betont, ist die eigentliche Schwierigkeit ja nicht, vom heilenden Amt der Kirche zu reden und zu schreiben, sondern den Auftrag der Kirche in konkreten Lebensverhältnissen in die Tat umzusetzen.[15]

Wir sind im Bericht von Vancouver auf den Begriff der Diakonie gestossen, dessen Klärung in unserem Zusammenhang von zentralem Stellenwert ist. Der neutestamentliche Gebrauch der Worte διακονέω, διακονία, ἡ, διάκονος, ὁ (dienen, Dienst, Diener) ist für uns äusserst aufschlussreich.[16]

Im profanen Griechisch bezeichnet διακονέω das Aufwarten bei Tisch, das Vorbereiten des Mahles, im weiteren Sinn das Sorgen für den Lebensunterhalt anderer und umfassend das Dienen.[17] Für den Griechen ist das Dienen des Untergebenen völlig minderwertig gegenüber dem Bedientwerden des Herrn. Allein der Dienst des Staatsmannes bleibt von einem negativen Beigeschmack frei, er geschieht ja in freier Entfaltung der Persönlichkeit.[18]
Das Judentum dagegen bejaht das Dienen des Knechtes für einen grossen Herrn, erst recht den Dienst des Menschen für Gott. Aber ob es dem Würdigen, dem weisen Alten z.B. zusteht, am Tisch zu bedienen, war zumindest Diskussionsgegenstand. Bezeichnenderweise kennt die Septuaginta den Begriff διακονέω nicht.[19]

Ganz anders Jesus: Das Dienen ist für ihn geradezu Kennzeichen des rechten Jüngers, der in seiner Nachfolge lebt. Gewiss, im Neuen Testament heisst διακονέω auch "aufwarten bei Tisch", etwa wenn nach Joh. 12,2 in Bethanien ein Essen zubereitet wird und Martha die zu Tische Liegenden, unter ihnen auch Jesus und Lazarus, bedient (vgl. Lk.10,40). Es ist dies die Aufgabe, die Mägde/Knechte ihrem Herrn schlicht schuldig sind (Lk.17,10).[20]
Aber Jesus revolutioniert durch Wort und Tat menschliche Herrschafts- und Dienstverhältnisse, wenn er selbst zum Diener aller wird. Er wäscht den Jüngern die Füsse (Joh.13,4ff.) und zeigt ihnen damit, wem sie als ihrem Herrn und Lehrer nachfolgen: dem Sohn, der vom Vater gesandt ist, um die Seinen bis zum Ende zu lieben (Joh.13,3; vgl. 12,26).[21] Das Markusevangelium rückt seinen Dienst in die soteriologische Perspektive: "Denn der Menschensohn ist nicht gekommen, sich dienen zu lassen, sondern zu dienen und sein Leben hinzugeben als Lösegeld für viele" (Mk.10,45).[22]
Jesu Leben ist Diakonie, und so ist rechte Jüngerschaft herrschaftsfreier Dienst und Hingabe für den anderen. Der Grösste und Vorgeordnete unter den Jüngern ist derjenige, der sich zum Diener aller erniedrigt. Damit ist ihrem Dienst Richtung und Ziel gegeben. Es kann in ihrer Mitte nicht wie bei den weltlichen Machthabern, den Politikern zu und her gehen. "Ihr wisst: Die als Herrscher der Völker gelten, schalten und walten über sie, und ihre Grossen nutzen ihre Macht gegen sie aus. Bei euch aber ist es

nicht so!" (Mk.10,42).[23]. Wer der Erste sein will, kann dies nur in radikalem Dienst und indem er der Letzte von allen ist (Mk.9,35). Die Jünger leben ein herrschaftsfreies, bruderschaftliches Sozialleben im gegenseitigen Dienst.[24]

Sowohl in Apg.6 wie in 1.Petr.4,10 geschieht dieser Dienst in Wort und Tat, ist ein Sprechen und Handeln. "Dient einander als gute Verwalter der vielfältigen Gnade Gottes, jeder mit der Gabe, die er empfangen hat. Wer redet, der rede mit Worten, die Gott ihm gibt; wer dient, der diene aus der Kraft, die Gott verleiht."[25] Dienst in der Gemeinde im engeren Sinne ist der Dienst in der Tat, die konkrete Aktion für jemanden, die Fürsorge, die Krankenpflege, die Organisation der Mahlzeiten für die Witwen, die Kollekte für die Gemeinde in Jerusalem u.a.m.. Einzelne werden mit diesen Diensten als besonderer Aufgabe betraut. Es handelt sich keineswegs nur um freie Liebestätigkeit, vielmehr wird der Einsatz im Blick auf die elementaren Grundbedürfnisse der Gemeindeglieder auch gezielt organisiert und geregelt.[26]

Diakonia bezeichnet schliesslich - neben einer Grunddimension rechten Aufbaus der Gemeinde und neben dem in der Gemeinde geforderten Einsatz für die Hilfsbedürftigen - auch die Sendung der Gemeinde in die Welt.[27] In ihrer Parteilichkeit und ihrem Engagement für die Hungernden, Dürstenden, Fremden, Nackten, Schwachen und Gefangenen begegnet und dient sie niemandem anderem als Christus selbst (Mt.25,45). Dort wo Menschen leiden und im Stiche gelassen werden, dort ist er gegenwärtig und leidet er mit. "Was ihr einem dieser meiner geringsten Brüder getan hat, das habt ihr mir getan".[28] Unter dieser grossen Verheissung steht der Dienst der Gemeinde in der Welt. Dort bekennt sie sich zu ihrem Herrn oder verleugnet ihn. Ihr Tun oder Lassen wird im Endgericht zur Sprache kommen.[29]

Es war notwendig, diesen neutestamentlichen Sinn des Dienens in Grundzügen herauszuarbeiten, um im Folgenden auf die sozialethische Diskussion einzugehen. Die systematisch-ethische Reflexion im deutschen Sprachraum hat sich in den siebziger Jahren zentral um die Verhältnisbestimmung von Kirche und Politik, von Christentum und Gesellschaft, von Kirche und Oeffentlichkeit bemüht und sich mit den Fragen der gesellschaftlichen und politischen Praxis der Kirche (natürlich äusserst kontrovers) auseinandergesetzt.[30] Es gibt aus der hier vertretenen Sicht kein Zurück hinter den Weg, der vom religiösen Sozialismus und der dialektischen Theologie zu der sozialethischen Diskussion in der Oekumene, zur Rezeption der Humanwissenschaften und zur Auseinandersetzung mit dem Marxismus und dem atheistischen Humanismus geführt hat.

Theologie hat gelernt, den Menschen in seinen sozialen, materiellen Lebensverhältnissen und als "zoon politikon" ernst zu nehmen. Sie kann seine Sozialisation, sein Leben in Institutionen, seine Psyche und psychosoziale Entwicklung nicht mehr einfach ignorieren. Sie wäre noch und noch in ihrer Praxis dem Verdacht ausgesetzt, Ideologie, mithin falsches Bewusstsein zu sein und könnte sich in den realen Verhältnissen der heutigen Industriegesellschaft als menschenfremd statt menschenfreundlich erweisen.[31]

Aber zentrale Aufgaben der Christengemeinden sind in der akademischen Theologie aus dem Blickfeld geraten. Aus dem berechtigten und wichtigen

Nachholbedarf an Beschäftigung mit Themen wie Demokratie und Sozialismus, Menschenrechten und Revolution, neuer Moral und Emanzipation wurden nun Themen wie Diakonie, Lebensformen der Christengemeinde, Mission und Evangelisation u.ä. vernachlässigt und der Praktischen Theologie, der Sozialarbeit, den diakonischen Werken oder evangelikalen Gruppen oder Gemeinden überlassen.[32)]

Der Begriff der Diakonie hatte in den sozialethischen Entwürfen von Arthur Rich und H.-D. Wendland noch einen zentralen Stellenwert. Der personalen Diakonie korrespondiert nach ihnen die gesamtgesellschaftliche Diakonie. Für beides sehen sie in Arbeits- und Aufgabenteilung mit dem Sozialstaat eine Zukunft und wichtige Aufgaben.[33)]

Nach H.-D. Wendland vollzieht die gesamtgesellschaftliche Diakonie in der säkular-pluralistischen Gesellschaft den christlichen Humanismus praktisch. Sie setzt sich in kritischer Solidarität auseinander mit der Veränderung und Reform gesellschaftlicher Institutionen, sie beschäftigt sich mit dem sozialen Frieden und dem Verhältnis der gesellschaftlichen Gruppen und Verbände zueinander, und geht auf die Probleme sozial, wirtschaftlich und politisch Bedrängter ein. Dabei haben nach H.-D. Wendland die Laien den ersten Auftrag zur gesamtgesellschaftlichen Diakonie, und neue Formen der Kooperation in verschiedenen Arbeitsgemeinschaften sind ein wichtiger Weg zur Realisierung der Aufgabe.[34)]

Nach Arthur Rich hat die letzte Stunde der personalen Diakonie, die viele ihrer Aufgaben an den Sozialstaat abgetreten hat, keineswegs geschlagen, im Gegenteil. Er schrieb schon 1966: "Was darum heute not tut, ist eine neue Art von Diakonie. Eine Diakonie, die nicht berufsmässigen Charakter zu haben braucht, die vielmehr von Menschen getragen werden kann, die in ihrer Erwerbsarbeit verbleiben, aber bereit sind, einen Teil ihrer Freiheit bewusst und mit fester Verpflichtung in den Dienst einer derartigen mitmenschlichen Lebenshilfe zu stellen ... (Es) böte sich so eine reale Möglichkeit, dass die Diakonie wieder an die spezifischen Bedrängnisorte der modernen Welt vordringen könnte, um dort, wie es ihrem eigentlichen Auftrag entspricht, pionierhaft die Hoffnung zu verkörpern, die in der Liebe des Glaubens lebt und die niemanden und nichts preisgeben will."[35)] Er dachte dabei an "die Alten und Hinfälligen in ihrer Vereinsamung inmitten der modernen Leistungsgesellschaft", an die Chronischkranken und an diejenigen Menschen aller Altersgruppen, die unter den Anonymität und Isolation in unserem Leben leiden.[36)]
Aber die Diakonie verschwand zunehmend von der sozialethischen Traktandenliste. Ein Endpunkt dieser Entwicklung ist im Handbuch der christlichen Ethik erreicht. In den Registern zu den drei Bänden erscheint das Stichwort Diakonie nicht mehr. Der Sozialstaat wird trotz intensiver Reflexion über Themen wie Wohlstand und Lebensqualität, Gesundheitspolitik u.a. nicht thematisiert.[37)]
Wesentliche Veröffentlichungen über die Diakonie der Kirche erscheinen in der Diakoniewissenschaft und von den Leitenden der diakonischen Werke.[38)]

Dieses Bewusstseinsdefizit ist gerade in einer Zeit der politischen "Wende", wirtschaftlicher Stagnation und drohenden Abbaus des Sozialstaates gefährlich, und es macht sich in der Gemeindearbeit sehr direkt

bemerkbar. Es fehlt an Vorstellungen, wie Christengemeinden ihre diakonischen Auftrag im Verhältnis zum Sozialstaat und zur Fürsorge/Sozialarbeit der Bürgergemeinden phantasievoll, kreativ und hilfreich gestalten können, wie Christen sich an der Basis für die Ohnmächtigen und Schwachen politisch engagieren können, wie brüderliches/schwesterliches Zusammenleben in der Gemeinde verwirklicht werden kann, inwiefern alternative Lebensformen auch für Christen neuen Chancen eröffnen, wie die Christengemeinde sich in der Arbeitswelt einsetzen kann u.a.m..[39)]
All diese Fragen brechen in und mit der Altersfrage auf: Wie kann der Marginalisierung alter Menschen in allen Lebensbereichen Einhalt geboten werden? Wie kann verhindert werden, dass alte Menschen, wenn sie betreuungs- oder pflegebedürftig werden, entweder in den vier Wänden der leiblichen Sorge oder im Alters- und Pflegeheim der seelischen Sorge ermangeln? Pointiert formuliert: Wie kann verhindert werden, dass sie in der Grundversorgung oder im Sozialkontakt verarmen?

Eine ekklesiologische Arbeit hilft uns an diesem Punkte weiter. Eine Ausnahme von der starken Ausblendung des diakonischen Auftrags der Kirche in der theologisch-sozialethischen Diskussion macht u.a. die vorzügliche Studie "Kirche als 'Gemeinde von Brüdern'; Barmen III (ein "Votum des Theologischen Ausschusses der Evangelischen Kirche der Union"), die in den Jahren 1975 bis 1980 erarbeitet, 1980 von den Unionskirchlichen Synoden in der DDR und der Bundesrepublik entgegengenommen und 1981 publiziert wurde.[40)] Das Votum ist vor allem insofern von hohem Stellenwert, als es einen breiten theologischen Konsens von Theologen und Kirchenverantwortlichen bedeutet.[41)] Ausgehend von der dritten These von Barmen ("Theologische Erklärung zur gegenwärtigen Lage der Deutschen Evangelischen Kirche" der "Bekenntnissynode der Deutschen Evangelischen Kirche zu Barmen am 31. Mai 1934")[42)] stellt sie eindrücklich die wesentlichen Entscheidungen von Barmen dar und formuliert von daher neun "Weisungen" zum heutigen Auftrag der Kirche.[43)]
In gemeindenahem Problembewusstsein werden das Kirchenrecht als Dienstrecht, die öffentliche Verantwortung der Kirche in der Gesellschaft, die "Kirche vor Ort" (Ortsgemeinde) und die Dienste in der Kirche bedacht. Insbesondere wird der Auftrag der Kirche auf seine oekumenische, gottesdienstliche, missionarische und diakonische Dimension hin dargestellt.[44)] Entschieden werden dabei die neueren exegetischen Erkenntnisse einbezogen und wird der charismatische Aufbau der Gemeinde herausgestellt.[45)] "Mit der charismatischen Grundstruktur der Gemeinde, wie sie Teil II des Votums grundsätzlich ins Auge fasst, ist die Ernstnahme der Erfahrung gemeint, dass der Heilige Geist als die Kraft des neuen Lebens in der Gegenwart Christi in seinen Gaben konkret wird. Diese Gnadengaben haben in der tätigen Zeugenschaft des Glaubens diakonischen Sinn: "Dienet einander, ein jeder mit der Gabe, die er empfangen hat" (1.Petr.4,10)".[46)] Die Diakonie ist nach Barmen III begründet in der Diakonie Jesu Christi, die die messianischen Verheissungen erfüllt.[47)] "Wort und Tat, Verkündigen und Heilen"[48)] sind darin einerseits verbunden, andrerseits stehen sie in einem unumkehrbaren Gefälle. Die Verkündung der Gnade Gottes kann auch eschatologisch nicht überholt werden, während die Heilungen Jesu Christi

vorläufige Zeichen des angebrochenen Reiches sind.[49] Diakonie wird grundsätzlich als "die Lebensgestalt der Gemeinde" definiert; nach innen und nach aussen praktiziert die Gemeinde ein diakonisches Zusammenleben.[50] Charismatische Diakonie wird nicht nur als freiwillige Liebestätigkeit, sondern miteinschliessend auch als geordnetes Dienen der Gemeinde (etwa in Dienstgruppen oder durch amtlich Beauftragte) verstanden.[51] Diakonie wird als Zeugnis gesehen, aber es wird betont, dass "die in der Diakonie Tätigen weder sich selbst noch die, denen sie helfen wollen, unter einen Zwang zur Bekehrung stellen" dürfen.[52]
Eine der wesentlichsten Passagen wollen wir hier wiedergeben, da sie für die Arbeit mit Betagten ausserordentlich prägnant die Grundlinien der Diakonie unter dem Zuspruch und Anspruch des Evangeliums in unserer heutigen Gesellschaft verdeutlicht.[53]

"Versteht sich der spezifische Diakonat an den Hilfsbedürftigen im Lebenszusammenhang einer charismatisch geordneten "Gemeinde von Brüdern", dann kann sich die Diakonie nicht an dem Geselligkeitsprinzip ("Gleich und Gleich gesellt sich gern") orientieren; denn dieses Prinzip führt faktisch zu einer Aufspaltung der Menschen in gleichartige Gruppen: die Gesunden für sich, die Kranken für sich, die Behinderten für sich, die Alten für sich. Dabei wird das Ideal der Gesundheit und Leistungsfähigkeit zu Lasten der Schwachen übersteigert, und es kann zur Herrschaft der Gesunden und Durchsetzungsfähigen kommen. So entsteht eine Gesellschaft, in der gerade diejenigen voneinander getrennt werden, die aufeinander angewiesen wären und einander wechselseitig mit ihren Gaben ergänzen und bereichern könnten (Segregationsgesellschaft). Stattdessen werden Kranke, Behinderte und Alte in Pflegeanstalten und Krankenhäuser ausgegliedert. Soweit ihre Ausgliederung nicht durch unerlässliche Hilfemassnahmen begründet ist, muss das als ein "Abschieben" der Schwachen gelten.
Dagegen darf und soll die Gemeinde gemäss der Weisung Jesu Christi eine Gruppe sein, in der verschiedenartige Menschen im Sinne von Gal.3,28 über alle trennenden Unterschiede hinweg durch die Liebe Gottes miteinander verbunden sind (Integrationsgesellschaft). Darum lassen sich die Glieder des Leibes Christi nicht grundsätzlich und bleibend in Hilfsbedürftige auf der einen Seite und Helfer auf der anderen Seite einteilen. Diakonie zielt darum stets auf den Aufbau einer Gemeinschaft der Liebe, in der Gesunde und Kranke, Behinderte und Nichtbehinderte miteinander leben und einander wechselseitig mit der Gabe dienen, die sie empfangen haben.
Ein Verständnis der Diakonie als "Sozialanwaltschaft für Schwache" reicht deshalb nicht aus. Schwache und Behinderte brauchen zunächst keine Anwälte, sondern Schwestern und Brüder, die bereit sind, mit ihnen in einen Prozess gegenseitigen Nehmens und Gebens einzutreten. Andernfalls wird Diakonie zur bevormundenden Betreuung, in der Helfer Hilfebedürftige in die Rolle abhängiger Objekte drängen. Vor allem die diakonische Arbeit mit Behinderten hat erkennen lassen, dass in den Leiden der Behinderten unterschieden werden muss zwischen der physischen Behinderung und deren sozialen Folgen in den Formen der Angst, der Isolierung, der Ablehnung und der Aggression. Diese sozialen Folgen sind oft schlimmer als die physische Behinderung selber."[54]

Besser kann man wohl kaum veranschaulichen, wie gelebte Diakonie den ganzen Menschen und die ganze Gemeinde in Anspruch nimmt und auf den gesellschaftlichen Kontext bezogen ist.

Diakonie, der Dienst in der Tat, richtete sich in den neutestamentlichen Gemeinden, wie wir sahen, auf den Lebensunterhalt, das Essen, die Krankenpflege, die seelische und materielle Not bedrängter Menschen, auf Dienstleistungen im Geist der Liebe Christi.[55] Gerade diese Aufgaben im Nahbereich der Ortsgemeinden und christlichen Gruppen, Kommunitäten und Basisgemeinden werden in den nächsten Jahren für eine humane Lösung der mit dem Alter gestellten Probleme entscheidend sein.
Es hängt vieles davon ab, dass

- kooperativ mit bestehenden Organisationen wie Pro Senectute, Arztpraxen, öffentlicher Sozialarbeit u.a. Dienstleistungen aufgebaut werden, die den Alten das Verbleiben im eigenen Heim möglichst lange ermöglichen;[56]
- sich genügend Menschen finden, um die ambulante Krankenpflege und die Betreuung Behinderter mitzutragen, so dass die geriatrischen Abteilungen in den Akutspitälern, die Alters- und Pflegeheime entlastet werden und eine weitere Kostenexplosion im Gesundheitswesen zumindest gedämpft werden kann;[57]
- Menschen frei und gewillt sind, die familiäre, nachbarschaftliche und persönliche, freiwillige oder organisierte Hilfe und Solidarität aktiv zu praktizieren und sich dafür Zeit, Geduld und die Mühe nehmen;
- Christen die menschliche Tragfähigkeit und auch Reife gewinnen, um alte Menschen in freundschaftlichem Geist zu begleiten, sie seelsorgerlich zu stärken, mit ihnen die Ermutigung des Evangeliums zu vernehmen und sie zur Selbständigkeit und Emanzipation wo immer möglich, zum Annehmen von Hilfe und Unterstützung wo immer nötig ermutigen;[58]
- die alten Menschen selbst daran gehen, ihre Probleme aktiv, selbständig und ohne falsche Abhängigkeit von fremder Hilfe zu lösen und den Schwachen unter ihnen solidarisch zur Seite stehen.[59]

Bei alledem können die gesellschaftlichen Strukturen nicht ignoriert werden, vielmehr nehmen die Christen als "citoyens", als mündige Bürger ja aktiv an den demokratischen Meinungsbildungs- und Entscheidungsprozessen teil. Sie werden also mithelfen, falsche Bürokratie in der Sozialpolitik abzubauen. Sie werden sich verantwortlich in den Institutionen für die Schwachen einsetzen. Sie sollen sich die nötige Sachkenntnis aneignen, um dringende Veränderungen in Gang zu bringen und neue Experimente zu wagen. Sie können sich nicht aus Bequemlichkeit von der Aufgabe drücken, in öffentlicher Verantwortung Aufgaben zu übernehmen und mit langem Atem mitzutragen. Diakonie heisst nicht apolitische Caritas, sondern echt evangelische, von der Gemeinde getragene und unterstützte, sozial und sozialpolitisch auf den Dienst an den Schwachen gerichtete Diakonie im Zusammenarbeit mit allen beruflich Engagierten auch ausserhalb der Kirche. Es ist ermutigend, wie viel in dieser Richtung schon geschieht, und es ist eine Herausforderung für die Kirche, wie viel noch bewusster und gezielter geschehen könnte.

Zu dieser diakonischen Struktur der Gemeinde gehört, wie Barmen III

betont, ebenso die charismatische Struktur.[60)]
Die reformierte Kirche hat diesbezüglich zweifelsohne eine Stärke. Sie ist nie davon weggegangen, die Ortsgemeinde als die grundlegende Einheit ihres Aufbaus zu betrachten, und sie hat nie den synodalen Aufbau von unten durch eine kirchliche Hierarchie ersetzt.[61)]
Aber die reformatorische Grunderkenntnis des allgemeinen Priestertums blieb meist ein negatives Argument gegen den Klerikalismus.
Alles käme heute mehr denn je darauf an, "dass der positive Sinn des allgemeinen Priestertums herausgestellt, dass die positive Bevollmächtigung und Verpflichtung erkannt und geübt wird".[62)] Das Evangelium spricht eine klare Sprache: Es redet von der charismatischen Begabung und Mitarbeit aller Gläubigen, es redet vom aktiven und lebendigen Zusammenleben der Gemeinde im gegenseitigen Dienst. Das kann heute nur heissen: Mut zur Gemeinde in den offenen, synodalen Strukturen der Volkskirche. Kirche als Institution und Pfarrer / kirchliche Mitarbeiter erfüllen ihren kirchlichen Dienst dort, wo sie zur gelebten "communio sanctorum", zur Gemeinschaft der Heiligen ermutigen und dazu Hilfe, Impulse und den ermöglichenden Rahmen geben.

Kirche, betonen wir, ist charismatische Gemeinschaft der Glaubenden, in der jeder Einzelne mit seinen Charismata priesterliche Rechte und Aufgaben wahrnimmt und ausübt. Die alten Menschen sollen gleichberechtigt mit den anderen Generationen die Aufgaben und Dienste, die Verkündigung und Diakonie des Gemeindelebens mittragen und auch mitgestalten. Wo solche Mitarbeit in Gang kommt, wird hart gerungen um das echte Verständnis des Evangeliums, werden verschiedene Anschauungen, Konflikte, und ab und zu auch offene Konfrontationen nicht ausbleiben. Aber gleichzeitig kann Gemeinde in zuversichtlicher Toleranz und in offener Freiheit gestaltet werden, denn alle Glieder des einen Leibes wissen: "Die Gemeinschaft, in der Christen miteinander vereinigt sind, ist kein Ideal, sondern die von Gott in Jesus Christus durch die Kraft seines Geistes geschaffene neue Wirklichkeit, an der Menschen in einem veränderten Zusammenleben teilnehmen dürfen."[63)]

Von mehreren Seiten sind in den letzten Jahren wichtige Anstösse zur Reformation der Kirche, zur Erneuerung der Gemeinde als Gemeinschaft der durch Gottes Geist Berufenen und Begabten gekommen:

- Durch den Pfarrermangel haben sinnvolle Arbeitsteilungen in der Kirche, die Zusammenarbeit im Team von Gemeindehelfern, Sozialarbeitern, Katecheten und freiwilligen Mitarbeitern, die aktive Mitarbeit der Kirchgemeinderäte, die vermehrte Beteiligung von Laien in der Gemeindearbeit neues Gewicht erhalten.[64)]
- Die charismatische Bewegung hat uns neu die Bedeutung der Charismen der einzelnen Gemeindeglieder, ihrer Einbeziehung in die aktive Teilnahme am Gemeindeleben, die Wichtigkeit ihrer persönlichen Erfahrungen und ihres persönlichen Erlebens der Koinonia (der Gemeinschaft) in der Gemeinde gezeigt. Bei aller Gefahr der personalistischen Engführung, der erneuten Vorordnung des Gesetzes vor das Evangelium und eines erneuerten pietistischen Konventikelwesens sind die Anstösse der Bewegung in ihrem Kern befreiend und eröffnen für viele Menschen Chancen gelebter

Nachfolge.[65)]

- Die Bildung von Basisgemeinden vor allem in städtischen Zentren und Agglomerationen eröffnet auch in der Schweiz von der Befreiungstheologie her neue Möglichkeiten gelebter Christengemeinschaft, vor allem im Blick auf die wachsenden Probleme in der industriellen Arbeitswelt, die sich verschärfenden Gegensätze zwischen der ersten und dritten Welt und die Notwendigkeit eines sozial und politisch bewussten, aktiven Christseins.[66)]
- Für alte Menschen spielt nach wie vor die Hausgemeinde eine wichtige und zentrale Rolle. Hier, wo zwei oder drei zum Gebet und zur Schriftlesung versammelt sind, erfahren viele die Gegenwart Jesu Christi.[67)]
- Die Erwachsenenbildung, insbesondere diejenige der evangelisch-reformierten Heimstätten, gibt vielen, auch betagten Menschen das theologische, und praktische Rüstzeug, um aktiv in der Gemeinde mitzuarbeiten.[68)]
- Schliesslich hat die Vereinigung für eine Schweizerische Evangelische Synode einen breiten synodalen Prozess in Gang gebracht, der "Menschen der verschiedenen Evangelischen Kirchen und Gruppen der Schweiz zu einer gemeinsamen Besinnung" zusammenbringt. Ein Thema der Synodeversammlungen war auch die Beziehungen der Generationen.[69)]

Diese und andere Wege gelebter Christengemeinde schliessen sich gegenseitig nicht aus. Christen sollten lernen, in gegenseitigem Respekt und möglichst kooperativ Wege in der Nachfolge Christi zu gehen. Besser eine Kirche mit offener Auseinandersetzung und kontroversem Gespräch, als eine stumme oder zum Schweigen gebrachte Kirche.

In der Altersfrage wird sich die Kirche also nicht darauf beschränken können, Dienstleistungen anzubieten, Betreuungsmodelle auszuarbeiten und den Bürgern Geborgenheit, Unterhaltung und schöne Feiern anzubieten. Vielmehr wird sie mit ihnen zusammen als mündigen Gliedern des Leibes Christi an der Bewältigung der Schwierigkeiten des Alters arbeiten und Freud und Leid mit ihnen teilen. Kirche ist letztlich, bei aller menschlichen Aktivität und Bemühung, immer wieder Ereignis und Geschenk in der Kraft des Geistes, wo Menschen sich im Namen Christi zusammenfinden. Darum wird die Gemeinde immer neu bitten, dass Gottes Reich in dieser Welt anbreche, dass Christus in ihrer Mitte gegenwärtig sei. Die alten Menschen werden in den kommenden Jahren vermehrt in den Gemeinden aktiv mitarbeiten, ihre Bedürfnisse direkt und offen zum Ausdruck bringen und ihre Charismata im Dienst für den Aufbau der Gemeinde einsetzen. Sie werden sich in der Christengemeinde und in der Bürgergemeinde emanzipieren von einer gesellschaftlichen Randexistenz. Aber das ist das Verheissungsvollste: Als Christenmenschen werden sie gebraucht werden und reiche Aufgaben haben.

Wie schon im Neuen Testament verschiedene Gemeindeformen, verschiedene Auslegungen des Evangeliums und Gestaltungen des Christenlebens nicht etwa die Ausnahme, sondern die Regel waren, so ist sehr realistisch auch mit der Pluralität christlicher Identität unter alten Menschen zu rechnen. Es kann nicht angehen, die alten Menschen anhand ihrer Nähe oder Distanz zu praktizierter Kirchlichkeit zu beurteilen oder zu werten. Vielmehr sind sie in offener Freiheit einzuladen und zu ermutigen, sich als Getaufte nach ihren Möglichkeiten an der Gemeinschaft, am Aufbau und an der Sendung der Gemeinde zu beteiligen. Offenheit und Liberalität im echten Sinn wird ermöglichen, auch zu Nichtkirchengängern personale Nähe zu gewinnen und glaubwürdige Dienstbereitschaft zu praktizieren.[70)] Ihre Einheit hat die Gemeinde und Kirche nicht aus sich selbst, nicht aus ihrer praxis pietatis oder ihrer Gemeinschaft, sondern einzig und allein aus der Kraft des heiligen Geistes, das heisst vom Grunde ihrer Existenz her, dem einen in Christus offenbaren und in seinem Geist gegenwärtigen Gott.

Zusammenfassend können wir jetzt die Grundlinien der Berufung und Aufgaben der Betagten in der Kirche ausziehen. Wir tun dies konsequent von dem Leben und dem Auftrag der Kirche als "Gemeinde von Brüdern und Schwestern"[71)] in offenen, synodalen kirchlichen Strukturen her. Den Landeskirchen und Freikirchen eröffnen sich von daher reiche Chancen lebendigen Zusammenarbeitens der Generationen.

Die Gemeinde steht unter dem Zuspruch und Anspruch des Evangeliums von Jesus Christus, dem Gekreuzigten und Auferweckten, und lebt aus der Kraft des heiligen Geistes ein neues und befreiendes Zusammenleben in der Hoffnung auf das Reich Gottes.[72)]
Die alten Menschen sind berufen, aus dem Hören auf das Evangelium und im gemeinsamen Feiern des Gottesdienstes Kraft und Mut für ihren Alltag zu gewinnen und am neuen Zusammenleben in der Gemeinde teilzuhaben.

Kirche, "ekklesia",[73)] ist charismatische Gemeinschaft der Glaubenden, "communio sanctorum".[74)] Jeder Christ hat seine besonderen Geistesgaben, seine Fähigkeiten und seine Berufung, um mitzuwirken am Dienst der Gemeinde, ihrem Aufbau und ihrer Sendung in die Welt.
Die alten Menschen sind also herausgefordert und stets neu eingeladen, mit ihren Charismata und ihrer Lebenserfahrung Zeugen des Glaubens, der Liebe und der Hoffnung in der Gemeinde und der Welt zu sein.

Die Kirche hat eine "diakonische Lebensgestalt"[75)] und ist als Volk Gottes beauftragt zum diakonischen Leben und Handeln in der Gesellschaft und der Welt. Im freien Dienst bezeugt die Kirche in allen Lebensbereichen, dass Christi Tod und Auferstehung uns befreit von Unrecht, Schuld und Tod. Mit den ihr zur Verfügung stehenden Kräften und entsprechend ihren Möglichkeiten sollen sich Christen einsetzen in der Begleitung von Behinderten, Kranken und Sterbenden und ihnen liebevoll zur Seite stehen. Sie werden die Alleingelassenen aufsuchen und sich für die Durchbrechung ihrer Isolation einsetzen. Sie sollen sich in der Arbeit für eine humane und gerechte Gestaltung der gesellschaftlichen Lebensverhältnisse engagieren und für eine Sozialpolitik im Interesse der Menschen ohne Fürsprecher eintreten.
Die alten Menschen beteiligen sich entsprechend ihren Möglichkeiten an den diakonischen Aufgaben der Gemeinde und werden mithelfen, die Schwierigkeiten und sozialen Probleme der betagten Bevölkerung zu bewältigen. Sie sollen offen und frei ihre Bedürfnisse und Interessen artikulieren.[76)]

Die Kirche ist lebendiger Leib Christi und hat ein "teilendes und heilendes Amt".[77)] Die Leidenden und Schwächsten werden also nicht ver-

gessen und verdrängt, sondern verdienen als Glieder dieses einen Leibes Aufmerksamkeit und tätige Liebe. In brüderlicher und schwesterlicher Sorge sollen sich die Glieder gegenseitig helfen, ihre Lasten zu tragen. Sie trauern und leiden mit den Schwächsten, sie hoffen und freuen sich mit ihnen.
Die alten Menschen sind durch Christi Geist befreit, in der Liebe zu Gott und den Nächsten auch in Krankheit und auf dem Sterbebett ihr Angenommensein, ihre Aufgaben, ihre menschliche Würde und ihren Lebenssinn zu erfahren.

5.7. Die Witwen und Witwer, die Alleinstehenden im Alter

Die grosse Zahl der Witwen und Witwer in der heutigen Gesellschaft lässt uns neu aufmerken auf das konkrete Eintreten des Alten und Neuen Testaments für ihre Rechte und ihre menschliche Aufgabe. In ihrer oft psychisch und sozial schwierigen Lebenssituation ist Trost kein leeres Wort. Aus dem Evangelium und menschlicher Anteilnahme sollen sie neu Kraft und Zuversicht schöpfen können und von daher auf die begrenzte Zeit des Zusammenlebens als gute Gabe zurückblicken können. Nicht nur sie, sondern alle alleinstehenden Betagten sind berufen, in der Nachfolge Christi ihr Leben stellvertretend für andere, in der Liebe zu den Nächsten und Fernsten, im Eingehen neuer Beziehungen und im Uebernehmen konkreter Aufgaben zu gestalten.

Während die theologische Literatur über die Ehe Bibliotheken füllt, sind die theologisch-ethischen Aeusserungen zum Leben der Alleinstehenden spärlich.[1]
Dies ist einesteils begreiflich, ist doch das Verhältnis von Mann und Frau, von Frau und Mann, ihre Begegnung und ihr Zusammenleben auf die Ehe als Mitte hingerichtet. Andernteils aber ist der Bereich ihres Zusammenlebens nicht auf die Ehe beschränkt, vielmehr ist die Ehe eine besondere Form ihrer Gemeinschaft.[2] Gegenüber der traditionellen evangelischen Ethik tut, wie Karl Barth treffend sagte, eine "Dezentralisierung"[3] not, und es gilt, gerade im Blick auf das Alter erneut über den Stand der Alleinstehenden, im engeren Sinn der Witwen und Witwer, nachzudenken und positive Leitbilder alleinstehenden Lebens aufzuzeigen.[4]
Die Hälfte der Einpersonenhaushalte in Deutschland führen die über 65-Jährigen.[5] Auch in der Schweiz ist die Zahl der Einzelhaushalte in den letzten beiden Jahrzehnten rapide gestiegen. Sowohl bei den verwitweten oder geschiedenen Frauen als auch bei den verwitweten oder geschiedenen Männern führen ein Drittel bis die Hälfte einen Einpersonenhaushalt.[6] Angesichts dieser Tatsache ist es mit dem generalisierenden Stereotyp von der Einsamkeit im Alter nicht getan, im Gegenteil. Schon die Jungen sollten auch positive Leitbilder des Alleinstehens im Alter kennenlernen und sich mit ihnen auseinandersetzen, auch wenn sie die Chance des direkten Kontaktes zu alleinstehenden alten Menschen nicht haben. Die Schulbücher zum Beispiel gilt es in dieser Hinsicht gründlich durchzusehen.[7]
Mit dem Altern der Bevölkerung wird auch die Zahl der ledigen, geschiedenen oder verwitweten alten Menschen verstärkt zunehmen. Insbesondere gilt es zu bedenken, dass jedes von uns mit einer hohen Wahrscheinlichkeit - bei den Frauen ist sie höher als bei den Männern[8] - Phasen seines Lebens alleinstehend durchlebt, sei es im frühen Erwachsenenalter, im mittleren Erwachsenenalter oder im dritten und vierten Lebensabschnitt. Eine echte Lebenshilfe können Theologie und Kirche nur geben, wenn sie sich offen und aktiv für ein erfülltes und tätiges Alleinstehen alter Menschen engagieren und sie nicht von vornherein am Leitbild der Ehe oder am Stereotyp der vereinsamten, alleinstehenden Alten messen.

Ein vorzügliches Lehrstück zu diesem Thema ist nach wie vor die bekannte

Geschichte "Die unwürdige Greisin" von B. Brecht, in der er die letzten beiden Lebensjahre seiner Grossmutter schildert.[9]
Nach dem Tod ihres Mannes, eines Lithographen mit eigener Werkstatt, war sie mit 72 Jahren allein in dem alten Haus eines badischen Städtchens zurückgeblieben. Fünf Kinder hatte sie grossgezogen und über Jahre für die Familie und die Angestellten ihres Mannes gekocht. Nur ein Sohn wohnte im gleichen Städtchen, die anderen Söhne und Töchter waren weggezogen. Er war Buchdrucker und hatte eine viel zu grosse Familie. Die alte Frau wollte aber nicht, dass er in ihr Haus zog, sondern wünschte nur, dass jedes der Kinder ihr eine kleine Unterstützung zukommen liess. So begann ihr neues Leben, das in mancher Hinsicht den damals gängigen Vorstellungen vom Alter widersprach. Sie besuchte oft das Kino, was zu dieser Zeit für eine alte Frau ungewöhnlich war, da es sich bei den damaligen Kinos meist um elende Lokale mit dubiosen Filmen über Mord und Leidenschaft handelte, die nur Junge besuchten. Sie mied die Kaffeegesellschaften im Städtchen, hielt sich hingegen häufig in der Werkstatt eines Schuhmachers auf, der in der ganzen Welt herumgekommen war und mit seinen Geschichten oft einen ganzen Kreis von lustigen, aber nicht eben respektablen Gestalten um sich scharte. Nach einiger Zeit begann sie sogar hie und da im Gasthof zu essen, was das empörte Kopfschütteln des Buchdruckers hervorrief. Sie kümmerte sich dort besonders um ein geistig behindertes Küchenmädchen. Eines Tages machte sie mit ihm einen Ausflug mit der Kutsche, später zu einem Pferderennen. Der Sohn im Städtchen war über das unwürdige Betragen der Greisin je länger desto mehr aufgebracht und wollte sogar einen Arzt beiziehen, aber der Vater Brechts verhinderte dies. "Und den Pfarrer, der sie besuchen kam, um der alten Frau in ihrer Vereinsamung Gesellschaft zu leisten, lud sie, wie allgemein behauptet wurde, ins Kino ein!"[10] An einem Herbstnachmittag verstarb sie unvermittelt auf dem Stuhl am Fenster ihres Schlafzimmers. Das behinderte Mädchen war bei ihr, weil sie zusammen ins Kino gehen wollten. "Sie hatte die langen Jahre der Knechtschaft und die kurzen Jahre der Freiheit gekostet und das Brot des Lebens aufgezehrt bis auf den letzten Brosamen."[11]
Die Kurzgeschichte ist nicht nur deshalb so wertvoll, weil sie die "Emanzipation des Alters" am Beispiel der Witwe mit hintergründigem Humor darstellt, sondern auch, weil sie zeigt, wie stark unsere Vorstellungen vom alten Menschen oft an der Realität vorbeigehen (man beachte nur die etwas unglücklichen Rollen des Pfarrers und des Sohnes!)

B. Brechts Geschichte berührt eines der Hauptprobleme betagter Alleinstehender, resp. der Witwen und Witwer nicht: Die Desolation infolge Partnerverlusts.
Die Witwen und Witwer haben nach dem Tod des Gatten/der Gattin den Weg durch die Trauer zu gehen, das Leid zu tragen und den Schmerz, die Gefühle der Verlassenheit und Angst zu verarbeiten. Es braucht Zeit, bis die Wunde verheilt und vernarbt ist. Liliane Giudice hat diesen Weg eindrücklich beschrieben,[12] und sie betont, ohne Schmerz und Trauer herabzuspielen, die Wandlung, die in der Trauer Wirklichkeit werden kann: "Mich dünkt es ein Wunder, wie aus der Qual, die einen auszulöschen droht und die man zuerst leidenschaftlich bekämpft, eine Quelle der Kraft wird."[13]

Wir haben in unserer Kultur immer noch Mühe, die Gefühle der Trauer, des Schmerzes und der Angst zuzulassen. Wir unterdrücken oder verdrängen sie, wenn nicht im privaten, so doch im öffentlichen Leben.[14] Das Weinen wird der Frau, nicht aber dem Mann zugestanden. Es gilt als tapfer und bewundernswürdig, nicht zu weinen, sondern auf die Zähne zu beissen. Das Evangelium spricht anders von der Trauer.[15] Jesus scheute es nicht, intensiv seine Gefühle zu zeigen, er hatte Erbarmen mit dem erschöpften und abgequälten Volk (Mt.9,36), er weinte über die Stadt Jerusalem (Lk.19,41); in Gethsemane sagte er seinen Jüngern offen, dass seine Seele zu Tode bekümmert sei, und bat sie darum, mit ihm zu wachen und zu beten (Mt.26,38).[16]
Jesus preist die Trauernden selig, und das heisst, mehr noch als glücklich. "Selig sind die Trauernden; denn sie werden getröstet werden" (Mt.5,4).[17] πενθοῦντες ist hier umfassend auszulegen, es meint die Trauer über alles Leid, das wir in dieser Welt erleben und zu tragen haben (nicht etwa nur die Busstrauer, wie die Alte Kirche auslegte).[18] Im speziellen bezieht sich das Verb auf die Totenklage, und "trösten" meint dann "die Tröstung, die in Gottes eschatologischem Handeln in der Auferstehung der Toten geschieht" (Schlatter).[19] G. Eichholz versteht den Makarismus bei Matthäus von Jes.61,1ff. her, da die Reihe der Seligpreisungen die Wortfolge im Jesaiatext aufnimmt. Das Wort ist nicht zu trennen von dem, der da spricht. Derjenige, der wirklich hinhört, vernimmt den Ruf des Gesalbten (Schniewind).[20]
Glücklich werden durch die Trauer hindurch, das ist gerade den Witwen und Witwern verheissen. Aus dieser Zusage dürfen sie leben, aus dieser Hoffnung vermögen sie den Weg durch den niederschmetternden quälenden Schmerz zu gehen. Sie werden getröstet werden, auch wenn es viel Zeit braucht. "Viele Abschiede müssen im Laufe unseres Lebens genommen werden - Abschiede von Beziehungen zu Menschen und Dingen, mit denen wir emotional verbunden waren, ob schuldhaft ... oder einfach so wie bei einem Kind. Wir sind endliche Wesen, die eine unumkehrbare Geschichte leben. Wir nehmen uns als Menschen ernst, wenn wir uns dieser Abschiede und der Trauer darüber bewusst werden. Dadurch werden wir frei für Neues. Unsere inneren Energien, die unbewussten Gefühle, sind nicht mehr gebunden an Altes und an den Verlust, sondern werden frei für neue Bindungen und Aufgaben. Wir können dann aus der Distanz heraus das, was schön und positiv am Vergangenen war, mit in die Gegenwart und Zukunft hinübernehmen und aus alten Fehlern lernen. Das Alte soll uns begleiten und nicht beherrschen" (G. Borné).[21]

Kann alleinstehendes Leben sinnvolles, erfülltes Leben sein?
Exemplarisch möchten wir hier das Leben der Witwen, Witwer und Alleinstehenden auf eine Perspektive hin, die das Evangelium eröffnet, bedenken, nämlich die Stellvertretung.[22] Durch Christi stellvertretendes Leben ist unser Leben, trotz all seiner Schwäche und Hinfälligkeit, ja bestimmt, ihm darin zu entsprechen, dass es stellvertretendes Handeln und Leiden, Sich-Freuen und Für-andere-Dasein ist. Auch in der Einsamkeit und Isolation steht das Leben in dieser Grundbestimmung; man kann sie nicht fliehen oder wegschieben.[23] Man kann sie aber dankbar annehmen und ihr mutig

zu entsprechen suchen; gerade dazu sind die Alleinstehenden herausgefordert und berufen. "Weil Jesus - das Leben, unser Leben - als der menschgewordene Sohn Gottes stellvertretend für uns gelebt hat, darum ist alles menschliche Leben durch ihn wesentlich stellvertretendes Leben. Jesus war nicht der Einzelne, der zu einer eigenen Vollkommenheit gelangen wollte, sondern er lebte nur als der, der in sich das Ich aller Menschen aufgenommen hat und trägt. Sein gesamtes Leben, Handeln und Sterben war Stellvertretung. Was die Menschen leben, handeln und leiden sollten, erfüllt sich an ihm. In dieser realen Stellvertretung, die seine menschliche Existenz ausmacht, ist er der Verantwortliche schlechtin. Weil er das Leben ist, ist durch ihn alles Leben zur Stellvertretung bestimmt" (D. Bonhoeffer).[24]
An Brechts Geschichte lässt sich dies anschaulich zeigen. Stellvertretend für all diejenigen, die keine Zeit hatten oder sich keine Zeit nahmen, für das geistig behinderte Küchenmädchen dazusein, verkehrte die Grossmutter Brechts mit ihm und erlebte mit ihm gute Stunden. Stellvertretend für Söhne und Töchter, die aus welchen Gründen auch immer nicht zugegen waren, war das geistig behinderte Küchenmädchen bei ihr, als sie in ihrem Schlafzimmer auf dem Stuhl am Fenster verstarb.[25]
Die Identität des Alleinstehenden darf darin gründen, dass wir herkommen von Jesu Stellvertretung für uns und damit angewiesen sind auf die Stellvertretung eines anderen, gleichzeitig aber auch verantwortlich sind für Stellvertretung, und das heisst für stellvertretendes Handeln und Leben in der Gesellschaft.[26]
Echtes und in Christi Geist befreites Leben kann somit nicht abgekapselt die eigene Vollkommenheit und Selbstverwirklichung suchen. Selbstverwirklichung im Alter entfremdet dort von echter Identität, wo das eigene Ich seine Lebensmöglichkeiten nur maximiert oder vergeblich der Illusion huldigt, jung sein und bleiben zu können. Dagegen wird Emanzipation im Alter[27] dort echt und tragfähig, wo das Ich im Leben für die anderen zu sich selbst findet, sich Zukunft erschliesst und sich darin von einem anderen getragen weiss. Es ist die Chance alleinstehenden Lebens, in manchem Bereich zu tun, was andere nicht tun können, zu handeln, wo sie passiv bleiben, kurz: für andere stellvertretend dazusein. In diesem Sinn gelten denn auch tatsächlich die Worte: "Christus hat keine Hände, nur unsere Hände, um seine Arbeit heute zu tun. Er hat keine Füsse, nur unsere Füsse, um Menschen auf seinen Weg zu führen. Christus hat keine Lippen, nur unsere Lippen, um Menschen von ihm zu erzählen..."[28]
Es ist erstaunlich, wieviele alte Menschen in den Christengemeinden genau dies zu tun versuchen und in ihrer kleineren oder grösseren Welt Anteil nehmen an Freud und Leid der Nächsten. Aeltere haben oft in erstaunlichem Masse die innere gütige Offenheit, um Kindern im Spielen und gemeinsamen Erleben der Welt Gefährten und Freunde zu sein; viele kostbare Beziehungen zwischen Kindern und Betagten sind ein Beweis dafür.
Mehr und mehr werden in den kommenden Jahren die alleinstehenden Aelteren auch Mittragende, Aktive, Protestierende und Mitbestimmende im gesellschaftlichen Leben sein. Wieso sollten sich in der Gemeinde nicht Witwer und Witwen resp. Alleinstehende beteiligen, z.B. am Kinderhütedienst? Wieso sollten sie nicht mithelfen in der Betreuung von Flüchtlingen?

Wieso sollten sie nicht stellvertretend für die Stummen und Schwachen in der Oeffentlichkeit einstehen, z.B. für die schwerbehinderten Alten?
So sind also gerade die Alleinstehenden besonders berufen, ihre Kräfte und Möglichkeiten, ihre Charismata einzusetzen und nicht verkümmern zu lassen, ihre Rechte in Anspruch zu nehmen und stellvertretend für andere einzustehen. Sie werden dabei die Freiheit eines Christenmenschen erfahren, der "ein freier Herr über alle Dinge und niemand untertan" ist, aber gleichzeitig in der Bereitschaft stellvertretender Liebe "jedermann untertan" und dienstbar ist.[29)]

Gängige Vorurteile werden damit von selbst unhaltbar. Alleinstehend heisst nicht vereinsamt, allein in einer Wohnung zu leben ist nicht identisch mit Isolation. Alt zu sein heisst im besonderen nicht, frei von jeder sexuellen erotischen Anziehung durch das andere Geschlecht zu sein, vielmehr ist auch der alte Mensch Mensch in seiner Ganzheit, als Frau und als Mann, d.h. in seiner geschlechtlichen Identität. Obwohl es für traditionell-evangelische Ohren eher ungewöhnlich tönt, gibt es von der biblischen Sicht her nichts gegen eine Wiederverheiratung verwitweter alter Menschen einzuwenden (vgl. etwa 1.Kor.7,39; 1.Tim.5 u.a.).[30)] Es ist deutlich, dass in den letzten Jahren die Suche nach angemessenen Lebens- und Wohnformen unter alleinstehenden alten Menschen immer wichtiger geworden ist, und dass ein Zusammenleben und eine gegenseitige Unterstützung auch in nichtehelicher Form eine wichtige Rolle in der Erhaltung der Selbständigkeit spielen kann.[31)] Die Gemeinde sollte die Aelteren ermutigen, sich gegenseitig Hilfe zu sein und einer des anderen Last zu tragen, aber auch Freude und Fröhlichkeit zu teilen. Im Blick auf die Ehe im Alter sollte die Kirche prüfen, welche güterrechtlichen und steuerrechtlichen Hindernisse für viele Paare die Ehe ausschliessen, obwohl dies eigentlich nicht ihrem Willen entspricht.
Auch im Zusammenleben von Mann und Frau im Alter bewahrheitet sich das Wort aus der jahwistischen Schöpfungsgeschichte: "Und Gott der Herr sprach: Es ist nicht gut, dass der Mensch allein sei." (1.Mos.2,18a).[32)]

5.8. Krankheit und Behinderung im Alter

Ab dem 50. Lebensjahr nimmt die relative Häufigkeit der chronischen Erkrankungen mit jedem Lebensjahrzehnt zu, so dass jedes von uns im Alter mit Einschränkungen der Aktivität und des Bewegungsradius, mit leichteren oder schwereren organischen Funktionsstörungen, mit leichterer oder schwererer Behinderung als Möglichkeit rechnen muss. Die potentielle Schwäche oder Gebrechlichkeit jedes Lebens lehrt uns, dass wir als Nichtbehinderte und Behinderte, als Gesunde und Kranke, als Schwache und Starke einander brauchen und aufeinander angewiesen sind.
Nicht der gesellschaftliche, produktive Nutzen kann Massstab des Wertes eines Menschenlebens sein, sondern allein die dem Menschen als Gottes Geschöpf in Christus zugewandte Liebe, sein Angenommensein in der Gnade des himmlischen Vaters, seine Gottebenbildlichkeit, die in der Treue des Schöpfers ihren Bestand hat.
Behinderung und Krankheit sind nicht Strafe Gottes, Folge individueller Sünde oder dämonischer Besessenheit, sondern Belastung, Aufgabe und oft auch Leid, das wir gemeinsam zu tragen und anzunehmen, wo möglich zu bekämpfen und zu verändern haben. Auch in unveränderbarer Bedrängnis, in endgültiger Behinderung oder in aussichtsloser Krankheit ist Jesus Christus die Hoffnung und der Heiland des Menschen, der wiederkommen wird, um Gottes Schöpfung von Angst, Schmerz, Leid und Tod zu befreien.

Die Kirche beginnt sich in den letzten Jahren der Aufgaben gegenüber Behinderten und der Gemeinschaft mit ihnen bewusst zu werden.[1]
Das geschieht etwa auf der Ebene der örtlichen Kirchgemeinde, wenn beim Bau eines Kirchgemeindehauses die behindertengerechte Bauweise und Rollstuhlgängigkeit schon im Wettbewerb vorausgesetzt und dann während des Baus konkret realisiert wird.
Das geschah in der oekumenischen Diskussion wegweisend, als 1975 in Nairobi klar zum neuen Nachdenken über die Einheit der Kirche im Blick auf die Behinderten aufgefordert wurde.[2] "Die Kirche", hiess es dort im Schlussbericht, "kann 'die in Christus offenbarte volle Menschlichkeit' nicht beispielhaft darstellen, die gegenseitige Abhängigkeit aller Menschen nicht bezeugen, noch Einheit in der Vielfalt erlangen, wenn sie weiterhin die soziale Isolierung behinderter Menschen hinnimmt und ihnen die volle Beteiligung an ihrem Leben verweigert. Die Einheit der Gottesfamilie ist beeinträchtigt, wo diese Brüdern und Schwestern als Gegenstand herablassender Barmherzigkeit behandelt werden ... Wie kann die Kirche sich dem Zeugnis öffnen, das Christus durch diese Menschen ablegt?"[3]
Die oekumenische Vollversammlung von Vancouver 1983 hat die Bedeutung dieser Aufgabe, wie wir sahen, bestätigt.[4]
Wir sind heute in unserer Gesellschaft in eine Phase getreten, in der die primäre Frage nicht mehr ist, was wir für Behinderte und Chronischkranke tun, sondern wie wir mit ihnen gemeinsam handeln und leben.[5]

Die Sozialleistungen des Staates/der Gesellschaft können nicht darüber hinwegtäuschen, dass das Lebensleitbild "jung - gesund - fröhlich - 'du bist, was du hast'" nach wie vor die Werbung und die gesellschaftlich dominante Kultur beherrscht.[6] Nach wie vor wird der Mensch eingeschätzt auf Grund seiner Nützlichkeit, seines zweckorientierten und entsprechend erfolgreichen Handelns. Die technokratische Gesellschaft setzt die produktive Verwertbarkeit des Individuums sowohl im Westen als auch im Osten an erste Stelle, anstatt die Leistungsfähigkeit der Liebesbeziehung und dem gegenseitigen Dienst unterzuordnen.[7] Auch der noch so stark ausgebaute Sozialstaat befreit nicht vom Unbehagen daran, dass Ungerechtigkeiten oft nicht abgebaut werden und mit der materiellen Sicherung allein eine reale Lebensqualität nicht erreicht wird.[8] H. Gollwitzer betont zu Recht, dass die historische Entwicklung heute an einem Punkt angelangt ist, der widersprüchlicher nicht sein könnte: "Die Möglichkeit, die Geschichte des Mangels an Lebensgütern, also die bisherige Menschheitsgeschichte, zu beenden, trifft sich heute mit der Möglichkeit, die Verdinglichung des Menschen durch konsequente Nutz-Planung zu vollenden."[9]

Um die Problematik konkret zu veranschaulichen, kann man auf die Unterschiede der Lebensqualität Behinderter hinweisen. Der leicht Behinderte wird beruflich ausgebildet und hat im besten Fall eine eigene Wohnung und Familie. Der schwerer Behinderte ist froh, in einer geschützten Werkstatt arbeiten zu können und in einem Wohnheim für Behinderte zu leben. Der Schwerstbehinderte teilt mit zwei oder drei anderen das Zimmer im Pflegeheim, im Altersheim oder in der psychiatrischen Klinik.[10] Diese Unterschiede werden im Alter nicht geringer, aber der Massstab ist dann nicht mehr die wirtschaftliche Verwertbarkeit, sondern die wirtschaftliche Stellung an sich und die psychosomatisch bedingte Selbständigkeit. Es kann also keine Rede davon sein, dass wir ein solidarisches Zusammenleben Behinderter und Nichtbehinderter, Kranker und Gesunder verwirklicht hätten. Vielmehr beginnen wir erst, an Stelle der durch die Industrialisierung verlorenen Sozialstrukturen und gegen gesellschaftliche Ausgrenzungsprozesse neue solidarische Formen des Zusammenlebens im Bereich des Wohnens, der Versorgung mit Dienstleistungen, des Alltags und der Medizin zu entwickeln und zu verwirklichen. Ein gutes Beispiel dafür ist in der Schweiz das Winterthurer Modell.[11]

Eines wird dabei immer wieder den Ausgangspunkt und die Basis aller Anstrengungen bilden: Der Selbstwert und die Würde der Person, ungeachtet der Leistungsfähigkeit, der Werke, der Krankheit oder der Behinderung. Wir sahen schon in den Ausführungen zur Gottebenbildlichkeit des Menschen, dass der Mensch sich seinen Wert nicht selbst garantieren kann und ihn auch nicht aus der Sonderstellung gegenüber der Natur hat.[12] Aehnlich verhält es sich nun auch mit dem Sinn eines Menschenlebens. Der Sinn seines Lebens produziert der Mensch nicht als sein eigener Schöpfer und Planer. Sinn ist weder seiner eigenen Existenz, noch der geschichtlichen Realisierung der Gattung immanent, sei diese nun marxistisch oder sozialdarwinistisch verstanden. Sinn und Wert empfängt das Einzelleben des Menschen allein aus der Treue des Schöpfers zu seinem Geschöpf, aus der in Christus offenbaren Liebe Gottes, die auch den Sünder nicht preisgibt, und aus der Hoffnung auf die Vollendung des irdischen, vergänglichen Daseins im ewigen Leben durch die Auferweckung von den Toten.[13]

Es ist darum vom Evangelium her völlig unmöglich, zwischen "lebenswertem" und "lebensunwertem" Leben zu unterscheiden, wie dies während des Nationalsozialismus geschah. Die Geschichte der Rassenhygiene, der aktiven Euthanasie und der vor Mord nicht zurückschreckenden Ausmerzung der Schwächlinge im dritten Reich darf nie vergessen werden. Die unheilbar Kranken, die geistig Behinderten und die aufwendiger Pflege Bedürftigen gehörten zu den Opfern dieser Ideologie.[14)]

Die zunehmende Zahl Chronischkranker stellt unsere Gesellschaft heute vor eine neue Herausforderung.
Es widerspricht der Menschenwürde in unserem heutigen Gesundheitssystem, wenn unter maximiertem technischem und medizinischem Aufwand gegen Krankheit und Tod und um eine Verlängerung des Lebens gekämpft wird, gleichzeitig aber der als schwer chronisch-kranke diagnostizierte Patient abgeschoben und sozial isoliert wird.[15)] Der geriatrischen Medizin und der Gesellschaft harren in den kommenden Jahren grosse Aufgaben, um eine am ganzheitlichen Wohlergehen des Patienten orientierte Therapie und Medizin mit einer menschenwürdigen Vorbereitung auf das Sterben wieder zu verbinden und die Möglichkeiten der Anteilnahme, Begleitung und Mithilfe Verwandter und Bekannter zu verbessern.[16)]
Man sollte sich keine Illusionen machen: Um den menschlichen Weg muss an den Grenzen des Leidens, des Sterbens und der unerträglichen Krankheit immer wieder gerungen werden. U. Eibach, der die Grenzprobleme medizinischer Ethik von theologischer Seite gründlich durchdacht hat, schreibt in seinem Buch "Medizin und Menschenwürde": "Letztlich kann nur der leidende Mensch selbst im Glauben ermessen, wieviel Leiden er ertragen kann und um Gottes und des Nächsten willen auf sich nehmen soll, bis wann er in Krankheit und Tod zu bekämpfende Gestalten des Nichtigen zu sehen hat und wann sich ihm unter diesen Gestalten die zu ertragende und anzunehmende Fügung Gottes enthüllt. Mit einer gewissen theologischen Objektivität wird man sagen können, dass - ausser in Grenzfällen - jede medizinische Massnahme ethisch abzulehnen ist, die Lebensverlängerung um den Preis des Verlusts der Kommunikationsfähigkeit, des Selbstbewusstseins und der Identität der Person erkauft, sei es dadurch, das ihr die Möglichkeit, sich zu verleiblichen, überhaupt genommen wird, sei es, dass die Person aufgrund schwerster Leiden nicht mehr sie selbst sein kann und innerlich und äusserlich zusammenbricht, oder sei es, dass mit Sicherheit unwürdigste Formen des 'sozialen Todes' als Folge der Behandlung eintreten würden."[17)]
Eine zentrale Aufgabe des Arztes ist es von daher, behutsam den Patienten, resp. die Angehörigen aufzuklären über die Diagnose, die Behandlung oder den Eingriff, die Prognose und die Konsequenzen, die sich allenfalls ergeben können. Die grösstmögliche Wahrhaftigkeit schliesst dabei ein einfühlendes Vorgehen nicht aus, sondern ein. Es ist hier nicht der Ort, auf die Probleme der aktiven und passiven Euthanasie einzugehen,[18)] aber soviel ist doch deutlich geworden, dass sich an der Einstellung zum Leiden und Sterben sowie zur schweren chronischen Krankheit die Humanität oder Inhumanität einer Gesellschaft am untrüglichsten erweist.
Auch von kirchlicher Seite her gilt es, gemeinsam mit den behinderten alten

Menschen Wege einer aktivierenden, die soziale Teilhabe fördernden Rehabilitation zu gehen.[19] Nur zu oft wird dem alten Menschen immer noch die Selbständigkeit abgesprochen, obwohl sie beim Mittragen durch die Umwelt sehr wohl zu erhalten wäre. Weil er in einzelnen psychosomatischen Funktionen behindert ist und einzelne Rollen nicht übernehmen kann (, etwa die des Einkaufens, weil der Weg seit dem Verschwinden des "Lädelis" um die Ecke zu weit ist), muss er das selbständige Leben in der Wohnung verfrüht aufgeben. Rehabilitation ist demgegenüber die gezielte Anstrengung, den Spielraum der Rollen, den eigenständigen Lebensraum des alten Menschen zu fördern oder zu erhalten und auch gesundheitliche Rückschläge rückgängig oder tragbar zu machen.[20]
Wir haben uns immer wieder eines ins Bewusstsein zu rufen: Die Lebensgestaltung und Selbständigkeit des Behinderten oder Kranken hängt wesentlich davon ab, ob die Gesellschaft Schwäche und Gebrechlichkeit als zum Leben gehörig anerkennt oder ob sie diese verdrängt und aussondert.
Die Christengemeinde und die Christen haben einen klaren Auftrag, wo sie hier zu stehen haben. Im Leib Christi sind die Glieder aufeinander angewiesen.[21] Es handeln nicht Subjekte (Gesunde) für Objekte (Behinderte, Kranke), sondern einer trägt mit seinen Möglichkeiten und Schwächen die Last des anderen mit seinen Möglichkeiten und Schwächen. Hilfsbedürftige und Helfende stehen sich nicht beziehungslos gegenüber, vielmehr suchen Christen, "im Umgang miteinander dem zu entsprechen, was in Christus Jesus (zur Geltung gekommen ist)" (Phil.2,5):[22] Echter Dienst, der die Erniedrigung nicht scheut, und gegenseitige Hilfsbereitschaft, die das gemeinschaftliche Wohl aller im Auge hat.

Ein wesentlicher Beitrag der Christengemeinde ist es heute, wenn sie die ausschliessenden und menschenfeindlichen Missverständnisse biblischer Rede über das Verhältnis von Gott und Krankheit/Behinderung aufarbeitet und ausräumt.[23] Krankheit und Behinderung sind nicht als Strafe Gottes, als Folge der Sünde zu verstehen. Gott will sie nicht, vielmehr hat er trotz ihnen mit dem Menschen etwas vor und begleitet ihn in befreiender Treue in der Bewältigung des erschwerten Lebens. Weder Krankheit noch Behinderung haben an sich einen Sinn, auch wenn sie eine Reifung, eine Bereicherung oder eine Prüfung des Einzelnen zur Folge haben können, sondern der Mensch ist und bleibt auch als Kranker/Behinderter Gottes Geschöpf, von Gott angenommen und so befreit, sich selbst anzunehmen. Für den alten Menschen gilt es, sich der Wirklichkeit der eingeschränkten und begrenzten Lebenssituation zu stellen, ohne sich falsche Illusionen über das "Es kommt schon wieder" einreden zu müssen oder den Protest gegen die Krankheit an sich und den Willen, mögliche Verbesserungen zu erkämpfen, fallenzulassen. Er soll seine Klage offen nicht nur vor Gott, sondern auch vor die Menschen bringen können. Krankheit und Behinderung sind nicht einfach sinnvolle und heilsame Fügungen Gottes, der sie um des Menschen willen zulässt. Der christliche Glaube hat darauf zu verzichten, sie religiös zu überhöhen.[24] "In der Geduld wird die Krankheit, sofern sie nun einmal noch und noch da ist, die Beeinträchtigung, der Abbau, die Störung des Lebens, sofern sie nun einmal Ereignis und auch durch Glauben und Gebet, auch durch den redlichsten Kampf nicht zum Verschwinden zu bringen sind, in dem Sinn "ertragen" werden dürfen, als sie von Gott her - er ist auch in der Weise Herr und Sieger auf diesem Feld - einbezogen sind in das, was er von und mit dem Menschen will..." (K. Barth).[25] Gott bleibt auch in Schmerz und Leid in Sympathie mit dem Menschen auf dem Weg.

5.9. Der Tod: Negation des Lebens oder Durchgang ins Leben?

Der Tod ist der Feind, die Negation des menschlichen Lebens. So verschieden das Sterben erlebt wird, es bedeutet Schmerz, Leid, Angst und Abschied, und am Ende stehen der letzte Atemzug, der letzte Pulsschlag, die Grenze. Die Todesfrage ist das Kernproblem der Auseinandersetzung mit dem Alter. An ihrer Beantwortung entscheidet sich, ob der Mensch am Ende seines Lebens unausweichlich dem Zerfall, der Zukunftslosigkeit und der Negation seiner Existenz ausgeliefert ist, oder ob er auch im Leiden, Sterben und Tod nicht verloren ist, sondern im Glauben an den gekreuzigten und auferweckten Jesus Christus auf die Nähe Gottes, das ewige Leben und eine neue Schöpfung hoffen darf.

Realistisch und eindringlich wie kaum sonst eine Autorin hat Simone de Beauvoir den Tod zweier alter Menschen beschrieben, den Tod ihrer Mutter Françoise de Beauvoir[1] und denjenigen Jean-Paul Sartres.[2] Man müsste sagen: den Weg zum Tod. Denn der Verlauf der körperlichen Schwächung, des Ankämpfens gegen die Krankheit, das Auf und Ab von Verzweiflung und neugeschöpfter Hoffnung, von Depression und Annahme wird von ihr ohne jedes Pathos mit minuziöser Realistik dargestellt. Dieser unerbittliche, fast naturalistische Zug zeichnet ihre Aufzeichnungen aus. Wo wir in unserer heutigen Gesellschaft meist nicht reden, verschweigt sie nichts. Wir sprechen vom "sanften Tod", von Abberufenen und lieben Heimgegangenen, wir reden vom Hinscheiden und Einschlafen.[3] Aber wir reden aus Gründen der Rücksicht in unserer Oeffentlichkeit nicht vom Kampf und Aufstand, den der kranke Mensch gegen den Tod austrägt. Kein Arzt redet von der Brutalität und Unerträglichkeit des Todes, von den quälenden Schmerzen und dem ohnmächtigen Leiden, das der Sterbende oft erlebt. Wir schweigen darüber und wissen doch, dass trotz aller medizinischen Möglichkeiten Sterben für viele Menschen diese Realität hat und durch Analgetika und Antidepressiva nur oberflächlich erleichtert werden kann. Wir haben irgendwo persönliche und vielleicht unterbewusst verdrängte Angst, weil auch unser eigenes Leben vom Tod umfangen ist.

Die Theologie hat jedoch kein Recht, den Schrei der Leidenden und Gequälten abzudämpfen, zu beschwichtigen und zu verdecken. Die Psalmen, das Buch Hiob, die Propheten, allen voran Jeremia, die Klagelieder, das Neue Testament, die Bibel als Ganzes ist ein grosses Zeugnis der Klage über das unverstehbare Leiden, ein Zeugnis des Aufstandes gegen den sinnlosen Schmerz und die quälende Krankheit, mit denen Menschen in ihrem Leben konfrontiert werden.[4]
Wie rückhaltlos und in die Leere geworfen sprechen die Klagenden in den Psalmen von ihrer Not! Der Psalmbeter sagt im 38. Psalm: "(Herr,) ich bin gekrümmt und tief gebeugt, den ganzen Tag gehe ich trauernd einher. Denn meine Lenden sind voll Brandes, und nichts Gesundes ist an meinem Fleische. Kraftlos bin ich und ganz zerschlagen, ich schreie lauter, als der Löwe brüllt. Herr, all mein Verlangen liegt offen vor dir, und mein Seufzen ist Dir nicht verborgen" (Ps.38,7-10).[5] In der Sprache der Psalmen und der ganzen Bibel bleibt das Leiden nicht stumm, vor Gott findet es seinen

Ausdruck.
J. Améry und J.-P. Sartre haben es dagegen abgelehnt, angesichts ihres Alterns, Leidens und Todes ihre Klage und Anklage vor Gott zu bringen. Gott war ihnen eine zerbrochene Illusion. Sie haben beide den Atheismus zu Ende gelebt, was unendlich viel mehr ist, als ihn zu Ende zu denken.[6] Es gab Zeiten, da konnte sich die Kirche im westeuropäischen Raum noch auf die angesichts des Todes zum Glauben zurückgekehrten Atheisten berufen, sie kann es heute endgültig nicht mehr. Sie wird sich vielmehr gerade von dort fragen lassen müssen, ob sie denn angesichts des Todes ihrer Botschaft treu bleibt und sie wahrhaftig, glaubwürdig und ganz verkündet, oder ob sie ausweichend, verdrängend und beschwichtigend das Evangelium diskreditiert. "Das ewige Leben, die Gnade Gottes - unverständliche Sprache: leere Vokabeln, ohne gemeinsames Mass mit der erschreckenden Wirklichkeit."[7]

Der vom Leiden angefochtene Glaubende wird frei dazu stehen: Dieses Zerreissen beider Wirklichkeiten, der Realität Gottes und der Realität des Leidens ist dem Glauben nicht fremd, im Gegenteil. Der Christ weiss genauso scharf wie der atheistische Humanist, was es heisst, wenn Gott der erschreckenden Wirklichkeit fern ist, wenn Gott die Welt dem Gericht preisgibt, wie die Bibel sagt, und sein Antlitz verbirgt. Der Tod ist die Bedrohung des Menschen durch das Nichts, er ist der Fluch, der auf dem Menschen liegt, er ist die dem Menschenleben schlechthin feindliche und fremde Bestimmung, er ist die bezwingende Macht, von der es kein Entfliehen gibt.[8]

Kann der Tod schon schrecklich genug sein, so wird er es erst recht und verschärft in der sozialen Isolation. Der Tod ist in unserer Gesellschaft an den Rand gedrängt, und er ist oft aus unserem Alltag hinter die Mauern der Spitäler und Pflegeheime verbannt. Richtig schreibt J. Améry: "... die soziale Sterbensfrage ist ebenso ungelöst wie die gesamte gesellschaftliche Problematik, die von interessierter Seite als schon bereinigt unverschämt hingestellt wird. Tod, wo ist den Stachel? Der Arme gibt sehr präzise Antwort: Im Altersheim, im Spital, in der schlecht geheizten Wohnung, wo der Todkranke sich durch den Korridor zur Toilette schleppen muss."[9]

Beim Einsatz für ein menschenwürdiges Sterben und bei der offenen Auseinandersetzung mit der Realität des Todes können aber die Christen nicht stehenbleiben. Die Realität, die sie bewegt, ist überwältigender, ist grösser als der Tod. Sie stellt die realistische Sicht des Leidens und Sterbens, das Engagement für ein menschenwürdiges Sterben in ein anderes Licht. Sie stellt sie in das Licht eines Anderen. Es ist nicht ihre Antwort, sondern die Antwort dieses Anderen, die Antwort Gottes selbst, die Christen in ihrem Weg auf den Tod hin verändert und befreit. Das Alter ist nicht nur körperlicher Zerfall, der Tod nicht nur die Negation des menschlichen Seins. Die Hoffnung der Christen ist nicht einfach beschwichtigende, mythologisch beschriebene Sehnsucht nach einem Jenseits.

Das Alter bleibt vielmehr bis zum Ende die gute Gabe und Aufgabe Gottes des Schöpfers und Erlösers. Der Sterbende erreicht im Tod die Grenze, über die ihn die Verheissung des Evangeliums hinausweist auf die eschatologische Erfüllung und Vollendung. In ihr wird Gott alles in allem sein, der

Tod aber seine Macht verloren haben. Wider alle Hoffnung, in Sympathie mit den Leidenden und selbst bedrängt und angefochten bleiben Christen nicht bei der Frage nach dem Warum stehen, sie resignieren nicht in ohnmächtiger Revolte, sondern sie Verstehen das Leiden auf sein Wozu hin, sie hoffen - noch einmal: wider alle Hoffnung - auf die kommende Offenbarung der Befreiung von allem Leiden, von Schmerz und Tod. "Siehe da, die Hütte Gottes bei den Menschen; und "er wird bei ihnen wohnen, und sie werden sein Volk sein, und Gott selbst wird bei ihnen sein. Und er wird alle Tränen abwischen von ihren Augen", und der Tod wird nicht mehr sein und kein Leid noch Geschrei noch Schmerz wird mehr sein; denn das Erste ist vergangen." (Apk.21,3f.)[10] Der gleiche Gott, der den Menschen im Alter nicht verlässt, sondern erhält und trägt, wird die wider alle Hoffnung Hoffenden seine Herrlichkeit schauen lassen.

In aller Erfahrung von Leid, Schmerz, Qual und Verlassenheit können Christen dorthin blicken, wo Hilfe am unverständlichsten ausgeblieben ist, wo menschlicher Schmerz am unbegreiflichsten der Verlassenheit preisgegeben war, auf Sterben und Tod Jesu am Kreuz. Jesus hat sich in freiwilliger Hingabe, in Annahme des Willens Gottes für uns alle dahingegeben, damit wir den Tod als Negation und Vernichtung unserer Existenz nicht erleben müssen. Er ist den schrecklichen, verfluchten Tod für uns gestorben, um uns von diesem Tod zu erretten. Er hat unsere Schuld und unsere Sünde auf sich genommen, nicht weil er selbst schuldig geworden war, sondern weil er gehorsam blieb bis zum Tod am Kreuz. Er hat uns freigesprochen vom Gericht Gottes und uns in seinem Weg an das Kreuz die Freiheit angesichts des Todes eröffnet.[11] Jesus sagt im Johannesevangelium: "Wahrlich, wahrlich, ich sage euch: Wer mein Wort hört und dem glaubt, der mich gesandt hat, der hat ewiges Leben, und in ein Gericht kommt er nicht, sondern er ist aus dem Tod ins Leben hinübergegangen." (Joh.5,24).[12] Im Alter lebt der Christenmensch also angesichts von Verlust, Leid und nahendem Tod ein von Verzweiflung und Verbitterung befreites Leben. Auch der Tod wird ihn von der fest zugesagten Liebe und Treue Gottes nicht trennen können.[13] Sie ist ihm in Jesus Christus, seinem Herrn offenbar.

Gewiss, diese "ars moriendi", diese Vorbereitung auf das Sterben wird jedes von uns im konkreten Leben täglich neu erlernen müssen. Diese Hoffnung wird sich jedes von uns vom zugesprochenen Wort der Verheissung täglich neu schenken lassen. Aber Glaube, Liebe und Hoffnung lassen nicht zuschanden werden. Christus, der Auferweckte, ist der Erstling der Entschlafenen;[14] wir werden leben und in der Herrlichkeit und ewigen Freude der Vollendung bei ihm sein.

5.10. Der Gekreuzigte, die Hoffnung des Alters

Christus, der Gekreuzigte: Er ist die Antwort auf den vom Menschen erhobenen Protest gegen seine Endlichkeit, Begrenztheit und Sterblichkeit, er ist die Antwort auf die Flucht des Menschen vor dem Altern, dem Sterben und dem Tod.
Im Gekreuzigten offenbart sich die wahre Menschlichkeit des Menschen: Er mag schwach sein, aber von Gott ist er angenommen, er mag verlassen sein, aber von Gott ist er in seinen Bund berufen, er mag schuldig sein, aber vom Herrn ist er in freier Vergebung bejaht, er mag ein Leidender sein, aber vom himmlischen Vater ist er in aller Not befreit, er ist sterblich, aber er ist Gottes Ebenbild und das ewige Leben ist ihm verheissen. Denn an unserer Stelle hat Christus Schwäche, Verlassenheit, Schuld, Leid und Not getragen und ist am Kreuz für uns gestorben. Gott selbst hat in Christus gelitten. Christus, wahrer Mensch und wahrer Gott, hat sich erniedrigt bis zum Tod am Kreuz, damit wir in ihm das Leben und die Hoffnung auf die kommende Herrlichkeit haben.
In der Realität des mitleidenden Gottes hat die Gewissheit ihren festen Halt, dass wir im Leben, Leiden und Sterben ganz Gott gehören. Darin begründen sich die humanen Rechte des von Gott zu seinem Ebenbild geschaffenen, bis ins Mitleiden am Kreuz geliebten und in die Hoffnung auf das Reich hineingenommenen Menschen.

Blicken wir noch einmal auf die Analyse des Alterns durch J. Améry.[1] Der Alternde kann sich nach ihm nur mit falschen Kompromissen über die Runden bringen. Die Unentrinnbarkeit seiner Situation ist er sich meist nicht bewusst. Je mehr der Tod ihn umfängt, je enger der Ring der Verengung um ihn wird, desto offensichtlicher muss er sich darüber hinwegtäuschen und die Augen vor der Absurdität seiner Grundverfassung verschliessen. Er spielt den Tapferen oder den Gleichgültigen, er lenkt sich ab mit allerlei Geschäftigkeiten oder tröstet sich mit der noch gewährten Frist. Aber die Hoffnungslosigkeit seiner Situation realisiert er nicht, denn mit dem Tod ist für ihn alles beendet, und dies wäre unerträglich zu erkennen.[2] Gibt es nach J. Améry einen Ausweg aus dieser Trostlosigkeit der 'condition humaine'? War ihm im Buch über das Altern der Freitod noch eine Narrengeschichte,[3] so wurde der Absprung für ihn im Diskurs über den Freitod die paradoxe Option des Selbst, die letztlich allein noch zählt und die zu beurteilen den Aussenstehenden nicht zusteht.[4]
Kein Zweifel, viele Menschen erleben heute gerade in psychischen Krisen im Alter eine schwer erträgliche Sinnlosigkeit und Verlassenheit ihres Lebens. Dort, wo einem die Taten aus den Händen genommen werden, dort, wo die Sinne und der Geist ihren Dienst zu verweigern beginnen, wie soll dort ein bisher an Arbeit und Erleben gewöhnter Mensch nicht an sich selbst zu zweifeln beginnen? Schlimmer ist es noch, wenn die wahrhaft erlebte und mitgestaltete Welt, die geliebten Menschen nicht mehr da sind, und die Freundlichkeit der Betreuenden und Pflegenden die Kälte, die Leere und den Schmerz der Einsamkeit nur überspielen können:[5]
"... unsere Lebenssituation kann so beschaffen sein oder sich so verändern, dass eine zunehmende Einsamkeit es uns immer schwerer macht, vor

ihr zu fliehen; Trennungs- und Verlusterlebnisse, Alter und Krankheit können uns wachsend isolieren. Trennungs- und Verlusterlebnisse werfen uns oft unerwartet auf uns selbst zurück, hinterlassen eine Leere, Trauer und Schmerz, vor denen es keine Flucht gibt. Hier überfällt uns eine Einsamkeit, die durchlitten werden will, die wir annehmen müssen."[6] Gewiss wird man durch solche Krisen hindurchgehen und menschlich reifer, demütig und wesentlicher werden können.[7]
Aber wir haben keinen Grund, die menschliche Schwierigkeit, dieses Alter zu leben und zu tragen, irgendwie zu bagatellisieren.[8] Gibt es eine Chance, auch dort noch Hoffnung zu gewinnen, wo man der körperlichen Schwäche und Gebrechlichkeit ausgesetzt ist? Gibt es ein Angebot für das ganze Leben in Freud und bis ins Leid? Gibt es auch dann noch die Möglichkeit, ein glücklicher Mensch zu bleiben? Können Schwäche, Verlassenheit, Leiden und Verlust nicht erst am Lebensende, sondern schon von Kind an bewusst zum Leben gehören, und auch im Alter nicht verdeckt oder verdrängt, sondern in offener Auseinandersetzung bekämpft resp. angenommen werden? Kann unser Leben davon bestimmt sein, dass wir nicht unter dem Zwang stehen, unseren Lebenssinn erarbeiten zu können, sondern dass uns Sinn in Tätigkeit und Erleiden geschenkt ist? Sind wir wichtig und werden wir gebraucht vor aller objektiven, gesellschaftlichen Nützlichkeit, und sind wir nicht nur solange brauchbar, als wir produktiv und kreativ an der wirtschaftlichen Wertschöpfung beteiligt sind? Unser Gedankengang hat sich um diese Fragen bemüht, aber konnte er hinreichende Antworten geben?

Martin Luther schrieb als junger Theologe einen Satz, der mitten in unsere Probleme, das Alter zu verstehen, anzunehmen und zu gestalten, hineinspricht: "Ein aktives Leben wahrlich, auf das viele ohne Grund ihr Vertrauen setzen und das sie nur nach den Verdiensten ansehen, bringt und wirkt keine Hoffnung, vielmehr Anmassung, nicht anders als Wissen aufbläht." ("Activa sane vita, in qua multi satis temere confidunt, quam intelligunt quoque per merita, non producit nec operatur spem, sed praesumtionem, non secus ac scientia inflat").[9] Luther rechnet mit der letztlichen Verzweiflung des Menschen an sich selbst, das Leben setzt diesen letztlich dem Nichts aus. Der Glaube kann sich aber gerade allein dort bewähren, wo die "vita passiva", das Leiden hinzukommt, dort, wo das aktive Leben an seine Grenzen stösst und der Mensch endgültig nicht mehr auf seine Verdienste bauen kann. "Hinzuzunehmen ist das passive Leben, das das ganze aktive Leben tötet und abbaut, so dass kein Verdienst übrig bleibt, dessen sich der Ueberhebliche rühmen könnte. Dadurch - wenn der Mensch aushält - entsteht in ihm Hoffnung, d.h. er lernt, dass nichts da ist, über das er sich freuen, auf das er seine Hoffnung setzen, dessen er sich rühmen kann, ausser Gott. Die Trübsal nämlich, da sie uns alles nimmt, lässt allein Gott zurück, und kann uns Gott nicht nehmen, im Gegenteil: sie bringt Gott nahe."[10] Aus der Hoffnung wider alle Hoffnung stärkt sich der Glaube und das Vertrauen in Gottes Gnade, die unser Leben, die Schöpfung und die Geschichte umschliesst. Jeder Mensch darf dies an sich selbst erfahren, darf sich selbst loslassen, um allein Gott zu gehören. Wie Luther betont, ist es "eine harte Nuss", nicht mehr selber die

Zügel in den Händen zu halten und sich ganz Gott anzuvertrauen. Es ist nicht anders möglich als durch Leiden hindurch.[11]

P. Bühler hat in einer minutiösen Nachzeichnung von Luther's "Kreuzestheologie im Vollzug" gezeigt, dass Luther seinen Hoffnungsbegriff in scharfer Abgrenzung gegen den scholastischen formuliert hat.[12] Das scholastische Verständnis definierte die Hoffnung im Kern als die gewisse Erwartung der Belohnung auf Grund der vollbrachten Werke.[13] Demgegenüber steht für Luther echte Hoffnung im Zeichen des Kreuzes, und er braucht zu ihrer Beschreibung mystische Formulierungen.[14] Allein ein Erleiden, ein Geschehenlassen des Handelns Gottes durch sein Wort am Menschen bewirkt wahre Hoffnung. Bewährung in konkret im Leben erfahrener Anfechtung und Trübsal wird möglich, wenn der Mensch sich allein an Gott hängt und auf ihn hofft.[15] Dann wird "... die Seele durch das Wort Gottes bewegt, gestaltet, gereinigt, durchdrungen ...".[16] Dann wird die Hoffnung zur Hoffnung wider alle Hoffnung, wider Verzweiflung, Verlust und Sünde des Menschen![17] Der Mensch erkennt dann, dass allein Gott ihm "Verdienste" schenkt und er solche Werke im Glauben, in der Hoffnung auf Gott frei und allein zu Gottes Wohlgefallen tut.[18]

M. Luthers Worte machen klar, dass der Glaube nicht nur mein Leben trägt, sondern Erfahrung und Gestaltung der Wirklichkeit im Ganzen bestimmt.[19] Der Mensch erkennt nirgends anderswo als im Leiden und Sterben des Gekreuzigten Gott, und solange er dies nicht tut, "zieht er die Werke dem Leiden, die Herrlichkeit dem Kreuze, die Macht der Schwachheit, die Weisheit der Torheit und überhaupt das Gute (für sich) dem Uebel vor".[20] Nur von daher ist der markante Satz zu verstehen, der die heutige Theologie so stark geprägt hat: "So genügt oder nützt es keinem schon, Gott in seiner Herrlichkeit und Majestät zu erkennen, wenn er ihn nicht zugleich in der Niedrigkeit und Schande des Kreuzes erkennt."[21]

Die Theologie hat in den Jahren nach dem 2. Weltkrieg, herausgefordert durch die Tatsachen von Auschwitz, Hiroshima und Nagasaki und durch die Auseinandersetzung mit dem Atheismus, das Mitleiden Gottes neu zu durchdenken begonnen und ist von der platonischen Apathie = Leidensunfähigkeit Gottes, die den theistischen und philosophischen Gottesbegriff über Jahrhunderte prägte, in Besinnung auf den biblischen Gottesbegriff zu einem tieferen Verständnis des Kreuzes gekommen. Man knüpfte dabei naheliegenderweise an die von Paulus über Luther führende Traditionslinie der Kreuzestheologie an.[22]
Der systematische Entwurf G. Ebeling's in seiner Dogmatik des christlichen Glaubens bedeutet in dieser Hinsicht einen gewissen Abschluss, zugleich auch einen Ausgangspunkt der künftigen christologischen Diskussion. Er durchdenkt die Kreuzestheologie konsequent im Hinblick auf den Tod Gottes in der Gottverlassenheit des sündlosen Jesus hin.[23] "Diese Weise der Teilhabe Gottes am Kreuzesgeschehen, die sich als Gottverlassenheit des Sündlosen darstellt, kann aber nur dann bejaht werden, wenn sie als Teilhabe Gottes am Leiden selbst verstanden wird: also nicht als die an einem andern vollzogene Todesstrafe, auch nicht als die Entgegennahme eines Gott dargebrachten Opfers; vielmehr als das Durchhalten der Vereinung Gottes und des Menschen in Jesus bis in den Tod hinein und als

die sich darin vollziehende Liebe zum Sünder."[24]

Welches sind die ethischen Konsequenzen des so als "Aktion und Passion Gottes"[25] verstandenen Kreuzes Christi? Die Frage liegt im Blick auf das Alter auf der Hand: Führt die Leidenstheologie nicht in Passivität und Resignation? Ist sie nicht Vertröstung, die den Christen einmal mehr nahegelegt, sich in ungerechte und Leiden verursachende gesellschaftliche Verhältnisse zu ergeben? Mündet sie gar in eine asketische Leidenssuche, damit sich der Glaube selbst bestätigen kann? Dies wäre weit gefehlt, gerade im Blick auf die Altersfrage heute. "Es geht unter dem Kreuze Jesu um kein passives Lebensgefühl, sondern um die aktive Nachfolge Jesu von Nazareth in seinem Eintreten für Menschen ...".[26] Es geht um den Nachvollzug der bedingungslosen Liebe Gottes zu uns Menschen in unseren veränderbaren Lebensverhältnissen.

Eine Deutung, die das Kreuz als Grund voreiliger Duldung des Leidens und der Ergebung in das "Unabänderliche" versteht, verfehlt Gott selbst im Kreuz, seine aktive Liebe bis ins Letzte nämlich, seine Hingabe und sein Mitleiden.[27]

Das Wort Gottes vom Kreuz befreit vielmehr zu einem erfüllten Leben, zur Tätigkeit und mutigen Zuversicht. Wir brauchen uns auch in schwierigen Lebensverhältnissen nicht geschlagen zu geben. Je mehr wir Geduld brauchen, um zu bestehen, umso zuversichtlicher sind wir. Rückschläge befestigen uns darin, dass Gott seine Verheissungen nicht fallen und seine Treue nicht fahren lässt. Ob wir leben oder sterben, wir stehen im Lichte des Herrn, der für uns Leiden, Sterben, Finsternis und Tod auf sich genommen hat. Er stärkt uns, wo unsere Kräfte schwach geworden sind. In der Schwäche die Stärke, im Verlust die Rettung, in der Bedrängnis die Hoffnung, und dies nicht nur für mich, sondern auch für die anderen: das ist die Torheit des Kreuzes im Alter!

"Wenn jemand mir nachfolgen will, so sage er sich los von sich selbst und nehme sein Kreuz auf sich und folge mir! Denn wer sein Leben retten will, der wird es verlieren. Doch wer sein Leben verliert um meinetwillen, der wird es finden" (Mat.16,24f.).[28] Man wird gerade dieses oft so missbrauchte Wort aus dem Matthäusevangelium im Blick auf das Christenleben befreiend und hoffnungsvoll auslegen und so dem reformatorischen Ansatz treu bleiben.

Johannes Calvin hat in seiner Institutio Christianae Religionis die Selbstverleugnung als "die Hauptsumme des christlichen Lebens" bezeichnet.[29] Er denkt aber nicht daran, darunter nun primär die Entsagung und den Verzicht zu schildern, den christliches Leben erfordert. Ganz im Gegenteil! Der Kern seiner Lehre von der Selbstverleugnung ist das befreiende Evangelium, dass wir "nicht unsere eigenen Herren" sind, sondern "Gottes Eigentum", und dass wir es in unserem ganzen Leben allein mit Gott zu tun haben.[30] Die Verheissung begleitet unseren Weg unter dem Kreuz, so dass wir im Leiden nicht unterdrückt werden oder unterliegen, sondern durch den Geist des Gekreuzigten Sieger bleiben und bestehen bis ans Ende.[31] Calvin zeigt, dass Christen den langen Atem mit der notwendigen Selbstkritik, die siegesgewisse Hoffnung mit der kämpferischen Demut verbinden. "Denn es ist nicht von geringer Bedeutung, dass uns unsere blinde Selbstliebe weggenommen wird und wir uns so unserer Schwachheit recht bewusst werden, - dass wir die eigene Schwachheit zu Herzen nehmen, um uns selbst misstrauen zu lernen, - dass wir uns selbst misstrauen, um unser Vertrauen auf Gott zu setzen, - dass wir das Vertrauen unseres Herzens auf Gott ruhen lassen, um auf seine Hilfe zu bauen und so unbesiegt bis ans Ende zu beharren, - dass wir durch seine Gnade festbleiben, damit wir erkennen, dass er wahrhaftig ist in seinen Verheissungen, - dass wir die Unverbrüchlichkeit seiner Verheissungen erfahren, um dadurch eine Stärkung unseres Glaubens zu empfangen!"[32] (man vgl. das zu Luthers Theologie Gesagte).

Calvin lehnt eine stoische Auslegung des Kreuztragens scharf ab. Kein apathisches Resignieren im Leiden, keine Empfingungslosigkeit und Abstumpfung gegenüber Schmerz und Not![33] "Wäre die Armut nicht hart, die Krankheit nicht schmerzvoll, die Schmach nicht peinigend, der Tod nicht schrecklich - was wäre es dann für eine Tapferkeit und Geduld, sich nichts daraus zu machen? Alle diese Nöte quälen natürlicherweise mit der ihnen innewohnenden Bitterkeit unser aller Herz; aber gerade darin zeigt sich die Tapferkeit des Gläubigen, dass er, wenn ihn das Empfinden solcher Bitterkeit anficht, dennoch wacker Widerstand leistet und den Sieg erringt, mag der Kampf auch schwer sein!"[34] Richten die Gläubigen ihre Augen auf die Kraft der Auferstehung, so ist das Kreuz Christi der Sieg über Schmerz, Leid und Tod, der Tod des Todes, und diese frohmachende Gewissheit kommt in ihrer "vita activa" und in ihrer "vita passiva" zum Tragen.

Kreuz und Auferweckung des Gekreuzigten, verstanden als Gottes Annahme des Sünders bis in Leiden, Schmerz und Tod und als Sieg über alle Not und Verlassenheit des Menschen, haben klare gesellschaftliche Konsequenzen.[35] Die kirchliche, gesellschaftliche und politische Wirklichkeit stehen unter der angebrochenen Herrschaft des erhöhten Herrn Jesus Christus. So sind in Analogie und vorläufiger Differenz[36] zu der Verheissung, die das Evangelium für die Humanität des Menschen bedeutet, humane Rechte als Menschen- und Sozialrechte auch des alten Menschen zu formulieren.[37]
Diese Arbeit kann nur von der Gemeinschaft der Kirchen und von den gesellschaftlichen Kräften gemeinsam geleistet werden. Grundsätzlich ist davon auszugehen, dass es keine auf das Alter begründete rechtliche Diskriminierung der Menschen gaben kann und darf, wenn die Menschenwürde die Basis des Zusammenlebens ist. Obwohl Freiheit, Gleichheit und Brüderlichkeit/Schwesterlichkeit im Alter nicht anders als in vorläufiger Form gestaltet werden können, haben sie in ihrer kirchlichen und gesellschaftspolitischen Realisierung der Gottesebenbildlichkeit des Menschen als Gottes Geschöpf, der Berufung des Menschen zu Gottes Bundespartner, der Rechtfertigung und Heiligung des sündigen Menschen allein aus Gottes Gnade und der Erwählung des Menschen zum ewigen Leben in Gottes Reich zu entsprechen.[38]
Wir geben hier nur eine vorläufige Liste der im Blick auf des Alter neu zu überdenkenden Menschen- und Sozialrechte:[39]

1) Recht auf Leben.
2) Recht auf gleichwertige Achtung und Behandlung der Lebensalter.
3) Recht auf Selbstbestimmung in allen Lebensbereichen.

4) Recht auf Arbeit resp. einen tätigen Ruhestand.
5) Recht auf Teilhabe an den sozialen und politischen Entscheidungsprozessen.
6) Recht auf Weiterbildung.
7) Recht auf soziale Sicherheit, Schutz der Gesundheit und Inanspruchnahme rechtlicher, sozialer und medizinischer Dienste.
8) Recht auf soziale Integration bei geistiger, seelischer oder körperlicher Behinderung oder Krankheit.
9) Recht auf die Respektierung der Menschenwürde und menschliche Begleitung in Krankheit, Leiden und Sterben.
10) Recht auf ein würdiges Begräbnis.
11) Recht auf Respektierung des ordentlichen testamentarischen Willens des Verstorbenen.

Die "Empfehlungen der Weltversammlung der Vereinten Nationen zu Fragen des Alterns", ein Teil des "International plan of action on aging", der an der Konferenz am 5. und 6. August 1982 in Wien ("Weltversammlung der Vereinten Nationen zu Fragen des Alterns") verabschiedet und dann Ende 1982 von der Vollversammlung der UNO in New York einstimmig angenommen wurde, stellen eine Verständigung auf internationaler Ebene dar.[40] Sie formulieren die Folgerungen des Kenntnisstandes heutiger Gerontologie für die Praxis in neun Bereichen: Gesundheit und Ernährung, Verbraucherschutz, Wohnen und Umwelt, Familie, soziale Betreuung, Einkommenssicherung und Beschäftigung, Aus- und Weiterbildung, Datenerfassung, Ausbildung in Gerontologie, Forschung.[41] Führende Gerontologen haben daran mitgewirkt, und die Kirchen werden gut daran tun, diese Empfehlungen für eigene Initiativen sorgfältig zu studieren.[42]
Auf oekumenischer Basis werden die Kirchen in den nächsten Jahren über ihren Auftrag gemeinsam mit den alten Menschen neu nachzudenken haben. Dabei wird nicht weniger als in anderen Bereichen ihrer Arbeit gelten: "Christus - unica spes"! Christus - die eine und einzige Hoffnung!

6. DIE HERAUSFORDERUNG FUER DIE KIRCHE - PRAKTISCH-THEOLOGISCHE KONSEQUENZEN

6.1 Die Auseinandersetzung mit der Altersfrage unter Berücksichtigung empirischer Erkenntnisse - die theoretische und organisatorisch-praktische Herausforderung

Wir versuchen nun, vom skizzierten Verständnis des Alterns und des Alters her einige Folgerungen für die kirchliche Praxis zu umreissen. Unser Ziel ist es, einerseits einen hilfreichen Ueberblick über die kirchlichen Arbeitsgebiete in Bezug auf das Alter zu geben, und andrerseits empirisch verantwortet zum konkreten Handeln zu ermutigen. Bisher sind Untersuchungen zur sozialempirischen Situation in den schweizerischen Kirchgemeinden und Kantonalkirchen nicht sehr zahlreich.[1] Die Forschungsarbeiten aus Deutschland und den Vereinigten Staaten vermögen aber wichtige Hinweise für die kirchliche Altenarbeit auch in unserem Land zu geben.[2] Die praktisch-theologische Arbeit im Ganzen ermangelt noch stark einer empirischen Fundierung, obwohl diese einen wichtigen Beitrag leisten könnte, dass kirchliche Initiativen nicht am konkreten Menschen in seinen Lebensverhältnissen, mit seinen Nöten und Aengsten, Bedürfnissen und Interessen vorbeigeplant, sondern im Spannungsfeld von Evangelium und sozialer Wirklichkeit realisiert werden.
Natürlich ist eine seriöse empirische Erfassung aufwendig und sollte nicht positivistisch an den vorgegebenen Arbeitsbereichen hängenbleiben, sondern auch Chancen und Möglichkeiten sowohl für die Verwesentlichung als auch für die Erweiterung kirchlicher Praxis aufweisen.[3] So ist beispielsweise zu fragen: Wo werden Kräfte und Mittel unnötig und aufwendig verschwendet? Wo sollte die Kirche ihre Arbeit und ihre Strukturen verändern, um ihrem Auftrag gerecht zu werden? Wo werden Erwartungen enttäuscht, resp. nicht aufgenommen? Wo klaffen Anspruch und Wirklichkeit auseinander?[4]
Diese Fragen sind für die Landgemeinden nicht minder relevant als für die Stadt- und Agglomerationsgemeinden. Die Dörfer sind in den letzten Jahren nicht unberührt geblieben von den gesamtgesellschaftlichen Entwicklungen (z.B. in der Demographie, in der Landwirtschaft, im Tourismus u.a.). Sie sind von den Problemen der Erhaltung und des Neuaufbaus von Gemeinschaftsformen (Vereinen u.a.), der Bemühung um eine genügende wirtschaftliche Basis (Gewerbe, Ansiedlung von Industrie) und der Arbeit an der dörflichen Integration angesichts dem rapide wachsenden Gefälle zwischen Zentren und Peripherie in der Schweiz (Abwanderungsprobleme u.a.) stark in Anspruch genommen worden. Das Generationenverhältnis war davon durch das Aufeinanderprallen verschiedener Wertvorstellungen besonders hart betroffen. Auch wenn wir hier nur sehr verkürzt auf die unterschiedlichen Gemeindesituationen eingehen können, sind wir uns der Unterschiede zwischen Land-, Kleinstadt- und Grossstadtgemeinden wohl bewusst.[5]

Was lässt sich nun im Blick auf die Arbeit zusammen mit Aelteren von den bisherigen empirischen Untersuchungen her sagen?

Wie die Untersuchung von K.F. Becker deutlich ergeben hat, ist die Kirche heute "eine gesellschaftlich relevante Integrationsbasis für ältere Menschen",[6] d.h. sie ist - auch für die kirchenkritisch eingestellten oder die Kirche ablehnenden Alten - eine verhältnismässig nahe Institution, die auf Grund der in den Grossstädten wie auf dem Land beibehaltenen Parochialstruktur Chancen der Begegnung, Kommunikation und Integration bietet.[7] Die Teilnahme am kirchlichen Leben ist nicht wie in anderen Institutionen an bestimmte Lebensphasen gebunden.[8] Es ist mit guten Gründen zu belegen, dass die positive persönliche Auseinandersetzung mit der Lebenssituation im Alter ("personal adjustment") und die Teilnahme am kirchlichen Leben häufig in einem wechselseitigen Bezug stehen.[9] Die Kirche hat mit der seelsorgerlichen und diakonischen Begleitung älterer Menschen, mit der Verkündigung und Katechese wichtige Aufgaben bei der Vorbereitung und Auseinandersetzung angesichts der Lebensprobleme im Alter (Tod, Gebrechlichkeit, Verlust, Einsamkeit u.a.). Sie kann einen wichtigen Beitrag dazu leisten, dass ältere Menschen den dritten und vierten Lebensabschnitt positiv bewältigen. R. Gray und D. Moberg heben in ihrer Untersuchung vor allem folgende Aufgaben hervor: Begleitung bei der Verarbeitung von Trauer und Todesangst, Unterstützung in Lebenskrisen und schwierigen Lebenssituationen, die Ermöglichung von Sozialkontakt, Aktivität und Partizipation, das Eingehen auf die sozialpsychologischen Bedürfnisse und die Förderung der persönlichen, religiösen Entwicklung, daneben aber auch die soziale und sozialpolitische Verantwortung.[10]

Wo sind nun Ansatzpunkte für die kirchliche Altersarbeit?

Der Gottesdienst wird in unseren Gemeinden insgesamt häufiger von den Aelteren als von den Jüngeren besucht.[11] Oft wird dies als Argument für die Nichtzeitgemässheit kirchlicher Arbeitsformen verwendet und von einem negativen Alters- und Frauenstereotyp her als "negative Auslese" betrachtet: "Es kommen ja doch nur die alten Frauen!".[12] Dieser pauschalen Argumentation ist energisch zu widersprechen. "Der Gottesdienst hat potentiell ein ausserordentliches Gewicht sowohl als bereits effizientes integrierendes Feld für ältere Menschen als auch als Basis für neue Bemühungen um ein vertiefendes Kontaktgeschehen, das zu noch weit besserer Rollenverwirklichung Aelterer in der und durch die Kirchgemeinde beitragen kann. Der häufigere Gottesdienstbesuch Aelterer ist kein altersspezifisches Charakteristikum, so wenig wie ein primär geschlechtsspezifisches."[13] Entgegen der gesellschaftlichen Tendenz zur Privatisierung in den meisten nichtberuflichen Lebensbereichen ist es eine grosse Chance für die Kirche, dass sich die Aelteren (auf Grund eines lebenslaufbedingten, grossenteils grundsätzlich positiven Verhältnisses zur Kirche) so oft im Gottesdienst und an Altersnachmittagen im öffentlichen, ausserhäuslichen Bereich zusammenfinden. Zwar trifft die Meinung zu, dass Männer seltener am Gottesdienst teilnehmen als Frauen, gleichzeitig gilt aber nicht nur für die BRD, sondern auch für die Schweiz, dass Gottesdienste "die bestbesuchten regelmässigen Veranstaltungen"[14] sind und die Kollekten in erstaunlichem Umfang soziale Aufgaben mittragen helfen. Aus der demoskopischen Untersuchung der VELKD "Gottesdienst in einer rationalen Welt"[15] hatte schon 1973 M. Seitz vermutend die Folgerung gezogen, dass viele Bürger im dritten und vierten Lebensabschnitt "auf den Besuch des Pfarrers, auf die Hineinnahme in altersgemässe Kommunikationsformen der Gemeinde und auf einen bis in die Altersjahrgänge hineinreichenden Katechumenat der Kirche warten".[16] Diese Vermutung ist 10 Jahre später zur klaren Konsequenz des empirischen Befundes geworden. Es gibt einerseits Aufgaben, die bereits mit viel Einsatz wahrgenommen werden, andrerseits gilt es, Chancen und neue Herausforderungen zu erkennen und in konkrete Praxis umzusetzen.

Was tun die Aelteren in ihrer Freizeit, was möchten sie gerne tun? Die Analyse der Freizeitaktivitäten Aelterer widerlegt einmal mehr das Stereotyp vom passiven alten Menschen.[17] Die Aelteren nehmen in erstaunlichem Masse an ihrer Umwelt und am öffentlichen Leben teil, solange und soweit es ihre Gesundheit erlaubt. Eine hervorgehobene Rolle spielen für sie die Massenmedien. Nach der Befragung von K.F. Becker lesen 74% jeden Tag die Zeitung, hören 78% Radiosendungen, und nicht weniger als 86% sehen jeden Tag fern. 60% lesen mehr als einmal im Monat in einem Buch. Immerhin 26% lesen die Kirchenzeitung.[18] Das Interesse an Kino und Volkshochschulen ist sehr gering. Weniger als 15% besuchen deren Veranstaltungen. Der Grund dafür liegt aber nicht im mangelnden Interesse an guten Filmen oder an der Weiterbildung, sondern an der Programmgestaltung solcher und anderer Institutionen, die die spezifischen Bedürfnisse Aelterer meist nicht berücksichtigt.[19] Geschieht dies, dann ist jedenfalls in den Städten ein grosser Erfolg möglich, wie die Seniorenuniversitäten in der Schweiz beweisen. Theater und Konzert werden wohl darum nur von einem spezifischen Publikum (häufiger in der Stadt) besucht, weil Bildungsbarrieren, Transportprobleme und die zeitliche Ansetzung für viele alte Menschen den Besuch verunmöglichen.[20] Demgegenüber haben auf dem Land das Dorftheater und Konzerte der Blasmusik u.a. meist einen ausserordentlichen Erfolg.[21] Als Freizeitort sind die Restaurants und die Cafés zu erwähnen, die als Orte der Begegnung eine wichtige Rolle spielen.[22] Auf dem Land ist der Besuch der Gastwirtschaften jedoch stark geschlechtsspezifisch gebunden.[23] Die Kirchgemeindehäuser eröffnen Chancen, einen regelmässigen Alterstreff einzurichten, der vielerorts schon bestens funktioniert.[24]

Es erstaunt wohl nicht, dass Gymnastik und Sport sowohl auf dem Land wie in der Stadt von Leuten mit höherem Einkommen öfter betrieben werden. In diesem Bereich muss in der BRD nach wie vor von einem Nachholbedarf gesprochen werden, treiben doch beinahe 60% niemals Gymnastik. Immerhin gehen über 40% täglich spazieren.[25] Auf Grund der grossen Anstrengungen von Pro Senectute für das Altersturnen sind die Verhältnisse in der Schweiz wohl ein wenig günstiger.

42,5 bis über 50% der Befragten hatten Pläne für Reisen, Wanderungen oder Besuche bei Verwandten und Freunden.[26] Dank den AHV-Abonnementen der Bahnen und den Angeboten von Vereinen und Carunternehmen hat das Reisen bei den Aelteren in der Schweiz eine ausserordentliche Beliebtheit erlangt, wenn auch hier wieder das Budget eine gewisse Rolle spielt.[27] Nach der Untersuchung von Becker besuchen 38 bis 54% der Aelteren monatlich oder häufiger den Gottesdienst.[28] Die Daten zeigen, dass ältere und alte Menschen eine erstaunlich mobile, aktive und interessierte Gruppe

sind und die ihnen gebotenen Möglichkeiten in hohem Masse wahrnehmen.
Die Aelteren haben ein reges Interesse an Veranstaltungen, Dienstleistungen und Informationsmöglichkeiten, die ihnen dienlich sind.[29]
K.F. Becker hat in seiner Untersuchung den Aelteren nicht weniger als 39 Veranstaltungen/Dienstleistungsangebote zur Auswahl vorgelegt und nach den möglichen Trägern und dem allfälligen Interesse für die einzelnen Veranstaltungen/Dienste gefragt.[30] 23% oder mehr der Befragten stuften jedes der Angebote als notwendig ein (von den Weinabenden abgesehen), was zeigt, wie teilnahmebereit und potentiell aktiv Menschen im Alter sind.[31]
Sie zeigen ein hohes Interesse an Informationsmöglichkeiten (z.B. Information über Aktivitäten und Dienstleistungen u.a.) und für Beratung in rechtlichen, finanziellen und die Wohnmöglichkeiten betreffenden Fragen (über die Hälfte). Rund zwei Drittel geben den gegenseitigen Besuchen einen besonders hohen Stellenwert. Deutlich kommt das Kontaktbedürfnis (Telefonketten u.a.) zum Ausdruck.
Erfreulich ist die heutige Reisefreudigkeit Aelterer (Busfahrten u.a.). Sehr geschätzt werden alle Dienste, die bei Hilfsbedürftigkeit die Erhaltung der Selbständigkeit in den eigenen vier Wänden ermöglichen.[32]

Welches sind die wesentlichen Folgerungen aus der empirischen Erhebung für die kirchliche Praxis und Organisation?[33]
Das Alter kann nicht mit falschen Verallgemeinerungen, sondern nur differenziert angemessen verstanden werden. Das Postulat eines differenzierten Verständnisses des Alters gilt speziell für die kirchliche Altersarbeit. Noch immer gehen Angebote der Kirchgemeinden vom negativen Altersstereotyp aus und legitimieren ihre eigene Aktivität mit einer generell angenommenen Hilfsbedürftigkeit der alten Menschen. Oft werden die selbständigen, emotional stabilen und gebildeteren Alten durch die Form der Veranstaltungen abgehalten, obwohl sie einen wichtigen Beitrag dazu leisten könnten.[34]
Für die kirchliche Altersarbeit ist besonders relevant, dass man nicht von einer spezifischen Altersfrömmigkeit ausgehen kann, die durch die Nähe des Todes bedingt wäre und speziellen Trost und Paränese erforderte.[35] Viel mehr hat die Kirche das ganze Evangelium lebendig im konkreten Leben der Aelteren auszulegen und zu bewähren.
"Es ist erforderlich, dass Arbeitsformen gefunden bzw. durchgehalten werden, die ein Auseinanderfallen von 'religiösem' und 'säkularem' Leben vermeiden."[36]
Die Bedürfnisse und Interessen, die Lebenssituation und die Gesundheit, die Aktivität und die Kontaktfähigkeit u.a. der Aelteren sind wie in allen Generationen sehr verschieden. Dies kann die Angemessenheit kirchlicher Altersarbeit erschweren, andrerseits macht es sie vielseitig und interessant. In der seelsorgerlichen und diakonischen Begleitung sollten die geschlechtsspezifischen Unterschiede, etwa die verschiedene Situation von Witwern und Witwen, ernst genommen werden.[37]
Die in der Altersarbeit aktiven Institutionen, Vereine, Gruppen und beruflich oder ehrenamtlich Engagierten sind zur Zusammenarbeit herausgefordert. Ganz klar verbietet es sich der Kirche, in der heutigen Ge-

sellschaft allein für die ganze Altersarbeit zuständig sein zu wollen. Zusammenarbeit und gegenseitige Information ist Voraussetzung für eine gute Altersarbeit. Die Aelteren haben recht klare Vorstellungen von der Zuständigkeit der verschiedenen Institutionen.[39] Während die Gemeinden, Pro Senectute und die Kranken- und Hauspflegevereine u.a. stärker als für die fürsorgerischen und pflegerischen Aufgaben zuständig betrachtet werden,[39] erwarten die Aelteren von der Kirche Angebote, "die Kontakte fördern und menschliche Hilfe bringen, wie persönliche Beratung, Seelsorge, Treffen mit anderen, auch jüngeren Menschen, Tee- und Kaffeenachmittage und "Kummerkasten" mit zugehöriger Organisation."[40] Eine Zusammenarbeit aller an der Altersarbeit Beteiligten ist ein wichtiges Postulat, und es ist nichts so falsch wie ein Konkurrenzverhalten der sich für diese Aufgabe Engagierenden.

Dabei fällt den übergemeindlichen Institutionen und Arbeitsgruppen vor allem die Aufgabe der Schrittmacher und Koordinatoren zu. Sie spielen eine wichtige Rolle in der Förderung der Altersarbeit. Die Kantonalkirchen, Heimstätten, Arbeitsgemeinschaften und theologischen Fakultäten u.a. werden die Aufgabe haben, die gesamtgesellschaftlichen Probleme der Altersfrage aufzuarbeiten und in der Ausbildung der Pfarrer, Sozialarbeiter, Gemeindehelfer, Katecheten u.a. und bei der Vorbereitung von Laien für die Mitarbeit in der Diakonie z.B. mitzuwirken. Sie könnten zu Zentren des Austauschs, zum Markt der Ideen, zu Begegnungsorten werden, die Grundlagenwissen vermitteln, Experimente unterstützen und die Engagierten zusammenführen.[41]

Gezielt ist in den kommenden Jahren das ausschliesslich auf den Pfarrer konzentrierte Gemeindebild abzubauen und die gleichberechtigte und arbeitsteilende Zusammenarbeit von Laien, kirchlichen Mitarbeitern und Pfarrern zu fördern. Die reformierte Kirche hat es bisher entgegen dem Grundsatz vom Priestertum aller Gläubigen am Aufbau einer breiten Laienmitarbeit häufig mangeln lassen. Diese wird aber für den Aufbau der Altersarbeit von zentraler Wichtigkeit sein, da die Pfarrer in den meisten Gemeinden kaum noch mit zusätzlichen Aufgaben belastet werden können.[42] Die Aelteren sind demgegenüber nach R. Gray/D. Moberg[43] und K.F. Becker[44] in erstaunlichem Mass zur Mitarbeit und aktiven Partizipation bereit. Es kann darum als eine der Hauptaufgaben der nächsten Jahre betrachtet werden, ihre Selbsthilfe zu fördern und ihre Mithilfe zu beanspruchen. Die beruflichen Kenntnisse der Aelteren könnten dabei besonders in städtischen Gebieten Möglichkeiten der kostenlosen, ehrenamtlichen Beratung und Selbsthilfe (Rechtsberatung, medizinische Information, handwerkliche Dienste u.a.) eröffnen.[45]

Ein spezielles Gewicht kommt dabei der Förderung der wohnbereichsnahen Dienste zu. Wir sahen ja schon in der Darstellung der Soziologie und Psychologie des Alters, dass der Wohnbereich für die Aelteren eine grosse Bedeutung hat, Entsprechend schätzen sie alle Dienste, die sie für die Bewältigung des täglichen Lebens im Haushalt in Anspruch nehmen können (Mahlzeitendienst, Haus- und Krankenpflege, Wäschedienst u.a.), insbesondere, wenn sie pflegebedürftig werden.[46] Hohe Erwartungen knüpfen sie an die Erfüllung der traditionellen kirchlichen Aufgaben, die persönliche Seelsorge, den Hausbesuch und die Begleitung in der Trauer, bei Erkrankung u.a.m..[47] Der Pfarrer allein kann diese Erwartungen meist nicht erfüllen. Zu Recht ist heute der Besuchsdienst ein wichtiger Bereich der Laienmitarbeit in den Gemeinden geworden.[48] Vermehrt könnten sich dabei auch die Aelteren engagieren. Aber gleichzeitig sollte sich der Pfarrer herausfordern lassen, seine Arbeit gründlich und seriös zu tun, und nicht die Besuche auf Kosten der festen Verpflichtungen zu vernachlässigen.[49]

Die nach wie vor bestehenden Hindernisse für die Teilnahme und Mitarbeit Aelterer in der Kirche sind gezielt abzubauen.
Ein Problem kann das Generationenverhältnis sein. Es ist darauf hinzuarbeiten, dass die jüngere und die ältere Generation nicht steril voneinander getrennt werden oder die eine auf Kosten der anderen das Sagen hat. Vielmehr ist der Lernprozess zu vollziehen, dass beide Generationen im Ernstnehmen der verschiedenen Bedürfnisse und Interessen zusammenleben und auch ihre je eigenen Tätigkeitsbereiche aufbauen können. Die Gemeinschaft im Kirchgemeindehaus ist in mancher Hinsicht ein Prüfstein für die gegenseitige Solidarität.[50]
Viele der Aelteren sind durch Distanz und Transportproblem, durch architektonische Barrieren oder ungenügende Toilettenanlagen verhindert, am kirchlichen Leben teilzunehmen, obwohl sie bei einem Zubringerdienst gerne mittun würden. Von den kirchlichen Baukommissionen ist gezielt auf den Abbau architektonischer Barrieren (Treppen, nicht rollstuhlgängige Lifte u.a.) hinzuarbeiten. Neue Gebäude sind rollstuhlgängig und behindertengerecht zu bauen. Bei kirchlichen Veranstaltungen sollte im Inserat oder im Kirchgemeindeblatt eine Telefonnummer für den Transportdienst angeboten werden. Durch persönlichen Kontakt können Begleitpersonen vermittelt werden.[51]

Es gilt, in allen Lebensbereichen die selbständige Aktivität der Betagten so gut wie möglich zu erhalten und zu fördern. Die Kirche tut in jedem Fall gut daran, nicht die Abhängigkeit, sondern die Eigeninitiative, den Kontakt, den Lebensmut, und die gegenseitige Hilfsbereitschaft der alten Menschen zu unterstützen. Die Möglichkeiten älterer Menschen, am kirchlichen Leben teilzunehmen und es aktiv mitzugestalten, sei es auch durch die Uebernahme kleinerer Aufgaben, durch die Mitarbeit im Besuchsdienst oder das Mitmachen in der Telefonkette, sei es durch das Fürbittegebet oder die Mitarbeit bei der Betreuung von Flüchtlingen, sind gerade in der reformierten Kirche kaum ausgeschöpft.

Die empirischen Untersuchungen haben hinlänglich bewiesen:
Es besteht "insgesamt ein lebhaftes Interaktionsinteresse zwischen älteren Menschen und der Kirche".[52] Dieses Interesse gilt es vermehrt ernst zu nehmen.

6.2. Erwachsenenbildung mit älteren Menschen - die religionspädagogische Herausforderung der Kirche

Ein einheitlicher Begriff für die Erwachsenenbildung mit älteren Menschen hat sich bisher nicht durchgesetzt. Für die Altersbildung werden in der Erziehungswissenschaft die verschiedensten Termini verwendet. Einige Beispiele seien hier genannt:

Altenbildung (Eva Eirmbter)[1)]

Dieser Begriff hat sich zwar weithin durchgesetzt, beschränkt aber den Adressatenkreis allzu sehr auf Personen über 62/65 Jahre, "die Alten" ein.

Weiterbildung im Alter (Mechthild Rennkamp)[2)]

Diese Bezeichnung ist zweifelsohne weiter gefasst. Gegen den Gebrauch des Wortes Weiterbildung spricht aber eher die Verwendung im Strukturplan des deutschen Bildungsrates 1970, die sich vielerorts durchgesetzt hat. Dort nämlich bezeichnet Weiterbildung den übergeordneten, für die zweite, nachschulische Bildungsphase stehenden Begriff. Weiterbildung gliedert sich in berufliche Fortbildung, Umschulung und Erwachsenenbildung.[3)]

Geragogik (Elisabeth Bubolz)[4)]

Dieses Wort lässt fragen, inwieweit es sinnvoll ist, eine Dreiteilung von Pädagogik (Kinder- und Jugenderziehung), Andragogik (Erwachsenenbildung) und Geragogik zu vollziehen und ein wenig vertrautes Fremdwort neu einzuführen.[5)]

Interventionsgerontologie (Ursula Lehr)[6)]

"Intervention" bezeichnet in diesem Wort "das Insgesamt der Bemühungen, ein hohes Lebensalter bei psychophysischem Wohlbefinden zu erreichen".[7)] Altersbildung ist aber nur ein Teil dieser Bemühungen, gehören dazu doch auch medizinische Prävention, Prophylaxe und Rehabilitation, die Bewältigung von Problemsituationen und generell Aktivierungsbemühungen.[8)]

Altersbildung (Evang.-ref. Heimstätte Boldern)[9)]

Dieser Begriff scheint in unserem Zusammenhang besonders geeignet, da er den Adressatenkreis nicht von vornherein eingrenzt, also sowohl die Vorbereitung auf das Alter im Lebenslauf wie die effektive Altenbildung umfasst.

In dieser Vielzahl der Begriffe wiederspiegelt sich die Verschiedenartigkeit der Bemühungen, pädagogisch auf die Realität des Alters einzugehen.

Für den theologischen Gebrauch schlagen wir den Begriff "(kirchliche) Altersbildung" vor.[10)]

Bei aller Pluralität der Vorstellungen von Altersbildung haben sich in den letzten Jahren doch aus den Erfahrungen einige Grundzüge der Bildungsarbeit mit älteren Menschen herauskristallisiert.

Wie die Erwachsenenbildung rechnet auch die Altersbildung mit der (religiösen) Bildung als einem lebenslangen Prozess.[11)] Dieser Gedanke ist in der Pädagogik nicht neu, hatte doch schon Comenius (Jan Amos Komensky, 1592-1670) von einer "Schule des Greisenalters" und von einer für das Sterben notwendigen "Schule des Todes" (mittelalterlich ars moriendi) gesprochen.[12)] Auch Johann Heinrich Pestalozzi hatte die Möglichkeit einer allgemeinen Volksbildung aufgewiesen ("Ein Gespräch über Volksaufklärung und Volksbildung")[13] und eine ganzheitliche Bildung von Kopf, Herz und Hand gefordert (intellektuelle, physische und sittliche Elementarbildung).[14] In der Pädagogik nach dem 2. Weltkrieg hat sich die Forderung einer "éducation permanente", eines kontinuierlichen und ganzheitlichen Lernens in den verschiedenen Lebensphasen allgemein durchgesetzt.[15] Entsprechend ist auch der Begriff der (religiösen) Sozialisation auf den ganzen Lebenslauf ausgedehnt worden. Auch im Alter finden Sozialisations- oder zumindest Umsozialisationsprozesse statt.[16] Wie wir oben schon sahen, hat sich der Lebenszyklus des Menschen tiefgreifend gewandelt, und entsprechend kann sich auch eine gestörte Sozialisation bis ins Alter erstrecken.[17]

Karl Barth hat 1938 die Aufgabe der Bildung folgendermassen umschrieben: "Es geht aber in aller Bildung gleichzeitig um ein Dreifaches: Dass die Umwelt des Menschen ihn gestalte zu einem, der möglichst reich und tief um sie weiss, sie versteht, an ihr teilnimmt. Dass der Mensch in seiner Begegnung mit der Umwelt sich selbst gestalte zu einem zugleich Freien und Verantwortlichen. Und dass endlich er selber seinerseits zu einem Gestalter werde in und an seiner Umwelt. Wo die Gestaltung der menschlichen Existenz nicht dieses Dreifache umschliesst, da kann man nicht ernstlich von Bildung reden..."[18] Gerade in der Altersbildung wird heute übereinstimmend die Bedeutung selbstverantworteter, aktiver und selbstgestaltender Bildung des älteren Menschen gesehen.[19] Zwar kann von diesem Ausgangspunkt her der Bildungsprozess nicht starr vorgeplant werden, aber selbstbestimmtes Lernen erhöht die Chancen echter Lernerfolge und echter Partizipation.[20]

Entgegen einem abstrakt dogmatisch formulierten Glaubensanspruch oder einlinigem Belehren fordern alte Menschen Lebens- und Erfahrungsnähe der in der Erwachsenenbildung vollzogenen Lernprozesse. Ihre ökologische Lebenswelt, ihre subjektiven lebensgeschichtlichen Voraussetzungen, ihr sozialer Kontext und die Spannungen oder Probleme in ihrer Lebenssituation bedingen eine realitätsbezogene und zielgruppenorientierte Bildungsarbeit.[21] Es besteht bei alten Menschen häufig ein Nachholbedarf an Aufarbeitung persönlicher Interessen, Bedürfnisse und Erfahrungen.[22] Gleichzeitig haben sie den Wunsch, sich über ihre Identität in der veränderten Lebenssituation zu vergewissern. Der Mut, neue Erfahrungen zu machen, die Bereitschaft, Lebenshilfe im Gespräch zu vermitteln und die Offenheit, Konflikte zu artikulieren und auszutragen sind Bedingungen, um im Vertrauensverhältnis einer Gruppe gemeinschaftliche Lernprozesse weiterführend zu vollziehen.[23] Die Alltagsnähe des Lernens ist gleichzeitig ein Motivationsgrund, vor vorläufigen Schwierigkeiten nicht zu resignieren.

Obwohl der Begriff der Emanzipation im vergangenen Jahrzehnt immer wieder diskutiert und auch zurückgewiesen wurde, ist er für die Perspektive einer konkret in unserer heutigen Gesellschaft situierten Altersbildung unentbehrlich.[24] Wir haben gesehen, wie oft und wie differenziert die älteren Menschen in unserer Gesellschaft nach wie vor diskriminiert, durch ein negatives Fremdbild in ihrer Aktivität gelähmt und statt zu Selbst- und Mitbestimmung in Bevormundung, Rückzug und oft gar Apathie geführt werden.[25] Demgegenüber gilt es in der Tradition religiös-sozialistischer Konzepte der Erwachsenenbildung[26] und im Anschluss an die Erfahrungen der kirchlichen Erwachsenenbildung in der Oekumene[27] und der dritten Welt[28] am Begriff Emanzipation festzuhalten. Ueberflüssige Herrschaft von Menschen über Menschen und Chancenungleichheit, im kirchlichen Arbeitsfeld vor allem religiöse Infantilität und Unaufgeklärtheit über die realen Lebensverhältnisse, sind abzubauen. Gemeinsam mit den älteren Menschen haben wir uns für die Verwirklichung von individueller und sozialer Freiheit in Kirche und Gesellschaft und für aktive Partizipation einzusetzen. Konflikte sind nicht zu verdrängen, sondern aufzuarbeiten.

Die Theorie der Erwachsenenbildung hat in den letzten Jahren herausgearbeitet, wie entscheidend für den Erfolg der Arbeit die Situierung nicht nur im gesellschaftlichen, sondern auch im sozialen Handlungsfeld ist.[29] Erich Feifel hat dabei für die kirchliche Erwachsenenbildung die "Gemeinde als Feld pädagogischer Funktionen"[30] beschrieben und zu Recht gefordert, dass die Kirche in ihrer sozialen Gestalt vor allem drei Leitlinien zu beachten hat:

Erstens ist die Gemeinde ein Lernfeld des Erwachsenwerdens für erwachsene Christen, in dem ein lebenslanges Lernen alle Lebensstadien je wieder altersgemäss auch religiös aufarbeitet. Die religiöse Sozialisation darf nicht zu religiöser Regression oder Infantilität führen, indem die Bildung nach der Schulzeit einfach abbricht, sondern soll durch ihre Kontinuität auch den Erwachsenen zur Reife des Glaubens (Paulus) begleiten.[31]

Zweitens ist die Gemeinde der Ort der Kontaktnahme und ermöglicht die Bildung von Gruppen. Es bedarf dazu vielfältiger Formen, z.B. auch Möglichkeiten nur partieller Identifikation für Erwachsene, die der Gemeinde eher fern stehen. Zielgruppen sollen Gemeinschaft im Glauben ermöglichen und zum Dienst aktivieren.[32]

Drittens hat die Gemeinde eine kompensatorische, diakonische Funktion, sofern sie in ihrer sozialpädagogischen Aktivität ermutigt, aktiviert und in verschiedenen Modellen sozial handelt (soziale Aktion, therapeutische Selbsthilfegruppen u.a.).[33] Gemeinsames Lernen fördert nach übereinstimmender Meinung der Erwachsenenbildung die ganzheitliche Herausforderung des Menschen in der zwischenmenschlichen Begegnung, d.h. in einem kommunikativen Lernprozess.

Wir wollen nun versuchen, einige
Formen der Erwachsenenbildung mit älteren Menschen resp. der kirchl. Altersbildung in einer Uebersicht zu charakterisieren.[34]

Wir haben im Vorangehenden den Begriff der Erwachsenenbildung mit älteren Menschen als Altersbildung bewusst möglichst weit gefasst, da sie nicht nur im gesellschaftlichen und staatlichen Bildungsbereich, sondern auch in der Kirche seit Jahren in vielfältigsten Formen vollzogen wird. Grundsätzlich ist es denkbar, dass in all diesen Formen der Lernprozess einen Beitrag zur Ueberwindung der Verdrängung resp. Diskriminierung des Alters in unserer Gesellschaft leistet. Dies gelingt insbesondere dann, wenn die Vorurteile über das Alter abgebaut werden können und die echten Interessen und Bedürfnisse alter Menschen offen artikuliert und ernstgenommen werden. Wir wollen im folgenden in kurzen Worten besonderes die Chancen und Möglichkeiten der verschiedenen Arbeitsformen aufweisen.

Altersnachmittag[35]

Während die traditionelle Form des Altersnachmittags primär der Unter-

haltung, der Begegnung und Beschäftigung dient,[36] ist es ohne weiteres möglich, auch Altenbildung gezielt zum integrierenden Bestandteil von Altersnachmittagen zu machen. Begrenzt die zeitliche Dauer und die meist grosse Zahl der Anwesenden Möglichkeiten intensiverer Bildungsarbeit, so können Alternachmittage doch Gelegenheit bieten, Anregungen und Informationen zu vermitteln.[37]
In den meisten Kirchgemeinden sind für die Durchführung Frauengruppen aufgebaut worden, die sich nicht nur in der Sorge um das leibliche Wohl, sondern auch an der inhaltlichen Gestaltung beteiligen können.[38]

Gebets-, Gesprächs- und Hauskreise

In diesen Gruppen entspricht dem regelmässigen persönlichen Engagement meist die selbstverständliche Kirchlichkeit der Teilnehmenden. Umso breiter sind aber die Möglichkeiten, einer Erstarrung in traditionellen Formen durch offene, lebens- und erfahrungsbezogene, alltagsnahe Auslegung biblischer Texte entgegenzuwirken und Probleme des Alters im gemeinsamen Gebet, im Gespräch und in der Besinnung zu verarbeiten.[39]

Altersklub, Seniorenklub

Charakteristisch ist die regelmassige Zusammenkunft, beispielsweise in den Räumen der Gemeinde oder sogar im eigenen Lokal. Ein Leitungsteam arbeitet ein Programm aus, das inhaltlich recht verschiedene Schwerpunkte haben kann. Wichtig ist der Bezug auf die konkreten Lebensverhältnisse und die aktive Partizipation Aelterer.[40]

Bildungsarbeit im Alters- und Pflegeheim

Meist haben die Alters- und Pflegeheime ein Veranstaltungsprogramm, in dem die Begegnung mit der Aussenwelt und der Kontakt gefördert werden. Das Pfarramt hat in Zusammenarbeit mit der Heimleitung und den Betreuenden Chancen, Altenbildung zu animieren, Partizipation der Aelteren zu fördern und damit einen Beitrag zur Prävention und Rehabilitation zu leisten.
Wichtig ist es, sich mit den Problemen und Aufgaben der Institution, des Personals, der Heimbewohner, der aussenstehenden Angehörigen und der Oeffentlichkeit kontinuierlich auseinanderzusetzen.[41]

Altersausflüge, Altersreisen

In diesem Bereich hat sich in vielen Gemeinden eine andere Trägerschaft als das Pfarramt herauskristallisiert: Der Frauenverein in Zusammenarbeit mit der politischen Gemeinde, ein Frauenkomitee u.a., bei den Altersreisen Pro Senectute u.a., aber auch kommerzielle Unternehmen.
Durch die aktive Teilnahme Aelterer in der Vorbereitungsgruppe oder einer Trägerschaft Aelterer könnte die Rücksichtnahme auf die Bedürfnisse (z.B. Behinderter) besser gewährleistet werden.[42]
Mit Werbereisen wird teilweise unverantwortlicher Unfug getrieben, und ältere Menschen sind hier als Konsumenten zu schützen und zu informieren.[43]

Altersferien

Nicht nur die Entlastung Angehöriger von der Betreuungsverantwortung ist eine Chance, auch das Erleben der Gemeinschaft und die Teilnahme am gruppendynamischen Prozess während eines Ferienaufenthaltes. Hier bieten sich mannigfache Möglichkeiten im Bereich der bibel-, themen- und problemzentrierten Bildungsarbeit.[44]

Kurse und Seminare

Durch die klare zeitliche Abgrenzung (z.B. vier Nachmittage) und die Themenstellung kann ein spezifischer Kreis von Interessierten in der Gemeinde angesprochen werden. Einzelne sind nach dem Kurs/Seminar vielleicht bereit, sich für spezielle Aufgaben der Gemeindearbeit zur Verfügung zu stellen. Das Angebot sollte nicht überfordern, aber Interesse wecken.[45)]

Kursangebote der Evangelischen Heimstätten / Altenakademie

In der Tagungsarbeit der Heimstätten hat sich die Ausrichtung der Erwachsenenbildung auf Aeltere der zweiten Lebenshälfte, nicht erst auf die vita tertia oder quarta als sinnvoll erwiesen. Die Vorbereitung auf das Alter hat im Lebenslauf, insbesondere aber schon vor der Pensionierung einzusetzen. Sie wird darum häufig mit der Aufarbeitung der in der midlife-crisis angelegten Probleme und Aufgaben verbunden. Konsequenterweise waren es auch die Heimstätten, die für ihre Tagungsarbeit den Begriff Altersbildung prägten.[47)]

Die Kurse zur Altersbildung können in mancher Weise Funktionen des übergemeindlichen Austausches, der Ideenbörse und der Mitarbeiterschulung übernehmen.

Durch die vorliegenden Arbeitsberichte haben sie eine Ausstrahlung weit über die unmittelbaren Teilnehmer hinaus erhalten.[48)]

Volkshochschule

Hauptproblem für Aeltere bei einem Grossteil des Volkshochschulangebots ist die zeitliche Ansetzung der Kurse am Abend und die altersbedingte, verringerte Mobilität. Aeltere Menschen verlassen am Abend nur ungern das Heim (Dunkelheit, Unsicherheit).

Inzwischen hilft aber Pro Senectute mit, spezielle Seniorenkurse zu organisieren (z.B. Kochkurs für ältere Männer als Hilfe zur Selbsthilfe).[49)]

Seniorenuniversitäten

Nach französischem Vorbild war die Universität Genf 1975 die erste Schweizer Universität, die eine Seniorenuniversität einrichtete. Neuenburg (1976), Basel (1979), St. Gallen und Bern (1984) folgten. Auch Zürich hat nun eine Seniorenuniversität aufgebaut.[50)]

Auch die evangelisch-theologischen Fakultäten beteiligen sich an den Veranstaltungen. Die Seniorenuniversität in Bern beispielsweise ist selbsttragend, für Aeltere ab 60 Jahren organisiert und bietet Vorlesungen zu einem breiten Themenspektrum an.[51)]

Publizistik und Medienarbeit

Zoom 9/1982 bietet einen Ueberblick über die Medien und Alterszeitschriften und eine Beurteilung.[52)] Hervorzuheben sind bei den Zeitschriften vor allem die Zeitlupe von Pro Senectute,[53)] im Fernsehen die Sendungen Da capo und Treffpunkt, im Radio DRS 1 die feste Integration der Seniorensendung in den neuen Strukturplan.

Die Träger kirchlicher Altersbildung haben in den letzten Jahren auf mancherlei Weise die Zusammenarbeit mit den sonstigen öffentlichen und privaten Trägern verwirklicht.[54)] Zwar gibt es im Bereich der Koordination und Zusammenarbeit noch viel zu tun, aber es darf ohne weiteres gesagt werden, dass die Kirche im Aufbau der Altersbildung seit Jahren beteiligt ist und und auch weiterhin wichtige Aufgaben anzupacken hat. Kaum eine andere Organisation hat die Chance solcher Nähe zu den älteren Menschen wie die Kirche; sie ist im ganzen Land in Wohnorts- und Lebensraumnähe präsent.[55)]

Wichtige Träger der Altersbildung sind:

a) auf Gemeindeebene:[56)]

Selbsthilfegruppen (z.B. Jahrgängervereine); Pfarramt, Sozialarbeiter oder Gemeindehelfer, Kirchgemeinderat; Kirchlicher Verein oder Arbeitsgruppen; Firmen und Betriebe u.a..

zusätzlich auf städtischer Ebene:[57)]

Erwachsenenbildungsorgane der Gesamtkirchgemeinde / der Stadt; Pro Senectute; Migros Clubschule u.a..

b) auf regionaler und kantonaler Ebene:[58)]

Volkshochschulen; Pro Senectute; Institut für Erwachsenenbildung (z.B. Zürich); Seniorenuniversität; Evang.-ref. Heimstätte; Bibelschulen; Ferienheime und Erholungseinrichtungen u.a..

c) auf eidgenössischer Ebene:[59)]

Evang.-ref. Heimstätten; AGEB Deutschschweizerische Arbeitsstelle für evangelische Erwachsenenbildung; Organe der Inneren Mission und Diakonie; Pro Senectute; Seniorenmessen (Zürich, Basel); Schweizerische Gesellschaft für Gerontologie u.a..

Die Alterbildungsarbeit hat sehr bewusst zu überlegen und zu planen, an wen sie sich richtet und wen sie erreicht. In der evangelischen Erwachsenenbildung der letzten Jahre hat die Ausrichtung auf bestimmte Zielgruppen an Bedeutung zugenommen.[60)] "Wir verstehen darunter Arbeit mit und in Gruppen, die aufgrund klarer Zielrichtung bestimmte Merkmale der Zusammensetzung aufweisen, wobei die damit erreichte Auswahl der Teilnehmerschaft den Bildungsprozess fördert."[61)] Da nun die Aelteren keineswegs eine homogene Gruppe sind, ist eine Zielgruppenorientierung auch in der Altersbildung naheliegend und in vielen Fällen sogar wünschenswert. Viele der bestehenden Gruppen Aelterer sind Zielgruppen.

Folgende Kriterien lassen sich unterscheiden:[62)]

Geschlecht:

Frauen, Männer.

Zivilstand:

z.B. Alleinstehende, Verwitwete, ältere Ehepaare, Geschiedene.

Lebensphase:

z.B. vor der Pensionierung Stehende, Betagte, Hochbetagte, Menschen in der 2. Lebenshälfte.

Interesse für Thema:

Information über Sozialversicherung, Wohnprobleme und ihre Lösung. Leben - Sterben - Tod u.a.m..

Bewältigung spezifischer Lebensaufgaben:

z.B. die Pflege und Betreuung eines kranken Angehörigen; Partnerschaft und Ehe in der 2. Lebenshälfte; das Generationenverhältnis; Behinderung.

Aufgaben innerhalb der Gemeinde:

z.B. Gottesdienstgruppe; Besuchsdienst; Trägergruppe der Altersbildung; Vertretung der politischen Interessen Aelterer.

Man wird immer wieder abwägen müssen, ob eine gezielte Arbeit nicht Ausgrenzung oder Isolation der Aelteren fördert und Arbeitskräfte und Potentiale zersplittert. Trägt sie dazu bei, dass die im Gesamtzusammenhang der Gemeinde integrierten und partizipierenden Aelteren ihre spezifischen Probleme, Konflikte und Bedürfnisse aufarbeiten können? Können der Kirche Fernstehende Kontakt und eine ihrem Interesse entsprechende Gruppe finden? Ein wichtiges Ziel wird es insbesondere sein, durch die Bildungsarbeit schichtenspezifische, kumulative Benachteiligung zu verändern und abzubauen.[63)]

Das Gesagte können wir uns an drei Beispielen veranschaulichen.

Die "kirchliche Witwenarbeit Bern" führt regelmässig Wochenden für verwitwete Frauen in der Reformierten Heimstätte Gwatt durch. Da der Kreis der Interessierten in einer einzelnen Gemeinde wohl zu klein wäre, werden die Pfarrämter und Gemeindehelfer u.a. der Kantonalkirche als Multiplikatoren angeschrieben. Vom Angebot angesprochene Frauen mit ähnlichen Sorgen können sich so an einem Wochenende begegnen und neue, vielleicht sogar bleibende Kontakte knüpfen. Sie erhalten Ermutigung und Hilfe, sich mit ihren Problemen auseinanderzusetzen.[64)]

In eine völlig andere Richtung zielt der "Fortsetzungskurs für Mitarbeiter in Besucherdiensten" zur "Begleitung von Schwerkranken, Sterbenden und von ihren Angehörigen", veranstaltet von der Reformierten Heimstätte Gwatt 1984. Der Kurs strebt die vertiefende Weiterbildung der Besucher für die Begegnung mit schwerkranken Menschen an. Wie begegne ich dem Kranken hilfreich, wie begleite ich ihn auf seinem Weg in der Spannung zwischen Resignation und Hoffnung, wie setze ich mich persönlich mit Leiden und Sterben auseinander? Diese Fragen werden im zweitägigen Kurs angegangen.[65)]

1983 nahm der Schweizerische Beobachter die in Holland und Westdeutschland viel stärker als bei uns verbreitete und anerkannte Idee der Selbsthilfegruppe auf und setzt sich seither für den Aufbau von Selbsthilfegruppen und eines die ganze Schweiz überspannenden Netzes der Selbsthilfe ein.[66)] Besonders für die Bewältigung organischer Krankheiten könnten die Selbsthilfegruppen auch im Bereich der Geriatrie in den nächsten Jahren an Bedeutung gewinnen (Beispiel: Frauen mit einer bestimmten Krebserkrankung).[67)]

Die Selbsthilfeidee hat eine lange Geschichte;[68)] am bekanntesten sind vielleicht die "anonymen Alkoholiker", deren Gruppen sich seit 1935 über die ganze Welt verbreitet haben.[69)] Wichtig in unserem Zusammenhang ist uns vor allem der Versuch, im gemeinsamen, selbständigen Lernprozess der Betroffenen physische oder psychische Probleme bewältigen zu lernen. Diese Möglichkeit kann wichtige Wege in der Altersbildung, Seelsorge und Diakonie eröffnen.[70)]

In allen drei Beispielen erkennen wir klar umgrenzte Zielgruppen: Witwen; Besucher von Schwerkranken, die schon einen Grundkurs zum Besuchsdienst hinter sich haben; von gleichen oder ähnlichen Problemen Betroffene, die zum Mitmachen in einer Selbsthilfegruppe bereit sind. Wir erkennen aus diesen Beispielen deutlich, dass die altersmässige Eingrenzung häufig keine primäre Rolle spielt. Von einer sorgfältigen Ausschreibung und Vorbereitung der Kurse und von einer klaren "Eingrenzung der Angesprochenen" bei den Selbsthilfegruppen hängt für das Gelingen der zielgruppenorientierten Arbeit jedoch viel ab.[71]

Eine wichtige Aufgabe der Altersbildung ist in allen Arbeitsformen die Arbeit an den Voraussetzungen,[72] ihre Klärung und Bewusstmachung, und der Austausch der Gemeinschaft in intensiver Kommunikation. Zu den Voraussetzungen der Altersbildung gehören beispielsweise:

Motivationen und Erwartungen[73]

Viele ältere Menschen "müssen neu erleben, warum und wofür sie lernen"[74] und sich von den Leistungserwartungen oder Schulvorstellungen ihrer Vergangenheit lösen.
Oft werden Motivationen und Bedürfnisse erst im Verlauf des Bildungsprozesses freigelegt. Meist überschreiten die dann artikulierten Bedürfnisse die Möglichkeiten des Angebotes.[75]

Spannungen und Probleme

Den Lernprozess können anfangs mangelndes Selbstvertrauen, Aengstlichkeit oder Festgefahrenheit in konsumierendem Lernen lähmen. Schwierige Lebenssituationen oder Lebenskrisen lassen sich in der Bildungsgruppe allein nicht aufarbeiten.[76]
Vertrauen, Hilfe zur Artikulation und Anerkennung werden eine vorläufige Hilfe bei der Lösung solcher Spannungen sein können.[77]

Rigidität (Starrheit) oder Flexibilität (Beweglichkeit)?[78]

Wie wir oben sahen, ist die Assoziation von Alter mit Rigidität, starrem, schwierigem und kompliziertem Verhalten als Verallgemeinerung unzutreffend, und Rigidität steht meist in engem Zusammenhang mit der Sozialisation.[79]
Entsprechend kann gerade eine Gruppe die Chance sein, Gemeinschaft neu zu erleben, schwierige Verhaltensweisen abzubauen, mit verschärften Charakterzügen des Einzelnen umzugehen und so therapeutische Hilfe zu leisten.[80] Durch Kontakt, Kommunikation und gemeinsame Aktivität wird die Gemeinschaftfähigkeit (Verantwortung, Rücksichtnahme usw.) gefördert und neu eingeübt.[81]

Lebensgeschichte, biographische Prägung[82]

Es ist klar, dass für jede Bildungsarbeit mit älteren Menschen die lebensgeschichtlichen Erfahrungen und die geschichtlichen Erfahrungen einer Generation eine zentrale Rolle spielen. Der persönliche Lebenslauf in seinem spezifischen sozialen Kontext und die Prägung durch die geschichtliche, sozioökonomische Entwicklung im Lebensverlauf einer Generation sind Voraussetzungen jeder Bildungsarbeit mit Aelteren.[83] Lebens- und Glaubenserfahrung werden gerade durch die Altersbildung aktualisiert, unverarbeitete Konflikte aus Jugend oder Erwachsenenjahren könne neu hervorbrechen, ungelöste Probleme aus Beruf und Familie werden vergegenwärtigt.[84] Es wird von der Tragfähigkeit der Gruppe und der Leitenden abhangen, wie man damit umgeht. Ziele sind die Integration des Einzelnen in die Lernprozesse der Gruppe, die Oeffnung der oft milieuverengten Gemeinde für die den Problemen zugrundeliegenden gesellschaftlichen Konflikte und der diakonische Dienst, der bei der Bewältigung persönlicher Entwicklungsaufgaben mithilft.[85]

Sozialer Kontext[86)]

Nicht nur die sozialisationsbedingten Voraussetzungen gehören zu den Bedingungen der Bildungsarbeit, auch die aktuelle Lebenssituation des alten Menschen in seiner sozialen Umwelt, in seiner Familie und am Wohnort, sowie die Beziehungen der Aelteren untereinander.[87)] Gestörte Nachbarschaftsverhältnisse, die Stellung des einzelnen in der Dorfgemeinschaft u.a. können die Bildungsarbeit erschweren. Umgekehrt kann freundschaftlicher Kontakt manches erleichtern und fördern. Auch hier sind wieder die gesellschaftlichen Rollenerwartungen, das gesellschaftliche Fremdbild vom Alter u.a. zu bedenken.[88)]
Je intensiver der Lernprozess verläuft, umso offener und klarer wird man in lebendiger Kommunikation auch die Voraussetzungen des gemeinsamen Lernens kennenlernen und aufarbeiten.

Eines der Kernprobleme der Organisation und des Aufbaus der Bildungsarbeit mit älteren Menschen liegt darin, von der Betreuung zu aktiver Partizipation zu gelangen und über die unmittelbare "Kerngemeinde" hinaus einen weiteren Kreis anzusprechen.[89)]

Ein interessantes Modell hat dazu Pfr. Dr. Paul Frehner in Zürich-Hottingen verwirklicht.[90)] Nach der Bildung einer Mitarbeitergruppe besuchten alle Mitglieder persönlich vier bis fünf Bekannte, die keinen kirchlichen Kontakt hatten, um ihnen das Projekt Altersbildung zu erklären. Unterstützt wurden sie durch einen "Motivationsbrief", in dem die geplante Arbeit umschrieben und zur Teilnahme eingeladen wurde. P. Frehner nennt dieses Vorgehen anschaulich "Schneeballsystem".[91)] Aus den Interessenten wurde dann eine Arbeitsgruppe zu den Fragen der vita tertia, der die Gemeindehelferin und der Pfarrer angehörten, gebildet. Diese versuchte nun gezielt, durch persönlichen Kontakt Menschen einzuladen und zu animieren. Ein Kursprogramm begann zu laufen. Die Altersbildung wurde zu einem Erfolg, der die Grenzen der milieuverengten Gemeinde überschritt, die Gemeinschaft unter Aelteren förderte und sie selbst ihre Interessen durch die aktive Teilnahme an der Gestaltung verwirklichen liess.[92)] P. Frehner nennt als wichtige allgemeine Erfahrungen seines Experimentes:

- "Durch Bildungsangebote die jeweiligen Menschen dort abholen, wo sie leben."[93)]
- "Behutsam zur Aktivierung führen".[94)] Besonders weist P. Frehner auf eine sorgfältige Einführung neuer didaktischer Methoden hin (Gruppenarbeit, Einsatz kreativer Methoden u.a.).
- "Gleichgewicht zwischen Information und Gruppenarbeit".[95)] Angebot und Eigenaktivität haben in seinem sinnvollen Verhältnis zu stehen, so dass nicht Ueberforderung den Abbruch der Teilnahme auslöst.
- Schrittweiser Aufbau unter Einbezug der Behörden (z.B. Kirchgemeinderat) und mit sorgfältiger Begleitung der Mitarbeiter (z.B. Gruppenleiter).[96)]
- Altersbildung soll früh einsetzen, d.h. vor der Pensionierung.[97)]

Die Erfahrungen P. Frehners können zum Experiment nur ermutigen. Er selbst spricht offen von dem Problem, dass Frauen in seiner Arbeit übervertreten waren und es sich als schwieriger erwies, auch Männer aktiv zu beteiligen.[98)]

Interessant ist auch das Experiment von Paul Stebler, Einkehrtage für Aeltere und eine Unterrichtsreihe für Schüler parallel durchzuführen und aufeinander zu beziehen.[99)]
Eine umfassendere Möglichkeit ist es, einen Alterstag oder eine Gemeindewoche zum Thema unter Einbezug der ganzen Gemeinde durchzuführen (A. Stiefvater, H. König).[100)]

Zweifellos haben die bisherigen Erfahrungen der Altersbildung schon jetzt einige didaktische Regeln oder Richtlinien ergeben, die Voraussetzung einer sorgfältigen Erwachsenenbildung mit älteren Menschen sind. Wir weisen hier auf einige Punkte hin, die für die Altenbildung spezifisch sind, aber doch auch mit verwandten Gesichtspunkten in der Erwachsenenbildung korrespondieren.[101)]

Wichtig ist eine ungestörte, von Ausseneinflüssen abgeschirmte Atmosphäre. Aeltere lassen sich oft eher von aussen ablenken und haben dann Mühe, sich im Lernprozess zu konzentrieren.[102)]

Die Aelteren brauchen Wärme, Geborgenheit, Anerkennung und Verständnis in der Gruppe, um sich für neue Wege des Lernens und die oft wenig vertraute offene Artikulation ihrer Bedürfnisse, Gefühle und Erwartungen zu öffnen. Sie haben in ihrer Lebensgeschichte häufig noch gelernt, eigene Gefühle nicht zu zeigen, eigene Bedürfnisse hinten an zu stellen und zu verzichten, neue Situationen eher zu ertragen als sie selbst zu gestalten und zu bewältigen. Sie haben oft nicht gelernt, in einem grösseren Kreis von Menschen darüber zu reden, wo sie der Schuh drückt. Ermutigung durch persönliche, kleine Erfolgserlebnisse trägt zum Lernverlauf bei.[103)]

Die Zeit spielt in der Organisation, im Verlauf des Bildungsprozesses und in der Gruppenentwicklung eine wichtige Rolle. Besonders wichtig ist die Ansetzung der Veranstaltungen. Aeltere Menschen haben ihren eigenen Lebensrythmus (Mittagsschlaf, Abends nicht ausser Haus, Einkäufe am Morgen). Als günstigste Zeit erweist sich der Nachmittag ab 14.15 bis etwa 17.00 Uhr (Dies gilt natürlich nicht für Altersferien u.ä.).[104)]
Der Lerngeschehen ist im zeitlichen Ablauf sinnvoll zu gliedern. Redundanz (Wiederholung wichtiger Punkte, Uebung des Gelernten oder Anwendung), genug Zeit, um Gelerntes zu erfassen und zu verarbeiten (das Neugedächtnis ist meist schwächer als das Altgedächtnis), konzentriertes und ganzheitliches Arbeiten in einer kürzeren Zeit ("Ganzheitsmethode") sind wichtige positive Faktoren für das Lerngeschehen.[105)]

Die Vermittlung von Anregungen und die Ermutigung, selbst etwas zu tun, und dies auch zu können, tragen entscheidend zum Lernerfolg bei. Der Grundsatz "learning by doing" "lernen, indem man es gleich selbst versucht", hat in der Altersbildung zentralen Stellenwert. Spiele z.B. sind dazu eine gute Hilfe.[106)] Die ganzheitliche Bildung von Kopf, Herz und Hand ist ein wichtiges Postulat.[107)]

Viele ältere Menschen verbauen sich durch ihre negative Selbsteinschätzung, oft auf Grund einer psychischen oder physischen Behinderung, eine aktivere Gestaltung ihrer Lebenswelt. Solche Hindernisse, an der Altersbildung teilzunehmen, können primär im direkten persönlichen Kontakt abgebaut werden. Altersbildung hat den Zugang für Behinderte konkret zu bedenken (Transportdienst, persönliche Begleitung) und auf psychische und/oder physische Behinderung der Teilnehmer Rücksicht zu nehmen.[108] Der Gebrauch audiovisueller Mittel setzt eine gute Qualität der Medien und Apparate voraus.[109]

Die Funktion der Altersbildung darf nicht unterschätzt werden: Sie hat als Intervention im Sinne von U. Lehr sowohl präventiven wie rehabilitierenden Charakter im Sinne der Erhaltung und Wiederherstellung psychophysischen und sozialen Wohlbefindens.[110]

Es ist nun wenig sinnvoll, hier Kataloge möglicher Lerninhalte zusammenzustellen. Lerninhalt ist primär, was der ganzheitlichen Selbstverwirklichung älterer Menschen in ihrem individuellen, sozialen und politischen Lebenszusammenhang dient und sie in der Gemeinde und Gesellschaft das Evangelium als Trost, Ermutigung und Befreiung im Leben und im Sterben erfahren lässt.[111]

Themen könnten also beispielsweise lauten:
Vorbereitung auf den Ruhestand - rechtliche, soziale und persönliche Fragen; Wohnen und zu Hause sein im Alter; Wege zu freierem Leben im Alter; Lebensgestaltung im Alter - wie fühle ich mich wohl?; Sterben gehört zum Leben; Gesundheit im Alter; Wie bewältige ich Behinderung oder Krankheit im Alter?; Was schenkt mir Selbstvertrauen, Hoffnung und Zuversicht im Alter?, Glaubenskurs für Aeltere.[112]

Die Themen sollten so gewählt und formuliert werden, das sie sich auf die konkrete Lebens- und Glaubenserfahrung Aelterer beziehen und die Aelteren persönlich ansprechen.

Zum Schluss wollen wir nach den Zielen der Altersbildung fragen.
Die Curriculumtheorie unterscheidet grundsätzlich zwei Typen von Zielen: Erstens Lernziele, die das Endverhalten bei einem Lernprozess oder die angestrebten Qualifikationen der Lernenden bezeichnen, und zweitens die Leitziele, die fächer- und inhaltsübergreifend allgemeine Zielvorstellungen der Altersbildung formulieren.[113] Wir beschränken uns hier auf Leitziele und beschreiben sie bewusst nicht als inhaltliche Zielvorstellungen "depositären Wissens", wie es Paulo Freire pointiert genannt hat.[114]
Die Leitziele der Altersbildung dienen vielmehr der eigenen Kontrolle und Ausrichtung des Erwachsenenbildners in seiner Arbeit. Sie müssen für die jeweilige Bildungssituation selbständig formuliert und adaptiert werden. Sie sollen nicht starre Maximalforderungen aufstellen und damit entmutigen, sondern Richtlinien und Kriterien der Beurteilung sein, die weiterhelfen.[115]
Als Funktionen und Leitziele der Altersbildung können wir anführen:

Animation

Der Begriff "animation" entstammt dem Französischen und bezeichnet viel schöner als der deutsche "Aktivierung" die Anregung und Begleitung zur Selbstverwirklichung der ganzheitlichen seelischen, geistigen und physischen Möglichkeiten des älteren Menschen.[116]

Prävention / Prophylaxe

Die Vorbeugung gegen Einbussen geistiger und körperlicher Fähigkeiten beginnt mit der Sozialisation, dient aber im Alter vor allem dem psychophysischen Wohlbefinden der Aelteren, ihrer Integration in die Gemeinschaft und Gesellschaft. Darunter zählen wir auch die bestmögliche Erhaltung geistiger und körperlicher Beweglichkeit (Stabilisierung).[117]

Rehabilitation

Der Begriff der Rehabilitation hat seine spezifische Prägung wie jener der Prävention vor allem im medizinischen Sprachgebrauch erhalten. Aber damit soll auch nach Ueberzeugung der Geriatrie nicht allein die aktivierende Pflege des Kranken und seine physio-, ergo- und psychotherapeutische Wiederherstellung bezeichnet werden, sondern auch die Wiedergewinnung der geistig-seelischen Möglichkeiten des Aelteren, der Rückschläge erlitten hat, primär natürlich die Wiedererlangung seiner Selbständigkeit.[118]

Soziale Integration und Partizipation

Während die Aelteren nach wie vor von vielen sozialen Entscheidungsprozessen ausgeschlossen und gesellschaftlich an den Rand gedrängt sind, hat kirchliche Altersbildung ihre aktive Einbeziehung in das gesellschaftliche und gemeinschaftliche Leben und ihre Mitbestimmung in allen sie betreffenden Fragen zum Ziel.[119]

Emanzipation

Die Altersbildung zielt auf die Befreiung von einem negativen Fremd- und Selbstbild des Alters und auf einen Abbau der gesellschaftlichen und politischen Hindernisse, als freier und mündiger Mensch alt zu werden. Die Solidarität unter den Aelteren und zwischen den Generationen ist der schwierige Weg dazu.[120]

Individuation, persönliche Integration

Der alte Mensch hat ein Bedürfnis, im Rückblick auf sein vergangenes Leben Erinnerungen aufzuarbeiten und Bilanz zu ziehen, seine gegenwärtige Identität anzunehmen und zu gestalten, und im Entwurf seiner Aufgaben und seiner Zukunft die existentielle Identität zu suchen und zu finden.[121]

Kommunikation des Evangeliums

Alle vorangehenden Leitziele sind in diesem Ziel beinhaltet, wenn die Altersbildung vom Evangelium her kommt und auf die Verheissung des aus Gnade freien Menschen hinzielt. In der brüderlichen / schwesterlichen Gemeinschaft der unter der Verheissung Gottes stehenden Menschen will die Altersbildung den verständlichen und lebensnahen Dialog über das Wort Gottes, der Menschen trifft, verändert und sie ermutigt, sich in ihren alltäglichen Lebenssituationen, in Gesellschaft, Staat und Kirche als Christen zu bewähren und im Glauben zu wachsen.[122]

Die breiten Möglichkeiten der Altersbildung sind in der volkskirchlichen Realität bisher nur bruchstückhaft wahrgenommen worden. Betriebsamkeit allein wird auch hier, wie anderswo in der kirchlichen Arbeit, in die Sackgassen der Ueberforderung und des Substanzverlustes führen. In der Altersbildung gilt besonders: Besser wenig gut als viel flüchtig tun!
Nicht weniger als andere Generationen haben aber die Aelteren, nachdem "die Struktur der Traditionsleitung" wie für die ganze Gesellschaft auch für ihre Lebensphase an Bedeutung zunehmend eingebüsst hat,[123] ein Recht darauf, in der aktiven Auseinandersetzung mit dem Evangelium persönlich und gesellschaftlich nach neuen Leitbildern der Humanität im Alter zu suchen und sie aktiv zu verwirklichen.

6.3. Die Altersseelsorge - die poimenische / pastoralpsychologische Herausforderung

Die Entwicklung der Theorie und Praxis der Seelsorge nach dem 2. Weltkrieg ist geprägt von der zunehmenden differenzierten Integration der Seelsorgelehre und der psychologischen resp. psychotherapeutischen Theorie.[1]

Zwar war schon in der Seelsorgelehre Eduard Thurneysens eine Rezeption der Psychologie und Psychotherapie vollzogen,[2] aber der theologische Ansatz führte immer wieder zu einer dialektischen, diastatisch - ablehnenden Haltung gegenüber Psychologie und Psychotherapie zurück.[3] Wichtige Linien seiner Seelsorgelehre sind aber gerade in unserem Zusammenhang nach wie vor von Bedeutung.

E. Thurneysen hielt entschieden an der Seelsorge als Aufgabe jedes einzelnen Gemeindegliedes und nicht nur des Pfarrers fest. Im Dienst der Seelsorge gibt es in der Christengemeinde keine grundsätzliche Scheidung von Pfarrern und Laien.[4] Die Seelsorge hat ihren Adressaten nicht nur im Gemeindeglied, sondern auch in dem modernen Menschen in seiner Säkularität.[5]
"Seelsorge ist ein Handeln der Gemeinde sowohl an den Menschen innerhalb ihres Raumes wie auch an denjenigen draussen in der Welt."[6]

Von der biblischen Anthropologie her setzte sich E. Thurneysen ein für ein ganzheitliches Verständnis des Menschen, dem die Seelsorge gilt.[7] "Die menschliche Seele aber, um die es in der Seelsorge geht, ist gerade nicht ein vom Leibe abgetrenntes Gebiet, sondern sie ist zu verstehen als die personale Ganzheit des Menschen nach Leib und Seele unter dem Anspruch Gottes (...)."[8]
Diese Ganzheitlichkeit ist christologisch begründet in der Menschwerdung Christi.[9] Sie findet heute Entsprechungen in der Psychologie und der psychosomatischen Medizin.[10]

Beim späteren E. Thurneysen (vor allem im Werk "Seelsorge im Vollzug"[11]) erhalten die Begriffe "Begegnung" und "Gespräch" einen veränderten Stellenwert,[12] so dass das einseitig direktiv-verbale Verständnis der Kommunikation in der Seelsorge als ein Modus der Verkündigung des Gotteswortes zumindest modifiziert und geöffnet wird.[13] "Seelsorge ist eine bestimmte Weise der Verkündigung des Wortes Gottes. Sie vollzieht sich im Unterschied zur Predigt in Gestalt eines Gesprächs. Das für dieses Gespräch Entscheidende liegt darin, dass es in, mit und unter dem Gespräch zu einer Begegnung komme."[14] Die Begegnung im Gespräch wird dialogisch und ganzheitlich verstanden, sie impliziert nach Sätzen des späten E. Thurneysen die verbale und die nonverbale Kommunikation.[15] Voraussetzung des Gesprächs ist die Anwesenheit Gottes bei den in mitmenschlicher Gemeinschaft verbundenen Menschen.[16]

Die Psychologie wird bei E. Thurneysen nicht als interdisziplinärer Gesprächspartner in einem differenzierten Miteinander gesehen, sondern noch ganz als Hilfswissenschaft zur Vermittlung von Menschenkenntnis, pointiert gesagt, als "ancilla theologiae", als Magd der Theologie.[17]
Die Bemühung um das Menschenverständnis der Psychologie, Anthropologie

und Soziologie wird jedoch vom Seelsorger gefordert. Der Mensch wird "in seiner subjektiven Verfassung in keiner Weise ausser acht" gelassen.[18] Aber faktisch geht diese Forderung in die theoretische Konzeption E. Thurneysen's noch nicht ein.[19] Jedoch wurde von ihm eine praktische Kooperation verwirklicht.[20]

Sowohl die völlige Ablehnung als auch die Auslieferung können in der gegenwärtigen Diskussion zum Verhältnis von Seelsorge und Psychologie / Psychotherapie als "Muster eines Missverhältnisses"[21] betrachtet werden. Die Notwendigkeit einer differenzierten Integration ergibt sich von verschiedenen Erwägungen her:[22]

Die Bewegung des Pastoral-Counseling hat die Zusammenarbeit von Theologen, Psychotherapeuten und Medizinern nicht nur den USA, sondern auch in Europa auf breiter Basis verwirklicht.[23] Beispiele sind das Clinical-Pastoral-Training (CPT),[24] die Arbeit der "Deutschen Gesellschaft für Pastoralpsychologie",[25] die auch in der Schweiz bestehenden Balintgruppen von Seelsorgern, Sozialarbeitern, Psychotherapeuten und Aerzten.[26] Von einer Pluralität theologischer Ansätze her ist die theoretische Rezeption und die praktische Uebernahme von Methoden der Psychotherapie und Kenntnissen der Psychologie bis in die Gemeindearbeit verschieden weit fortgeschritten, aber doch so verankert, dass sie zum Rüstzeug der theologischen Ausbildung gezählt werden sollte.[27] Von Theologen und Sozialarbeitern werden zum Beispiel folgende Konzepte der Psychotherapie rezipiert und in ihre praktische Seelsorgearbeit integriert:[28]
(Die Einteilung ist natürlich relativ willkürlich)

a) Die Tiefenpsychologie der verschiedenen Richtungen:
S. Freud, Psychoanalyse; A. Adler, Individualpsychologie; C.G. Jung, analytische Psychologie; unter den Neueren: E. Fromm, E.H. Erikson u.a..[29]

b) Die Verhaltenstherapie:
J.B. Watson, I.P. Pawlow, J. Wolpe, B.F. Skinner u.a..[30]

c) Die Gestalttherapie:
F. Perls, H. Petzold u.a..[31]

d) Die nichtdirektive Beratung oder Gesprächspsychotherapie:
C.R. Rogers, R. und A. Tausch u.a..[32]

e) Die Gruppentherapien:
Gruppendynamik (K. Lewin u.a.), die themenzentrierte Interaktion (R. Cohn u.a.) und andere.[33]

f) Andere Therapien, wie etwa die Transaktionsanalyse (E. Berne u.a.) und die Kommunikationstherapie (K.H. Mandel, P. Watzlawick u.a.).[34]

Die Integration psychotherapeutischer Methoden in die theologische Arbeit ist nicht ohne Probleme. Sie wirft Fragen sowohl an die Theologie als auch an die Konzepte der Psychotherapie auf.[35]
Welches ist das Menschenbild resp. der anthropologische Ansatz, den ein psychotherapeutisches Konzept beinhaltet?[36] Welches ist das Religionsverständnis?[37] Werden die Methoden der Ganzheitlichkeit des Seelsorgeauftrags gerecht?[38] Wie hat die praktische Theologie in ihren bisherigen Entwürfen der Seelsorgelehre Methoden der Psychotherapie rezipiert, und was ist daraus zu lernen?[39] Eine zukünftige, umfassende Darstellung der

Seelsorge und Psychotherapie mit älteren Menschen müsste sich auf diese und weitere zentrale Fragen besinnen.
Interessant ist, dass der Pluralität der theologischen Ansätze die Vielzahl der Schulen und Konzepte auf psychologischer/psychotherapeutischer Seite entspricht. Es mehren sich die Versuche, zwischen den Schulen zu vermitteln und zu einer Integration verschiedener Konzeptionen resp. ihrer Methoden der Psychotherapie zu gelangen.[40] Sei es, dass die Schulen ihre Ansätze erweitern,[41] sei es, dass die Konzeptionen in neuen Bereichen angewendet werden[42] oder dass man nach gemeinsamen Wirkfaktoren psychotherapeutischer Methoden sucht.[43] In der Praxis setzt sich jedenfalls ein Trend zum ekklektischen Verbinden verschiedener Methoden durch.[44]
In den letzten Jahren hat eine intensive Auseinandersetzung der Psychotherapien auch mit den Fragen der zweiten Lebenshälfte begonnen.[45] Bei der in unserem Zusammenhang gebotenen Kürze ist es nicht möglich, eine hinreichend differenzierte Würdigung der Beiträge zur Therapie im Alter, die die verschiedenen Richtungen bisher geleistet haben, zu geben.[46] Um aber dem Seelsorger oder interessierten Laien einen Einstieg in die Auseinandersetzung mit dem Thema zu ermöglichen, geben wir hier einige Lesehinweise, die ihm oder einer Fortbildungsgruppe hilfreich sein können und die Wahl nach persönlichen Interessen ermöglichen.

1. Lesehinweis:
"Aelterwerden ohne Angst" von K. Oesterreich (therapeutische Richtung: Themenzentrierte Interaktion)[47] und "Aelter werden können" von H. Faber (Pastoralpsychologie)[48]

In Gesprächen mit Jüngeren und Aelteren zum Thema zweite Lebenshälfte und Alter kristallisieren sich immer wieder bestimmte Themenkreise heraus, die sich für das Verständnis dieses Lebensabschnittes als wesentlich erweisen.[49] Beispiele dafür sind die Themen Gesundheit und Krankheit, Generationenkonflikt und Familienbeziehungen, "Krise der Lebensmitte" und Partnerschaft, Trauer und Alleinleben, Abhängigkeit und Wohnsituation, Aktivität, Selbstentfaltung und soziale Anteilnahme.[50] Für eine gute Seelsorge und Sozialarbeit mit Aelteren kommt der Klärung der eigenen Einstellung zum Alter, aber auch zu Krankheit, Sterben und Tod, eine entscheidende Bedeutung zu.[51] H. Radebold/ H. Bechtler/I. Pina sagen es in ihrer Darstellung der "therapeutischen Arbeit mit älteren Menschen"[52] noch schärfer: "Viele Fortbildungsveranstaltungen über Altenarbeit wie auch Seminare mit Studenten der Sozialarbeit und Gespräche mit haupt- und ehrenamtlichen Mitarbeitern haben uns immer wieder verdeutlicht, dass die eigene Einstellung gegenüber Altern und Alter sowie die persönlichen Erfahrungen mit älteren und alten Menschen über Art und Qualität des Zugangs und der Arbeit mit ihnen entscheiden. Erst danach folgen in der Wertigkeit allgemeine und berufsspezifische Kenntnisse sowie das Wissen über den Altersbereich. Das Kennenlernen zumindest der bewussten Anteile der eigenen Einstellung und der Erfahrungen ist u.E. eine grundlegende Voraussetzung jeglicher Interaktion mit älteren und alten Menschen, dem sich oft ihre Klärung und teilweise Bearbeitung anschliessen müssen."[53]
Die Lektüre eines Buches über wesentliche Themenkreise der mit dem Alter

verbundenen Fragen kann also nur einen ersten Anstoss zur Auseinandersetzung mit der eigenen Einstellung zum Alter geben.[54)] Die von K. Oesterreich zusammengestellten und kommentierten Einzel- und Gruppengespräche, die er mit älteren und gemischtaltrigen Gruppen geführt und aufgezeichnet hat, sind eine wertvolle Hilfe zur Vertiefung des Dialogs mit anderen und des persönlichen Selbstverständnisses.[55)] Die aufgezeichneten Gespräche werden einerseits unter die Lupe genommen, d.h. in kurzen Anmerkungen zusammenfassend kommentiert und analysiert,[56)] andrerseits werden sie fachlich ergänzt und anhand des heutigen Standes der Gerontologie eingeordnet.[57)]
So schreitet man in einem auch Aelteren selbst sehr gut zugänglichen Gesprächsgang[58)] die wesentlichen Themenfelder des dritten Lebensabschnittes ab. Nur schade, dass der Auseinandersetzung mit dem Themenfeld Glaube / Religion kein Gespräch gewidmet ist![59)] Wir weisen auf diese Gesprächsprotokolle hin, da sie die gerontologischen Erkenntnisse einbeziehen und weder im falschen Sinne erbaulich sind, noch eine die meisten Aelteren überfordernde Aktivierungstheorie vertreten.[60)]
Die Seelsorgetheorie hat sich bisher stark auf spezifische Probleme (z.B. Euthanasie, Trauer[61)]) oder Lebensphasen im Alter (z.B. Sterben, Terminalstadium[62)]) konzentriert. Aber sie hat bisher wie die Ethik das Lebensganze im Alter zu wenig in den Blick genommen. Will praktische Theologie also am ganzen Menschen orientiert sein, dann wird sie sich mit der Erlebniswelt der Aelteren auseinandersetzen müssen.[63)] Ein erster Beitrag in diese Richtung hat der niederländische Pastoralpsychologe Heije Faber geleistet, indem er unter dem Titel "Aelterwerden können; Anstösse für neue Erfahrungen"[64)] die Erlebniswelt Aelterer (u.a. anhand anschaulicher Beispiele) beschreibt und damit zum Umgang mit den Lebensproblemen im Alter eine Hilfe gibt. Er warnt vor der Gefahr, die Aelteren primär als bald Sterbende,[65)] als Unmündige und Hilflose zu sehen.[66)]
Seelsorge verfehlt ihre Aufgabe, wenn sie gerade gegenüber Aelteren vor allem direktiv vorgeht[67)] und diese ausschliesslich auf das Ende vorbereiten will.[68)]

2. Lesehinweis:
"Bildung im Alter - Der Beitrag therapeutischer Konzepte zur Geragogik" von E. Bubolz S.90-118 und S.249-378 (therapeutische Richtung: Humanistische Psychologie)[69)]

Für den Nichtfachmann ist es in der gegenwärtigen psychotherapeutischen Forschungssituation äusserst schwierig, einen hinreichenden Ueberblick über die psychotherapeutischen Richtungen und Schulen und ihren Beitrag zur spezifischen Problematik des Alters zu erhalten. Die Publikationen zur Verhaltenstherapie im Alter beispielsweise sind grösstenteils im englischen Sprachraum erschienen und noch nicht auf Deutsch übersetzt.[70)]
Umso wertvoller ist es nun, dass eine Darstellung dreier therapeutischer Konzepte in der Doktorarbeit von E. Bubolz vorliegt. Die Autorin gibt einen Ueberblick über "die drei grossen Richtungen der Psychotherapie"[71)] und ihren spezifischen Beitrag zu einer Therapie Aelterer: die Psychoanalyse, die Verhaltenstherapie und die humanistische Psychologie.[72)] Ihre Dar-

stellung zeichnet sich trotz dem klar umrissenen eigenen Standpunkt durch die Bemühung aus, den anderen Richtungen gerecht zu werden und sie nicht kritisch zu verzeichnen.[73] Ihre Arbeit zielt auf die interdisziplinäre Vermittlung zwischen Erziehungswissenschaft und Psychotherapie.[74] Der Ueberblick über die drei psychotherapeutischen Konzeptionen versucht, exemplarisch "therapeutische Ansätze im Hinblick auf alte Menschen zunächst geordnet darzustellen und sie daraufhin zu befragen, welches Verständnis vom Altern sie entwerfen, welche Ebenen sie ansprechen, welche Ziele sie verfolgen und welche Interventionsformen sich daraus ergeben."[75]
Für uns ist folgende Feststellung von besonderer Bedeutung: Alle drei Richtungen setzen voraus, dass der Psychotherapeut eine Ausbildung hinter sich hat, die es ihm möglich macht, Interventionsmöglichkeiten im Rahmen der Konzeption anzuwenden.[76] Bei der Anwendung psychotherapeutischer Interventionsformen durch den Seelsorger oder Sozialarbeiter ist also äusserste Vorsicht am Platz. Es gilt, "die Grenzziehungen zwischen beratender Seelsorge und Psychotherapie"[77] nicht voreilig zu verwischen, vielmehr zu einer partnerschaftlichen Zusammenarbeit zu finden, die Arbeitsteilung und verschiedene Kompetenzen voraussetzt.[78] Psychotherapeutische Einsichten können jedoch eine wesentliche Hilfe sein, um den seelsorgerlichen Auftrag sachgemäss wahrzunehmen. Das zeigt der folgende Lesehinweis.

3. Lesehinweis:
"Therapeutische Arbeit mit älteren Menschen" von H. Radebold, H. Bechtler und I. Pina (therapeutische Richtung: Psychoanalyse).[79]

Dieses Handbuch bietet ein in langjähriger Aufbauarbeit erprobtes Konzept für die therapeutische Arbeit im Altersbereich,[80] das sich vor allem an Sozialarbeiter und Sozialpädagogen wendet, nicht an voll ausgebildete Psychoanalytiker.[81] Es befasst sich vor allem mit dem "vorbewussten und bewussten Anteil von Konflikten und Krisen" Aelterer,[82] also nicht primär mit den unbewussten Anteilen wie die psychoanalytische Psychotherapie. Es geht von den psychosozialen Problemen und Störungen Aelterer in der Gegenwart aus.[83]
Diese Ausrichtung machen es für die Seelsorge mit älteren Menschen zu einem hilfreichen und zweckmässigen Beitrag, wenn sich ein Seelsorger in dieser Richtung interessiert. Dargestellt wird die therapeutische Arbeit sowohl mit Einzelnen als auch mit Gruppen.[84] Die Rahmenbedingungen (Zusammenarbeit mit dem Personal in Heimen, der Bezug auf die medizinischen, psychiatrischen und psychotherapeutischen Hilfsmöglichkeiten) werden miteinbezogen.[85] Ausführlich wird in einem ersten Teil "die Entwicklung im Lebenszyklus vom mittleren zum hohen Alter" dargestellt.[86] In einem zweiten Hauptteil wird ein Konzept für die Arbeit mit Einzelnen,[87] in einem dritten mit Gruppen entworfen.[88] Mit der Darstellung des therapeutischen Prozesses, der dabei oft auftauchenden Lebensprobleme und mit kommentierten Kurzbeispielen wird gezeigt, welche Schwierigkeiten und Aufgaben Aeltere in ihrer Lebenssituation befreiend verarbeiten können.[89]
Für den Seelsorger bedeutet das Einlassen auf eine solche Methode eine

zeitintensive Herausforderung. Er wird sich sehr wahrscheinlich vor die Notwendigkeit gestellt sehen, seine Arbeitseinteilung zu ändern. Aber die vertiefende Arbeit, die ja nicht einfach generell geleistet werden muss, wird ihn befriedigen, fördern und seine Erfahrungen erweitern.[90)]
Die Psychoanalyse war seit S. Freud, wie wir schon sahen, lange skeptisch gegenüber einer Therapie mit älteren Menschen über 50 Jahren. Gründe waren die Rigidität Aelterer, die Menge des Materials und die vorausgesetzte Abnahme der Triebenergie.[91)] Umso höher ist es nun zu werten, dass ein therapeutisches Konzept von Seiten der Psychoanalyse vorliegt, das nicht voll ausgebildete Psychoanalytiker im Auge hat, sondern die im Sozialbereich Engagierten.[92)] Die Autoren erkennen, dass im Bereich der Altersarbeit viel daran liegt, dass die beruflich mit älteren Menschen umgehenden Helfer sorgfältig aus- und fortgebildet werden, weil die Therapieangebote für Aeltere mit psychosozialen Schwierigkeiten bisher noch wenig ausgebaut sind.[93)]

Der psychoanalytischen Psychotherapie fallen denn aus der Sicht der Autoren auch spezifische Aufgaben zu. "Die Behandlung von neurotischen und reaktiven Erkrankungen erfolgt bei älteren und alten Menschen in der Regel als psychoanalytische Psychotherapie... Eine Analyse publizierter Behandlungsverfahren macht deutlich, das sich mit zunehmendem Alter auch die therapeutischen Zielsetzungen einer psychoanalytischen Psychotherapie ändern. Neben einer mehr stützenden und führenden Aufgabe erscheint eine Bearbeitung von innerpsychischen Konflikten in Zusammenhang mit den Bedrohungen und Verlusten des Alters, mit neuer Abhängigkeit und infolge von Veränderungen der Beziehung zu der gewohnten sozialen Umwelt (Partner, Familie und zwischen den Generationen) möglich. Es kann eine Hilfestellung bei langfristig bestehenden Erkrankungen, die jetzt durch die als Krisen erlebten Veränderungen aktualisiert werden, geleistet und für Präventions- und Rehabilitationsmassnahmen gegeben werden. Schliesslich kann eine Unterstützung bei der Bilanzziehung über das bisherige Leben mit seinem oft neurotischen Verlauf und zur Erkundung und Realisierung noch bestehender Möglichkeiten erfolgen."[94)] Die Erfahrungen in der Gemeindearbeit bezüglich Zusammenarbeit mit Psychiatern und psychiatrischen Stützpunkten an Regionalspitälern, resp. psychiatrischen Polykliniken sind sehr verschieden. Aber häufig bleibt man wohl gerade in der Praxis gegenüber Aelteren weit hinter den Möglichkeiten zurück.[95)] Es kommt vor, dass alte Menschen in schwierigen Lebenssituationen herumgeschoben werden wie Objekte, statt dass sie Hilfe und Unterstützung für die Bewältigung ihrer Schwierigkeiten erhalten.[96)]

4. Lesehinweis:
"Gespräche gegen die Angst" von Anne-Marie Tausch (therapeutische Ri
tung: Gesprächspsychotherapie)[97)]

Das Buch von Anne-Marie Tausch über die Erkrankung an Krebs und hilfreiche Auseinandersetzung mit dieser Krankheit ist in der Gemein eine wertvolle Möglichkeit, um den Kranken, ihren Angehörigen und Familie einen angstfreieren und offeneren Umgang mit der schwere situation zu erschliessen.[98)] Statt dass Menschen ohnmächtig dem

und quälenden Aengsten ausgeliefert sind, können sie lernen, die Krankheit als einen Weg zu intensiverem Leben füreinander und zur Selbstentwicklung anzunehmen und sich für die Erfahrungen und Empfindungen des anderen zu öffnen.[99)] A. Tausch gibt mit reichem Material Einblick in die innere Erlebniswelt krebskranker Menschen, und besonders wertvoll daran ist, dass sie aus persönlicher Betroffenheit und Erfahrung und nicht aus kühler Distanziertheit spricht.[100)]
Die drei allgemeinen therapeutischen Regeln nach C. Rogers (Kongruenz des Therapeuten, bedingungslose positive Zuwendung und einfühlendes Verständnis/Empathie) gehen normativ in ihre Ueberlegungen mit ein und werden im erweiterten Rahmen der zwischenmenschlichen Beziehungen aller von der Krankheit Mitbetroffenen dargestellt.[101)] Für ein ganzheitliches Menschsein können nach A. und R. Tausch folgende Aufgaben als zentral gelten:
"- Echter werden, Menschen befreien sich von ihren Fassaden
- Offener werden für gefühlsmässiges Erleben
- Sich selbst besser verstehen, Selbstklärung
- Menschen achten sich selbst und nehmen sich an
- Verantwortlich für uns und unseren Körper sorgen
- Sich einfühlen in die seelische Erlebniswelt des anderen, ohne sie zu bewerten
- Andere mehr achten und für sie sorgen."[102)]

Weil das Alter wohl nicht generell, aber auch Verluste, Einschränkungen und die Verminderung des körperlich Möglichen mit sich bringt, sind ein sorgendes Verhältnis zu sich selbst, die Selbstannahme und die Oeffnung für die gefühlsmässige Erlebniswelt wichtige Aufgaben resp. Chancen des älteren Menschen.[103)] Bei der Selbstklärung kann ihm ein verständnisvoller und aufmerksamer Gesprächspartner eine grosse Hilfe sein.[104)]
Dies gilt besonders für den krebskranken Betagten. Den Seelsorger, den Sozialarbeiter, den Gemeindehelfer und andere begleitende Helfer beschäftigt ja immer wieder, wie verschieden ein Mensch sich von seiner Biographie, seiner Persönlichkeit und sozialen Umgebung her mit der Krankheit auseinandersetzen kann.[105)] Davon geht A. Tausch in einem Referat über "hilfreiche Gespräche bei Krankheit im Alter" aus.[106)]
"Viele ältere Kranke, etwa krebserkrankte Menschen, machen sich noch zusätzlich krank. Sie quält die Frage: Warum gerade ich? Sie sind verbittert oder depressiv. Der Gedanke, dass sie eine so schwere Krankheit haben, ist ihnen fast ständig gegenwärtig, lässt sie nicht mehr los... Häufig kommt es dazu, dass diese Kranken sich selbst und ihren alten und kranken Körper stark ablehnen und sich vor anderen zurückziehen, isolieren... Ihre Hoffnungslosigkeit, möglicherweise nur noch eine befristete Zeit leben zu können, bringt sie um jede Lebensfreude, lähmt sie in ihrem seelischen Erleben."[107)]
Demgegenüber gibt es Kranke, die wohl eine Krise durchlaufen, sich dann aber für die Chancen eines neuen Erlebens und seelischen Wachstums öffnen können, weil sie von ihrer Persönlichkeit und ihrer sozialen Umgebung her zu einer offenen und hilfreichen Auseinandersetzung mit der Krankheit finden.[108)]
Durch die Unterstützung von Angehörigen, Freunden, eines verständnisvollen Arztes oder Seelsorgers, oder durch partnerzentrierte Gespräche in

Gruppen Betroffener könnten aber viel mehr Kranke den Weg in ein erfülltes Leben und aus lähmender Angst finden.[109] Machen sie diesen Weg, dann können sie gestärkt und selbstbewusster ihr Leben als Kranke gestalten, sie sind zufriedener und können offen mit Angehörigen und Bekannten reden.[110] Sie akzeptieren ihren kranken Körper und die Endlichkeit ihres Lebens und sind ihr nicht mehr ohnmächtig ausgeliefert.[111] Schon dreitägige personenzentrierte Gesprächsgruppen für kranke Betagte von 60 bis 88 Jahren gemeinsam mit Jüngeren brachten für beinahe 2/3 der Patienten langfristige seelische Verbesserungen.[112]
Das Buch "Gespräche gegen die Angst" beschränkt sich nicht auf ein bestimmtes Alter, aber es ist für die Seelsorge mit Aelteren eine grosse Hilfe. Man kann sich bezüglich der Methodik A. Tausch's fragen, ob der Erinnerungsarbeit, welcher gerade bei kranken Betagten eine grosse Bedeutung zukommt und die oft in eine Art Lebensbilanz mündet, nicht zu wenig Aufmerksamkeit geschenkt wird.[113]

5. Lesehinweis:
"Psychologisches Grundwissen für Altenpflegeberufe" von K. Wirsing[114] und "Krankenpflege bei Langzeitpatienten - Grundlagen für die Aus- und Weiterbildung im zwischenmenschlichen Bereich" von R. Wolf-Signer[115] (Arbeiten aus der Altenpflege)

Es ist kein Zufall, dass vorzügliche und gut verständliche Einführungen in die Grundprobleme zwischenmenschlicher Beziehungen mit Betagten aus der Ausbildung in der Altenpflege hervorgegangen sind. Neben der Weiterbildung im medizinisch-technischen Fachwissen zeigt sich seit mehreren Jahren beim Pflegepersonal ein wachsendes Bedürfnis, im Zusammenleben mit Betagten, speziell mit Chronisch-Kranken und Langzeitpatienten, von einer praxisnahen Theorie her Hilfe und Unterstützung für die teilweise schwierigen menschlichen Probleme zu erhalten, die sich in der Alterspflege stellen.[116] Eine Untersuchung über Kündigungsmotive des Pflegepersonals hat gezeigt, dass in Akutspitälern beinahe die Hälfte der Krankenschwestern den menschlichen Kontakt als Chance des Berufes ansehen, im Pflegeheim dagegen nicht einmal ein Viertel.[117] Kontakte mit psychisch abgebauten oder körperlich chronischkranken Patienten in Pflegeheimen sind oft schwieriger, weil die Betagten einen geringeren Beitrag zur Kommunikation leisten können und der Aufbau tragender Beziehungen Monate, oft Jahre dauert.[118]
Die Arbeit von K. Wirsing ist ein "praxisnahes Lehrbuch für die Aus- und Fortbildung",[119] das sich "an alle in der Altenarbeit tätigen Berufsgruppen sowie an alle ehrenamtlichen Helfer in diesem Bereich"[120] wendet. Es entwirft keine wissenschaftliche Therapie für Betagte, sondern behandelt in leichtverständlicher Form psychologische Hauptthemen (Wahrnehmung des Alterns; psychologische Entwicklung; Problemsituationen im Alter; Kommunikation; Beziehung zwischen Helfern und Betagten; Psychopathologie). Es bespricht sie im Blick auf die konkreten Schwierigkeiten und Freuden, die die in der Altenpflege Engagierten erleben.[121] Diese Praxisnähe macht es geeignet für die Ausbildung von Laienhelfern in der Altersdiakonie und Altersseelsorge (z.B. Besuchsdienst).

Demgegenüber behandelt die Diplomarbeit von R. Wolf-Signer das spezifische Problem der zwischenmenschlichen Beziehungen mit Langzeitpatienten, auch sie primär aus der Sicht der Krankenpflege. Sie bietet vorzügliches Material für die Gruppenarbeit über dieses Thema, weniger für das persönliche Studium des Einzelnen.[122]

Wir nehmen hier nun, einem Anstoss von W. Neidhart folgend, die bisher wenig bearbeitete Frage der Krankenseelsorge im Alter auf.[123] Sie ist gerontologisch gesehen von zentralem Stellenwert. Schon 1962 stellte B. Steinmann fest: "Die betagten Patienten machen rund 80% der Chronischkranken aus."[124] "Chronische" meint langwierige im Gegensatz zu "akuten", plötzlich auftretenden Krankheiten, die in befristeter Zeit wieder ganz oder teilweise geheilt werden können.[125]
Mit dem Alter nimmt die Erkrankungshäufigkeit generell zu. Während aber die Zahl der akuten Erkrankungen im höheren Alter auffälligerweise sinkt, "nimmt die Anzahl chronischer Krankheitsprozesse aller Schweregrade kontinuierlich mit fortschreitendem Alter zu."[126] Zu einem grossen Teil handelt es sich dabei um leichte Funktionsstörungen (etwa des Kreislaufsystems oder des Bewegungsapparates), die nicht zu stärkerer Abhängigkeit führen, sondern einfach den Aktionsradius einschränken.[127] Aber auch im Falle der schweren akuten Erkrankungen steigt die durchschnittliche Aufenthaltsdauer im Spital mit dem Alter, und die Zahl der Tage mit eingeschränkter Aktivität, die Zeit der Rekonvaleszenz verlängert sich.[128] Bezüglich psychischer Erkrankungen kommen J. Böger/S. Kanowski in ihrem Lehrbuch für Gerontologie und Geriatrie auf Grund der Zusammenfassung internationaler Studien zum Schluss, "dass von den über 65jährigen, die unabhängig in der Gemeinde leben und die gemeinhin bei öffentlicher Betrachtung eben deshalb als gesund gelten, 30-60% psychische Störungen von Bedeutung aufweisen und etwa 10 bis 15% davon an schweren psychischen Erkrankungen meist organischer Prägung leiden."[129]

Was bedeuten nun diese Tatsachen für die Seelsorgepraxis?
W. Neidhart hat als einer der ersten die klare Konsequenz für die Gemeindeseelsorge formuliert: "Der Krankenbesuch des Pfarrers steht bei seiner zeitlichen Belastung im Arbeitsprogramm weit hinten. Chronisch Kranke sollten Priorität haben. Sie sind wie kaum eine andere Gruppe der Seelsorge bedürftig. Oft sind sie einsam und bekommen wenig Besuche. Das Erscheinen eines Menschen von aussen, der etwas Zeit für sie hat und sich zu ihnen setzt, durchbricht ihren grauen Alltag. Wenn dem Pfarrer die Solidarität Jesu mit den Mühseligen und Beladenen etwas bedeutet, verachtet er diesen geringen Dienst nicht, sondern ist zufrieden, dass er dem Kranken eine Freude machen konnte, auch wenn nichts Geistliches geredet wurde."[130]
Weiter ist für die heutige Seelsorge an älteren, alten und hochbetagten Menschen eine minimale Kenntnis der hauptsächlichen somatischen/psychischen Erkrankungen oder doch zumindest eines Umgangs mit den Symptomen der Krankheiten unerlässlich.[131] Gewiss, der Seelsorger eignet sich im Laufe der Jahre ein Erfahrungswissen an. Es wäre aber wünschenswert, wenn er dies, und sei es nur mit der Hilfe eines Nachschlagewerkes in

seiner Bibliothek oder durch das regelmässige Gespräch mit den Aerzten, doch von Zeit zu Zeit ein wenig reflektieren oder aus aktuellem Anlass kontrollieren würde.
Völlig verkehrt ist es z.B., wenn ein Seelsorger einen depressiven Menschen durch den Appell an seinen Willen und seine Energie aus dem Tief helfen will, weil dies die Depression verstärken kann. Depressive Menschen brauchen vor allem verständnisvolles Anhören, Eingehen auf ihre Aengste und Nöte, solidarisches Bei-ihnen-Sein und befreienden Zuspruch.[132]
Ebenso verkehrt ist es, wenn ein Seelsorger einem Wahnkranken die Realität seiner Vorstellungen ausreden will und mit ihm darüber in Streit kommt, statt diese zuerst einmal zu akzeptieren und ihn dann sorgfältig vom Wahnthema wegzuführen.[133]
Vom angemessenen Verhalten gegenüber der Krankheit hängt also positiv wie negativ Entscheidendes ab.

Richtig hat P. Sporken gesehen,[134] dass der Begriff "Begleitung" mit der Zunahme chronischer Erkrankungen für die medizinische, pflegerische und seelsorgerliche Ethik zentralen Stellenwert erhält.[135] "Zivilisationskrankheiten, die heute das Krankheitsprofil und die Todesursachen weitgehend bestimmen (Herz- und Gefässkrankheiten, bestimmte Formen von Diabetes und Krebs)"[136] rücken "die psychosozialen Aspekte von Gesundheitsproblemen"[137] vermehrt in den Vordergrund. Die Krankheiten haben oft seelische und körperliche Ursachen, der Verlauf ist viel langsamer als z.B. bei Infektionskrankheiten. Sie führen oft nicht zur Genesung oder zum Tod, sondern zu Behinderung und Abhängigkeit von Pflege und Betreuung.[138] Begleitung versteht er daher vor allem als Hilfe bei der Bewältigung der "emotionalen und psychischen Probleme, die mit der Krankheit zusammenhängen".[139] Massstab der helfenden Begleitung ist der begleitete Mensch in seiner Ganzheit und unter Respektierung seiner persönlichen Entscheidungen.[140] Das setzt einerseits Sachkompetenz, andrerseits aber auch Solidarität mit dem Hilfebedürftigen und Kontinuität voraus. Der verantwortungsvolle Begleiter versucht, eine vertrauensvolle, von der Zusammengehörigkeit geprägte und zum Engagement bereite Beziehung zum Kranken aufzubauen und kontinuierlich zu erneuern.[141] So gesehen ist Begleitung ein "zwischenmenschliches Geschehen",[142] für das "eine gewisse persönliche Betroffenheit und Zuneigung zum andern unentbehrlich sind",[143] und in dem die Klärung gegenseitiger Erwartungshaltungen und Identitätsvorstellungen ein wichtiger, wechselseitiger Prozess ist.[144] Grundlegend für die Begleitung Aelterer ist der Grundsatz: "Die Hilfe muss zwar dem Grad der Hilfsbedürftigkeit entsprechen, darf aber nicht darüber hinausgehen. Im letzteren Fall würde die Hilfsbedürftigkeit vergrössert und verstärkt statt dass man sie vermindern würde."[145] Das seelsorgerliche Gespräch hat wichtige Aufgaben, da die Betagten sich auf Veränderungen ihres Lebens einstellen müssen, die sie in Krisen- oder gar Grenzsituationen führen können.[146] Obwohl es schwierig sein kann, "sich in das Glaubensleben der alten Menschen hinein zu versetzen",[147] kann die Begleitung bei der Verarbeitung von Sinnfragen und Bejahungsprozessen eine grosse und befreiende Hilfe sein.[148] Kritik an den Ausführungen P. Sporken's betrifft nicht den Begriff "Begleitung", den er treffend skizziert, sondern das in seinen Ausführungen durchschimmernde Defizitmodell vom Altern.[149)]

Es ist bisher nämlich zuwenig erkannt, dass der Pfarrer und die kirchlichen Mitarbeiter in vielen Fällen einen wichtigen Beitrag zur Prophylaxe (z.B. Gesundheitsaufklärung in der Altersbildung)[150)] zur Stabilisierung oder Rehabilitation (z.B. gute seelsorgerliche Begleitung[151)] und zur Verbesserung der Lebensqualität (z.B. Integration in einer Gesprächsgruppe)[152)] leisten können. Sie kennen in vielen Fällen im Gegensatz zu Arzt und Pflegepersonal sowohl die Familienangehörigen, die am Ort wohnen, die Nachbarn, die Lebensumwelt und die Wohngemeinde der älteren Menschen als auch das Spital und das Alters- und Pflegeheim. Im Teamwork können sie als Vertrauenspersonen eine vermittelnde, begleitende und soziale Integrationsmöglichkeiten erschliessende Tätigkeit ausüben.[153)] Es ist eine klare Erkenntnis der Geriatrie, dass "das Befinden des alten Patienten ... sehr oft durch die Wechselwirkungen zwischen sozialen und medizinischen Faktoren beeinträchtigt" wird.[154)] Wenn man Rehabilitation versteht als die "Wiederherstellung von behinderten und hilflosen alten Menschen zur bestmöglichen physischen, psychischen und sozialen Selbständigkeit",[155)] so kann die Seelsorge in den verschiedenen Phasen psychisch stützende und ermutigende, somatisch aktivierende Funktion haben. Die wichtigste seelsorgerliche Aufgabe haben die Nächststehenden, das Pflegepersonal, die Familienangehörigen und Freunde. Zur Aufgabe des Seelsorgers gehört darum auch die Begleitung der Familienangehörigen, evt. in Zusammenarbeit mit dem Arzt.[156)]
Man unterscheidet in der Medizin
- die allgemeine Rehabilitation[157)]
Sowohl bei der Reduktion der Immobilisierungszeit im Bett auf ein Minimum wie bei der unumgänglichen Immobilisierung spielt die "allgemeine Stimulation gegen geistige Passivität und depressive Verstimmung"[158)] eine wichtige Rolle.
- die gezielte Rehabilitation[159)]
Sie orientiert sich am spezifischen Krankheitsbild und strebt als maximales Fernziel die Rückkehr in die eigene Wohnung und in den gewohnten Lebensraum an. Teilziele dazu sind folgende Fähigkeiten des Patienten: 1) Gehen, 2) Kontinenz (Stuhlgang und Urin), 3) Selbständig essen, sich ankleiden und den Körper pflegen, 4) geistige Klarheit.[160)]

Insbesondere die Spitalpfarrer könnten im interdisziplinären medizinischen Rehabilitationsteam in Zukunft als Mitarbeiter konsultativ beigezogen werden und in der Aus- und Weiterbildung des Pflegepersonals einen Beitrag leisten.[161)]

Wir wollen nun den Krankheitsbegriff differenzieren und fünf Beispiele relativ typischer und häufiger Erkrankungen im Alter darstellen. (Besonders verweisen wir auf die Darstellung von "Beispielen gelungener Seelsorge" von Hans van der Geest, die u.a. Begegnungen mit älteren Menschen anschaulich und gut verständlich darstellt).[162)]

a) Beispiel für eine Behinderung im Alter: Die Schwerhörigkeit[163)]
Dass alte Menschen oft Schwierigkeiten mit dem Hören haben, ist jedermann vertraut. Die meisten Gemeinden haben für Aeltere Hörgeräte in der Kirche. Die medizinische Diagnose bei Schwerhörigkeit kann sehr verschieden lauten (z.B. Presbyakusis = Verknöcherung der Schnecken; Otosklerose = verkalkendes Festwachsen von Amboss, Steigbügel und Trommelfell; psychische Gründe u.a.).[164)] Nun gibt es im Gespräch mit schwerhörigen Aelteren einige wichtige Regeln:

- Nicht alt und schwerhörig gleichsetzen.
  Aeltere sind froh, wenn sie nicht gleich in betonter Lautstärke angesprochen werden. Die meisten Senioren hören noch gut.
- Das Gespräch zu zweit in einem ruhigen Raum geht leichter als die Unterhaltung in einer durcheinander diskutierenden Gruppe.
- Es ist besser, deutlich und langsam zu sprachen als einfach laut. Das Gesichtsfeld sollte sichtbar und gut beleuchtet sein, der ältere Mensch also eher dem Fenster den Rücken kehren als umgekehrt.
- Einfache und kurze Sätze und nicht allzu sprunghaftes Wechseln des Themas erleichtern das Verständnis für den schwerhörigen alten Menschen.
- Ein möglicher Ausweg ist bei unterbrochener Kommunikation die schriftliche Verständigung, und sei es auch nur mit einer kurzen Notiz.[165)]

Bei Sehbehinderten ist es meist offensichtlicher, wie ungeschickt und oft unbewusst rücksichtslos viele mit Behinderten umgehen. Aber auch auf Schwerhörige wird oft wenig Rücksicht genommen.
Im Prinzip ist immer davon auszugehen, dass man besser den Behinderten fragt, welche Hilfe er wünscht und ihm dann einen Dienst tut, statt ihm vorschnell "unter die Arme greifen zu wollen".[166)] Grosse Bedeutung kommt in der seelsorgerlichen Praxis mit behinderten Aelteren der Erkundigung bezüglich Abklärung und Rehabilitationsbemühungen zu, da viele schlecht oder gar nicht über die Möglichkeiten informiert sind (Beispiel: pfeifende Hörgeräte).[167)]

b) Beispiel für eine akut eintretende Erkrankung mit chronischem Folgezustand: Hirnschlag mit anschliessender halbseitiger Lähmung (Apoplexie/apoplektischer Insult mit anschl. Hemiplegie)[168)]
Der Schlaganfall (Apoplexie, apoplektischer Insult) ist die plötzliche Störung der Gehirndurchblutung, die je nachdem durch eine Gefässverdickung, ein Blutgerinsel oder eine Hirnblutung verursacht ist.[169)] Oft hat die Erkrankung ein Vorstadium mit Kopfschmerzen, Erbrechen, Schwierigkeiten beim Schlucken und Sehen, Schwindelgefühlen u.a.m.. Schon das Erkennen dieses Vorstadiums kann von grosser Bedeutung sein.[170)] Der akut eintretende Schlaganfall führt zum plötzlichen Verlust des Bewusstseins. Die möglichen Folgen sind eine einseitige Lähmung, Sprachstörungen (Aphasie) u.a..[171)]
Begleitend zur aktivierenden Pflege durch Arzt und Pflegepersonal kann der Seelsorger die geistige Regheit aktivieren helfen und depressive Tendenzen durch stützende Begleitung mildern. Im Falle des Ueberlebens hängt die Rehabilitation des Kranken stark von seiner Vitalität und seiner seelischen Verfassung ab.[172)] Der Wiedergewinn der Selbständigkeit vollzieht sich

meist in folgender Reihenfolge: Essen, Stuhl- und Urinkontinenz, Wechsel zwischen Bett und (Roll-)Stuhl, persönliche Toilette, An- und Auskleiden, Gehen, Baden.[173] Für den Seelsorger ist erschwerend, dass viele, durch Schlaganfall halbseitig Gelähmte Sprachstörungen haben. Man unterscheidet die motorische Aphasie = Schwierigkeit zu sprechen, die sensorische A. = Schwierigkeit zu verstehen, und die amnestische A. = Schwierigkeiten im sprachlichen Ausdruck.[174]
Wichtig für den Seelsorger ist, den Patienten nicht als Kind, als Taubstummen oder als geistig Behinderten zu behandeln. Er ist nur selten unansprechbar. Er wartet darauf, jemanden zu hören und angesprochen zu werden, auch wenn er selbst nicht reden kann.[175] Er hat ein Recht darauf, dass sich sein Interesse zuerst einmal auf sich selbst konzentriert.[176] Das Gesprächsthema ist dem Patienten wichtig, wenn es gut gewählt ist. Lähmung und Aphasie brauchen nicht verdrängt zu werden, sondern dürfen in offener und einfühlender Weise zur Sprache gebracht werden.[177] Der Patient braucht für die Rehabilitation Ermutigung und geteilte Freude an den erreichten Erfolgen. Auch wenn die Besserung stagniert, ist eine stützende Begleitung für ihn hilfreich.[178] Man tut ihm keinen Dienst, wenn man ihm für das selbständige Ausführen von Tätigkeiten keine Zeit lässt.[179]

c) <u>Beispiel für eine chronische Erkrankung: Darmkrebs</u>[180]
Bei den Todesursachen überwiegen zwischen 40 und 59 Jahren gegenüber den Herz-/Kreislaufkrankheiten die verschiedenen Krebserkrankungen.[181] Dies und andere Gründe haben den Krebs zu einer der gesellschaftlich berüchtigsten Krankheiten gemacht. Das Wort "Krebs" ist mit irrationaler Angst belegt, unter anderem auch, weil darunter ja sehr verschiedene bösartige Geschwulstkrankheiten (maligne Tumoren) subsumiert werden. In der Aufklärung über Krebs ist also ein wichtiges Anliegen die Differenzierung des Krebsbegriffs. Die verschiedenen Arten haben teilweise sehr gute Heilungsaussichten.[182]
Darmkrebs gehört zu den häufigsten Arten und tritt vor allem nach dem 50. Lebensjahr auf. Am häufigsten erkranken Patienten zwischen 70 und 75 Jahren.[183] "Etwa 50% aller Dickdarmkrebspatienten sind nach fünf Jahren noch am Leben", lautet die medizinische Prognose.[184] Wie bei anderen Krebserkrankungen gelangen nach der Diagnose und einem speziellen Behandlungsplan die verschiedenen Arten der Therapie zum Einsatz: Chirurgie, Radiotherapie, Chemotherapie (Immunotherapie wäre die vierte Behandlungsart, die aber bei Darmkrebs normalerweise nicht eingesetzt wird).[185]
Eingehend hat A. Tausch die psychischen Probleme und die Möglichkeiten der Begleitung bei Krebserkrankung dargestellt. Es gilt, den Heilungsprozess oder die bestmögliche Erhaltung der Lebensqualität des Krebskranken zu unterstützen.[186]
Nach der ersten Phase, dem Schock bei der Wahrnehmung der Krankheit, ist es das Wichtigste, "den Patienten nicht in soziale Isolation geraten zu lassen, ihn nicht aus Scheu, Angst oder Verlegenheit zu meiden, selbst wenn der Patient solche Tendenzen erkennen lässt."[187] In der zweiten, meist depressiv-regressiven Phase ist in der Regel der Patient ganz von der Angst eingenommen und erlebt sich bedroht und zukunftslos. Ein

verleugnendes, unter Umständen sogar aggressives Verhalten ist möglich und kann im Falle einer maladaptiven Verlängerung nur noch sehr schwer durchbrochen werden. In dieser zweiten Phase sind starke Stimmungsschwankungen die Regel.[188)] Eine dritte Phase ist die adaptive, die Anpassung und Auseinandersetzung mit der Realität der Krankheit. Vielen Patienten, vor allem Männern, fällt es schwer, sich offen mit ihren Gefühlen, ihrer neuen Situation und der Möglichkeit des Todes auseinanderzusetzen. Auch auf der Seite der Angehörigen ist eine offene Selbstauseinandersetzung schwierig, aber wichtig.[189)] Der Schmerz und die Belastung dürfen im Gespräch einfühlend bearbeitet werden. Der Seelsorger kann hier mit aktiver Zuwendung (Empathie) und ohne verletzende Direktheit manchen notwendigen Prozess hilfreich begleiten.[190)] Eine vierte Phase ist die, das selbstverantwortliche Leben als Kranker zu erlernen und mit der Krankheit zu leben. Der Kranke braucht verständnisvolle, einfühlungsfähige Nächste. Er braucht aber auch die Ermutigung, die Krankheit anzunehmen, bewusst mit ihr zu leben und sie zu tragen.[191)]
Nicht allein das seelsorgerliche Gespräch, auch hilfreiche Aktivitäten sind bei Krebskranken auf vielerlei Arten möglich. A. Tausch schreibt dazu: "Welcher Art sind die förderlichen Aktivitäten, die wir dem Erkrankten anbieten können? Angehörige und Freunde geben dem Erkrankten Anregungen, versorgen ihn mit Informationen, mit Hilfsmitteln, zum Beispiel Büchern, Zeitschriften, Cassetten, Telefon. Sie bieten ihm an, ihre Zeit gemeinsam mit ihm zu verbringen. Sie weichen den Rückmeldungen des Erkrankten nicht aus und bemühen sich um Klärung in Gesprächen. Sie treffen mit ihm Vereinbarungen und Regelungen. Sie kümmern sich um erleichternde Bedingungen für ihn, mit denen er seine Selbstachtung und sein beschädigtes Selbstvertrauen wieder stärken und aufbauen kann. Sie lernen mit dem Erkrankten, bewusster zu leben und sich mit dem Tod auseinanderzusetzen. Sie ermöglichen ihm, Verbitterung und Vereinsamung zu überwinden, Kontakte zu anderen aufzunehmen. Sie sind bemüht, hilfreiche medizinische Massnahmen für den Erkrankten ausfindig zu machen."[192)] Man merkt aus diesen Sätzen, dass das Einfachste und Naheliegendste auch das Notwendige, aber vielfach im konkreten Vollzug das Schwierige ist: Aktive Zuwendung, Anteilnahme und Sorge für den Nächsten.

d) Beispiel für eine psychosomatische Erkrankung: Dementielle Krankheitsprozesse oder hirnorganisches Psychosyndrom[193)]

Die Medizin unterscheidet in diesem komplexen Bereich die präsenilen Demenzen (Manifestationsgipfel erste Hälfte des fünften Lebensjahrzehntes) von den senilen Demenzen (vom 7. Lebensjahrzehnt an beginnend).[194)] Bei beiden Arten spielen unter anderem organische Veränderungen (z.B. vaskuläre Arteriosklerose der Hirngefässe, degenerativ-hirnathropische Veränderungen (Gewebeschwund), allgemeiner körperlicher Gesundheitszustand), Erbfaktoren, aber wohl auch die Sozialisation und die soziale Umwelt eine Rolle.[195)] Je nachdem, ob zuerst die Persönlichkeit oder die Intelligenzleistungen abgebaut werden und welche Ursachen vorliegen, wird weiter differenziert:

Präsenile Demenzen (ab 5. Lebensjahrzehnt)

Pick-Krankheit[196]
Ursachen: Ganglienzellenschwund u.a.
Erscheinung: Veränderung der Persönlichkeitsstruktur, Enthemmung, evt. Sprachstörungen.
Therapie: Medizinisch-internistische Basistherapie, vor allem psychosoziale Betreuung.

Alzheimer-Erkrankung[197]
Ursachen: Erbfaktoren, Gewebeveränderung u.a.
Erscheinung: Störung der Merkfähigkeit, der zeitlichen und der räumlichen Orientierung, Sprachstörungen.
Therapie: Medizinisch-internistische Basistherapie, vor allem psychosoziale Betreuung.

Senile Demenzen (ab 7. Lebensjahrzehnt)

Einfache senile Demenz[198]
Ursachen: körperliche Erkrankungen u.a.
Erscheinung: Störungen der Persönlichkeit, Affektlabilität; Werkzeugstörungen (Aphasie, Apraxie).
Therapie: Keine spezifische Therapie; psychosoziale Betreuung.

Vaskulär bedingte Demenz[199]
Ursachen: Arterielle Gefässsklerose, Herzinsuffizienz u.a.
Erscheinung: Schubweiser Verlauf. Störung der Merkfähigkeit, Gedächtnisausfall nicht immer gleich.
Therapie: Gute Erfolge möglich; Behandlung von Herz-Kreislauf-Erkrankungen; psychosoziale Betreuung.

Deutlich wird bei der rudimentären Uebersicht die Bedeutung der psychosozialen Betreuung bei allen vier Formen der Demenz. Die Seelsorge hat einen wichtigen Auftrag gegenüber diesen psychisch kranken Menschen. In der Diagnose sollte man sich auf den medizinischen Befund stützen und als Laie nicht voreilig urteilen.[200]

Anhand der für die Diagnostik psychischer Erkrankungen wesentlichen seelischen Erscheinungsweisen und Funktionen sollen die Symptome beim hirnorganischen Psychosyndrom summarisch zusammengestellt werden. Aus den Einzelsymptomen lässt sich vom Laien her natürlich nicht auf die Art der Erkrankung zurückschliessen. Sie sind auch bei anderen psychischen Erkrankungen möglich. Die Liste will einzig eine Verständnishilfe für das meist sehr komplexe Syndrom geben.[201]

Seelische Erscheinungsweisen und Funktionen[201]		Symptome bei hirnorganischem Psychosyndrom[202]
Gliederung	Untergliederung	Beispiele
Psychomotorik	Mimik	Tic, Grimassenschneiden
	Gestik	Kratzen
Sprache		Sprachstörungen Aphasie: motorisch, sensorisch, amnestisch (vgl. oben b))
Mitmenschliches Verhalten		Kontaktstörungen Kommunikationsverlust Gefühlsstarre
Bewusstseinszustand	Wachheit	Schlafzustände zu unphysiologischen Zeiten
	Aufmerksamkeit Konzentrationsfähigkeit	Störungen oder Unfähigkeit
	Auffassungsfähigkeit	Kein Verständnis der eigenen Situation
	Orientierung	Zeitliche, räumliche, persönliche Desorientierung Umherirren, Gefahr des Nichtabstellens von Gas, Elektrizität.
Gedächtnis	Kurzzeitgedächtnis	Nachlassende Merkfähigkeit
	Altzeitgedächtnis	Gedächtnisausfälle, Verlust der persönlichen Identität
Denken	Geschwindigkeit	Denkensverlangsamung
	Zusammenhang, Logik	Konfabulationen
	Umfang	Was zu einem Thema gedacht werden kann, nimmt ab
	Konkret-abstrakt	Abstraktes Denken nicht mehr möglich
	Inhaltlich-formal	Perseverationen (das Gleiche wird mehrmals erzählt)
	Ablauf	Ideenflucht; Denkablauf unterbrochen
Wahrnehmung		Illusionäre Verkennungen (bestimmter Personen, Gegenstände) Halluzinationen (von nicht Vorhandenem) Bestehlungs-, Eifersuchtswahn
Stimmung Affekte		Affektinkontinenz, Enthemmung Affektlabilität Kindisch-läppisches Verhalten
Antriebe		Vitalitätsverlust

Reflexe — Zwangsgreifen der Hand
Oraler Saugreflex
Oraler Einstellreflex (Schnappen mit dem Mund nach Gegenständen)

Sowohl der chronisch-progressive Verlauf der Krankheit als auch das Auftreten der verschiedenen Symptome ist unterschiedlich. Jedenfalls sollte man unter Seelsorgern von der generellen Rede ("sie hat Arteriosklerose" oder "sie ist verwirrt") wegkommen. Jeder Seelsorger kennt viele dieser Symptome und vor allem wohl die vaskulär bedingte Demenz aus seiner Arbeit in der Gemeinde, insbesondere von den Besuchen in Pflegeheimen.[203)]

Welches sind <u>die seelsorgerlichen Möglichkeiten?</u> Wir beschränken uns hier auf die vaskulär bedingte Demenz.

In der Anfangsphase leiden die Kranken stark unter ihren schubweisen Leistungseinbussen, weil die Persönlichkeit längere Zeit noch intakt bleibt und sie ihre Beschwerden realisieren. Man sollte also den Patienten nicht unnötig mit seinem Versagen konfrontieren, andrerseits gilt es gleichwohl, verbliebene Fähigkeiten zu üben. Es gibt oft Gedächtnishilfen und -stützen, die im Gespräch weiterhelfen können.[204)]

Im fortschreitenden Abbau gilt es, im Patienten weiterhin die Persönlichkeit zu sehen, die er einmal war, ihn auch als diese zu achten, ernst zu nehmen und entsprechend anzusprechen. Dies wird dem Seelsorger häufig leichter fallen als z.B. dem Pflegepersonal, weil er die Person von ihrer Lebensgeschichte her eher kennt.[205)]

In der Phase eines sehr starken Abbaus sind die Gegenwart und die Nähe eines Menschen, die Körpersprache (Hand geben, Stirn abwischen u.a.), die einseitige verbale Kommunikation (auch bei Aphasie), Musik (z.B. Adventssingen mit Schülergruppen), das Zurechtrücken des Kissens u.a. Chancen, den Kranken zu erreichen und ihm wohl zu tun.[206)] Eine wichtige Grundregel (auch bei Sterbenskranken) ist, dass die Rezeptionsfähigkeit, vor allem das Gehör, oft länger erhalten bleibt als die Ausdrucksfähigkeit. Beim Gespräch über den Kranken am Bett ist also alle Vorsicht am Platz.[207)]

e) <u>Beispiel psychischer Krankheit: Manisch-depressive Psychose</u>[208)]

Diese Erkrankung trifft vor allem die Grundstimmung und das Gemüt einer Person. Manische und depressive Stimmungszustände lösen sich in Phasen schwankend ab. Die depressive Phase kennzeichnen Traurigkeit, Hoffnungslosigkeit, Verzweiflung, Angst, Antriebshemmung, Lethargie, Gefühls- und Denkensleere, Entscheidungsunfähigkeit, körperliche Symptome u.a.. Sowohl Getriebenheit (besonders häufig) als auch Starre sind in diesem Abschnitt möglich.[209)]

Die manische Phase ist gekennzeichnet durch Heiterkeit, Optimismus, Assoziationsfreudigkeit, gesteigerte sexuelle Bedürfnisse, gesteigerten Antrieb u.a.. Depressionen und Manien können sich verknüpfen mit Wahnbildungen.[210)]

Bei Depressionen treten vor allem drei Wahninhalte auf:

Schuld- und Versündigungswahn	Eingebildete Schuld
Hypochondrie	Eingebildete körperliche Krankheit
Verarmungswahn	Eingebildete Verarmung

Bei der Manie sind es der Grössenwahn und der Wahn religiöser Erwähltheit.[211)]

Meine ersten Begegnungen mit Patienten, die an solchen Erkrankungen leiden, bei Prof. Heimann in der Psychiatrischen Universitätsklinik in Bern sind mir in unvergesslicher Erinnerung. Weil sich in den Wahnvorstellungen gesellschaftliche und religiöse Probleme so klar wiederspiegeln, macht die Konfrontation mit diesen Erkrankungen betroffen.

Zwar wird sich nur der Spezialist unter den Seelsorgern eine Therapie von schwereren psychischen Erkrankungen zutrauen können, und der Normalfall wird die Ueberweisung zum Psychiater oder in die psychiatrische Poliklinik sein. Aber gerade in den ländlichen Gegenden und Dörfern haben solche Menschen eine höhere Chance der gesellschaftlichen Integration, und der Dorfpfarrer wird hier wertvolle Begleitung leisten können.[212)]

Der manisch-depressive Mensch ist in seiner Komplexität ernst zu nehmen. Auf seine qualvollen Klagen soll man einfühlend eingehen, gleichzeitig aber die nötige Distanz bewahren, um Wahnvorstellungen (z.B. Beschuldigungen) als solche einordnen zu können. Sorgfältig kann man den Kranken von seinem Wahnthema wegführen. In Gegenwart des Kranken soll man nur das reden, was er mithören kann.[213)]

Welche Formen der seelsorgerlichen Begleitung von älteren Menschen gehören zum Alltag der Kirchgemeinde? Lässt sich in die Vielfalt seelsorgerlicher Praxis eine übersichtliche Ordnung bringen? Wir machen hier einen Versuch, der uns gleichzeitig zu den wesentlichen Fragen der verschiedenen Arbeitsformen führt.[214)]

Form der Seelsorge	Beispiele	Träger
Spontane Seelsorge	- Gruss - Kurzkontakte - Plaudereien - Transport - Spaziergang - Stammtisch u.a.	Alle Gemeindeglieder
Gezielte Seelsorge Initiative eher vom Seelsorger ausgehend	- Transport - Telefonanruf - Brief - Kurzbesuch - Besuch: an verschiedenen Orten (z.B. im Spital, zu Hause u.a.), aus verschiedenem Anlass (Geburtstag, Krankheit u.a.) - Begleitung: im Trauerfall, während akuter Erkrankung - Längerfristige Begleitung: z.B. bei chronischer Krankheit - Einladung: zu Veranstaltung, zum Seelsorger u.a. - Beratung bei Problem	Besuchsdienst, kirchl. Mitarbeiter, Pfarrer, Angehörige u.a.
Beratende Seelsorge Initiative eher vom Betagten ausgehend	- Ueberweisung - Konfliktregelnde Beratung - Beratung in der Frage eines Heimeintritts - Ehe- und Familienberatung u.a.	Idem
Intervenierende Seelsorge	- In Krisensituationen - In Krankheitsfällen - Bei Konflikten im Altersheim - Ueberbringen einer Todesnachricht u.a.	Pfarrer, kirchl. Mitarbeiter, Angehörige u.a.
Gruppenseelsorge	- Aussprache im Altenclub - Hauskreis	Gemeindeglieder Pfarrer, Kirchl. Mitarbeiter

Diese Uebersicht zeigt in aller Unvollständigkeit, dass der seelsorgerliche Kontakt in einer Gemeinde nicht erst mit der Besuchsarbeit des Pfarrers/kirchlichen Mitarbeiters einsetzt, sondern in sehr verschiedenen Formen auch im kleineren Rahmen abläuft. Schon in der Kleinform des Grüssens können entscheidende positive Anknüpfungspunkte gegeben sein. Mit einem Winken aus dem Auto legte ich einmal den Grundstein für den später sehr vertrauten Kontakt mit einem als völlig verschlossen geltenden und sozial isolierten pensionierten Hilfsarbeiter. Die vertrauenerweckende Wirkung spontaner Seelsorge lässt sich vielfach erleben.[215)]

Die gezielte Seelsorge ist wohl derjenige Teil im Aufgabenheft eines Pfarrers, Gemeindehelfers oder Sozialarbeiters, der am meisten unter der Diskrepanz von Fremd- resp. Eigenerwartungen und dem praktisch Möglichen leidet. Man kann hier nur ermutigen, zeichenhaft zu arbeiten, statt in der Rolle des stets überbeschäftigten Managers unansprechbar zu bleiben. Dafür spricht, dass Jesus auch nicht alle ihm begegnenden Kranken geheilt hat, sondern immer wieder Menschen zeichenhaft zu einem neuen Leben befreit hat.[216)]

Die beratende Seelsorge (im hier gemeinten spezifischen Sinn) ist häufiger, als man gemeinhin annimmt. Gerade ältere Menschen haben vielfach das Vertrauen, den Pfarrer "um Rat zu fragen". Meistens ist die Voraussetzung dafür ein Leidensdruck oder eine konkrete Situation.[217)]

Die intervenierende Seelsorge ist selten, aber dann ist es umso entscheidender, dass schnelles Handeln und Umorganisieren den zeitlichen Freiraum eröffnet, um die Dienste zur Verfügung zu stellen. Es ist immer wieder erstaunlich, wie verständnisvoll diejenigen reagieren, die eine Absage oder Verschiebungsbitte erhalten.[218)] Krisenintervention ist als konzentrierte therapeutische Hilfe in Notsituationen zu definieren. Aus der Sicht der Sozialarbeit liegt zu dieser Arbeitsform ein Konzept vor.[219)]

Die Gruppenseelsorge hat in den letzten Jahren vermehrt Beachtung gefunden. Da der Mangel an Kommunikation für viele Betagte eine Belastung ist, sind insbesondere selbsttragende Gruppen und Formen der Selbsthilfe (Telefonkette u.a.) Chancen, Isolation zu durchbrechen und Kommunikation zu ermöglichen. Der kirchliche Mitarbeiter oder Pfarrer soll primär begleiten und animieren.[220)]

Die Träger der Seelsorge, das zeigt sich in dieser Uebersicht klar, lassen sich nicht einfach auf den beruflich ausgebildeten Seelsorger und den kirchlichen Mitarbeiter oder auf den ausgebildeten Mediziner und Therapeuten reduzieren, vielmehr entspricht es auch der empirischen Realität, dass evangelische Seelsorge von der Gemeinde als Subjekt getragen wird.[221)] Sie lässt sich wohl im spezifisch pfarramtlichen Sinn als "Psychotherapie im kirchlichen Kontext" beschreiben, sie ist aber aufs Ganze gesehen von der Gemeinde getragene Sorge um jeden einzelnen Menschen in seiner Ganzheit und Individualität.[222)] Eine therapeutische Ausbildung der Seelsorger kann gerade in der Arbeit mit Aelteren eine grosse Hilfe sein, aber sie ist nicht Bedingung.[223)] Insbesondere soll die horizontale Arbeitsteilung auf Grund verschiedener Qualifikationen nicht zu einer vertikalen Herrschaftsordnung werden. Es gilt, sich in brüderlicher/ schwesterlicher Gemeinschaft in die Sorge um die Aelteren zu teilen und das Mögliche, manchmal auch das Unmögliche zu wagen.[224)] Bei den Senioren spielen die wohnnahe Umwelt, die Nachbarschaft, die Gemeinde, die Dienste für Aeltere eine zentrale Rolle in der seelsorgerlichen Begleitung und Unterstützung.[225] Die Gemeindeschwester hat vielfach eine Schlüsselrolle im Signalisieren von schwierigen Situationen bei akuten oder chronischen Krankheitsfällen. Sie ist meist nicht nur eine begabte Pflegerin, sondern auch eine vorzügliche Seelsorgerin.[226]

Das Gespräch und die Begegnung mit älteren Menschen kann eine grosse Bereicherung nicht nur für den Betagten, sondern auch für den Besucher oder Seelsorger sein, der ja meist jünger oder gar erheblich jünger ist. Er wird erfahren, dass man auch im Alter intensiv und aktiv erleben und am Leben teilnehmen kann, dass man sich mit der Lebensbilanz, mit Verlusten, Krankheit und Tod offen, ehrlich und versöhnend auseinandersetzen kann. Mancher jüngere Seelsorger wird seine eigenen Probleme realistischer und sein Leben mit all seinem Reichtum auch dankbarer sehen lernen.[227]
Viele alte Menschen leben einen im Vergleich zum üblichen Lebensstandard tatsächlich alternativen Lebensstil. In ihrer Bescheidenheit und ihrer Freude am Kleinen leben sie oft in einer durch die Zwischenkriegszeit und den 2. Weltkrieg, von der Hochkonjunktur aber fast unberührt gebliebenen Einfachheit. Die Wohnverhältnisse und der Konsum sind oft Beweis einer Einstellung, die weiss, dass es auch andere Zeiten gab.[228]
Die Lebensgeschichte wird immer wieder ein zentrales Thema des seelsorgerlichen Gesprächs sein. Aber auch über die Dorf-, Quartier- und Stadtgeschichte erfährt man bei Aelteren oft schon bald unwiederbringlich verlorene Informationen.[229]

Wir beschränken uns nun hier auf einige mögliche Schwierigkeiten im Gespräch mit Aelteren und verweisen für die Gesprächsführung, für Methodik, Aufbau und "emotionale Dynamik" des Gesprächs auf die Lehrbücher der Seelsorge.[230]

Es ist ein häufiger Irrtum, dass alte Menschen einfach Zeit haben. Je gesünder, umso beschäftigter und aktiver gestalten sie bis ins hohe Alter ihr Leben. Aber alte Menschen nehmen sich gerne Zeit. Der Seelsorger soll also den Lebensrythmus Aelterer für die Begegnung beim Hausbesuch und für das Arrangieren eines Gesprächstermins berücksichtigen. Das gleiche gilt für die Besuche im Spital oder Heim.[231]
Der Zeitbegriff der Betagten und des Besuchers ist oft sehr verschieden. Der vollgestopfte Terminkalender des Seelsorgers/kirchlichen Mitarbeiters kann Gespräche mit Aelteren, die sich Zeit nehmen und keine Terminverpflichtungen haben, erschweren. Der Seelsorger soll von Anfang an seine Möglichkeiten offen angeben, damit der Betagte sich darauf einstellen kann. Seelsorge bei älteren Menschen braucht Zeit, vor allem innere Ruhe und die Bereitschaft zuzuhören. Lieber ein kurzer Besuch als ein langer, der von der Anspannung auf den nächsten Termin geprägt ist. Anklammerndes Gesprächsverhalten des Aelteren soll nicht taktlos abgewiesen, sondern sorgfältig gelöst werden.[232]

Die Erwartungen bezüglich möglichen Veränderungen bei psychosozialen Schwierigkeiten eines Betagten sollten nicht schon von Anfang an zu hoch angesetzt werden.[233] Therapeutische Hilfe und Begleitung braucht Geduld und, wie wir sagten, die Respektierung der freien Entscheidung des Aelteren. Der Betagte wird Gründe haben, wenn er z.B. Hilfe ablehnt, oder wenn er Gründe im Gespräch nicht offen artikulieren will.[234)] Seelsorge bei Aelteren ist vor allem stützende Beratung.[235)] Das Ziel therapeutischer Arbeit ist primär Hilfe in der aktuellen Lebenssituation und für die kommenden Lebensjahre, weniger Aufarbeitung schon lange bestehender Persönlichkeitsprägungen, Verhaltensweisen und psychischer Probleme.[236)] Regelmässige Gespräche in Intervallen bringen mehr als einmalige, überlange Besuche.[237)] H. Radebold u.a. nennen dies (im Blick auf den Sozialarbeiter) die "begrenzten Erfolge" in der therapeutischen Arbeit mit Aelteren.[238)] Stärkere Interventionen sollte sich nur der erfahrene Seelsorger im Ausnahmefall zutrauen, sonst produzieren sie Verhärtung und stabilisieren Rigidität.[239)]

Ein wichtiger Bestandteil in der Seelsorge Aelterer ist das Wissen um die (meist unbewusste) Uebertragung und Gegenübertragung von Verhaltensweisen und Gefühlen zwischen Seelsorger und betagtem Mensch. Oft sind die Anteile an unbewusster Uebertragung ausschlaggebend für das Gelingen oder Scheitern einer Beziehung, und eine kritische Analyse kann weiterhelfen.[240)]

Folgende Fragen können solche Anteile bewusst machen:

- Gegenüber welchen Aelteren hege ich Sympathie/Antipathie (Alter, Geschlecht, soziale Herkunft)?
- Bei welchen Themen reagiere ich im Gespräch mit Aelteren emotional stark, und warum? Vermeide ich demgegenüber gewisse Themen?
- Was bedeuten mir Anerkennung oder Ablehnung durch die Aelteren, wie gehe ich damit um?
- Erinnern mich Aeltere an die Eltern, an ältere Personen aus meiner Vergangenheit? Inwieweit prägen meine Erinnerungen mein Verhalten als Seelsorger gegenüber Aelteren?
- Welche Eigenschaften weiss ich an Aelteren zu schätzen, welche lehne ich ab?[241)]

Es ist schon in diesen wenigen Fragen deutlich, dass einerseits das Eltern-Kind-Verhältnis in der Jugend des Seelsorgers für die Uebertragung, andrerseits das Eltern-Kind-Verhältnis in der Jugend des Betagten und seine Erfahrungen als Erwachsener in der eigenen Familie für die Gegenübertragung eine zentrale Rolle spielen und in die Beziehung mit eingebracht werden.[242)]

In der Begegnung mit Betagten ergeben sich vielfältige Möglichkeiten zum Glaubensgespräch. Seelsorge mit älteren Menschen ist geteiltes Leben im Lichte des Evangeliums, und als solches hat sie viele Dimensionen:[243)]
Sie ist diakonische Hilfe und gegenseitige Anteilnahme,
sie ist Verkündigung des Wortes Gottes und nonverbale Kommunikation, Zuwendung und Annahme,
sie ist Zuspruch der Vergebung und therapeutische Aufarbeitung von Verdrängungen,
sie ist Einladung in die Gemeinde und Vermittlung von Selbsthilfemöglichkeiten,
sie ist Zuspruch der Rechtfertigung aus Glauben und erinnernde Mitteilung

von Lebensgeschichte,
sie ist Nachfolge Christi und Befreiung zu Selbstannahme und Aktivität,
sie ist charismatische Erweckung und nüchterne Beratung in wichtigen Lebensfragen oder Identitätsschwierigkeiten.

Sie kann nicht jedes Mal beides oder alles zusammen sein, sie kann aber in all diesen Dimensionen hilfreich und ermutigend sein.[244)]
Als Lebens- und Glaubenshilfe wird Seelsorge immer wieder zuerst den Glauben und die Zweifel, die Hoffnungen und Schwierigkeiten des älteren Menschen selbst im Auge haben, nicht aber die Selbstbestätigung des Seelsorgers in seinem eigenen Glaubensverständnis.[245)] Dies braucht von Seiten des Seelsorgers und des Besuchers viel Sensibilität, Einfühlungsgabe und Fingerspitzengefühl, aber auch Authenzität.[246)] Der Seelsorger ist stets neu zu einer selbst-, religions- und gesellschaftskritischen Reflexion des Tun und Lassens herausgefordert. Eine Supervision oder eine Balintgruppe können dabei eine grosse Hilfe sein.[247)] Die Hoffnung auf die Gnade und Anwesenheit Gottes befreit von jedem Zwang, im Gespräch verkündigen zu müssen, sie befreit aber auch von der Blockierung, nicht offen vom Zeugnis zu sprechen und mit Aelteren zu beten. Seelsorge darf in Wort und Tat ihre Freiheit und ihre Kraft aus dem Evangelium schöpfen.[248)]
Von daher eröffnen sich die Chancen im Gespräch mit Aelteren. Jede Begegnung ist Geschenk und Aufgabe zugleich.

6.4. Altershilfe und soziale Arbeit mit älteren Menschen - die diakonische Herausforderung

Wir haben uns eingangs den sozialpolitischen Rahmen zu vergegenwärtigen, innerhalb dessen die Kirchen in der Schweiz ihre diakonische Aufgabe wahrnehmen.[1)]

Der Unterschied etwa zu den Verhältnissen in Westdeutschland ist markant. Die Altenhilfe des Diakonischen Werkes in der BRD trägt nicht weniger als ca. 1400 stationäre Einrichtungen für Betagte mit beinahe 100'000 Betten, wovon 900 Altersheime und 79 Pflegeheime (1977/78).[2)] Auch im Aufbau der Kranken- und Hauspflege sowie von Altenklubs hat sich das Diakonische Werk führend eingesetzt.[3)]

Demgegenüber ist in der Schweiz die Gesundheits- und Fürsorgepolitik primär Aufgabe der Kantone und Gemeinden,[4)] und nur die einzelnen Zweige der sozialen Sicherheit sind, wie wir schon sahen, auf bundesrechtlicher Ebene geregelt.[5)]

Das dominant liberal geprägte Verständnis von Staat und Wirtschaft führt zu einer mehr oder weniger konsequenten Befolgung des Subsidiaritätsprinzips: Die sozialpolitischen Leistungen des Staates beschränken sich auf das Notwendige, und der Staat greift oft nur subsidiär, hilfsweise unterstützend ein.[6)] Vielfach werden allgemeine Aufgaben aus Steuereinnahmen finanziert, jedoch subventionierten privaten Trägern übertragen (Beispiel Pro Senectute).[7)]

Da die Kantone und Gemeinden den grössten Teil der direkten Steuern erhalten, sind sie es auch, die Sozialhilfe und Fürsorgeleistungen primär bestimmen. Der Lastenausgleich und rahmenrechtlich die Sozialhilfe sind kantonal geregelt,[8)] während die Gemeinden die materiellen und/oder die immateriellen Leistungen an Hilfeempfänger, den Aufbau von sozialen Diensten und die Koordination mit privaten und öffentlich-rechtlichen Trägern kontrollieren. Das hat zur Folge, dass in den mehr als 2000 Gemeinden unseres Landes grösstenteils die gewählten Gemeindepolitiker, die Fürsorgekommissionsmitglieder und der Gemeindeschreiber die Sozialhilfeaufgaben wahrnehmen.[9)] Während die Sozialversicherungen die unverschuldeten Risiken abdecken, werden Fürsorgeleistungen vor allem in Härtefällen ausgerichtet, "wobei die Ursache der Notlage für die Leistungsart massgebend ist".[10)] Dies führt zu einer relativen Diskriminierung der Sozialhilfe als letztem Ort (Armengenössigkeit als Stigma), gleichzeitig aber auch zur Bürgernähe und Bürgermitbestimmung bei Sozialhilfeangeboten.[11)]

Die privaten Sozialwerke spielen aus besagten Gründen eine grosse Rolle. Die Kranken- und Hauspflegeorganisationen sind dafür ein gutes Beispiel.[12)] Sie sind (oft im Gemeindeverband) privatrechtlich organisiert. Die Trägerschaft ist unterschiedlich: Es kann die Kirchgemeinde, eine Stiftung, ein Verein, ein Frauen- oder Landfrauenverein u.a. sein.[13)] Die privaten Sozialwerke haben als weiteres Kennzeichen, dass sie partikulär sind, das heisst örtlich und in der Zweckbestimmung begrenzt.[14)] Meist haben sie nur einen kleinen Personalbestand, häufig arbeitet ein Sozialarbeiter, eine Gemeindeschwester im Einmann-/Einfraubetrieb.[15)] Der Vereinsvorstand arbeitet ehrenamtlich. Die Ausgaben werden durch Einnahmen aus privaten Spenden, vor allem aber aus öffentlichen Subventionen bestritten.[16)] Dieses

Gewicht der privaten Sozialwerke macht deutlich, wie wichtig die Koordination der möglichen Hilfsquellen durch den Sozialarbeiter, den Gemeindehelfer oder ganz allgemein den Helfer ist.[17]

Das Gemeinwesen kommt im wesentlichen für die stationäre Altershilfe auf. Die Kantone nehmen die Verantwortung im Bereich der geschlossenen Altersbetreuung meist rahmenrechtlich, über den Lastenausgleich und kontrollierend wahr, während die Gemeinden, beispielsweise im Gemeindeverband, als Bauherren und Träger fungieren.[18] Die Trägerschaft von Alters- und Pflegeheimen wird nur in Einzelfällen oder aus historischen Gründen von der Kirche oder von diakonischen Sozialwerken übernommen oder geteilt.[19] Die Zuständigkeit für die geschlossene Altersbetreuung (Tagesheime, Alters- und Pflegeheime, geriatrische Abteilungen in den Spitälern) liegt also in der Schweiz fast ganz beim Staat.[20]

Aus den spezifischen sozialpolitischen Verhältnissen unseres Landes ergeben sich die wesentlichen Aufgaben der kirchlichen Diakonie in der Schweiz. Die diakonische Arbeit der Kirche hat vor allem drei Funktionen:

a) Sie hat immer wieder, und nicht zuletzt im Bereich der Altersarbeit, Pionierfunktion. Die Kirche erkannte wiederholt Problemfelder und arbeitete für Menschengruppen in schwieriger Lage Modelle zur Hilfe und Selbsthilfe aus. Man denke etwa an den Kampf gegen den Alkoholismus und andere Suchtgefahren.[21] Auch ein jüngeres Beispiel aus der Altersarbeit sei hier angeführt: In Bern halfen die Kirchgemeinden, in fünf Quartieren Gesundheitszentren aufzubauen, die von den Krankenpflegevereinen der Kirchgemeinden getragen und von Staat finanziert werden. Die Gesundheitszentren dienen der spitalexternen Krankenpflege, der Prävention und Gesundheitserziehung.[22]

Für ältere Menschen hat die Telefonseelsorge "Dargebotene Hand" einen wichtigen Stellenwert. Isolation kann ohne das Erfordernis der Mobilität in einem ersten Anlauf durchbrochen werden.[23]

Oft werden solche Modelle nach ihrem Aufbau vom Staat zumindest teilweise übernommen oder finanziert.

b) Die diakonische Arbeit der Kirche hat in vielen Bereichen mittragende Funktion. Namhafte Beträge der Budgets von Kantonalkirchen und Gemeinden sowie der Kollekten dienen der Unterstützung von Werken der Inneren Mission und Sozialarbeit, also auch nichtkirchlicher Sozialwerke.[24] Neben der finanziellen Hilfe ist aber vor allem auch die personelle Unterstützung durch kirchliche Amtsträger, theologisch ausgebildete Fachkräfte und ehrenamtliche Mitarbeiter aus Kirchgemeinden zu erwähnen, sei es als Vorstandsmitglied, als Helfer u.a.m..[25] Schliesslich hat die Kirche heute Räumlichkeiten in den Kirchgemeindehäusern, die die verschiedensten Aktivitäten im Bereich der Altersdiakonie ermöglichen (Altersbildung, gemeinsamer Mittagstisch, Beratung u.a.m.).[26]

c) Die diakonische Arbeit der Kirche hat schliesslich animierend-fördernde Funktion. Nehmen wir das Beispiel der offenen Altersbetreuung. Die Hauptlast in der Betreuung hilfebedürftiger Aelterer trägt nach wie vor die private Hilfe, tragen Angehörige, Freunde und Nachbarn. Die Untersuchung von E. Rieben, W. Ebersold und R. Zimmermann[27] hat nachgewiesen, dass sowohl betriebswirtschaftlich wie menschlich die offene Betreuung der

Betagten bis zu leichter Pflegebedürftigkeit vorzuziehen ist.[28] Sie ist kostengünstiger und entspricht dem berechtigten Anspruch älterer Menschen, solange wie möglich in den eigenen vier Wänden bleiben zu können.[29] Die private Hilfe soll darum nach den Erkenntnissen der bisher gründlichsten Studie dieser Frage in der Schweiz gefördert werden, und die ambulanten Dienste sollen dort, wo es nötig ist, diese Hilfe unterstützen.[30] Das Altersheim muss durch die Oeffnung nach aussen aus seiner Tendenz zur Ueberversorgung, Inaktivierung und Desintegration der Pensionäre befreit werden.[31] Auch bei Mittel- und Schwerpflegebedürftigen ist die offene Betreuung erwägenswert, besonders, wenn private Hilfe, Gemeindekrankenpflege, Hauspflege (evt. Haushilfedienst) und Besuchsdienst gut koordiniert werden können.[32]
In diesem Bereich tut sich eine grosse Aufgabe kirchlicher Diakonie auf, die mehr und mehr erkannt wird. In der Betagtenpflege stösst der Ausbau der geschlossenen Betreuung zunehmend an seine Grenzen: Die Finanzprobleme des Staates, der gravierende Kostenanstieg und der Personalmangel im Gesundheitswesen zwingen uns dazu, vermehrt als bisher die offene Betreuung zu fördern. Offene und geschlossene Betreuung sind nach den Erkenntnissen der letzten Jahre zu koordinieren und aufeinander abgestimmt zu planen.[33]

Klar lassen sich in der bisherigen kirchlichen Altershilfe Typen der Diakonie unterscheiden, die sich sowohl bezüglich der Ziele als auch bezüglich der Mittel und Wege stark unterscheiden.[34] Grundsätzlich lässt sich heute eine Tendenz feststellen, dass der Wandel vom Typ der caritativen Hilfe zur öffentlichen, rational geplanten technisch-medizinischen Lösung der Altersprobleme vor allem in den Städten schon vollzogen ist, während die herkömmliche Altershilfe zunehmend privatisiert wird und für eine ganzheitliche gemeinwesenorientierte Altershilfe erst Ansätze bestehen.[35] Für ein humanes Altern wird die weitere Entwicklung der ganzheitlichen Altershilfe in Zukunft von grosser Bedeutung sein.[36]
Es ist klar, dass wir uns in der folgenden Tabelle auf eine stichwortartige Charakterisierung beschränken, die vor allem der Analyse eigener Arbeit dienen kann.[37]

Typen der Altenhilfe / Problembereiche	Caritativ	Rational Medizinisch	Ganzheitlich
Verständnis des Alters[38)]	Abbau und Rückzug, Bedürftigkeit	Aktivierung und Rehabilitation Funktionsfähigkeit	Emanzipation und Integration, Rehabilitation und Individuation
Integration in die Gesellschaft[39)]	Auf dem Land durch Primärgruppen; in der Stadt oft Isolation, im Heim oft Desintegration, wenn keine Verwandten oder Angehörigen da sind.	In der offenen Altersbetreuung Betonung der Selbsthilfe, in der geschlossenen Tendenz zu Ueberbetreuung und Entmündigung.	Teilnahme und Mitbestimmung, Aufbau von Gemeinschaft und Kommunikation. Verbindung offener und geschlossener Altersbetreuung.
Betreuung[40)]	Vorwiegend über Bezugspersonen, Tag- und Nachteinsatz der professionellen Helfer.	Starke Professionalisierung Arbeitsteilung, Dienstzeiten, Ambulante Dienste.	Koordinierte Zusammenarbeit von Betagten, beruflichen und Laienhelfern. Gemeinwesenarbeit.
Leichte Pflege[41)]	Altersheime. In der Familie.	Alterswohnungen, Altersheime, Tagesheime u.a.	Verstärkung der offenen Altersbetreuung, der ambulanten Dienste und der Selbsthilfe. Oeffnung der Altersheime. Tagesheime.
Langzeitpflege[42)]	Asyle, Pflegeheime, Spital. In der Familie.	Spezialisierte Geriatrie, Pflegeheime.	Koordination von Geriatrie und Allgemeinmedizin; Geöffnete Alters- und Pflegeheime mit Stützpunktfunktion für Umgebung, z.B. pflegende Familien.

Man kann feststellen, dass gerade die kirchliche Arbeit sich nach wie vor sehr stark am ersten Typ, der caritativen Altershilfe orientiert, dass ihr jedoch die objektive gesellschaftliche Entwicklung vor allem in den Ballungsräumen mit der starken Durchsetzung des zweiten Typs den Boden mehr und mehr entzieht.[43)] Will die Kirche ihre Verantwortung wirklich wahrnehmen, hat sie sich also entschieden für eine ganzheitliche, gemeinwesenorientierte Altershilfe zu engagieren, und dies auf dem Land wie in der Stadt.[44] Dabei ist zu bedenken, dass Carität im positiven Sinne durchaus ihre Bedeutung behält. Die Projektgruppe "Kosten in der offenen und geschlossenen Altershilfe" schreibt dazu treffend: "Der Grossteil der Betreuungsarbeit besteht ... aus verhältnismässig einfachen Verrichtungen, aus "Haushaltarbeit" mit Kontakt von Mensch zu Mensch, wo die Helferpersönlichkeit, eine stützende Hand, ein fröhliches Gesicht und ein freundliches Wort ebenso zählen."[45] Es dürfen in der Altersarbeit, was teilweise in gesellschaftskritischen Arbeiten geschieht, nicht einfach Massstäbe einer gebildeten Mittelschicht bezüglich Eigenaktivität und Mitbestimmung generalisiert werden. Gerade die stark abgebauten und stark behinderten alten Menschen brauchen echt barmherzige Hilfe und die konstante Aufgehobenheit in einer warmen und ermutigenden Lebensgemeinschaft.[46]

In welchen <u>Arbeitsformen</u> vollzieht sich ganzheitliche, gemeinwesenorientierte Altersdiakonie? Wir haben dafür drei wohl nicht streng abgrenzbare, sondern fliessend ineinander übergehende und sich teilweise überschneidende Arbeitsbereiche zu unterscheiden: Die Gemeinde, die offene und die geschlossene Altersbetreuung. Die Altersbildung und die Altersseelsorge stehen mit allen drei in enger Verbindung.[47] Es geht uns hier vor allem darum, die soziale Altersarbeit der Kirche zu differenzieren und auf Arbeitsmöglichkeiten hinzuweisen.

Arbeitsbereich	Arbeitsform	Beispiele
Gemeinde[48)]	a) Selbsthilfe	Telefonketten
	b) Einzelhilfe	Beratung Vermittlung und Koordination von Hilfemöglichkeiten
	c) Gruppenarbeit	Altenclub
	d) Gemeinwesenarbeit (b) bis d) sind die klassischen Formen der Sozialarbeit)	Altersbildung Gemeindeveranstaltung z.B. Fest, Basar
	e) Soziale Aktion	Bürgerinitiative Seniorenrat Altenwerkstatt
Offene Altersbetreuung[49)]	a) Begleitung sozialer Beziehungsnetze	Nachbarschaft
	b) Besuchsdienste	Besuchsdienst für Chronischkranke
	c) Zusammenarbeit im Rahmen der ambulanten Dienste	Balintgruppe, Weiterbildung.
	d) Dienstgruppen in Zusammenarbeit mit Gesundheitszentren, Tagesheimen, Altersheimen als Stützpunkt.	Haushilfe, Transportdienst.
Geschlossene Altersbetreuung[50)]	Gottesdienstarbeit Heimseelsorge durch Pfarrer, Gemeindehelfer u.a. und/oder kirchgemeindliche Gruppen, resp. Einzelne.	Beratung (z.B. Vermittlung bei heiminternen Problemen) Einzelhilfe Besuchdienst
	Zusammenarbeit mit Heimleitung, Pflegepersonal, Arzt, Sozialarbeiter.	Weiterbildungsangebot für Personal
	Mitgestaltung der Aktivitäten und Veranstaltungen mit Heimleitung/Heimbewohnern.	Oeffentliche Veranstaltung im Alters- und Pflegeheim: Konzert des Kirchenchors Altersbildung
	Förderung der Mitbestimmung der Betagten	Heimrat

Ausführlich haben H. Merkel und H. Seibert die sozialen Dienste und Möglichkeiten der Kirchgemeinden in der Altershilfe dargestellt.[51] Sie unterscheiden, anders als wir, Kommunikations- und Integrationsangebote (z.B. Beratung, Altenbegegnungsstätten, Altenbildung), ambulante Hilfen zur Aufrechterhaltung der häuslichen Selbständigkeit (z.B. Besuchsdienste, Haushilfedienste), besondere Wohnformen und institutionelle therapeutische Angebote (Geriatrie, Tagespflegeheime).[52] Demgegenüber haben wir in unserer Arbeit versucht, die Aufgaben Altersseelsorge (z.B. Beratung) und Altersbildung klarer von der Altersdiakonie zu differenzieren.[53]
Ihre Modelle und Erfahrungen aus der Praxis der Kirchgemeinden sind äusserst wertvoll.[54] Sie zeigen an Beispielen aus Wiesbaden und Hamburg, dass der Zusammenarbeit der ambulanten sozialen Dienste und kirchlicher Gruppen sowie der Altenheime und der Kirchgemeinden eine grosse Bedeutung zukommt, und dass kirchliche Initiativgruppen in dieser Richtung einiges erreichen können.[55] Zur Zusammenarbeit von Kirchgemeindegruppen mit Altersheimen schreiben sie:
"Diese Gruppen sehen es überwiegend als ihre Aufgaben an, die geschlossene Institution Heim ein Stück weit zu öffnen; die Uebergänge zwischen Heim- und Gemeindeleben fliessend zu machen; auch: die verschiedenen Altenhilfe-Aktivitäten im Bereich einer Gemeinde oder eines Stadtteils zu koordinieren."[56] Die verschiedenen Beteiligten können so eine Zusammenarbeit entwickeln,
"um ihre Erfahrungen auszutauschen;
um ihre Aktivitäten aufeinander abzustimmen (z.B. gemeinsame Veranstaltungen mit Bewohnern mehrerer Heime);
um gerontologische Fortbildung für die Gruppenmitglieder zu organisieren...".[57]
Da ich selbst an der Arbeit einer solchen Gruppe mitbeteiligt bin, kann ich den zentralen Stellenwert der Koordination und des regelmässigen Austauschs unter allen an der Altershilfe Beteiligten aus Erfahrung nur unterstreichen.[58]

Die Besuchsdienste verdienen im Zusammenhang der Altersdiakonie eine besondere Erwähnung. In den letzten Jahren sind vorzügliche Grundlagen veröffentlicht worden.[59] Bei der Organisation eines Besuchsdienstes in der Altershilfe sind spezifische Gesichtspunkte zu berücksichtigen. Dem Auffinden der richtigen Mitarbeiter(innen) kommt eine grosse Bedeutung zu. Dies betrifft vor allem ihre Initiative und Belastbarkeit, ihre Verschwiegenheit und Zuverlässigkeit. Die persönliche Werbung bringt meist den grössten Erfolg. Viele nicht mehr berufstätige Frauen mit schon älteren Kindern sind für eine solche Aufgabe zu gewinnen.[60] Der Einführung, Anleitung und Begleitung (Beratung) der Besucher(innen) kommt in der Altersarbeit eine erhöhte Bedeutung zu. Wichtig ist eine Klärung der persönlichen Motivation und der eigenen Einstellung zum Alter, zu Krankheit und Tod.[61] Der Austausch in der Gruppe über Erfahrungen und Erlebnisse kann eine grosse Hilfe sein. Das Gespräch zeigt oft, dass man z.B. mit negativen oder schwierigen Erfahrungen nicht allein ist. Das Erzählen immer wieder gleicher Abschnitte aus dem vergangenen Leben, die Schwerhörigkeit des Betagten, schwierige Familienverhältnisse u.ä. sind Punkte, die im

Austausch besser zu verstehen und zu verarbeiten sind.[62] Der Besuchsdienst sollte eine hinreichende Kontinuität aufweisen. Das richtige Verhältnis von Zielen des Besuchsdienstes und dem den Einzelnen Möglichen muss stets neu gefunden werden. Eine klare Organisation und regelmässige informelle Kontakte verhindern Ueberforderungssituationen auf Seite der Besucher und enttäuschte Erwartungen auf der Seite der Aelteren.[63] Die Besuchsdienstaktivitäten an einem Ort sind unter den verantwortlichen Trägern zu koordinieren. Es ist wenig sinnvoll, wenn alle ein Mal im Jahr am Geburtstag einen Besuch machen.[64] Wer sich für die Besuchsdienstarbeit über Jahre einsetzt, der verdient auch eine Anerkennung. Auch bei ehrenamtlich Tätigen lohnt sich ein Zeichen des Dankes für ihren Dienst in der Gemeindearbeit.[65] Gute Informanten über die Lebenssituation der Betagten in einer Gemeinde sind oft die Gemeindeschwester, der Briefträger (AHV!) und der Kontrolleur des Zählerstandes von Wasser, Gas und Elektrizität. Diese Information sollte laufend geschehen, da sich die Lebenssituation eines Betagten sehr schnell verändern kann.[66] Es schadet nichts, wenn die dominante Rolle des Pfarrers ein wenig abgebaut wird. Der Besuchsdienst entlastet den Pfarrer ja nicht von, sondern in seinem seelsorgerlichen Auftrag. Den Erwartungen kann er nicht generell, sondern gezielt gerecht werden. Ein guter Besuchsdienst korrigiert die manchmal sehr lückenhafte Wahrnehmung der Gemeinde durch die beruflich Beauftragten.[67] Gerade Besucherinnen haben ein gutes Geschick, das eine oder andere im Haushalt oder in der Pflege zu tun und so den Besuch mit diakonischer Hilfe zu verbinden.

Für die offene Altersbetreuung haben die sozialen Beziehungsnetze der Nachbarschaft, Freundschaft und Verwandtschaft eine hervorgehobene Bedeutung.[68] Meist ging die Sozialarbeit oder die Gemeindehilfe bisher von vornherein davon aus, dass für bestimmte Aufgaben Dienste, Gruppen oder Aktivitäten organisiert werden müssten. Andrerseits ist jedem Praktiker bewusst, dass ein Hauptteil der Hilfe auf zwischenmenschlich-informeller Ebene geschieht, und nicht auf formell-organisatorischer.[69] Weil man bestimmte Randgruppen mit organisatorischen Mitteln schlichtweg nicht erreicht hatte, begann man sich in den USA intensiver mit der alltäglichen Hilfe in sozialen Beziehungsnetzen auseinanderzusetzen.[70] Daraus haben A. Collins und D. Pancoast, bezeichnenderweise zwei Frauen, Modelle für die Arbeit in und mit sozialen Beziehungsnetzen entwickelt.[71] Für uns ist in diesem Zusammenhang vor allem folgendes wichtig.

Ein soziales Netz definieren sie als eine Reihe von Menschen, die durch Beziehungen/Interaktion miteinander verbunden sind. Es geht vor allem darum, die Art dieser Beziehungen zu verstehen, ihre Gegenseitigkeit zu analysieren und die zentralen Bezugspersonen kennenzulernen.[72]

Soziale Beziehungsnetze unterscheiden sich natürlich nach Grösse, Dichte und Verbindungskanälen, dann aber auch nach Inhalt und Intensität der Interaktion.[73]

In der Altershilfe ist das soziale Beziehungsnetz der Nachbarschaft besonders wichtig, und dies auch in städtischen Verhältnissen. Der betreuungsbedürftige ältere Mensch kann durch spontane, informelle Hilfeleistungen viel länger selbständig bleiben.[74]

Richtig folgern die Autorinnen: "Soziale Beziehungsnetze tragen nicht nur den Hauptanteil an Dienstleistungen in vielen Bereichen (z.B. Kinderbetreuung, Pflege alter Menschen), sondern erfüllen darüber hinaus ein umfassendes Vorsorgeprogramm. Sie bieten leicht zugängliche, individuelle Hilfen an, die formale Dienststellen nie leisten können."[75]
In der Begleitung und Hilfe für ältere Menschen kommt also dem Verständnis der sozialen Beziehungsnetze und der fördernden, unterstützenden und notfalls intervenierenden Begleitung der Bezugspersonen (Nachbarn, Verwandte, Freunde) eine grosse Bedeutung zu.
A. Collins und D. Pancoast entwickeln ein Konzept der persönlichen Beratung der Bezugspersonen in sozialen Netzen.[76] Aber es lassen sich die verschiedensten Formen der Zusammenarbeit denken. Hilfreiche Menschen können die Umwelt eines älteren Menschen am ehesten und vielleicht am markantesten verändern.[77]

Dies gilt besonders bei den Behinderten unter den Betagten. Die Behinderung vieler älterer Menschen bedeutet für die Altershilfe und Altersarbeit eine grosse Herausforderung.[78] Die Diakonie wird ihr nur dann gerecht, wenn sie mit Behinderten zusammenlebt, ihre Sorgen und Schwierigkeiten in unserer Gesellschaft kennenlernt.[79] Sie hat sich sehr bewusst quer zu stellen zu einer Leistungsgesellschaft, die immer noch und immer wieder die "nicht leistungsfähigen", und das heisst dann die nicht direkt am Produktions- und Arbeitsprozess Beteiligten, abqualifiziert, an den Rand schiebt und vergisst.[80] Die zentrale Aufgabe der Kirche ist es also in diesem Bereich, die Würde und den Selbstwert, die Selbst- und Mitbestimmung des älteren Behinderten zu vertreten. In der diakonischen Gemeinde geht es nicht einfach um den "Dienst für", sondern um den gegenseitigen Dienst der Glieder des einen Leibes Christi.[81]
Folgende Punkte werden so gesehen in der konkreten Gemeindearbeit keine unüberwindbaren Hürden mehr sein:
- Das Kennenlernen der behinderten Menschen in der Gemeinde, und das heisst auch: Den Behinderten ein Behinderter werden.
- Präsenz des Themas Behinderung in den verschiedenen Aufgabenfeldern der kirchgemeindlichen Arbeit.
- Förderung von Begegnungsmöglichkeiten Behinderter untereinander und mit Nichtbehinderten.
- Zubringerdienst für Behinderte bei kirchlichen Veranstaltungen.
- Echte Partizipation der Behinderten an den Aufgaben der Gemeinde.
- Förderung der Selbstorganisation und Interessenvertretung Behinderter.
- Bewusstes Wahrnehmen der eigenen Schwächen und Behinderungen.
- Abbau der architektonischen Schranken bei kirchlichen Gebäuden, Behindertengängigkeit neuer Bauten.[82]

Die Altersarbeit mit Behinderten kann nur in solidarischer Diakonie, und das heisst in Auseinandersetzung auch mit den persönlichen Grenzen Nichtbehinderter geschehen. Aufgabe des Behinderten ist es, sich mit seiner Behinderung anzunehmen und positiv auseinanderzusetzen. Dies sollte ihm in der Gemeinde nicht erschwert werden. In partnerschaftlicher, gegenseitiger Hilfe und Unterstützung kann die Bedeutung des Wortes vom Leib Christi intensiv erfahren werden. Aufgabe der Kirche ist es, den Rollenspielraum Behinderter in der Gemeinde und in der Gesellschaft zu erweitern und so einen Rehabilitationsbeitrag zu leisten.[83]

Das Leitbild 1981 der Stiftung Pro Senectute, die als privates, aber von Bund, Kantonen und Gemeinden unterstütztes schweizerisches Werk der Altershilfe arbeitet,[84] hat die Ziele für eine heutige Altersarbeit und Alterspolitik treffend zusammengefasst:

"a. die Lebensqualität im Alter durch zeitgemässe Dienstleistungen und neue Formen der Altershilfe zu erhalten oder zu heben,
b. den Betagten ihre Selbstständigkeit und ihr Selbstbewusstsein zu erhalten,
c. die körperlichen und die geistigen Fähigkeiten sowie die seelischen Kräfte im späteren Lebensalter zu erhalten und zu entwickeln,
d. die Selbsthilfe der Betagten zu fördern,
e. die gesellschaftliche Stellung der Betagten durch Förderung des Dialogs und des Verständnisses zwischen den Generationen zu verbessern,
f. die materielle Sicherheit im Alter durch individuelle Hilfe zu gewährleisten,
g. die Anliegen der älteren Mitbürger vor Behörden und in der Oeffentlichkeit zu vertreten."[85]

Die Kirche wird bei ihrem Beitrag zu einer Altersarbeit mit diesen Zielen der Solidarität mit den Schwächeren unter den Aelteren, der Sympathie mit den Leidenden und der Begleitung der Verzweifelten und Schwierigen spezielles Gewicht beimessen. Sie wird sich nicht auf die Altershilfe für eine aktive Mittelschicht beschränken, sondern tatsächlich Volk Gottes sein und so als diakonische Gemeinde leben. Christen engagieren sich in dieser Arbeit aus der Hoffnung auf das ewige Leben, wo kein Leid, kein Schmerz und keine Einsamkeit mehr sein werden.[86]

6.5. Der Gottesdienst mit Aelteren - die liturgische und homiletische Herausforderung

Ein Abschnitt über die gottesdienstliche Arbeit im Blick auf die Betagten schliesst unseren Gedankengang zum Thema Alter ab. Wir sind der Ueberzeugung, dass eine aktive und aus dem Evangelium Kraft schöpfende Gemeindearbeit - sei es als Seelsorge, Erwachsenenbildung oder Diakonie - im lebendigen und einladenden Gottesdienst ihren Ausdruck findet.[1] Vor der Erwähnung aller Schwierigkeiten und Probleme, die die Gottesdienstarbeit in den Gemeinden oft auch prägen, möge hier ermutigt werden, mit Freude und Engagement Gottesdienste mit allen Generationen zu feiern und zu gestalten. Im Gottesdienst ist die Gemeinde empfangende und beschenkte Gemeinschaft. Sie lobt Gott und hört auf sein Wort, sie betet und wird gestärkt für ihren Dienst.[2]
Nach reformiertem und weithin auch oekumenischem Verständnis gehören zum Gottesdienst vier Grundelemente: Gemeinschaft, Gebet (in Dank, Lob und Fürbitte), Verkündigung und Aufbruch zum Dienst.[3] Die Gemeinde Jesu Christi ist nach der Confessio Augustana VII "... congregatio sanctorum, in qua evangelium pure docetur et recte administrantur sacramenta",[4] die Versammlung der Gläubigen also, in der das Evangelium rein gepredigt und die Sakramente gemäss dem Evangelium gereicht werden.[5]

Es ist unseres Erachtens erfreulich, dass der an der oekumenischen Vollversammlung in Uppsala 1968 angenommene Bericht über den Gottesdienst[6] sich trotz intensiver Auseinandersetzung mit der Krise des Gottesdienstes[7] und der Herausforderung durch die Säkularisierung[8] nicht scheute, zu sagen:
"Der Gottesdienst bedarf genauso wenig einer Rechtfertigung wie die Liebe. Er erkennt das tiefe Geheimnis an, das das menschliche Leben umgibt. Für die, die an den in Jesus Christus geoffenbarten Gott glauben, ist der Gottesdienst im Grunde eher ein Vorrecht als ein Problem, denn er ermöglicht dem Menschen, an der Freude, dem Frieden und der Liebe Gottes teilzuhaben. Gott selbst versammelt sein Volk zum Gottesdienst, und er selbst bewegt es zur Antwort... Jesus Christus ist der Mittelpunkt und durch den Heiligen Geist die Ermöglichung wahren Gottesdienstes."[9]
Erstmalig hatte sich damals eine Vollversammlung gründlicher mit der Frage des Gottesdienstes beschäftigt, und seither ist die Thematik in der oekumenischen Bewegung wiederholt aufgegriffen worden.

Die Vollversammlung in Vancouver 1983 dokumentiert in ihrem Bericht[10] jedoch auch deutlich die Ambivalenz, die den Gottesdienst in den verschiedensten, der oekumenischen Bewegung angehörenden Kirchen prägt. Einerseits wird betont: "Der Gottesdienst ist der zentrale Akt des Lebens und der Mission, des Zeugnisses und des Dienstes der Kirche",[11] und "als Empfangende der Liebe Gottes wird von uns erwartet, dass wir das, was wir in der gottesdienstlichen Gemeinschaft empfangen, im täglichen Zeugnis mit unseren Mitmenschen teilen."[12] Andrerseits stellt der Bericht nüchtern fest: "Der Gottesdienst sollte der zentrale Akt des kirchlichen Lebens sein, wir haben jedoch von einer weitverbreiteten Müdigkeit gegenüber dem sonntäglichen Gottesdienst gehört."[13]

In unserem Zusammenhang scheinen uns die dafür angeführten Gründe nicht ohne Relevanz. Der Gottesdienst entspreche oft der mangelnden spirituellen Begeisterung in den Gemeinden. Sprachliche Barrieren verhinderten für viele eine sinnvolle Beteiligung. Der Gottesdienst hänge zu sehr an der Form und mache eine direkte Beteiligung der Gemeinde unmöglich. Echte Gemeinschaft unter den Gottesdienstteilnehmern fehle und die wesentlichen Probleme der Gläubigen im Alltag kämen im Gottesdienst nicht zur Sprache.[14] Damit sind wir bei den zentralen Fragen, die uns in diesem abschliessenden Kapitel beschäftigen sollen.
Welches ist kirchensoziologisch gesehen die Entwicklung der Gottesdienstpraxis in der Nachkriegszeit? Wie nimmt der Gottesdienst auf den Lebenszyklus und die mit dem Alter verbundenen Sorgen und Probleme Bezug? Welche Chancen und Möglichkeiten der Kommunikation eröffnet der Gottesdienst, welche Sprachbarrieren bestehen für die Betagten? Wie können auch ältere Gemeindeglieder sich an der Gestaltung direkt oder indirekt beteiligen? Wie wird der Gottesdienst zum Fest und Erlebnis lebendiger Gemeinschaft?

"Gottesdienst - Angebot ohne Nachfrage? / Zwei Umfragen unter der reformierten Bevölkerung Basels"[15] bestätigten schon Ende der sechziger Jahre, was sich bis heute in der reformierten Gottesdienstarbeit in vielen Gemeinden fortsetzt: Eine signifikante zahlenmässige Uebervertretung der Aelteren im Gottesdienst, wenn man ihren Anteil an der Gesamtbevölkerung resp. an der Gesamtzahl der Kirchenmitglieder vergleicht.[16] Während die zweite übervertretene Altersgruppe, die 16 - 20 jährigen (unter denen die Konfirmanden stark ins Gewicht fallen) damals 19,7% der Gottesdienstbesucher ausmachte, waren nicht weniger als 27,2% älter als 65 Jahre (was zusammen beinahe die Hälfte der Gottesdienstbesucher, 46,9% ergibt!).[17]

1983 charakterisiert P. Cornehl die Krise des Gottesdienstes in manchen Gemeinden als "Entwicklung, in der sich die Gottesdienstgemeinde auf zwei voneinander isolierte Restgruppen (Konfirmanden und Senioren) reduziert... Die Liturgie erstarrt zum leblosen Formelritual. Die Predigt vermag den Abstand zu den Hörern nicht zu überbrücken. Ein Teufelskreis wechselseitiger Beziehungslosigkeit, der sich zu undurchdringlicher Schicksalshaftigkeit verdichtet. Zweifellos gibt es solche oder ähnliche Situationen. Oft genug leiden Pfarrer und Gemeinden darunter."[18] Doch ist dies nach ihm nicht die ganze Wirklichkeit. P. Cornehl versucht zu zeigen, dass die Bemühungen um den Gottesdienst in den letzten Jahren neue Chancen des Gottesdienstes als Integrationsort der Gemeinde erschlossen haben.[19] Von daher ist seine markante Interpretation des Gottesdienstes zu verstehen: "Gottesdienst als Integration".[20] In den sechziger und siebziger Jahren stellte sich in den Gemeinden die Frage immer dringlicher, ob nicht auf Grund der Diskrepanz von Ideal und Wirklichkeit des Gottesdienstes entschieden auch neue Wege des Gottesdienstverständnisses gesucht werden müssten, um dem Oeffentlichkeitsanspruch des Evangeliums gerechter zu werden und den sozialen Kontext, die kommunikative Struktur, die situativen Voraussetzungen und die sozialpsychologischen Funktionen des Gottesdienstes zu erfassen und in die Gestaltung miteinzubeziehen.[21]
Dies ist nun tatsächlich in den letzten Jahren in mancher Hinsicht versucht

worden. Die resignative Grundstimmung bezüglich des Gottesdienstes beginnt einer gezielten Gottesdienstarbeit mit verschiedenen Formen der Beteiligung von Gemeindegruppen und Einzelnen, des Eingehens auf Situation und Adressaten, der Aufnahme lebens- und gesellschaftsrelevanter Themen zu weichen.[22)]
P. Cornehl hat in seinem Leitbild einer integrativen Gottesdienstpraxis richtig gesehen, dass der Phasenverlauf des Lebenszyklus einen verschieden intensiven Gemeindebezug, eine wechselnde Kontakthäufigkeit des Einzelnen in den verschiedenen Lebensaltern und Lebenssituationen zur Gemeinde impliziert.[23)] In der Erneuerung des Gottesdienstes kommt also einer differenzierten Wahrnehmung der kirchensoziologischen Realität eine hohe Bedeutung zu. Der Gottesdienst ist nicht mehr einfach die "Versammlung aller Gläubigen", sondern die objektiv immer wieder an alle ergehende Einladung, an der Gemeinschaft der von Christus zusammengerufenen Gemeinde teilzuhaben.[24)] Einige werden im Wochenzyklus oder Monatszyklus, andere an hohen Festtagen, wieder andere nur sehr selten am Gottesdienst teilnehmen. Die Gottesdienstbesucher differenzieren sich wie in allen Altersgruppen auch im Alter.[25)]

Leider müssen wir nun feststellen, dass die Amtshandlungen (Kasualien) der Kirche und der Jahreskreis der kirchlichen Festgottesdienste faktisch sehr einseitig auf den vierten Lebensabschnitt Bezug nehmen.[26)] Beerdigung mit anschliessender Abkündigung im Gottesdienst und Ewigkeitssonntag mit dem Gedenken an die im vergangenen Jahr Verstorbenen stellen das Thema Alter einseitig in den Zusammenhang von Sterben und Tod.[27)] Die Familiengottesdienste sind vorwiegend an der mittleren und jüngeren Generation orientiert.[28)] Obwohl die Gottesdienstteilnahme Aelterer signifikant höher ist, kommen die Fragen des Alters nur selten in der thematischen Gestaltung der Gottesdienste zum Zug.[29)] Um das negative Altersstereotyp abzubauen und nicht weiter zu verstärken, werden unsere Gottesdienste in den nächsten Jahren also vermehrt das Thema eines sinnerfüllten Alterns im Zusammenhang der konziliaren Gemeinschaft der Gemeinde aufnehmen müssen.[30)]
Es gibt dazu reiche Möglichkeiten.

Thematisch zum Alter oder evt. sogar in Arbeitsgemeinschaft mit Aelteren gestaltete Gottesdienste sind eine Chance, den Zugang zum Alter unverstellt zu öffnen und Kommunikation zwischen den Generationen zu fördern.[31)]
Der Abdankungsgottesdienst mit der vorangehenden und nachfolgenden Begleitung der Hinterbliebenen ist eine kaum zu unterschätzende Möglichkeit, sich nicht nur mit den Problemen von Krankheit, Schuld, Sterben und Tod, sondern auch mit den Fragen der Lebensbewältigung im Alter auseinanderzusetzen und im Leben wie auch in der Lebensgestaltung des Verstorbenen Spuren der widerfahrenen göttlichen Gnade aufzuweisen. Häufig sind in diesem Rahmen auch in Distanz zur Gemeinde lebende ältere Menschen zu erreichen, die dem Verstorbenen die letzte Ehre erweisen.[32)]
Das Abendmahl kann als Chance der Begegnung und Versöhnung der Generationen, die Taufe als Berufung auch des Aelteren zum neuen Menschsein in Christus entdeckt werden.[33)]

Das Klischee vom alten, konservativen, bornierten und nicht lernfähigen

Gottesdienstbesucher widerspricht der empirischen Realität. Auf Grund seiner Untersuchung schreibt K.F. Becker: "Gottesdienstbesucher halten Beten wesentlich stärker für wichtig als Nichtgottesdienstbesucher, betrachten die Kirche in hohem Masse als Hilfe für das persönliche Leben, kennen Pfarrer und Kirchenvorsteher recht gut und sind auch wesentlich stärker zur Hilfe in sozialen Einrichtungen bereit als Nichtgottesdienstbesucher."[34)] Der Gottesdienst ist also tatsächlich ein Ort der gesellschaftlichen Integration älterer Menschen.

Ein wesentlicher Beitrag zu dieser Integration wäre eine "integrale Amtshandlungspraxis", wie sie J. Matthes in der Auseinandersetzung mit der Studie "Wie stabil ist die Kirche? Bestand und Erneuerung. Ergebnisse einer Umfrage" postuliert hat.[35)] J. Matthes versteht unter dem "Lebenszyklus" den normalen Lebenslauf, wie er gesellschaftlich geregelt und typisch ist. Demgegenüber definiert er die "Lebensgeschichte" als die Verarbeitung des Lebenslaufs in der Erfahrung des Einzelnen durch die Kommunikation im engeren Interaktionskreis (Familie, Bekannte).[36)] Im Verständnis des Erwachsenenlebens hat die volkskirchliche Amtshandlungspraxis bisher kaum die Phasenstruktur der vita secunda und tertia berücksichtigt, und J. Matthes vermutet zu recht, dass die Lebenswelt der Betroffenen im Vollzug der Amtshandlung oft nicht hinreichend einbezogen wird.[37)] Zwar kann die Kirche durch eine reflektiertere und aktivere Praxis im Blick auf die Aelteren nicht einfach das objektive gesellschaftliche Defizit in der Definition des Alters aufheben. Aber sie kann einen Beitrag zur Bewältigung der Lebensprobleme im Alter leisten, indem sie in einer integralen Amtshandlungspraxis nicht nur die verschiedene Lebenswirklichkeit der Beteiligten verknüpft, wechselseitig übersetzt und erläutert, sondern auch die Amtshandlung in seelsorgerlichem Handeln fortsetzt.[38)] Besonders die Beerdigung ist ja nicht nur ein Rückblick auf das Leben des Verstorbenen oder ein Getrostwerden in der Hoffnung auf das ewige Leben, sie dient vielmehr auch der Verarbeitung der persönlichen Biographie der Betroffenen (Witwe, Witwer, Angehörige) in einem durch negative Urteile (Nutzlosigkeit, Vereinsamung) belasteten Lebensabschnitt. Im seelsorgerlichen Kontakt und in der persönlichen Trauerarbeit kann an der positiven Sinngebung für eine neue Lebensphase gearbeitet werden.[39)]

Zahlreiche Modelle aktiver Partizipation und Mitgestaltung der Gottesdienste sind in den letzten Jahren nicht nur mit Kindern, Jugendlichen und Erwachsenen, sondern auch von und mit Aelteren erprobt worden.[40)] Allgemein setzt eine solche Gottesdienstarbeit wohl voraus, dass die Betagten als eigenständige Gruppe in der Gemeinde ihre Lebensprobleme ausdrücken und formulieren lernen; sie ist also mit der Altersbildung eng verbunden.[41)] Oft von selbst stellt sich denn auch der Wunsch ein, gemeinsam Gottesdienst zu feiern, sei es allein unter Senioren oder in der Gemeinschaft aller Generationen. H. Merkel und H. Seibert haben vor allem drei Formen hervorgehoben, in denen sich die Thematisierung des Alters im Gottesdienst vollziehen kann:

a) in thematischen Gottesdiensten, gestaltet vom Pfarrer oder von Gruppen Aelterer,
b) in Familiengottesdiensten, an denen sich verschiedene Altersgruppen mit einem besonderen Beitrag beteiligen,

c) in gemeindediakonischen Gottesdiensten, die von den Dienstgruppen der offenen Altersbetreuung (z.B. Besuchsdiensten) mitgetragen und mitgestaltet werden.[42]

Eine Einübung in die aktive Gottesdienstpraxis Aelterer kann die Gestaltung der Andacht am Altersnachmittag oder im Hauskreis sein. Eine Schwierigkeit ist dabei, dass Aeltere sich zuerst vertraut machen müssen mit dem rhetorisch hinreichenden Sprechen vor der Gemeinde. Es kann ja nicht der Sinn sein, dass eine Gruppe Aelterer sich aktiv beteiligt, die Aelteren in der Gemeinde dann aber nichts mehr verstehen.[43] In die Benutzung technischer Mittel (z.B. Mikrophon) müssen die Aelteren sorgfältig eingeführt werden, diese können aber eine wertvolle Hilfe sein.[44]
K. Bätz u.a. haben verschiedene Medien, die auch der Gottesdienstarbeit dienen können, zum Teil analysiert und vorzüglich zusammengetragen.[45] Vor allem die Text- und Bildmedien können reiche Anregungen geben.[46] Liturgische und homiletische Elemente sind bisher in der Literatur zerstreut, wir hoffen aber, dass unsere alt- und neutestamentlichen Auslegungen ein Beitrag zur Aufnahme der Altersthematik in die Gemeindegottesdienste sind.[47]

Die liturgische und homiletische Forschung der letzten Jahre hat markant gezeigt, wie wichtig und hilfreich die Analyse der Kommunikation im Gottesdienst ist.[48] Dies gilt in besonderem Masse für Gottesdienste mit Aelteren. "Wie jedes direkte Kommunikationsgeschehen zwischen Menschen ist der Gottesdienst ein Gefüge von verbalen und nonverbalen Kommunikationssignalen. Der Unterschied zwischen beiden Kommunikationsarten besteht darin, dass in der verbalen Kommunikation Informationen unter Zuhilfenahme von sprachlichen Zeichen vermittelt werden, während zum nonverbalen Bereich der auditive, der visuelle, der taktile, der olfaktorische und der thermale Kommunikationskanal gehören."[49] Das heisst, dass alle fünf Sinne sowohl beim Sender wie beim Empfänger im Kommunikationsgeschehen eine wichtige Rolle spielen und der Kommunikationsprozess nicht auf die verbale Kommunikation reduziert werden kann, sondern auch "die gestischen, mimetischen und symbolischen Ausdrucksformen" wichtige und gestaltbare Elemente des Gottesdienstes sind.[50] Wir wagen hier die These, dass die nonverbalen Kommunikationselemente (Bewegungen, Gebärden, Sichtbarkeit der Mundbewegung, sichtbare Handlung bei Taufe und Abendmahl, Handgeben beim Abschied) im Blick auf Aeltere, besonders wenn sie durch Schwerhörigkeit behindert sind, spezielles Gewicht haben.[51] Ebenso spielen in der verbalen Kommunikation die Erfahrungsbezogenheit, die Lebendigkeit, die menschenfreundliche Offenheit der vermittelten Inhalte eine grosse Rolle.[52] Die Uebersetzung wichtiger Teile der Bibel und des ganzen Neuen Testaments in die Dialektsprachen haben neue Möglichkeiten des erfahrungsnahen, nicht vom konkreten Alltag der Menschen abgetrennten Gottesdienstes erschlossen.[53] Gerade Aeltere wissen es zu schätzen, dass im Gottesdienst mehr und mehr ihre Sprache gesprochen wird. Sie sind auf Grund der generationsbedingt oft kürzeren Schulbildung weniger vertraut mit der Schriftsprache und erleben den Dialektgottesdienst als Bereicherung des kirchlichen Lebens.[54]
Verschiedene, sonst reichlich gegensätzliche Auffassungen von Gottesdienst

definieren seine Aufgabe als Lernsituation.[55] Grundsätzlich ist hier nur festzuhalten, dass der Gottesdienst wohl lernaktivierende Faktoren enthalten kann, und dass für ihn die oben genannten Regeln für das Lernen Aelterer in nicht geringerem Masse gelten.[56] Aber der Gottesdienst ist auf Grund seiner Kommunikationsstruktur (mit der Gestaltung primär durch den Pfarrer oder die Gottesdienstgruppe) nur in eingeschränktem Mass ein Ort aktiv partizipierenden Lernens.[57] Umso mehr hat die indirekte Teilnahme, sei es durch repräsentative Kommunikation (Rede des Pfarrers im Auftrag und aus der Sicht der Gemeinde resp. der Lebensprobleme der Gemeindeglieder) oder durch dialogische Kommunikation (Einbeziehung der Hörer durch direkte Fragen oder Predigtnachgespräch) für die Gestaltung der Gottesdienste neues Gewicht erhalten.[58] Im Gottesdienst mit den Aelteren sollen jedoch gerade aktivierende Elemente nicht überfordern. Der betagte Hörer darf ruhig auch einmal von den jüngeren Generationen verwöhnt werden.[59] Formal ist in allen Arten der Gottesdienste zu achten auf die akkustischen Bedingungen des Raumes, die rhetorische Verständlichkeit und die sprachliche Artikulation.[60]

Das Bedürfnis Aelterer, im Gottesdienst Gemeinschaft und Geborgenheit, Bestätigung und Ermutigung, Anteilnahme und Sinnfindung zu erfahren, kann nicht einfach negativ als neurotisch oder ideologisch abqualifiziert werden.[61]
Die sozialpsychologische Untersuchung des Gottesdienstes hat aufgewiesen, dass der Gottesdienst als Wiederholungssituation resp. als Ritual wichtige Aufgaben erfüllt.[62] Y. Spiegel und M. Josuttis u.a. haben aufgearbeitet, dass der Gottesdienst von der neueren psychologischen Forschung her nicht nur wie bei S. Freud im Sinne der neurotischen Zwangshandlung kritisiert, sondern auch auf seine positiven Funktionen hin verstanden werden kann.[63] Die sich im Leben eines Menschen von Kindheit an entwickelnde Ritualisierung des Verhaltens und der Beziehungen hat nach E. Erikson die lebenswichtigen Funktionen

- der Integration in soziale Rollen,
- der Kanalisierung von aggressiven und libidinösen Triebenergien,
- der Entlastung von permanenter Entscheidung,
- der "wechselseitigen Identifizierung" der Generationen und
- der Entwicklung der persönlichen Identität.[64]

All diese Funktionen können im Gottesdienst mit Aelteren zum Tragen kommen. Einschränkend ist zwar zu sagen: "Rituelle Interaktion liefert Identität nur unter der Bedingung sozialer Zugehörigkeit und regelmässiger Partizipation."[65] Aber kirchensoziologische Untersuchungen haben ergeben, dass ältere, regelmässige Gottesdienstbesucher nicht weniger, sondern eher bereit sind zum Engagement in sozialen Aufgaben, und dass sie häufig besser integriert sind in das gesellschaftliche Leben.[66] Der Gottesdienst als Ort der Integration schliesst Emanzipation nicht aus, sondern ein, wenn die gesellschaftlichen Probleme (z.B. des Alters) und Konflikte (z.B. zwischen den Generationen) nicht verdrängt, sondern aufgenommen und bearbeitet werden.[67] Erinnerungsarbeit und Aufklärung im Gottesdienst können der Gruppe der Aelteren wie auch dem einzelnen älteren Menschen Partizipationschancen neu eröffnen. Der Gottesdienst kann einen wesentlichen Betrag zur Korrektur des vorurteilsbeladenen, negativen Fremd- und Selbstbildes des Alters leisten.[68]

H. Cox hatte 1969 mit seinem Buch "Das Fest der Narren" bahnbrechend die Bedeutung von Festlichkeit, Phantasie und Kreativität für die Gestaltung von Gottesdiensten ins Bewusstsein gerufen.[69] Die eher nüchterne bis kalte reformierte Gottesdiensttradition lässt echte Freude am Festlichen oft vermissen. Aber ältere Menschen erfahren im Lebensabend, dass das menschliche Leben sich nicht in Arbeit und Tätigkeit erschöpft, sondern dass andere Dimensionen menschlichen Seins in unserer Gesellschaft oft viel zu kurz kommen: das unbeschwerte, fröhliche Beisammensein, symbolische und künstlerische Ausdrucksformen, das aktive Mitmachen in Gesang und Instrumentalmusik, das Spiel. Im Fest legt man die Arbeit zur Seite und feiert ein Ereignis, man freut sich an der Güte des Daseins und entspannt sich.[70] Es ist eine besondere Begabung des Menschen, "die Freuden anderer und die Erfahrung früherer Generationen in das eigene Leben zu integrieren."[71] "Festlichkeit ist eine menschliche Form des Spiels, durch die der Mensch ein weites Feld des Lebens einschliesslich der Vergangenheit in die eigene Erfahrungswelt integriert".[72] Phantasie erweitert die Grenzen der Zukunft und die Lebensmöglichkeiten.[73]

Ein festlicher Gottesdienst ist also eine Chance, dass Betagte Sinn und Getragenheit, die Integration der persönlichen und kollektiven Vergangenheit sowie die phantasievolle Vorausnahme der Zukunft in der Feier unter Gottes befreiender Verheissung erfahren dürfen.[74] Im Gottesdienst dürfen wir uns erleben als bejahte und angenommene Geschöpfe Gottes, die Anteil haben an Tod und Auferstehung Christi und an der österlichen Freude über die Befreiung von der Macht des Todes. Die versammelte Gemeinde feiert den Gottesdienst, indem sie "das Evangelium verkündet, auf die vernommene Befreiung anwortet, Menschen mit dem Zeichen des Aufbruchs tauft und am Tisch des Herrn die Gemeinschaft im Reich Gottes vorwegnimmt. Die Gottesherrschaft, die in der Geschichte Christi offenbar ist und im Geist erfahren wird, ist eine neue Qualifikation der ganzen Lebenssituation. Sie ist selbst das Fest der Freiheit in der Gegenwart des dreieinigen Gottes und wird darum hier in Festen gefeiert und erlebt. Als messianisches Fest verstanden, ist der christliche Gottesdienst ganz von der Geschichte Gottes und dem, was in ihr geschieht, bestimmt."[75] J. Moltmann sieht richtig, dass so gefeierte Gottesdienste für Freud und Leid im Alltag des Lebens offen sind[76] und darum auch die Sorgen und Hoffnungen der Betagten zur Sprache bringen werden. Sie stärken in der Zuversicht und ermutigen zu einer Liebe, die nicht in schönen Worten stecken bleibt, sondern eine echte Gemeinschaft der Generationen aufbaut. Wir feiern den Gottesdienst unter der Verheissung Jesu, dass dort, wo wir zu zweit oder dritt in seinem Namen versammelt sind, er mitten unter uns ist.[77]

2. TEIL

ANMERKUNGEN UND LITERATURVERZEICHNIS

(MIT ABKUERZUNGEN)

ANMERKUNGEN

Die Anmerkungen beschränken sich normalerweise auf die Angabe von Autor/Herausgeber, Jahreszahl und Seite der Arbeit, auf die verwiesen wird. Die genauen Angaben finden sich im Literaturverzeichnis. (Haben zwei oder mehrere Publikationen desselben Autors das gleiche Erscheinungsjahr, so werden sie mit a), b) usw. hinter dem Erscheinungsjahr differenziert. Dies war aber nur in drei Fällen notwendig).

Einleitung

1) Global 2000, 1983[49].
2) A.a.O., S. 162.
3) A.a.O., S. 159 und 162.
4) A.a.O., S. 159.
5) Siehe unten, 2.3. und 5.6..
Zu Nordamerika vgl. R.N. Butler, 1975 u.a.; zu Südamerika G.C. Ramirez, (1980) 1981[3]; UNESCO-Kurier, 1982, mit internationalen Beiträgen.
6) Die "Ringli-Gruppe" ist eine seit einigen Jahren in der Kirchgemeinde Nidau bestehende Arbeitsgemeinschaft von Aerzten, Sozialarbeitern/-innen, Gemeindekrankenschwestern, Pfarrern und allen in der Haus- und Krankenpflege Aktiven mit dem Ziel der Fortbildung und der Verbesserung der offenen und geschlossenen Altersbetreuung.

1. Humanwissenschaftliche Erkenntnisse

1) Der Mann erhält die AHV-Rente nach Vollendung des 65., die Frau nach Vollendung des 62. Altersjahres.
Vgl. Die Altersfragen in der Schweiz, 1979, S. 182.
2) Vgl. H.P. Tschudi, 1982, S. 9.
3) Vgl. ebenda.

1.1. Die Bevölkerungsentwicklung aus demographischer Sicht

1) Vgl. Die Altersfragen in der Schweiz, 1979, S. 15.
2) So jetzt erneut der Schweizerische Landesbericht zuhanden der UNO-Weltkonferenz über das Altern, 1982, S. 1 u.a..
3) "Die Altersrevolution" trifft ebenso daneben. Vgl. G. Sieber, (1972) 1974.
4) Die Altersfragen in der Schweiz, 1979, S. 15 u.a..
5) Vgl. Schweizerischer Landesbericht zuhanden der UNO-Weltkonferenz über das Altern, 1982, S. 7ff.; Die Altersfragen in der Schweiz, 1979, S. 14ff.; Hg. Bundesamt für Statistik, 1982, S. 14ff.; A. Imhof, 1981, S. 47.

6) Schweizerischer Landesbericht zuhanden der UNO-Weltkonferenz über das Altern, 1982, S. 7.
7) Ebenda, S. 7 und
Die Altersfragen in der Schweiz, 1979, S. 14.
8) Vgl. U. Lehr, 1979[4], S. 43.
9) Hg. Bundesamt für Statistik, 1982, S. 40f..
10) Ebenda.
11) Schweizerischer Landesbericht zuhanden der UNO-Weltkonferenz über das Altern, 1982, S. 9.
12) Aus: Die Altersfragen in der Schweiz, 1979, S. 27f..
13) Die Altersfragen in der Schweiz, 1979, S. 15.
14) Hg. Bundesamt für Statistik, 1982, S. 82.
15) Der Bund, 16.11.1984.
16) Hg. Bundesamt für Statistik, 1982, S. 82.
17) Der Bund, 16.11.1984.
18) Siehe 1.2.
19) Berechnet nach Hg. Bundesamt für Statistik, 1982, S. 26 und 28.
20) Die Altersfragen in der Schweiz, 1979, S. 15.
21) Berechnet nach Hg. Bundesamt für Statistik, 1982, S. 28.
22) Hg. Bundesamt für Statistik, 1982, S. 48ff..
23) Die Altersfragen in der Schweiz, 1979, S. 47.
24) Bundesamt für Statistik, 1982, b).
25) Vgl. unten 3.5., 4.8., 5.7., 6.2. und 6.3..
26) Bundesamt für Statistik, 1981 (Statistische Quellenwerke der Schweiz, Heft 701).
Vgl. Karte "Entwicklung Wohnbevölkerung der Gemeinden von 1970 bis 1980 (in Prozent)".
27) Schweizerischer Landesbericht zuhanden der UNO-Weltkonferenz über das Altern, 1982, S. 11.
28) Die Altersfragen in der Schweiz, 1979, S. 41f..
29) Freundlicherweise wurde mir die Grafik 5 vom Bundesamt für Statistik 1983 vor der Publikation zur Verfügung gestellt.
30) Bundesamt für Statistik, 1982, c).
31) Vgl. Eidgenössisches Statistisches Amt, 1976, Die Konfessionen in der Schweiz, S. 63-79.
32) Bundesamt für Statistik, 1983, d).
33) Schweizerischer Landesbericht zuhanden der UNO-Weltkonferenz über das Altern, 1982, S. 11-14.
34) A.a.O., S. 11f..
35) A.a.O., S. 13.
36) A.a.O., S. 14.

1.2. Die Bevölkerungsentwicklung und die erhöhte Lebenserwartung aus historischer Sicht

1) Vgl. oben S. 11.
2) A. Imhof, 1981, S. 32 und
derselbe, 1977, S. 12ff..

3) A. Imhof, 1977, S. 13.
4) Ebenda.
5) A.a.O., S. 15-17.
6) A.a.O., S. 17 und S. 115.
7) A. Perrenoud, 1979.
8) A. Perrenoud, 1979, S. XI.
9) A.a.O., S. 427.
10) A.a.O., S. 428; Tabelle 13 und Grafik 14 S. 427.
11) A. Imhof, 1977, S. 60ff. und
derselbe, 1981, S. 15ff..
12) A. Imhof, 1977, S. 60.
13) A.a.O., 1977, S. 61.
14) W. Mickel u.a., 1980[7], Band I, S. 122f..
15) A.a.O., S. 122.
16) Dazu: A. Imhof, 1981, S. 114ff.; A. Perrenoud, 1979, S. 145ff.; vgl. weitere Angabe A. Imhof, 1981, S. 123 unten; derselbe, 1977, S. 46ff. und S. 65.
17) A. Imhof, 1981, S. 79.
18) Ebenda.
19) Ebenda.
20) A.a.O., S. 165.
21) A.a.O., S. 82f..
22) A.a.O., S. 117ff..
23) Vgl.: A. Perrenoud, 1979, S. 426ff. (Genf);
A. Imhof, 1981, S. 23 (Berlin 1900).
24) A. Imhof, 1981, S. 23f..
25) Hg. Bundesamt für Statistik, 1982, S. 65.
26) Ebenda. Umgerechnet.
27) Die Werte differieren je nach Untersuchungsart und Datenmaterial; vgl. A. Imhof, 1981, S. 80ff..
28) Vgl. oben S. 11.
29) A. Imhof, 1981, S. 163ff.; Grafik S. 168.
30) A.a.O., S. 144ff..
31) A.a.O., S. 169.
32) A.a.O., S. 170. Vgl. Publikationen wie S. Kubelka, 1980.
33) Gesangbuch der evangelisch-reformierten Kirchen der deutschsprachigen Schweiz, 1980, S. 825.
34) Vgl.: J. Erb, 1984[3]; K. Hesselbacher, 1980[6]; T. Bruppacher, 1953.
35) K. Hesselbacher, 1980[6], S. 11; T. Bruppacher, 1953, S. 437.
36) K. Hesselbacher, 1980[6], S. 14.
37) T. Bruppacher, 1953, S. 437.
38) K. Hesselbacher, 1980[6], S. 19.
39) A.a.O., S. 19 u.a..
40) Ebenda.
41) A.a.O., S. 19. Vgl. J. Erb, 1984[3], S. 13ff..
42) J. Erb, 1984[3], S. 34 und K. Hesselbacher, 1980[6], S. 44.
43) K. Hesselbacher, 1980[6], S. 50.
44) A.a.O., S. 52.
45) T. Bruppacher, 1953, S. 438.

46) K. Hesselbacher, 1980[6], S. 124.
47) A.a.O., S. 96.
48) J. Erb, 1984[3], S. 41ff.; K. Hesselbacher, 1980[6], S. 54ff..
49) K. Hesselbacher, 1980[6], S. 77ff..
50) A.a.O., S. 98.
51) A.a.O., S. 122-124.
52) A.a.O., S. 129.

1.3. Das Altern aus medizinischer Sicht

1) Gute Zusammenfassung in K.F. Becker, 1975, S. 31ff..
2) Am Beispiel Krebs ist die Angstproblematik aufgearbeitet in A.-M. Tausch, 1981.
3) Zur Entstehung des Defizit-Modells vgl. U. Lehr, 1979[4], S. 48ff..
4) E. Lang in Hg. U. Lehr, 1983, S.39ff. u.a..
5) Schweizerischer Landesbericht zuhanden der UNO-Weltkonferenz über das Altern, 1982, S. 30ff..
6) S. de Beauvoir, (1972) 1977, S. 22ff..
7) M. Hodkinson, 1980, S.15.
8) U. Lehr, 1979[4], S. 24.
9) Vgl. J.C. Brocklehurst u.a., 1980, S. VIf..
Nicht zufälligerweise sind zwei Abrisse der Geriatrie, die in deutschen Verlagen erschienen sind, ursprünglich von englischen Autoren verfasst worden. Vgl. Anm. 7).
10) J.C. Brocklehurst u.a., 1980, S. VI.
11) Schweizerischer Landesbericht zuhanden der UNO-Weltkonferenz über das Altern, 1982, S. 26-29 gibt Kurzübersicht. Ueberblick in Schweizerische Aerztezeitung 8/1984.
12) R. Schenda, 1972, S. 48.
13) A.a.O., S. 46.
14) E. Lang in Hg. U. Lehr, 1983, S.33f. u.a..
15) R. Schenda, 1972, S. 46f..
16) A.a.O., S. 47 und E. Lang in Hg. U. Lehr, 1983, S. 35f.
17) Vgl. auch J.C. Brocklehurst u.a., 1980, S. 3-12.
18) J.C. Brocklehurst u.a., 1980, S. 15f.; M. Hodkinson, 1980, S. 17.
19) Schweizerischer Landesbericht zuhanden der UNO-Weltkonferenz über das Altern, 1982, S. 28.
20) A.a.O., S. 26.
Die kantonalen Werte sind unterschiedlich.
Vgl. zur kantonalen Planung: Gesundheits- und Fürsorgeplanung des Kantons Bern, 1981, wo für Altersheime die 4%-Klausel angenommen wird (S. 22). In einem relativ jungen Kanton wie Baselland rechnete man 1979 mit 5,5 Betten pro 100 Betagte in Alters- und Pflegeheimen (Sanitätsdirektion des Kantons Basel-Landschaft, 1974 (1979), S. 5 des Nachtrags).
Zu unterscheiden sind:
Alterswohnungen, Typus E, 5% der Betagten brauchen ein Bett

Altersheime, Typus D / Pflegeheime, Typus C: 6-8% der Betagten
Geriatrische Abteilungen resp. Kliniken, Typus B / Psychiatrisch-geriatrische Kliniken resp. Abteilungen, Typus Bp: 1% der Betagten
(nach: Schweizerischer Landesbericht zuhanden der UNO-Weltkonferenz über das Altern, 1982, S. 26).

21) Schweizerischer Landesbericht zuhanden der UNO-Weltkonferenz über das Altern, 1982, S. 23-25;
M. Hodkinson, 1980, S. 41ff.;
J.C. Brocklehurst u.a., 1980, S. 35ff.;
Die Altersfragen in der Schweiz, 1979, S. 50ff.;
J. Böger/S. Kanowski, 1982², S. 76ff..

22) Polysymptomatologie und Multimorbidität sind kennzeichnend für das Alter. Vgl. E. Lang in Hg. U. Lehr, 1983, S. 37f. und M. Hodkinson, 1980, S. 20.

23) Schweizerischer Landesbericht zuhanden der UNO-Weltkonferenz über das Altern, 1982, S. 23.

24) Ebenda.

25) Ebenda.

26) Ebenda.

27) A.a.O., S. 23f..

28) A.a.O., s. 24.

29) J.C. Brocklehurst u.a., 1980, S. 61ff..

30) Schweizerischer Landesbericht zuhanden der UNO-Weltkonferenz über das Altern, 1982, S. 24.

31) M. Hodkinson, 1980, S. 33; J. Böger/S. Kanowski, 1982², S. 173-178.

32) Vorzügliche Uebersicht bei J. Böger/S. Kanowski, 1982², S. 254ff..

33) Schweizerischer Landesbericht zuhanden der UNO-Weltkonferenz über das Altern, 1982, S. 24f..

34) A.a.O., S. 25.

35) J.C. Brocklehurst u.a., 1980, S. 65ff..

36) Vgl. J. Böger/S. Kanowski, 1982², S. 269ff..

37) A.a.O., S. 263-269. Vgl. unten 6.3.

38) M. Hodkinson, 1980, S.41.

39) Bundesamt für Statistik, 1981, Heft 682, S. 63ff..

40) A.a.O., S. 63.

41) E. Gubéran, 1979, S. 1465.

42) A.a.O., S. 1467.

43) Berechnungsmethoden vgl. a.a.O., S. 1466.

44) A.a.O., S. 1467.

45) Berechnet auf Grund von:
Bundesamt für Statistik, 1980, a);
Bundesamt für Statistik, 1981, Heft 682, S. 76ff..
Nach mittlerer internationaler Nomenklatur sind kardiovaskuläre Erkrankungen A81-A88, Krebskrankheiten A45-A61, gastrointestinale A98-A104.

46) Bundesamt für Statistik, 1982, Heft 690, S. 78. Umgerechnet.

47) Ebenda. Umgerechnet.
48) Vgl. G. Albrecht, 1976, S. 472ff., besonders 476ff..
49) Bundesamt für Statistik, 1981, Heft 682, S. 82f. und S. 90f.; Bundesamt für Statistik, 1980, a).
50) Vgl. unten S. 39f..
51) M. Schär, 1973[2], S. 13.
52) A.a.O., S. 127 und S. 130.
53) A.a.O., S. 119.
54) A.a.O., S. 192.
55) M. Hodkinson, 1980, S. 97ff..
Eine allgemeinverständliche Einführung in das Thema Altern aus medizinischer Sicht gibt J. Wunderli, 1979[3].

1.4. <u>Das Altern aus soziologischer Sicht - Aktivierung, Ausgrenzung, Disengagement oder Integration?</u>

1) H.P. Tews, 1971[2]; L. und H. Rosenmayr, 1978, S. de Beauvoir, 1977, S. 184ff. u.a..
2) H.P. Tews, 1971[2], S. 84ff..
3) A.a.O., S. 89ff..
4) A.a.O., S. 87-107.
5) A.a.O., S. 86, S. 90 und 91.
6) A.a.O., S. 92ff..
7) M. Krohn in Hg. J. Hohmeier/H.-J. Pohl, 1978, S. 56ff..
8) Vgl. W. Schmidbauer, 1977.
9) L. Lowy, 1981.
10) A.a.O., S. 12.
11) T. Parsons, (1949) 1954, 1955, 1964 a) und b).
12) T. Parsons, 1964 a), S. 238.
13) Ebenda.
14) A.a.O., S.239.
15) A.a.O., S. 241f..
16) A.a.O., S. 242f..
17) A.a.O., S. 243.
18) A.a.O., S. 247-249.
19) A.a.O., S. 250ff..
20) A.a.O., S. 252f..
21) A.a.O., S. 253.
22) Ebenda.
23) T. Parsons, 1955.
24) Er stützte sich stark auf die Arbeit von M. Zelditch, a.a.O., S.307-352.
25) T. Parsons, 1964 b), S. 111ff..
26) A.a.O., S. 113f..
27) A.a.O., S. 112.
28) A.a.O., S. 84ff.; S. 102ff..
29) A.a.O., S. 106f..
30) L. Rosenmayr in R. König, 1976[2], S. 327ff..

31) A.a.O., S. 329f..
32) A.a.O., S. 328.
33) A.a.O., S. 330.
34) H.P. Tews, 1971^2, S. 107-122; vgl. T. Parsons, 1964 a), S. 252.
35) H.P. Tews, 1971^2, S. 108f..
36) A.a.O., S. 109.
37) A.a.O., S. 110f..
38) A.a.O., S. 111.
39) A.a.O., S. 113f..
40) A.a.O., S. 112.
41) A.a.O., S. 112f..
42) Vgl. zur Kritik D. Rüschemeyer in T. Parsons, 1964 b), S. 22f..
43) H.P. Tews, 1971^2, S. 114f..
44) J.-P. Junker, 1973, S. 8.
45) J.-P. Junker, 1973.
46) R. Schenda, 1972; G. Sieber, 1974.
47) J. Hohmeier/H.-J. Pohl, 1978.
48) A.-M. Guillemard. Dazu L. Rosenmayr in R. König, 1976^2, S. 235.
49) L. und H. Rosenmayr, 1978, S. 146ff..
50) Kritik a.a.O., S. 147.
51) Pfarrkreis Port/Bellmund der Kirchgemeinde Nidau, 1978-1984.
52) Vgl. L. und H. Rosenmayr, 1978, S. 231-260 zur sozialen Benachteiligung.
53) Vgl. unten 1.5.
54) Vgl. unten 6.4.
55) Vgl. unten 6.2. und 6.4. u.a..
56) Vgl. unten 1.5.
57) S. de Beauvoir, 1977.
58) A.a.O., S. 5f..
59) A.a.O., S. 184-236.
60) A.a.O., S. 234.
61) 1751 bis 1780 waren D. Diderot und d'Alembert die Herausgeber der grossen französischen Enzyklopädie (Knaur, 1981, S. 218).
62) In der franz. Literatur sind Moralisten nicht einfach die Sittenprediger im negativen Sinn, sondern die humanistischen Kritiker einer inhumanen Gesellschaft. Vgl. F. Hunziker, 1963.
63) S. de Beauvoir, 1977, S. 15-236 und S. 237-467.
64) Vgl. weitere Angaben bei L. und H. Rosenmayr, 1978, S. 257.
65) O. Bujard / U. Lange, 1978.
66) Vgl. a.a.O., S. 209ff..
67) A.a.O., S. 223.
68) A.a.O., S.221f..
69) A.a.O., S. 210-215.
70) A.a.O., S. 223-236.
71) Vgl. L. und H. Rosenmayr, 1978, S. 257.
72) O. Bujard/U. Lange, 1978, S. 227ff..
73) L. und H. Rosenmayr, 1978.
L. Rosenmayr in R. König, 1976^2, S. 218ff..
74) L. und H. Rosenmayr, 1978, S. 257f..

75) A.a.O., S. 236ff..
76) A.a.O., S. 233.
77) A.a.O., S. 235 und 256ff..
78) Ebenda.
79) A.a.O., S. 254f..
80) A.a.O., S. 133-157.
81) A.a.O., S. 149.
82) A.a.O., S. 150.
83) A.a.O., S. 151.
84) A.a.O., S. 149.
85) A.a.O., S.153.
86) A.a.O., S. 39. Grafik ebenda.
87) Ebenda.
88) A.a.O., S. 41.
89) A.a.O., S. 42ff..
90) Vgl. oben 1.3..
91) L. und H. Rosenmayr, 1978, S. 69.
92) A.a.O., S. 51-56.
93) A.a.O., S. 54.
94) A.a.O., S. 54f..
95) A.a.O., S. 55.
96) G. Albrecht, 1976, S. 472.
97) Vgl. oben 1.3..
98) G. Albrecht, 1976, S. 488.
99) Ebenda.
100) A.a.O., S. 475.
101) A.a.O., S. 413-418.
102) "Isolation" (objektiver Lebensumstand),"Desolation" (Partnerverlust) und "Einsamkeit" (subjektives Erleben) sind zu unterscheiden. Vgl. a.a.O., S. 419-438.
103) Schweizerischer Landesbericht zuhanden der UMO-Weltkonferenz über das Altern, 1982, S. 56.

1.5. Die wirtschaftliche Lage der Betagten aus oekonomischer Sicht

1) H. Ehrenberg/A. Fuchs, 1981, S. 49ff..
2) C Offe, 1973^2, S. 158 u.a..
3) H. Ehrenberg/A. Fuchs, 1981, S. 32ff..
4) A.a.O., S. 63.
Die Problematik der neuen Regierungskoalition zeigte sich schon bei den Koalitionsverhandlungen. Vgl. D. Piel in: Die Zeit Nr. 13, 25. März 1983. Uebersicht bei R. Mews, 1983.
5) A. Saxer, 1977^4, S. 24ff.. Vgl. H.P. Tschudi, 1983.
Zur linkssozialistischen Position: J. Steiger, 1977.
6) A. Saxer, 1977^4, S. 24-27.
7) Vgl. z.B. H. Haldimann, 1984. Ausführlich R. Rechsteiner, 1984.
8) W. Schweizer, 1980, I und II.

9) Vgl. R. Frey, 1981.
Uebersicht über Forschungsgeschichte in A. Lüthi, 1983, S. 11-15.
10) A. Lüthi, 1983; P. Gilliand, 1982 und 1983; U. Ernst 1983.
11) P. Gilliand, 1983, S. 22.
12) P. Gilliand, 1982, S. 426.
13) A.a.O., S. 428.
14) Ebenda.
15) A. Lüthi, 1983, S. 203.
16) A.a.O., S. 205.
17) A.a.O., S. 12.
18) P. Gilliand, 1983.
19) A. Lüthi, 1983.
20) U. Ernst, 1983.
21) Vgl. Der Bund, Nr. 171, 27.5.1983, AHV-Renten: Ein Fünftel unter 12'800 Franken.
22) U. Ernst, 1983, S. 159 Grafik 20.
23) A.a.O., S. 162 Grafik 21.
24) A.a.O., S. 160.
25) A.a.O., S. 163f..
26) A.a.O., S. 164.
27) A.a.O., S. 201. Dort Tabelle 24.
28) Vgl. zum Wohlstandsbegriff U. Ernst, 1983, S. 5ff..
29) P. Gilliand, 1982, S. 434ff..
30) W. Schweizer I, 1980, Einkommensgruppen S. 45, Vermögensgruppen S. 88. A. Lüthi, 1983, Einkommensgruppen nach Erwerbstätigkeit S. 206, Vermögensgruppen nach Erwerbstätigkeit S. 207.
31) U. Ernst, 1983, S. 168.
32) A.a.O., S. 169.
33) P. Gilliand, 1982, S. 41; bei den Nichtrentnern etwas differierend.
34) A.a.O., S. 108f..
35) Vgl. dazu W. Schweizer I, 1980, S. 48-53, S. 132ff. und S. 143; P. Gilliand, 1983, S. 92, S. 130-131.
36) W. Schweizer I, 1980, S. 63.
37) Vgl. u.a. Der Bund, Nr. 175, 28.7.84, S. 7, Zweite Säule: Es harzt, aber nur keine Panik.
38) A. Lüthi, 1983, S. 205.
39) Ebenda.
40) A.a.O., S. 207.
41) A.a.O., S. 208-210.
42) P. Gilliand, 1983, S. 302.
43) W. Schweizer I, 1980, S. 68.
44) P. Gilliand, 1983, S. 302.
45) W. Schweizer I, 1980, S. 69.
46) Letzter Satz: Pfarramtserfahrung. Vgl. das bei P. Gilliand, 1983, S. 328ff. zusammengetragene Material.
47) P. Gilliand, 1983, S. 92.
48) W. Schweizer I, 1980, S. 137.
49) Das bekannte Problem des Abstimmungsverfahrens (Summierung der Nein-Stimmen bei Initiative und Gegenvorschlag) führte zur Ablehnung

beider Vorlagen.
Vgl. A. Saxer, 1977[4], S. 117f..
50) W. Schweizer I 1980, S. 137.
51) A.a.O., S. 106ff..
52) A.a.O., S. 155.
53) A.a.O., S. 157.
54) P. Gilliand, 1983, S. 235.
55) P. Gilliand, 1982, S. 451.
56) A. Lüthi 1983, S. 203.
57) Ebenda.
58) A.a.O., S. 204.
59) A.a.O., S. 212.
60) Vgl. a.a.O., S. 136 und W. Schweizer I, 1980, S. 97.
61) W. Schweizer I, 1980, S. 92-94 und S.66.
62) Vgl. J. Meyer, 1974.
63) Vgl. dazu auch P. Gilliand, 1983, S. 135f und Anm. 64).
64) P. Gilliand, 1982, S. 433ff. gibt Ueberblick über die Korrespondenzenanalyse.
65) Bundesgesetz über die Alters- und Hinterlassenenversicherung, 1978.
66) Die 10. AHV-Revision / Sprengen die Frauen die AHV? in: Die Woche, Nr. 26, 1.7.1982, S. 23-27. (Vgl. unter: AHV-Revision).
67) W. Schweizer in: Der Bund, 22.3.1980, S. 2 und P. Gilliand, 1983, S. 177-206.
68) Vgl. oben 1.1.
69) W. Schweizer in: Der Bund, 22 3. 1980, S. 2.
70) Ebenda; vgl. Anm. 35.

1.6. Die Psychologie des Alterns

1) U. Lehr (1972) 1979[4] konzentrierte sich in der Erstauflage ihres Standardwerks auf die Widerlegung der Defizittheorie. Vgl. S. 48ff.. Einen Ueberblick über den Stand der psychologischen Forschung gibt das von uns verwendete Lexikon der Psychologie, Bde. 1-3, Hg. W. Arnold u.a., 1980[2].
2) Vgl. U. Lehr, 1979[4], S. 248-259, 301-305.
3) Vgl. aber auch den Titel eines der besten Werke anfangs der siebziger Jahre: "Das Elend der alten Leute", R. Schenda, 1972.
4) U. Lehr 1979[4], S. 249.
5) Schweizerischer Landesbericht zuhanden der UNO-Welkonferenz über das Altern, 1982, S. 26; Gesundheits- und Fürsorgeplanung des Kantons Bern, 1981, S. 22. Vgl. 1.3., Anm. 20).
6) U. Lehr, 1979[4], S. 251-254.
7) Vgl. weitere Publikationen: Hg. H. Thomae/U. Lehr, 1968; Hg. U. Lehr, 1979; Hg. U. Lehr, 1983 u.a..
8) Hans Thomae zit. nach U. Lehr, 1979[4], S. 300.
9) A.a.O., S. 321.
10) Stark betont bei J. Böger/S. Kanowski, 1982[2], S. 83.

11) Vgl. J. Böger/S. Kanowski, 1982², S. 180ff.; U. Lehr 1979⁴, S. 281-283.
12) Vgl. J.E. Birren, 1974, S. 103ff. und Uebersicht bei K.F. Becker, 1975, S. 31-42.
13) Der Begriff stammt von Hans Thomae.
Vgl. U. Lehr, 1979⁴ im Vorwort zur 3. Auflage 1977.
14) U. Lehr, 1979⁴, S. 97ff.; J.E. Birren, 1974, S. 103-176.
15) K.F. Becker, 1975, S. 34.
16) U. Lehr, 1979⁴, S.86-97; J.E. Birren, 1974, S. 203ff.; J. Wertheimer, 1982, S. 7f..
17) J. Wertheimer, 1982, S. 7.
18) Vgl. U. Lehr, 1979⁴, S. 92f. und G. Sitzmann in Boldern Arbeitsbericht, 1972, S. 17-28.
19) J. Wertheimer, 1982, S.7f.; vgl. J.E. Birren, 1974, S. 227-230.
20) U. Lehr, 1979⁴, S. 86-97; J.E. Birren, 1974, S. 177ff..
21) U. Lehr, 1979⁴, S. 92f..
22) A.a.O., S. 95f..
23) Vgl. a.a.O., S. 137f..
24) A.a.O., S. 133-135 und J.E. Birren, 1974, S. 253-285.
25) U. Lehr, 1979⁴, S. 128ff..
26) A.a.O., S. 139.
27) A.a.O., S. 158-216; J.E. Birren, 1974, S. 233-251.
28) J.E. Birren dazu: "Aeltere Arbeitnehmer besitzen Fertigkeiten, die für die Industrie im allgemeinen meistens nicht mehr zeitgemäss sind (Veralterung der Fertigkeiten). Arbeitslosigkeit ist deshalb im Grunde eher technologischer Natur als die Folge eines Leistungsverlustes des Arbeiters. Ueberflüssigwerden oder Veralterung von Fertigkeiten sollte nicht als Mangel körperlicher und geistiger Fähigkeiten gedeutet werden..." J.E. Birren, 1974, S. 250.
Vgl. U. Lehr, 1979⁴, S. 164f..
29) U. Lehr, 1979⁴, S. 159-163 und 169-176.
30) K.F. Becker, 1975, S. 36f..
31) U. Lehr 1979⁴, S. 140-158. Zur Entwicklungspsychologie vgl. besonders Hg. L. Rosenmayr, 1978.
32) Von uns unterstrichen.
33) J.E. Birren, 1974, S. 15.
34) Vgl. H. Radebold u.a., 1981, S. 38-109; E. Bubolz, 1983, S. 265-267.
35) E. Bubolz, 1983, S. 256f..
36) Vgl. E.H. Erikson, 1978 und derselbe, 1983, S. 28-41.
37) H. Radebold u.a., 1981, S. 38f..
38) E.H. Erkison, 1978, S. 150f. und 214f. u.a..
39) E.H. Erikson, 1983.
40) H. Radebold u.a., 1981, S. 42-49; U. Lehr 1979⁴, S. 184-196 u.a..
41) H. Radebold u.a., 1981, S. 49-54; U. Lehr 1979⁴, S. 158-183 u.a..
42) H. Radebold u.a., 1981, S. 55-65; vgl. U. Lehr, 1979⁴, S. 229-244.
43) H. Radebold u.a., 1981, S. 72-76.
44) U. Lehr, 1979⁴, S. 238-240.
45) Vgl. oben 1.1.

46) H. Radebold u.a., 1981, S. 60; vgl. R. Tartler in Hg. H. Thomae/ U. Lehr, 1968, S. 410-414.
47) U. Lehr, 1979^4, S. 241-243.
48) A.a.O., S. 245.
49) A.a.O., S. 244-248.
50) L. Rosenmayr, zit. nach U. Lehr, 1979^4, S. 234.
51) S. de Beauvoir, 1977, S. 223-234 ist nicht einfach auf die schweizerischen Verhältnisse zu übertragen. Vgl. U. Lehr, 1979^4, S. 196-216.
52) U. Lehr, 1979^4, S. 198-206.
53) A.a.O., S. 206.
54) A.a.O., S. 208.
55) A.a.O., S. 211-216.
56) A.a.O., S. 214.
57) A.a.O., S. 215.
58) A.a.O., S. 208-210.
59) Vgl. U. Lehr, 1979^4, S. 259-272; K.F. Becker, 1975, S.44f.; L. und H. Rosenmayr, 1978, S. 133-157; Die Altersfragen in der Schweiz, 1979, S. 111ff. u.a..
60) L. und H. Rosenmayr, 1978, S. 140-146.
61) U. Lehr, 1979^4, S. 259-262; Schweizerischer Landesbericht zuhanden der UNO-Weltkonferenz über das Altern, 1982, S. 49.
62) U. Lehr, 1979^4, S. 229-235.
63) A.a.O., S. 260.
64) Gesundheits- und Fürsorgeplanung des Kantons Bern, 1981, S. 22.
65) B. Schoene zitiert nach U. Lehr, 1979^4, S. 263.
66) Ebenda.
67) Schweizerischer Landesbericht zuhanden der UNO-Weltkonferenz über das Altern, 1982, S. 47f..
68) K.F. Becker u.a., 1978, S. 99.
69) U. Lehr, 1979^4, S. 275-281.
70) A.a.O., S. 281.
71) A.a.O., S. 281f..
72) Vgl. U. Lehr, 1979^4, S. 298; J. Munnichs in Hg. H. Thomae / U. Lehr, 1968, S. 579-612; K.F. Becker u.a. 1978, S. 98f. und S. 126-128 u.a..
73) K.F. Becker u.a., 1978, S. 126.
74) Ebenda.
75) A.a.O., S. 99.
76) J. Munnichs in Hg. H. Thomae/U. Lehr, 1968, S. 579-612, Zusammenfassung S. 610f..
77) U. Lehr, 1979^4, S. 298.
78) Hg. U. Lehr, 1979, S. VI. Vgl. a.a.O. S. 1-49; U. Lehr, 1982 (Vita Tertia 82); U. Lehr, 1982 (VSA).

2. DER BISHERIGE BEITRAG VON KIRCHE UND THEOLOGIE

2.1. Die Arbeit in den Kirchgemeinden

1) Vgl. die zahlreichen Hilfen für die praktische Gemeindearbeit: F.K. Barth, 1975; K. Bätz u.a., 1976; A. Stiefvater/H. König, 1974-1977 u.a.m. Vgl. unter 6.1. Zur Literatur unten 6..
2) Vgl. U. Koch-Straube, 1979; Boldern Arbeitsberichte, 1971/72.
3) Vita Tertia 82, Ausstellungskatalog, 1982.
4) Wir charakterisieren hier die Situation in der Kirchgemeinde Nidau, BE, die fünf politische Gemeinden umfasst.
5) T. Giger in Der Bund, Nr. 162, 15.7.1982, S. 17.
6) U. Koch-Straube, 1979.
7) A.a.O., S. 7-26.
8) A.a.O., S. 26.
9) Zur "Ringli-Gruppe" Nidau vgl. Einleitung Anm. 6.
10) Vgl. die Neuzugügerschreiben der politischen Gemeinden und der Kirchgemeinden.
11) H. Frisch, 1980, S. 101.

2.2. Beispiele für von Christen oder der Kirche mitgetragene Initiativen in der Altersfrage

1) Vgl. 3.
2) Vgl. die Gesamtdarstellungen der Kirchengeschichte: K. Heussi, 1971[13]; K. Aland I 1980 und II 1982; E. Troeltsch, 1923[3]; und Ueberblick über Geschichte der Diakonie von R. Leudesdorff in Hg. G. Otto, 1975[2], S. 124-131.
3) K. Heussi, 1971[13], S. 42.
4) A.a.O., S. 116f..
5) E. Troeltsch, 1923[3], S. 109-143 und S. 176-178.
6) Vgl. K. Heussi, 1971[13], S. 112-115, 150-153, 172f., 182f. und E. Troeltsch 1923[3], S. 294ff..
7) G.W. Locher, 1979, S. 152f..
8) K. Heussi, 1971[13], S. 317f..
9) Ueberblick bei R. Leudersdorff in Hg. G. Otto, 1975[2], S. 126-130.
10) A.L. Vischer, 1959.
11) A.a.O., S. 14.
12) A.a.O., S. 13f..
13) A.a.O., S. 13.
14) Ebenda.
15) A.a.O., S. 15.
16) A.a.O., S. 37-51.
17) A.a.O., S. 68-107. Natürlich kenne ich auch persönlich einige Stöckli und ihre Bewohner.
18) G. Maurer, 1982.
19) Vgl. oben 1.6.
20) Asyle Gottesgnad, 1883-1886, S. 13-15.

21) A.a.O., S. 5.
22) A.a.O., S. 7-11.
23) A.a.O., S. 11.
24) A.a.O., S. 11f. Vgl. zum Ausschuss für kirchliche Liebestätigkeit Chr. Nöthiger-Strahm, 1981, S. 105-107.
25) Asyle Gottesgnad, 1883-1886, S. 12-15.
26) K. Guggisberg, 1968, S. 426.
27) Asyle Gottesgnad, 1883-1886, S. 4.
28) A.a.O., S. 19.
29) Asyle Gottesgnad, 1888, S. 10.
30) A.a.O., S. 11ff..
31) Asyle Gottesgnad, 1981, S. 3, 12f..
32) A.a.O., S. 51.
33) A.a.O., S. 54-61 und 58f..
34) Pro Senectute/Verein für das Alter, 1917, S. 1.
35) A.a.O., S. 2. Vgl. auch Pro Senectute/Verein für das Alter, 1920-22, S. 1f..
36) Pro Senectute/Verein für das Alter, 1982, S. 1.
37) A.a.O., S. 1.
38) Pro Senectute/Verein für das Alter, 1920, S. 1.
39) Pro Senectute/Verein für das Alter, 1982, S. 1.
40) Pro Senectute/Verein für das Alter, 1922-23, S. 2.
41) Pro Senectute, 1981[5], S. 1f. und 7f..
42) Pro Senectute/Verein für das Alter, 1982, gelbes Beilageblatt.
43) Pro Senectute, 1981, S. 5.
44) Informanten: Pfr. U. Müller, Synodalrat, Bern; Pfr. W. Hirsch, Rüfenacht; ältere Personen aus der Kirchgemeinde Nidau.
45) An die evang.-ref. Kantonalkirchen wurde folgender Brief versandt:

Bernhard Joss, Pfarrer Bern, 7.2.1983
Florastrasse 18

3005 Bern

Tel.: (031) 44 45 10

Sehr geehrte Damen und Herren,

Während eines halben Jahres bin ich zur Zeit von meinen pfarramtlichen Aufgaben beurlaubt, um eine Doktorarbeit zum Thema "Alter/dritter Lebensabschnitt" zu schreiben. Mein Doktorvater ist Herr Prof. Dr. Jan Milič Lochman in Basel.

Zu dieser Arbeit gehört auch eine Bestandesaufnahme bisheriger kirchlicher Arbeit und theoretischer Ansätze in diesem Bereich. Darum bitte ich Sie freundlich, mir folgende Fragen zu beantworten und evt. die dazugehörigen Unterlagen und Adressen zuzustellen:
Hat Ihre Kantonalkirche bisher im Rahmen der Synode / des Kirchen- oder Synodalrates / von Arbeitsgruppen schriftliche Unterlagen / Arbeitspapiere / Verlautbarungen zur Frage des Alters, im speziellen der Altersheim-, Pflegeheim- und Spitalseelsorge, der Gemeindearbeit mit alten Menschen, der Altenbildung u.a.m. erarbeitet?

Gibt es in Ihrer Landeskirche Personen (Pfarrer / Sozialarbeiter / Gemeindehelfer / Diakone / Laien u.a.) und kirchliche Vereine oder Gruppen, die sich auf regionaler oder kantonaler Ebene für die ältere Bevölkerung einsetzen oder sich speziell mit diesem Problem befassen?

Für Ihre Bemühungen danke ich Ihnen im voraus herzlich. Für allfällige Rückfragen stehe ich Ihnen natürlich gerne zur Verfügung.

Herzlich grüsst Sie

Bernhard Joss, pasteur
Mattenstr. 12 B
2562 Port
Tel.: (032) 51 86 93

Port, 21 nov. 1983

Mesdames et Messieurs,

Durant la première demi-année 1983, j'ai été déchargé de mes obligations ecclésiastiques pour écrire une thèse de doctorat s'intitulant "Période de vie du 3ème âge - qu'est-ce que peut faire l'église?" sous direction de M. le Professeur Dr. Jan Milič Lochman à Bâle.

Un inventaire du travail ecclesial accompli jusqu'à présent et des études dans ce domaine est une partie de mon travail. C'est pourquoi je me permets de vous demander amicalement de répondre aux questions ci-après et eventuellement de me remettre les documents et adresses utiles:

1 Votre église a-t-elle reçu des recommandations au plan cantonal, régional ou de la paroisse, des revues, des publications données par les autorités de l'église concernant les personnes du 3ème âge. Comment la pastoration des personnes âgées est-elle assumée dans les hômes, les hospitaux et les paroisses? Y a-t-il des efforts de formation des personnes âgées?

2 Y a-t-il des personnes (pasteurs/assistants sociaux/aides de paroisse/diacres/laics etc), des associations chrétiennes ou des groupes laics qui, sur un plan régional ou cantonal, s'engagent en faveur de la population âgée ou s'occupent plus particulèrement de ce problème?

Par avance, je vous remercie pour votre travail. Naturellement, je reste à dispositions pour de plus amples informations.

Cordialement

Schriftliche Antworten erhielt ich: aus dem Wallis (inkl. sämtliche Gemeinden), Jura (inkl. Gemeinden), Bern, Zug, Obwalden, Schwyz, Nidwalden, Basel-Land, Freiburg, Aarau, Luzern, Graubünden, Zürich, Uri, St. Gallen, Glarus, Neuenburg, zudem einige Telefonanrufe.

46) Hg. Kirchl. Zentralverwaltung Bern, 1983:
"Art. 179
[1] Die Kirche setzt sich in besonderer Weise für die Betagten ein.
[2] Sie nimmt ihre Bedürfnisse und Ansprüche ernst und trägt durch die Arbeit mit ihnen dazu bei, dass sie ihre Glaubensprobleme bewältigen und das Alter sinnvoll gestalten können.
[3] Sie bemüht sich darum, dass die Betagten auch nach Ausscheiden aus dem Berufsleben einen Platz in Kirche und Gesellschaft behalten und mit ihren besonderen Gaben wirken können."
47) R. Campiche/C. Bovay, 1983.
48) Konferenz der evang.-reform. Kirchgemeinden des Kantons Schwyz, Brief vom 21.2.1983.
49) Evangelisch-reformierte Kirche des Kantons Basel-Landschaft, Brief vom 14.2.1983.
50) Evangelisch-reformierte Landeskirche des Kantons Aargau, Brief vom 9.2.1983.
51) Pfr. J. Brunnschweiler, evang.-ref. Pfarramt Zug, Briefe vom 29.3.1983 und 15.4.1983.
52) Vgl. Boldern Arbeitsberichte, im speziellen 1971/72.
53) Brief von Pfr. Dr. Paul Frehner vom 29.4.83 und vgl. P. Frehner, 1983.
54) Brief von Pfr. Dr. Theophil Vogt, 3.3.1983.
55) Sommer 1983.
56) Synode 72, Diözese Basel, 1975.
57) A.a.O., S. 4f..
58) A.a.O., S. 40.

2.3. <u>Der gegenwärtige Stand der theologischen Forschung zum Thema "Alter"</u>

1) U. Koch-Straube, 1979.
2) K. Hildemann, 1978.
3) E. Engelke, 1980.
4) G. Schmalbrock/V. Schoisswohl, 1982.
5) Hg. W. Jentsch u.a., 1977[3], S. 497-515.
6) Evangelische Impulse, Zeitschrift für die Arbeit mit alten Menschen vgl. Nr. 2, April 1984, mit dem Thema Wohnen im Alter.
7) A. Stiefvater/H. König, 1974-1977.
8) M. Schmid/W. Kirchschläger, 1982.
9) F.-J. Hungs, 1978.
10) H. Faber, 1983.
11) P. Grubbe, 1984.
12) K.F. Becker, 1975; vgl. 1973[2]; 1977; 1978; in: Hg. U. Lehr, 1983, S. 87-101; mit R. Schmitz-Scherzer, 1982.
13) Hg. J. Schmauch, 1978.
14) K.F. Becker u.a., 1978.
15) A.a.O., S. 31ff..
16) A.a.O., S. 25.
17) Von röm.-kath. Seite:

Vorzüglich Hg. H. Gastager u.a., Praktisches Wörterbuch der Pastoralanthropologie, 1975, S. 26-36. Hg. F.X. Arnold u.a., Handbuch der Pastoraltheologie II/1, 1971², S. 110-133; III, 1972², S. 529-535; IV, 1969, S. 285-297.
Von evangelischer Seite:
Hg. G. Otto, Praktisch-Theologisches Handbuch, 1975².
Hg. P.C. Bloth u.a., Handbuch der Praktischen Theologie, Bd. 2, 1981; Bd. 3, 1983.
Hg. H. Ammer u.a., Handbuch der Praktischen Theologie, vor allem Bd. 3, 1978.

18) K.F. Becker, 1975; 1977; K.F. Becker u.a., 1978; Hg. H. Hild, 1974; Hg. J. Matthes, 1975; Wittkowski J./Baumgartner I., 1977; R. Gray/ D. Moberg, 1977², Evang.-ref. Kirche des Kantons Basel Stadt, 1969; G. Schmidtchen, 1973; u.a..

19) K. Barth, KD III/2, 1974³, S. VIIf..
"Aber die Zeit scheint noch nicht da zu sein, wo der Dogmatiker sich darum mit gutem Gewissen und Vertrauen auf die Ergebnisse seiner alt- und neutestamentlichen Kollegen beziehen können wird..." S.VII.

20) L. Köhler, (1953) 1976, S. 2f..

21) A.a.O., Inhalt (ohne Seitenzahl).

22) H.W. Wolff, 1973. Dort ein Forschungsüberblick S. 14-17.

23) A.a.O., S. 21-123 vor allem.

24) A.a.O., S. 125-230.

25) Besonders dienlich waren uns: F. Crüsemann, 1983; H. Schüngel-Straumann, 1973; F.-L. Hossfeld, 1982, mit umfassender Literaturübersicht; eine Literaturliste von Jürgen Kampmann aus dem Dekalog-Seminar, SS 1980, von Prof. E. Jenni, Basel; Schalom Ben-Chorin, 1979; H.G. Reventlow, 1962; G. Ebeling, 1973; H. Gese, 1974; J.J. Stamm, 1962²; H.-J. Boecker, 1976.
Zum Elterngebot: B. Lang, 1977; R. Albertz, 1978.

26) W.G. Kümmel, Neuausgabe 1974; vgl. Literaturverzeichnis S. 226f..
Besonders dienlich für die neutestamentliche Arbeit war uns H. Conzelmann/A. Lindemann, Arbeitsbuch zum Neuen Testament, 1982⁶.

27) Von den Theologien dienten uns besonders:
Nach wie vor grossartig R. Bultmann, (1958) 1968⁶; W.G. Kümmel, (1969) 1972²; L. Goppelt, (1976) 1978³; E. Lohse, 1974 u.a..
Zu Jesus: E. Schillebeeckx, (1975) 1980⁷; G. Bornkamm 1971⁹; J. Jeremias, 1971; E. Schweizer, (1968) 1970² u.a..
Zu Paulus: G. Bornkamm, 1969²; G. Eichholz, 1972; E. Käsemann 1968³; 1972²; 1974³; U. Wilckens, 1978, 1979, 1982, u.a..
Zur Ethik: W. Schrage, 1982.

28) Vgl. etwa:
Zum Thema "Leiden": G. Gerstenberger/W. Schrage, 1977 u.a..
Zum Thema "Tod": E. Jüngel (1971) 1973³ u.a..
Zum Thema "Auferstehung": U. Wilckens 1970 u.a..

29) Zur Soziologie: G. Theissen, (1977) 1981³; 1979; 1974; Hg. W.A. Meeks, 1979.
Zur Ekklesiologie: E. Schweizer, 1959; Ueberblick bei H. Conzelmann/ A. Lindemann, 1982⁶, S. 394-442 mit Literatur.

30) Vgl. unten 4.2.
31) Hg. G. Krause/G. Müller, TRE, Bd. 12, 1984, S. 524-532.
Hg. T. Schober u.a., Evangelisches Soziallexikon, (1954) 1980[7], S. 14-21.
Hg. A. Klose u.a., Katholisches Soziallexikon, (1964) 1980[2], S. 50-55.
Meines Wissens erschienen Artikel über das Altern vor allem in EK. EK Nr. 10, Okt. 1971, S. 560-564, "Alter als Neuanfang" war einer der ersten Uebersichtsartikel unter Berücksichtigung der gerontologischen Forschung. In Diakonia erschienen mehrere Aufsätze, jedoch mehr aus praktisch-theologischer Sicht.
32) Besonders diente uns: U. Eibach, 1976; 1977[2].
Uebersicht in: Hg. A. Hertz u.a., Handbuch der christlichen Ethik, Bd. 2, 1979[2], S. 13-112.
33) T. Rendtorff, 1981, S. 175-180.
34) Hg. A. Hertz u.a., 1978-1982.
35) Hg. A. Hertz u.a., Bd. 2, 1979[2], S. 95-112. Vgl. S. 95-97.
36) Hg. A. Hertz u.a., Bd. 3, 1982, S. 290-296, insbesondere 293f..
37) Hg. A. Hertz u.a., Bd. 1, 1979[2], S. 7.
38) J.M. Lochman, 1982 a).
39) N.A. Luyten, 1982; derselbe in P. Gilliand, 1982, S. 279-289.
Vgl. a.a.O. A. Catto, S. 291-296 mit Hinweisen auf die französische Laienbewegung Betagter in der röm.-kath. Kirche.
40) Die Literatur ist jetzt umfassend zugänglich in: W. Pannenberg, 1983; O.H. Pesch, 1983.
41) K. Barth, KD III/1-KD IV/4, (1945) 1970[4]-1967.
42) K. Barth, KD III/2, 1974[3], S. 524-780.
43) Uebersicht bei E. Busch, 1976.
44) O.H. Pesch, 1983.
45) W. Pannenberg, 1983.
46) Hg. K. Raiser, 1983, S. 60 und 71.
47) A.a.O., S. 60.
48) Hg. W. Müller-Römheld, 1983, S.86f., S. 93f., S. 97.

3. DER ALTE MENSCH IM RAHMEN DER ALTTESTAMENTLICHEN ANTHROPOLOGIE

3.1. Einleitende Erwägungen

1) Vgl. C. Westermann, BKAT I/1, 1976², S. 238-244 usw., "Ziel"; Hg. L. Coenen u.a., Theologisches Begriffslexikon zum NT, 1983⁶, Bd. 1, S. VI, "Zur Verkündigung".
2) Für die deutschen Uebersetzungen verwenden wir die folgenden Abkürzungen:
ZB, Zürcher Bibel, Hg. Kirchenrat des Kantons Zürich, 1980¹⁷;
EU, Einheitsübersetzung, Hg. Verlag Katholisches Bibelwerk, Kommentierung von Eleonore Beck, 1980.
JB, Jerusalemer Bibel, Hg. D. Arenhoevel u.a., (1968) 1973⁵.
LB, Bibel nach Uebersetzung M. Luthers, Hg. Württembergische Bibelanstalt, 1963.
UW, Das Neue Testament, übersetzt und kommentiert von U. Wilckens, (1970) 1971².
Vgl. Literaturverzeichnis mit Liste der Abkürzungen.
3) Vgl. unten 3.2. und 4.2.
4) Vgl. unten 3.2.
5) Vgl. unten 4.8. zu 1.Tim.5.
6) P. Stuhlmacher, 1979, S. 206.
7) R. Rendtorff, 1983, S. 80.
8) A.a.O., S. 80ff..
9) ZB.
10) G. von Rad, 1968², S. 47.
11) Vgl. R. Rendtorff, 1983, S. 80ff..
12) R. Rendtorff, 1983, S. 84; R. de Vaux, I, S. 45ff.; W.H. Schmidt, 1979, S. 30; J. Hempel, 1964, S. 68-73; E. Jenni/C. Westermann, Bd. I, 1971, S. 308-313.
13) R. Rendtorff, 1983, S. 84.
14) Ebenda.
15) C. Westermann, 1976², S. 80-82.
16) Vgl. etwa 3.5. und R. Rendtorff, 1983, S. 93.
17) R. Rendtorff, 1983, S. 84.
18) R. de Vaux, I, 1964², S. 50f..
19) A.a.O., S. 46f..
20) K.F. Becker, 1975, S. 59-61.
21) G. von Rad, Bd. I, 1969⁶, S. 289f..
22) A.a.O., S. 288-290.
23) K.F. Becker, 1975, S. 59f..
24) R. Rendtorff, 1983, S. 89.
25) ZB.

3.2. Lebenserwartung und Lebensabschnitte

1) Vgl. L. Köhler, 1976, S. 27-33; H.W. Wolff, 1973, S. 177-189 und die dort angeführte Literatur.
2) 1.Mos.5,5 EU; 1.Mos.5,24 ZB.
3) C. Westermann, 1976^2, S. 468-490, S. 488. Vgl. auch W. Zimmerli, 1967^3, S. 247ff..
4) G. von Rad, 1972^9, S. 47.
5) Ebenda.
6) L. Köhler, 1976, S. 30; H.W. Wolff, 1973, S. 177-179.
7) H.W. Wolff, 1973, S. 178. H.W. Wolff errechnet diese Zahlen auf Grund der Chronologie von A. Jepsen.
8) Zum Begriff vgl. 1.1. Eine eigene grobe Schätzung.
9) Vgl. M. Noth, 1982^4, S. 63.
10) EU. Der Vers gibt erhebliche Schwierigkeiten, vgl. C. Westermann, 1976^2, S. 509-512.
11) LB.
12) ZB. Vgl. H.W. Wolff, 1973, S. 185.
13) Vgl. H.W. Wolff, 1973, S. 178f.. Jos.24,29; Hi.42,16; 2.Chron.23,15.
14) H.W. Wolff, 1973, S. 179.
15) A.a.O., S. 180f.; L. Köhler, 1976, S. 32f..
16) H.W. Wolff, 1973, S. 180 Anm. 10.
17) L. Köhler, 1976, S. 32f..
18) A.a.O., S. 48f..
19) 2.Mos.20,5b-6.
20) ZB.

3.3. Die Gottesebenbildlichkeit des Menschen

1) E. Jüngel, 1975, S. 342 u.a..
2) ZB. Vgl. 1.Mos.5,3; 9,6; Ps.8.
3) Vgl. Forschungsbericht C. Westermann, 1976^2, S. 197-222. Anders A. Peters, 1979.
4) K. Barth, KD III/1, 1970^4, S. 202-233, vor allem 206f.. Vgl. J.J. Stamm, 1956.
5) K. Barth, KD III/1, 1970^4, S. 224f.. Gute Zusammenfassung bei O. Weber, Bd. 1, 1972^4, S. 615-639.
6) O. Weber, Bd. 1, 1972^4, S. 623-625.
7) Vgl. J.J. Stamm, 1956.
8) ZB; Vgl. H.W. Wolff, 1973, S. 234-237.
9) K. Barth, KD III/2, 1974^3, S. 390ff..
10) W. Huber/H.E. Tödt, 1977, S. 189f..
11) K. Barth, KD III/1, 1970^4, S. 206f. u.a..
12) H.W. Wolff, 1973, S. 239-242.
13) C. Westermann, 1976^2, S. 210ff. Vgl. 1.Mos.2,15.
14) Vgl. H.W. Wolff, 1973, S. 238ff..
15) ZB.

16) EU. Aufgepasst auf die spezielle Rolle, die hier die Weisheit erhält! Vgl. Weish.2,23 und Sir.17,3.
17) E. Jüngel, 1976, S. 129.
18) H.G. Pöhlmann, 1977, S. 21.
19) Vgl. W. Huber/H.E. Tödt, 1977, S. 186-193; J. Moltmann, 1979, S. 19-28; J.M. Lochman/J. Moltmann, 1977[2], S. 61 u.a..
"Wenn wir erklären, dass unsere Menschheit zum Ebenbild Gottes geschaffen ist, anerkennen wir
- die gleiche Würde und Interdependenz von Mann und Frau;
- die Gleichwertigkeit und Interdependenz von individuellen Rechten (Freiheit und Würde) und sozialen Rechten (Gerechtigkeit und Gemeinschaft);
- die gleiche Würde und Interdependenz der jetzigen Generation und zukünftiger Generationen im verantwortlichen Umgang mit der Natur."
(A.a.O., S. 61f.).

3.4. Abraham

1) H. Zwingli, Hg. O. Farner, 1940;
"Von Clarheit und Gewüsse oder Unbetrogliche des Worts Gottes, von Huldrychen Zwingli gethon und beschriben zuo Zürich im 1522. Jar." (S. 63-119); S. 78f..
2) UW.
3) C. Westermann, 1981, S. 8.
4) G. von Rad, 1972[9], S. 196.
5) Vgl. W.H. Schmidt, 1979, S. 48.
6) G. von Rad, 1972[9], S. 196.
7) A.a.O., S. 125f,; C. Westermann, 1981, S. 11-51.
8) Vgl. vor allem C. Westermann, 1981, S. 74-87 zur Erforschung der Lebensweise des Nomadentums.
9) H. Donner, 1984, S. 73-84 fasst den heutigen Forschungsstand zusammen; speziell S. 78ff..
10) Vgl. z.B. unten zu Sara's Lachen, 1.Mos.18,12, aber auch den Konflikt Sara - Hagar 1.Mos.16 u.a..
11) G. von Rad, 1972,[9], S. 117-120.
12) ZB.
13) C. Westermann, 1981, S. 153 bestimmt 1.Mos.11,27a und 32 und 12,4b-5 als priesterschriftlich.
14) Ebenda, 1.Mos.11,27b-30 und 12,1-4a als jahwistisch bestimmt.
15) ZB.
16) C. Westermann, 1981, S. 158.
17) Zum Problem des geographischen Zusammenhangs (Haran, Ur-Kasdim) vgl. C. Westermann, 1981, S. 153ff.; H. Donner, 1984, S. 81f. und G. von Rad, 1972[9], S. 120.
18) Vgl. neben den Kommentaren auch die Theologien zur Stelle. Wichtig ist, dass 1.Mos.12,6-9 nicht als unwesentlicher Anhang verstanden wird; C. Westermann, 1981, S. 167.
19) ZB.

20) C. Westermann, 1981, S. 170f..
21) A.a.O., S. 171.
22) A.a.O., S. 172.
23) Dies ist die Bedeutung von Segen. Vgl. E. Jenni/C. Westermann, Bd. I, 1971, S. 353-376; vor allem S. 366ff. und IV.1.b).
24) ZB. Die Landverheissung ist eine Vorwegnahme des Jahwisten, sie kann nicht auf die Väterzeit zurückgeführt werden; C. Westermann, 1981, S. 180.
25) Uebersetzung G. von Rad, 1972[9], S. 140.
26) ZB. Vgl. C. Westermann 1981, S. 301-328 u.a..
27) ZB. Vgl. C. Westermann, der v1a und 9ff. von vv1b-8 scheidet; C. Westermann, 1981, S. 332-334.
28) C. Westermann, 1981, S. 323 zu 1.Mos.17,17.
29) ZB.
30) C. Westermann, 1981, S. 340-343.
31) ZB. Zur Quellenfrage a.a.O., S. 404ff..
32) A.a.O., S. 324f..
33) ZB.
34) G. von Rad, 1972[9], S. 189f..
35) A.a.O., S. 189, im Anschluss an Jacob.
36) W. Zimmerli, 1976, S. 114.
37) ZB.
38) Dies hat vor allem C. Westermann, 1981, S. 447 u.a. herausgearbeitet.
39) Vgl. C. Westermann, 1981, S. 432f. zur Auslegungsgeschichte und W. Zimmerli, 1976, S. 112-114.
40) Vgl. unten 5.
41) G. von Rad, 1972[9], S. 191.
42) C. Westermann, 1982, S. 446-448.
43) A.a.O., S. 444.
44) Vgl. Exkurs a.a.O., S. 437f..
45) A.a.O., S. 437.
46) Vgl. E. Beck in EU zur Stelle.
47) ZB.
48) Vgl. C. Westermann, 1981, S. 450.
49) A.a.O., S. 456f..
50) A.a.O., S. 469f..
51) G. von Rad, 1972[9], S. 203.
52) Ebenda.
53) ZB.
54) Vgl. unten 3.12.
55) ZB. Vgl. C. Westermann, 1981, S. 256.
56) Vgl. Gal.3,6f.; Jak.2,21-23.
57) Vgl. Röm.4,24 und unten 4.7.

3.5. Das Büchlein Ruth

1) Die früheren Interpretationen in diese Richtung (H. Gunkel, P. Humbert u.a.), die vor allem auf die Treue Ruth's grosses Gewicht legten, werden heute grösserenteils abgelehnt. Vgl. G. Gerleman, 1981^2, S. 5f.; W. Rudolph, 1962, S. 27ff..
2) Vgl. 4.Mos.22-24 Balak und Bileam; 5.Mos.2,8-17; Ri.3,11bff.; 2.Sam.8,2. David "schlug auch die Moabiter... So wurden die Moabiter Davids Untertanen, die ihm Tribut entrichten mussten." ZB; 1.Kön.11,7.33 Salomos Abgötterei; 2.Kön.3,1ff. der Feldzug Jorams von Israel gegen die Moabiter u.a..
3) Anders die Edomiter und Aegypter: Eine Aufnahme ist von der dritten Generation an möglich; 5.Mos.23,1-8.
4) Darin sehe ich den Stellenwert dieses früheren Argumentes, das ja auch bei einer vorexilischen Datierung des Büchleins Ruth nicht einfach hinfällig ist. Vgl. Esr.9-10; Neh.13,23-30.
5) H. Gunkel, zit. nach W. Rudolph, S. 31.
6) ZB. Aehnlich W. Rudolph, 1962, S. 32f. und 49; H.W. Hertzberg, 1969^4, S. 259.
7) So schon A. Bertholet; vgl. W. Rudolph, 1962, S. 49.
8) G. Gerlemann, 1981^2, S. 5-11, vor allem S. 7ff..
9) Vgl. a.a.O., S. 9.
10) ZB.
11) Vgl. G. Gerlemann, 1981^2, S. 20; H. W. Hertzberg, 1969^4, S. 264; W. Rudolph, 1962, S. 43.
12) Vgl. R. de Vaux, Bd. I, 1964^2, S. 77; H.W. Wolff, 1973, S. 269 unter vielen anderen.
13) ZB.
14) 5.Mos.10,18, ZB; vgl. 14,29; 16,11; 24,17; 26,12f.; 27,19.
15) Vgl. Jes.1,17.23; Jer.5,28; 7,6; 22,3; Ez.22,7 u.a..
16) Vgl. Ps.94,6; 146,9 u.a..
17) Zum speziellen Begriff Rt.1,8 vgl. W. Rudolph, 1962, S. 41. Sind die Väter schon tot, oder leben die Frauen in einem Sonderraum?
18) Rt.1,11.
19) H.W. Hertzberg, 1969^4, S. 264: "... es ist ein Herausgehen aus dem Rechtsverband des eigenen Volkes und Glaubens einschliesslich des Rechtes auf eine Bestattung im Familiengrab...".
20) Rt. 1,12f..
21) W. Rudolph, 1962, S. 41f..
22) Vgl. G. Stählin, 1973, S. 433-436.
23) Rt.2,1ff..
24) Zur Leviratsehe: W. Rudolph, 1962, S. 61-63; R. de Vaux, Bd. I, 1964^2, S. 72-74; H.W. Wolff, 1973, S. 247 und 271; u.a..
25) EU.
26) W. Rudolph, 1962, S. 62.
27) Vgl. auch G. von Rad, 1968^2, S. 110f..
28) 1.Mos.38,8f..
29) Vgl. G. von Rad, 1972^9, S. 293f..
30) Ebenda.

31) Vgl. E. Beck in EU zur Stelle.
32) 5.Mos.25,5.
33) So W. Rudolph, 1962, S. 62f..
34) Rt.4,5.10.
35) W. Rudolph, 1962, S. 63-65; R. de Vaux, Bd. I 1964[2], S. 48-50; J.J. Stamm in E. Jenni/C. Westermann, Bd. I, 1971, S. 383-394.
36) J.J. Stamm, a.a.O., S. 384f..
37) EU.
38) So W. Rudolph, 1962, S. 63f..
39) A.a.O., S. 64.
40) Rt.4,3ff.; W. Rudolph, 1962, S. 65.
41) Rt.4,3f..
42) Rt.4,4f..
43) Rt.4,6.
44) Rt.4,8-10.
45) Rt.4,11f..
46) Als Löser wird Jahwe vor allem in Deutero- und Tritojesaia bezeichnet, d.h. in exilisch-nachexilischer Zeit, hier im Büchlein Ruth erscheint der theologische Gebrauch nicht. Vgl. J.J. Stamm in E. Jenni/C. Westermann, Bd. I, 1971, S. 387ff..
47) H.W. Hertzberg, 1969[4], S. 264f.:
"Es ist durchaus wahrscheinlich, dass diese Parallele von dem Verfasser des Buches Ruth bedacht worden und zu seiner Sinndeutung heranzuziehen ist."
48) Rt.1,1-5.
49) Rt.1,6-19a.
Einer klaren szenischen Gliederung entsprechen ebenso kunstvolle Anschlüsse der jeweils folgenden Szene an den letzten Satz.
Vgl. Rt.1,19a Bethlehem, 1,19b Ankunft in Bethlehem; Rt.1,22 Beginn der Gerstenernte, 2,2 Ruth will Aehrenlesen gehen.
50) Vgl. G. Gerlemann, 1981[2], S. 18f..
51) Vgl. oben.
52) Rt.1,19b-22; vgl. anders W. Rudolph, 1962, S. 44.
53) Rt.1,20f..
54) Vgl. W. Rudolph, 1962, S. 44f.; Rt.1,20.
55) Rt.1,21.
56) Gegen W. Rudolph, 1962, S. 33.
57) Was ja ganz alttestamentlich, aber heute eben viel schwieriger geworden ist.
58) Zum Recht des Aehrenlesens vgl. 3.Mos.19,9f.; 5.Mos.24,19-21 und dazu oben.
59) Sehr schöne Darstellung bei H. Haag, 1980, S. 21-23.
60) EU.
61) Deutung W. Rudolph's, 1962, S. 51 überzeugt nicht.
62) Rt.2,22.
63) Rt.2,23.
64) W. Rudolph, 1962, S. 53.
65) Vgl. H.W. Hertzberg, 1969[4], S. 274f..

66) Immer noch machen hier die Kommentare die leidige Trennung von Eros und Agape, so H.W. Hertzberg, 1969^4, S. 276.
67) Gleichzeitig hat H.W. Hertzberg, a.a.O., die Szene sorgfältig auf ihren erotischen Gehalt analysiert.
68) EU.
69) Rt.4,13-17.
Rt.4,18-22 sind späterer Zusatz; vgl. G. Gerlemann, 1981^2, S. 38, W. Rudolph, 1962, S. 71f.; H.W. Hertzberg, 1969^4, S. 283.
70) EU. Ist es nicht genau dies, was heute den Betagten so oft fehlt?
71) So vor allem noch die frühere Exegese.
72) EU.
73) Vgl. Zitat von G. von Rad bei G. Gerlemann, 1981^2, S. 38f.:
"Wenn wir jetzt zurückblicken auf das, was uns diese alte Geschichte gelehrt hat, so haben wir eigentlich dauernd ein grosses Pauluswort umkreist: 'Euer Leben ist verborgen mit Christo in Gott' (Kol.3,3). Wenn wir dieses Wort von unserer alttestamentlichen Geschichte her auslegen, so heisst das: Dieses unser Leben, das Gott so positiv ansieht, dass er es für seine ewigen Zwecke gebrauchen kann, das in seinen Augen etwas so Reelles ist, dass es sich sogar als Pfeiler im Tempel Gottes verwenden lässt - das ist uns verborgen. Aber es ist da, weil Christus da ist. Ist nicht unser christliches Lamento über die Nichtigkeit unseres Lebens oft ein sehr unchristliches Gerede? Sollte uns nicht vielmehr ein Hochgefühl erfüllen, dass er unser Leben brauchen will - vielleicht sogar zu seiner grossen Ernte; so, wie auch die Ruth gleich hat mithelfen dürfen bei der Ernte, die gerade in Israel im Gange war" (G. von Rad, Ev. Th. 12, 1952/53, 6)".
74) Zum Levirat: R. de Vaux, Bd. I, 1964^2, S. 73f..
Zum Löserrecht: J.J. Stamm in E. Jenni/C. Westermann, Bd. I, 1971, S. 385f..
75) Vgl. Rt.2,1-17.
76) Rt.2 und 4.

3.6. Das 5. Gebot: Ehre deinen Vater und deine Mutter

1) J.M. Lochman, 1979, S. 16f..
2) J.M. Lochman, 1979, S. 19f.; W. Zimmerli, 1972, S. 95; 2.Mos.20,2.
3) W. Zimmerli, 1972, S. 42ff..
4) Vgl. Literatur bei F.-L. Hossfeld, 1982, S. 285-303.
5) UW.
6) ZB.
7) 5.Mos.5,16; ZB.
8) So z.B. H.G. Reventlow, 1962, S. 60ff..
9) So H. Schmidt, nach H.G. Reventlow, 1962, S. 60.
10) Vgl. H. Schüngel-Straumann, 1973, S. 21f. und H. Gese, 1974, S. 69ff..
11) W.H. Schmidt, 1979, S. 114.
12) H. Gese, 1974, S. 78f. Zusammenfassung.
13) Vgl. 3.Mos.19,4. EU. Vgl. H. Schüngel-Straumann, 1973, S. 68.
14) ZB. Vgl. W.H. Schmidt, 1979, S. 110f.; M. Noth, 1973^5, S. 145f..

15) G. von Rad, 1968², S. 119f..
"Gibt" ist auf Grund des Ausfalls einer Druckzeile zu ergänzen.
16) Vgl. W.H. Schmidt, 1979, S. 111f..
17) ZB.
18) G. von Rad, 1968², S. 120.
19) Ebenda.
20) ZB.
21) J.M. Lochman, 1979, S. 68.
22) ZB.
23) J.M. Lochman, 1979, S. 69.
24) In: A. Alt, 1953, S. 278ff..
25) E. Gerstenberger, 1965. Vgl. H.J. Boecker, 1976, S. 166ff. mit Literatur.
26) So A. Alt, 1953, S. 323.
27) Vgl. die forschungsgeschichtliche Einleitung im Vorwort von E. Gerstenberger, 1965.
28) A.a.O., S. 110-117.
29) A.a.O., S. 112f..
30) F.W. Bargheer, 1972, S. 206. Der Aufsatz ist etwas überspitzt.
31) W.H. Schmidt, 1979, S. 115 u.a..
32) G. von Rad, 1969⁶, S. 203ff..
33) H.G. Reventlow, 1962, S. 61ff..
34) A.a.O., S. 66.
35) Vgl. dazu F.-L. Hossfeld, 1982, S. 60-68.
36) Vgl. dazu H. Schüngel-Straumann, 1973, S. 72.
37) Vgl. ebenda. ZB.
38) ZB.
39) H.W. Wolff, 1974, S. 91.
40) Anders F.-L. Hossfeld, 1982, S. 283f. und seine These.
41) F. Crüsemann, 1983.
42) A.a.O., S. 26f. Vgl. S. 16ff..
43) A.a.O., S. 79. Vgl. S. 28ff..
44) A.a.O., S. 20.
45) M. Noth, 1973⁵, S. 133.
46) Vgl. E. Gerstenberger, 1965.
47) Vgl. R. Albertz, 1978, S. 348f. und dortige frühere Literatur.
48) ZB.
49) Vgl. oben 3.1.
50) Vgl. F.-L. Hossfeld, 1982, S. 26-32.
51) Vgl. W. Zimmerli, 1972, S. 95f..
52) Vgl. M. Noth, 1973⁵, S. 131.
53) Vgl. 5.Mos.6,5.
54) K. Barth, KD III/4, 1969³, S. 271f..
55) J.M. Lochman, 1979, S. 73f..
56) Vgl. M. Luther, Bd. 3, 1961, S. 49:
"Daneben wäre auch wohl den Eltern und was ihr Amt führet, zu predigen, wie sie sich gegen die halten sollen, die ihnen zu regieren befohlen sind. Welches, obwohl es in den Zehn Geboten nicht ausdrücklich stehet, doch sonst an vielen Orten der Schrift reichlich geboten ist. Auch

will es Gott eben in diesem Gebote mit inbegriffen haben, wenn er Vater und Mutter nennet;..."

57) Vgl. J.M. Lochman, 1979, S. 73ff..
58) ZB.
59) Vgl. E. Jenni/C. Westermann, Bd. I, 1971, S. 797.
60) Ebenda.
61) A.a.O., S. 798.
62) A.a.O., S. 797 und 801f..
63) A.a.O., S. 801.
64) Ebenda. Vgl. Spr.3,9.
65) R. Albertz, 1978, S. 354f..
66) A.a.O., S. 355.
67) Vgl. E. Jenni/C. Westermann, Bd. I, 1971, S. 765ff; S. 768.
68) A.a.O., S. 769ff..
69) R. Albertz, 1978, S. 356-364 und B. Lang, 1977, S. 149-156.
70) EU. R. Albertz, 1978, S. 364.
71) Tob.4,1ff..
72) Sir.3,1ff..
73) Vgl. unten 4.2.
74) G. Beer, zit, nach J.J. Stamm 1962[2], S. 51f..

3.7. Die Lebensgeschichte im Alter

1) 5.Mos.30,19f..
2) Vgl. C. Westermann, 1981, S. 525-542 und G. von Rad, 1972[9], S. 219-226.
3) 1.Mos.27,1. Uebersetzung C. Westermann, 1981, S. 525.
4) 1.Mos.27,19.
5) 1.Mos.27,21.
6) C. Westermann, 1981, S. 529.
7) 1.Mos.25,29-34.
8) 1.Mos.27,33.
9) C. Westermann, 1981, S. 531f.; E. Jenni/C. Westermann, Bd. I, 1971, S. 353ff..
10) C. Westermann, 1981, S. 530.
11) Vgl. vor allem 1.Mos.25,28! "Isaak hatte den Esau lieber, weil er gern Wildbret ass; Jakob aber war der Liebling Rebekkas." ZB.
12) 1.Mos.27,8-10.19f..
13) 1.Mos.27,16.21-23.
14) 1.Mos.27,22.
15) 1.Mos.27,27.
16) Uebersetzung C. Westermann, 1981, S. 527.
17) 1.Mos.27,34.
18) Vgl. C. Westermann, 1982, S. 199-219 und G. von Rad, 1972[9], S. 337-344.
19) 1.Mos.48,1-2.
20) 1.Mos.48,10.
21) 1.Mos.48,14.

22) 1.Mos.48,17-19. Uebersetzung C. Westermann, 1982, S. 201 und ZB.
23) Vgl. H.W. Wolff, 1973, S. 150-152.
24) ZB. Vgl. G. von Rad, 1972[9], S. 283ff. und C. Westermann, 1982.
25) ZB.
26) 1.Mos.35,16-20.
27) 1.Mos.37,35 ZB. 1.Mos.42,38 ZB. 1.Mos.43,14 ZB.
28) ZB.
29) 1.Mos.45,26.
30) ZB.
31) 1.Mos.46,1ff..
32) Vgl. H.J. Stoebe, 1973, S. 84-137.
33) A.a.O., S. 110ff..
34) 1.Sam.2,15f.. Die Ueberlieferung ist wohl verschieden alt.
35) 1.Sam.2,29.
36) 1.Sam.2,22.
37) 1.Sam.2,22-25.
38) 1.Sam.2,27-36.
Die prophetische Ueberlieferung hebt sich vom Vorangehenden deutlich ab, ist aber wohl auch Komposition.
39) ZB. Zur kniffligen Analyse vgl. H.J. Stoebe, 1973, S. 117ff..
40) 1.Sam.3,1ff..
41) ZB. 1.Sam.3,18.
42) 1.Sam.4,12-18.
43) 1.Sam.4,13.
44) 1.Sam.4,13-17.
45) ZB.
46) Vgl. H.J. Stoebe, 1973, S. 84ff..
47) Ebenda; S. 113.
48) R. Rendtorff, 1983, S. 180.
49) H.J. Stoebe, 1983, S. 86f..
50) A.a.O., S. 84; S. 113.
51) ZB.
52) Vgl. zum "Kerygma des deuteronomistischen Geschichtswerks" H.W. Wolff, 1964, S. 313f..
53) 1.Kön.11,1ff. Vgl. M. Noth, 1968, S. 239ff..
54) 1.Kön.3,5ff..
55) 1.Kön.3,16-28; 5,9-14.
56) Vgl. M. Noth, 1968, S. 247ff..
57) ZB.
58) Vgl. oben.
59) Vgl. oben. Wir haben allgemein mit vielen Augenkrankheiten in der damaligen Zeit zu rechnen.
60) 2.Sam.19,36.
61) Vgl. oben.
62) 1.Kön.1,1. Vgl. unten.
63) Vgl. unten 3.10.
64) ZB.
65) Vgl. Lit. bei R. Rendtorff, 1983, S. 36 und 39.
66) 2.Sam.15 und 17,24ff..

67) 2.Sam.17,27.
68) Vgl. M. Noth, 1969[7], S. 185; H. Donner, 1984, S. 213.
69) 2.Sam.19,32ff..
70) 2.Sam.19,33.
71) 2.Sam.19,34.
72) ZB.
73) 1.Kön.1,1. M. Noth, 1968, S. 13. L. Ruppert, 1976, S. 273.
74) M. Noth, 1968, S. 13.
75) L. Ruppert, 1976, S. 273.
76) 1.Kön.1,4. ZB.
77) Vgl. M. Noth, 1968, S. 14.
78) Ebenda.
79) 1.Kön.1,5-10.
80) 1.Kön.1,11-40.
81) Vgl. M. Noth, 1968, S. 14ff. und S. 39-41.

3.8. Ruhe und Arbeit im Alter

1) Johannes Paul II, Papst, 1981.
2) J.M. Lochman, 1978a); Hg. Luise Schottroff/Willy Schottroff, 1983 mit Literatur.
3) J.M. Lochman, 1982 a).
4) Vgl. C. Westermann, 1976[2], S. 245-380; G. von Rad, 1972[9], S. 50ff..
5) 1.Mos.2,15.
6) Vgl. K. Barth, KD III/4, 1969[3], S. 538ff..
7) 1.Mos.2,16; 3,17.
8) C. Westermann, 1976[2], S. 302.
9) A.a.O., S. 300; schon G. von Rad, 1972[9], S. 56.
10) A.a.O., S. 301.
11) Vgl. a.a.O., S. 309f..
12) Ebenda.
13) 1.Mos.3,16f..
14) C. Westermann, 1976[2], S. 358.
15) A.a.O., S. 358f..
16) 1.Mos.3,18f..
17) EU.
18) Vgl. C. Westermann, 1976[2], S. 367f..
19) J.M. Lochman, 1982 a), S. 6.
20) Auf die Frage des Sabbat gehen wir hier nur im Bezug auf unser Thema ein.
21) EU.
22) Vgl. K. Barth, KD III/4, 1969[3], S. 548ff..
23) Vgl. oben 3.7.
24) Vgl. oben 3.2.
25) Vgl. 4.Mos.8,26.
26) Vgl. etwa Isai, 1.Sam.17,12ff.: ... der Mann war alt und hochbetagt zu Sauls Zeiten." 1.Sam.17,12. ZB.
27) H.-J. Kraus, 1978[5], S. 1040-1043.

28) Vgl. Ps.1.
29) ZB.
30) Uebersetzung H.-J. Kraus, 1978[5], S. 1040. Vgl. S. 1041.
31) ZB.
32) P. Grubbe, 1984. S. 87.

3.9. Die soziale und politische Stellung der Aeltesten

1) Vgl. Art. "Presbyter", in Hg. L. Coenen u.a., 1983[6], S. 1005.
2) Vgl. H. Donner, 1984, S. 154.
3) G. Bornkamm, 1959, S. 655.
4) Ebenda.
5) Ebenda. Vgl. vor allem M. Noth, 1948, S. 141-143.
6) M. Noth, 1968, S. 265ff..
7) Vgl. 2.Sam.5,3 und M. Noth 1968, S. 272.
8) 1.Kön.12,1-6.8. Die Verse 2-3a sind Zusatz; vgl. M. Noth, 1968, S. 273.
9) M. Noth, 1968, S. 274.
10) ZB.
11) 1.Kön.12,7.
12) M. Noth, 1968, S. 275 zu v8.
13) Ebenda.
14) "41 Jahre alt war Rehabeam, als er König wurde, und siebzehn Jahre regierte er in Jerusalem ..." ZB.
15) H.W. Wolff, 1973, S. 186.
16) 1.Kön.12,15.
17) M. Noth, 1968, S. 276.
18) R. de Vaux, Bd. I, 1964[2], S. 221f..
19) 1.Kön.4,7-19; 5,7.
20) R. de Vaux, Bd. I, 1964[2], S. 222f..
21) L. Köhler, 1976[2], S. 143ff..
22) A.a.O., S. 147.
23) A.a.O., S. 151f..
24) A.a.O., S. 145f.
25) M. Weber, 1971, S. 21.
26) A.a.O., S. 22.
27) G. von Rad, 1968[2], S. 81f..
28) Vgl. M. Webers Begriffe der traditionalen und charismatischen Herrschaft; M. Weber, 1947[3], S. 124 und S. 142ff..
29) EU.
30) Vgl. O. Kaiser, 1981[5], S. 76-83; H. Wildberger, 1972, S. 116-134.
31) EU. Die Uebersetzung ist bei Kaiser neu bearbeitet, aber sprachlich nicht überzeugend.
32) EU.
33) EU. Vgl. O. Kaiser, 1981[5], S. 81 und 77.
34) ZB. Vgl. zur komplexen Form: O. Kaiser, 1981[5], S. 83ff..
35) Vgl. R. Rendtorff, 1984, S. 106f.; W.H. Schmidt, 1979, S. 312-314.
36) EU.

37) Vgl. J.H. Otwell, 1977.
38) A.a.O., S. 132-151.
39) 2.Mos.15,20f.; 4.Mos.12; 20,1; 26,59.
40) Ri.4,1-5,31.
41) Vgl. J.H. Otwell, 1977, S. 132-151.
42) Vgl. oben 3.6.
43) Vgl. H. Ringgren, 1980[3], S. 117-119.
44) Spr. 31,16.
45) Uebersetzung H. Ringgren, 1980[3], S. 118.
46) P. Accoce/P. Rentchnick, 1978.
47) Vgl. zu den grauen Panthern in den USA und Deutschland B. Donicht-Fluck, 1984.

3.10. Das Alter und die Weisheit

1) Uebersetzung F. Horst, 1968, S. 176.
2) Vgl. F. Horst, 1968, S. 191f..
3) ZB.
4) Uebersetzung H. Ringgren/W. Zimmerli, 1980, S. 67.
5) Uebersetzung H. Ringgren, a.a.O., S. 85.
6) Uebersetzung W. Zimmerli, a.a.O., S. 179.
7) Uebersetzung H. Ringgren, a.a.O., S. 70.
8) Uebersetzung W. Zimmerli, a.a.O., S. 192.
9) Vgl. W. Zimmerli, a.a.O., S. 238-243; H.W. Wolff, 1973, S. 183-185.
10) Vgl. das von W. Zimmerli beigebrachte Beispiel einer Beurteilung des Alters aus der Lehre des alten Aegyptens.
"Das Greisenalter ist eingetreten und das Alter herabgestiegen. Die Glieder werden leidend und das Altsein tritt als Neues auf. Die Kraft ist dem Müden zugrunde gegangen. Der Mund schweigt und redet nicht. Die Augen sind kurzsichtig und die Ohren taub ... Das Herz ist vergesslich und erinnert sich nicht mehr an gestern; der Knochen, der leidet am Alter und die Nase ist verstopft und atmet nicht. Mag man stehen oder sitzen, man befindet sich übel. Das Gute ist zu Schlechtem geworden. Jeder Geschmack ist zugrunde gegangen. Was das Alter dem Menschen antut ist, dass es ihm schlecht in allem geht."
H. Ringgren/W. Zimmerli, 1980, S. 239.
11) Vgl. W. Zimmerli, a.a.O., S. 239f..
12) Uebersetzung W. Zimmerli, a.a.O., S. 238.
Zu den Bildern vgl. W. Zimmerli, a.a.O., S. 240-243; H.W. Wolff, 1973, S. 184, Anm. 15-26.
13) H. Ringgren/W. Zimmerli, 1980, S. 241f..
14) Pred. 2,14; 3,19; 8,8; 9,2f..
15) Vgl. dazu G. von Rad, Bd. I, 1969[6], S. 395ff..
16) H.W. Wolff, 1964.
17) EU.
18) ZB.
19) Vgl. K. Seybold, 1978, S. 63-69.

20) Vgl. zur formgeschichtlichen Analyse des Hiobbuches F. Horst, 1968, S. IX-XII.
21) Hi.3-31. Vgl. G. von Rad, Bd, I, 1969[6], S. 422-430.
22) EU.
23) EU.
24) G. von Rad, Bd. I, 1969[6], S. 425.
25) EU.
26) EU.
27) EU.
28) Hi.29,1-31,40.
29) Vgl. Hi.29,1-25.
30) Hi.29,8.
31) Hi.32,1-37,24. Vgl. dazu G. Fohrer, 1963, S. 445ff..
32) EU.
33) Wir verzichten auf eine Darstellung der Antwort Gottes Hi.38,1-41,26 und der mit ihr verbundenen theologischen Probleme.
34) C. Westermann, 1974, S. 251. "zu(m)" m ergänzt.
35) A.a.O., S. 261.
36) Vgl. die Botschaft der Deuterojesaia, Jes.40,1ff..

3.11. <u>Psalm 71 - ein Gebetslied im Alter</u>

1) Eine empirische Untersuchung gibt es dazu meines Wissens nicht. Ich schreibe diese Sätze aus pfarramtlicher Erfahrung.
2) EU.
3) ZB.
4) ZB.
5) H.-J. Kraus, Bd. II, 1978[5], S. 649-654; L. Jacquet, 1977[2], S. 392-405; A. Weiser, 1955[4], S. 337-340; K. Seybold, 1973.
6) Gegen L. Jacquet, 1977[2], S. 393f..
7) H.-J. Kraus, Bd. I, 1978[5], S. 36-41.
8) A.a.O., S. 55-60.
9) Begriff G. von Rads; vgl. a.a.O., S. 51.
10) A.a.O., S. 52.
11) Zur Uebersetzung vgl. die Textkritik bei H.-J. Kraus, Bd. II, 1978[5], S. 651; L. Jacquet, 1977[2], S. 395-397; R.J. Tournay, 1950. Zu den Parallelstellen vgl. auch C.A. und E.G. Briggs, 1907, S. 125f..
12) L. Jacquet, 1977[2], S. 393f..
13) H.-J. Kraus, Bd. II, 1978[5], S. 652.
14) Vgl. L. Jacquet, 1977[2], S. 392f.; H.-J. Kraus, Bd. II, 1978[5], S. 651f..
15) H.-J. Kraus, 1978[5], Bd. I, S. 59 und Bd. II, S. 652.
16) M. Luther, Bd. 1, 1969, S. 83f..
17) Vgl. H.-J. Kraus, Bd. II, 1978[5], S. 652.
18) Vgl. dazu K. Seybold, 1973, S. 74-76.
19) Vgl. H.-J. Kraus, Bd. II, 1978[5], S. 653f..
20) Vgl. Ps.119.
21) M. Luther, Bd. 1, 1969, S. 83-87.
22) K. Barth, KD II/1, 1975[5], S. 433.

3.12. Alter, Sterben und Tod

1) Vgl. zum Thema L. Wächter, 1967; L.R. Bailey, 1979; O. Kaiser, 1977; H.W. Wolff, 1973, S. 150-176; E. Jüngel, 1973[3], S. 78-103; G. von Rad, Bd. I, 1969[6], S. 288-290, 381, 399-403, 417-420; Chr. Barth, 1947.
2) Jes.38,1. Wir verzichten auf eine Synopse, sondern geben die Stellen nach dem Jesaiabuch.
3) Jes.38,2f..
4) Jes.38,4-6.
5) G. von Rad, Bd. I, 1969[6], S. 396ff. unter Verweis auf die bekannte Arbeit von K. Koch.
6) Vgl. L. Wächter, 1967, S. 33-35.
7) Vgl. E. Jüngel, 1973[3], S. 98-101.
8) EU.
9) Vgl. dazu Chr. Barth, 1947, S. 118.
10) ZB.
11) Besonders deutlich bei E. Jüngel, 1973[3], S. 78ff., aber auch bei H.W. Wolff, 1973, S. 150ff..
12) Chr. Barth, 1947, S. 119.
13) A.a.O., S. 121.
14) W. Zimmerli, 1972, S. 57.
15) 5.Mos.28,1. Vgl. dazu M. Noth, 1978[4], S. 169ff. und G. von Rad, 1968[2], S. 121ff..
16) Vgl. G. von Rad, 1968[2], S. 124ff..
17) Vgl. G. von Rad, Bd. I, 1969[6], S. 242.
18) ZB.
19) EU. Vgl. L. Wächter, 1967, S. 56ff..
20) Vgl. a.a.O., S. 59ff..
21) EU.
22) EU.
23) Vgl. L. Wächter, 1967, S. 64ff..
24) A.a.O., S. 64.
25) Abraham 1.Mos.25,8; Isaak 1.Mos.35,29; Hiob Hi.42,17; David 1.Chron.29,28; Jojada 2.Chron.24,15.
26) Bei David wird die Thronnachfolge Salomos erwähnt.
27) Vgl. 1.Mos.49,29-33 und 50,25; 2.Sam.19,38. L. Wächter, 1967, S. 65f..
28) EU.
29) L. Wächter, 1967, S. 69ff..
30) 1. Kön. 2,2 ZB. L. Wächter, 1967, S. 75f..
31) L. Wächter, 1967, S. 71ff.. Dort die zahlreichen Belege.
32) ZB.
33) L. Wächter, 1967, S. 80ff..
34) A.a.O., S. 97ff..
35) Vgl. a.a.O., S. 198-203; H.W. Wolff, 1973, S. 172f.; C. Westermann, Bd. I, 1976[2], S. 245-380, vgl. S. 378.
36) ZB.
37) EU.

38) EU.
39) Vgl. L. Wächter, 1967, S. 98-102.
40) ZB.
41) Vgl. oben Anm. 30) und 31).
42) ZB.
43) K. Seybold, 1973, S. 76; H.-J. Kraus, Bd. I, 1978^5, S. 56f..
44) G. von Rad, Bd. I, 1969^6, S. 400f..
45) Vgl. H.-J. Kraus, Bd. II, 1978^5, S. 771-777.
46) A.a.O., S. 773.
47) Vgl. Ps.88,4.
48) H.-J. Kraus, Bd. II, 1978^5, S. 773.
49) Ps.88,1-3.10.14-15.
50) Ps.88,15.
51) H.-J. Kraus, Bd. II, 1978^5, S. 773.
52) Ps.88,4-9.
53) Ps.88,8.15.
54) H.-J. Kraus, Bd. II, 1978^5, S. 776f..
55) EU.
56) H.W. Wolff, 1973, S. 162ff..
57) EU.
58) Vgl. G. von Rad, Bd. I, 1969^6, S. 418f..
59) Ps. 16,10f. in Apg.2,26ff. u.a..
60) Vgl. O. Kaiser, 1977, S. 70.
61) EU. O. Kaiser, 1977, S. 155, Anm. 240-243.
62) EU. Vgl. G. von Rad, Bd. I, 1969^6, S. 420.
63) E. Jüngel, 1973^3, S. 86-89; H.W. Wolff, 1973, S. 152-154; L. Köhler, 1976, S. 97.
64) E. Jüngel, 1973^3, S. 86f..
65) A.a.O., S. 87.
66) A.a.O., S. 86.
67) G. von Rad, Bd. I, 1969^6, S. 288ff..
68) A.a.O., S. 289.
69) H.W. Wolff, 1973, S. 155-160 im Anschluss an G. von Rad.
70) A.a.O., S. 152-154.

4. DER ALTE MENSCH AUS DER SICHT DER NEUTESTAMENTLICHEN ANTHROPOLOGIE

4.1. Einleitende Erwägung

1) Zur Anthropologie des NT:
W.G. Kümmel, 1974 mit nachgetragener Literatur bis 1974; R. Bultmann, 1968[6] u.a..
Besonders zahlreich sind die Untersuchungen zur paulinischen Anthropologie:
E. Käsemann, 1972[2], S. 9-60 u.a.; W. Schmithals, 1980; K.-A. Bauer, 1971; u.a..
Zur Ethik des NT: W. Schrage, 1982; H.-D. Wendland, 1978[3], u.a..
Weiter sind zu beachten die Artikel im ThWNT und in Hg. L. Coenen u.a., 1983[6].
Zu Einzelfragen ist reiche Literatur erschienen, etwa zur Frage der Ehe, der Frau im NT u.a.m..
Einen Forschungsüberblick geben Hg. G. Strecker, 1983, S. 61ff.. und H. Conzelmann/A. Lindemann, 1982[6].
2) Vgl. unten 4.3..
3) Vgl. unten 4.4., 4.5. u.a..
4) Vgl. unten 4.10. u.a..
5) Vgl. unten 4.7..
6) Vgl. unten 4.9. und 5.6..

4.2. Hinweise auf das Verständnis des Alters in der Umwelt des NT

1) Vgl. dazu P. Billerbeck/H. Strack, 1922-1928, Stellenhinweise nach Registerstichwort "Alter".
2) E. Lohse, 1971, S.83f.; Hg. H. Kippenberg/G. Wewers, 1974, S. 107ff., vor allem S. 157ff..
3) P. Billerbeck/H. Strack, Bd. I 1922, S. 709; Bd. II, 1924, S. 465, 553-555; Bd. III, 1926, S. 516.
4) P. Billerbeck/H.Strack, Bd. II, S. 553.
5) Ebenda.
6) A.a.O., S 554.
7) Eigene Uebersetzung. Vgl. P. Billerbeck/H. Strack, Bd. III, 1926, S. 653; Hg. D. Hoffmann u.a., 1968[3], Teil IV, Aboth V. 21, S. 359.
8) P. Billerbeck/H. Strack, Bd. II, 1924, S. 374; Hg. A. Wünsche, 1967, S. 3f..
9) Hg. A. Wünsche, 1967, S. 3f..
10) Bei den Gebrüdern Grimm erscheint das Bild des Affen in einem Schöpfungsmärchen wieder für den närrischen Alten. Vgl. Hg. H. Bender, 1977, S. 147f.:
"Endlich erschien der Mensch, war freudig, gesund und frisch und bat Gott, ihm seine Zeit zu bestimmen. "Dreissig Jahre sollst du leben", sprach der Herr, "ist dir das genug?" - "Welch eine kurze Zeit!" rief der Mensch, "wenn ich mein Haus gebaut habe und das Feuer auf mei-

nem Herde brennt, wenn ich Bäume gepflanzt habe, die blühen und Früchte tragen, und ich meines Lebens froh zu werden gedenke, so soll ich sterben? O Herr, verlängere meine Zeit." - "Ich will dir die achtzehn Jahre des Esels zulegen", sagte Gott. "Das ist nicht genug", erwiderte der Mensch. - "Du sollst auch die zwölf Jahre des Hundes haben." - "Immer noch zu wenig." - "Wohlan", sagte Gott, "ich will dir noch die zehn Jahre des Affen geben, aber mehr erhälst du nicht." Der Mensch ging fort, war aber nicht zufriedengestellt.
Also lebt der Mensch siebenzig Jahre. Die ersten dreissig sind seine menschlichen Jahre, die gehen schnell dahin; da ist er gesund, heiter, arbeitet mit Lust und freut sich seines Lebens. Hierauf folgen die achtzehn Jahre des Esels, da wird ihm eine Last nach der anderen auferlegt: er muss das Korn tragen, das andere nährt, und Schläge und Tritte sind Lohn seiner treuen Dienste. Dann kommen die zwölf Jahre des Hundes, da liegt er in den Ecken, knurrt und hat keine Zähne mehr zum Beissen. Und wenn diese Zeit vorüber ist, so machen die zehn Jahre des Affen den Beschluss. Da ist der Mensch schwachsinnig und närrisch, treibt alberne Dinge und wird ein Spott der Kinder." (aus "Siebzig Jahre").

11) K.F. Becker, 1975, S. 73. Vgl. oben 3.2..

12) Die Texte sind in Auswahl gut zugänglich bei E. Lohse, 1964.
Abkürzungen:

IQS	Gemeinderegel
IQSa	Gemeinschaftsregel
CD	Damaskusschrift
IQH	Loblieder
IQM	Kriegsrolle
IQpHab	Habakuk-Midrasch

Literatur daselbst S. XXI - XXIII und in H. Küng, 1976, S. 622, Anm. 6.

13) Die Texte sind nach Kap./Versen aufgeführt.

14) IQM VI,13-VII,5.

15) IQM VII,5.

16) IQSa II,5-9.

17) IQSa II,9f..

18) IQSa II,11ff..

19) IQS IV,11ff..

20) CD XIV,12-15.

21) Vgl. H. Küng, 1976, S. 183-192.

22) Hg. C. Andresen u.a., 1965, S. 130, Art. "Alter, Altersstufen".

23) Platon, 1971, I, S. 327-331 (nach Stephanusausgabe).

24) A.a.O., S. 328.

25) A.a.O., S. 329-331.

26) A.a.O., S. 331ff. und durch das ganze Werk.

27) A.a.O., VII, S. 514ff..

28) A.a.O., X, S. 614ff..

29) A.a.O., VII, 535-543. Vgl. Anmerkungen K. Vretska und zum Aufbau des Gesamtwerkes K. Vretska, a.a.O., S. 462f..

30) Hg. C. Andresen u.a., 1965, S. 130.

31) Ebenda. Vgl. zudem Hg. H. Bender, 1977, S. 86f. und 149.

32) Cicero, 1977.
33) A.a.O., X, 33 oder S. 19.
34) A.a.O., V. 15 oder S. 10:
"Und in der Tat, wenn ich mir die Sache überlege, vier Gründe, finde ich, lassen das Alter elend erscheinen: erstens weil es ein tätiges Leben verwehre, zweitens weil es den Körper schwäche, drittens weil es uns fast aller Vergnügungen beraube, viertens weil es nicht mehr weit sei vom Tod.
Jeden dieser Gründe wollen wir nun, wenn es euch recht ist, auf sein Gewicht und seine Berechtigung hin prüfen."
35) A.a.O., XXI. 77 - XXIII. 85 oder S. 40-45.
36) A.a.O., XXIII. 85 oder S. 44.
37) A.a.O., XXIII. 85 oder S. 44f..
Vgl. die Trostschrift für Marcia von Seneca, Hg. H. Bender, 1977, S. 86f..
38) Vgl. Hg. C. Andresen u.a., 1965, S. 130, Art. "Alter, Altersstufen" und dortige Lit..
39) Vgl. dazu unten.
40) Vgl. unten 4.3..

4.3. Die Botschaft von der Gottesherrschaft, dem nahe gekommenen Reich Gottes

1) Die Literatur ist für den nicht auf das NT spezialisierten Exegeten kaum zu überblicken.
Eine Uebersicht über die Lit. geben: E. Schillebeeckx, 1980[7], S. 124f., H. Küng, 1976, S. 625, Anm. 2; H. Merklein, 1981[2], S. 301-329; W. Schrage, 1982, S. 21; u.a.. Hilfreich sind die Theologien des NT (vgl. Hg. G. Strecker, 1983, S. 118), von denen uns besondern dienten: R. Bultmann, 1968[6], S. 1ff.; J. Jeremias, 1971; W.G. Kümmel, 1972[2], S. 29ff.;
Von den Arbeiten zum Thema seien erwähnt: W.G. Kümmel, 1945 und 1965; H. Conzelmann/K. Galling in Hg. K. Galling, RGG[3], Bd. 5, 1961, S. 912-918, Art. "Reich Gottes I"; E. Lohse, 1973, S. 49-61 "Die Gottesherrschaft in den Gleichnissen Jesu"; P. Vielhauer, 1965; J. Becker, 1981, S. 92-117.
Zur systematischen Diskussion: Hg. K. Galling, RGG[3], Bd. 5, 1961, S. 918-929; K. Barth, 1979[2], S. 347ff.; F. Buri u.a., 1973, S. 187ff.; H. Ott, 1981[3], S. 477ff.; J. Moltmann, 1980[11]; H.-J. Kraus, 1983, S. 15-35; J.M. Lochman, 1981, S. 9-23; E. Schlink, 1983, S. 293-302; A. van de Walle, 1983; u.a..
2) W.G. Kümmel, 1965; R. Bultmann, 1968[6], S. 3f..
3) H.-J. Kraus, 1983, S. 17-19.
4) W.G. Kümmel, 1945, S. 9ff..
5) E. Schweizer, Mk., 1973[3], S. 149ff., vgl. S. 160.
6) EU.
7) Ein Gleichnis, ebenfalls Einzelstück; E. Schweizer, Mk., 1973[3], S. 160.

8) Vgl. die Gleichnisse von der Wachsamkeit: Mk.13,33-37; Mt.24,43-25,30 u.a..
9) ZB.
10) Evt. aus Gemeindetradition Mt.24,37-44; Lk.17,26f. 34f..
11) Mk.1,15-20.
12) ZB.
13) E. Schweizer, Mt., 1973, S. 142f..
14) Eindrücklich dargestellt bei G. Lohfink, 1982, S. 31-41.
15) H.-J. Kraus, 1983, S. 18f..
16) Die exegetische Differenzierung zur Abgrenzung gegen die "konsequente Eschatologie" (J. Weiss) und die "realized eschatology" (Ch.H. Dodd) hatte natürlich ihr gutes Recht. Darin besteht das Verdienst von W.G. Kümmels Untersuchung "Verheissung und Erfüllung", 1945. Vgl. dort "I. Die nahe Zukunft der Gottesherrschaft, II. Eschatologische Verheissung, nicht apokalyptische Belehrung, III. Die Gegenwart der Gottesherrschaft, IV. Der Sinn der eschatologischen Verkündigung Jesu." Vgl. L. Goppelt, 1978[3], S. 94ff. mit forschungsgeschichtlichem Ueberblick S. 101-104.
17) Am schärfsten wohl bei H. Braun, 1969, S. 53-61 u.a.. Vgl. H. Küng, 1976, S. 205-213 und die Literatur zur Entmythologisierungsdebatte S. 626, Anm. 32.
18) ZB.
19) Vgl. die vorzügliche Auslegung bei H.-R. Weber, 1980, S. 44-60; humanistische Auslegung bei M. Machovec̆, 1973[3], S. 117ff., wo ich erstmals die kulturgeschichtliche Bedeutung dieser Worte erkannte.
20) Vgl. E. Schweizer, Mt., 1973, S. 235f..
21) Vgl. par. zu Mt.18,3 die Stellen Mk.10,15; Lk.18,17; (Jh.3,3).
22) E. Schweizer, Mt., 1973, S. 236.
23) M. Machovec̆, 1973[3], S. 117.
24) E. Schillebeeckx, 1980[7], S. 135: "Jesus verkündet das kommende Heil, und er macht es durch seine Praxis zugleich präsent, indem er dadurch schon eine Verbindung zwischen seiner Person und der kommenden Gottesherrschaft andeutet."
25) Vgl. J.M. Lochman, 1981, S. 16ff..
26) E. Schweizer, Lk., 1982, S. 58.
27) EU. Vgl. E. Schweizer, a.a.O., S. 55.
28) Vgl. nicht nur Jes.61,1, sondern auch 3.Mos.25.
29) Lk.4,21.
30) Lk.4,22.
31) Lk.4,28f..
32) Lk.4,25-27.
33) Lk.4,14f.. Vgl. vor allem die Sammelberichte bei Mk.1,28; 1,32-34; 3,7-12 und Mk.6,5f. und par..
34) Vgl. z.B. Mk.2,1ff..
35) Vgl. z.B. Mk.5,1-20.
36) Vgl. z.B. Mk.5,25-34.
37) E. Schillebeeckx, 1980[7], S. 162ff..
38) Vgl. z.B. Mk.8,11-13.
39) Vgl. dazu U. Müller in K. Seybold/U.Müller, 1978, S. 97-99.

40) Eigene Uebersetzung.
41) So auch H. Küng, 1976, S. 216-229.
42) Lit. zum Thema:
L. Goppelt, 1978[3], S. 195-206; R. Bultmann, 1979[9], S. 223-260; 1979[5], S. 77-87; G. Theissen, 1974; theologisch nach wie vor hilfreich K. Barth, KD IV/2, 1964, S. 232-274; U. Müller, in K. Seybold/U. Müller, 1978, S. 80-162; u.a..
Für die Gemeindearbeit: Hg. A. Steiner/U. Weymann, 1978.
43) K. Barth, KD IV/2, 1964, S. 245ff..
44) A.a.O., S. 242.
45) Vgl. vor allem U. Bach, 1980, S. 157ff., "Das Problem der Auslegung der christlichen Botschaft für Behinderte. Dargestellt am Beispiel der neutestamentlichen Wundertexte". U. Bach ist selbst rollstuhlabhängiger Pfarrer in einem Rehabilitationszentrum für Behinderte (a.a.O., S. 5).
46) Bezeichnung für die damals weitverbreiteten hellenistischen Wundertäter. Eindrücklich ist die "soziale" und "religionsgeschichtliche Funktion urchristlicher Wundergeschichten" dargestellt bei G. Theissen, 1974, S. 229ff. und S. 262ff.. Zum "theios aner" vgl. S. 263ff..
47) E. Schweizer, Mk., 1973[3], zum Messiasgeheimnis S. 29f., zu den Wundergeschichten S. 60f., zur theologischen Leistung des Markusevangelisten S. 220ff..
48) Chorschluss; vgl. R. Bultmann, 1979[9], S. 241; U. Bach, 1980, S. 164f..
49) Vgl. U. Bach, 1980, S. 157ff..
50) Vgl. oben Anm. 33.
51) H. Küng, 1976, S. 228.
52) Vgl. etwa die Geschichte Bethels, die Geschichte der Thermalquellen in der Schweiz, die Geschichte der Diakonissinnen und Krankenschwestern u.a.m..
53) Für die Gemeindearbeit vgl. Hg. A. Steiner/V. Weymann, 1978.
54) Vgl. dazu das eindrückliche Gesprächsprotokoll in M. Lücht-Steinberg, 1981, S. 141-148. Frau C., 80 Jahre alt, beginnt das Gespräch mit folgenden Worten:
"Da ist dann noch etwas ... also, da fragt man sich tatsächlich manchmal: was hat das eigentlich alles noch für einen Sinn? Lohnt es wirklich noch, nicht wahr? (Sie seufzt). Und dann kommen dann diese, also diese (sie macht eine bedeutungsvolle Pause und sagt dann mit sehr tiefer, dehnender Stimme, - es klingt fast verächtlich) Theologen, wissen Sie, die die Ueblichen sind, die kommen dann gleich mit ihren wunderschönen Sprüchen an, nicht wahr, und und und erzählen einem denn nun, die Bibel zu ziehen und vorzunehmen, und, ja, das Wort zu lesen und jenes Wort zu lesen und drücken einem die Schrift in die Hand." (A.a.O., S. 141).
55) Vgl. oben 4.2..
56) Auf die Botschaft Johannes des Täufers können wir hier nicht näher eingehen. Wir verweisen auf L. Goppelt, 1978[3], S. 83-93; E. Schillebeeckx, 1980[7], S. 102-124.
57) Joh.9,1-41; vgl. Verse 1-3.

58) UW.

59) Vgl. die Kommentare und U. Müller in K. Seybold/U. Müller, 1978, S. 105-107. Wie R. Bultmann betont, ist Joh.9 nicht einfach aus Mk.8,22-26 und Mk.10,46-52 abzuleiten, sondern ist selbständig sowohl hinsichtlich der verarbeiteten Tradition als auch der Komposition des Evangelisten. Vgl. R. Bultmann, Jh., 1968[19], S. 249ff..

60) Es gibt reiches Anschauungsmaterial für dieses Verhalten aus der Behindertenarbeit.

61) EU.

62) Die Erzählung ist deutlich von der Theologie des Evangelisten geprägt. Vgl. R. Bultmann, Jh., 1968[19], S. 251.

63) ZB.

64) Vgl. u.a. L. Goppelt, 1978[3], S. 177-188; H. Küng, 1976, S. 255-267.

65) Vgl. A. Holl, 1971, die nach wie vor lesenswerte Tendenzinterpretation Jesu aus dem Anfang der siebziger Jahre.

66) "Denn: Johannes kam, ass nicht und trank nicht, und sie sagen: "Er hat einen Teufel!" Der Menschensohn kam, ass und trank, und sie sagen: "Sieh, was das für ein Fresser und Säufer ist, auf du und du mit Zöllnern und Sündern!"" (Mt.11,18f.; UW).

67) Vgl. u.a. E. Schweizer, Lk., 1982, S. 89-92; G. Schneider, 1977, S. 175-179 mit Literatur; E. Schillebeeckx, 1980[7], S. 183f..

68) Lk.7,37f.. Vgl. Mk.14,3-9; Mt.26,6-13; Joh.12,1-8.

69) E. Schweizer, Lk. 1982, S. 91.

70) Lk.7,39f..

71) Lk.7,41-43. 44-47.

72) Lk.7,48f..

73) ZB. Zu Mk.2,1ff. vgl. u.a. J. Gnilka, Mk., 1978 und E. Schweizer, Mk., 1973[3] zur Stelle.

74) Vgl. E. Schillebeeckx, 1980[7], S. 185f..

75) Aehnlich H.-J. Kraus, 1983, S. 24ff. und S. 374ff..

76) Vgl. E. Schillebeecks, 1980[7], S. 177-193.

77) So J. Jeremias, zitiert nach L. Goppelt, 1978[3], S. 178.

78) UW.

79) Sondergut des Lk..

80) EU.

81) Vgl. das Märchen der Brüder Grimm, "Der alte Grossvater und der Enkel", 1946, S. 523f.:

Der alte Grossvater und der Enkel.

Es war einmal ein steinalter Mann, dem waren die Augen trüb geworden, die Ohren taub, und die Knie zitterten ihm. Wenn er nun bei Tische sass und den Löffel kaum halten konnte, schüttete er Suppe auf das Tischtuch, und es floss ihm auch etwas wieder aus dem Mund. Sein Sohn und dessen Frau ekelten sich davor, und deswegen musste sich der alte Grossvater endlich hinter den Ofen in die Ecke setzen, und sie gaben ihm sein Essen in ein irdenes Schüsselchen und noch dazu nicht einmal satt; da sah er betrübt nach dem Tisch, und die Augen wurden ihm nass. Einmal auch konnten seine zitterigen Hände das Schüsselchen nicht festhalten, es fiel zur Erde und zerbrach. Die junge Frau schalt, er sagte aber nichts und seufzte nur. Da kaufte sie ihm ein hölzernes Schüsselchen für ein paar Heller, daraus musste er nun essen. Wie sie da so sitzen, so trägt der kleine Enkel von vier Jahren auf der Erde kleine Brettlein zusammen. "Was machst du da?" fragte der Vater. "Ich mache ein Tröglein", antwortete das Kind, "daraus sollen Vater und Mutter essen, wenn ich gross bin." Da sahen sich Mann und Frau eine Weile an, fingen endlich an zu weinen, holten alsofort den alten Grossvater an den Tisch und liessen ihn von nun an immer mitessen, sagten auch nichts, wenn er ein wenig verschüttete."

82) Die inhumanste Rationalisierung ist wohl die Aufhebung der Tischgemeinschaft unter den Betagten und dem Pflegepersonal zugunsten des Tabletteservice in die Zimmer, wenn dieser nicht durch schwere Pflegebedürftigkeit begründet ist.

83) Vgl. oben 3.8..

84) Sondergut des Mt..
Vgl. E. Schweizer, Mt., 1973, S. 255-258; G. Eichholz, 1979[3], S. 85-108; J. Jeremias, 1976[6], S. 22ff. und 92ff.. Vgl. die Literatur zu der Gleichnisauslegung bei H. Conzelmann/A. Lindemann, 1982[6], S. 85-93.

85) J. Jeremias, 1976[6], S. 22.

86) Hg. E. Klostermann, Origenes, 1935, S. 433-460.

87) A.a.O., S. 457. Eigene Uebersetzung. δηλοῦσθαι οὖν τοὺς μὲν ἐκ παίδων καὶ πρώτης ἡλικίας κληθέντας ἐπὶ τὸ ἐργάζεσθαι τὰ τῆς βασιλείας τοῦ θεοῦ ἔργα εἶναι τοὺς ἅμα τῇ ἕῳ μισθωθέντας ὑπὸ τοῦ οἰκοδεσπότου, τοὺς δὲ μετὰ τὸ μειράκιον ἐρχομένους ἐπὶ τὴν θεοσέβειαν τοὺς ἀπὸ τρίτης ὥρας παραγενομένους, τοὺς δὲ ἤδη ἄνδρας τοὺς περὶ τὴν ἕκτην ἐξαποστελλομένους ἐπὶ τὸν ἀμπελῶνα· τοὺς δὲ πρεσβύτας ἐπὶ τὴν θεοσέβειαν ἀγομένους εἶναι <τοὺς περὶ> τὴν ἐνάτην ὥραν μετὰ τὸν ἐν νεότητι κλύδωνα καὶ τὸ βάρος τῶν μέχρι τῆς πρεσβυτικῆς ἡλικίας πράξεων παραληφθέντας ἐπὶ τὸν λόγον τοῦ θεοῦ· τοὺς δὲ πρὸς αὐτῇ τῇ ἐξόδῳ γέροντας <ἤδη> δηλοῦσθαι τοὺς <περὶ> τὴν ἑνδεκάτην ὥραν κεκλημένους εἰς τὰ τοῦ ἀμπελῶνος ἔργα.

88) Vgl. M. Luther, Bd. 8, 1965[2], S. 112-116, Predigt zu Sonntag Septuagesimae:
"Dies Gleichnis erzählt der Herr dazu, dass er damit sein Reich von der Welt scheiden und uns lehren will, dass es in seinem Reiche ganz anders zugehe als in der Welt. In der Welt Reich kann es nicht gleich zugehen, sintemal die Personen ungleich sind. Da soll man dem, der viel gearbeitet hat, mehr geben als dem, der wenig gearbeitet hat. Ebenso soll da der Herr im Hause mehr Güter haben als sein Knecht und muss doch der Knecht mehr arbeiten als der Herr. Solche Ungleichheit muss in der Welt Reich sein und bleiben. Aber in Christi Reich geht es so zu, dass alle Ungleichheit aufgehoben ist und alle gleich sein sollen, einer wie der andere, und einer so viel haben und gelten soll wie der andere." (A.a.O., S. 113f.).

89) J. Calvin, 1963[2], III, 18,3, S. 545. J. Calvin zitiert eine Ambrosius zugeschriebene Schrift "Von der Berufung der Heiden"; die richtige Autorschaft des Werkes ist ihm weniger wichtig als der Inhalt der Sätze.

90) Ebenda.

91) Mt.20,16; UW.
92) Uebersetzung J. Jeremias, 1976[6], S. 22.
93) Vgl. E. Schweizer, Mt., 1973, S. 258.
94) J. Jeremias, 1976[6], S. 22f..
95) A.a.O., S. 23.
96) Vgl. ebenda.
97) Vgl. aber auch die Schilderung des palästinischen Arbeitstages bei G. Eichholz, 1979[3], S. 86-90.
98) A.a.O., S. 86. Vgl. Ps. 104,22f..
99) J. Jeremias, 1976[6], S. 95.
100) Die "Terminologie damaligen Arbeitsrechtes" prägt Mt.20,2: Vgl. E. Schweizer, Mt., 1973, S. 256; G. Eichholz, 1979[3], S. 88.
101) Mt. 20,4. Vgl. die bei G. Eichholz, 1979[3], S. 88 diskutierten Deutungen.
102) J. Jeremias, 1976[6], S. 93.
103) Vgl. E. Schweizer, Mt., 1973, S. 255f..
104) Vgl. J. Jeremias, 1976[6], S. 25.
105) Vgl. G. Eichholz, 1979[3], S. 89; er verweist auf J. Calvin, der im Lohn von einem Denar schon den "herkömmlichen Tageslohn" vermutete.
106) J. Jeremias, 1976[6], S. 25.
107) UW; Mt.20,15.
108) J. Jeremias, 1976[6], S. 25; E. Schweizer, Mt., 1973, S. 256f.; G. Eichholz, 1979[3], S. 92f.. Es geht gerade nicht um die Frage, ob die Letzten sich auch noch um die Arbeit mühten oder nur faul waren!
109) J. Jeremias, 1976[6], S. 26. Die Urkirche, resp. der Mt.-Evangelist haben das Gleichnis dann jüngerkritisch ausgelegt. Vgl. a.a.O., S. 26 und G. Eichholz, 1979[3], S. 100ff..
110) Vgl. etwa G. Agrell, 1976, der die Sicht der Arbeit im NT auf Grund der Traditionsgeschichte breit darstellt.
111) Reflexion zu diesem Thema bei A. Gunneweg/W. Schmithals, 1978 (eine exegetische Darstellung des alt- und neutestamentlichen Befunds); H. Gollwitzer, 1973[6] u.a.. Vgl. unten 5.3. und 5.5..
112) W. Schmithals in A. Gunneweg/W. Schmithals, 1978, S. 120.

4.4. Zacharias und Elisabeth, Simeon und Hanna

1) Vgl. die Kommentare zum Lk.-Evangelium, von denen hier verwendet wurden: W. Schmithals, Lk. ZBK, 1980; E. Schweizer, Lk. NTD, 1982; G. Schneider, 1977, (mit ausführlicher Literatur zu jedem Kap.); weitere Lit. bei E. Schweizer, Lk., 1982, S. 5f. und bei H. Conzelmann/A. Lindemann, 1982[6], S. 267.
Nach wie vor wertvoll: H. Gollwitzer, 1979[9] und 1979[6].
2) Zum Vorwort: W. Schmithals, Lk., 1980, S. 17-20; E. Schweizer, Lk., 1982, S. 7-10; G. Schneider, 1977, S. 37-41.
3) Vgl. E. Schweizer, Aufsatz, 1982. W. Schmithals, Lk., 1980, S. 20 u.a..

4) Gegen W. Schmithals, Lk., 1980, S. 20.
5) Im 1. Kap. wohl aus Täuferkreisen; vgl. E. Schweizer, Lk., 1982, S. 10.
6) A.a.O., S. 10-12.
7) Insbesondere wird für Lk.2,8-20 angenommen, dass die Erzählung als Einzelgeschichte schon vorlag. E. Schweizer, Lk., 1982, S. 11.
8) Ausführliche Darstellung bei E. Schweizer, Aufsatz, 1982.
9) Vgl. auch E. Schweizer, Lk., 1982, S. 10-12; W. Schmithals, Lk., 1980, S. 21.
10) E. Schweizer, Lk., 1982, S. 10.
11) Um Lk.16,16 hat sich die Forschungsdiskussion seit H. Conzelmann's These gedreht, Jesu Geschichte sei als "Mitte der Zeit" dargestellt, der die Zeit Israels vorangeht und die Zeit der Kirche folgt. Vgl. dazu W.G. Kümmel, 1970^{16}, S. 88ff.. Neuerer Diskussionsstand bei H. Conzelmann/A. Lindemann, 1982^{6}, S. 272ff..
12) Vgl. W.G. Kümmel, 1970^{16}, S. 63-65; H. Conzelmann/A. Lindemann, 1982^{6}, S. 261f..
13) E. Schweizer, Lk., 1982, S. 44.
14) A.a.O., S. 43.
15) A.a.O., S. 16 u.a..
16) G. Schneider, 1977, S. 45; vgl. die anderen Kommentare zu Lk.1,5.
17) Lk.1,7b.
18) Lk.1,6.
19) Lk.1,7a.
20) Vgl. z.B. E. Schweizer, Lk., 1982, S. 14.
21) Den durchgeführten Vergleich habe ich selbst zu erarbeiten versucht.
22) Vgl. EU und E. Schweizer, Lk., 1982, S. 14.
23) R. Bultmann, 1979^{9}, S. 320. Vgl. E. Schweizer, Lk., 1982, S. 12. Zum Begriff der Typologie vgl. L. Goppelt, 1978^{3}, S. 49f. und die Stellen nach Register; G. von Rad, Bd. II, 1960^{5}, S. 388ff. u.a..
24) E. Schweizer, Lk., 1982, S. 14.
25) A.a.O., S. 13.
26) Vgl. Kommentare zu Lk.1,8-10, z.B. G. Schneider, 1977, S. 45.
27) Der Vergleich mit Jes.6 scheint mir für das Verständnis der Szene generell sehr hilfreich.
28) EU.
29) EU.
30) Lk.1,18.
31) Vgl. E. Beck in EU zur Stelle.
32) Lk. 1,19f..
33) Lk.1,24.
34) Vgl. G. Schneider, 1977, S. 54-60; W. Schmithals, Lk., 1980, S. 29f.; E. Schweizer, Lk., 1982, S. 21-24.
35) Diese Linie verfolgt W. Schmithals, 1980, in seinem Kommentar sehr schön.
36) Vgl. E. Schweizer, Aufsatz, 1982, S. 16ff..
37) Lk.1,57f..
38) So muss man aus dem Zusammenhang vermuten; vgl. E. Schweizer, Lk., 1982, S. 25.

39) Lk.1,63.
40) Lk.1,64.
41) Vgl. dazu neben den Kommentaren vor allem E. Schweizer, Aufsatz, 1982, S. 19-21
42) Gegen W. Schmithals, Lk., 1980, S. 34.
43) Vgl. E. Schweizer, Aufsatz, 1982, S. 19.
44) Vgl. W. Schmithals, Lk., 1980, S. 33f..
45) Vgl. G. Schneider, 1977, S. 69-73; E. Schweizer, Lk., 1982, S. 36-40; W. Schmithals, Lk., 1980, S. 43-46.
46) Vgl. Lk.2,25-27 und 2,36-38.
47) E. Schweizer, Lk., 1982, S. 37.
48) A.a.O., S. 38.
49) Das Büchlein Judith wird meist in die Zeit der Makkabäerkämpfe, etwa in die Zeit des späten 2. Jahrhunderts datiert. Vgl. dazu A. Weiser, 1966[6], S. 349f..
50) Die Verknüpfung in Lk. 2,23f. ist etwas schwierig und entspricht kaum den historischen Verhältnissen. Vgl. E. Schweizer, Lk., 1982, S. 37; G. Schneider, 1977, S. 71.
51) Vgl. Lk.2,27 und 2,37.
52) Von Hanna wird dies nicht explizit, sondern nur implizit gesagt. Vgl. Lk.2,38.
53) EU.
54) Lk. 2,29-32.
55) "Denn meine Augen haben das Heil gesehen (Jes. 40,5), das du vor allen Völkern (Jes.52,10) bereitet hast, ein Licht, das die Heiden (Jes.49,6; 42,6) erleuchtet und Herrlichkeit für dein Volk Israel (Jes.46,13)." (Lk.2,30-32 nach EU).
56) Lk.2,34.
57) Lk.2,30-32.

4.5. Nikodemus

1) UW.
2) L. Goppelt, 1978[3], S. 70-72. Vgl. auch H. Conzelmann/A. Lindemann, 1982[6], S. 341-345.
3) L. Goppelt, 1978[3], S. 71 und S. 70 Anm. 9; Vgl. H. Conzelmann/ A. Lindemann, 1982[6], S. 342f..
4) L. Goppelt, 1978[3], S. 71.
5) Mt.2 und Lk.1,5; H. Conzelmann/A. Lindemann, 1982[6], S. 341 zeigen, dass die Angabe nicht historisch zu sein braucht.
6) L. Goppelt, 1978[3], S. 71. H. Conzelmann/A. Lindemann, 1982[6], S. 342. Tod Johannes' des Täufers 28 n.Chr. (Lk.3,1f.).
7) Vgl. oben 4.2..
8) Vgl. dazu R. Bultmann, 1979[9], S. 8ff. und ders., 1979[5], S. 17ff..
9) R. Bultmann, 1979[9], S. 41 und 49f..
10) A.a.O., S. 54-56.
11) A.a.O., S. 52.

12) Vgl. die Kommentare: R. Bultmann, KEK, 1968^{19}; ders. 1968; S. Schulz, NTD, 1972; R. Schnackenburg, HThK, 1967^{2} u.a.. Vgl. weitere Lit. H. Conzelmann/A. Lindemann, 1982^{6}, S. 285.
13) Vgl. R. Bultmann, 1968^{19}, S. 92ff.; S. Schulz, 1972, S. 52-64; R. Schnackenburg, 1967^{2}, S. 374-435; eine homiletische Besinnung zu Joh.3,1-13 bei G. Eichholz, 1973, S. 58-61.
14) R. Bultmann, 1968^{19}, S. 93.
15) S. Schulz, 1972, S. 53.
16) Vgl. die Kommentare Anm. 13.
17) Gute Uebersicht bei R. Schnackenburg, 1967^{2} S. 374-377.
18) Vgl. R. Bultmann, 1968^{19}, S. 93. Er rechnet im Johannesevangelium mit einer verarbeiteten Quelle von Offenbarungsreden.
19) S. Schulz, 1972, S. 53.
20) R. Schnackenburg, 1967^{2}, S. 375.
21) S. Schulz, 1972, S. 53.
22) R. Schnackenburg, 1967^{2}, S. 375; S. Schulz, 1972, S. 53.
23) M.-J. Lagrange, F.-M. Braun, R.H. Lightfoot; vgl. R. Schnackenburg, 1967^{2}, S. 374, Anm. 2.
24) R. Bultmann, 1968^{19}, S. 92f..
25) R. Schnackenburg, 1967^{2}, S. 375f..
26) R. Bultmann, 1968^{19}, S. 92f..
27) R. Schnackenburg, 1967^{2}, S. 375.
28) Zum johanneischen Christusverständnis und den Titeln vgl. die gute Uebersicht bei W.G. Kümmel, 1972^{2}, S. 237ff.. Vgl. R. Schnackenburg, 1967^{2}, S. 395ff..
29) W. Bauer, 1963^{5}, S. 311.
30) R. Schnackenburg, 1967^{2}, S. 382.
31) Eigene Uebersetzung von Joh. 3,4.
32) R. Schnackenburg, 1967^{2}, S. 382.
33) Ebenda.
34) Joh.3,2. Vgl. R. Schnackenburg, 1967^{2}, S. 380.
35) Joh.3,1. Vgl. a.a.O., S. 379.
36) Joh.3,10.
37) Vgl. Joh.7,40ff.; 8,1-11.12ff.; 9,13ff.; 11,47ff.; 12,19.42; 18,1ff. u.a..
38) Vgl. Joh.19,38.
39) Auf diese Möglichkeit wies schon R. Bultmann, 1968^{19}, S. 94, Anm. 4.
40) R. Schnackenburg, 1967^{2} S. 380.
41) Vgl. R. Bultmann, 1968^{19}, S. 94, Anm. 4.
42) G. Eichholz, 1973, S. 59.
43) R. Schnackenburg, 1967^{2}, S. 380. Vgl. U. Luz, 1981, S. 70-75, der Jesus, in Nähe und Distanz zu den Pharisäern, wohl richtig als Stimme des nichtpharisäischen Landvolkes charakterisiert.
44) Vgl. R. Bultmann, 1968^{19}, S. 93f. und 94, Anm. 1.
45) A.a.O., S. 94.
46) Gegen R. Bultmann, a.a.O., S. 94. Richtig S. Schulz, 1972, S. 54.
47) Exegetisch schwierig ist vor allem die Auslegung des ἄνωθεν . Vgl. dazu den Exkurs von R. Schnackenburg, 1967^{2}, S. 381f.. Die Auslegung von ἄνωθεν als "von Anfang an" fällt weg,

hingegen stehen sich die Uebersetzungen "von oben her" und "wiederum, von neuem" seit der Alten Kirche und auch in den heutigen Kommentaren gegenüber. Vgl. R. Schnackenburg, 1967^2, S. 381, der "von oben her" als richtige Interpretation versteht, und demgegenüber S. Schulz, 1972, S. 55, der ähnlich entschieden für "von neuem" plädiert. Der Begriff "Reich Gottes" erscheint nur hier und Joh.3,5 im Johannesevangelium (verschieden Joh. 18,36), was auf Ueberlieferung hinweist. Vgl. Mk.10,15.

48) R. Schnackenburg, 1967^2, S. 382. Vgl. etwa Joh.4.
49) Joh.3,4.
50) UW.
51) Joh.3,6. Vgl. R. Schnackenburg, 1967^2, S. 385f., der zeigt, dass der Gegensatz der beiden Seinsbereiche "Fleisch" und "Geist" eine komplexe Traditionsgeschichte hat.
52) Joh.3,5 "Wasser und" braucht nicht als hellenistischer Zusatz erklärt zu werden; vgl. R. Schnackenburg, 1967^2, S. 383.
53) Joh.3,8.
54) Vgl. K. Barth, KD IV/4, S. 7-11 u.a..
55) G. Eichholz, 1973, S. 60.
56) ZB.
57) ZB.
58) G. Eichholz, 1973, S. 60.
59) Als Vorwurf interpretiert Joh.3,10 auch R. Schnackenburg, 1967^2, S. 388.
60) UW.
61) Joh. 3,12. Zu 3,11 und dem Plural "wir" vgl. die Kommentare.
62) Wir halten die Gliederung vv1-12 und vv13-21 für angemessen.
63) UW. Vgl. zu Joh.7,45-52 R. Bultmann, 1968^{19}, S. 234-236 u.a..
64) Vgl. a.a.O., S. 526f. u.a..
65) Joh.19,39.
66) Joh.19,40 erklärt den Zweck der Gewürze u.a. für nichtjüdische Leser.
67) R. Bultmann 1968^{19}, S. 527 (vgl. Anm. 5).
68) R. Schnackenburg, 1967^2, S. 404 433, mit einem Exkurs über den Titel "Menschensohn" bei Joh. und S. 433ff. über das Verhältnis der joh. Christologie zur Gnosis.
69) M. Luther, Bd. 8, 1965^2, S. 256; Predigt über Joh.3,16-21 zum zweiten Pfingsttag S. 256-263.
"Dieses Evangelium ist der herrlichsten Predigten eine, die man im ganzen Neuen Testament finden kann, so dass es wohl billig wäre, wenn es möglich wäre, dass man sie mit goldenen Buchstaben in das Herz schriebe. Und ein jeder Christ sollte diesen tröstlichen Text zum wenigsten auswendig können und alle Tage einmal seinem Herzen vorsprechen, auf dass solche Worte uns geläufig würden und wir sie desto besser lernten. Denn es sind solche Worte, die ein trauriges Herz fröhlich und einen toten Menschen wieder lebendig machen können, wenn man nur fest daran glauben könnte. Dieweil es aber unmöglich ist, dass man solche herrliche Predigt mit Worten ergründen könne, wollen wir sie dennoch besprechen und Gott mit Ernst bitten,

dass er diese Worte durch seinen Geist in unseren Herzen erklären und so licht und klar machen wolle, dass wir Trost und Freude davon empfinden, Amen." (A.a.O., S. 256).

70) M. Luther, 1974, S.2142.

71) Vgl. die hervorragende Arbeit über die johanneische Theologie von E. Käsemann, 1971[3]. Unsere Kritik richtet sich gegen die These a.a.O., S. 43ff.. Vgl. S. 41, Anm. 35.

72) Vgl. R. Bultmann, 1968[19], S. 102ff..

73) Joh.3,19.

74) Zum Problem der Eschatologie bei Joh. E. Käsemann, 1971[3], S. 36ff..

75) Joh.3,18.

76) UW. Joh.4,42.

77) In M. Schmid/W. Kirchschläger, 1982, S. 21.

4.6. Das 5. Gebot im Neuen Testament

1) Vgl. etwa Mk.1,16-20; 2,13ff. u.a..

2) Auch von den Schülern der Rabbinen wird gesagt, dass sie hinter ihrem Meister hergehen. Vgl. L. Goppelt, 1978[3], S. 256.

3) Vgl. die Uebersicht bei G. Lohfink, 1982, S. 42ff..

4) A.a.O., S. 44.

5) Vgl. Mt.9,37 und Lk.10,2.

6) "(hasst)" Einfügung von mir. EU.

7) Vgl. E. Schweizer, Lk, 1982, S. 159 und G. Lohfink, 1982, S. 44.

8) Vgl. Lk.8,1-3, vor allem aber die Bedeutung des Zwölferkreises. Dazu L. Goppelt, 1978[3], S. 257-260.

9) Den Begriff der "hairesis" gebraucht Josephus noch ganz im Sinn von Sonderrichtung. Erst später erhält er die Bedeutung Häresie. Vgl. a.a.O., S. 254.

10) Mk.3,31-35; 1,29ff. u.a..

11) Vgl. etwa H. Küng, 1976, S. 269ff.. Die Interpretation der Bergpredigt (besonders der Seligpreisungen) bezüglich ihrer Adressaten war lange umstritten, darf aber heute doch als geklärt gelten. Die Jünger sind quasi der innere, das Volk der äussere Zuhörerkreis. Vgl. dazu G. Strecker, 1984, S. 25-27.

12) Wir folgen hier (ohne jeden Vollständigkeitsanspruch) dem Lukasevangelium. Lk.5,12-14.

13) Lk.7,1-10.

14) Lk.8,26-39.

15) Lk.8,1-3 und 10,38-42.

16) Lk.10,30-37.

17) Lk.19,1-10.

18) Lk.21,1-4.

19) Lk.23,26.

20) Lk.23,50-56.

21) Vgl. W. Schrage, 1982, S. 69-88.

22) Vgl. G. Lohfink, 1982, S. 50-63.

23) Mk.10,29f.. Der Rekonstruktionsversuch des ursprünglichen, auf die Gegenwart bezogenen Wortes; vgl. G. Lohfink, 1982, S. 52f.. E. Schweizer lokalisiert es eher in der Gemeinde; vgl. E. Schweizer, Mk., 1973, S. 119 und 122.
24) Den Begriff "neue Familie" verwendet G. Lohfink sicher zu Recht. Er spielt heute in der lateinamerikanischen Befreiungstheologie eine grosse Rolle; vgl. E. Cardenal, 1978, S. 24-28.
25) UW.
26) EU. Vgl. G. Lohfink, 1982, S. 60-63, der S.62 pointiert schreibt: "Die Jünger werden in der neuen Familie Gottes alles wiederfinden, Brüder und Schwestern, Mütter und Kinder, aber keine Väter mehr. Patriarchalische Herrschaft darf es in der neuen Familie nicht mehr geben, sondern nur noch Mütterlichkeit, Brüderlichkeit und Kindschaft vor Gott, dem Vater." Man sollte sich jedoch auch als Exeget überlegen, welche hermeneutischen Konsequenzen solche Auslegung zeitigen kann, gehören doch gerade diese Worte Jesu zum Standardrepertoire der Jugendsekten.
27) Vgl. dazu die Theologien; W. Schrage, 1982, S. 43ff.; R. Smend/ U. Luz, 1981, S. 45ff..
28) R. Smend/U. Luz, 1981, S. 58.
29) K. Berger, 1972, S. 258-290. 362-507.
30) Die reformierte Zählung der Gebote ist auch diejenige Philos von Alexandrien und des Frühjudentums; sie ergibt sich vom hebräischen Text her. Vgl. H. Schüngel-Straumann, 1973, S. 7-9.
31) K. Berger, 1972, S. 258. Zur Kritik der Arbeit vgl. W. Schrage, 1982, S. 58.
32) K. Berger, 1972, S. 270.
33) A.a.O., S. 261-265.
34) A.a.O., S. 265.
35) A.a.O., S. 276.
36) A.a.O., S. 259f.; 278ff..
37) A.a.O., S. 279f..
38) Die Beispielgeschichte Tobits kann man als ganze vom 5. Gebot her lesen. Sie ist eine wunderschöne Erzählung von der im Alter bewährten Glaubenstreue. Vgl. vor allem Tob. 4,1-5; 5,18-20; 10,8-14; 11,1-15; 14,1-15. Zur weisheitlichen Tradition vgl. auch Sir.3,1-16; 23,14.
39) K. Berger, 1972, S. 284f..
40) A.a.O., S. 287f..
41) A.a.O., S. 288.
42) Ebenda.
43) Die Auflösung der sozialen Bindungen in den städtischen Verhältnissen wird in der Dekalogschrift Philos von Alexandrien zu einem wesentlichen Ansatzpunkt der Interpretation des Dekalogs.
"Auf die Frage aber, warum denn Moses die Gesetze nicht in Städten, sondern tief in der Wüste gegeben, habe ich zuerst zu sagen, dass die meisten Städte voll von unzähligen Uebeln sind, von Freveln gegen die Gottheit wie von Verbrechen der Menschen gegeneinander."
Philo von Alexandrien, 1909, S. 371 (2). Vgl. ebenda S. 371-374 (2-17). Griechischer Text: Philo von Alexandrien, 1902, S. 269ff..

44) K. Berger, 1972, S. 362-395.
45) A.a.O., S. 384-389.
46) A.a.O., S. 384, Anm. 1.
47) Hg. E. Lohse, 1964, CD XIV, 12-16. Vgl. oben 4.2..
48) EU.
49) K. Berger, 1972, S. 384, Anm. 1.
50) P. Billerbeck/H. Strack, Bd. I, 1922, S. 705.
51) Ebenda.
52) A.a.O., S. 708.
53) EU.
54) P. Billerbeck/H. Strack, Bd. I, 1922, S. 705.
55) A.a.O., S. 708.
56) A.a.O., S. 706.
57) Ebenda.
58) A.a.O., S. 707.
59) Zur Auslegung von Mk.10,17ff. vgl. K. Barth, KD II/2, 1974[5], S. 681-701; E. Schweizer, Mk., 1973, S. 118ff.; J. Gnilka, Mk., 1979, S. 83ff. (mit Lit.); K. Berger, 1972, S. 396-460; u.a..
60) E. Schweizer, Mk., 1973, S. 119ff.; R. Bultmann, 1979[9], S. 20f.; W. Schrage, 1982, S. 58.
61) K. Berger, 1972, S. 396ff..
62) E. Schweizer, Mk., 1973, S. 119. Ausführlich J. Gnilka, Mk., 1979, S. 84f., der vv24 und 26f. der Redaktion des Markusevangelisten zuschreibt.
63) K. Berger, 1972, S. 417-421.
64) Ebenda. Vgl. E. Nestle/K. Aland, 1979[26], S. 123 zu v19.
65) K. Berger, 1972, S. 419; J. Gnilka, Mk., 1979, S. 86.
66) K. Berger, 1972, S. 419.
67) Vgl. K. Barth, KD II/2, 1974[5], S. 681ff..
68) E. Schweizer, Mk., 1973, S. 119f..
69) Mk.10,18f..
70) E. Schweizer, Mk., 1973, S. 120; J. Gnilka, Mk., 1979, S. 86f..
71) Vgl. K. Barth, KD II/1, 1974[5], S. 687.
72) ZB.
73) L. Goppelt, 1978[3], S. 132f..
74) E. Schweizer, Mk., 1973, S. 120f..
75) Unter Verweis auf Mk.8,34; J. Gnilka, Mk., 1979, S 87.
76) K. Barth, KD II/2, 1974[5], S. 688ff..
77) ZB.
78) Vgl. E. Schweizer, Mt., 1973, S. 142f. zu Mt.8,22.
79) R. Smend/U. Luz, 1981, S. 59.
80) Zur Auslegung von Mk.7,9-13 vgl. E. Schweizer, Mk., 1973, S. 81-85; R. Bultmann, 1979[9], S. 51; J. Gnilka, Mk., 1978, S. 274-289; K. Berger, 1972, S. 461-507; W. Schrage, 1982, S. 59. Dort die weitere Lit..
81) E. Nestle/K.Aland, 1979[26], S. 111.
82) Mk.7,8f..
83) Vgl. R. Smend/U. Luz, 1981, S. 59ff..
84) Vgl. Anm. 80.

85) Vgl. J. Gnilka, Mk., 1978, S. 286f..
86) Zum Begriff "Korban" vgl. K.H. Rengstorf in ThWNT, 3. Bd., 1938, S. 860-866; a.a.O., S. 860.
87) A.a.O., S. 861.
88) A.a.O., S. 861-863.
89) A.a.O., S. 863.
90) J. Gnilka, Mk., 1978, S. 283f..
91) K. Berger, 1972, S. 488; J. Gnilka, Mk., 1978, S. 277.
92) J. Gnilka, Mk., 1978, S. 277 und 283.
93) Vgl. A. Vögtle, 1936; S. Wibbing, 1959; W. Schrage, 1982, S. 125-127.
94) Die neutestamentlichen Beispiele sind (nach S. Wibbing):
Tugendkataloge: 2.Kor.6,6; Gal.5,22-23; Eph.4,2-3.32; 5,9; Phil.4,8; Kol.3,12; 1.Tim.4,12; 6,11; 2.Tim.2,22; 3,10; 1.Petr. 3,8; 2.Petr.1,5-7;
Lasterkataloge: Mt.15,19; Mk.7,21-22; Röm.1,29-31; 13,13; 1.Kor.5,10-11; 6,9-10; 2.Kor.12,20-21; Gal.5,19-21; Eph.4,31; 5,3-5; Kol.3,5.8; 1.Tim.1,9 10; 2.Tim.3,2-5; Tit.3,3; 1.Petr.2,1; 4,3.15; Apk.(9,21); 21,8, 22,15.
S. Wibbing, 1959, S. 78; vgl. vor allem S. 77ff..
95) Vgl. J. Gnilka, Mk., 1978, S. 285f..
96) Vgl. U. Wilckens, Röm.12-16, 1982, S. 66-74.
97) Vgl. auch Röm.2,21f.. U. Wilckens, Röm.1-5, 1978, S. 111-114.
98) Zum usus theologicus resp. elenchticus vgl. O. Weber, 1972[2], S. 438ff.. J. Jeremias/A. Strobel, 1981[12], S. 14.
99) E. Preuschen, 1963[5], S. 123 und 140.
100) J. Jeremias/A. Strobel, 1981[12], S. 59f..
101) P. Billerbeck/A. Strack, Bd. I, 1922, S. 586.
102) Vgl. zu den Haustafeln die Uebersicht (und weitere Literatur) bei E. Schweizer, 1977, S. 397-413; ders., Kol., 1976, S. 159-171. 209-211; W. Schrage, 1982, S. 127-129.
103) E. Schweizer, 1977, S. 400.
104) Vgl. unten 4.9..
105) E. Schweizer, 1977, S. 401.
106) Philo von Alexandrien, 1909, S. 394-398 (106-120).
107) A.a.O., S. 406f..
108) Vgl. unten 5.5..
109) E. Schweizer, 1977, S. 404.
110) E. Schweizer, Kol., 1976, S. 160f..
111) L. Goppelt, 1978[3], S. 497ff..
112) E. Schweizer, 1977, S. 402.
113) L. Goppelt, 1978[3], S. 499 und E. Schweizer, 1977, S. 403.
114) K. Berger, 1972, S. 288.
115) E. Schweizer, 1977, S. 406.
116) E. Schweizer, Kol., 1976, S. 161.

4.7. Abraham und die Rechtfertigung der Glaubenden allein aus Gnade

1) Die Literatur zum Römerbrief und zur Theologie des Apostels Paulus ist jetzt in grosser Sorgfalt bis 1981 zusammengetragen bei U. Wilckens, Röm., 1978, 1980, 1982. Wir beschränken uns hier auf eine Auswahl.
2) Damit ist nicht die Berechtigung dieser Fragestellungen in Abrede gestellt, aber sie sollten der Schriftauslegung nicht verzerrend übergeordnet werden.
3) UW.
4) Vgl. dazu U. Wilckens, Röm.1-5, 1978, S. 269f. (zu Röm.4,13).
5) Vgl. die Argumentation Röm. 4,9-12.
6) Ersteres wurde tatsächlich schon von Exegeten vertreten. Vgl. E. Käsemann, 1972², S. 149f..
7) SBar.4,12; zitiert nach U. Wilckens, Röm. 1-5, 1978, S. 269.
8) Röm.4,2 u.a..
9) Vgl. den Exkurs bei U. Wilckens "Das Gericht nach den Werken I (Traditionsgeschichtliche Voraussetzungen)", Röm.1-5, 1978, S. 127-131.
10) Vgl. E. Schweizer, Lk., 1982, S. 186-188.
11) Lk.18,11f.; UW.
12) Röm.4,18f..
13) Röm.4,20a.
14) Röm.4,20b.
15) E. Käsemann, Röm., 1974³, S. 100.
16) UW. Paulus zitiert (das οὐ ausgenommen) nach der LXX.
17) ZB.
18) Röm.4,9-12 und 13-16.
19) Die Abgrenzung differiert: E. Käsemann, Röm., 1974³, S. 112 gliedert Röm.4,13-17a, U. Wilckens, Röm.1-5, 1978, S. 268ff. Röm.4,13-16.
20) Zur Glaubensformel Röm.4,25 vgl. U. Wilckens, Röm.1-6, 1978, S. 278-280.
21) Uebersetzung U. Wilckens, Röm.1-5, 1978, S. 183.
Zur Gliederung von 4,1-16 und 3,27-31 im Vergleich vgl. a.a.O., S. 258.
22) E. Käsemann, 1972², S. 141.
23) A.a.O., S. 151. Proselyten waren die zum Judentum Uebergetretenen, die beschnitten wurden und sich zum Halten des ganzen Gesetzes verpflichteten; vgl. E. Lohse, 1971, S. 90.
24) E. Käsemann, Röm., 1974³, S. 119-121.
25) E. Käsemann, 1968³, S. 181-193.
26) U. Wilckens, Röm.1-5, 1978, S. 283.
27) G. Klein, 1969, S. 148.
28) Ebenda.
29) A.a.O., S. 149.
30) Ebenda.
31) A.a.O., S. 150f..
32) A.a.O., S. 153.
33) A.a.O., S. 157.

34) Anschliessend an die Thesen von G. Klein hat eine breite Diskussion stattgefunden, die wir hier natürlich nicht ausführlich wiedergeben können. Ein Ausgangspunkt war der Aufsatz E. Käsemanns, 1968^3, S. 181-193, zur "Gottesgerechtigkeit bei Paulus". Vgl. u.a. P. Stuhlmacher, 1965; G. Klein, 1969, S. 225-236; U. Wilckens, 1974, S. 33-49; G. Klein, 1969, S. 170-177; U. Wilckens, 1974, S. 50-76; a.a.O., S. 77-109; U. Luz, 1968, S. 168-226; E. Käsemann, Röm., 1974^3; U. Wilckens, Röm.1-5, 1978.

35) U. Wilckens, Röm.1-5, 1978, S. 283.

36) A.a.O., S. 282.

37) E. Käsemann, Röm., 1974^3, S. 120.

38) E. Käsemann, 1972^2, S. 143f.; U. Wilckens, Röm.1-5, 1978, S. 262.

39) Vgl. Röm.4,1-5.

40) Vgl. dazu (- die Diskussion dauert seit der Reformation an -) E. Lohse, 1973, S. 285-306; W. Schrage, 1982, S. 266-279 (dort die weitere Lit.).

41) W. Schrage, 1982, S. 268f..

42) Jak.2,21.

43) W. Schrage, 1982, S. 267.

44) Vgl. L. Goppelt, 1978^3, S. 529ff., vor allem S. 538-542.

45) Röm.4,5. Die Rechtfertigung des Gottlosen wird mit besonderer Leidenschaft betont von E. Käsemann, z.B. in Röm., 1974^3, S. 105f..

46) Röm.4,6-8. E. Käsemann, Röm., 1974^3, S. 107; U. Wilckens, Röm.1-5, 1978, S. 263.

47) Röm.2,17-29.

48) Röm.3,9-20.27 u.a..

49) "Man hat zu beachten, dass die Formel liturgischen Gottesprädikationen nachgebildet ist und folglich das göttliche Handeln grundsätzlich charakterisiert." E. Käsemann, Röm., 1974^3, S. 105.

50) Röm.1,18-32.

51) Röm.3,19f..

52) UW.

53) U. Wilckens, Röm.1-5, 1978, S. 273-275.

54) E. Käsemann, 1972^2, S. 161f..

55) Ebenda.

56) Vgl. dazu u.a. L. Goppelt, 1978^3, S. 426-434; K. Barth, KD IV/2, 1964, S. 645ff.; G. Ebeling, Bd. III, 1979, S. 125-156.

57) K. Barth, KD IV/2, 1964, S. 645ff..

58) UW.

59) M. Luthers Formel in der Auslegung zu Röm. 4,7 u.a.. Vgl. die Belegstellen und Uebersicht bei A. Adam, 1968, S. 206ff., insbesondere S. 210f..

60) G. Ebeling, Bd. III, 1979, S. 139.

61) UW.

4.8. Die Witwen

1) Philo von Alexandrien, 1909, S. 380. (,aber) Einfügung von uns.
2) K. Berger, 1972, S. 421ff..
3) Vgl. G. Stählin, ThWNT, 1973, S. 428-454; dort S. 429; Hg. L. Coenen, Bd. 1, 1983[6], S. 358-361.
4) Vgl. die Darstellung der Wortbedeutung in der Umwelt des NT bei G. Stählin, 1973, S. 430-437.
5) ZB.
6) Vgl. die Kommentare und G. Stählin, 1973, S. 437f..
7) E. Schweizer, Lk., 1982, S. 184-186.
8) G. Stählin, 1973, S. 438.
9) Ueber die Stellung und Rolle der Frau im NT gibt es inzwischen eine reiche Literatur. Vgl. etwa E. Moltmann-Wendel, 1982[3]; A.C. Faxon, 1979 u.a.m..
10) Mk.12,44. UW.
11) Vgl. E. Schweizer, Mk., 1973, S. 148.
12) E. Schweizer, Lk., 1982, S. 184-186.
13) Die Uebersetzung des Verbums ist auf verschiedene Art möglich. Vgl. E. Schweizer, Lk., 1982, S. 185.
14) A.a.O., S. 86-88.
15) Vgl. R. Bultmann, 1979[9], S. 230, 236, 248f.. Hatte sie noch Töchter, dann verlor sie mit dem einzigen Sohn ihren Versorger.
16) Vgl. Lk.7,22.
17) Zur Apg. vgl. die Kommentare:
G. Stählin, NTD, 1970[4]; J. Roloff, NTD, 1981; E. Haenchen, KEK, 1977[7] u.a..
Der bedeutendste Kommentar aus dem deutschen Sprachraum ist zweifelsohne nach wie vor derjenige von E. Haenchen; man vgl. das aufschlussreiche Vorwort von E. Grässer, S. 6ff..
18) Lk.24,13-53; Apg.1,1-14.
19) Apg.2,1-41, Ausgiessung des heiligen Geistes am Pfingstfest.
Apg.3,1-11, Petrus heilt einen von Geburt auf Körperbehinderten.
Apg. 2,42-47; 4,32-35; 5,12-16, die Sammelberichte resp. Summarien.
20) Vgl. Apg.2,43; 3,12ff. u.a..
21) Vgl. die Sammelberichte oben Anm. 19, besonders Apg.2,42.44; 4,32 und die Kommentare zu den Stellen.
22) Zu letzterem vgl. vor allem das 3. Summarium Apg.5,12-16.
23) Exkurse zu den Summarien (in Klammern Exegese):
J. Roloff, 1981, S. (64-68. 88f.) 89-91 (.96-98).
E. Haenchen, 1977[7], S. (191-194.) 194-197 (.226-228). 228-231.
G. Stählin, 1970[4], S. 78-82.
24) Eine interessante These legt J. Roloff, 1981, S. 65f. vor: Die drei Summarien seien eine Entfaltung von Apg.2,42f.. Ohne Uebernahme von Tradition scheinen sie mir kaum erklärbar. J. Roloff, 1981, S. 65, weist zu Recht auf die sprachlichen Gründe (gegen E. Haenchen).
25) G. Stählin, 1973, S. 440.
26) Ebenda und J. Roloff, 1981, S. 109.
27) J. Roloff, 1981, S. 108f..

28) A.a.O., S. 91-93.
29) Apg.6,1-7. A.a.O., S. 106-111.
30) A.a.O., S. 90.
31) Eine gute Uebersicht über die Frage gibt H.-J. Kraus, 1973. Wenn die Exegeten über den von E. Troeltsch geprägten Begriff "Liebeskommunismus" herfahren (- so etwa J. Roloff, 1981, S. 89: "... völlig fehl am Platz ..." -), dann haben sie wohl die Stelle in E. Troeltschs grossartigem Werk nie gelesen, denn sie polemisieren gegen einen Begriff von "... straff organisierter und gesetzlich fixierter Eigentums- und Produktionsgemeinschaft ...", den E. Troeltsch gar nicht intendiert hatte. Er schreibt vielmehr sehr treffend:
"Innerhalb der Gemeinde selbst aber, klein und denselben allgemeinen Lebensverhältnissen angehörig wie sie war, blieb dann keine andere Möglichkeit, als die der Organisation eines Kommunismus, den man im Unterschied von allem andern Kommunismus den religiösen Liebeskommunismus nennen muss. Das ist ein Kommunismus, der die Gemeinsamkeit der Güter als Beweis der Liebe und des religiösen Opfersinnes betrachtet, der lediglich ein Kommunismus der Konsumtion ist und den fortdauernden privaten Erwerb als die Voraussetzung der Möglichkeit von Schenkung und Opfer zur Bedingung hat. Ihm fehlt vor allem jede Gleichheitsidee, sei es die absolute Gleichheit der Anteile, sei es die relative der Verdienst und Leistung entsprechenden Beteiligung; das Entscheidende ist nur, dass alle opfern und dass alle zu leben haben; wie viel das ist beim ersten und beim zweiten, ist Nebensache. Ebenso fehlen jede technische Ueberlegung und Begründung, die vor allem eine gemeinsame Produktionsordnung verlangt hätten. Schliesslich fehlt auch selbstverständlich jeder Gegensatz gegen das eigentliche Hemmnis jedes echten Kommunismus, gegen die mit der Privatwirtschaft innerlichst verbundene Familie. Dagegen hat es vermutlich Enthaltung vom Eide, Zurückhaltung von den Gerichten und allem offiziellen Wesen gegeben. In diesem Sinne wird die berühmte Erzählung der Apostelgeschichte vom urchristlichen Kommunismus zu verstehen sein, die alle innere Wahrscheinlichkeit für sich hat."
E. Troeltsch, 1923[3], S. 49f..
32) J. Roloff, 1981, S. 91-96.
33) A.a.O., S. 106-111; E. Haenchen, 1977[7], S. 253ff..
34) UW.
35) Vgl. oben.
36) Apg.6,2-6.
37) J. Roloff, 1981, S. 107.
38) A.a.O., S. 107f..
39) H. Conzelmann, 1971[2], S. 71f..
40) U. Wilckens, Röm.12-16, 1982, S. 124f..
41) Röm.15,27.
42) U. Wilckens, Röm.12-16, 1982, S. 127.
43) Vgl. 1.Kor.16,1-4; 2.Kor.8f.; Apg.24,17.
44) Vgl. Gal.2,10.
45) Vgl. dazu G. Stählin, 1973, S. 441; H. Conzelmann, 1969, S. 138-161.
46) 1.Kor.7,1. H. Conzelmann, 1969, S. 139.

47) 1.Kor.7,8f. und 39f..
48) Vgl. H. Conzelmann, 1969, S. 139ff..
49) Vgl. 1.Kor.6,12;10,23.
50) 1.Kor.7,1.
51) UW.
52) G. Stählin, 1973, S. 451.
53) Vgl. dazu G. Stählin, 1973, S. 441-447; J. Jeremias/A. Strobel, 1981^2, S. 36-40.
54) J. Jeremias überschreibt 1.Tim.5,1f. "Die rechte seelsorgerliche Behandlung der verschiedenen Altersstufen." J. Jeremias/A. Strobel, 1981^2, S. 36. Die Literatur a.a.O., S. 11.
55) 1.Tim.4,12-16. A.a.O., S. 33f..
56) 1.Tim.5,1f..A.a.O., S. 36.
57) Uebersetzung J. Jeremias, a.a.O., S. 36.
58) A.a.O., S. 37.
59) A.a.O., S. 71f..
60) G. Stählin, 1973, S. 442. Dies ist die wahrscheinlichste Uebersetzung. Zu Variante 2 (Witwen als Subjekt) oder Variante 3 (der Satz bezieht sich auf die ganze Hausgemeinschaft) vgl. dort.
61) A.a.O., S. 444f..
62) A.a.O., S. 443f..
63) Uebersetzung J. Jeremias in J. Jeremias/A. Strobel, 1981^2, S. 30. Vgl. 1.Tim.4,3: "Diese Leute verbieten die Heirat..."
64) A.a.O., S. 38f..
65) G. Stählin, 1973, S. 446.
66) A.a.O., S. 449.
67) A.a.O., S. 449f..

4.9. Die Aelteren und der Dienst der Aeltesten in den ersten Christengemeinden

1) Die Literatur zur Geschichte des Urchristentums, resp. zur apostolischen und nachapostolischen Zeit der Kirche findet sich bis 1981 zusammengetragen bei H. Conzelmann/A. Lindemann, 1982^6, S. 394ff.. Die Literatur zum paulinischen Gemeindeverständnis bei J. Hainz, 1972 und 1982. Neben den Theologien sind besonders wertvoll: E. Schweizer, 1959 (nach wie vor!); E. Käsemann, 1964, S. 109-134; H. Küng, 1977.
2) E. Käsemann, 1964, S. 111.
3) A.a.O., S. 119ff.. So schon E. Schweizer, 1959, S. 89ff..
4) H. Conzelmann, 1971^2, S. 89f.. Vgl. Phil.1,1; 1.Kor.12,28 und demgegenüber Apg.14,23; 20,17.
5) A.a.O., S. 89.
6) Vgl. neben der erwähnten Literatur auch E. Käsemann, 1972^2, S. 178ff..
7) 1.Kor.7,17-24. H. Conzelmann, 1.Kor., 1969, S. 150-154.

8) 1.Kor.12,1-31; besonders 1.Kor.12,22f.. H. Conzelmann, 1969, S. 240-255.
9) 1.Kor.12,24.26.
10) 1.Kor.12,25.
11) E. Käsemann hat immer wieder auf den scharfen Gegensatz der Aeone Adams und Christi als Zentrum paulinischer Ekklesiologie hingewiesen. Vgl. ders. 1972^{2}, S. 188f..
12) 1.Kor.1,10-13.
13) 1.Kor.11,17-34.
14) 1.Kor.7,17-24.
15) 1.Kor.14,1ff..
16) Zu den Begriffen " πρέσβυς ... πρεσβεύω " vgl. G. Bornkamm, ThWNT Bd. 6, 1959, S. 651-683; Hg. L. Coenen, 1983^{6}, S. 1003-1010.
17) G. Bornkamm, 1959, S. 652f..
18) A.a.O., S. 652.
19) A.a.O., S. 653.
20) Ebenda.
21) Hg. L. Coenen, 1983^{6}, S. 1004.
22) Ebenda.
23) Ebenda. Der Gesandte repräsentiert die ihn sendende Gemeinschaft und verhandelt für sie.
24) A.a.O., S. 1004f..
25) Vgl. W.F. Moulton/A.S. Geden, 1967^{4}, S. 847f..
26) G. Bornkamm, 1959, S. 654.
27) J. Jeremias/A. Strobel, 1981^{2}, S. 71. Vgl. oben 4.6..
28) Tit.2,2. Vgl. J. Jeremias/A. Strobel, 1981^{2}, S. 71f..
29) Tit.2,3-5.
30) Tit.2,8.
31) G. Bornkamm, 1959, S. 666-668; J. Jeremias/A. Strobel, 1981^{2}, S. 40-43.
32) Auch ein so vorsichtiger Forscher wie W.G. Kümmel zählt die Pastoralbriefe zu den Deuteropaulinen. Vgl. W.G. Kümmel/P. Feine/J.Behm, 1970^{16}, S. 267ff..
33) Vgl. J. Jeremias/A. Strobel, 1981^{2}, S. 41f..
34) 1.Tim.5,17.
35) A.a.O., S. 42.
36) A.a.O., S. 41.
37) Uebersetzung ebenda. 1.Tim.5,18.
38) A.a.O., S. 69f..
39) 1.Tim.5,19.
40) 1.Tim.5,20.
41) 1.Tim.5,22.
42) 1.Tim.5,21.
43) 1.Tim.4,14. Vgl. zur urchristlichen Ordination den Exkurs von J. Jeremias in J. Jeremias/A. Strobel, 1981^{2}, S. 35f..
44) Vgl. W. Schrage, ThWNT Bd. 7, 1964, S. 798-839 und E. Lohse, a.a.O., 1964, S. 858-869, zu den Begriffen Synagoge und Synhedrium.
45) E. Lohse, 1964, S. 860.
46) Ebenda.

47) G. Bornkamm, 1959, S. 654.
48) E. Lohse, 1964, S. 864; G. Bornkamm, 1959, S. 660. Gerusie ist das griechische Wort für den Aeltestenrat.
49) A.a.O., S. 660f..
50) Vgl. a.a.O., S. 662f..
Zur Frage des Apostelkonzils (Gal.2; Apg.15) und des Aposteldekrets (Apg.15,20.28f.; 21,25), in der Forschung breit diskutiert, vgl.: H. Conzelmann/A. Lindemann, 1982^{6}, S. 422-427; H. Conzelmann, 1971^{2}, S. 67-75; die Apg.-Kommentare.
Faktisch gibt die Weisung wohl die Regelung der antiochenischen Gemeinde wieder; zumindest ist sie in einer gemischten Gemeinde entstanden. Möglichkeiten historischer Abläufe zeigt H. Conzelmann, 1971^{2}, S. 67-75.
51) G. Bornkamm, 1959, S. 663.
52) A.a.O., S. 664ff.. E. Käsemann, 1964, S. 127ff..
53) G. Bornkamm, 1959, S. 664.
54) Vgl. die Kommentare, vor allem L. Goppelt, 1978, S. 318-345; N. Brox, 1979, S. 225-240.
55) Dies betont besonders E. Käsemann, 1964, S. 123, der aber meines Erachtens die "frühkatholischen Briefe" allzu stark abwertet.
56) UW.
57) 1.Petr.5,1-4: Ermahnung an die Aeltesten; 1.Petr.5,5a: Ermahnung an die Jüngeren. Vgl. die Kommentare.
58) L. Goppelt, 1978, S. 330-332; N. Brox, 1979, S. 233f..
59) N. Brox, 1979, S. 234.
60) Eindrücklichstes Beispiel eines Generationenkonfliktes in den frühen Christengemeinden ist der 1. Clemensbrief. Anlass des Briefes war die Spaltung der Gemeinde von Korinth (1.Clem.44,1ff.), wo wenige junge Laien die gemeindeleitenden Aeltesten durch eine Revolte abgesetzt hatten und dabei die Gemeinde zu einem wichtigen Teil für sich gewonnen hatten. So interpretieren wenigstens H. Lietzmann und J.A. Fischer. Die genauen Hintergründe sind schwierig auszumachen. Der Brief fordert die Jungen zum Verlassen der Gemeinde auf (1.Clem.54) und setzt sich für die Wiederherstellung der Autorität der Presbyter und des Friedens in der Gemeinde ein. Die Paränese des Briefes wird im 1. Teil breit alttestamentlich begründet. Vgl. J.A. Fischer, 1981, S. IX-XV und 3ff..
61) 1.Petr.5,3.
62) 1.Petr.5,2-3.
63) Uebersetzung N. Brox, 1979, S. 225.
64) 1.Petr.5,1.
65) 1.Petr.5,4. Bei der Wiederkunft Christi werden die Aeltesten mit dem Siegeskranz eschatologischen Heils bekränzt werden.
66) Vgl. dazu:
J. Roloff, 1981, S. 220 und 300-308.
E. Haenchen, 1977^{7}, S. 418-423 und S. 563-573.
G. Stählin, 1970^{4}, S. 196 und S. 266-272.
67) Uebersetzung J. Roloff, 1981, S. 219.
So J. Roloff a.a.O., S. 220.

68) A.a.O., S. 301.
69) Apg. 20,22. Zu Phlm.9 vgl. G. Bornkamm, 1959, S. 682f.. In 2.Kor.5,20; Eph.6,20 heisst das Wort "Gesandter", "Bote".
70) Apg.20,18-21.24.
71) Apg.20,20.
72) Apg.20,33-35.
73) Apg.20,31.
74) Apg.20,28. J. Roloff, 1981, S. 305.
75) G. Bornkamm, 1959, S. 665.
76) Zur späteren Entwicklung in der Alten Kirche vgl. G. Bornkamm, 1959, S. 672-680. Wir verzichten auf ein näheres Eingehen auf die Stellen, wo "die Aeltesten" im 2. und 3. Johannesbrief und in der Offenbarung des Joh. vorkommen. Vgl. a.a.O., S. 668-672.
77) Vorzüglich dokumentiert in Glaube in der 2. Welt, Hg. Institut Glaube in der 2. Welt, seit 1973.

4.10. Die Auferweckung des Gekreuzigten und die Freiheit der Christen in Leiden, Sterben und Tod

1) Die Literatur zur Eschatologie (Lehre von den letzten Dingen) im Neuen Testament ist kaum zu übersehen. So beschränken wir uns hier auf einige wichtige Arbeiten, die uns wertvolle Dienste leisteten und von denen her die weitere Literatur, auch die neuere, gefunden werden kann. Im übrigen verweisen wir auf die Lexikonartikel. Die systematische und neutestamentlich-exegetische Arbeit kann gerade in diesem Bereich kaum getrennt werden, geht vielmehr fliessend ineinander über.
   - Zur Botschaft von der Gottesherrschaft vgl. oben 4.3. Anm. 1; neutestamentliche Theologien ebenda.
   - Zur Auferstehung: Art. "Auferstehung" in TRE, Hg. G. Krause/G. Müller, 1979. Art. "Auferstehung" in Hg. K. Galling, RGG[3], 1957; U. Wilckens, 1970; O. Kaiser/E. Lohse, 1977, E. Käsemann, 1968[3]; nach wie vor wertvoll K. Barth, 1926[2].
   - Einen Gesamtüberblick über die Eschatologie geben A.R. van de Walle, 1983; H. Conzelmann/A. Lindemann, 1982[6], Stichwort Eschatologie; Art. "Eschatologie" in TRE, Hg. G. Krause/G. Müller, 1982.
   - Von katholischer Seite: H. Küng, 1982; (dort die neueste Lit. zur Auferweckung Jesu S. 308, Anm. 5); H. Vorgrimler, 1981.
   - Von jüdischer Seite: P. Lapide, 1978[2].
   - Zur dogmatischen Diskussion: H. Ott, 1981[3], S. 477-519; F. Buri/J.M. Lochman/H. Ott, 1973, S. 187-326; die neueren Entwürfe: G. Ebeling, Bd. 3, 1979; E. Schlink, 1983, S. 709ff..
2) Zusammenfassende Darstellung bei U. Wilckens, 1970, S. 101-144.
3) A.a.O., S. 117.
4) UW.
5) Vgl. E. Schweizer, Mk. 1973, S. 140-142. "Die Auslegung wird deutlich machen, dass hier zwei ganz verschiedene Probleme angepackt und

beantwortet werden: die pharisäische Frage, wie die Auferstehung im einzelnen zu denken sei (v25), und die sadduzäische, ob es überhaupt eine Auferstehung gebe (v26f.)." A.a.O., S. 140. Vielleicht ist das Gespräch erst aus der Gemeindetradition; so schon R. Bultmann, 1979[9], S. 25.

6) Dies betont vor allem E. Schillebeeckx, 1980[7], S. 458-481, besonders S. 459-464.
7) U. Wilckens, 1970, S. 106ff..
8) A.a.O., S. 113ff..
9) E. Schillebeeckx, 1980[7], S. 459-464.
10) E. Lohse in Hg. K. Galling, RGG[3], 1957, S. 694 gibt eine gute Zusammenfassung.
11) U. Wilckens, 1970, S. 143.
12) Vgl. die Literatur zum 1.Thess.: H. Conzelmann/A. Lindemann, 1982[6], S. 188ff.; W. Marxsen, 1979; J. Becker/H. Conzelmann/G. Friedrich, 1976, S. 203-251. Zum Kommentar von W. Marxsen ist unbedingt zu vergleichen seine grundsätzliche Position in W. Marxsen, o.J. (1969?).
13) W.G. Kümmel/P. Feine/J. Behm, 1970[16], S. (179-184.) 181.
14) W. Marxsen, 1979, S. 13-29; J. Becker/H. Conzelmann/G. Friedrich, 1976[14], S. 203-209.
15) 1.Thess.3,1-9. Selbst wurde er gehindert, nach Thessalonich zurückzukehren; 1.Thess.2,18.
16) 1.Thess.1,8.
17) Uebersetzung G. Friedrich in J. Becker/H. Conzelmann/G. Friedrich, 1976[14], S. 211.
18) A.a.O., S. 215 (Lied, Tauflied); W. Marxsen, 1979, S. 17 und 40f..
19) Menschwerdung, irdisches Wirken, Sterben und Tod am Kreuz fehlen.
20) Vgl. W. Marxsen, 1979, S. 53f..
21) Die Hoffnung auf die neue Schöpfung kommt zwar nicht explizit vor, darf aber wohl implizit vorausgesetzt werden.
22) Die Richtungen, gegen die sich Paulus abgrenzt, sind nach G. Friedrich einerseits schwärmerische Pneumatiker, andrerseits Leute, die "Regungen des Geistes" unterdrücken wollen; J. Becker/H. Conzelmann/G. Friedrich, 1976[14], S. 205. W. Marxsen bezeichnet den Enthusiasmus in Thessalonich (im Unterschied zu Korinth) als eschatologisch begründet; W. Marxsen, 1979, S. 21.
23) 1.Thess.4,11f..
24) 1.Thess.3,12f..
25) 1.Thess.2,15.
26) 1.Thess.4,13ff..
27) Vgl. G. Friedrich in J. Becker/H. Conzelmann/G. Friedrich, 1976[14], S. 242.
28) UW.
29) Vgl. K. Barth, KD III/2, 1974[3], S. 778f..
30) Gegen W. Marxsen, 1979, S. 66.
31) Aehnlich G. Friedrich in J. Becker/H. Conzelmann/G. Friedrich, 1976[14], S. 242.
32) UW.
33) Vgl. 1.Kor.3,11.

34) Zur Christologie vgl. neben den Theologien die sehr gute Einführung bei G. Eichholz, 1972, S. 101-214.
35) A.a.O., S. 132ff..
36) UW.
37) E. Nestle/K. Aland, 1979[26], S. 536.
38) Ausführlich ausgelegt bei J. Kremer, 1977[3].
39) Vgl. J.M. Lochman, 1982, S. 131f..
40) 1.Thess.4,14b. UW.
41) J. Becker/H. Conzelmann/G. Friedrich, 1976[14], S. 243.
42) A.a.O., S. 244; W. Marxsen, 1979, S. 67f..
43) UW. Vgl. Eph.6,14ff. und Jes.59,17. Wir verzichten auf eine eingehende Auslegung von 1.Thess.5,1-11.
44) H. Küng, 1982, S. 147; derselbe, 1976, S. 347.
45) 1.Kor.15,20.23 u.a..
46) Darüber besteht eine relativ breite Uebereinstimmung in der Exegese. Vgl. U. Wilckens, 1970, S. 11f. u.a..
47) A.a.O., S. 43-99.
H. Küng verdrängt meines Erachtens allzu sehr Elemente wie die Erzählung vom leeren Grab (Mk.16,1-8; Mt.28,1-10; Lk.23,54-24,12; Joh.20,1ff.) und die Erscheinungserzählungen mit dem Zweifelsmotiv (Lk.24,36-49; der ungläubige Thomas Joh.20,24-29). Sie gehören auch zur Ueberliefung der Evangelien, und dies mit gutem Grund: Sie wehren einer doketischen Verflüchtigung des Auferstehungszeugnisses.
48) Vgl. J.M. Lochman, 1982, S. 197.
49) UW. Vgl. J.M. Lochman, ebenda. Damit ist eine Kontinuität als Verlängerung irdischer Existenz abgelehnt.
50) So auch J. Kremer, 1977[3], S. 135f..
51) UW.
52) J.M. Lochman, 1982, S. 198-201.
53) Dies hat K. Barth im Anschluss an J.Chr. Blumhardt in der KD immer wieder betont, am ausführlichsten KD IV/3, 1959, S. 188-317 in der Darstellung des prophetischen Werkes Jesu.
54) EU. Vgl. Jes.25,8; Hos.13,14 u.a..
55) Zum Thema Tod im NT und in der Dogmatik: E. Jüngel, 1973[3]; H. Wohlgschaft, 1977, H. Vorgrimler, 1978; 1980. Dort breit die neuere Literatur.
56) Röm.8,32.
57) Röm.5,12-21.
58) Vgl. oben zum 1.Thess..
59) Vgl. etwa M. Luther in der Galaterbriefvorlesung, in Luther Deutsch, Bd. 1, 1969, S. 282. Für ihn ist der Fluch primär die Verfluchung des Gesetzes, die über die Schuldigen kommt.
60) Vgl. U. Wilckens, Röm.1-5, 1978, S. 305ff. u.a..
61) V23 ist die abschliessende Schlussthese der Argumentation Röm.6,1-23, E. Käsemann, Röm., 1974[3], S. 177.
62) Vgl. E. Jüngel, 1973[3], S. 103-120.
63) Mk. 15,34.
64) ZB.
65) Vgl. zum Ganzen H. Küng, 1977[5], S. 58ff..

66) Das hat vor allem D. Sölle, 1976[3] herausgearbeitet und immer wieder betont.

67) 2.Kor.12,7-10. Vgl. G. Bornkamm, 1969[2], S. 172ff. zu "Dienst und Leiden des Apostels".

68) EU.

69) Röm.8,18-30.

70) UW.

71) Vgl. L. Goppelt, 1978[3], S. 428ff..

72) UW.

73) D. Bonhoeffer, 1975[8], S. 5 (ohne Seitenzahl vor Inhaltsverzeichnis).

5. DAS SYSTEMATISCH-ETHISCHE VERSTAENDNIS DES ALTERS IM RAHMEN DER THEOLOGISCHEN ANTHROPOLOGIE

5.1. Einleitende Erwägungen

1) Vgl. 1. und vor allem 2.3..
2) W. Neidhart/H. Ott, 1977; Chr. Frey, 1979; A. Peters, 1979; O.H. Pesch, 1983; W. Pannenberg, 1983; (1962) 1976[5] u.a.; vgl. J. Moltmann, 1973[2]; H. Ringeling, 1980, die weitere Literatur bei O.H. Pesch, 1983 und W. Pannenberg, 1983.
3) W. Pannenberg, 1983, S. 18f.. Der Anspruch der Theologie auf ihre humane Allgemeingültigkeit muss sie auf dem Felde der Anthropologie zuerst begründen (a.a.O., S. 16).
4) A.a.O., S. 19f..
5) A.a.O., S. 8 und 21f..
6) A.a.O., S. 22.
7) A.a.O.. S. 66.
"... so erfährt der Mensch, dass die Frage nach seiner Bestimmung, die Frage nach sich selbst, und die Frage über die Welt hinaus nach dem tragenden Grund ihres und des eigenen Lebens eine und dieselbe Frage sind. Die Frage des Menschen nach sich selber und die Frage nach der göttlichen Wirklichkeit gehören zusammen." (A.a.O., S. 69). Vgl. dazu die berühmten Sätze F.D. Schleiermacher's in der Glaubenslehre[2], 1960[7], § 3 und 4, S. 14 und 23.

"3 Die Frömmigkeit, welche die Basis aller kirchlichen Gemeinschaften ausmacht, ist rein für sich betrachtet weder ein Wissen noch ein Tun, sondern eine Bestimmtheit des Gefühls oder des unmittelbaren Selbstbewusstseins.

4 Das Gemeinsame aller noch so verschiedenen Aeusserungen der Frömmigkeit, wodurch diese sich zugleich von allen andern Gefühlen unterscheiden, also das sich selbst gleiche Wesen der Frömmigkeit ist dieses, dass wir uns unsrer selbst als schlechthin abhängig, oder, was dasselbe sagen will, als in Beziehung mit Gott bewusst sind."

8) W. Pannenberg, 1983, S. 23, Anm. 9. Vgl. J.M. Lochman, 1972, S. 76:
"Wie oft werden Menschen an willkürlichen Normen etablierter Gesellschaften und Kulturen gemessen! Wie oft werden sie in der Politik, Wirtschaft, Wissenschaft und selbst in persönlichen Beziehungen als Objekte der Bewertung und Manipulation behandelt! Unter solchen Umständen legt die biblische Sicht Initiative für einen unbedingten Humanismus frei: sie durchbricht alle Verhältnisse des menschlichen Daseins, um in und hinter ihnen die wahre Würde jedes Menschenkindes zu finden: sein unveräusserliches Recht, gegründet im Gedenken Gottes, unabhängig von dem, was er hat oder tut oder ist."
9) Die Diastase zu den nichttheologischen Wissenschaften war eine der zentralen Schwächen (- dialektisch gesehen auch der Stärken -) der Position K. Barths. Vgl. z.B. die Entscheidung am Anfang der

Schöpfungslehre, K. Barth, KD III/1, 1970[4], Vorwort:
"Man wird mir vermutlich vorhalten, warum ich mich mit den in diesem Zusammenhang naheliegenden Fragen der Naturwissenschaft nicht auseinandergesetzt habe. Ich meinte es ursprünglich tun zu müssen, bis es mir klar wurde, dass es hinsichtlich dessen, was die heilige Schrift und die christliche Kirche unter Gottes Schöpfungswerk versteht, schlechterdings keine naturwissenschaftlichen Fragen, Einwände oder auch Hilfsstellungen geben kann. So wird man in diesem Mittelpunkt des vorliegenden Buches von "naiver" hebräischer "Sage" sehr viel, von der hier vielleicht erwarteten Apologetik und Polemik aber gar nichts finden."

10) Wichtige Aussagen zum Thema "Alter" sind in der Literatur bisher stark zerstreut und stehen oft am Rande anderer Zusammenhänge.

11) Vgl. W. Pannenberg, 1983, S. 16:
"Dennoch kann die Theologie die Wahrheit gerade ihres Redens von Gott nur vertreten, wenn sie der atheistischen Religionskritik gegenüber zunächst einmal auf dem Felde der Anthropologie argumentiert; denn sonst bleiben alle noch so steilen Behauptungen über den Vorrang der Gottheit Gottes blosse subjektive Versicherungen ohne ernstzunehmenden Anspruch auf Allgemeingültigkeit. Das ist die Tragik der dialektischen Theologie, insbesondere der Theologie Karl Barths geworden. Sie hat, indem sie es verschmähte, für die Unumgänglichkeit der religiösen Thematik auf dem Boden der Anthropologie argumentativ einzutreten, sich schutzlos dem Verdacht ausgesetzt, dass ihr Glaube eine willkürliche subjektive Setzung des Menschen sei. Durch ihre Abweisung der Anthropologie ist sie erst recht in die Abhängigkeit anthropologischer Bedingtheit geraten. Indem Barth an die Stelle einer Begründung die blosse Entscheidung, mit Gott selber zu beginnen, setzte, hat er den theologischen Subjektivismus wider Willen auf die äusserste Spitze getrieben."
Es ist wenig überzeugend, wenn ein systematischer Theologe vom Rang W. Pannenbergs die alten Argumente der Barth-Kritik (Subjektivismus-Vorwurf) noch 1983 wieder aufnimmt und derart undifferenziert vertritt.

12) E. Schlink, 1983, S. 108.

5.2 Das Alter als gute Gabe und Aufgabe des Schöpfers

1) Vgl. 2.3..

2) Vgl. 3.6..

3) Vgl. A. Schweitzer, 1972, S. 328ff..
So auch J.M. Lochman, 1979, S. 73f..
Es sei differenzierend angemerkt, dass man die Ethik A. Schweitzers mit der Kurzformel "Ehrfurcht vor dem Leben" nicht ganz trifft, vielmehr ist bei ihm "... Ethik als Hingebung an Leben zu bestimmen, die durch Ehrfurcht vor dem Leben motiviert ist." (A. Schweitzer, 1972, S. 333). Die vitalistische Begründung dieser Ethik im persön-

lichen Willen zum Leben, der den Willen zum Leben alles Lebendigen erkennen lässt, teilen wir so nicht, wohl aber die praktische Konsequenz im Blick auf die Altersfrage.
"Ethik besteht also darin, dass ich die Nötigung erlebe, allem Willen zum Leben die gleiche Ehrfurcht vor dem Leben entgegenzubringen wie dem eigenen. Damit ist das denknotwendige Grundprinzip des Sittlichen gegeben. Gut ist, Leben erhalten und Leben fördern; böse ist, Leben vernichten und Leben hemmen." (A.a.O., S. 331).

4) Vgl. oben 1.4.. Marginalisierung bedeutet das Hinausdrängen an den Rand gesellschaftlichen Lebens.
5) Die Formel wurde von der Pro Senectute für ihre Ausstellung aufgenommen und stammt vom Humoristen George Mikes. Vgl. Hg. Pro Senectute, (o.J.)^2.
6) Vgl. unten 6.1. bis 6.5..
7) Zu der Bewegung der "Grauen Panther" vgl. R. Meier/H.-J. Seemann, 1982 und B. Donicht-Fluck, 1984.
8) Vgl. die Literatur zur Lebensgestaltung im Alter unter 6.3. Anm. 60.
9) Stark dominiert diese Sicht etwa bei D. Rappard, 1943^5.
10) J. Améry, 1977^4. Vgl. J. Améry, 1979^6.
11) J. Améry, 1977^4, S. 134.
12) A.a.O., S. 76f..
13) A.a.O., S. 119f. und S. 131f.. Vgl. dort die Gestalt des Père Thibault.
14) Vgl. zum "Habenmodus der Existenz" E. Fromm, 1976, vor allem S. 73ff.
15) K. Barth, KD III/2, 1974^3, S. 770.
16) J. Améry, 1977^4, S. 132.
17) K. Barth, KD III/2, 1974^3, S. 770f..

5.3. Der Betagte als Gottes Ebenbild

1) Vgl. oben 3.3..
2) Vgl. die gute Einführung in die grundsätzlichen Probleme bei E. Schlink 1983, S. 101ff..
3) A. Peters, 1979, S. 190ff..
4) Vgl. auch die Uebersicht bei H. Ott, 1981^3, S. 190ff..
5) Literatur bei A. Peters, 1979, S.214-216.
6) So vor allem die Reformatoren. Vgl. O. Weber, Bd. I, 1972^4, S. 615ff..
7) Vgl. oben 3.3..
8) E. Schlink, 1983, S. 102.
9) Vgl. E. Schweizer, 1976, S. 56ff..
10) E. Schlink, 1983, S. 102f..
11) Vgl. die Literatur bei U. Wilckens, Röm.1-5, 1978, S. 305f..
12) E. Schlink, 1983, S. 103f..
13) Vgl. H.-J. Kraus, 1983, S. 228ff. und S. 393ff..
14) ZB.
15) ZB.
16) Vgl. Röm. 8,34.

17) Zur Anthropogenese bei T. de Chardin vgl. kritisch H.-J. Kraus, 1983, S. 250ff..
18) Vgl. W. Pannenberg, 1983, S. 25ff..
19) Zu den "Grenzen einer empirischen und philosophischen Begründung der Würde des Menschen" vgl. U. Eibach, 1977[2], S. 112ff. und derselbe, 1976, S. 83ff..
20) U. Eibach, 1976, S. 91.
21) Vgl. K. Barth, KD III/2, 1974[3], S. 242ff..
22) Vgl. H. Ott, 1981[3], S. 195f..
23) Vgl. die zusammenfassende Darstellung bei H. Ringeling, 1980, S. 47ff..
24) Etwas überpointiert hat U. Eibach in diesem Zusammenhang das Wort vom "sozialen Tod" verwendet. Vgl. U. Eibach, 1979, S. 157-160.
25) Pfarramtliche Erfahrung.
26) Zum Sozialdarwinismus vgl. Chr. Frey, 1979, S. 134 und U. Eibach, 1976, S. 106ff. und S. 189ff..
27) Die Lage in der Region Biel ist zur Zeit besonders schwierig.
28) Die Hauptprobleme betreffen nicht nur die Individualethik, sondern die Strukturen des Gesundheitswesens. Dies sieht U. Eibach meines Erachtens richtig (vgl. derselbe, 1979, S. 158).
29) U. Eibach, 1976, S. 85ff..
30) A.a.O., S. 93.

5.4. Die Freiheit des alten Menschen

1) Vgl. oben 3.8. und 4.3..
2) E. Jüngel, 1976.
3) Vgl. den Titel des Aufsätzchens. A.a.O., S. 129.
4) Ebenda.
5) Vgl. E. Eppler, 1981, S. 42ff. unter vielen anderen; Hg. A. Hertz u.a., Bd. 2, 1979[2], S. 397ff..
6) D. Meadows u.a., 1980.
"Wir sind überzeugt, dass eine klare Vorstellung über die quantitativen Grenzen unseres Lebensraums und die tragischen Konsequenzen eines Ueberschiessens seiner Belastbarkeit dafür wesentlich ist, neue Denkgewohnheiten zu entwickeln, die zu einer grundsätzlichen Aenderung menschlichen Verhaltens und damit auch der Gesamtstruktur der gegenwärtigen Gesellschaft führen."
A.a.O., S. 170.
7) Vgl. diese Argumentation etwa bei W. Wittmann, 1979[2], S. 128-131.
"Die Zukunft der Sozialpolitik sieht also düster aus. Der Bund weiss noch immer nicht, wie er den Sozialstaat in den nächsten Jahren stützen kann. Es ist unbestritten, dass Erhöhungen der Beiträge von Arbeitnehmern, Arbeitgebern und der öffentlichen Hand erforderlich sind, um selbst die gegenwärtigen Sozialleistungen beizubehalten. Mehr oder weniger abgesicherte Prognosen rechnen bereits gegen Ende der achtziger Jahre mit dem Zusammenbruch des AHV-Fonds. Im Lauf des

kommenden Jahrzehntes verlieren die Kapitalerträge des AHV-Fonds laufend an Bedeutung, was zwangsweise erhöhte Beitragszahlungen an die AHV auslöst. So entwickelt sich das System der sozialen Sicherung auf ein volles Umlageverfahren zu, wonach sämtliche Sozialleistungen eines Jahres aus den laufenden Einkommen bestritten werden müssen. In Wirklichkeit bedeutet dies, dass rund ein Drittel des AHV-pflichtigen Einkommens von vorneherein für die laufende soziale Sicherheit reserviert ist. Diesen Einkommensverzicht müssen allein die künftigen Erwerbstätigen leisten. So werden sie zurecht als "Lastesel der Gesellschaft" bezeichnet, und man muss sich ernsthaft fragen, ob und wie lange sie dazu noch bereit sind. Es ist zu befürchten, dass die Erwerbstätigen je länger je mehr von Sozialabgaben genug haben. Daraus erwachsen langfristige soziale Spannungen. Gleichzeitig leidet auch die Wirtschaft angesichts des unbefriedigenden Wachstums und einer schlechten Ertragslage unter den Soziallasten."
A.a.O., S. 130. Wir argumentieren damit nicht gegen eine grundsätzliche Diskussion der Sozialversicherungssysteme, sondern gegen eine Diskussion zu Lasten der Betroffenen selbst, in unserem Fall der Betagten.

8) Vgl. oben 1.5..

9) Insofern teilen wir die Argumentation von E. Jüngel, 1976, S. 131: "Der christliche Glaube hat von Gott so zu reden, dass seine Menschwerdung - bis hin zum Tode am Kreuz - als Rechtfertigung des sein Menschsein verfehlenden Menschen zur Geltung gebracht wird. Das besagt, dass der Mensch in seinem Menschsein vor Gott anerkannt ist, ohne dafür etwas tun zu müssen oder auch nur tun zu können. Gott gegenüber ist der Mensch ein Nehmender, insofern er sich selbst von seinem Gott entgegennimmt. Sich selber empfangen zu können, die eigene Person von Gott entgegennehmen zu können - das ist Glaube."

10) E. Wolf, 1975, S. 199ff..

11) K. Barth, KD III/4, 1969[3], S. 593.

12) J.M. Lochman, 1982 a), S. 4.
Er gliedert seine Erwägungen in die Punkte:
"1) Dass Arbeit, die lebensnotwendige, zielbewusste, schöpferische Tätigkeit, positiv und grundlegend zur menschlichen Bedingung ... gehört ..." (a.a.O., S. 2);
2) "Arbeit als Gefährdung, Belastung, Ausbeutung, Entfremdung der Menschen" (a.a.O., S. 3);
3) "Zum biblischen Arbeitsverständnis gehört das Wissen von der Relativität menschlicher Arbeit." (A.a.O., S. 4).

13) Vgl. Der Bund, 28.1.1984.

14) E. Wolf, 1975, S. 202.

15) K. Barth, KD III/4, 1969[3], S. 599.

16) Die Schlagworte "Pensionierungsbankrott" oder "Pensionstod" sollte man jedoch nicht verwenden.
Vgl. U. Lehr, 1979[4], S. 199f..

17) Vgl. die Aktion P (Arbeitsvermittlung für Rentner) der Pro Senectute (Hg. H. Werthmüller/Chr. Baumgartner, 1979, S. 162-164).

18) J.M. Lochman, 1982 a).

19) Vgl. oben 3.9. und 4.9..
20) Vgl. Hg. Eidgenössische Kommission für Jugendfragen, 1980, S. 15: "Nach wie vor hingegen wirkt sich vom Pluralismus das aus, was das Gefährliche an ihm ist: Dass aus einem Gewährenlassen ein Vernachlässigen wird. Man interessiert sich nicht mehr für den andern, fühlt sich für ihn und sein Tun nicht mehr mitverantwortlich und verlangt von ihm lediglich, in Ruhe gelassen zu werden. Dies geschieht insbesondere zwischen den Generationen, sowohl innerhalb der Familie als auch in der ganzen Gesellschaft. Sprachverlust, Abbruch des Gesprächs sind Folgen einer solchen Vernachlässigung. Die weitverbreitete Isolation, zu der sie führt, wird durch die städtisch-industrielle Lebens- und Arbeitsweise noch unterstützt. Teamarbeit gibt es nur für relativ wenige, und unsere Wohn- und Baukultur ist einseitig auf Rückzug in die eigenen vier Wände ausgerichtet. Diese Entwicklung zur Isolation der Generationen und der Einzelnen ist langfristig. Sie hat in den derzeitigen Jugendunruhen nur einmal mehr zu einem Ausbruchsversuch geführt."
21) K. Rahner in M. Schmid/W. Kirchschläger, 1982, S. 17f. (Vgl. daselbst S. 9-21 "Zum theologischen und anthropologischen Grundverständnis des Alters").
22) Ebenda.
23) Hg. Eidgenössische Kommission für Jugendfragen, 1981, S. 71f.: "Es zeigt sich nicht selten, dass Grosseltern und andere ältere Leute die Jungen besser verstehen als die Eltern. Umgekehrt werden sie von den Jungen oft auch eher akzeptiert. Offenbar schaffen der grössere Altersunterschied und die geringere familiäre Bindung eine entspannende Distanz. Vielleicht auch entsprechen die Erfahrungen und die Erlebnisweise der Jugendlichen von heute eher denen der Aelteren als der Elterngeneration.
Häufig ist aber auch zu beobachten, dass ältere Leute sich von den Jugendlichen vollkommen abwenden, sich in eine von Ressentiments bestimmte, verbitterte Ablehnungshaltung einkapseln. Sie kümmern sich um nichts mehr als kurzfristige egoistische Interessen, und wenn ein Kontakt mit Jungen unvermeidbar ist, so entladen sich aufgestaute Aggressionen in Form von Beschimpfungen und Hasstiraden.
Ressentiments können durch Verständigung überwunden werden. Die erwähnte entspannende Distanz und die gemeinsame Erfahrungsweise bieten älteren Leuten die Chance, einen guten Kontakt zur Jugend herzustellen. Verständnis lässt sich ebenso leicht signalisieren wie Ablehnung: Mit einem spontanen guten Wort, mit einem Besuch in einem Jugendzentrum (in den wenigen Fällen, in denen dies vorkommt, werden Alte sehr gut aufgenommen), mit Fürsprache in einem Konfliktfall und so weiter.
Darüberhinaus haben Aeltere oft mehr als die Elterngeneration die Möglichkeit zu tatkräftiger Unterstützung der Jugendlichen. Wie manche leben zum Beispiel in Wohnungen und Häusern, die zu gross geworden sind und unter deren Leere sie leiden! Wo die gefühlsmässige Bindung nicht zu stark ist, können sie jungen Leuten Wohnraum öffnen oder zu günstiger Miete anbieten. In jedem Fall können sie sich um die

Anliegen der Jugendlichen kümmern und diese von ihrer Seite her an die Elterngeneration herantragen, wo die Ohren gegenüber den Jungen durch unbewältigte Konflikte verschlossen sind. Derartige Mit- und Fürsorge der Aelteren kann auch diese selber wieder aus Isolation herausführen."

24) Vgl. E. Busch, 1976; K. Barth, KD III/4, 1969[3] u.a.; C. Zuckmayer/K. Barth, 1978[4].
25) E. Busch, 1976, S. 6-17 und K. Barth, KD III/4, 1969[3], S. 707.
26) E. Busch, 1976, S. 7.
27) A.a.O., S. 18-26.
28) C. Zuckmayer/K. Barth, 1978[4], S. 56f.. Vgl. S. 53.
29) A.a.O., S. 56f..
30) Vgl. oben 3.7..
31) Phil. 3,1. Vgl. Phil. 1,18; 2,17f.; 2,28; 4,4; 4,10.
32) K. Rahner in M. Schmid/W. Kirchschläger, 1982, S.15f..

5.5. Das 5. Gebot

1) M. Luther, Bd. 3, 1961[3], S. 47f..
2) K. Barth, KD III/4, 1969[3], S. 271.
3) So H.-J. Kraus, 1983, S. 166.
4) J.M. Lochman, 1979, S. 75.
5) A.a.O., S. 74.
6) J. Calvin, 1963[2], S. 242.
7) Telefongespräch 1983.
8) H.-J. Kraus, 1983, S. 167.
9) Vgl. a.a.O., S. 318ff..
10) Vgl. K. Barth, KD III/4, 1969[3], S. 282ff..
11) J.M. Lochman, 1979, S. 77-79.
12) Vgl. oben 3.6..
13) H.-J. Kraus, 1983, S. 166.
14) M. Luther, Bd. 3, 1961[3], S. 39.
15) Vgl. oben 4.6. und 4.8..
16) Vgl. oben 4.6..
17) Ebenda. Vgl. K. Barth, KD III/4, 1969[3], S. 288ff..
18) Vgl. die Kritik K. Barth's an einer Ueberbetonung des Familienbegriffs in der Theologie a.a.O., S. 270f..
19) Vgl. zu den schweizerischen Verhältnissen Hg. H. Flüeler/R. Gfeller-Corthésy, 1975, S. 126-134 und oben 1.4. und 1.6..
20) A. Mitscherlich, 1963, vor allem S. 406ff..
21) A.a.O., S. 412.
22) Vgl. oben 1.4..
23) Vgl. unten 6.4..

5.6. Die Betagten in der Kirche

1) Hg. W. Müller-Römheld, 1983, S. 97. Vgl. S. 89ff.. Vgl. auch die Empfehlungen S. 86f..
2) Hg. K. Raiser, 1983, S. 64.
3) Ebenda.
4) Ebenda.
5) A.a.O., S. 64 und 67ff..
6) Hg. W. Müller-Römheld, 1983, S. 89.
7) Ebenda.
8) A.a.O., S. 90ff..
9) A.a.O., S. 91ff..
10) Vgl. oben die Empfehlungen.
11) Vgl. oben 1.3..
12) Hg. W. Müller-Römheld, 1983, S. 94.
13) Auch der Bericht fordert "die gründliche biblische und theologische Untersuchung dessen, was die Kirche den älteren Menschen und auch allen anderen über den Tod zu sagen hat..." A.a.O., S. 87. Leider steht nicht "über das Alter und den Tod"!
14) A.a.O., S. 93f..
15) R. Rohrandt in Hg. K. Raiser, 1983, S. 66.
16) Vgl. Hg. L. Coenen u.a., 1983[6], S. 185-189; H.W. Beyer in ThWNT, Bd. 2, 1935, S. 81-93 u.a.. Ueberblick in Art. "Diakonie" in TRE, Hg. G. Krause/G. Müller, 1981.
17) H.W. Beyer, 1935, S. 81.
18) A.a.O., S. 81f..
19) A.a.O., S. 82f..
20) A.a.O., S. 83f..
21) Vgl. ebenda.
22) UW.
23) UW.
24) Vgl. H.W. Beyer, 1935, S. 84ff. und 86ff..
25) 1.Petr.4,10f.; EU.
26) Vgl. H.W. Beyer, 1935, S. 84-87.
27) Vgl. a.a.O., S. 85.
28) Mt. 25,40. UW.
29) Vgl. zum Ganzen H. Küng, 1977, S. 458ff..
30) Die immense Literatur kann hier natürlich nicht aufgeführt werden. Exemplarisch seien folgende Arbeiten genannt:
Zum Thema Kirche und Politik: Hg. A. Hertz u.a., Bd. 2, 1979[2], S. 211ff..
Zum Thema Christentum und Gesellschaft: T. Rendtorff, 1972 und 1981.
Zum Thema Kirche und Oeffentlichkeit: W. Huber, 1973.
31) Vgl. etwa Hg. A. Hertz u.a., Bd. 2, 1979[2], S. 213:
"In neuerer Zeit dominiert das Interesse an der Selbständigkeit der christlichen Kirchen gegenüber dem Staat sowie an den Grenzen des Staates. Dementsprechend konzentrieren sich die Fragen einer Grundlegung politischer Ethik häufig auf die besondere politische Verantwor-

tung der Kirche und der Christen. Doch hat gerade die theologische Diskussion der Gegenwart im Protestantismus wie Katholizismus der Auffassung Raum gegeben, dass die christliche Theologie immer schon eine politische Dimension habe, die die Voraussetzungen dafür gibt, dass eine bestimmte christliche Verantwortung in Staat und Gesellschaft begründet und wahrgenommen werden kann. Diese politische Dimension christlicher Theologie wird immer dann von Bedeutung, wenn es um die überindividuellen Verbindlichkeiten des Gemeinwesens geht, um das also, was die Menschen im politischen wie im gesellschaftlichen Zusammenleben zur Anerkennung von Voraussetzungen verpflichtet, die normative Kraft haben. Solche normativen Voraussetzungen machen den verpflichtenden Gehalt von Institutionen des Rechts und der Verfassung aus; sie enthalten die Kriterien für politisches Handeln, wenn dieses am Gemeinwohl orientiert sein soll. Die politische Ethik darf also nicht auf die fallweise Anwendung von Glaubenseinstellungen und kirchlichen Ueberzeugungen reduziert werden. Sie hat es mit der ethischen Beschaffenheit der konstitutiven Lebensbedingungen des politischen Gemeinwesens zu tun und muss die für die Ethik relevanten Fragen auf dieser Ebene zur Sprache bringen."

32) Eine löbliche Ausnahme bildet u.a. J. Moltmann. Vgl. J. Moltmann, 1975; 1977; 1984.
K. Barth, KD IV/3, 1959, S. 991ff. bezeichnet als "Grundformen des kirchlichen Dienstes" (a.a.O., S. 991):
"1) Gott loben; 2) Verkündigung des Evangeliums; 3) Unterricht; 4) Evangelisation; 5) Mission; 6) Theologie; 7) Gebet; 8) Seelsorge; 9) persönliche Vorbilder; 10) Diakonie; 11) prophetisches Handeln; 12) Gemeinschaft."

33) Vgl. u.a. A. Rich, 1962; 1966; H.-D. Wendland, 1958[2], 1971, vor allem A. Rich, 1966, S. 39ff.; H.-D. Wendland, 1971, S. 50ff..

34) H.-D. Wendland, 1971, S. 74ff..

35) A. Rich, 1966, S. 68f..

36) A.a.O., S. 68.

37) Hg. A. Hertz u.a., Bd. 2, 1979[2], S. 536; Bd. 3, 1982, S. 574. Zum Sozialstaat Bd. 2, S. 249, 262, 324; Bd. 3, S. 230f..

38) Die Literatur findet sich umfassend zusammengetragen bei H. Seibert, 1983, S. 306ff.. Vgl. unten 6.4. und Y. Spiegel, 1976; Hg. H.-H. Ulrich, 1978; E.-W. Böckenförde/K. Deufel, 1982; Hg. Theologischer Arbeitskreis für diakonische Fragen, 1983.

39) Vgl. Hg. Theologischer Arbeitskreis für diakonische Fragen, 1983, S. 1:
"Die Diakonie in der Schweiz hat im theologischen Forschen keine gewichtige Stellung. In der Praxis geschieht vieles und Vielfältiges. Oft gehen Diakonie und Kirche getrennte Wege. Manchmal sind beide Seiten darüber froh. Man wird so weniger gestört und herausgefordert. Uns aber stellt sich die Frage: findet die Ueberzeugung der Zusammengehörigkeit von Kirche und Diakonie auch ihre entsprechende Gestalt und Tragfähigkeit?"

40) Hg. A. Burgsmüller, 1981. Vgl. den Aufsatzband, Hg. derselbe, 1980 und die Studie der VELKD, Hg. W. Lohff/ L. Mohaupt, 1977. Die

Arbeit von J. Moltmann, 1984 konnte nicht mehr voll in unseren Beitrag eingearbeitet werden.

41) Vgl. die Liste der Mitglieder des Ausschusses, Hg. A. Burgsmüller, 1981, S. 132 und zum Entstehungsprozess S. 12ff..

42) A.a.O., S. 129ff.. 3. These (S. 130):
"III. "Lasset uns aber rechtschaffen sein in der Liebe und wachsen in allen Stücken an dem, der das Haupt ist, Christus, von welchem aus der ganze Leib zusammengefügt ist" (Eph.4,15.16).
Die christliche Kirche ist die Gemeinde von Brüdern, in der Jesus Christus in Wort und Sakrament durch den Heiligen Geist als der Herr gegenwärtig handelt. Sie hat mit ihrem Glauben wie mit ihrem Gehorsam, mit ihrer Botschaft wie mit ihrer Ordnung mitten in der Welt der Sünde als die Kirche der begnadigten Sünder zu bezeugen, dass sie allein sein Eigentum ist, allein von seinem Trost und von seiner Weisung in Erwartung seiner Erscheinung lebt und leben möchte.
Wir verwerfen die falsche Lehre, als dürfe die Kirche die Gestalt ihrer Botschaft und ihrer Ordnung ihrem Belieben oder dem Wechsel der jeweils herrschenden weltanschaulichen und politischen Ueberzeugungen überlassen."

43) Vgl. die Einleitung von H. Schröer, a.a.O., S. 21ff..

44) Vgl. "Beschluss der Synode der EKU" a.a.O., S. 18f.; Einführung von H. Schröer, a.a.O., S. 21-29 und Inhaltsübersicht a.a.O., S.5-8.

45) H. Schröer, a.a.O., S. 24-26 und das Votum a.a.O., S. 85ff. u.a..

46) A.a.O., S. 24.

47) A.a.O., S. 114.

48) Ebenda.

49) Ebenda.

50) A.a.O., S. 114ff..

51) A.a.O., S. 117f..

52) A.a.O., S. 118.

53) Vgl. a.a.O., S. 116-118.

54) A.a.O., S. 116f..

55) Vgl. oben.

56) Vgl. Hg. Gottlieb Duttweiler Institut, 1984.

57) Vgl. E. Rieben, 1982.

58) Vgl. die seit über zehn Jahren durchgeführten "Seminare für freiwillige Helfer", Hg. Institut für Erwachsenenbildung der evangelisch-reformierten Landeskirche des Kantons Zürich, 1982.

59) Vgl. unten zur Altersbildung 6.2..

60) Vgl. zu Barmen III oben.

61) Im Kanton Bern beispielsweise war die Kirche bis zum Ende der "Ancien régime" stark eine Pfarrerkirche staatskirchlichen Charakters. Die Pfarrer waren die Träger der örtlichen christlichen Gemeinschaft. Der Schaffung der kantonalen Synode und des Synodalrates gingen lange und erbitterte Kämpfe der Richtungen und die Opposition der radikalen Berner Regierung gegen die Schaffung zu starker Zentralgewalten voraus. "Die Vollzugsverordnungen der Kirchengesetze des ausgehenden 19. Jahrhunderts brachten in mannigfacher Weise zum Ausdruck, dass die Macht- oder Kompetenzverteilung primär den Gemeinden und

nicht den Kirchenleitungen zustehen sollte", etwa, indem den Gemeinden ein Vetorecht zu Beschlüssen der Kirchenleitung und der Synode zugestanden wurde. Bis in 20. Jahrhundert blieb die evangelisch-reformierte Landeskirche des Kantons Bern stark presbyterial geprägte Gemeindekirche. Erst 1945/46 wurde der Synodeausschuss zur selbständigen Exekutive. Vgl. Hg. Evangelisch-reformierte Landeskirche des Kantons Bern, 1978, S. 10f..

62) H. Küng, 1977, S. 440. Vgl. S. 244-310 und S. 429ff..

63) H.-J. Kraus, 1983, S. 519.

64) Pfarramtliche Erfahrung in einer Agglomerationsgemeinde. Vgl. P.M. Zulehner, 1983.

65) Vgl. S. Grossmann, 1977, bietet eine vorzügliche Uebersicht. Ich habe sechs Jahre mit Pfr. M. Dietler, Animator der charismatischen Bewegung in der Schweiz, in der gleichen Gemeinde zusammengearbeitet.

66) Vgl. Hg. H. Frankemölle, 1981.
Ich habe regelmässigen Kontakt mit einer Basisgemeinde in Biel.

67) Vgl. H. Nater, 1983.

68) Vgl. unten 6.2..

69) Hg. Vereinigung für eine Schweiz. Evangelische Synode. Zitate aus Plakat 1981 und mündliche Information von Pfarrer M. Dähler.

70) Vgl. dazu K.F. Becker u.a., 1978, S. 119-135.

71) Vgl. zu Barmen III oben.

72) Vgl. J.M. Lochman, 1982, S. 156ff. u.a..

73) Zum Begriff "ekklesia" vgl. Hg. L. Coenen u.a., Bd. II, 1983^{6}, S. 784-799 u.v.a.. Der Begriff ist ursprünglich ein profanes Wort für die Volksversammlung. Es diente dann, etwa in der LXX, zur Uebersetzung des hebräischen Wortes "qahal", welches im AT die Vollversammlung der kult- und rechtsfähigen Männer, resp. das Aufgebot dazu bezeichnet (vgl. a.a.O., S. 784-787). Evt. als Eigenbildung erst der hellenistischen christlichen Gemeinde wurde es dann zur Bezeichnung der eschatologischen, durch den erhöhten Herrn berufenen Gemeinde (vgl. Hg. E. Jenni/C. Westermann, Bd. II, 1976, S. 618f.).

74) Vgl. J.M. Lochman, 1982, S. 171ff..

75) Vgl. Hg. A. Burgsmüller, 1981, S. 114ff..

76) Vgl. vor allem unten 6..

77) Vgl. oben zu Vancouver 1983. Hg. W. Müller-Römheld, 1983, S. 89.
Zur Ekklesiologie existiert eine umfangreiche Literatur. Für unsere Arbeit erwiesen sich als besonders hilfreich:
H. Küng, 1977; F. Buri u.a., 1973; J.M. Lochman, 1982; H. Ott, 1981, S. 389-476; J. Moltmann, 1975; 1977; 1984; Hg. A. Burgsmüller, 1980; 1981; W. Huber, 1973; 1979; H.-J. Kraus, 1983; E. Schlink, 1983. Die ältere Literatur (K. Barth; D. Bonhoeffer; P. Tillich; G. Ebeling u.a.) findet sich bei Hg. G. Strecker, 1983, S. 289ff.. Die Denkschriften der EKD sind nun vorzüglich zugänglich in Hg. Kirchenkanzlei der Evangelischen Kirche in Deutschland, 1978/81. Dem Thema Alter aber war bisher keine Denkschrift gewidmet.
Aus praktisch-theologischer Sicht: W. Lück, 1978; 1980; Hg. W. Jentsch u.a., 1977^{3}, S. 908ff.. Zur Oekumene zogen wir vor allem

die Berichte der Vollversammlungen bei. Hg. W. Müller-Römheld, 1968; 1976, 1983.

5.7. Die Witwen und Witwer, die Alleinstehenden im Alter

1) Die neuere Eheliteratur inkl. psychologischen Arbeiten ist zusammengestellt bei R. Keintzel, 1981, S. 278-286.
In den theologisch-ethischen Entwürfen in der ersten Hälfte des Jahhunderts hatte die Personalethik und so auch der ledige Stand/die Ehelosigkeit einen wichtigen Stellenwert. Vgl. etwa N.H. Søe, 1957, Ehe und lediger Stand, S. 287-291, Die Verwirklichung des Guten, S. 99ff.; D. Bonhoeffer, 1975[8], Die Struktur des verantwortlichen Lebens, S. 238ff.; E. Brunner, 1932, Der Einzelne, die Gemeinschaft und die Gemeinschaftsordnungen, S. 277ff., Ehescheidung und Ehelosigkeit, S. 344ff. u.a..
Aber an sich wurde das Leben der Alleinstehenden meist nicht speziell thematisiert. Die reformatorische Abwendung vom mönchischen Ideal, vom Zölibat und Virginitätsideal und die evangelische Begründung einer Ethik der Ehe führten bis ins 20. Jahrhundert zur klaren Vorordnung der Bemühungen um die Ethik der Ehe vor alle anderen Lebensformen. Daran hat sich heute einiges geändert. Das Handbuch der christlichen Ethik (Hg. A. Hertz u.a., 1979[2], Bd. 2; 1982, Bd. 3) gliedert:
Bd. 2, 2. Teil, Ehe und Familie (worunter nun auch Ehescheidung und Wiederverheiratung Geschiedener, sexuelle Beziehungen Unverheirateter, sexuelle Abweichungen behandelt werden),
Bd. 3, 1. Teil, Handeln unter dem Anspruch christlicher Verantwortung; 2. Teil, Entscheidungsfelder christlicher Verantwortung heute, 2. Kap. Ethische Strukturprobleme der Geschlechter (worunter "die nichteheliche Lebensgemeinschaft: das Problem alternativer Wege zur Verbindlichkeit der Ehe" behandelt wird).
Trotzdem ist mit Nachdruck zu fragen, ob die Theologie sich im Bereich der Anthropologie und Ethik nicht vermehrt mit der empirischen Forschung auseinandersetzen sollte. Zweifelsohne ist durch die gesellschaftliche Entwicklung die Frage der Lebensgestaltung der Alleinstehenden gestellt. H. Schreiber, der als einer der ersten im deutschen Sprachraum die Entwicklung dargestellt hat, schreibt 1978 (auf Grund der GETAS-Studie, die er im Anhang publiziert):
"Von den im Jahr 1977 gezählten 24,1 Millionen bundesdeutschen Privathaushalten waren sieben Millionen oder 29,2 Prozent Einpersonenhaushalte (USA: 21 Prozent); das sind reichlich doppelt so viele wie 1950 und immerhin rund 1,5 Millionen mehr als 1970.
Dies bedeutet, verglichen sowohl mit der Zunahme der Gesamtbevölkerung als auch mit der Zunahme der Mehrpersonenhaushalte in diesem Zeitraum, eine weit überproportionale, geradezu galoppierende "Vermehrung" der in Einpersonenhaushalten, also allein, lebenden Menschen, besonders in den grossen Städten.
München zum Beispiel. Nach einer statistischen Dokumentation des

Meinungsforschungsinstituts "Conring" lebt 1978 jeder fünfte Münchner allein - das heisst, hier beträgt der Anteil der Einpersonenhaushalte an den Privathaushalten bereits 40 Prozent. In absoluten Zahlen: 250 000 Münchner Bürger, davon fast 150 000 Frauen, leben allein. Und zwar sind es vornehmlich Menschen in den aktivsten Lebensjahren, die in so überdurchschnittlich steigendem Masse allein bleiben. Die bundesdeutsche Statistik weist aus, dass die Zahl der Männer und Frauen zwischen 25 und 45 Jahren, die in Einpersonenhaushalten leben, sich seit 1957 reichlich verdoppelt hat (von 521 000 auf 1 318 000 im Jahre 1977). Hier wie in Amerika muss man zu den sieben Millionen Menschen in Einpersonenhaushalten noch die Ein-Eltern-Familien addieren, und nach dem Stand von 1976 sind das 776 000 alleinstehende Familienvorstände (mit 1,2 Millionen Kindern unter 18 Jahren). Das ist der amtliche Stand; die Gesamtzahl dürfte noch höher sein, weil viele getrennt lebende Ehepaare aus steuerlichen Gründen als verheiratet firmieren." (H. Schreiber, 1978, S. 16f.).
In den USA "... ist das Alleinleben förmlich auf den Begriff gebracht worden: "single" ist nicht nur eine personenbezogene Zustandsbeschreibung, sondern eine etablierte Familienstandsbezeichnung. In Amerika sind die Singles eine soziologisch ziemlich genau definierte, wirtschaftlich wichtige Bevölkerungsgruppe, denen nicht nur eine bestimmte "Szene" und - als "Swinging Singles" - auch ein bestimmtes Rollenverhalten zugeordnet wird, sondern deren genau beobachtete Konsumgewohnheiten mit einem spezifischen Angebot an Waren und Dienstleistungen beantwortet werden." (A.a.O., S. 18).
Bezeichnenderweise ist es auch hier der Evangelische Erwachsenenkatechismus, der die Fragestellung als solche erkennt (Hg. W. Jentsch u.a., 1977[3], S. 651ff.), aber schon zum Einstieg wird sie unter dem Gesichtspunkt der Einsamkeit thematisiert. Besser ist diesbezüglich der Artikel im Handbuch der Pastoraltheologie (Hg. F.X. Arnold u.a., Bd. IV, 1969, S. 278ff.), der gleich zum Eingang die Gruppe der Alleinstehenden differenziert.

2) K. Barth, Bd. III/4, 1969[3], S. 154ff..
3) A.a.O., S. 154.
4) Vgl. oben Anm. 1.
5) H. Schreiber, 1978, S. 119.
6) Die Altersfragen in der Schweiz, 1979, S. 238f..
7) Vgl. B. Hunziker/A. Manser, 1983.
8) Vgl. oben 1.1..
9) B. Brecht, 1976, S. 315-320.
10) A.a.O., S. 320.
11) Ebenda.
12) L. Giudice, 1980[6]. Vgl. L. Pincus, 1982; C.M. Parkes, 1978, M. Lohner, 1982; Y. Spiegel, 1981[4]; V. Kast, 1982; u.a..
13) L. Giudice, 1980[6], S. 9.
14) Eindrücklich beschreibt die Problematik G. Borné, 1982, S. 24ff..
15) Vgl. R. Bultmann, 1959.
16) Vgl. A.a.O., S. 42f.; G. Borné, 1982, S. 28f..
17) ZB.

18) G. Eichholz, 1975[3], S. 38f.
19) A.a.O., S. 38.
20) A.a.O., S. 39.
21) G. Borné, 1982, S. 30.
22) Vgl. dazu D. Sölle, (1965) 1982; H. Gollwitzer, 1967; D. Bonhoeffer, 1975[8], S. 238ff.; H.-J. Iwand, Bd. 4, 1964, S. 89ff..
23) D. Bonhoeffer, 1975[8], S. 239.
24) Ebenda. Vgl. zur Stelle D. Sölle, 1982, S. 103ff. und H. Gollwitzer, 1967, S. 127ff..
25) Vgl. oben; Anm. 9.
26) Anders D. Sölle, 1982, S. 113ff..
27) Der Begriff wurde vor allem von K.F. Becker geprägt; 1975.
28) Burckhardthaus-Verlag, 1972.
29) M. Luther, Bd. 2, S. 251.
30) Vgl. Hg. A. Hertz u.a., Bd. 2, 1979[2], S. 117ff. und W. Schrage, 1982, S. 252-254.
31) Vgl. Die Altersfragen in der Schweiz, 1979, S. 248ff..
Inwieweit Wohngemeinschaften ein Weg sein können, wird sich wohl erst in Zukunft weisen. Nicht selten leben Geschwister zusammen.
"Als eine mögliche Lösung hat schon A.L. Vischer in seinem "ABC für alte Menschen" die Bildung von Wohngemeinschaften angeregt. Dabei müssten Partner gefunden werden, die zusammen passen. Die gegenseitigen Rechte und Pflichten wären zum voraus genau festzulegen. Für Alleinstehende, die keine Möglichkeit oder keine Lust haben, mit nahen Verwandten zusammen zu leben, ist diese Lösung durchaus prüfenswert. Ein Versuch in dieser Richtung in Basel, der im Jahre 1974 begonnen wurde, scheint bis jetzt erfolgreich zu verlaufen. Ein ähnlicher Versuch ist in Zürich bekannt. Das Problem liegt in der steigenden Gebrechlichkeit der Gemeinschafter mit zunehmendem Alter (Uebertritt in ein Pflegeheim), in der Wahl einer geeigneten Haushälterin und in den Kosten.
Alle Anstrengungen, die Mehrgenerationen-Haushaltungen und Wohngemeinschaften Gleichaltriger zu fördern, werden das Ueberhandnehmen der Alleinhaushaltungen und der Ehepaarhaushaltungen nicht ernsthaft aufhalten können." (A.a.O., S. 246f.).
32) ZB. Die Worte beziehen sich nicht allein auf die Ehe; vgl. C. Westermann, Gen.1-11, 1976[2], S. 309f..

5.8. Krankheit und Behinderung im Alter

1) Zur Zunahme der relativen Häufigkeit chronischer Erkrankungen im Alter vgl. oben 1.3..
Zum Thema Behinderung:
Hg. H.-G. Schmidt, 1979; Hg. G. Müller-Fahrenholz, 1979; H.-M. Schulz, 1980; A. Hämer, 1978; U. Bach, 1980; Hg. W. Müller-Römheld, 1976, S. 28f. u.a. und 1983, S. 84ff. u.a.; vgl. E. Klee, 1980^2 u.a..
2) Hg. W. Müller-Römheld/Hanfried Krüger, 1976, S. 28f..
3) Ebenda. Vgl. a.a.O., S. 37 die Empfehlung.
4) Vgl. oben 5.6..
5) Dazu vor allem U. Bach, 1980.
6) Vgl. H. Gollwitzer, 1973^6, S. 62-82.
7) A.a.O., S. 65f..
8) Vgl. das pointierte Plädoyer von R. Merklein, 1980 u.a..
9) H. Gollwitzer, 1973^6, S. 66.
10) U. Bach, 1980, S. 43.
11) Hg. Winterthur-Versicherungen, 1975; L. Stucki, 1975; E. Werner, 1983.
12) Vgl. oben 5.3..
13) U. Eibach, 1976, S. 82ff..
14) Vgl. dazu E. Klee, 1983; U. Eibach, 1976, S. 270ff..
15) Vgl. U. Eibach, 1976, S. 108ff. und 1979.
16) Vgl. A.-M. Tausch, 1981 u.a..
17) U. Eibach, 1976, S. 169.
18) Vgl. Hg. A. Hertz u.a., Bd. 2, 1979^2, S. 98ff..
19) Vgl. F. Huber, 1982 und unten 6.3..
20) Vgl. auch J. Böger/S. Kanowski, 1982^2, S. 182ff. und oben 1.3..
21) U. Bach, 1980, S. 47ff., "Diakonie als Leib Christi in Aktion."
22) UW.
23) Vgl. dazu Hg. H.-G. Schmidt, 1979; K. Seybold/U. Müller, 1978; M. Josuttis, 1974, S. 117-141.
24) M. Josuttis, 1974, S. 127ff..
25) K. Barth, KD III/4, 1969^3, S. 426. K. Barth spricht S. 425f. explizit auch vom Alter. Vgl. u.a. KD III/4, 1969^3, S. 404-426; KD IV/2, 1964, S. 232-274.

5.9. Der Tod: Negation des Lebens oder Durchgang ins Leben?

1) S. de Beauvoir, 1981.
2) S. de Beauvoir, 1983.
3) Folgende Passage gab dem Büchlein S. de Beauvoir, 1981, den Titel "Une Mort très douce":
"Um ein Uhr rührte sich Mama wieder. Mit munterer Stimme murmelte sie den Text eines alten Schlagers, den Papa zu singen pflegte: "Du gehst weg und du verlässt uns." Poupette sagte: "Nein, nein, ich verlasse dich nicht", und darauf lächelte Mama, als wüsste sie es besser. Das Atmen fiel ihr immer schwerer. Nach einer weiteren Spritze murmelte sie mit leicht belegter Stimme: "Der Tonn... muss ... zurückgestellt werden." "Der Ton muss zurückgestellt werden?" "Nein", sagte Mama. "Der Tod." Das Wort Tod betonte sie sehr stark. Sie fügte hinzu: "Ich will nicht sterben." "Aber du bist doch wieder gesund!" Danach phantasierte sie vor sich hin: "Ich hätte gerne noch die Zeit gehabt, mein Buch vorzulegen... Sie muss die Brust geben, wem sie will." Meine Schwester zog sich an: Mama hatte fast das Bewusstsein verloren. Plötzlich schrie sie auf: "Ich ersticke." Ihr Mund öffnete sich, ihre Augen weiteten sich und standen riesengross in ihrem entfleischten Gesicht: mit einer Zuckung trat sie ins Koma ein. "Gehen Sie telefonieren", sagte Fräulein Cournot. Poupette rief mich an, ich antwortete nicht. Eine halbe Stunde lang musste die Telefonistin versuchen, ehe ich wach wurde. Währenddessen war Poupette zu Mama zurückgegangen, die schon bewusstlos war. Ihr Herz schlug noch, sie atmete und sass mit glasigen Augen da, ohne etwas zu sehen. Und dann war es zu Ende. "Die Aerzte behaupteten, sie würde wie eine Kerze verlöschen: so war es aber gar nicht", sagte meine Schwester schluchzend. "Aber, gnädige Frau", hatte die Schwester geantwortet, "ich versichere Ihnen, es war ein sanfter Tod.""
A.a.O., S. 97f..
4) Vgl. C. Westermann, 1974.
5) ZB.
6) J. Améry hat sich selbst das Leben genommen; vgl. 1979[6] und G. Altner, 1981, S. 121-128.
J.-P. Sartre starb am 15. April 1980 an einer multiplen, chronischen Krankheit und Altersschwäche, wobei eine Urämie zum Tode führte. Er hat in den Gesprächen August-September 1974 noch einmal ausführlich Stellung genommen zu seiner Sicht des Todes (S. de Beauvoir, 1983, S. 527ff.), zum Atheismus (a.a.O., S. 553ff.) und zur "Idee Gott". Man darf aber seine Aussagen über die eigene Existenz ("Ich fühle mich nicht wie ein in der Welt aufgetauchtes Staubkorn, sondern wie ein erwartetes, hervorgerufenes, präfiguriertes Wesen. Kurz, wie ein Wesen, das nur von einem Schöpfer kommen zu können scheint..." a.a.O., S. 559), über die Moral ("Im moralischen Bereich habe ich etwas von der Existenz Gottes behalten, nämlich das Gute und das Böse als absolute Werte." A.a.O., S. 560) und über die Sicht des Kunstwerks zur Zeit der "Wörter" ("Ich sagte, dass das Kunstwerk

mir wie die christliche Unsterblichkeit erschien, und gleichzeitig bedeutete es, im Absoluten etwas zu schaffen, was sich dem Menschen entzog und was vom Blick Gottes gelesen werden musste." A.a.O., S. 561) nicht als Preisgabe seines atheistischen Humanismus interpretieren.

7) Vgl. J. Améry, 1977[4], S. 120.
8) Vgl. K. Barth, KD III/2, 1974[3], S. 761.
9) J. Améry, 1977[4], S. 114.
10) ZB. Vgl. die Aufnahme alttestamentlicher Stellen.
11) Vgl. K. Barth, KD III/2, 1974[3], S. 765ff..
12) ZB.
13) Vgl. Röm.8,38.
14) Vgl. 1.Kor.15,20ff..

5.10. Der Gekreuzigte, die Hoffnung des Alters

1) J. Améry, 1977[4]; vgl. oben 5.9..
2) A.a.O., S. 133.
3) A.a.O., S. 129.
4) Vgl. J. Améry, 1979[6].
5) Vgl. vor allem F. Riemann, 1981; S. 58ff. Was das Altern heute erschwert, S. 108ff. Das Nicht-loslassen-Können, S. 116ff. Flucht vor der Einsamkeit.
6) A.a.O., S. 128.
7) A.a.O., S. 128f..
8) Was F. Riemann natürlich nicht tut, vgl. ebenda.
9) M. Luther zu Ps.5,12a in WA 5, 165, 33; zit. nach H.J. Iwand, 1966, S. 389. Der Aufsatz "Theologia crucis" war ein wesentlicher Ausgangspunkt zur Diskussion der Kreuzestheologie in der Nachkriegszeit. Die Literatur ist zusammengetragen bei P. Bühler, 1981, S. 412ff..
10) M. Luther, WA5, 165, 35; zit, nach H.J. Iwand, 1966, S. 390, Anm. 20.
11) A.a.O., S. 391f..
12) P. Bühler, 1981, S. 132ff..
13) Vgl. a.a.O., S. 133, Anm. 3: "Spes est certa expectatio praemii, ex meritis proveniens."
14) A.a.O., S. 137ff..
15) A.a.O., S. 139-141.
16) A.a.O., S. 141.
17) A.a.O., S. 143ff..
18) A.a.O., S. 148ff..
19) Schon H.J. Iwand betonte, dass die Kreuzestheologie in ein neues Verhältnis zur Wirklichkeit einweist. H.J. Iwand, 1966, S. 382.
20) "(für sich)" Einfügung von mir; M. Luther, Bd. 1, 1969, S. 389 im Kommentar zur 21. These der Heidelberger Disputation.
21) Ebenda im Kommentar zur 20. These.
22) Vgl. etwa B. Klappert, 1971, S. 131ff.; J. Moltmann, 1976[3], S. 184ff. u.a..

23) G. Ebeling, Bd II, 1979, S. 128-255. "Der Tod Gottes" wählt G. Ebeling als Titel des §28.
24) A.a.O., S. 204.
25) J.M. Lochman, 1982, S. 114.
26) A.a.O., S. 117f..
27) Ebenda.
28) UW.
29) J. Calvin, 1963[2], S. 446 (III, 7,1ff.).
30) Ebenda.
31) A.a.O., S. 456.
32) Ebenda.
33) A.a.O., S. 459f..
34) A.a.O., S. 459.
35) J.M. Lochman, 1982, S. 118f..
36) Vgl. W. Huber/H.E. Tödt, 1977, S. 160ff..
37) Zur Problematik der theologischen Rezeption der Menschenrechte vgl. W. Huber/H.E. Tödt, 1977; J.M. Lochman/J. Moltmann, 1977[2]; J. Moltmann, 1979; zu den Menschenrechten an sich vgl. die Textsammlung Hg. W. Heidelmeyer, 1973[2].
38) Vgl. W. Huber/H.E. Tödt, 1977, S. 162ff..
39) Zu vergleichen ist insbesondere die europäische Sozialcharta: Hg. W. Heidelmeyer, 1973[2], S. 239-252.
40) Vgl. Hg. U. Lehr, 1983, S. 181.
41) A.a.O., S. 181ff..
42) A.a.O., S. 181.

6. DIE HERAUSFORDERUNG FUER DIE KIRCHE - PRAKTISCH-THEOLOGISCHE KONSEQUENZEN

6.1. Die Auseinandersetzung mit der Altersfrage unter Berücksichtigung empirischer Erkenntnisse - die theoretische und organisatorisch-praktische Herausforderung

1) Empirische Untersuchungen sind z.B. erschienen von D. Weder (Jugendarbeit), 1980; Schweiz. Evang. Kirchenbund (Pfarrermangel-Pfarrernachwuchs), 1983; Kirchenrat des Kantons Zürich (Tätigkeit der Pfarrer), 1971; Evang.-ref. Kirche Basel-Stadt (Gottesdienst) 1969. Meines Wissens einzige Arbeit zum Thema Alter: R.J. Campiche/C. Bovay, 1983.
2) K.F. Becker u.a., 1978; K.F. Becker, 1975; 1977; R. Gray/D. Moberg, 1977[2]; G. Schmidtchen, 1973; Hg. H. Hild, 1974; Hg. J. Matthes, 1975; J. Wittkowski/I. Baumgartner, 1977.
3) Eines der ersten bedeutenden Werke zum sozialempirischen Verständnis von Kirche/Religion war A. von Oettingen's "Die Moralstatistik in ihrer Bedeutung für eine Sozialethik", Erlangen, 1882[3]. Uebersicht über wichtige Literatur gibt Hg. F. Wintzer, 1972, S. 28. Es spielt nicht nur die kirchensoziologische, sondern umfassender auch die religionssoziologische Fragestellung eine zentrale Rolle. Vgl. D. Rössler in Hg. F. Wintzer, 1982, S. 20-28; T. Rendtorff in Hg. J. Matthes, 1975, S. 57-81; u.a..
4) Auf die Korrelation von Kirchensoziologie und Religionssoziologie können wir hier nicht näher eingehen. Vgl. Hg. F. Wintzer, 1982, S. 27f..
5) Gute Aufarbeitungen der Altersthematik in der Belletristik. Vgl. Ueberblick bei Hg. H. Bender, 1976; vorzügliche Autobiographien älterer Menschen bei Hg. R. Schenda, 1982; W. Vogt, 1983; P. Härtling, 1981; (1975) 1980[7]. Zum Leben auf dem Dorf vgl. A. Ilien/U. Jeggle, 1978.
6) K.F. Becker u.a., 1978, S. 119.
7) A.a.O., S. 119-121.
8) R. Gray/D. Moberg, 1977[2], S. 108ff..
9) A.a.O., S. 75ff..
10) A.a.O., S. 98ff. und S. 141ff..
11) K.F. Becker u.a., 1978, S. 45 unter Verweis auf die oben angeführten Untersuchungen Anm. 2.
12) Vgl. A.a.O., S. 42ff. und S. 55f..
13) A.a.O., S. 55.
14) A.a.O., S. 45.
15) G. Schmidtchen, 1973.
16) A.a.O., S. 157.
17) K.F. Becker u.a., 1978, S. 102-108.
18) A.a.O., S. 102f..
19) A.a.O., S. 102f. und S. 106f..
20) A.a.O., S. 103 und 107.
21) Pfarramtliche Erfahrung.

22) A.a.O., S. 103 und 106f..
23) Pfarramtliche Erfahrung.
24) Z.B. Kirchgemeinde Nidau, wo wir am Aufbauen sind.
25) A.a.O., S. 107.
26) A.a.O., S. 108.
27) Pfarramtliche Erfahrung.
28) A.a.O., S. 105.
29) A.a.O., S. 101-118.
30) A.a.O., S. 108ff..
31) A.a.O., S. 109.
32) A.a.O., S. 110-115 tabellarische Uebersicht.
33) Vgl. a.a.O., S. 119-135.
34) Diese Differenzierung wurde im methodischen Vorgehen bei K.F. Becker u.a., 1978, vorbildlich berücksichtigt. Vgl. S. 28ff. und S. 128ff..
35) A.a.O., S. 126f..
36) A.a.O., S. 127.
37) A.a.O., S. 129f..
38) A.a.O., S. 117f. und S. 132f..
39) Die Klarheit der Vorstellungen über die Trägerschaft verschiedener Dienstleistungen und Angebote hängt natürlich stark von der Informationstätigkeit der Institutionen selbst ab.
Vgl. ebenda.
40) A.a.O., S. 132.
41) Vgl. a.a.O., S. 124f..
42) Aehnlich a.a.O., S. 121ff..
43) R. Gray/D. Moberg, 1977², S. 176ff. und S. 92ff..
44) K.F. Becker u.a., 1978, S. 93ff. und S. 121ff..
45) Vgl. R. Gray/D. Moberg, 1977², S. 176ff..
46) Vgl. K.F. Becker u.a., 1978, S. 116.
47) Pfarramtliche Erfahrung.
Vgl. a.a.O., S. 116.
48) Vgl. unten 6.4..
49) Vgl. die Studie Hg. Kirchenrat des Kantons Zürich, 1971, die ein Ueberdenken eigener Praxis ermöglicht.
50) Vgl. R. Gray/D. Moberg, 1977², S. 121-140. Die wesentlichen Probleme nach ihnen sind: a) Die Aelteren fühlen sich von Jüngeren zur Seite gestossen; b) die Aelteren fühlen sich nicht in der Lage, finanziell beizutragen (,was natürlich vor allem in Amerika zutrifft); c) die Aelteren ziehen sich wegen Hemmungen bezüglich Kleidung, Behinderungen u.a. zurück; d) die Aelteren glauben, dass sie nicht geschätzt und ernst genommen werden; e) Transportprobleme; f) Unzufriedenheit mit Aenderungen in der Kirche.
51) Vgl. a.a.O., S. 131ff..
52) K.F. Becker u.a., 1978, S. 119.

6.2. Erwachsenenbildung mit älteren Menschen - die religionspädagogische Herausforderung

1) E. Eirmbter, 1979.
2) M. Rennkamp, 1982.
Der Ferdinand Schöningh Verlag hat sich speziell um diesen Bereich der Publizistik bemüht.
3) Vgl. J. Lott in Hg. G. Otto, 1975[2], S. 206ff..
4) E. Bubolz, 1983, S. 13ff..
5) A.a.O., S. 31-33, wo noch weitere Begriffe zusammengetragen sind.
6) Hg. U. Lehr, 1979.
7) A.a.O., S. VI.
8) A.a.O., S. 2-4 und S. 11ff..
9) Boldern Arbeitsberichte, 1971ff..
10) Vgl. Hg. N. Belardi u.a., 1980, S. 189-200; Hg. W. Hollstein/M. Meinhold, 1977 S. 207-224; Hg. Pro Senectute Zürich, 1981; H.-D. Schneider, 1982; P. Freire, 1973; Hg. Staffelnhof Reussbühl, 1978; U. Lehr, 1982; L. Stucki, 1975; Winterthur-Versicherungen, 1975.
Zur kirchlichen Altersbildung vgl. Hg. E. Feifel u.a., 1975; K. Frör, 1983[2]; W. Deresch, 1973; P. Stebler, 1981; A. Stiefvater/H. König, 1976; F.-J. Hungs, 1978; M. Schmid/W. Kirchschläger, 1982; H.F. Eisele/E. Thurneysen, 1978; U. Koch-Straube, 1979; F.K. Barth, 1975; K. Bätz u.a., 1976; K.D. Hildemann, 1978; G. Ruhbach, 1977; E. Lange, 1980; H.G. Pöhlmann, 1977; J. Lott, 1980; H. Angermeyer, 1977; Hg. Institut für Erwachsenenbildung der evang.-ref. Landeskirche des Kt. Zürich, 1973; Hg. idem, 1978; Hg. K.F. Becker, 1973[2]; P. Frehner, 1983; G. Hofmeister, 1977; Chr. Rumpeltes, 1980; H. Gollwitzer, 1980; H. Nater, 1983. Spiele mit Betagten: P. Mergast/G. Uihlencamp, 1981; Hg. E. Wenner, 1979; B. Becker, 1976.
11) Vgl. etwa E. Bubolz, 1983, S. 15-17, 52ff.; Hg. E. Feifel u.a., 1975, S. 21 u.a..
12) E. Bubolz, 1983, S. 15. Vgl. J.M. Lochman, Comenius, 1982 b), S. 16f..
13) J.H. Pestalozzi, Bd. 2, S. 558-572.
14) A.a.O., Denkschrift an die Pariser Freunde über Wesen und Zweck der Methode, S. 83f..
15) J. Lott in Hg. G. Otto, 1975[2], S. 206.
16) Zum Begriff K. Frör, 1983[2], S. 57f.. Vgl. zur Sozialisation im Alter L. und H. Rosenmayr, 1978, S. 21ff.; Hg. L. Rosenmayr, 1978, S. 428ff..
17) Vgl. oben 1.6..
18) K. Barth zit. nach H. Gollwitzer, 1980, S.44.
19) Vgl. E. Bubolz, 1983, S. 18f. u.a..
20) Vgl. F.-J. Hungs, 1978, S. 36ff..
21) A.a.O., S. 49ff.; E. Bubolz, 1983, S. 29f., S. 165ff..
22) F.-J. Hungs, 1978, S. 50.
23) A.a.O., S. 71-78.
24) Zum Begriff vgl. K. Frör, 1983[2], S. 28f.; E. Lange, 1980; u.a..
25) Vgl. 1.3., 1.4. und 1.6..

26) Vgl. W. Deresch, 1973.
27) Z.B. Hg. W. Müller-Römheld, 1983, Lernen in Gemeinschaft, S. 119ff..
28) P. Freire, 1973.
29) Zum Folgenden vgl. Hg. E. Feifel u.a., 1975, S. 42-55.
30) A.a.O., S. 47ff..
31) A.a.O., S. 49.
32) A.a.O., S. 49f..
33) A.a.O., S. 51f..
34) Vgl. F.K. Barth, 1975; U. Koch-Straube, 1979; A. Stiefvater/ H. König, 1976; u.a..
35) A. Stiefvater/H. König, 1976, S. 47-53.
36) Vgl. z.B. a.a.O., S. 47: "Dazu suchen wir eine Form der Geselligkeit und Gemütlichkeit, eine Art von Gemeinschaft, die zugleich dem Gespräch, der Begegnung und damit der Kontaktpflege dient." Kritik bei U. Koch-Straube, 1979, S.7ff..
37) Vgl. z.B. U. Koch-Straube, 1979, S.74ff..
38) A.a.O., S. 13ff..
39) H. Nater, 1983.
40) U. Koch-Straube, 1979, S. 61ff..
41) Vgl. A. Stiefvater/H. König, 1976, S. 76ff.; R. Campiche/C. Bovay, 1983.
42) A. Stiefvater/H. König, 1976, S. 86ff..
43) Gerade die weniger Bemittelten sind oft regelmässige Teilnehmer und werden gezielt zu wenig sinnvollen Käufen animiert.
44) A. Stiefvater/H. König, 1976, S. 93ff..
45) Vgl. P. Frehner, 1983.
46) Vgl. Hg. Pro Senectute Zürich, 1981.
47) Vgl. oben.
48) Boldern Arbeitsberichte, 1971ff..
49) Vgl. Volkshochschule Biel und Umgebung, 1983, S. 27.
50) Bieler Tagblatt, 9.12.83.
51) A.a.O.; vgl. Der Bund, 7.1.81.
52) Zoom, 1982.
53) Hg. Pro Senectute Schweiz, 1984 62. Jahrgang.
54) Vgl. A. Stiefvater/H. König, 1976, S. 115ff..
55) K.F. Becker u.a., 1978, S. 119.
56) Nach pfarramtlicher Erfahrung.
57) In Biel haben wir den Arbeitskreis für Zeitfragen der evang.-ref. Gesamtkirchgemeinde Biel, ein wohl einmaliges Instrument kirchlicher Erwachsenenbildung.
58) Formen der Zusammenarbeit sind in verschiedenem Mass verwirklicht.
59) Vgl. Pfarrer-Kalender für die reformierte Schweiz für die kirchlichen Träger (Hg. W. Erhardt, F. Reinhardt Verlag, Basel).
Pro Senectute Schweiz, Lavaterstr. 60, 8027 Zürich,
Tel. (01) 201 30 20.
Schweizerische Gesellschaft für Gerontologie, Dr. med. F. Huber, Felix-Platter-Spital, Postfach, 4012 Basel, Tel. (061) 44 00 31.
Seniorenmessen: MEDIAG Messedienst AG, Postfach 757, 8037 Zürich oder Pro Senectute Schweiz geben Auskunft.

60) Vgl. Th. Vogt in Hg. P.C. Bloth u.a., Bd. 3, 1983, S. 412-417 mit Literatur; E. Bubolz, 1983, S. 185ff..
61) Hg. P.C. Bloth u.a., Bd. 3, S. 412.
62) Vgl. a.a.O., S. 413.
63) Vgl. L. und H. Rosenmayr, 1978, S. 251ff. und S. 110ff..
64) Kirchliche Witwenarbeit Bern, Käthi Barth, Bernstr. 20a, 3110 Münsingen.
65) Evang.-ref. Heimstätte Gwatt, Bern.
66) Der Schweizerische Beobachter, 15.3.1983; mit Literatur. Wird von vielen Betagten gelesen.
67) Vgl. Hg. Schweiz. Krebsliga, 1983, S. 77.
68) Vgl. die Konsumgenossenschaften der Arbeiterbewegung u.a..
69) Der Schweiz. Beobachter, 15.3.1983, S. 10.
70) Vgl. unter 6.3. und 6.4..
71) Hg. P.C. Bloth u.a., Bd. 3, 1983, S. 415.
72) F.-J. Hungs, 1978, S. 50ff. u.a..
73) A.a.O., S. 24ff..
74) A.a.O., S. 25.
75) A.a.O., S. 50.
76) A.a.O., S. 54.
77) A.a.O., S. 76ff..
78) Vgl. vor allem U. Lehr, 1979[4], S. 133ff..
79) Vgl. oben 1.6..
80) F.-J. Hungs, 1978, S. 22-24.
81) A.a.O., S. 75ff..
82) A.a.O., S. 19ff..
83) Vgl. zur Vertiefung U. Lehr, Kontinuität und Diskontinuität im Lebenslauf in: Hg. L. Rosenmayr, 1978, S. 315-339.
84) Vgl. oben 1.6..
85) Vgl. E. Bubolz, 1983, S. 128ff..
86) F.-J. Hungs, 1978, S. 29ff. bietet kurze Zusammenfassung; E. Eirmbter, 1979, S. 59-86; u.a..
87) Zur Wohnsituation vgl. oben 1.6., zur Familie 1.4..
88) Jeder kirchl. Mitarbeiter kennt anschauliche Beispiele dazu aus der Praxis.
89) Dies betrifft ja die Gemeindearbeit im Ganzen.
90) Vgl. P. Frehner, 1983; Hg. Institut für Erwachsenenbildung der evang.-ref. Landeskirche des Kantons Zürich, 1973, S. 52-54; Hg. dasselbe Institut, 1978, S. 7-27.
91) Hg. Institut für Erwachsenenbildung der evang.-ref. Landeskirche des Kantons Zürich, 1978, S. 8f..
92) A.a.O., S. 9-11.
93) A.a.O., S. 13.
94) Ebenda.
95) A.a.O., S. 14.
96) A.a.O., S. 14f..
97) A.a.O., S. 15.
98) A.a.O., S. 14.
99) P. Stebler, 1981, S. 50ff. und 99ff..

100) A. Stiefvater/H. König, 1976, S. 96-102.
101) Vgl. Zusammenfassung bei F.-J. Hungs, 1978, S. 36-44.
102) A.a.O., S. 42.
103) A.a.O., S. 38; P. Frehner in Hg. Institut für Erwachsenenbildung der evang.-ref. Landeskirche des Kantons Zürich, 1978, S. 13f..
104) So schon A. Stiefvater/H. König, 1976, S. 47.
105) F.-J. Hungs, 1978, S. 41-44.
106) A.a.O., S. 37. Spiele mit Betagten: Vgl. oben Anm. 10.
107) Vgl. oben Anm. 14.
108) Vgl. unten 6.4.. Zum negativen Selbstbild gerade in gesundheitlichen Belangen vgl. oben 1.3..
109) Vgl. A. Stiefvater/H. König, 1976, S. 88ff..
110) Hg. U. Lehr, 1979, S. 2f..
111) Vgl. A. Stiefvater/H. König, 1976, S. 17ff..
112) Vgl. ebenda; Hg. Institut für Erwachsenenbildung der evang.-ref. Landeskirche des Kantons Zürich, 1978, S. 16f. und 19, u.a..
113) Zur Unterscheidung K. Frör, 1983[2], S. 76ff. und 85ff.; F.-J. Hungs, 1978, S. 61f..
114) P. Freire, 1983, S. 57ff..
115) Aehnlich F.-J. Hungs, 1978, zu den Lernzielen.
Vgl. zum Ganzen E. Bubolz, 1983, S. 238-244.
116) Vgl. E. Bubolz, 1983, S. 213ff..
117) Vgl. a.a.O., S. 121ff..
118) Zusammenfassung der Bemühungen in der Schweiz von B. Steinmann in Hg. U. Lehr, 1979, S. 55-61.
119) Vgl. G. Albrecht, 1976.
120) Vgl. E. Bubolz, 1983, S. 158ff.; Hg. R. Gronemeyer/H.-E. Bahr u.a., 1979; Hg. M. Borchert u.a., 1980; u.a..
121) Vgl. E. Bubolz, 1983, S. 128ff., 179ff..
Der Begriff Individuation ist vor allem von C.G. Jung geprägt worden. Vgl. J. Jacobi, 1971, S. 162ff..
"Der Individuationsprozess ist in seiner Gesamtheit eigentlich ein spontaner, natürlicher und autonomer, jedem Menschen potentiell mitgegebener Ablauf innerhalb der Psyche, wenn er sich dessen auch zumeist unbewusst ist. Er bildet, insofern er nicht durch besondere Störungen gehindert, gehemmt oder verbogen wird, als "Reifungs- bzw. Entfaltungsprozess" die psychische Parallele zum Wachstums- und Alterungsprozess des Körpers. Unter bestimmten Umständen, so in der praktisch-psychotherapeutischen Arbeit, kann er durch verschiedene Methoden angeregt, intensiviert, bewusst gemacht, bewusst erlebt und verarbeitet werden, und dem Menschen dadurch zu einer grösseren "Vollständigkeit", zu einer "Abrundung" seines Wesens verhelfen." (Ebenda, S. 164f.).
122) Vgl. oben 5..
123) Vgl. Hg. J. Matthes, 1975, S. 83ff..

6.3. Die Seelsorge im Alter - die poimenische/pastoralpsychologische Herausforderung

1) Vgl. R. Riess, 1973, S. 53ff.; W. Neidhart in Hg. G. Otto, 1975², S. 526-538.
2) Vgl. R. Riess, 1973, S. 153-186.
3) Die Kritik von R. Riess ist differenziert und exakt belegt; vgl. ebenda S. 169ff..
4) E. Thurneysen, 1968, S. 9ff..
5) A.a.O., S. 13-18.
6) A.a.O., S. 23.
7) E. Thurneysen, 1946, S. 46ff..
8) Ders. 1968, S. 23.
9) Ebenda.
10) Ders., 1946, S. 202ff..
11) Ders., 1968.
12) Vgl. R. Riess, 1983, S. 174f.
13) R. Riess schreibt ebenda: "Begegnung beschränkt sich dementsprechend weder auf den einen noch auf den anderen Gesprächspartner. Sie umfasst grundsätzlich beide: "Also nicht nur am Angesprochenen, auch am Ansprechenden geschieht eine Verwandlung." Ein solcher Prospekt, wie er von Thurneysen allerdings mehr anvisiert als ausgeführt wird, legt es nahe, den Prozess der Seelsorge als dialogisch ausgerichtete (two-way) und ganzheitliche (verbale und nonverbale) Kommunikation zu verstehen." A.a.O., S. 175.
14) E. Thurneysen, 1968, S. 77.
15) A.a.O., S. 77-81.
16) A.a.O., S. 81-84.
17) Besonders deutlich noch in E. Thurneysen, 1946, S. 202ff..
18) E. Thurneysen, 1968, S. 92f..
19) Sein Verständnis der Humanwissenschaften ist wohl kaum hinreichend. Vgl. R. Riess, 1973, S. 181f..
20) A.a.O., S. 177-179.
21) A.a.O., S. 32-53.
22) Vgl. zum Folgenden den geschichtlichen Abriss bei W. Neidhart in Hg. G. Otto, 1975², S. 529-532.
23) A.a.O., S. 529f..
24) R. Riess, 1973, S. 190-201 u.a..
25) W. Neidhart in Hg. G. Otto, 1975², S. 530. Die Gesellschaft wurde 1972 gegründet.
26) Vgl. z.B. die schon oben erwähnte "Ringli-Gruppe". Vgl. Einleitung, Anm. 6.
27) Dies sieht ähnlich W. Neidhart in Hg. G. Otto, 1975², S. 532f..
28) Einen Ueberblick über den Forschungsstand der heutigen Psychologie mit reichen Literaturhinweisen gibt die Neuausgabe 1980 des Lexikons der Psychologie, Hg. von W. Arnold, H.J. Eysenck und R. Meili. Die Herausgeber befassen sich alle u.a. mit der experimentellen Persönlichkeitsforschung (vgl. hinterer Klappentext Bd. 1).

Zur Rezeption der Psychologie in der Seelsorgelehre vgl. vor allem H. Clinebell, 1977[3]; Hg. F. Wintzer, 1978 und Ueberblick bei Hg. F. Wintzer, 1982, S. 116-127. Die Darstellung von W. Jentsch, 1982, ist, darauf hat mich W. Neidhart aufmerksam gemacht, fachlich nicht sachgerecht (vgl. dort S. 119ff.).

29) "Tiefenpsychologie" wird hier im umfassenderen Sinn verstanden. Vgl. Hg. W. Arnold u.a., 1980, Bd. 3, Art. Tiefenpsychologie, S.2312-2318.
Psychoanalyse: A.a.O., Bd. 2, S. 1711-1719.
Individualpsychologie: A.a.O., Bd. 2, S. 967.
Analytische Psychologie: A.a.O., Bd. 1, S. 86.
Vgl. oben 1.6..

30) A.a.O., Bd. 3, S. 2461-2468.

31) A.a.O., Bd. 1, S. 766f..

32) A.a.O., Bd. 2, S. 1481f..

33) Gruppendynamik: A.a.O., Bd. 1, S. 819-826.
Themenzentrierte Interaktion: A.a.O., Bd. 3, S. 2306f..

34) Transaktionsanalyse: A.a.O., Bd. 3, S. 2345.
Kommunikationstherapie: A.a.O., Bd. 2, S. 1105.

35) Vgl. z.B. K. Winkler in Hg. F. Wintzer, 1978, S. 209-219 und Ueberblick bei Hg. F. Wintzer, 1982, S. 116-127.

36) Vgl. z.B. die Auseinandersetzung um das Unbewusste oder die Triebtheorie bei S. Freud.

37) Vgl. die Diskussion der psychoanalytischen Religionskritik.
Eine vorzügliche Uebersicht aus systematischer Sicht bei H. Küng, 1978, S. 299-380.

38) Vgl. die Kritik der Verhaltenstherapie.

39) Vgl. oben Anm. 28.

40) E. Bubolz, 1983, S. 353-362 und Hg. W. Arnold u.a., Bd. 3, 1980, S. 1818ff..

41) A.a.O., S. 354ff..

42) A.a.O., S. 357.

43) A.a.O., S. 357f..

44) A.a.O., S. 354.

45) Vgl. E. Bubolz, 1983, S. 249ff.; H. Radebold u.a., 1981; und die dortige Literatur; J.H. Weakland/J.J. Herr, 1984.

46) W. Neidhart hat wohl zu Recht davon abgeraten.

47) K. Oesterreich, 1982.

48) H. Faber, 1983.

49) Vgl. K. Oesterreich, 1982, S. 12-14.

50) Vgl. a.a.O., S. 5-7.

51) Erst recht gilt dies für die Altenpflege, vgl. K. Wirsing, 1984, S. 197ff..

52) H. Radebold u.a., 1981.

53) A.a.O., S. 25.

54) Die unbewussten Anteile werden erst bei längerfristiger Auseinandersetzung mit dem Thema resp. Arbeit mit Betagten klärbar; ebenda.

55) Vgl. K. Oesterreich, 1982, S. 12ff..

56) Vgl. etwa a.a.O., S. 20ff..

57) A.a.O., S. 24ff. u.a..
58) "Unsere Ausführungen sollen Aeltere, noch nicht Alte und Jüngere zum Nachdenken über sich und über die anderen anregen." A.a.O., S. 144.
59) Vgl. aber "Das Alter und sein Inhalt, Bemerkungen zur Sinnfrage", S. 138ff..
60) Vgl. die riesige Lebenshilfe-Literatur für Aeltere, die qualitativ sehr unterschiedlich ist. Besonders wertvoll: Senioren-Jahrbuch 1978-1984, Hg. von H. Werthmüller, ab 1983 M. Klauser-Barth.
Zur "Midlife-Crisis": G. Sheehy, 1978; S. Kubelka, 1980 u.a..
Von christlicher Seite: D. Rappard, 1943[5]; A. Maurer, 1978; K. Maurer 1974 (leider vergriffen!); O. Schlisske, 1971. Besonders wertvoll: P. Tournier, (o.Jg.)[2]; 1978; 1980; Th. Bovet, 1979[2]; 1964[2].
Weitere Lebenshilfe-Bücher: M. Benary-Isbert, 1966[3]; R. Gronemeyer u.a., 1979; H. Satter, 1980; A. Comfort, 1978; K. Ledergerber, 1980; T. Brocher, 1978[3]; Zena Smith Blau, 1979; R. Kastenbaum, 1980; besonders wertvoll: L. Pincus, 1982; F. Riemann, 1981.
61) Zur Euthanasie: R. Leuenberger in Hg. A. Hertz u.a., Bd. 2, 1979[2], S. 95ff.; dort Literatur.
Zur Trauer: Y. Spiegel, 1981[4]; V. Kast, 1982; L. Pincus, 1982; M. Lohner, 1982; L. Giudice, 1980[6] u.a..
62) Vgl. Hg. F. Wintzer, 1982, S. 139-149 mit Literatur; besonders aber P. Sporken, 1978[4]; R. Schmitz-Scherzer/K.F. Becker, 1982 mit der neueren Literatur; K. Lückel, 1981.
63) Begriff bei H. Faber, 1983, S. 53ff..
64) H. Faber, 1983.
65) A.a.O., S. 113.
66) A.a.O., S. 113f..
67) A.a.O., S. 114.
68) Ebenda.
69) E. Bubolz, 1983.
70) A.a.O., S. 277f..
71) So A. Maslow nach E. Bubolz, 1983, S. 249.
72) A.a.O., S. 249ff..
73) Natürlich zielt sie auf den spezifischen Beitrag der therapeutischen Konzepte zur Altersbildung, aber ihre Darstellung hat uns einen vorzüglichen Ueberblick verschafft. Vgl. den Sammelband Hg. H. Petzold und E. Bubolz, Psychotherapie mit alten Menschen, Paderborn, 1980, den wir hier nicht beigezogen haben.
74) E. Bubolz, 1983, S.1.
75) A.a.O., S. 247.
76) A.a.O., S. 373.
77) W. Neidhart in Hg. G. Otto, 1975[2], S. 534.
78) A.a.O., S. 535f..
79) H. Radebold u.a., 1981.
80) A.a.O., S. 7f..
81) A.a.O., S. 15.
82) A.a.O., S. 17.
83) Ebenda.

84) Vgl. die Unterteilung in drei Hauptteile mit seltsamerweise je einem Inhaltsverzeichnis,
Teil I, "Das Konzept, die Beteiligten und ihre Interaktion",
Teil II, "Die Arbeit mit Einzelnen", S. 169ff.,
Teil III, "Die Arbeit mit Gruppen, S. 421ff..

85) A.a.O., S. 136ff. u.a..

86) A.a.O., S. 38-109.

87) A.a.O., S. 169ff..

88) A.a.O., S. 421ff..

89) A.a.O., S. 178ff..

90) A.a.O., S. 19.

91) E. Bubolz, 1983, S. 256f..

92) H. Radebold u.a., 1981, S. 19.

93) A.a.O., S. 17f..

94) A.a.O., S. 141f..

95) Die im Kanton Bern neu eingerichteten Stützpunkte für Psychiatrie an den Regionalspitälern erfüllen, wenigstens in der Region Biel/Seeland, bisher aus der Sicht der Gemeinde nicht die gehegten Erwartungen.

96) Die Bettenknappheit in geriatrischen Abteilungen und Alters- und Pflegeheimen führt zuweilen zu unhaltbaren Situationen. Die sozial- und gesundheitspolitische Beurteilung der Probleme ist jedoch im Gesamten sehr komplex.

97) A. Tausch, 1981. Vgl. R. und A. Tausch, 1983; A. Tausch, 1982; Hg. Schweiz. Krebsliga, 1983.

98) Pfarramtliche Erfahrung.

99) Vgl. A. Tausch, 1981, S. 7-9.

100) A.a.O., S. 7.

101) Zu C.R. Rogers Methodik vgl. vor allem C.R. Rogers, 1978[4]; Hg. W. Arnold u.a., 1980, Bd. 2, S. 1481f..

102) Zit. nach Inhaltsverzeichnis R. und A. Tausch, 1983, S. 5f..

103) Es ist erstaunlich, wie völlig verschlossene Menschen sich auf Grund intensiver Zuwendung auch im Alter öffnen können und, vielleicht erstmals in ihrem Leben, von ihren Gefühlen, Erlebnissen und Erfahrungen erzählen.

104) Vgl. A. Tausch, 1981, S. 121ff. und S. 162ff..

105) A.a.O., S. 11ff. und S. 73ff..

106) A. Tausch, 1982.

107) A.a.O., S. 2.

108) Ebenda.

109) A.a.O., S. 3.

110) A.a.O., S. 4.

111) Ebenda.

112) A.a.O., S. 3f..

113) Vgl. dazu K. Lückel, 1981, S. 49-80, der die Erinnerungsarbeit am Beispiel des Gesprächs mit Sterbenden und anhand des gestalttherapeutischen Konzepts der Lebensbilanz darstellt.

114) K. Wirsing, 1984.

115) R. Wolf-Signer, 1983.

116) A.a.O., S. 1f..

117) A.a.O., S. 3.
118) A.a.O., S. 3 und 6f..
119) Text auf Umschlag von K. Wirsing, 1984.
120) Ebenda, vgl. S. 13-15.
121) A.a.O., S. 5-11.
122) Sie bietet vor allem Materialien (acht Gespräche mit Krankenpflegepersonen sind protokolliert) S. 11ff.. und Grundlagen für die Weiterbildung (Thesen in Stichworten) S. 29ff..
123) W. Neidhart gab dazu die Anregung 1983 im Gespräch.
Zur Altersseelsorge: M. Lücht-Steinberg, 1981; G. Schmalbrock/ V. Schoisswohl, 1982; Hg. J. Schmauch, 1978, S. 133-190; Hg. Institut für Erwachsenenbildung der evang.-ref. Landeskirche des Kantons Zürich, 1973, S. 23-38 (Charlotte Spitz und Else Kähler); M. Seitz, 1977; 1979², vor allem S. 120-130; P. Tournier (o.J.)²; H. Faber, 1983; H. van der Geest, 1981; K.F. Becker, 1975, S. 148-160; P. Sporken, 1984; Hg. F.X. Arnold u.a., Handbuch der Pastoraltheologie II/1, 1971², S. 110-133; III, 1972², S. 529-535; IV, 1969, S. 285-297; J. Duss- von Werdt u.a., 1977; U. Eibach, 1976, 1977², 1979; A. Schäfer, 1973; B. Burnham, 1983; L. Colston, 1980; Th. Thun, 1969; G. Friedrich, 1983; Hg. H. Ammer u.a., 3. Bd., 1978, S. 250ff.; Diese Liste ist natürlich nicht vollständig.
Zur Krankenseelsorge: Ueberblick mit Literatur bei Hg. F. Wintzer, 1982, S. 127-138. Weitere wichtige Lit.: K. Oesterreich, 1975, P.G. Nohl, 1981, zu den psychischen Erkrankungen; Hg. Schweiz. Krebsliga, 1983; Hg. A. Glaus u.a., 1982; zur Erkrankung an Krebs; (vgl. oben Anm. 97); E. Heim, 1980, zum Krankheitsbegriff; H. Remschmidt, 1977² und W.J. Schraml, 1975³ zur Psychologie; F. Huber, 1982; Hg. B. Steinmann, 1963; J. Böger/ S. Kanowski, 1982²; W. Huber u.a., 1980; zur Geriatrie.
Eine Literaturliste "Literatur für Patienten" wurde vom Synodalrat der evang.-ref. Landeskirche des Kantons Bern publiziert und ist erhältlich bei der Kirchlichen Zentralverwaltung, Bern.
124) B. Steinmann, 1963, S. 24.
125) J. Böger/S. Kanowski, 1982², S. 78-83.
126) A.a.O., S. 79.
127) A.a.O., S. 80.
128) A.a.O., S. 78. Akute Erkrankungen werden aber seltener!
129) A.a.O., S. 83. Siehe oben 1.3..
130) W. Neidhart in Hg. G. Otto, 1975², S. 543. Unterstreichung von uns.
131) Besonders dienlich J. Böger/S. Kanowski, 1982².
132) Vgl. P.G. Nohl, 1981, S. 155-160.
133) Vgl. P.G. Nohl, 1981, S. 160-165.
134) P. Sporken, 1984.
135) A.a.O., S. 18ff..
136) A.a.O., S. 18.
137) A.a.O., S. 19.
138) A.a.O., S. 18f..
139) A.a.O., S. 26.
140) A.a.O., S. 69 und S. 117.

141) A.a.O., S. 55ff..
142) A.a.O., S. 54ff..
143) A.a.O., S. 55.
144) A.a.O., S. 55-59.
145) A.a.O., S. 117.
146) A.a.O., S. 116.
147) A.a.O., S. 130.
148) A.a.O., S. S. 122-125, 129-132 und 153ff.
149) Zwar sagt er zuerst, er wolle sich auf die pflegebedürftigen Betagten konzentrieren (a.a.O., S. 114), aber er generalisiert dann gleichwohl (a.a.O., S. 116ff.).
150) Vgl. auch oben 1.3..
151) Vgl. unten und 6.4..
152) Vgl. W. Neidhart in G. Otto, 1975^2, S. 535f..
153) Zum Rehabilitationsbegriff: F. Huber, 1982; U. Bach, 1980, S. 113-121.
154) A.a.O., S. 4.
155) A.a.O., S. 3.
156) Für den Gemeindepfarrer ist der Kontakt zu den Angehörigen und Pflegenden natürlich häufiger als zum ärztlichen Team des Spitals.
157) F. Huber, 1982, S. 4f..
158) A.a.O., S. 5.
159) A.a.O., S. 5-7.
160) A.a.O., S. 6.
161) A.a.O., S. 7ff.. Die Arbeit von R. Wolf-Signer, 1983, entstand aus der Zusammenarbeit mit einem Spitalseelsorger (S. 1).
162) H. van der Geest, 1981, S. 34-38 (Schlaganfall), S. 39-45 (Herzinfarkt), S. 56-63 (Chronische Erkrankung), S. 93-104 (Leidbesuch); S. 143-149 (Ungewissheit bei schwerer Erkrankung), S. 167-172 ("Ein trauriger alter Mann"), S. 173-175 ("Eine geschwächte Frau").
163) Vgl. dazu vor allem J. Böger/S. Kanowski, 1982^2, S. 173-176.
164) A.a.O., S. 173f..
165) A.a.O., S. 174f..
166) Jeder kirchliche Mitarbeiter muss sich diesbezüglich in der Praxis mit Aelteren "die Sporen abverdienen".
167) Vgl. oben 1.3..
168) Vgl. dazu J. Böger/S. Kanowski, 1982^2, S. 209-221; H. van der Geest, 1981, S. 34-38.
169) J. Böger/S. Kanowski, 1982^2, S. 210, 213 und 215.
170) A.a.O., S. 210f..
171) A.a.O., S. 211, 214, 215.
172) A.a.O., S. 218ff., Hg. B. Steinmann, 1963, S. 26ff..
173) Hg. B. Steinmann, 1963, S. 33.
174) J. Böger/S. Kanowski, 1982^2, S. 211-213.
175) Vgl. H. van der Geest, 1981, S. 36-38.
176) A.a.O., S. 36f..
177) A.a.O., S. 37f..
178) Vgl. J. Böger/S. Kanowski, 1982^2, S. 186ff..
179) A.a.O., S. 194f..

180) Vgl. a.a.O., S. 112-114; Hg. Schweiz. Krebsliga, 1983, S. 42f.; Hg. A. Glaus u.a., 1982, S. 27, 38, 231ff..
181) Vgl. oben 1.3..
182 Das Buch der Schweiz. Krebsliga, 1983, ist auch dem Laien gut zugänglich. Hg. A. Glaus u.a., 1982, ist für Pflegende und Interessierte ein wertvolles Nachschlagewerk.
183) Hg. Schweiz. Krebsliga, 1983, S. 42f..
184) A.a.O., S. 43.
185) Immunotherapie = Stärkung der körpereigenen Abwehr. Vgl. a.a.O., S. 22-34.
186) Vgl. oben der 4. Lesehinweis und Hg. Schweiz. Krebsliga, 1983, S 29-32.
187) A.a.O., S. 29.
188) A.a.O., S. 29f.; Hg. A. Glaus u.a., 1982, S. 126ff..
189) Hg. Schweiz. Krebsliga, 1983, S. 32; Hg. A. Glaus u.a., 1982, S. 130; A. Tausch, 1981, S. 28f. u.a..
190) Vgl. die Regeln der Gesprächspsychotherapie oben 4. Lesehinweis.
191) Vgl. Hg. Schweiz. Krebsliga, 1983, S. 72-77, besonders S. 75-77.
192) A. Tausch, 1981, S. 147f..
193) Vgl. dazu J. Böger/S. Kanowski, 1982[2], S. 313-321; K. Wirsing, 1984, S. 226-228.
194) J. Böger/S. Kanowski, 1982[2], S. 313 und 316.
195) A.a.O., S. 313ff..
196) A.a.O., S. 314f..
197) A.a.O., S. 315f..
198) A.a.O., S. 317-319.
199) A.a.O., S. 319-321.
200) Die Rede vom "Kindischwerden Betagter" geht stark auf diese Krankheitsbilder zurück! A.a.O., S. 318.
201) A.a.O., S. 255-263.
202) A.a.O., S. 313-321.
203) Der Zufall wollte es, dass ich beim Schreiben dieser Zeilen zu einem Gemeindeglied gerufen wurde, das nach 16 Jahren Bettlägerigkeit und Gepflegtwerden zu Hause (vaskulär bedingte präsenile Demenz, im letzten Abschnitt, Aphasie, Apraxie) verstarb. Schon nach sechs Jahren Pfarramt hat man je nach Gemeindestruktur ziemlich viele diesbezügliche Erfahrungen.
204) A.a.O., S. 369.
205) Ebenda.
206) Vgl. H. van der Geest, 1981, S. 56-63.
207) Vgl. K. Wirsing, 1984, S. 179-181.
208) J. Böger/S. Kanowski, 1982[2], S. 285-289, 362ff..
209) A.a.O., S. 285f..
210) A.a.O., S. 286.
211) A.a.O., S. 286f..
212) Darauf hatte uns Prof. E. Heimann nachhaltig hingewiesen.
213) J. Böger/S. Kanowski, 1982[2], S. 367f..
214) Diese Uebersicht resultierte vor allem aus pfarramtlicher Erfahrung. Es ist aber interessant, dass H. van der Geest ebenso den zufälligen Begegnungen und Plaudereien neues Gewicht gibt; vgl. H. van der

Geest, 1981, S. 21ff.: Er unterscheidet I Lebenssituationen, II Grundstimmungen, III Besondere Initiativen des Seelsorgers.

215) C.J. Roepke in Hg. P.C. Bloth u.a., 1983, S. 245-247 spricht von "Kontaktpflege", "Pflege des gesellschaftlichen Umfelds" und "personeller Kommunikation", wobei wir hier den seelsorgerlichen und nicht den "vertrauenswerbenden" Aspekt betonen.

216) Vgl. zum "Gespräch unter vier Augen": H.J. Thilo in Hg. P.C. Bloth u.a., 1983, S. 461-474; zum Hausbesuch: H. Schröer a.a.O., S. 485-496 und die dort zusammengetragene Literatur.

217) Zur beratenden Seelsorge im umfassenderen Sinn: Vgl. H. Clinebell, 1977^3.

218) Pfarramtliche Erfahrung.

219) N. Golan, 1983, S. 7ff..

220) Zur Gruppenseelsorge: D. Stollberg in Hg. P.C. Bloth u.a., 1983, S. 475-484 mit der neueren Literatur; vgl. M. Seitz, 1979^2, S. 129f..

221) In neuerer Zeit wieder betont von M. Seitz, 1979^2, S. 73ff..

222) Vgl. vor allem D. Stollberg, 1978, S. 41-44; W. Neidhart in Hg. G. Otto, 1975^2, S. 530f..

223) W. Neidhart in Hg. G. Otto, 1975^2, S. 533 schreibt:
"Auch unter den jetzigen Theologiestudenten hat, ja nach der Vikarsausbildung der zuständigen Kirchen, nur eine Minderheit die Möglichkeit, ein volles CPT zu absolvieren. Darum ist die Kluft zwischen den Theorien und den sorgfältig analysierten Gesprächsprotokollen in der S.-Lit. und der kirchlichen Wirklichkeit, in der S. praktiziert wird, breit und tief. Es wird dem Praktiker überlassen, sie zu überbrücken. Ihn vor einem Dilettieren zu warnen, mit dem er Klienten schädigen könnte, ist gewiss nötig. Ebenso nötig ist es, ihn zu verantwortbarem Dilettieren anzuleiten und ihn zu ermutigen, "tapfer zu sündigen" und seine S-Praxis in verschiedener Hinsicht zu verändern."
Daran hat sich wenig geändert.

224) Vgl. a.a.O., S. 530, die angestrebte Standardisierung und hierarchische Gliederung der Ausbildung durch die "Deutsche Gesellschaft für Pastoralpsychologie".

225) Vgl. oben 1.3., 1.4., 1.6..

226) Pfarramtliche Erfahrung.

227) Vgl. H. Radebold u.a., 1981, S. 110ff..

228) Vgl. 1.5..

229) Pfarramtliche Erfahrung.

230) Vgl. Lit. bei Hg. G. Strecker, 1983, S. 481-486 von P.C. Bloth.

231) Pfarramtliche Erfahrung.

232) Idem.

233) H. Radebold u.a., 1981, S. 116ff..

234) P. Sporken, 1984, S. 117ff..

235) H. Radebold u.a., 1981, S. 117.

236) Ebenda.

237) Vgl. oben den Begriff "Begleitung".

238) H. Radebold u.a., 1981, S. 116ff..

239) Vgl. die von P. Sporken, 1984, S. 119ff. erörterten Beispiele.

240) H. Radebold u.a., 1981, S. 123-135.

241) A.a.O., S. 134.
242) Detaillierter dargestellt bei H. Radebold u.a., S. 124ff..
243) Die durchgehende Polemik von H. Tacke, 1975, z.B. S. 262ff. teilen wir nicht.
Die Darstellung von M. Seitz, 1979², S. 120-130 ist vor allem insofern ungenügend, als sie dogmatisch ein Bild des Alters zeichnet, das wenig mit der empirischen Realität gemein hat und das negative Fremdbild vom Alter unkritisch übernimmt.
244) Vgl. die integrative Sicht D. Stollberg's, 1978. Vgl. G. Schmalbrock u.a., 1982.
245) Vgl. dazu M. Lücht-Steinberg, 1981, S. 14-30 und 164-177, die Gesprächsprotokolle und die darin angesprochenen religiösen Themen sorgfältig analysiert.
246) Vgl. oben 4. Lesehinweis.
247) Zur Supervision M. Lücht-Steinberg, 1981, S. 23-28.
248) Vgl. a.a.O., S. 167f. zur "Sehnsucht nach Religiosität" bei Betagten.

6.4. Altershilfe und soziale Arbeit mit älteren Menschen

1) Vgl. dazu R. Brack, 1981.
Zur offenen und geschlossenen Altershilfe: L. Ramel u.a., 1982; E. Rieben, 1982; A. Hunziker, 1983; Leiterkreis Alterszentren, 1982; K. Hummel, 1982; Die Altersfragen in der Schweiz, 1979, S. 224-345; Schweizerischer Landesbericht zuhanden der UNO-Weltkonferenz über das Altern, 1982, S. 47-57; A.L. Vischer/H. Guth, 1963.
Zur lokalen Zusammenarbeit: P. Tschümperlin, 1981; Hg. Gottlieb Duttweiler Institut, 1984.
2) H. Seibert 1982, S. 12; ders., 1983, S. 101.
3) Uebersicht H. Seibert, 1983, S. 100-107.
4) R. Brack, 1981, S. 3.
5) Vgl. 1.5..
6) R. Brack, 1981, S. 2.
7) A.a.O., S. 2 und 4f..
8) Vgl. N. Flüeler/R. Gfeller-Corthésy, 1975, S. 293-297; R. Brack, 1981, S. 3.
9) R. Brack, 1981, S. 3.
10) A.a.O., S. 4.
11) A.a.O., S. 3-4: "3. Die 'massgeschneiderte' Sozialhilfe im System der sozialen Sicherung".
12) Vgl. E. Rieben, 1982, S. B105ff..
13) In Port/Bellmund/Ipsach/Sutz-Lattrigen z.B. ein Verein, in dem die Delegierten der Gemeinden eine feste Mitbestimmung haben.
14) R. Brack, 1981, S. 4-5.
15) A.a.O., S. 5.
16) Ebenda. Die Bedeutung des Spendenaufkommens ist zum Teil erheblich!
17) Ebenda. Vgl. zur Koordination in der ambulanten Krankenpflege vor allem A. Hunziker, 1983, S. 230-242.

18) Kantonal unterschiedliche Regelungen. Das beschriebene Modell trifft zu für den Kanton Bern.
19) Vgl. oben 2.2..
20) Vgl. das Haus der Stille und Besinnung Kappel, wo der Kanton Zürich eine Pflege"abteilung" für chronischkranke Gäste nicht zuliess.
21) Vgl. Hg. Schweizerische Zentralstelle gegen den Alkoholismus/J. Odermatt, o. Jg., S. 138ff..
22) T. Giger, 1982.
23) Einer ihrer Begründer war der Bieler Pfarrer Ernst Schwyn.
24) Vgl. z.B. Voranschläge 1984 der Evang.-ref. Kirche des Kantons Bern und des Evangelisch-ref. Synodalverbandes Bern-Jura, wo Beträge vorgesehen sind für:
Ambulanter Gemeindedienst, Uebergangsheim für Strafentlassene Felsenau, Notschlafstelle Bern, Schlupfhuus Bern (bestimmt für Kinder und Jugendliche in akuter Krisensituation) u.a.m. (vgl. S. 6 und 3).
25) Pfarramtliche Erfahrung. Präsident des Vereins für das Alter (Pro Senectute) ist im Kanton Bern Pfr. Erich Schmid. Es gibt Kantonsteile, wo die Mitarbeit des Pfarrers beim Verein "für das Alter" oder in dem Verein für Haus- und Krankenpflege zum Pflichtenheft gehört.
26) Vgl. oben Anm. 22.
27) E. Rieben, 1982.
28) Zusammenfassung a.a.O., S. B135-144.
Bei leichter Pflegebedürftigkeit ist "... die Betreuung zuhause nur angebracht, wenn Familienangehörige, Nachbarn oder freiwillige Helfer mitbeteiligt sind." (A.a.O., S. B143).
29) Vgl. zur weiteren Differenzierung a.a.O., S. B68ff..
30) Zu ähnlichen Resultaten kommen L. Ramel u.a., 1982.
31) K. Hummel, 1982.
32) In der letzten Zeit haben wir in unserer Kirchgemeinde in mehreren schweren Pflegefällen (bis inkl. Infusion) sehr gute Erfahrungen gemacht.
33) A. Hunziker, 1983, S. 188ff..
34) Vgl. K. Hummel, 1982, S. 9-42; Leiterkreis Alterszentren, 1982.
35) Ebenda.
36) Zentralen Stellenwert hat in der Pluralität der Angebote die Koordination, insbesondere in den Städten und Agglomerationen.
37) Vgl. K. Hummel, 1982, S. 32f.; Leiterkreis Alterszentren, 1982.
38) Wir skizzieren hier natürlich.
39) Vgl. anders K. Hummel, 1982, S. 32.
40) Wir geben hier vor allem die Träger an.
41) Hier geht es uns vor allem um den Wohnort.
42) Ebenso.
43) Eine ganz andere Situation in Deutschland, wo die kirchliche Diakonie (z.B. mit der Diakoniestation u.a.) seit 1960 wesentliche Initiativen ergriffen hat.
H. Seibert, 1983, S. 104ff..
44) Die Koordination ist auf dem Land vor allem vom guten Willen der Amtsträger und Verantwortlichen abhängig.
45) E. Rieben, 1982, S. D15.

46) Vgl. etwa a.a.O., S. D7.
47) Vgl. oben 6.2. und 6.3..
48) Zu den Formen der Sozialarbeit vgl. L. Lowy, 1981, S. 114-346. Zu den Beispielen vgl. H. Merkel/H. Seibert, 1983, S. 38-44.50ff..
49) a) vgl. unten; b) vgl. unten; c) vgl. 6.3.; d) vgl. Verbundmodelle bei H. Merkel/H. Seibert, 1983, S. 50ff..
50) Vgl. vor allem R. Campiche/C. Bovay, 1983.
51) H. Merkel/H. Seibert, 1983.
52) A.a.O., S. 38-44.
53) Vgl. oben 6.2. und 6.3..
54) A.a.O., S. 50ff..
55) A.a.O., S. 50-56 und S. 56-59.
56) A.a.O., S. 57.
57) A.a.O., S. 57f..
58) Vgl. "Ringli-Gruppe" in Nidau in Einleitung, Anm 6.
59) Hg. J. Appelkamp u.a., 1979; P. Buol u.a., 1976 und 1979.
60) Pfarramtliche Erfahrung. Vgl. P. Buol u.a., 1979, S. 27f..
61) A.a.O., S. 28f..
62) A.a.O., S. 29.
63) A.a.O., S. 30.
64) A.a.O., S. 12f..
65) Vgl. vor allem Hg. Theologischer Arbeitskreis für diakonische Fragen, 1983, S. 17-20. Der schönste Dank ist wohl die Unterstützung und Ermöglichung der Weiterbildung.
66) Pfarramtliche Erfahrung.
67) Auf Grund der regelmässigeren Besuchsmöglichkeiten unter anderem mehr.
68) Vgl. dazu z.B. E. Rieben, 1982, S. D15.
69) A. Collins/D. Pancoast, 1981, S. 29.
70) A.a.O., S. 36ff..
71) Sie bringen aber auch reiches Anschauungsmaterial aus dem amerikanischen Raum; vgl. a.a.O., S. 50-97.
72) A.a.O., S. 19-35.
73) A.a.O., S. 22-24.
74) Communis opinio der Forschung.
75) A.a.O., S. 29.
76) A.a.O., S. 99ff..
77) E. Rieben, 1982, S. D14.
78) Zum Thema Behinderung gibt es inzwischen eine breite Literatur. Vgl. die Berichte der oekumenischen Vollversammlungen; Hg. G. Müller-Fahrenholz, 1979; H.-G. Schmidt, 1979; A. Hämer, 1978; J. Moltmann, 1984; U. Bach, 1980; u.a.m..
79) Vgl. vor allem U. Bach, 1980, S. 9-46.
80) In der theologischen Literatur erscheint zunehmend der Begriff "Segregationsgesellschaft": Vgl. z.B. Barmen III, Hg. A. Burgsmüller, 1981, S. 116; J. Moltmann, 1984, S. 42ff. u.a..
81) U. Bach, 1980, S. 47ff..
82) Vgl. dazu Hg. Schweizerischer Invalidenverband, 1979[4].
83) U. Bach, 1980, S. 14ff. und S. 98ff..

84) Hg. Pro Senectute, 1981.
85) A.a.O., S. 5.
86) Vgl. oben 4.9. u.a..

6.5. Der Gottesdienst mit Aelteren - die liturgische und homiletische Herausforderung

1) Zur Literatur vgl. Hg. G. Strecker, 1983, S. 456-459 und S. 463-465. Wir beschränkten uns hier auf eine kleine Auswahl.
2) Vgl. K. Barth, KD IV/3, 1959, S. 979ff..
3) W. Huber, 1979, S. 100f..
4) Zit. nach O. Weber, 2. Bd., 1972[2], S. 605. Vgl. S. 605-609.
5) Vgl. W. Huber, 1979, S. 101.
6) Hg. W. Müller-Römheld, 1968, S. 78-91.
7) A.a.O., S. 82f..
8) A.a.O., S. 84f..
9) A.a.O., S. 83.
10) Hg. W. Müller-Römheld, 1983.
11) A.a.O., S. 61.
12) A.a.O., S. 60.
13) A.a.O., S. 61.
14) Ebenda.
15) Hg. Evang.-ref. Kirche des Kantons Basel-Stadt, 1969.
16) A.a.O., S. 17. Es sind darin nur "die über 15 Jahre alten Personen erfasst."
17) Ebenda.
18) P. Cornehl in Hg. P.C. Bloth u.a., 1983, S. 60.
19) A.a.O., S. 60ff..
20) A.a.O., S. 59, Untertitel des Aufsatzes.
21) Vgl. M. Josuttis, 1974, S. 142-206; derselbe in Hg. G. Otto, 1975[2], S. 304-307.
22) Ich spreche hier stark von der pfarramtlichen Erfahrung in einer Gemeinde her, die vor gut zehn Jahren einen minimalen Gottesdienstbesuch hatte, heute unabhängig vom predigenden Pfarrer einen überdurchschnittlichen (Kirche Nidau, Matthäuszentrum Port). Schwieriger ist es nach wie vor dort, wo kein kirchlicher Gottesdienstraum besteht (Bellmund, Ipsach). Vgl. P. Cornehl in Hg. P.C. Bloth u.a., 1983, S. 70ff..
23) A.a.O., S. 63f..
24) Vgl. a.a.O., S. 76f..
25) Vgl. Hg. Evang.-ref. Kirche des Kantons Basel-Stadt, 1969, S. 23, wo bei den sozialen Gruppen in der Gottesdienstgemeinde nicht nur die Frauen übervertreten sind, sondern der prozentuale Anteil der Pensionierten bei den Männern markant geringer ist als derjenige der Berufstätigen oder in Ausbildung Stehenden, währenddem er bei den

Frauen (auch gegenüber den Hausfrauen unter 65 Jahren) markant höher ist.

26) Vgl. Hg. J. Matthes, 1975, S. 83-112.

27) Vgl. P. Cornehl in Hg. P.C. Bloth u.a., 1983, S. 61-64.

28) Vgl. etwa G. Kugler, a.a.O., S. 79-88.

29) Vorschläge dazu sind in der Literatur auch zerstreut:
Vgl. A. Stiefvater/H. König, 1975; M. Schmid/W. Kirchschläger, 1982, S. 149ff.; H. Merkel/H. Seibert, 1983, S. 90-93 mit weiterer Lit.; H. Bollmann, 1979, S. 207-209; B. Honsel, 1979, S. 343-348; J. Chudzinski in Hg. J. Schmauch, 1978, S. 178-190 u.a..

30) Zum Begriff der konziliaren Gemeinde vgl. W. Huber, 1979, S. 101-105.

31) Vgl. J. Chudzinski in Hg. J. Schmauch, 1978, S. 185-187.

32) Zur Frage der Bestattung vgl. T. Stählin in Hg. P.C. Bloth u.a., 1983, S. 195-205 mit reicher Literatur.
Die Sätze hier sind vor allem aus pfarramtlicher Erfahrung geschrieben.

33) Vgl. oben 4..

34) K.F. Becker, 1975, S. 124.

35) Hg. J. Matthes, 1975, S. 83-112. Vgl. H. Hild, 1974.

36) Hg. J. Matthes, 1975, S. 88-90.

37) A.a.O., S. 98ff..

38) Was J. Matthes als eine undelegierbare Aufgabe des Pfarrers betrachtet. A.a.O., S. 99-101.

39) A.a.O., S. 101ff..

40) H. Bollmann, 1979; B. Honsel, 1979 u.a.. Vgl. Anm. 29.

41) B. Honsel, 1979.

42) H. Merkel/H. Seibert, 1983, S. 90-92.

43) Pfarramtliche Erfahrung.

44) Pfarramtliche Erfahrung.

45) Hg. K. Bätz u.a., 1976.

46) A.a.O., S. 229-304, Photos 1-18.

47) Vgl. Anm. 29 und oben 3. und 4..

48) Eine gute Einführung gibt M. Josuttis, 1974, S. 164-187. Gesellschaftlicher Kontext bedacht bei H.-E. Bahr, 1968. Uebersicht über die Diskussion bei H. Balz, 1978.

49) A.a.O., S. 165.

50) Ebenda.

51) Pfarramtliche Erfahrung.

52) Eine gute Einführung in die homiletische Relevanz der Kommunikationstheorie gibt W. Bartholomäus, 1974. Vgl. S. 45ff. und 83ff..

53) Vgl. die neueren Dialektübersetzungen der Bibel: H. und R. Bietenhard, 1984; Hg. Bibelgesellschaft Baselland, 1981 u.a.. Liturgische Elemente bei J. Bösch, 1974 u.a..

54) Pfarramtliche Erfahrung.

55) Vgl. D. Trautwein, 1972.

56) Vgl. oben 1.6. und 6.2..

57) Vgl. M. Josuttis, 1974, S. 180ff..

58) Vgl. W. Bartholomäus, 1974, S. 143ff. zu den "Möglichkeiten dialogischer Verkündigung".

59) Eine ältere Predigthörerin machte mich vor nicht allzu langer Zeit auf diesen Aspekt aufmerksam. Sie hatte die einseitige Ueberbetonung der aktivierenden Elemente in den Gottesdiensten ihrer Gemeinde als Ueberforderung der älteren Gottesdienstbesucher erlebt.

60) Die beste Selbstkontrolle gibt die direkte Rückfrage.

61) Vgl. das oft bis in den Volksmund sehr negativ qualifizierte Bild des regelmässigen Gottesdienstbesuchers. W. Josuttis, 1984, S. 185f..

62) M. Josuttis in Hg. F. Wintzer, 1982, S. 40-53 mit Literatur.

63) A.a.O., S. 43ff..

64) A.a.O., S. 44f..

65) A.a.O., S. 49.

66) Vgl. K.F. Becker u.a., 1978, S. 67ff..

67) Dies ist kritisch gegenüber P. Cornehl in Hg. P.C. Bloth u.a., 1983, S. 59-78 zu sagen. Der Aspekt der Emanzipation erscheint auch völlig verkürzt in P. Cornehl, 1974, wo er die Liturgie als "darstellendes Handeln" im Anschluss an F.D. Schleiermacher als Bezugsrahmen einer theoretischen Integration humanwissenschaftlicher Theorie vorschlug. Vgl. P. Cornehl, 1974, S. 459-462.

68) Vgl. oben 1.6. u.a..

69) H. Cox, 1977; vgl. D. Trautwein, 1975; u.a..

70) A.a.O., S. 14ff..

71) A.a.O., S. 15.

72) Ebenda.

73) Ebenda.

74) Vgl. oben 5.4..

75) J. Moltmann, 1975, S. 287.

76) A.a.O., S. 299.

77) Mt. 18,20.

LITERATURVERZEICHNIS

Das Literaturverzeichnis enthält die für diese Arbeit direkt verwendeten oder konsultierten Arbeiten, Aufsätze und Artikel. Die gerontologische Literatur ist laufend nach dem neuesten Stand bibliographisch erfasst in Hg. Pro Senectute Schweiz, Zürich, Bibliographie zum Thema Altersfragen, die zur Zeit sechs Mal jährlich erscheint. Verantwortlich ist Herr Udo Jahnke. Man kann diese Bibliographie abonnieren bei Pro Senectute Schweiz, Dokumentationsstelle, Lavaterstr. 60, Postfach, 8027 Zürich.
Für Abkürzungen haben wir uns normalerweise an das Abkürzungsverzeichnis der Theologischen Realenzyklopädie, Hg. Siegfried Schwertner, gehalten. Ausnahmen sind die Abkürzungen der deutschsprachigen Bezeichnungen biblischer Bücher (zwecks Verständlichkeit für Nichttheologen) und Abkürzungen der gebräuchlichsten Bibelübersetzungen (Kürze und Zweckmässigkeit). Sie lauten wie folgt:

Apg.	Apostelgeschichte
EU	Einheitsübersetzung, Hg. Verlag Katholisches Bibelwerk, Kommentierung von Eleonore Beck; Katholische Bibelanstalt, Stuttgart, 1980.
JB	Jerusalemer Bibel, Hg. Arenhoevel Diego/Deissler Alfons/ Vögtle Anton; Verlag Herder, Freiburg i.B., (1968) 1973[5].
Jo.	Joel
Klagel.	Klagelieder (Threni)
LB	Die Bibel nach der deutschen Uebersetzung Martin Luthers; Württembergische Bibelanstalt, Stuttgart, 1963.
1.Mos.-5.Mos.	1. bis 5. Buch Mose (Genesis, Exodus, Leviticus, Numeri, Deuteronomium).
Pred.	Prediger (Kohelet).
Ri.	Richter (Judicum).
Rt.	Ruth.
Spr.	Sprüche (Proverbia).
UW	Das Neue Testament, übersetzt und kommentiert von Ulrich Wilckens, beraten von Werner Jetter, Ernst Lange und Rudolf Pesch; Furche-Verlag H. Rennebach KG, Hamburg, (1970) 1971[2].
vv	Verse
ZB	Zürcher Bibel, Hg. Kirchenrat des Kantons Zürich; Verlag der Zürcher Bibel, Zürich, (1942) 1980[17].

Accoce Pierre/Rentchnick Pierre, Kranke machen Weltgeschichte. Econ Verlag, Düsseldorf und Wien, 1978.

Adam Alfred, Lehrbuch der Dogmengeschichte. Bd. 2, Mittelalter und Reformationszeit; Gütersloher Verlagshaus Gerd Mohn, Gütersloh, 1968.

AHV-Revision, die 10., Sprengen die Frauen die AHV? Die Woche, Nr. 26, 1. Juli 1982, S. 23-27; Ringier-Verlag, Zofingen, 1982.

Aland Kurt, Geschichte der Christenheit. Bd. I, Von den Anfängen bis an die Schwelle der Reformation, 1980. Bd. II, Von der Reformation bis in die Gegenwart, 1982; Gütersloher Verlagshaus Gerd Mohn, Gütersloh, 1980/1982.

Albertz Rainer, Hintergrund und Bedeutung des Elterngebots. In: ZAW, Nr. 3, 90. Bd., 1978, S. 348-374; Walter de Gruyter & Co., Berlin, New York, 1978.

Albrecht Giosch, Sozio-kultureller Wandel und soziale Integration der Betagten. Materialien und Versuch eines Beitrages zu einer weiterführenden Interpretation eines in der Gegenwart häufig diskutierten Integrationsprozesses (unter partieller Berücksichtigung eines Berggebietes). W. Schneider, Zürich, 1976.

Alt Albrecht, Kleine Schriften zur Geschichte des Volkes Israel. Erster Bd.; C.H. Beck'sche Verlagsbuchhandlung, München, 1953.

Altner Günter, Tod, Ewigkeit und Ueberleben, Todeserfahrung und Todesbewältigung im nachmetaphysischen Zeitalter; UTB 1137; Quelle & Meyer, Heidelberg, 1981.

Améry Jean, Ueber das Altern, Revolte und Resignation. Verlagsgemeinschaft E. Klett-J.G. Cotta, Stuttgart, (1968) 1977[4].

- Hand an sich legen. Diskurs über den Freitod. Verlagsgemeinschaft E. Klett-J.G. Cotta, Stuttgart, (1976) 1979[6].

Ammer Heinrich/Henkys Jürgen u.a., Hg., Handbuch der praktischen Theologie. Dritter Bd.; Evangelische Verlagsanstalt, Berlin, 1978.

Andresen Carl u.a. Hg., Lexikon der alten Welt. Artemis Verlag, Zürich und Stuttgart, 1965.

Angermeyer H., Probleme und Schwerpunkte in der Ausbildung nebenamtlicher Mitarbeiter bei Erholungsfreizeiten und in Wohnheimen für ältere Menschen. In: Zeitschrift für Gerontologie, Bd. 10, Heft 1, Jan./ Febr. 1977, S. 37-42; Dr. Dietrich Steinkopff Verlag, Darmstadt, 1977.

Appelkamp Jan/Harsch Helmut/Hinz Friedel/Meister Betty/Meyer Herbert, Hg.; Türen öffnen. Handbuch für Besuchsdienste; Chr. Kaiser Verlag, München, 1979.

Arenhoevel Diego/Deissler Alfons/Vögtle Anton Hg., Die Bibel. Die Heilige Schrift des Alten und Neuen Bundes, Deutsche Ausgabe mit den Erläuterungen der Jerusalemer Bibel; Verlag Herder, Freiburg im Breisgau, (1968) 1973[5].

Arnold Wilhelm/Eysenck Hans Jürgen/Meili Richard Hg., Lexikon der Psychologie, Erster Bd.: A-Gyrus, Zweiter Bd.: H-Psychodiagnostik, Dritter Bd.: Psychodrama-ZZ; Verlag Herder, Freiburg, Basel, Wien, (1971) 1980[2].

Arnold Franz Xaver/Rahner Karl/Schurr Viktor/Weber Leonhard M./ Klostermann Ferdinand Hg., Handbuch der Pastoraltheologie. Praktische Theologie der Kirche in ihrer Gegenwart. Bd. II/1, 1971[2], Bd.

III, 1972², Bd. IV, 1969; Herder Verlag, Freiburg im Breisgau, Basel, Wien, 1969-1972.

Asyle Gottesgnad, Vereinigte Krankenasyle des Kantons Bern. 1981, 95. Jahresbericht; Stämpfli und Cie. AG, Bern, 1981.

- Jahresberichte 1883-1896 (Stadt- und Universitätsbibliothek Bern, H.Z.V. 23). (Buchdruckereien: R.F. Haller-Goldschach, Bern 1883-1886; J.J. Christen, Thun, 1887; B. Fischer, Münsingen, 1889, 1890). 1883ff..

Bach Ulrich, Boden unter den Füssen hat keiner. Plädoyer für eine solidarische Diakonie; Vandenhoeck & Ruprecht, Göttingen, 1980.

Bahr Hans-Eckehard, Verkündigung als Information. Zur öffentlichen Kommunikation in der demokratischen Gesellschaft. In: Konkretionen Bd. 1; Furche-Verlag H. Rennebach KG, Hamburg, 1968.

Bahr Hans-Eckehard/Gronemeyer Reimer, Konfliktorientierte Gemeinwesenarbeit. Niederlagen und Modelle. In: Reihe Theologie und Politik, Bd. 8, Hg. Hans-Eckehard Bahr; Hermann Luchterhand Verlag, Darmstadt und Neuwied, 1974.

Bailey Lloyd R., Biblical Perspectives on Death; Fortress Press, Philadelphia, 1979.

Balz Heinrich, Theologische Modelle der Kommunikation. Bastian-Kraemer-Nida. In: Missionswissenschaftliche Forschungen, Bd. 12; Gütersloher Verlagshaus Gerd Mohn, Gütersloh, 1978.

Bargheer Friedrich W., Das "Gebot mit Verheissung". Das 4. Gebot in der Spannung zwischen Exegese, kirchlicher Tradition, gesellschaftlicher Problematik und religionsdidaktischer Vermittlung. In: Gedenkschrift für Ingeborg Röbbelen, Begegnung und Vermittlung, Hg. H. Horn, S. 201-210; W. Grüwell Verlag, Dortmund, 1972.

Barth Christoph, Die Errettung vom Tod, in den individuellen Klage- und Dankliedern des Alten Testamentes; Evangelischer Verlag AG, Zollikon, 1947.

Barth Friedrich K., Altennachmittag; Burckhardthaus-Verlag, Gelnhausen, Berlin/Christophorus-Verlag Herder, Freiburg im Breisgau, 1975.

Barth Karl, Kirchliche Dogmatik (KD)

Bd. II/1	Die Lehre von Gott, (1940) 1975⁵.
Bd. III/1	Die Lehre von der Schöpfung, (1945) 1970⁴.
Bd. III/2	Die Lehre von der Schöpfung, (1948) 1974³.
Bd. III/3	Die Lehre von der Schöpfung, (1950) 1961².
Bd. III/4	Die Lehre von der Schöpfung, (1951) 1969³.
Bd. IV/1	Die Lehre von der Versöhnung, (1953) 1960².
Bd. IV/2	Die Lehre von der Versöhnung, 1964.
Bd. IV/3	Erste Hälfte, Die Lehre von der Versöhnung, 1959.
Bd. IV/3	Zweite Hälfte. Die Lehre von der Versöhnung, 1959.
Bd. IV/4	Das christliche Leben (Fragment). Die Taufe als Begründung des christlichen Lebens, 1967.

Registerband, Hg. Helmut Krause, 1970.
Evangelischer Verlag AG, Zollikon-Zürich/Theologischer Verlag Zürich, Zürich.

- Das christliche Leben. Die Kirchliche Dogmatik IV/4. Fragmente aus dem Nachlass; Vorlesungen 1959-1961. In: Gesamtausgabe, II, akademi-

sche Werke 1959-1961, Bd. 7; Theologischer Verlag Zürich, Zürich, (1976) 1979[2].
- Die Auferstehung der Toten. Eine akademische Vorlesung über 1.Kor.15; Chr. Kaiser Verlag, München, 1926[2].

Bartholomäus Wolfgang, Kleine Predigtlehre. In: Religionspädagogik, Theorie und Praxis, 26, Hg. Günter Stachel, Erich Feifel, Eugen Paul; Benziger Verlag, Zürich, Einsiedeln, Köln, 1974.

Bätz Kurt/Iber Gerhard/Middel Klaus, Der Mensch im Alter. Einführung, Medien-Analysen, Text- und Bildmedien. Vorschläge und Modelle für Schule, kirchlichen Unterricht, Erwachsenenbildung, Jugendarbeit, Altenarbeit; Christophorus-Verlag, Freiburg im Breisgau/Burckhardthaus-Verlag, Gelnhausen/Berlin, 1976.

Bauer Karl-Adolf, Leiblichkeit. Das Ende aller Werke Gottes. Die Bedeutung der Leiblichkeit des Menschen bei Paulus; Gütersloher Verlagshaus Gerd Mohn, Gütersloh, 1971.

Bauer Walter, Griechisch-deutsches Wörterbuch. Zu den Schriften des Neuen Testaments und der übrigen urchristlichen Literatur; Verlag Alfred Töpelmann, Berlin, (1958[5]) 1963[5].

Beauvoir Simone de, Ein sanfter Tod. Rowohlt Taschenbuch Verlag, Reinbek bei Hamburg, (1965) 1981.
- Die Zeremonie des Abschieds und Gespräche mit Jean-Paul Sartre August-September 1974; Rowohlt Verlag, Reinbek bei Hamburg, 1983.
- Das Alter (la vieillesse). Essay; Rowohlt Verlag, Reinbek (1972); Buchclub Ex Libris, Zürich, 1977.

Becker Brigitte, Hg., Seniorenspiele. Schwalbacher Spielkartei; Verlag Gruppenpädagogische Literatur, Wehrheim, 1976.

Becker Jürgen, Zukunft und Hoffnung im Neuen Testament. In: Schmidt Werner H./Becker Jürgen, Zukunft und Hoffnung. Reihe Biblische Konfrontationen, Bd. 1014; Verlag W. Kohlhammer, Stuttgart, Berlin, Köln, Mainz, 1981.

Becker Jürgen/Conzelmann Hans/Friedrich Gerhard, Die Briefe an die Galater, Epheser, Philipper, Kolosser, Thessalonicher und Philemon. NTD 8, 14., neubearbeitete und ergänzte Auflage; Vandenhoeck & Ruprecht, Göttingen, 1976[14].

Becker Karl Friedrich, Altern - Theologische Aspekte. In: Hg. U. Lehr; Altern - Tatsachen und Perspektiven; Bouvier Verlag Herbert Grundmann, Bonn, 1983.
- Zur Lage zwischen Theologie und empirischer Gerontologie. In: Zeitschrift für Gerontologie, Bd. 10, Heft 1, Jan./Febr. 1977, S. 51-60; Dr. Dietrich Steinkopff Verlag, Darmstadt, 1977.
- Emanzipation des Alters. Ein Ratgeber für die kirchliche Arbeit; Gütersloher Verlagshaus Gerd Mohn, Gütersloh, 1975.
- Hg., Aelter - doch dabei! Ruhestand in der Leistungsgesellschaft zwischen Krise und Möglichkeiten; Ehrenfried Klotz Verlag, Stuttgart und Göttingen, 1973[2].

Becker Karl Friedrich u.a. Hg., Kirche und ältere Generation. Urban-Taschenbuch 608; Verlag W. Kohlhammer, Stuttgart, Berlin, Köln, Mainz, 1978.

Belardi Nando/Emrich Klaus-Peter/Hautzel Gunhild/Kallmeyer Gabriele/

Wenzlawski Dieter Hg., Altenarbeit - Weiterbildung älterer Erwachsener. In: Soziale Arbeit, Bd. 1, Pädagogik, Sozialpädagogische Arbeitsfelder, S. 189-200; Verlag Moritz Diesterweg, Frankfurt a.M., Berlin, München, 1980.

Ben-Chorim Schalom, Die Tafeln des Bundes. Das Zehnwort vom Sinai; J.C.B. Mohr (Paul Siebeck), Tübingen, 1979.

Benary-Isbert Margot, Das Abenteuer des Alterns; Josef Knecht, Frankfurt a.M., (1965) 1966[3].

Bender Hans, Hg., Das Insel-Buch vom Alter. Ausgewählt von Hans Bender; Insel Verlag, Frankfurt a.M., 1976.

Berger Klaus, Die Gesetzesauslegung Jesu. Ihr historischer Hintergrund im Judentum und im Alten Testament. Teil I: Markus und Parallelen. In: WMANT, Bd. 40; Neukirchener Verlag des Erziehungsvereins Neukirchen-Vluyn, Neukirchen-Vluyn, 1972.

Beyer Hermann Wolfgang,
- Art. ἐπισκέπτομαι... in: ThWNT, Bd. 2, S. 595-619; Verlag W. Kohlhammer, Stuttgart, 1935.
- Art. διακονέω, διακονία, διάκονος in: ThWNT, Bd. 2, S. 81-93; Verlag W. Kohlhammer, Stuttgart, 1935.

Bibelgesellschaft Baselland, Hg., Der guet Bricht us der Biblen uf Baselbieterdütsch; Druck und Kommissionsverlag Lüdin AG, Liestal, 1981.

Bieler Tagblatt, Senioren-Uni, jetzt auch in Bern. In: Bieler Tagblatt, 9.12.83, S. 6; Verlag W. Gassmann AG, Biel, 1983.

Bielke Rolf, Keine Angst vorm Altenheim. Beispielgeschichten aus dem Alltag des Johann-Heermann-Hauses in Brackwede. In: Arbeitshilfen für die Seniorenarbeit, Teil 3; Friedrich Bahn Verlag, Konstanz, 1981.

Bietenhard Hans und Ruth, Ds Nöie Teschtamänt bärndütsch; Berchtold Haller Verlag, Bern, 1984.

Billerbeck Paul/Strack Hermann L., Kommentar zum Neuen Testament aus Talmud und Midrasch
Bd. I Das Evangelium nach Matthäus, 1922.
Bd. II Das Evangelium nach Markus, Lukas und Johannes und die Apostelgeschichte, 1924.
Bd. III Die Briefe des Neuen Testaments und die Offenbarung Johannis, 1926.
Bd. IV, 1 Exkurse zu einzelnen Stellen des Neuen Testaments, 1928.
Bd. IV, 2 Idem, 1928.
C.H. Beck'sche Verlagsbuchhandlung Oskar Beck, München, 1922-1928.

Birren James E., Altern als psychologischer Prozess. Aus dem Amerikanischen von Norbert Erlemeier und Helmut Richter; Lambertus Verlag, Freiburg im Breisgau, 1974.

Bitter Wilhelm Hg., Alter und Tod - annehmen oder verdrängen? Ein Tagungsbericht; Ernst Klett Verlag, Stuttgart, 1974.

Bloth Peter C./Daiber Karl-Fritz/Kleemann Jürg/Roepke Claus-Jürgen/Schröer Henning/Stählin Traugott/Wegenast Klaus, Hg., Handbuch der Praktischen Theologie. Bd. 2, Praxisfeld: Der einzelne/Die Gruppe, 1981. Bd. 3, Praxisfeld: Gemeinden, 1983; Gütersloher Verlagshaus Gerd Mohn, Gütersloh, 1981/1983.

Böckenförde Ernst-Wolfgang/Deufel Konrad, Staat - Gesellschaft - Kirche.

Sozialstaat und christliche Diakonie. In: Christlicher Glaube in moderner Gesellschaft, Teilband 15; Herder, Freiburg, Basel, Wien, 1982.
Boecker Hans Jochen, Recht und Gesetz im Alten Testament und im Alten Orient. In: Neukirchener Studienbücher, Bd. 10; Neukirchener Verlag, Neukirchen-Vluyn, 1976.
Boesch Josua, Gebätt i der Mundart; Theologischer Verlag, Zürich, 1974.
Böger Josef/Kanowski Siegfried, Gerontologie und Geriatrie für Krankenpflegeberufe; Georg Thieme Verlag, Stuttgart, (1980) 1982^{2}.
Böhlau Volkmar Hg., Wege zur Erforschung des Alterns; Wissenschaftliche Buchgesellschaft, Darmstadt, 1973.
Boldern Arbeitsberichte,
- Wie weiter in der Altersbildung? Versuch einer Standortbestimmung, o.J..
- Bildungsarbeit im dritten Lebensalter, 1971/1972.
- Wir möchten gerne drauskommen, 1977.
- Kirche und Altersbildung. Ueberlegungen und Anregungen zur kirchlichen Bildungsarbeit für Menschen in der dritten Lebensphase, 1978.

Hg. Evang. Tagungs- und Studienzentrum Boldern, Männedorf.
Bollmann Heinrich, Gottesdienst von Senioren für Senioren. In: Diakonia, Nr. 3, 1979, S. 207-209. Verlag Herder, Wien/Matthias-Grünewald-Verlag, Mainz, 1979.
Bonhoeffer Dietrich, Ethik. Hg. Eberhard Bethge; Chr. Kaiser Verlag, München, (1949) 1975^{8}.
Borchert Manfred/Derichs-Kunstmann Karin/Hamann Margret Hg., Un-Ruhestand. Bewusst Aelterwerden. Aktiv im Alter; Rowohlt Taschenbuch Verlag, Reinbek bei Hamburg, 1980.
Borné Gerhard, Bergpredigt und Frieden. Vorwort Dorothee Sölle; Walter Verlag AG, Olten, 1982.
Bornkamm Günther, Art. πρέσβυς... in: ThWNT, Bd. 6, S. 651-683; W. Kohlhammer, Stuttgart, 1959.
- Paulus, Zweite, durchgesehene Auflage; Verlag W. Kohlhammer, Stuttgart, Berlin, Köln, Mainz, 1969^{2}.
- Jesus von Nazareth; Verlag W. Kohlhammer, Stuttgart, Berlin, Köln, Mainz, 1971^{9}.

Bovet Theodor, Mensch sein; Verlag Paul Haupt, Bern, (1977) 1979^{2}.
- Führung durch die Lebensalter, Weg und Sinn; Verlag Paul Haupt, Bern/Katzmann Verlag, Tübingen, (1955) 1964^{2}.

Brack Ruth, Schweizerische Eigenarten in der Sozialpolitik - Rahmenbedingungen für die Sozialarbeit. In: Sozialarbeit, Nr. 6, 1981, S. 2-7; Fachblatt des Schweiz. Berufsverbandes dipl. Sozialarbeiter und Erzieher; Schweiz. Berufsverband dipl. Sozialarbeiter und Erzieher, Bern, 1981.
Braun Herbert, Jesus, Der Mann aus Nazareth und seine Zeit; Lizenzausgabe für den Buchclub Ex Libris Zürich; Kreuz-Verlag, Stuttgart, 1969.
Braun Walter, Das Alter als pädagogisches Problem. In: Diakonia, 1980, Nr. 3, S. 199-202; Verlag Herder, Wien/Matthias-Grünewald-Verlag, Mainz, 1980.
Brecht Bertolt, Gesammelte Werke Bd. 11. Prosa I. In: Werkausgabe Ber-

tolt Brecht, Gesammelte Werke in 20 Bänden, Hg. Suhrkamp Verlag/ Elisabeth Hauptmann; Lizenzausgabe für den Buchclub Ex Libris Zürich; Suhrkamp Verlag, Frankfurt a.M. (1967) 1976.

Brenning Joachim/Brocks Roswitha/Gremmels Christian/Preiss Dietmar, Leid und Krankheit im Spiegel religiöser Traktatliteratur, eine Problemanzeige. In: Theologia Practica, 1972, S. 302-315; Furche-Verlag, Hamburg, 1972.

Briggs Charles Augustus und Grace Emilie, The Book of Psalms. A Critical and Exegetical Commentary, Vol. II. The International Critical Commentary; T.&T. Clark, Edinburgh, 1907[3].

Brocher Tobias, Stufen des Lebens. Eine Bibliothek zu den Fragen unseres Daseins, Bd. 1, Hg. Hans Jürgen Schultz; Kreuz Verlag, Stuttgart, Berlin, (1977) 1978[3].

Brocklehurst John C., Geriatrie für Studenten. J.C. Brocklehurst/T. Hanley/M. Martin, Autor. Uebers. und Bearb. von Michael Martin. Reihe UTB 789; Dr. Dietrich Steinkopff Verlag, Darmstadt, 1980.

Brox Norbert, Der erste Petrusbrief, EKK Bd. XXI; Benziger Verlag, Zürich, Einsiedeln, Köln/Neukirchener Verlag, Neukirchen-Vluyn, 1979.

Brunner Emil, Das Gebot und die Ordnungen, Entwurf einer protestantisch-theologischen Ethik; J.C.B. Mohr (Paul Siebeck), Tübingen, 1932.

Bruppacher Theophil, Gelobet sei der Herr. Erläuterungen zum Gesangbuch der evangelisch-reformierten Kirchen der deutschsprachigen Schweiz; Verlag Friedrich Reinhardt AG, Basel, 1953.

Bubolz Elisabeth, Bildung im Alter. Der Beitrag therapeutischer Konzepte zur Geragogik; Lambertus-Verlag, Freiburg im Breisgau, 1983.

Bühler Pierre, Kreuz und Eschatologie. Eine Auseinandersetzung mit der politischen Theologie, im Anschluss an Luthers theologia crucis; J.C.B. Mohr (Paul Siebeck), Tübingen, 1981.

Bujard Otker und Lange Ulrich, Armut im Alter. Ursachen, Erscheinungsformen, politisch-administrative Reaktionen. Beltz-Monographien: Sozialpädagogik; Beltz Verlag, Weinheim und Basel, 1978.

Bultmann Rudolf, Theologie des Neuen Testaments. 6., durchgesehene Auflage; J.C.B. Mohr (Paul Siebeck), Tübingen, (1958) 1968[6].

- Die Geschichte der synoptischen Tradition. 9. Auflage; Vandenhoeck & Ruprecht, Göttingen, (1921) 1979[9].
- Die Geschichte der synoptischen Tradition. Ergänzungsheft. Bearbeitet von Gerd Theissen und Philipp Vielhauer; Vandenhoeck & Ruprecht, Göttingen, (1958) 1979[9].
- Art. πένης ... In: ThWNT, Bd. 6, S. 40-43; W. Kohlhammer Verlag, Stuttgart, 1959.
- Das Evangelium des Johannes. Unveränderter Nachdruck der 10. Auflage, KEK; Vandenhoeck & Ruprecht, Göttingen, (1941) 1968[19].
- Das Evangelium des Johannes. Ergänzungsheft (Neubearbeitung 1957), KEK; Vandenhoeck & Ruprecht, Göttingen, 1968.

Buol Paul u.a., Besuchsdienste - aber wie? Hinweise für den Aufbau und die Leitung von Besuchsdiensten; Institut für Erwachsenenbildung der evang.-ref. Landeskirche des Kantons Zürich u.a., Zürich, 1978.

- Schön, dass Sie kommen. Hinweise für Besuche; Institut für Erwachsenenbildung der evang.-ref. Landeskirche des Kantons Zürich, Zürich, 1976.

Bund, der; vgl. unter Der Bund.
Bundesamt für Sozialversicherung, Alters- und Hinterlassenenversicherung. Bundesgesetz, Bundesbeschlüsse, Verordnungen, Sachregister (Stand 1.1.1977); Eidgenössische Drucksachen- und Materialzentrale, Bern, 1977.
Bundesamt für Statistik, Strassenverkehrsunfälle in der Schweiz 1981. Statistische Quellenwerke der Schweiz, Heft 690; Bundesamt für Statistik, Bern, 1982.
- Bevölkerungsbewegung in der Schweiz 1980. Statistische Quellenwerke der Schweiz, Heft 682; Bundesamt für Statistik, Bern, 1981.
- Eidgenössische Volkszählung 1980, Wohnbevölkerung der Gemeinden 1900 - 1980. Statistische Quellenwerke der Schweiz, Heft 701; Bundesamt für Statistik, Bern, 1981.
- Tabellen der Volkszählung 1980.
  a) Tab. 201/L/000 Allgemeine Uebersicht, 5.8.82.
  b) Tab. 211/L/001 Wohnbevölkerung nach Altersjahr, Zivilstand, Geschlecht und Heimat, 3.11.82.
  c) Tab. 212/L/056ff. Wohnbevölkerung nach Altersklasse, Zivilstand, Geschlecht und Heimat. Schweiz. 3.11.82.
  d) Tab. 218/L/181f. Zusammenlebende Ehegatten nach ihrer Konfession, 28.3.83.
  Bundesamt für Statistik, Bern, 1980.
- Hg., Statistisches Jahrbuch der Schweiz 1982; Birkhäuser Verlag, Basel, 1982.
Bundesgesetz, über die Alters- und Hinterlassenenversicherung. Aenderung vom 24. Juni 1977. (9. AHV-Revision); Eidgenössische Drucksachen- und Materialzentrale, Bern, 1978.
Burckhardthaus-Verlag, Hg. Achtnich Elisabeth/Haug Egbert, KU 609, Jesus VI (Christus hat keine Hände); Burckhardthaus-Verlag, Gelnhausen/Berlin, 1972.
Burgsmüller Alfred Hg., Kirche als "Gemeinde von Brüdern" (Barmen III). Bd. 1, Vorträge aus dem Theologischen Ausschuss der Evangelischen Kirche der Union; Gütersloher Verlagshaus Gerd Mohn, Gütersloh, 1980.
- Kirche als "Gemeinde von Brüdern" (Barmen III). Bd. 2. Votum des Theologischen Ausschusses der Evangelischen Kirche der Union; Gütersloher Verlagshaus Gerd Mohn, Gütersloh, 1981.
Buri Fritz/Lochman Jan Milic/Ott Heinrich, Dogmatik im Dialog. Bd I: Die Kirche und die Letzten Dinge; Gütersloher Verlagshaus Gerd Mohn, Gütersloh, 1973.
Burnham Betsy, Die letzten Jahre mit dem Schwerkranken. Erwartungen des Kranken, der weiss, dass sein Leiden unheilbar ist; Verlag der Liebenzeller Mission, Bad Liebenzell, 1983.
Busch Eberhard, Freiheit und Autorität. Das Generationenproblem in der Sicht des alten Barth. In: Theologische Studien, Bd. 119; Theologischer Verlag Zürich, Zürich, 1976.
Butler Robert N., Why Survive? Being Old in America; Harper & Row, Publishers, New York, Hagerstown, San Francisco, London, 1975.
Calvin Johannes, Unterricht in der christlichen Religion. Institutio chri-

stianae religionis. Nach der letzten Ausgabe übersetzt und bearbeitet von Otto Weber; Neukirchener Verlag des Erziehungsvereins, Neukirchen-Vluyn, (1955) 1963[2].

Campiche Roland J. und Bovay Claude, Le temps de la dépendance. Vie quotidienne et aumônerie dans les établissements médico-sociaux pour personnes âgées. Le cas du canton de Vaud; Institut d'éthique sociale de FEPS, bureau romand, Lausanne, 1983.

Cardenal Ernesto, Das Evangelium der Bauern von Solentiname. Gespräche über das Leben Jesu in Lateinamerika. Bd. 2, Bis zu Tod und Auferstehung; Jugenddienst-Verlag, Wuppertal, 1978.

Cicero, Cato der Aeltere über das Greisenalter. Hg. Ernst von Reusner; Reclam-Verlag, Stuttgart, (1965) 1977.

Clinebell Howard J., Modelle beratender Seelsorge. Mit einem Nachwort von Helmut Harsch. In: Gesellschaft und Theologie, Abteilung: Praxis der Kirche, Nr. 8; Chr. Kaiser Verlag, München/Matthias-Grünewald-Verlag, Mainz, (1971) 1977[3].

Coenen Lothar/Beyreuther Erich/Bietenhard Hans Hg., Theologisches Begriffslexikon zum Neuen Testament. Studienausgabe.
Bd. 1, Abraham-Israel (1971) 1983[6].
Bd. 2, Jerusalem-Zweifel (1971) 1983[6].
Theologischer Verlag R. Brockhaus, Wuppertal, (1971) 1983[6].

Collins Alice H. und Pancoast Diane L., Das soziale Netz der Nachbarschaft als Partner professioneller Hilfe; Lambertus-Verlag, Freiburg im Breisgau, 1981.

Colston Lowell G., Die Stärke in der Schwäche. Möglichkeiten einer seelsorgerlichen Beratung mit Körperbehinderten und chronisch Kranken; Chr. Kaiser Verlag, München, 1980.

Comfort Alex, Die Zukunft des Alters. Stark - Lebensfroh - Selbstbewusst; Albert Müller Verlag, Rüschlikon-Zürich, Stuttgart, Wien, 1978.

Conzelmann Hans, Die Rechtfertigungslehre des Paulus: Theologie oder Anthropologie? In: Theologie als Schriftauslegung. Aufsätze zum Neuen Testament, S. 191- 206; Chr. Kaiser Verlag, München, 1974.

- Geschichte des Urchristentums. Grundrisse zum NT/NTD, Ergänzungsreihe, Bd. 5; Vandenhoeck & Ruprecht, Göttingen, (1969) 1971[2].
- Der erste Brief an die Korinther. KEK V; Vandenhoeck & Ruprecht, Göttingen, 1969.
- Grundriss der Theologie des Neuen Testaments; Chr. Kaiser Verlag, München, 1968.
- /Galling Kurt, "Reich Gottes I".
  1. Im Judentum Kurt Galling
  2. Im NT H. Conzelmann
  In: RGG[3] Bd. 5, S. 912-918; J.C.B. Mohr (Paul Siebeck), Tübingen, 1961.
- /Lindemann Andreas, Arbeitsbuch zum Neuen Testament. 6. durchgesehene Auflage. UTB 52; J.C.B. Mohr (Paul Siebeck), Tübingen, (1975) 1982[6].

Cornehl Peter, Gottesdienst. In: Praktische Theologie heute. Hg. von Ferdinand Klostermann/Rolf Zerfass, S. 449-463; Chr. Kaiser Verlag, München/Matthias-Grünewald-Verlag, Mainz, 1974.

Cox Harvey, Das Fest der Narren. Das Gelächter ist der Hoffnung letzte Waffe. In: GTB Siebenstern Nr. 216; Gütersloher Verlagshaus Gerd Mohn, Gütersloh, 1977.
Crüsemann Frank, Bewahrung der Freiheit. Das Thema des Dekalogs in sozialgeschichtlicher Perspektive; Kaiser Traktate, 78; Chr. Kaiser Verlag, München, 1983.
Der Bund, Immer älter, weniger Heiraten und weniger Kinder. Zahlen und Entwicklung der schweizerischen Bevölkerung von 1971 bis 1984; In: Der Bund, Nr. 270, 16.11.1984, S. 52; Der Bund, Bern, 1984.
- Es werden weitere Arbeitgeber gesucht. Die Zahl der Heimarbeitsuchenden nimmt gegenwärtig zu. In: Der Bund, Nr. 23, 28.1.1984, S. 51; Der Bund, Bern, 1984.
- Zweite Säule: Es harzt, aber nur keine Panik. Komplizierte Anpassungsarbeiten erschweren die Einführung des neuen Bundesgesetzes. In: Der Bund, Nr. 175, 28.7.1982, S. 7; Der Bund, Bern, 1984.
- AVH-Renten: Ein Fünftel unter 12'800 Franken. In: Der Bund, Nr. 121, 27.5.1983, S. 13; Der Bund, Bern, 1983.
- Weiterbildung für aktive Senioren. Ein Jahr Seniorenuniversität Basel: vorwiegend positive Erfahrungen. In: Der Bund, Nr. 4, 7.1.1981, S. 7; Der Bund, Bern, 1981.
Deresch Wolfgang, Das religiös-sozialistische Konzept der Erwachsenenbildung. Ein historischer Beitrag zur Diskussion der Zielvorstellungen in der Erwachsenenbildung. In: ThPr, 1973, S. 173-187; Furche-Verlag, Hamburg, 1973.
- Handbuch für kirchliche Erwachsenenbildung; Furche-Verlag, Hamburg 1973.
Diakoniewerk Neumünster, 124. Jahresbericht 1982, Zollikerberg bei Zürich, 1982.
Die Altersfragen in der Schweiz, Kommission für die Neubearbeitung des Berichtes "Die Altersfragen in der Schweiz". Neubearbeitung; Eidgenössische Drucksachen- und Materialzentrale, Bern, 1979.
Donicht-Fluck Brigitte, Runzlige Radikale. Graue Panther in den USA und in der Bundesrepublik Deutschland. In: Praxisbezogene Alternsforschung, Bd. 4; Curt R. Vincentz Verlag, Hannover, 1984.
Donner Herbert, Geschichte des Volkes Israel und seiner Nachbarn in Grundzügen. ATD Ergänzungsreihe 4/1; Vandenhoeck & Ruprecht, Göttingen, 1984.
Duss-von Werdt Josef/Schucan-Grob Liselott, Sexualität alter Menschen. In: Diakonia, Nr. 5, 1977, S. 333-337; Verlag Herder, Wien/Matthias-Grünewald-Verlag, Mainz, 1977.
Ebeling Gerhard, Die zehn Gebote, in Predigten ausgelegt; J.C.B. Mohr (Paul Siebeck), Tübingen, 1973.
- Dogmatik des christlichen Glaubens.
Bd. II, Zweiter Teil, Der Glaube an Gott, den Versöhner der Welt.
Bd. III, Dritter Teil, Der Glaube an Gott, den Vollender der Welt.
J.C.B. Mohr (Paul Siebeck), Tübingen, 1979.
Eibach Ulrich, Gegen den sozialen Tod. Zur Lage alter und pflegebedürftiger Menschen. In: EK, 1979, Nr. 3, S. 157-160; Kreuz Verlag, Stuttgart, 1979.

- Recht auf Leben - Recht auf Sterben. Anthropologische Grundlegung einer medizinischen Ethik; Theologischer Verlag Rolf Brockhaus, (1974) 1977[2].
- Medizin und Menschenwürde. Ethische Probleme in der Medizin aus christlicher Sicht; Theologischer Verlag R. Brockhaus, Wuppertal, 1976.

Eichholz Georg, Vernehmen und Staunen. Biblische Besinnungen; Neukirchener Verlag des Erziehungsvereins, Neukirchen-Vluyn, 1973.

- Die Theologie des Paulus im Umriss; Neukirchener Verlag des Erziehungsvereins, Neukirchen-Vluyn, 1972.
- Auslegung der Bergpredigt; Neukirchener Verlag des Erziehungsvereins, Neukirchen-Vluyn, (1965) 1975[3].
- Gleichnisse der Evangelien. Form, Ueberlieferung, Auslegung; Neukirchener Verlag des Erziehungsvereins, Neukirchen-Vluyn, 1979[3].

Eidgenössisches Statistisches Amt, Allgemeines, Textbeiträge, Erhebungspapiere. Eidgenössische Volkszählung 1970. Bd. 12. Statistische Quellenwerke der Schweiz, Heft 579; Eidgenössisches Statistisches Amt, Bern, 1976.

Eidgenössische Kommission für Jugendfragen, Hg., Thesen zu den Jugendunruhen 1980; Bundesamt für Kulturpflege, Bern, 1980.

- Stichworte zum Dialog mit der Jugend, zusammengetragen von der Eidgenössischen Kommission für Jugendfragen; Bundesamt für Kulturpflege, Bern, 1981.

Ehrenberg Herbert und Fuchs Anke, Sozialstaat und Freiheit. Von der Zukunft des Sozialstaats. Suhrkamp Taschenbuch 733; Suhrkamp Verlag, Frankfurt a.M., 1980.

Eirmbter Eva, Altenbildung, zur Theorie und Praxis; Ferdinand Schöningh, Paderborn, München, Wien, Zürich, 1979.

Eisele Hans Friedrich/Thurneysen Eduard, Altern als Aufgabe. Zwei Beiträge zum Thema von H.F. Eisele und E. Thurneysen; Konstanzer Grossdruckhefte, Themenheft Nr. 4; Christliche Verlagsanstalt, Konstanz, 1978.

Engelke Ernst, Sterbenskranke und die Kirche. In: Reihe Gesellschaft und Theologie, Praxis der Kirche, Nr. 32; Chr. Kaiser, München/Matthias-Grünewald-Verlag, Mainz, 1980.

Eppler Erhard, Wege aus der Gefahr; Rowohlt Verlag, Reinbek bei Hamburg, 1981.

Erb Jörg, Paul Gerhardt und seine Lieder. Dichter und Sänger des Kirchenliedes, Bd. III; Verlag der St. Johannis-Druckerei, C. Schweickhardt, Lahr- Dinglingen (Baden), (1974) 1984[3].

Erikson Erik H., Im Gespräch: Erik Erikson. Der Lebenszyklus und die neue Identität der Menschheit. In: Psychologie heute, Dez. 1983, S. 28-41; J. Beltz Verlag, Weinheim, 1983.

- Identität und Lebenszyklus. Drei Aufsätze; Suhrkamp Verlag, Frankfurt a.M., 1966; Lizenzausgabe Buchclub Ex Libris, Zürich, 1978.

Ernst Urs, Die Wohlstandsverteilung in der Schweiz. Stand und Entwicklung der personellen Einkommens- und Vermögensverteilung. Basler sozialökonomische Studien, Bd. 18; Verlag Rüegger, Diessenhofen, 1983.

Evangelische Impulse, Zeitschrift für die Arbeit mit alten Menschen. Hg. Deutscher evangelischer Verband für Altenhilfe, Nr. 2, April 1984;

Lithos Verlag, Stuttgart, 1984.
Evangelisch-reformierte Kirche Basel-Stadt, Hg., Gottesdienst - Angebot ohne Nachfrage. Zwei Umfragen unter der reformierten Bevölkerung Basels. Mit einem Vorwort von Robert Leuenberger; Friedrich Reinhardt Verlag, Basel, 1969.
Evang.-ref. Kirche des Kantons Bern/Evang.-ref. Synodalverband Bern-Jura, Voranschläge 1984:
der Evang.-ref. Kirche des Kantons Bern und
des Evang.-ref. Synodalverbandes Bern-Jura
Kirchliche Zentralverwaltung, Bern, 1983.
Evangelisch-reformierte Landeskirche des Kantons Bern, Synodalrat und Kommission zur Vorbereitung der Revision der Kirchenordnung, Hg., Botschaft an die Kirchensynode vom 25./26.1.1978 zur Begründung einer Gesamtrevision der Kirchenordnung. Kirchliche Zentralverwaltung, Bern, 1978.
Faber Heije, Aelter werden können. Anstösse für neue Erfahrungen; Chr. Kaiser Verlag, München, 1983.
Faxon Alicia Craig, Frauen im Neuen Testament. Vom Umgang Jesu mit Frauen; Verlag J. Pfeiffer, München, 1979.
Feifel Erich/Leuenberger Robert/Stachel Günter/Wegenast Klaus Hg., Handbuch der Religionspädagogik, Bd. 3. Religionspädagogische Handlungsfelder in kirchlicher Verantwortung; Gütersloher Verlagshaus Gerd Mohn, Gütersloh/Benziger Verlag, Zürich, Einsiedeln, Köln, 1975.
Fischer Joseph A., Die apostolischen Väter. Schriften des Urchristentums, Erster Teil; Wissenschaftliche Buchgesellschaft, Darmstadt, 1981.
Flubacher Rita, Jährlich suchen zwölf Milliarden Franken eine rentable Anlage: Das soziale Kapital frisst den Kapitalismus. Der Ausverkauf der Heimat an die Pensionskassen. In: Die Weltwoche, Nr. 14, 5.4.1984, S. 17; Verlag Die Weltwoche, Zürich, 1984.
Flüeler Niklaus/Gfeller-Corthésy Roland Hg., Die Schweiz. Vom Bau der Alpen bis zur Frage nach der Zukunft. Ein Nachschlagewerk und Lesebuch, das Auskunft gibt über Geographie, Geschichte, Gegenwart und Zukunft eines Landes; Ex Libris Verlags AG, 1975.
Flusser David, Die Rabbinischen Gleichnisse und der Gleichniserzähler Jesus. 1. Teil: Das Wesen der Gleichnisse. Reihe: Judaica et Christiana, Bd. 4; Verlag Peter Lang AG, Bern, Frankfurt a.M., 1981.
Fohrer Georg, Das Buch Hiob. KAT, Bd. XVI; Gütersloher Verlagshaus Gerd Mohn, Gütersloh, 1963.
Frankemölle Hubert Hg., Kirche von unten. Alternative Gemeinden. Modelle - Erfahrungen - Reflexionen. In: Gesellschaft und Theologie, Abteilung Praxis der Kirche, Nr. 37; Chr. Kaiser Verlag, München/Matthias-Grünewald-Verlag, Mainz, 1981.
Frehner Paul, Materialien zur Altersbildung. Nicht publiziert. Adresse: Dr. P. Frehner, Dolderstr. 27, 8032 Zürich. Zürich, 1983.
Freire Paulo, Pädagogik der Unterdrückten. Bildung als Praxis der Freiheit. Mit einer Einführung von Ernst Lange; Rowohlt Taschenbuch Verlag, Reinbek bei Hamburg, 1973.
Frey Christofer, Arbeitsbuch Anthropologie. Christliche Lehre vom Menschen und humanwissenschaftliche Forschung; Kreuz Verlag, Stuttgart,

Berlin, 1979.
Frey René L., Streit um Rentner-Studie. In: Tribüne der Wissenschaft; Basler Zeitung Nr. 26, 31.1.1981, S. 7; Basler Zeitung, Basel, 1981.
Friedrich Gerhard, Der erste Brief an die Thessalonicher. Der zweite Brief an die Thessalonicher. Der Brief an Philemon. In: NTD 8, Becker Jürgen u.a., 14., neubearbeitete und ergänzte Auflage; Vandenhoeck & Ruprecht, Göttingen, 1976[14].
Friedrich Gerhard, Der alte Mensch. Soziologische, psychologische und biblische Aspekte. In: PTh, 1983, Nr. 12, S. 504-519; Vandenhoeck & Ruprecht, Göttingen, 1983.
Frisch Helga, Tagebuch einer Pastorin. S. Fischer/Goverts; S. Fischer Verlag, Frankfurt a.M., 1980.
Fromm Erich, Haben oder Sein. Die seelischen Grundlagen einer neuen Gesellschaft; Lizenzausgabe für den Buchclub Ex Libris, Zürich/Deutsche Verlags-Anstalt, Stuttgart, (1976) 1978.
Frör Kurt, Grundriss der Religionspädagogik im Umfeld der modernen Erziehungswissenschaft. 2., von Dietrich Blaufuss druchgesehene und ergänzte Auflage; Friedrich Bahn Verlag, Konstanz, (1975) 1983[2].
Gablenz Clara von, Alter als Neuanfang. In: Evang. Kommentare, 1971, Nr. 10, S. 560-564; Kreuz Verlag, Stuttgart, 1971.
- Wohnen im Alter. In: Evang. Kommentare, 1981, Nr. 4, S. 186, Kreuz Verlag, Stuttgart, 1981.
Galling Kurt Hg., Die Religion in Geschichte und Gegenwart (RGG[3]) Handwörterbuch für Theologie und Religionswissenschaft. Bd. 1-6; J.C.B. Mohr (Paul Siebeck) Tübingen, 1957[3].
- Art. "Auferstehung". In: RGG[3], Bd. 1, S. 688-702; J.C.B. Mohr (Paul Siebeck), Tübingen, 1957.
- Art. "Reich Gottes". In: RGG[3], Bd. 5, S. 912-929; J.C.B. Mohr (Paul Siebeck), Tübingen, 1961[3].
Gastager H., u.a. Hg., Praktisches Wörterbuch der Pastoralanthropologie. Sorge um den Menschen; Herder & Co, Wien, Freiburg, Basel/Vandenhoeck & Ruprecht, Göttingen, 1975.
Geest Hans van der, Unter vier Augen. Beispiele gelungener Seelsorge; Theologischer Verlag Zürich, Zürich, 1981.
Gerlemann Gillis, Ruth, das Hohelied. BKAT XVIII; Neukirchener Verlag des Erziehungsvereins, Neukirchen-Vluyn, (1965) 1981[2].
Gerstenberger Erhard, Wesen und Herkunft des "apodiktischen Rechts"; WMANT Bd. 20; Neukirchener Verlag des Erziehungsvereins, Neukirchen-Vluyn, 1965.
- /Jutzler Konrad/Boecker Hans-Jochen, Psalmen in der Sprache unserer Zeit; Neukirchener Verlag/Benziger Verlag, Zürich, Einsiedeln, Köln, (1972), 1976[2].
- /Schrage Wolfgang, Frau und Mann. Reihe: Biblische Konfrontationen, Bd. 1013; Verlag W. Kohlhammer, Stuttgart, Berlin, Köln, Mainz, 1980.
Gerstenberger Gerhard/Schrage Wolfgang, Leiden. Reihe: Biblische Konfrontationen, Bd. 1004; Verlag W. Kohlhammer, Stuttgart, Berlin, Köln, Mainz, 1977.
Gesangbuch der evangelisch-reformierten Kirchen der deutschsprachigen

Schweiz. Hg. Verein zur Herausgabe de Gesangbuches der evangelisch-reformierten Kirchen der deutschsprachigen Schweiz; Buchdruckerei Winterthur AG, Winterthur, (1952) 1980.

Gese Hartmut, Vom Sinai zum Zion. Alttestamentliche Beiträge zur biblischen Theologie; Chr. Kaiser Verlag, München, 1974.

Gesenius Wilhelm, Hebräisches und Aramäisches Handwörterbuch über das Alte Testament; unveränderter Neudruck der 17. Auflage; Springer Verlag, Berlin, Göttingen, Heidelberg, (1915[17]) 1962[17].

Gesundheits- und Fürsorgeplanung des Kantons Bern, Altersheim-Planung; Kant. Fürsorgedirektion, Bern, 1981.

Giger Theres, Pflege, Beratung, Kontrolle - und Gespräch. In sechs Jahren entstanden in der Stadt Bern fünf Gesundheitszentren. In: Der Bund, Nr. 162, 15. Juli 1982, S. 17; Der Bund, Bern, 1982.

Gilliand Pierre, Rentiers AVS. Une autre image de la Suisse. Inégalités économiques et sociales. Réalités sociales, Collection "Recherche sociale", 1983.

- "Alt werden heute und morgen" - zur Zukunft der AHV; Hg. Institut für Sozialethik des SEK. In: ISE-Texte 4/83; Institut für Sozialethik des SEK, Bern, 1983 a).

- Hg., Vieillir aujourd'hui et demain, travaux réunis par P. Gilliand. Réalités sociales, Collection "politique sociale", 1982.

Giudice Liliane, Ohne meinen Mann. Aufzeichnungen einer Witwe; Kreuz Verlag, Stuttgart, Berlin, (1970) 1980[6].

Glaus Agnes/Jungi Walter Felix/Senn Hans-Jörg Hg., Onkologie für Krankenpflegeberufe; Georg Thieme Verlag, Stuttgart, New York, 1982.

Global 2000, Hg. Reinhard Kaiser, Der Bericht an den Präsidenten. Aus dem Amerikanischen von Thomas Berendt u.a.; Verlag Zweitausendundeins, Frankfurt a.M., (1980) 1983[49].

Gnilka Joachim, Das Evanglium nach Markus. 1. Teilband, Mk.1-8,26, EKK II/1; Benziger Verlag, Zürich, Einsiedeln, Köln/Neukirchener Verlag des Erziehungsvereins, Neukirchen-Vluyn, 1978.

- Das Evanglium nach Markus. 2. Teilband, Mk.8,27-16,20, EKK II/2; Benziger Verlag, Zürich, Einsiedeln, Köln/Neukirchener Verlag des Erziehungsvereins, Neukirchen-Vluyn, 1979.

Golan Naomi, Krisenintervention. Strategien psychosozialer Hilfen; Lambertus-Verlag, Freiburg im Breisgau, 1983.

Gollwitzer Helmut, Was ist Religion? Fragen zwischen Theologie, Soziologie und Pädagogik; R. Piper Verlag, München, 1980.

- Die Freude Gottes. Einführung in das Lukasevangelium. 9. Auflage; Burckhardthaus-Laetare-Verlag, Gelnhausen, Berlin, Stein/Christophorus-Verlag, Freiburg im Breisgau, 1979[9].

- Jesu Tod und Auferstehung. Nach dem Bericht des Lukas. 6. Auflage; Chr. Kaiser Verlag, München, 1979[6].

- Krummes Holz - aufrechter Gang. Zur Frage nach dem Sinn des Lebens; Chr. Kaiser Verlag, München, (1970) 1973[6].

- Von der Stellvertretung Gottes. Christlicher Glaube in der Erfahrung der Verborgenheit Gottes. Zum Gespräch mit Dorothee Sölle; Chr. Kaiser Verlag, München, 1967.

Goppelt Leonhard, Der erste Petrusbrief. KEK XII/1; 8. Aufl., 1. Auflage der Neubearbeitung; Vandenhoeck & Ruprecht, Göttingen, 1978.
- Theologie des Neuen Testaments. Hg. Jürgen Roloff. Dritte Auflage; Vandenhoeck & Ruprecht, Göttingen, (1976) 1978[3].
Göran Agrell, Work, Toil and Sustenance. An examination of the view of work in the New Testament, taking into consideration views found in Old Testament, intertestamental, and early rabbinic writings. Verbum - Hakan Ohlssons Förlag, Lund, 1976.
Gottlieb Duttweiler Institut für wirtschaftliche und soziale Studien Hg., Die Allgemeinpraxis und die Betreuung älterer Menschen (Aufbau tragfähiger Netze zwischen Aerzten, Sozialarbeitern, Gemeindeschwestern u.a.); Gottlieb Duttweiler Institut, Rüschlikon/Zürich, 1984.
Grahlich Bernhard, Bodelschwingh, Bethel und die Barmherzigkeit. Gütersloher Taschenausgaben 35; Gütersloher Verlagshaus Gerd Mohn, (1964) 1967.
Gray Robert M./Moberg David O., The Church and the Older Person. With a foreword by the late Ernest W. Burgess. Revised edition. William B. Eerdmans Publishing Company, Michigan, (1962) 1977[2].
Grimm Brüder, Kinder- und Hausmärchen, gesammelt durch die Brüder Grimm, mit Illustrationen von Ludwig Richter und Moritz von Schwind. I. Bd.; Manesse Verlag, Conzett und Huber, Zürich, 1946.
Gronemeyer Reimer/Bahr Hans-Eckehard u.a. Hg., Niemand ist zu alt. Selbsthilfe und Alten-Initiativen in der Bundesrepublik; Fischer Taschenbuch Verlag, Frankfurt a.M., 1979.
Grossmann Siegfried, Haushalter der Gnade Gottes. Von der charismatischen Bewegung zur charismatischen Erneuerung der Gemeinde; Oncken Verlag, Wuppertal, Kassel, 1977.
Grubbe Peter, Gemeinsam lebt sich's besser. Der Report über Chancen und Aufgaben der alten Generation; Peter Hammer Verlag, Wuppertal, 1984.
Gubéran E., Tendances de la mortalité en Suisse 1951-1977. Principales catégories de décès. In: Schweiz. medizinische Wochenschrift, 109, Nr. 39, 1979, S. 1465-1471; Schwabe & Co. AG Verlag, Basel, 1979.
Guggisberg Kurt, Bernische Kirchenkunde; Verlag Paul Haupt, Bern, 1968.
Gunneweg Antonius H.J., Geschichte Israels bis Bar Kochba. Theologische Wissenschaft, Bd. 2; Verlag W. Kohlhammmer, Stuttgart, Berlin, Köln, Mainz, 1972.
- /Schmithals Walter, Leistung. Biblische Konfrontationen, Bd. 1007; Verlag W. Kohlhammer, Stuttgart, Berlin, Köln, Mainz, 1978.
Guth Hans und Vischer Adolf Lukas, Die alten Leute im Kanton Basel-Stadt. Ergebnisse einer stichprobenweisen Befragung der Betagten. Mitteilungen des Statistischen Amtes des Kantons Basel-Stadt Nr. 77; Benno Schwabe & Co, Basel, 1963.
Haag Herbert, Du hast mich verzaubert. Liebe und Sexualität in der Bibel; Benziger Verlag, Zürich, Einsiedeln, Köln, 1980.
Haenchen Ernst, Die Apostelgeschichte. 7. Auflage, KEK III; Vandenhoeck & Ruprecht, Göttingen, (1956) 1977[7].
Hainz Josef, Koinonia, "Kirche" als Gemeinschaft bei Paulus; Verlag Friedrich Pustet, Regensburg, 1982.

- Ekklesia, Strukturen paulinischer Gemeinde-Theologie und Gemeinde-Ordnung; Verlag Friedrich Pustet, Regensburg, 1972.
- Kirche im Werden. Studien zum Thema Amt und Gemeinde im Neuen Testament; Verlag Ferdinand Schöningh, München, Paderborn, Wien, 1976.

Haldimann Hans, Pensionskassen und Wohnungsmarkt. Warum die zweite Säule den Mietzins in die Höhe treibt. In: Tagesanzeiger Magazin TAM, Nr. 7, 18. Febr. 1984, S. 25-33; Tagesanzeiger, Zürich, 1984.

Hämer Andreas, Rehabilitation von unten. Der Platz der Körperbehinderten im Aufgabenfeld der Kirche. Mit einem Geleitwort von Theodor Strohm. Gesellschaft und Theologie; Abteilung: Praxis der Kirche Nr. 28; Chr. Kaiser Verlag, München/Matthias- Grünewald-Verlag, Mainz, 1978.

Harrelson Walter J., The Ten Commandments and Human Rights. Fortress Press, Philadelphia, 1980.

Härtling Peter, Oma. Die Geschichte von Kalle, der seine Eltern verliert und von seiner Grossmutter aufgenommen wird; Beltz Verlag, Weinheim und Basel, (1975) 1980[7].
- Alter John, Kinderroman; Beltz Verlag, Weinheim und Basel, 1981.

Heidelmeyer Wolfgang Hg., Die Menschenrechte. Erklärungen, Verfassungsartikel, Internationale Abkommen; Ferdinand Schöningh, Paderborn, (1972) 1973[2].

Heim Edgar, Krankheit als Krise und Chance. In: Stufen des Lebens. Eine Bibliothek zu den Fragen unseres Daseins. Bd. 7. Hg. Hans Jürgen Schultz; Kreuz Verlag, Stuttgart, Berlin, 1980.

Helbich Peter/Seibert Horst/Thiele Friedrich, Die soziale Arbeit der Kirche. Ein Diakonie-Lexikon. In: GTB Siebenstern 1045; Gütersloher Verlagshaus Gerd Mohn, Gütersloh, 1982.

Hempel Johannes, Das Ethos des Alten Testaments; BZAW 67; Verlag Alfred Töpelmann, Berlin, 1964[2].

Hengel Martin, Judentum und Hellenismus. Studien zu ihrer Begegnung unter besonderer Berücksichtigung Palästinas bis zur Mitte des 2. Jh. v. Chr.. 2. Auflage; J.C.B. Mohr (Paul Siebeck), Tübingen, 1973.

Hertz Anselm/Korff Wilhelm/Rendtorff Trutz/Ringeling Hermann, Handbuch der christlichen Ethik. Bd. 1, (1978) 1979[2]; Bd. 2, (1978), 1979[2]; Bd. 3, 1982; Verlag Herder, Freiburg, Basel, Wien/Gütersloher Verlagshaus Gerd Mohn, Gütersloh, 1978-1982.

Hertzberg Hans Wilhelm, Die Bücher Josua, Richter, Ruth. ATD 9; Vandenhoeck & Ruprecht, Göttingen, 1969[4].

Hesselbacher Karl, Paul Gerhardt. Sein Leben - Seine Lieder. Karl Hesselbachers Paul Gerhardt - der Sänger fröhlichen Glaubens. Neu herausgegeben von Siegfried Heinzelmann; Sonnenweg-Verlag, Neuffen, (1963) 1980[6].

Heussi Karl, Kompendium der Kirchengeschichte; Verlag J.C.B. Mohr (Paul Siebeck), Tübingen, (1956) 1971[13].

Hild Helmut Hg., Wie stabil ist die Kirche? Bestand und Erneuerung. Ergebnisse einer Meinungsbefragung. In: Empirische Untersuchungen in der EKD. Burckhardthaus-Verlag, Gelnhausen, Berlin, 1974.

Hildemann Klaus D., Altenarbeit in der Kirchengemeinde; Quelle und Meyer, Heidelberg, 1978.

Hodkinson Henry Malcolm, Geriatrie im Abriss. Eingeleitet von Paul Lüth,

Reihe Interdisciplina; Hippokrates-Verlag, Stuttgart, 1980.
Hoffmann David u.a. Hg., Mischnajot. Die sechs Ordnungen der Mischna. Hebräischer Text mit Punktation, Deutscher Uebersetzung und Erklärung. Teil IV, Ordnung, Nesikin, David Hoffmann; Victor Goldschmidt Verlag, Basel, 1968[3].
Hofmeister G., Religion "ist Privatsache"? Sinnfragen und Sinngebung im Rahmen einer überkonfessionellen Bildungseinrichtung für ältere Menschen. In: Zeitschrift für Gerontologie, Bd. 10, Heft 1, Jan./Febr. 1977, S. 43-50; Dr. Dietrich Steinkopff Verlag, Darmstadt, 1977.
Hohmeier Jürgen/Pohl Hans-Joachim Hg., Alter als Stigma oder Wie man alt gemacht wird. suhrkamp taschenbuch 468; Suhrkamp Verlag, Frankfurt a.M., 1978.
Holl Adolf, Jesus in schlechter Gesellschaft; Lizenzausgabe Buchclub Ex Libris Zürich/Deutsche Verlags-Anstalt, Stuttgart, 1971.
Hollstein Walter/Meinhold Marianne Hg., Vjenka Garms-Homolova, Altern und Alter in der Erwachsenenbildung. In: Sozialpädagogische Modelle. Möglichkeiten der Arbeit im sozialen Bereich, S. 207-224; Campus Verlag, Frankfurt a.M., New York, 1977.
Honsel Bernhard, Die alten Menschen als eigenständige und aktive Gruppe der Gemeinde. In: Diakonia, Nr. 5, 1979, S. 343-348; Verlag Herder, Wien/Matthias-Grünewald-Verlag, Mainz, 1979.
Horst Friedrich, Hiob. 1. Teilband. BKAT. XVI/1; Neukirchener Verlag des Erziehungsvereins Neukirchen- Vluyn, Neukirchen-Vluyn, 1968.
Hossfeld Frank-Lothar, Der Dekalog. Seine späten Fassungen, die originale Komposition und seine Vorstufen. Universitätsverlag Freiburg, Schweiz/ Vandenhoeck & Ruprecht, Göttingen, 1982.
Huber Fritz, Die Rehabilitation des behinderten alten Menschen. In: Dokumentation Vita Tertia 82, Fachkongress; Vita Tertia, Basel, 1982.
Huber Wolfgang, Kirche. In: Bibliothek Themen der Theologie, Ergänzungsband; Kreuz Verlag, Stuttgart, Berlin, 1979.
- Kirche und Oeffentlichkeit. In: Forschungen und Berichte der Evangelischen Studiengemeinschaft, Hg. G. Picht u.a.; Ernst Klett Verlag, Stuttgart, 1973.
- /Tödt Heinz Eduard, Menschenrechte. Perspektiven einer menschlichen Welt; Kreuz Verlag, Stuttgart, Berlin, 1977.
Huber Wolfgang u.a., Zur Situation des Behinderten und chronisch Kranken aus der Sicht des Internisten. In: ThPr, 1980, Nr. 3, S. 269-276; Furche- Verlag, Hamburg, 1980.
Hummel Konrad, Oeffnet die Altersheime! Gemeinwesenorientierte, ganzheitliche Sozialarbeit mit alten Menschen; Beltz Verlag, Weinheim und Basel, 1982.
Hungs Franz-Josef, Altenbildung - Altenpastoral, Erfahrungen in der theologischen Erwachsenenbildung mit älteren Menschen; Kösel-Verlag, München, 1978.
Hunziker Anton, Gesundheitspolitik und ambulante (spitalexterne) Krankenpflege. Mit einleitenden Beiträgen zur ambulanten Krankenpflege in der BRD, im Fürstentum Liechtenstein, in Oesterreich-Vorarlberg, in der Schweiz - Kanton St. Gallen; Tyrolia-Verlag, Innsbruck-Wien, 1983.
Hunziker Beatrice/Manser Armin, Hg. Pro Senectute Schweiz, Der alte

Mensch. Schullesebuch-Untersuchung; Pro Senectute Schweiz, Zürich, 1983.
Hunziker Fritz, Abrégé de littérature française; Editions Hunziker, Porrentruy, 1963.
Jacobi Jolande, Die Psychologie von C.G. Jung. Eine Einführung in das Gesamtwerk. Mit einem Geleitwort von C.G. Jung. Lizenzausgabe für den Buchclub Ex Libris, Zürich/Walter Verlag, Olten, 1971.
Jacquet Louis, Les Psaumes et le coeur de l'Homme. Etude textuelle, littéraire et doctrinale. Psaumes 42 à 100; Duculot, Belgique, 1977[2].
Ilien Albert/Jeggle Utz, Leben auf dem Dorf. Zur Sozialgeschichte des Dorfes und zur Sozialpsychologie seiner Bewohner. Westdeutscher Verlag, Opladen, 1978.
Jenni Ernst Hg., unter Mitarbeit von Westermann Claus, Theologisches Handwörterbuch zum Alten Testament. THAT, Bd. I; Chr. Kaiser Verlag, München/Theologischer Verlag, Zürich, 1976.
- unter Mitarbeit von Westermann Claus, Theologisches Handwörterbuch zum Alten Testament. THAT, Bd. II; Chr. Kaiser Verlag, München/Theologischer Verlag, Zürich, 1976.
Jentsch Werner, Der Seelsorger. Beraten - Bezeugen - Befreien. Grundzüge biblischer Seelsorge. Brendow Verlag, Moers, 1982.
- /Jetter Hartmut/Kiessig Manfred/Reller Horst Hg., Evangelischer Erwachsenenkatechismus. Kursbuch des Glaubens. (Im Auftrag der Katechismuskommission der Vereinigten Evangelisch-Lutherischen Kirche Deutschland). Gütersloher Verlagshaus Gerd Mohn, Gütersloh, (1975) 1977[3].
Jeremias Joachim, Die Gleichnisse Jesu. Kurzausgabe; GTB 43; Gütersloher Verlagshaus Gerd Mohn, Gütersloh, 1976[6].
- Neutestamentliche Theologie. Erster Teil: Die Verkündigung Jesu; Gütersloher Verlagshaus Gerd Mohn, Gütersloh, 1971.
- /Strobel August, Die Briefe an Timotheus und Titus. Der Brief an die Hebräer. NTD, 9; Vandenhoeck & Ruprecht, Göttingen, (1975) 1981[2].
Imhof Arthur E., Die gewonnen Jahre. Von der Zunahme unserer Lebensspanne seit dreihundert Jahren oder von der Notwendigkeit einer neuen Einstellung zu Leben und Sterben. Ein historischer Essay; Verlag C.H. Beck, München, 1981.
- Einführung in die historische Demographie. Beck'sche Elementarbücher; Verlag C.H. Beck, München, 1977.
Institut für Erwachsenenbildung der evang.-ref. Landeskirche des Kantons Zürich Hg., Kirche für ältere Menschen - Kirche mit älteren Menschen. Ueberlegungen und Anregungen zur Altersarbeit in den Kirchgemeinden; Institut für Erwachsenenbildung, Zürich, 1973.
- Veranstaltungen mit älteren Menschen. Ideen-Börse für das Winterprogramm; Institut für Erwachsenenbildung, Zürich, 1978.
- Lernen - Helfen - Leben. 10 Jahre Seminare für freiwillige Helfer, eine Standortbestimmung. Annemarie Walder/Ruth Staehelin; Institut für Erwachsenenbildung der evangelisch-reformierten Landeskirche des Kantons Zürich, Zürich, 1982.
Institut Glaube in der 2. Welt Hg., Glaube in der 2. Welt. Zeitschrift für Religionsfreiheit und Menschenrechte; G2W-Verlag, Zollikon, seit 1973.

Johannes Paul II., Papst, Enzyklika Laborem exercens. In: Schweizerische Kirchenzeitung, Nr. 39, 24. Sept. 1981; S. 565-585; Raeber AG, Luzern, 1981.

Josuttis Manfred, Praxis des Evangeliums zwischen Politik und Religion. Grundprobleme der Praktischen Theologie; Chr. Kaiser Verlag, München, 1974.

Jüngel Eberhard, Der alte Mensch - als Kriterium der Lebensqualität. Bemerkungen zur Menschenwürde der leistungsunfähigen Person. In: Der Wirklichkeitsanspruch von Theologie und Religion, die sozialethische Herausforderung. FS. Steinbach Ernst, Hg. Henke Dieter u.a.; S. 129-132; J.C.B. Mohr (Paul Siebeck), Tübingen, 1976.

- Tod. Themen der Theologie, Bd. 8; Kreuz Verlag, Stuttgart, Berlin, (1971) 1973[3].
- Der Gott entsprechende Mensch. Bemerkungen zur Gottebenbildlichkeit des Menschen als Grundfigur theologischer Anthropologie. In: Hg. Gadamer Georg, Neue Anthropologie. Philosophische Anthropologie. 1. Teil; DTV, wissenschaftliche Reihe, Bd. 6; S. 342-372; DTV/Georg Thieme Verlag, Stuttgart, 1975.

Junker Jean-Pierre, Alter als Exil. Zur gesellschaftlichen Ausgrenzung des alten Menschen. Reihe: Kritische Texte 13; Benziger Verlag, Zürich, Einsiedeln, Köln, 1973.

Iwand Hans Joachim, Nachgelassene Werke. Hg. Gollwitzer Helmut, Kreck Walter, Steck Karl Gerhard und Wolf Ernst. 2. Bd., Vorträge und Aufsätze, 1966; 4. Bd., Gesetz und Evangelium, 1964; Chr. Kaiser Verlag, München, 1966/1964.

Käsemann Ernst, An die Römer. HNT; J.C.B. Mohr (Paul Siebeck), Tübingen, (1973) 1974[3].

- Paulinische Perspektiven. 2. durchgesehene Auflage; J.C.B. Mohr (Paul Siebeck), Tübingen, (1969) 1972[2].
- Jesu letzter Wille nach Johannes 17. 3. veränderte Auflage; J.C.B. Mohr (Paul Siebeck), Tübingen, (1966) 1971[3].
- Amt und Gemeinde im Neuen Testament. In: Exegetische Versuche und Besinnungen. Bd. 1 (Ausgabe beider Bände) S. 109-134; Vandenhoeck & Ruprecht, Göttingen, 1964.
- Zum Thema der urchristlichen Apokalyptik. In: Exegetische Versuche und Besinnungen. 2. Bd., (Ausgabe beider Bände), 3. Auflage, S. 105-131; Vandenhoeck & Ruprecht, Göttingen, 1968[3].
- Gottesgerechtigkeit bei Paulus. In: Exegetische Versuche und Besinnungen. 2. Bd. (Ausgabe beider Bände), 3. Auflage, S. 181-193; Vandenhoeck & Ruprecht, Göttingen, 1968[3].

Kaiser Otto, Das Buch des Propheten Jesaia/Kap. 1-12. ATD 17; Vandenhoeck & Ruprecht, Göttingen, 1981[5].

- /Lohse Eduard, Tod und Leben. Reihe: Biblische Konfrontationen, Bd. 1001; Verlag W. Kohlhammer, Stuttgart, Berlin, Köln, Mainz, 1977.

Kampmann Jürgen, Literaturliste zum Dekalog, Seminar SS 1980 zum Dekalog bei Prof. Dr. E. Jenni; Photokopie, Basel, 1980.

Kast Verena, Trauern, Phasen und Chancen des psychischen Prozesses; Kreuz Verlag, Stuttgart, 1982.

Kastenbaum Robert, Leben im Alter. Jahre der Erfüllung; Beltz Verlag,

Weinheim und Basel, 1980.
Keintzel Raimar, Krisen der Partnerschaft. Der Weg zur Reife durch Versöhnung oder Trennung; J.F. Steinkopf Verlag, Stuttgart, 1981.
Kertelge Karl/Hahn Ferdinand u.a. Hg., Rückfrage nach Jesus. Zur Methodik und Bedeutung der Frage nach dem historischen Jesus. Quastiones Disputatae 63; Herder, Freiburg im Breisgau, 1974.
Kippenberg Hans G. und Wewers Gerd A. Hg., Textbuch zur neutestamentlichen Zeitgeschichte. Grundrisse zum NT, NTD Ergänzungsreihe, Bd. 8; Vandenhoeck & Ruprecht, Göttingen, 1979.
Kirchenkanzlei der Evangelischen Kirche in Deutschland Hg., Die Denkschriften der Evangelischen Kirche in Deutschland

Bd. 1/1 und 1/2	Frieden, Versöhnung und Menschenrechte	1978
Bd. 2	Soziale Ordnung	1978
Bd. 3	Ehe, Familie, Sexualität, Jugend	1981

Gütersloher Verlagshaus Gerd Mohn, Gütersloh, 1978/1981.
Kirchenrat des Kantons Zürich Hg., Was tun eigentlich die Pfarrer? Eine Untersuchung über die Tätigkeit der Pfarrer in der evangelisch-reformierten Landeskirche des Kantons Zürich; Theologischer Verlag Zürich, Zürich, 1971.
- Zürcher Bibel; Verlag der Zürcher Bibel, Zürich, (1942) 1980[17].
Kittel Rudolf Hg., Biblia Hebraica; Württembergische Bibelanstalt, Stuttgart, (1937[7]) 1968[15].
Klappert Bertold, Die Auferweckung des Gekreuzigten. Der Ansatz der Christologie Karl Barths im Zusammenhang der Christologie der Gegenwart; Neukirchener Verlag des Erziehungsvereins, Neukirchen-Vluyn, 1971.
Klee Ernst, "Euthanasie" im NS-Staat. S. Fischer Verlag, Frankfurt a.M., 1983.
Klee Ernst, Behindert. Ueber die Enteignung von Körper und Bewusstsein. Ein kritisches Handbuch; S. Fischer Verlag, Frankfurt a.M., 1980[2].
Klein Günter, Römer 4 und die Idee der Heilsgeschichte. In: Rekonstruktion und Interpretation. Gesammelte Aufsätze zum Neuen Testament (Beiträge zur evang. Theologie, Bd. 50), S. 145-169; Chr. Kaiser Verlag, München, 1969.
- Exegetische Probleme in Römer 3,12-4,25, Antwort an Ulrich Wilckens. Nachtrag. In: Rekonstruktion und Interpretation. Gesammelte Aufsätze zum Neuen Testament (Beiträge zur evang. Theologie, Bd. 50), S. 170-177/177-179; Chr. Kaiser Verlag, München, 1969.
- Gottes Gerechtigkeit als Thema der neuesten Paulus-Forschung. In: Rekonstruktion und Interpretation. Gesammelte Aufsätze zum Neuen Testament (Beiträge zur evang. Theologie, Bd. 50), S. 225-236; Chr. Kaiser Verlag, München, 1969.
Klose Alfred/Mantl Wolfgang/Zsifkovits Valentin Hg., Katholisches Soziallexikon; Verlag Tyrolia, Innsbruck, Wien, München/Verlag Styria, Graz, Wien, Köln, 1980[2].
Klostermann Erich, Origenes. Matthäuserklärung, I Die griechisch erhaltenen Tomoi. In: Origenes Werke, 10. Bd.; J.C. Hinrichs'sche Buchhandlung, Leipzig, 1935.
Klostermann Ferdinand und Zerfass Rolf Hg., Praktische Theologie heute.

Unter Mitarbeit von Bertsch Ludwig/Greinacher Norbert/Müller Alois/ Spiegel Yorick; Chr. Kaiser Verlag, München/Matthias-Grünewald-Verlag, Mainz, 1974.

Knaurs Lexikon, A-Z. Droemersche Verlagsanstalt Th. Knaur Nachf./Lizenzausgabe Buchclub Ex Libris, Zürich, (1978) 1981.

Koch-Straube Ursula, Gemeindearbeit mit alten Menschen. Ueberlegungen und Versuche zur Arbeit mit Gruppen; Burckhardthaus-Laetare Verlag, Gelnhausen, Berlin, Stein/Benziger Verlag, Zürich, Einsiedeln, Köln, 1979.

- /Koch Hans-Bernd/Leisner Reiner, Alternsforschung. Ein Lernprogramm für die soziale Praxis; Verlag W. Kohlhammer, Stuttgart, Berlin, Köln, Mainz, 1973.

Köhler Ludwig, Der hebräische Mensch, Eine Skizze. Mit einem Anhang: Die hebräische Rechtsgemeinde; Wissenschaftliche Buchgesellschaft, Darmstadt, (1953) 1976.

König René Hg., Handbuch zur empirischen Sozialforschung. Bd. 7: Familie - Alter. René König - Leopold Rosenmayr. 2., völlig neubearbeitete Auflage; Ferdinand Enke Verlag, Stuttgart, (1969) 1976[2].

Kraft Heinrich, Die Offenbarung des Johannes. HNT 16a; J.C.B. Mohr (Paul Siebeck), Tübingen, 1974.

Kraus Hans-Joachim, Psalmen. 1. Teilband, Psalmen 1-59; BKAT XV/1; Neukirchener Verlag des Erziehungsvereins, Neukirchen-Vluyn, (1961) 1978[5].

- Psalmen. 2. Teilband, Psalmen 60-150; BKAT XV/2; Neukirchener Verlag des Erziehungsvereins, Neukirchen-Vluyn, (1961) 1978[5].
- Theologie der Psalmen. 3. Teilband; BKAT XV/3; Neukirchener Verlag des Erziehungsvereins, Neukirchen-Vluyn, 1979.
- Systematische Theologie im Kontext biblischer Geschichte und Eschatologie. Neukirchener Verlag des Erziehungsvereins, Neukirchen-Vluyn, 1983.
- Aktualität des 'urchristlichen Kommunismus'? In: Freispruch und Freiheit. FS Walter Kreck. Hg. Geyer Hans-Georg; S. 306-327; Chr. Kaiser Verlag, München, 1973.

Krause Gerhard/Müller Gerhard Hg., Theologische Realenzyklopädie; Walter de Gruyter, Berlin, New York.

- Art. "Auferstehung"; Bd. 4, S. 441-575; 1979.
- Art. "Diakonie"; Bd. 8, S. 621-683; 1981.
- Art. "Eschatologie", Bd. 10, S. 248-363, 1982.
- Art. "Gerontologie", Bd. 12, S. 524-532; 1984.

Kremer Jacob, Das älteste Zeugnis von der Auferstehung Christi. Eine bibeltheologische Studie zur Aussage und Bedeutung von 1.Kor.15,1-11. Stuttgarter Bibelstudien 17; Verlag Katholisches Bibelwerk, Stuttgart, (1966) 1977[3].

Kremers Heinz, Die Stellung des Elterngebotes im Dekalog (eine Voruntersuchung zum Problem Elterngebot und Elternrecht). In: Evang. Theologie, 21. Jg. 1961, S. 145-161; Chr. Kaiser Verlag, München, 1961.

Kubelka Susanna, Endlich über vierzig. Der reifen Frau gehört die Welt; Droemersche Verlagsanstalt Th. Knaur Nachf., München, Zürich, 1980.

Kümmel Werner Georg, Römer 7 und das Bild des Menschen im neuen Testa-

ment. Zwei Studien. In: Theologische Bücherei, NT, Bd. 53; Chr. Kaiser Verlag, München, 1974.
- Die Theologie des Neuen Testaments, nach seinen Hauptzeugen. 2., durchgesehene Auflage, Grundrisse zum NT, NTD Ergänzungsreihe Bd. 3; Vandenhoeck & Ruprecht, Göttingen, (1969) 1972².
- Einleitung in das Neue Testament, begründet von Paul Feine und Johannes Behm. Völlig neu bearbeitet von Werner Georg Kümmel. 16. Auflage; Quelle & Meyer, Heidelberg, (1964) 1970¹⁶.
- Das literarische und geschichtliche Problem des ersten Thessalonicherbriefes. In: Heilsgeschehen und Geschichte. Gesammelte Aufsätze 1933-1964, Hg. Grässer Erich, S. 406-417; N.G. Elwert Verlag, Marburg, 1965.
- Die Naherwartung in der Verkündigung Jesu. In: Heilsgeschehen und Geschichte. Gesammelte Aufsätze 1933-1964, Hg. Grässer Erich u.a., S. 457- 470; N.G. Elwert Verlag, Marburg, 1965.
- Verheissung und Erfüllung. Untersuchungen zur eschatologischen Verkündigung Jesu. In: Abhandlungen zur Theologie des Alten und Neuen Testaments; Verlag von Heinrich Majer, Basel, 1945.

Küng Hans, Ewiges Leben? R. Piper & Co. Verlag, München, 1982.
- Existiert Gott? Antwort auf die Gottesfrage der Neuzeit. R. Piper & Co. Verlag, München, 1978.
- Christ sein. Lizenzausgabe Buchclub Ex Libris, Zürich/R. Piper & Co. Verlag, München, (1974) 1976.
- Die Kirche. R. Piper & Co. Verlag, München, (1967) 1977.
- Gott und das Leid. Reihe Theologische Meditationen. Benziger Verlag, Einsiedeln, Zürich, Köln, (1967) 1977⁵.

Lang Bernhard, Altersversorgung, Begräbnis und Elterngebot. In: Zeitschrift der Deutschen Morgenländischen Gesellschaft, Supplement III,1, S. 149-156; Franz Steiner Verlag, Wiesbaden, 1977.

Lange Ernst, Sprachschule für die Freiheit. Bildung als Problem und Funktion der Kirche. Hg. Rüdiger Schloz; Chr. Kaiser Verlag / Burckhardthaus-Verlag, München, 1980.
- Chancen des Alltags, Ueberlegungen zur Funktion des christlichen Gottesdienstes in der Gegenwart. In: Handbücherei der Christen in der Welt, Bd. VIII; Verlagsgemeinschaft Burckhardthaus- und Kreuz-Verlag, Stuttgart/Gelnhausen, 1965.

Lapide Pinchas, Auferstehung. Ein jüdisches Glaubenserlebnis; Calwer Verlag, Stuttgart/Kösel-Verlag, München, (1977) 1978².

Ledergerber Karl, Worauf es im Alter ankommt. Sinn und Gewinn der dritten Lebensphase; Verlag Herder, Freiburg im Breisgau, 1980.

Lehr Ursula Hg., Altern - Tatsachen und Perspektiven. Ergebnisse interdisziplinärer gerontologischer Forschung; Bouvier Verlag Herbert Grundmann, Bonn, 1983.
- Hg., Interventionsgerontologie. Dr. Dietrich Steinkopff Verlag, Darmstadt, 1979.
- Psychologie des Alterns. Vierte, durchgesehene Auflage; UTB 55; Quelle und Meyer, Heidelberg, (1972) 1979⁴.
- Lässt sich der Alternsprozess beeinflussen? In: Dokumentation Vita Tertia 1982, Fachkongress; Hg. Vita Tertia 1982, Basel, 1982.

- Intervention in der Gerontologie. Zukunftsaspekte: Altern im Jahre 2000. In: Schweizer Heimwesen, Fachblatt VSA, Nr. 6, Juni 1982, S. 241-245; Verlag Sekretariat VSA, Zürich, 1982.

Leipoldt Johannes/Grundmann Walter Hg., Umwelt des Urchristentums I. Darstellung des neutestamentlichen Zeitalters; Evangelische Verlagsanstalt, Berlin, 1971.

Leiterkreis Alterszentren, 20 Thesen zur Betagtenarbeit. Informationsblatt auf Grund: Konrad Hummel, Oeffnet die Altersheime! Beltz Verlag, Weinheim und Basel, 1982; Elle Hagmann, Alterszentrum Weiherweg, Basel, 1982.

Lisowsky Gerhard, Konkordanz zum hebräischen Alten Testament. Nach dem von Paul Kahle in der Biblia Hebraica edidit R. Kittel besorgten masoretischen Text; Privileg. Württ. Bibelanstalt, Stuttgart, 1958.

Locher Gottfried W., Die Zwinglische Reformation, im Rahmen der europäischen Kirchengeschichte. Vandenhoeck & Ruprecht, Göttingen und Zürich, 1979.

- Der Geltungsgrund der Zehn Gebote. In: ZEE, 13. Jg. 1969, S. 129-145; Gütersloher Verlagshaus Gerd Mohn, Gütersloh, 1969.

Lochman Jan Milič, Das Glaubensbekenntnis. Grundriss der Dogmatik im Anschluss an das Credo; Gütersloher Verlagshaus Gerd Mohn, Gütersloh, 1982.

- Von Arbeit zur Ruhe: Aelterwerden und die Frage nach dem Sinn des Lebens. In: Dokumentation Vita Tertia 82, Fachkongress; Vita Tertia, Basel, 1982 a).

- Comenius. Imba Verlag, Freiburg i.U. (CH); Friedrich Wittig Verlag, Hamburg, 1982 b).

- Reich, Kraft und Herrlichkeit. Der Lebensbezug von Glauben und Bekennen; Chr. Kaiser Verlag, München, 1981.

- Wegweisung der Freiheit. Abriss der Ethik in der Perspektive des Dekalogs; GTB, Siebenstern 340; Gütersloher Verlagshaus Gerd Mohn, Gütersloh, 1979.

- Arbeit in marxistischer und christlicher Sicht. In: Basler Magazin, Nr. 17, 29.4.1978, S. 6-7; Basler Zeitung, Basel, 1978 a).

- Zuwendung zum Sterbenden, Aspekte einer sinnvollen Lebensverlängerung. In: EK., Nr. 5, Mai 1978, S. 270-272. Kreuz Verlag, Stuttgart, 1978.

- Christus oder Prometheus? Die Kernfrage des christlich-marxistischen Dialogs und die Christologie; Furche-Verlag H. Rennebach KG, Hamburg, 1972.

- /Jürgen Moltmann Hg., Gottes Recht und Menschenrechte. Studien und Empfehlungen des Reformierten Weltbundes. Neukirchener Verlag des Erziehungsvereins, Neukirchen-Vluyn, (1976) 1977[2].

Lohff Wenzel/Mohaupt Lutz Hg., Volkskirche - Kirche der Zukunft? Leitlinien der Augsburgischen Konfession für das Kirchenverständnis heute. Eine Studie des Theologischen Ausschusses der VELKD; Lutherisches Verlagshaus, Hamburg, 1977.

Lohfink Gerhard, Wie hat Jesus Gemeinde gewollt? Zur gesellschaftlichen Dimension des christlichen Glaubens; Verlag Herder, Freiburg im Breisgau, 1982.

Lohner Marlene, Plötzlich allein. Frauen nach dem Tod des Partners; S. Fischer/Goverts; S. Fischer Verlag, Frankfurt a.M., 1982.

Lohse Eduard Hg., Die Texte aus Qumran. Hebräisch und deutsch. Mit masoretischer Punktation. Uebersetzung, Einführung und Anmerkungen; Wissenschaftliche Buchgesellschaft Darmstadt/Kösel-Verlag, München, 1964.

- Die Offenbarung des Johannes. NTD 11, 5. Aufl. der neubearbeiteten Fassung; Vandenhoeck & Ruprecht, Göttingen, 1979[5].
- Grundriss der neutestamentlichen Theologie. In: Theologische Wissenschaft, Bd. 5; Verlag W. Kohlhammer, Stuttgart, Berlin, Köln, Mainz, 1974.
- Umwelt des Neuen Testaments. In: Grundrisse zum NT, NTD Ergänzungsreihe, Bd. 1; Vandenhoeck & Ruprecht, Göttingen, 1971.
- Tod und Leben im Neuen Testament. In: Kaiser Otto/Lohse Eduard, Tod und Leben. Reihe: Biblische Konfrontationen, Bd. 1001; Verlag W. Kohlhammer, Stuttgart, Berlin, Köln, Mainz, 1977.
- Die Einheit des Neuen Testaments. Exegetische Studien zur Theologie des Neuen Testaments; Vandenhoeck & Ruprecht, Göttingen, 1973.
- Glaube und Werke. Zur Theologie des Jakobusbriefes. In: Die Einheit des Neuen Testaments, exegetische Studien zur Theologie des Neuen Testaments, S. 285-306; Vandenhoeck & Ruprecht, Göttingen, 1973.
- Die Gottesherrschaft in den Gleichnissen Jesu. In: Die Einheit des Neuen Testaments, S. 49-61; Vandenhoeck & Ruprecht, Göttingen, 1973.
- Art. συνέδριον In: ThWNT, Bd. 7, S. 858-869; W. Kohlhammer Verlag, Stuttgart, 1964.

Lott Jürgen, Alter - eine Herausforderung für die Erwachsenenbildung der Kirche. In: ThPr, 1980, S. 177-189; Verlag W. Kohlhammer, Stuttgart, Berlin, Köln, Mainz, 1980.

- Erziehung als Praxis der Freiheit. Paulo Freires Bewusstseinsbildungskonzept als Anfrage an Theorie und Praxis der (kirchlichen) Erwachsenenbildung. In: ThPr, 1976, S. 134-154; Furche-Verlag, Hamburg, 1976.

Lowy Louis, Bildungsarbeit mit betagten Menschen. Referate des Staffelnhof-Seminars II, 1978. Hg. Staffelnhof, 6015 Reussbühl, 1978.

- Soziale Arbeit mit älteren Menschen. Ein Lehrbuch. Uebersetzung: Ulrike Stopfel; Lambertus-Verlag, Freiburg i. Breisgau, 1981.

Lücht-Steinberg Margot, Gespräche mit älteren Menschen; Vandenhoeck & Ruprecht, Göttingen, 1981.

Lück Wolfgang, Die Volkskirche. Kirchenverständnis als Norm kirchlichen Handelns. Urban Taschenbuch 653; Verlag W. Kohlhammer, Stuttgart, Berlin, Köln, Mainz, 1980.

- Praxis: Kirchengemeinde. Urban Taschenbuch 642; Verlag W. Kohlhammer, Stuttgart, Berlin, Köln, Mainz, 1978.

Lückel Kurt, Begegnung mit Sterbenden. "Gestaltseelsorge" in der Begleitung sterbender Menschen. Mit einem Vorwort von Hilarion Petzold. In: Abteilung Praxis der Kirche Nr. 36; Chr. Kaiser, Verlag, München/ Matthias-Grünewald-Verlag, Mainz, 1981.

Lüthi Ambros, Die wirtschaftliche Ungleichheit im Rentenalter in der Schweiz. In: Freiburger Studien zur Verteilung von Einkommen und

Vermögen, Bd. 2; Universitätsverlag Freiburg Schweiz, Freiburg, 1983.

Luther Martin, Die gantze Heilige Schrifft. Bd. 3. Ausgabe Wittenberg 1545; Hg. Volz Hans unter Mitarbeit von Blanke Heinz; Deutscher Taschenbuch Verlag, München, 1974.

- Luther Deutsch, Hg. Aland Kurt. Die Werke Martin Luthers in neuer Auswahl für die Gegenwart.

Bd. 1	Die Anfänge	1969
Bd. 2	Der Reformator	(1962) 1981[2]
Bd. 3	Der neue Glaube	1961[3]
Bd. 4	Der Kampf um die reine Lehre	1964[2]
Bd. 5	Die Schriftauslegung	1963[2]
Bd. 6	Kirche und Gemeinde	1966[2]
Bd. 7	Der Christ in der Welt	1967[2]
Bd. 8	Die Predigten	1965[2]
Bd. 9	Tischreden	1960[3]
Bd. 10	Die Briefe	1959
Registerband		1974

Ehrenfried Klotz Verlag, Stuttgart/Vandenhoeck & Ruprecht, Göttingen, 1959-1974.

Luyten Norbert A., Der älterwerdende Mensch im Spannungsfeld zwischen Hoffnung und Enttäuschung. In: Dokumentation Vita Tertia 82, Fachkongress; Vita Tertia, Basel, 1982.

Luz Ulrich, Das Geschichtsverständnis des Paulus. In: Beiträge zur evangelischen Theologie, Theologische Abhandlungen, Bd. 49; Chr. Kaiser Verlag, München, 1968.

- Gesetz. In: Smend Rudolf/Luz Ulrich, Gesetz. Reihe: Biblische Konfrontationen, Bd. 1015; Verlag W. Kohlhammer, Stuttgart, Berlin, Köln, Mainz, 1981.

Machoveč Milan, Jesus für Atheisten. Mit einem Geleitwort von Helmut Gollwitzer; Kreuz-Verlag, Stuttgart, Berlin, (1972) 1973[3].

Marxsen Willi, Der erste Brief an die Thessalonicher. ZBK; Theologischer Verlag TVZ, Zürich, 1979.

- Die Sache Jesu geht weiter. Gütersloher Taschenbücher, 112; Gütersloher Verlagshaus Gerd Mohn, Gütersloh, o.J. (1969?).

Matthes Joachim Hg., Erneuerung der Kirche, Stabilität als Chance? Folgerungen aus einer Umfrage; Burckhardthaus-Verlag, Gelnhausen/Berlin, 1975.

Maurer Adolf, Dein Alter sei wie deine Jugend. Ein Buch vom getrosten Altwerden; Friedrich Reinhardt Verlag, Basel, (1957) 1978.

Maurer Gilgian, Hausinschriften. Eine Auswahl; Sinwel-Verlag, Bern, 1982.

Maurer Konrad, Das Alter hat eine Zukunft. Gewonnene Jahre - gewonnenes Leben; Buchverlag Verbandsdruckerei AG, Bern 1974.

Meadows Dennis/Meadows Donella/Zahn Erich/Milling Peter Hg., Die Grenzen des Wachstums. Bericht des Club of Rome zur Lage der Menschheit; Rowohlt Taschenbuch Verlag, Reinbek bei Hamburg, (1972) 1980.

Meeks Wayne A. Hg., Zur Soziologie des Urchristentums. Ausgewählte Beiträge zum frühchristlichen Gemeinschaftsleben in seiner gesellschaftlichen Umwelt. In: Theologische Bücherei. Hist. Theologie, Bd. 62;

Chr. Kaiser Verlag, München, 1979.

Meier Rainer/Seemann Hans-Jürgen, Die Grauen Panther. Rebellion der Alten; Beltz Verlag, Weinheim und Basel, 1982.

Mergast Paul/Uihlencamp Gisela, Gesellschaftsspiele im Seniorenclub; Don Bosco Verlag, München, 1981.

Merkel Heinz/Seibert Horst, Perspektiven des Alterns. Alte Menschen in der Kirchengemeinde. Unter Mitarbeit von Diethart Finger. In: Gemeindediakonie, Hg. Horst Seibert; Gütersloher Verlagshaus Gerd Mohn, Gütersloh, 1983.

Merklein Helmut, Die Gottesherrschaft als Handlungsprinzip. Untersuchung zur Ethik Jesu; Echter Verlag, Würzburg, (1978) 1981[2].

Merklein Renate, Griff in die eigene Tasche. Hintergeht der Bonner Sozialstaat seine Bürger? In: Spiegel-Buch Bd. 5; Rowohlt Taschenbuch Verlag, Reinbek bei Hamburg, 1980.

Mews Rudi, Schnippeleien am Rentenrecht. Die Altersversorgung bleibt im Gerede. In: EK, Nr. 9, 9.1983, S. 488-490; Kreuz Verlag, Stuttgart, 1983.

Meyer Jürg, Armut in der Schweiz. Polis 48, evangelische Zeitbuchreihe; Theologischer Verlag Zürich, Zürich, 1974.

Mickel Wolfgang W./Kampmann Wanda/Wiegand Berthold, Politik und Gesellschaft. Grundlagen und Probleme der modernen Welt. Lehr- und Arbeitsbuch für den historisch-politischen Lernbereich, Sekundarstufe II; Bd. 1 und 2, 7. Auflage; Hirschgraben-Verlag, Frankfurt a.M., 1980[7].

Mitscherlich Alexander, Auf dem Weg zur vaterlosen Gesellschaft. Ideen zur Sozialpsychologie; R. Piper & Co. Verlag, München, 1963.

Moltmann-Wendel Elisabeth, Ein eigener Mensch werden. Frauen um Jesus; GTB Siebenstern 1006; Gütersloher Verlagshaus Gerd Mohn, Gütersloh, (1980) 1982[3].

Moltmann Jürgen, Diakonie im Horizont des Reiches Gottes. Schritte zum Diakonentum aller Gläubigen. Mit einem Beitrag von Urlich Bach und einem Vorwort von Theodor Schober; Neukirchener Verlag des Erziehungsvereins, Neukirchen-Vluyn, 1984.

- Kirche in der Kraft des Geistes. Ein Beitrag zur messianischen Ekklesiologie; Chr. Kaiser Verlag, München, 1975.
- Neuer Lebensstil. Schritte zur Gemeinde; Chr. Kaiser Verlag, München, 1977.
- Der gekreuzigte Gott. Das Kreuz Christi als Grund und Kritik christlicher Theologie; Chr. Kaiser Verlag, München, (1972) 1976[3].
- Menschenwürde, Recht und Freiheit; Kreuz Verlag, Stuttgart, Berlin, 1979.
- Mensch. Christliche Anthropologie in den Konflikten der Gegenwart; Kreuz-Verlag, Stuttgart, Berlin, (1971) 1973[2].
- Theologie der Hoffnung. Untersuchungen zur Begründung und zu den Konsequenzen einer christlichen Eschatologie; Chr. Kaiser Verlag, München, (1964) 1980[11].

Moulton W.F./Geden A.S., revised by Moulton H.K., A Concordance to the Greek Testament; T & T Clark, Edinburgh, (1963[4]) 1967[4].

Müller-Fahrenholz Geiko Hg., Wir brauchen einander. Behinderte in kirch-

licher Verantwortung; Verlag Otto Lembeck, Frankfurt a.M., 1979.
Müller-Römheld Walter/Goodall Norman Hg., Bericht aus Uppsala 1968. Offizieller Bericht über die vierte Vollversammlung des Oekumenischen Rates der Kirchen. Uppsala 4.-20. Juli 1968; Oekumenischer Rat der Kirchen, Genf/Verlag Otto Lembeck, Frankfurt a.M., 1968.
- /Krüger Hanfried Hg., Bericht aus Nairobi 1975. Ergebnisse - Erlebnisse - Ereignisse. Offizieller Bericht der fünften Vollversammlung des Oekumenischen Rates der Kirchen. 23.11. bis 10.12 1975 in Nairobi/ Kenia; Verlag Otto Lembeck, Frankfurt a.M., 1976.
- Hg., Bericht aus Vancouver 1983. Offizieller Bericht der Sechsten Vollversammlung des Oekumenischen Rates der Kirchen. 24. Juli bis 10. August 1983 in Vancouver/Kanada; Verlag Otto Lembeck, Frankfurt a.M., 1983.
Nater Hans, Mut zum Hauskreis. Anregungen und Modelle. Hg. vom Arbeitskreis "Mut zur Gemeinde"; Schriftenmissions-Verlag Gladbeck, Wuppertal, 1983.
Neidhart Walter/Ott Heinrich, Krone der Schöpfung? Humanwissenschaften und Theologie. In: Massstäbe des Menschlichen, Bd. 10; Kreuz Verlag, Stuttgart, 1977.
Nestle Eberhard/Aland Kurt, Novum Testamentum Graece. 26. neu bearbeitete Auflage; Deutsche Bibelstiftung, Stuttgart, (1898) 1979[26].
Nohl Paul Gerhard, Mit seelischer Krankheit leben. Hilfen für Betroffene und Mitbetroffene; Vandenhoeck & Ruprecht, Göttingen, 1981.
Noth Martin, Das zweite Buch Mose. Exodus; ATD 5; Vandenhoeck & Ruprecht, Göttingen, (1958) 1973[5].
- Das dritte Buch Mose. Leviticus. ATD 6; Vandenhoeck & Ruprecht, Göttingen, (1962) 1978[4].
- Das vierte Buch Mose. Numeri; ATD 7; Vandenhoeck & Ruprecht, Göttingen, (1966) 1982[4].
- Könige. 1. Teilband, BKAT IX/1; Neukirchener Verlag des Erziehungsvereins, Neukirchen-Vluyn, 1968.
- Geschichte Israels; Vandenhoeck & Ruprecht, Göttingen, (1950) 1969[7].
- Ueberlieferungsgeschichte des Pentateuch; W. Kohlhammer Verlag, Stuttgart, 1948.
Nöthiger-Strahm Christine, Der deutschschweizerische Protestantismus und der Landesstreik von 1918. Die Auseinandersetzung der Kirche mit der sozialen Frage zu Beginn des 20. Jahrhunderts. In: Basler und Berner Studien zur historischen und systematischen Theologie, Bd. 44; Peter Lang, Bern, Frankfurt a.M., Las Vegas, 1981.
Origenes vgl. Hg. Klostermann Erich.
Oesterreich Klaus, Psychiatrie des Alterns. Grundlagen, Diagnostik, Therapie; Quelle & Meyer, Heildelberg, 1975.
- Aelterwerden ohne Angst. Fragen und Verstehen. Mit dem Arzt im Gespräch; Ernst Klett, Stuttgart, 1982.
Offe Claus, Strukturprobleme des kapitalistischen Staates. Aufsätze zur politischen Soziologie; Suhrkamp Verlag, Frankfurt a.M., (1972) 1973[2].
Ott Heinrich, Die Antwort des Glaubens. Systematische Theologie in 50 Artikeln. 3., überarbeitete und erweiterte Auflage; hg. von Klaus Otte; Kreuz-Verlag, Stuttgart, (1972) 1981[3].

Otto Gert Hg., Praktisch-Theologisches Handbuch, 2., neubearbeitete und erweiterte Auflage; Verlag W. Kohlhammer, Stuttgart, Berlin, Köln, Mainz, (1970) 1975[2].

Otwell John H., And Sarah Laughed. The Status of Woman in the Old Testament; The Westminster Press, Philadelphia, 1977.

Pannenberg Wolfhart, Was ist der Mensch? Die Anthropologie der Gegenwart im Lichte der Theologie; Vandenhoeck & Ruprecht, Göttingen, (1962) 1976[5].

- Anthropologie, Anthropologie in theologischer Perspektive; Vandenhoeck & Ruprecht, Göttingen, 1983.

Parkes Colin Murray, Vereinsamung. Die Lebenskrise bei Partnerverlust; Rowohlt Taschenbuch Verlag, Reinbek bei Hamburg, 1978.

Parsons Talcott, Toward a Healthy Maturity. In: Social Structure and Personality, S. 236-254; The Free Press, New York/Collier-Macmillan Ltd., London, 1964 a).

- Essays in Sociological Theory. Revised edition; The Free Press, New York/Collier-Macmillan Limited, London, (1949) 1954.

- Beiträge zur soziologischen Theorie. Herausgegeben und eingeleitet von Dietrich Rüschemeyer; Hermann Luchterhand Verlag, Neuwied am Rhein, 1964 b).

- /Bales Robert F. in collaboration with Olds James/Zelditch Morris Jr./Slater Philip E., Family, Socialization and Interaction Process; The Free Press, New York, 1955.

Perrenoud Alfred, La population de Genève du seizième au début du dixneuvième siècle. Etude démographique. Tome premier, structures et mouvements. Mémoires et documents publiés par la Société d'histoire et d'archéologie de Genéve, tome XLVII; Editions Société d'histoire et d' archéologie de Genève, Genève, 1979.

Pesch Otto Hermann, Frei sein aus Gnade. Theologische Anthropologie; Verlag Herder, Freiburg im Breisgau, 1983.

Pestalozzi Johann Heinrich, Werke Bd. II, Schriften zur Menschenbildung und Gesellschaftsentwicklung; Hg. Gertrude Cepl-Kaufmann, Manfred Windfuhr;Lizenzausgabe Buchclub Ex Libris, Zürich/Winkler Verlag, München, 1977.

Peters Albrecht, Der Mensch. In: Handbuch Systematischer Theologie. Hg. Carl Heinz Ratschow, Bd. 8; Gütersloher Verlagshaus Gerd Mohn, Gütersloh, 1979.

Philippi Paul, Christozentrische Diakonie. Ein theologischer Entwurf; Evangelisches Verlagswerk, Stuttgart, (1963) 1975[2].

Philo von Alexandrien/Hg. Cohn Leopold, Die Werke Philos von Alexandria in deutscher Uebersetzung. 1. Teil, über den Dekalog; Verlag von M. & H. Marcus, Breslau, 1909.

- Philonis Alexandrini opera quae supersunt, Vol IV. De Decalogo, S. 269-307; Typis et Impensis Georgii Reimeri, Berolini, MCMII.

Piel Dieter, Die Rentner zahlen die Zeche. Bonner Koalitionsverhandlungen: Glatt, konfliktarm und finanziell ergiebig. In: Die Zeit, Nr. 13, 25.3.1983, S. 17; Zeitverlag Gerd Bucerius KG, Hamburg, 1983.

Pincus Lily, Das hohe Alter. Stufen des Lebens. Eine Bibliothek zu den Fragen unseres Daseins. Hg. Hans Jürgen Schultz, Bd. 9; Kreuz Ver-

lag, Stuttgart, Berlin, 1982.
- ... bis dass der Tod euch scheidet. Zur Psychologie des Trauerns. Ullstein Sachbuch Nr. 34096; Verlag Ullstein, Frankfurt a.M., Berlin, Wien, (1977) 1982.
Platon, Der Staat (politeia). Eingeleitet, übersetzt und erklärt von Karl Vretska; Reclam-Verlag, Stuttgart, (1958) 1971.
Pöhlmann Horst Georg, Die Altenarbeit der Kirche unter besonderer Berücksichtigung der Altenbildung. In: Zeitschrift für Gerontologie, Bd. 10, Heft 1, Jan./Febr. 1977, S. 15-36; Dr. Dietrich Steinkopff Verlag, Darmstadt, 1977.
Preuschen Erwin, Griechisch-deutsches Taschenwörterbuch zum Neuen Testament. 5., verbesserte und vermehrte Auflage; Verlag Alfred Töpelmann, Berlin, 1963[5].
Pro Senectute Schweiz, Zürich Hg., Vorbereitung auf das Alter im Lebenslauf. Beiträge aus Theorie und Praxis. Unter Mitwirkung von Hans-Dieter Schneider; Ferdinand Schöningh, Paderborn, München, Wien, Zürich, 1981.
- Zeitlupe. Das Senioren-Magazin; Pro Senectute, Zürich, 62. Jahrgang, 1984.
- Leitbild 1981; Pro Senectute, Zürich, 1981.
- 60 Jahre Pro Senectute/Für das Alter. Eine Chronik von 1917-1977 im Telegrammstil; Separatdruck aus Zeitlupe, September 1977; Pro Senectute, Zürich, 1981[5].
- Hg., Ausstellung. Das Alter ist unsere Zukunft. Zeitung; Pro Senectute Schweiz, Zürich (o.J.)[2].
Pro Senectute/Verein für das Alter, Pressedokumentation, 21. Sept. 1982, Bern; Verein für das Alter im Kanton Bern, Bern, 1982.
- Jahresberichte des Vereins für das Alter des Kantons Bern 1920-39 (einzusehen beim Sekretariat des Vereins für das Alter des Kantons Bern, Bern). Jahresbericht 1920-22/22-23; Verein für das Alter im Kanton Bern, 1920-1939.
- Statuten des Vereins "Für das Alter" im Kanton Bern, 5. Okt. 1920; Bern, 1920.
- Leitsätze für das kantonal-bernische Komitee der schweizerischen Stiftung "Für das Alter". H. Wäber, Präsident, Münsingen, 1917.
von Rad Gerhard, Das erste Buch Mose, Genesis. ATD 2/4; Vandenhoeck & Ruprecht, Göttingen, (1949) 1972[9].
- Das fünfte Buch Mose, Deuteronomium. ATD Teilband 8; Vandenhoeck & Ruprecht, Göttingen, (1964) 1968[2].
- Theologie des Alten Testaments, Bd. I. Die Theologie der geschichtlichen Ueberlieferungen Israels; Chr. Kaiser Verlag, München, (1960) 1969[6].
- Theologie des Alten Testaments, Bd. II. Die Theologie der prophetischen Ueberlieferungen Israels; Chr. Kaiser Verlag, München, (1960) 1968[5].
- Weisheit in Israel. Neukirchener Verlag des Erziehungsvereins, Neukirchen-Vluyn, 1970.
Radebold Harmut/Bechtler Hildegard/Pina Ingeburg, Therapeutische Arbeit mit älteren Menschen. Ein Handbuch; Lambertus-Verlag, Freiburg im

Breisgau, 1981.
Raiser Konrad Hg., Oekumenische Impressionen Vancouver 1983; Verlag Otto Lembeck, Frankfurt a.M., 1983.
Ramel Lilia/Willa Claude/Gilliand Pierre, Soins à domicile; Edition réalités sociales, Lausanne, 1982.
Ramirez Gonzalo Canal, Envejecer no es Deteriorarse; Canal Ramirez-Antares, Bogotá, (1980) 1981^{3}.
Rappard Dora, Frohes Alter; Brunnen-Verlag, Basel, 1943^{5}.
Rechsteiner Rudolf, Das 200-Milliarden-Geschäft. Pensionskassen in der Schweiz - Eine Einführung in die Probleme der "2. Säule" für Versicherte und Stiftungsräte; Unter Mitarbeit von Daniela Gloor; Unionsverlag, Zürich, 1984.
Religion in Geschichte und Gegenwart (RGG^{3}), vgl. Galling Kurt, Hg.
Remschmidt Helmut, Psychologie für Krankenpflegeberufe. Geleitwort von Hermann Stutte. 2. neubearbeitete und erweiterte Auflage; Georg Thieme Verlag, Stuttgart, (1972) 1977^{2}.
Rendtorff Rolf, Das Alte Testament. Eine Einführung; Neukirchener Verlag, Neukirchen-Vluyn, 1983.
Rendtorff Trutz, Ethik. Grundelemente, Methodologie und Konkretionen einer ethischen Theologie. Bd. 1. In: Theol. Wissenschaft, Bd. 13,1; Verlag W. Kohlhammer, Stuttgart, Berlin, Köln, Mainz, 1980.
- Ethik. Grundelemente, Methodologie und Konkretionen einer ethischen Theologie. Bd. 2. In: Theol. Wissenschaft, Bd. 13,2; Verlag W. Kohlhammer, Stuttgart, Berlin, Köln, Mainz, 1981.
- Theorie des Christentums. Historisch-theologische Studien zu seiner neuzeitlichen Verfassung; Gütersloher Verlagshaus Gerd Mohn, Gütersloh, 1972.
Rengstorf Karl Heinrich, Art. κορβᾶν, κορβανᾶς. In: ThWNT, 3. Bd., S. 860-866; Verlag W. Kohlhammer, Stuttgart, 1938.
Rennkamp Mechthild, Weiterbildung im Alter; Ferdinand Schöningh, Paderborn, München, Wien, Zürich, 1982.
Reventlow Henning Graf, Gebot und Predigt im Dekalog; Gütersloher Verlagshaus Gerd Mohn, Gütersloh, 1962.
Rich Arthur, Die Weltlichkeit des Glaubens. Diakonie im Horizont der Säkularisierung. Zwingli Verlag, Zürich, Stuttgart, 1966.
- Glaube in politischer Entscheidung. Beiträge zur Ethik des Politischen; Zwingli Verlag, Zürich, Stuttgart, 1962.
Richter Horst E., Flüchten oder Standhalten; Rowohlt Verlag, Reinbek bei Hamburg, 1976.
Rieben Erwin, Kosten in der offenen und geschlossenen Altershilfe. Bd. I der Gesamtberichtertattung "Kosten und soziale Integration in der offenen und geschlossenen Altershilfe". In: Publikationen des Schweiz. Nationalfonds aus den Ntionalen Forschungsprogrammen, Bd. 15^{1}.; Verlag Paul Haupt, Bern und Stuttgart, 1982.
Riemann Fritz, Die Kunst des Alterns. Kreuz Verlag, Stuttgart, 1981.
Riess Richard, Perspektiven der Pastoralpsychologie. Vandenhoeck & Ruprecht, Göttingen, 1974.
- Seelsorge. Orientierung, Analysen, Alternativen. Vandenhoeck & Ruprecht. Göttingen, 1973.

Ringeling Hermann, Ethik vor der Sinnfrage. Religiöse Aspekte der Verantwortung. In: GTB, Siebenstern 375; Gütersloher Verlagshaus Gerd Mohn, Gütersloh, 1980.

Ringgren Helmer/Zimmerli Walther, Sprüche/Prediger. ATD 16/1; Vandenhoeck & Ruprecht, Göttingen, (1962) 1980[3].

Rogers Carl R., Die nicht-direktive Beratung. Counseling and Psychotherapy. In: Geist und Psyche, Hg. N. Kindler; Kindler Taschenbücher 2176; Kindler Verlag, München, (1972) 1978[4].

Roloff Jürgen, Die Apostelgeschichte. NTD 5; Vandenhoeck & Ruprecht, Göttingen, 1981.

Rosenmayr Leopold, Intergenerative Beziehungen in den Familien. In: Dokumentation Vita Tertia 82, Fachkongress; Hg. Vita Tertia, Basel, 1982.

- Hg., Die menschlichen Lebensalter. Kontinuität und Krisen; R. Piper & Co. Verlag, München, Zürich, 1978.

- und Hilde unter Mitarbeit von Ammann Anton/Hörl Josef und Majce Gerhard, Der alte Mensch in der Gesellschaft. Reihe: rowohlts deutsche enzyklopädie, rde 377; Rowohlt Taschenbuch Verlag, Reinbek bei Hamburg, 1978.

Rössner Lutz, Theorie der Sozialarbeit. Ein Entwurf; UTB 226; Ernst Reinhardt Verlag, München, Basel, (1973) 1975[2].

Rudolph Wilhelm, Jeremia. HAT, 1. Reihe 12; J.C.B. Mohr (Paul Siebeck), Tübingen, (1958) 1968[3].

- Das Buch Ruth - Das Hohe Lied - Die Klagelieder. KAT, XVII/1-3; Gütersloher Verlagshaus Gerd Mohn, Gütersloh, 1962.

Ruhbach G., Vollzüge der Frömmigkeit im Alter. In: Zeitschrift für Gerontologie, Bd. 10, Heft 1, Jan./Febr. 1977, S. 10-14; Dr. Dietrich Steinkopff Verlag, Darmstadt, 1977.

Rumpeltes Christiane, Kirchliche Erwachsenenbildung mit alten Menschen. In: ThPr, Nr. 2, 1980, S. 167-176; Verlag W. Kohlhammer, Stuttgart, Berlin, Köln, Mainz, 1980.

Ruppert Lothar, Der alte Mensch aus der Sicht des Alten Testamentes. Trierer Theologische Zeitschrift, Jg. 85, Nr. 5, Sept./Okt. 1976; S. 270-281; Paulinus-Verlag, Trier, 1976.

Sanitätsdirektion des Kantons Basel-Landschaft, Alterspflege Leitbild Baselland. OEWA 2.3, mit Nachtrag 1979; Sanitätsdirektion des Kantons Basel-Landschaft, Liestal, 1974.

Satter Heinrich, Das Leben beginnt mit sechzig. Fischer Taschenbuch Verlag, Frankfurt a.M., 1980.

Saxer Arnold, Die Soziale Sicherheit in der Schweiz. Eine Darstellung der Entstehung, des Aufbaus und des gegenwärtigen Standes aller Zweige der sozialen Sicherheit. Vierte, durch das Bundesamt für Sozialversicherung auf den neuesten Stand gebrachte Auflage. Verlag Paul Haupt, Bern, 1977[4].

Sch nach S.

Seibert Horst, Diakonie - Hilfehandeln Jesu und soziale Arbeit des Diakonischen Werkes. Eine Ueberprüfung der gegenwärtigen Diakonie an ihrem theologischen und sozialen Anspruch; Gütersloher Verlagshaus Gerd Mohn, Gütersloh, 1983.

Seybold Klaus, Das Gebet des Kranken im Alten Testament. Untersuchungen zur Bestimmung und Zuordnung der Krankheits- und Heilungspsalmen; Verlag W. Kohlhammer, Stuttgart, Berlin, Köln, Mainz, 1973.

- /Müller Ulrich B., Krankheit und Heilung. Reihe: Biblische Konfrontationen, Bd. 1008; Verlag W. Kohlhammer, Stuttgart, Berlin, Köln, Mainz, 1978.

Seitz Manfred, Praxis des Glaubens. Gottesdienst, Seelsorge und Spiritualität. 2., durchgesehene Auflage; Vandenhoeck & Ruprecht, Göttingen, (1978) 1979².

- Das Altwerden des Menschen als Aufgabe der Seelsorge. In: Zeitschrift für Gerontologie, Bd. 10, Heft 1, Jan./Febr. 1977, S. 3-9; Dr. Dietrich Steinkopff Verlag, Darmstadt, 1977.

Sheehy Gail, In der Mitte des Lebens. Die Bewältigung vorhersehbarer Krisen; Fischer Taschenbuch Verlag, Frankfurt a.M. (1976) 1978.

Sieber Georg, Die Altersrevolution; Rowohlt Taschenbuch Verlag, Reinbek bei Hamburg, 1974/(Benziger Verlag, Köln, Zürich, 1972).

Smend Rudolf/Luz Ulrich, Gesetz. Reihe: Biblische Konfrontationen, Bd. 1015; Verlag W. Kohlhammer, Stuttgart, Berlin, Köln, Mainz, 1981.

Smith Blau Zena, Lebensmuster für das Alter; Walter Verlag, Olten, 1979.

Søe N.M., Christliche Ethik. Ein Lehrbuch. 2., bearbeitete Auflage; Chr. Kaiser Verlag, München, 1957.

Sölle Dorothee, Stellvertretung. Ein Kapitel Theologie nach dem "Tode Gottes"; Kreuz Verlag, Stuttgart, (1965) 1982.

- Leiden. Reihe: Themen der Theologie, Ergänzungsband; Kreuz-Verlag, Stuttgart, (1973) 1976³.

Spiegel Yorick, Diakonie im Sozialstaat. In: Theologie und Kirchenleitung. FS. Fischer Martin. Hg. Erk Wolfgang und Spiegel Yorick; Chr. Kaiser Verlag, München, 1976.

- Der Prozess des Trauerns. Analyse und Beratung. In: Gesellschaft und Theologie, Praxis der Kirche, Nr. 14; Chr. Kaiser Verlag, München/Matthias-Grünewald-Verlag, Mainz, (1973) 1981⁴.

Sporken Paul, Begleitung in schwierigen Lebenssituationen. Ein Leitfaden für Helfer. Verlag Herder, Freiburg im Breisgau, 1984.

- Hast Du denn bejaht, dass ich sterben muss? Eine Handreichung für den Umgang mit Sterbenden; Patmos Verlag, Düsseldorf, 1981.

- Umgang mit Sterbenden. Medizinische, pflegerische, pastorale und ethische Aspekte der Sterbehilfe. Neu bearbeitet und erweitert; Patmos Verlag, Düsseldorf, (1973) 1978⁴.

St. nach Sch.

Synode 72, Diözese Basel, Verabschiedete Texte, Sachkommission 8. Soziale Aufgaben der Kirche in der Schweiz; Hg. Sekretariat Synode 72, Solothurn, 1975.

Schäfer Alfons, Alter - Altern - Altenpastoral. In: Diakonia, Nr. 3, 1973, S. 182-186; Verlag Herder, Wien/Matthias-Grünewald-Verlag, Mainz, 1973.

Schär Meinrad, Leitfaden der Sozial- und Präventivmedizin. 2., überarbeitete und veränderte Auflage. Verlag Hans Huber, Bern, (1968) 1973².

Schenda Rudolf, Das Elend der alten Leute. Informationen zur Sozialgerontologie für die Jüngeren; Patmos-Verlag, Düsseldorf, 1972.

- Hg., Lebzeiten. Autobiographien der Pro Senectute-Akton; unter Mitarbeit von Böckli Ruth; Unionsverlag, Zürich, 1982.

Schillebeeckx Edward, Jesus. Die Geschichte von einem Lebenden; 7. Auflage; Verlag Herder, Freiburg im Breisgau (1975) 1980[7].

Schleiermacher Friedrich Daniel, Der christliche Glaube nach den Grundsätzen der evangelischen Kirche im Zusammenhange dargestellt. Hg. Martin Redeker, 7. Auflage, Erster Bd.; Walter de Gruyter & Co., Berlin, 1960.

Schlink Edmund, Oekumenische Dogmatik. Grundzüge. Mit Geleitworten von Heinrich Fries und Nikos A. Nissiotis; Vandenhoeck & Ruprecht, Göttingen, 1983.

Schlisske Otto, Evangelisches Altenbuch. Eine Lebenshilfe; Gütersloher Verlagshaus Gerd Mohn, Gütersloh, 1971.

Schmalbrock Gertrud/Schoisswohl Veronika, Erzähl mir von deinem Leben. Handreichung zum Glaubensgespräch mit alten Menschen. Reihe: Praxis Gemeindekatechese; Kösel-Verlag, München/Benziger Verlag, Zürich, Köln, 1982.

Schmauch Jochen Hg., Handbuch kirchlicher Altenarbeit. In: Grünewald Praxis; Matthias-Grünewald-Verlag, Mainz, 1978.

Schmid Margarete/Kirchschläger Walter, Nochmals glauben lernen. Sinn und Chancen des Alters. Reihe: Engagement; Tyrolia-Verlag, Innsbruck, Wien, 1982.

Schmidbauer Wolfgang, Die hilflosen Helfer. Ueber die seelische Problematik der helfenden Berufe; Rowohlt Verlag, Reinbek bei Hamburg, (1977) 1980.

Schmidt Hans-Georg Hg., In der Schwäche ist Kraft. Behinderte Menschen im Alten und Neuen Testament; Friedrich Wittig Verlag, Hamburg, 1979.

Schmidt Werner H., Einführung in das Alte Testament; Walter de Gruyter Berlin, New York, 1979.

- /Becker Jürgen, Zukunft und Hoffnung. Reihe: Biblische Konfrontationen, Bd. 1014; Verlag W. Kohlhammer, Stuttgart, Berlin, Köln, Mainz, 1981.

Schmidtchen Gerhard, Gottesdienst in einer rationalen Welt. Religionssoziologische Untersuchungen im Bereich der VELKD; Calwer Verlag, Stuttgart/Verlag Herder, Freiburg, Basel, Wien, 1973.

Schmithals Walter, Das Evangelium nach Lukas. ZBK NT 3.1.; Theologischer Verlag Zürich, Zürich, 1980.

- Die theologische Anthropologie des Paulus. Auslegung von Röm. 7,17-8,39; Verlag W. Kohlhammer, Stuttgart, Berlin, Köln, Mainz, 1980.

- Leistung im Neuen Testament. In: Gunneweg Antonius H./Schmithals Walter, Leistung. Reihe: Biblische Konfrontationen, Bd. 1007; Verlag W. Kohlhammer, Stuttgart, Berlin, Köln, Mainz, 1978.

Schmitz-Scherzer Reinhard/Becker Karl Friedrich, Einsam sterben - warum? Anregungen zur kirchlichen Selbstbesinnung. Praxisbezogene Altersforschung, Bd. 2; Curt R. Vincentz Verlag, Hannover, 1982.

Schmoller Alfred, Handkonkordanz zum griechischen Neuen Testament; Württembergische Bibelanstalt, Stuttgart, (1869) 1963[13].

Schnackenburg Rudolf, Das Johannesevangelium. Erster Teil; Einleitung und Kommentar zu Kap. 1-4; HThK 4; Herder Verlag, Freiburg, Basel,

Wien, (1965)1967².

Schneider Gerhard, Das Evangelium nach Lukas; Kapitel 1-10. Oekumenischer Taschenbuchkommentar zum Neuen Testament. Bd. 3/1; Gütersloher Verlagshaus Gerd Mohn, Gütersloh/Echter Verlag, Würzburg, 1977.

- Das Evangelium nach Lukas; Kapitel 11-24. Oekumenischer Taschenbuchkommentar zum Neuen Testament. Bd. 3/2; Gütersloher Verlagshaus Gerd Mohn, Gütersloh; Echter Verlag, Würzburg, 1977.

Schneider Hans-Dieter, Voraussetzungen erfolgreichen Alterns. In: Dokumentation Vita Tertia 82, Fachkongress; Vita Tertia, Basel, 1982.

- Wie lässt sich die Motivation zur Altersvorbereitung erhöhen? In: Dokumentation Vita Tertia 82, Fachkongress; Vita Tertia, Basel, 1982.

Schneider Johannes, Art. ἡλικία. In: ThWNT, 2. Bd.; S. 943-945; Verlag W. Kohlhammer, Stuttgart, 1935.

Schober Theodor/Honecker Martin/Dahlhaus Horst Hg., Evangelisches Soziallexikon. Begründet von Friedrich Karrenberg; Kreuz Verlag, Stuttgart, Berlin (1954) 1980⁷.

Schottroff Luise/Schottroff Willy Hg., Mitarbeiter der Schöpfung. Bibel und Arbeitswelt; Chr. Kaiser Verlag, München, 1983.

Schrage Wolfgang, Ethik des neuen Testaments. In: Grundrisse zum NT, NTD Ergänzungsreihe, Bd. 4; Vandenhoeck & Ruprecht, Göttingen, 1982.

- Leiden im Neuen Testament. In: Gerstenberger Gerhard/Schrage Wolfgang, Leiden. Reihe: Biblische Konfrontationen, Bd. 1004; Verlag W. Kohlhammer, Stuttgart, Berlin, Köln, Main, 1977.

- Art. συναγωγή. In: ThWNT, 7. Bd., S. 798-839; Verlag W. Kohlhammer, Stuttgart, 1964.

Schraml Walter J., Psychologie im Krankenhaus. Ein Leitfaden für Schwestern, Pfleger und verwandte Berufe; Verlag Hans Huber, Bern, Stuttgart, Wien (1970) 1975³.

Schreiber Hermann, Singles. Allein leben, Besser als zu zweit? C. Bertelsmann Verlag, München, 1978.

Schröter Martin, Behinderte in der Gemeinde. Brief an einen befreundeten Pfarrer-Kollegen. In: ThPr, Nr. 3, 1980, S. 277-280; Furche-Verlag, Hamburg, 1980.

Schulz Heinz-Manfred, Wenn Du mit meinen Augen siehst. Christliche Gemeinde und Minderheiten. Matthias-Grünewald-Verlag, Mainz, 1980.

Schulz Siegfried, Das Evangelium nach Johannes; NTD 4; Vandenhoeck & Ruprecht, Göttingen, 1972.

Schüngel-Straumann Helen, Der Dekalog - Gottes Gebote?. In: Stuttgarter Bibelstudien 67; KBW Verlag, Stuttgart, 1973.

Schweitzer Albert, Geschichte der Leben-Jesu-Forschung. Bd. 1 und 2; Siebenstern Taschenbuch Verlag, München und Hamburg, 1966.

- Kultur und Ethik. Sonderausgabe mit Einschluss von Verfall und Wiederaufbau der Kultur; Verlag C.H. Beck, München (1960) 1972.

Schweizer Eduard, Das Evangelium nach Markus. NTD 1; Vandenhoeck & Ruprecht, Göttingen, 1973³.

- Das Evangelium nach Matthäus. NTD 2; Vandenhoeck & Ruprecht, Göttingen, 1973.

- Das Evangelium nach Lukas. NTD 3; Vandenhoeck & Ruprecht, Göttingen, 1982.
- Der Brief an die Kolosser. EKK; Benziger Verlag, Zürich, Einsiedeln, Köln/Neukirchener Verlag des Erziehungsvereins, Neukirchen-Vluyn, 1976.
- Zum Aufbau von Lukas 1 und 2. In: Neues Testament und Christologie im Werden. Aufsätze, S. 11-32; Vandenhoeck & Ruprecht Verlag, Göttingen, 1982.
- Die Weltlichkeit des Neuen Testaments: Die Haustafeln. In: Beiträge zur alttestamentlichen Theologie. Festschrift für Walther Zimmerli. Hg. von H. Donner, R. Manhart und R. Smend; S. 397-413; Vandenhoeck & Ruprecht, Göttingen, 1977.
- Jesus Christus, im vielfältigen Zeugnis des Neuen Testaments; Siebenstern Taschenbuch Verlag, München und Hamburg, 1968.
- Gemeinde und Gemeindeordnung im Neuen Testament. AThANT 35; Zwingli Verlag, Zürich, 1959.

Schweizer Willy, Die wirtschaftliche Lage der Rentner in der Schweiz. Bd. I: Textband; Bd. II. Tabellenband. Publikationen des Schweizerischen Nationalfonds aus den Nationalen Forschungsprogrammen. Bd. 4/I und 4/II; Verlag Paul Haupt, Bern und Stuttgart, 1980.
- Ledige eindeutig benachteiligt. Die Probleme der wirtschaftlichen Lage alleinstehender Frauen im Alter. In: Der Bund, Nr. 69, 22.3.1980, S. 2; Der Bund, Bern, 1980.

Schweizerische Aerztezeitung. Bd. 65, 1984, Heft 8, 22.2.84; Sammelnummer zur Geriatrie; Büchler + Cie SA, Wabern, 1982.

Schweizerische Beobachter Der, Sich selber helfen lernen. In: Der Schweiz. Beobachter, Nr. 5, 15.3.1983, S. 8-10.92; Verlagsgesellschaft Beobachter AG, Glattbrugg, 1983.

Schweizerischer Evangelischer Kirchenbund Hg., Pfarrermangel-Pfarrernachwuchs, Bericht und Anträge einer ad-hoc-Kommission; Schweizerischer Evangelischer Kirchenbund, Bern, 1983.
- Die Diakonischen Dienste in der Kirche. Bericht und Empfehlungen; Schweizerischer Evangelischer Kirchenbund, Bern, 1984.

Schweizerischer Invalidenverband Hg., Leitfaden zur Vermeidung der architektonischen Barrieren und Hindernisse; Schweizerischer Invalidenverband, Olten, 1979⁴.

Schweiz. Krebsliga Hg., Krebs. Wissen - Vorbeugen - Heilen - Helfen; Schweiz. Krebsliga, Bern, 1983.

Schweizerischer Landesbericht zuhanden der UNO-Weltkonferenz über das Altern; Nationales Komitee Schweiz für die UNO-Weltkonferenz 1982 über das Altern. Hg. Schweizerische Stiftung Pro Senectute/Für das Alter, Zürich, 1982.

Schweizerische Zentralstelle gegen den Alkoholismus Hg., J. Odermatt, Alkohol heute; SAS-Verlag, Lausanne, o.Jg.

Schwertner Siegfried Hg., Theologische Realenzyklopädie. Abkürzungsverzeichnis; Walter de Gruyter, Berlin, New York, 1976.

Staffelnhof Reussbühl Hg., Bildungsarbeit mit betagten Menschen. Referate des Staffelnhof-Seminars II, 12./13. Juli 1978 (von Louis Lowy, S. 5-62); Staffelnhof, Reussbühl, 1978.

Staehelin Ruth/Walter Annemarie, Lernen - Helfen - Leben, 10 Jahre Seminare für freiwillige Helfer. Eine Standortbestimmung; Institut für Erwachsenenbildung der evang.-ref. Landeskirche des Kantons Zürich/Seminare für freiwillige Helfer, Zürich, 1982.

Stählin Gerhard, Art. χήρα. ThWNT, Bd. 9, S. 428-454; Verlag W. Kohlhammer, Stuttgart, Berlin, Köln, Mainz, 1973.

Stählin Gustav, Die Apostelgeschichte. NTD 5; Vandenhoeck & Ruprecht, Göttingen, (1962) 1970^4.

Stamm Johann Jakob, Der Dekalog im Lichte der neueren Forschung. Verlag Paul Haupt, Bern und Stuttgart, 1962^2.

- Die Imago-Lehre von Karl Barth und die alttestamentliche Wissenschaft. In: Antwort, Karl Barth zum siebzigsten Geburtstag am 10. Mai 1956; Hg. E. Wolf u.a., S. 84-98; Evangelischer Verlag AG, Zollikon-Zürich, 1956.

Stebler Paul, Alter, Neues Leben. Diplomarbeit am Katechetischen Institut Luzern; Luzern, 1981.

Steiger J., Zweite Säule: Sozialwerk oder Geschäft? Vollausbau der AHV/IV als Alternative zur "Drei-Säulen-Konzeption"; Limmat Verlag Genossenschaft, Zürich, 1977.

Steiner Anton/Weymann Volker Hg., Wunder Jesu. In: Bibelarbeit in der Gemeinde. Themen und Materialien, Bd. 2; Friedrich Reinhardt Verlag, Basel/Benziger Verlag, Zürich, Köln, 1978.

Steinmann Bernhard Hg., Die Pflege des Betagten und Chronisch-Kranken. Referate des Kurses über Pflege und Betreuung der Betagten und Chronisch-Kranken; Verlag Hans Huber, Bern und Stuttgart, 1963.

Stern Erich, Der Mensch in der zweiten Lebenshälfte. Kindler Taschenbücher; Geist und Psyche; Kindler Verlag, München, 1955.

Stiefvater Alois/König Hermann, Altenseelsorge heute. Bd. 1; Altengottesdienste; Seelsorge Verlag Echter, Würzburg, 1974.

- Altenseelsorge heute. Bd. 2; Glaubensverkündigung. Themen - Orte - Zeiten; Seelsorge Verlag Echter, Würzburg, 1975.

- Altenseelsorge heute. Bd. 3; Altenbildung; Seelsorge Verlag Echter Würzburg, 1976.

- Altenseelsorge heute. Bd. 4; Altenhilfe; Seelsorge Verlag Echter Würzburg, 1977.

Stingl Josef, Kostbare Reserven für die Gesellschaft. Zur Situation der älteren Arbeitnehmer. In: Evang. Kommentare, 1973, S. 473-475; Kreuz Verlag, Stuttgart, 1973.

Stoebe Hans Joachim, Das erste Buch Samuelis. KAT VIII, 1; Gütersloher Verlagshaus Gerd Mohn, Gütersloh, 1973.

Stollberg Dietrich, Wenn Gott menschlich wäre... Auf dem Weg zu einer seelsorgerlichen Theologie; Kreuz Verlag, Stuttgart, Berlin, 1978.

- Wahrnehmen und annehmen. Seelsorge in Theorie und Praxis. Gütersloher Verlagshaus Gerd Mohn, Gütersloh, 1978.

Strecker Georg Hg., Theologie im 20. Jahrhundert. Stand und Aufgaben. J.C.B. Mohr (Paul Siebeck), Tübingen, 1983.

- Die Bergpredigt. Ein exegetischer Kommentar; Vandenhoeck & Ruprecht, Göttingen, 1984.

Stucki Lorenz, Alt werden mit uns. Modelle für das dritte Leben; Benziger

Verlag, Zürich, Köln, 1975.
Stuhlmacher Peter, Gerechtigkeit Gottes bei Paulus; Vandenhoeck & Ruprecht, Göttingen, 1965.
- Vom Verstehen des Neuen Testaments. Eine Hermeneutik. In: Grundrisse zum NT, NTD Ergänzungsreihe, Bd. 6; Vandenhoeck & Ruprecht, Göttingen, 1979.
Tacke Helmut, Glaubenshilfe als Lebenshilfe. Probleme und Chancen heutiger Seelsorge; Neukirchener Verlag des Erziehungsvereins, Neukirchen-Vluyn, 1975.
Tausch Anne-Marie, Gespräche gegen die Angst. Krankheit - ein Weg zum Leben; Rowohlt Verlag, Reinbek bei Hamburg, 1981.
- Hilfreiche Gespräche bei Krankheit im Alter. In: Dokumentation Vita Tertia 82, Fachkongress; Vita Tertia, Basel, 1982.
- und Reinhard, Wege zu uns. Menschen suchen sich selbst zu verstehen und anderen offener zu begegnen; Rowohlt Verlag, Reinbek bei Hamburg, 1983.
Tews Hans-Peter, Soziologie des Alterns. 2., durchgesehene Auflage; UTB 359; Quelle und Meyer, Heidelberg (1971) 1974[2].
Theissen Gerd, Soziologie der Jesusbewegung. Ein Beitrag zur Entstehungsgeschichte des Urchristentums; Theologische Existenz heute, Nr. 194; Chr. Kaiser Verlag, München, (1977) 1981[3].
- Studien zur Soziologie des Urchristentums; J.C.B. Mohr (Paul Siebeck), Tübingen, 1979.
- Urchristliche Wundergeschichten. Ein Beitrag zur formgeschichtlichen Erforschung der synoptischen Evangelien. Studien zum Neuen Testament, Bd. 8; Gütersloher Verlagshaus Gerd Mohn, Gütersloh, 1974.
Theologischer Arbeitskreis für diakonische Fragen Hg., Diakonie - ein Auftrag der Kirche. Ein Memorandum zum Verständnis der Diakonie; Evang. Verband für Innere Mission und Diakonie, Zürich, 1983.
Theologische Realenzyklopädie, vgl. Krause Gerhard/Müller Gerhard, Hg..
- Abkürzungsverzeichnis, vgl. Schwertner Siegfried, Hg..
Thoma Clemens, Christliche Theologie des Judentums. Einführung von David Flusser; Paul Pattloch Verlag, Aschaffenburg, 1978.
Thun Theophil, Das religiöse Schicksal des alten Menschen. Eine Religionspsychologische Untersuchung; Ernst Klett Verlag, Stuttgart, 1969.
Thomae Hans/Lehr Ursula Hg., Altern - Probleme und Tatsachen; Akademische Verlagsgesellschaft, Frankfurt a.M., 1968.
Thurneysen Eduard, Die Lehre von der Seelsorge; Evangelischer Verlag, Zollikon-Zürich, 1946.
- Seelsorge im Vollzug; EVZ-Verlag, Zürich, 1968.
- Lob des Alters. Hans Friedrich Eisele/Eduard Thurneysen. In: Altern als Aufgabe. Konstanzer Grossdruckhefte (Themenheft), Nr. 4; Christliche Verlagsanstalt, Konstanz, 1978.
Tournay Raymond J., Notules sur les Psaumes (Psaumes XIX, 2-5; LXXI, 15-16). In: Festschrift Friedrich Nötscher, Alttestamentliche Studien; S. 271-280; Peter Hanstein Verlag, Bonn, 1950.
Tournier Paul, Erfülltes Alter. Aelterwerden will gelernt sein. Humata Verlag Harold S. Blume, Bern, (o.Jg.)[2].
- Mutig leben. Texte, ausgewählt von Charles de Roche; Friedrich Rein-

hardt Verlag, Basel, 1980.
- Die Chance des Alters; Verlag Herder, Freiburg, Basel, Wien, 1978.
Trautwein Dieter, Lernprozess Gottesdienst. Ein Arbeitsbuch unter besonderer Berücksichtigung der "Gottesdienste in neuer Gestalt"; Burckhardthaus-Verlag, Gelnhausen, Berlin/Verlag J. Pfeiffer, München, 1972.
- Mut zum Fest. Entdeckungen, Anstösse; Beispiele für Familien, Gruppen, Gemeinden. Chr. Kaiser Verlag, München, 1975.
Troeltsch Ernst, Die Soziallehren der christlichen Kirchen und Gruppen. Gesammelte Schriften, Erster Bd.; Verlag von J.C.B. Mohr (Paul Siebeck), Tübingen, (1912) 1923³.
Tschudi Hans Peter, Die Zukunft der AHV; Hg. Institut für Sozialethik des SEK. In: ISE-Texte 1/83; Institut für Sozialethik des SEK, Bern, 1983.
- Einleitendes Votum zum Kongress Vita Tertia 1982 in Basel. Kongressdokumentation; Vita Tertia, Basel, 1982.
Tschümperlin Peter, Aufgaben der öffentlichen Fürsorge auf lokaler Ebene. Die Verpflichtung von Städten und grösseren Gemeinden. Hg. Schweizerische Konferenz für öffentliche Fürsorge, Bern, 1983.
Ulrich Heinrich-Hermann u.a. Hg., Diakonie in den Spannungsfeldern der Gegenwart. Herausforderung und Antwort. Festschrift zum 60. Geburtstag von Präsident Dr. Theodor Schober; Quell Verlag, Stuttgart, 1978.
UNESCO Kurier, Erfülltes Alter (Beiträge aus verschiedenen Nationen); Nr. 10, 1982; Hallwag AG, Bern, 1982.
de Vaux Roland, Les institutions de l'Ancien Testament.
I Le nomadisme et ses survivances, institutions familiales, institutions civiles, 1958.
II Institutions militaires, institutions religieuses, 1960.
Les Editions du Cerf, Paris, 1958/1960.
- Das Alte Testament und seine Lebensordnungen.
Bd.I, Fortleben des Nomadentums, Gestalt des Familienlebens, Einrichtungen und Gesetze des Volkes (1963) 1964².
Bd.II, Heer und Kriegswesen. Die religiösen Lebensordnungen, (1960) 1962².
Verlag Herder, Freiburg im Breisgau, 1964²/1962².
Vereinigung für eine Schweizerische Evangelische Synode Hg., Brief "Die Themen der Schweizerischen Evangelischen Synode im synodalen Prozess". Die Synodeleitung; Vereinigung für eine Schweiz. Evang. Synode, Thun, 1984.
- Plakat. Kurzfassung des Aufrufs der Gründungsversammlung vom 31.10.1981. Aufruf zu einer Schweizerischen Evangelischen Synode; Vereinigung für eine Schweiz. Evang. Synode, Thun, 1981.
Verlag Katholisches Bibelwerk Hg., Die Heilige Schrift, Einheitsübersetzung. Kommentierung von Eleonore Beck; Verlag Katholisches Bibelwerk, Stuttgart, 1980.
Vielhauer Philipp, Gottesreich und Menschensohn in der Verkündigung Jesu. In: Aufsätze zum Neuen Testament, S. 55 - 91; Chr. Kaiser Verlag, München, 1965.
Vilar Esther, "alt" - Manifest gegen die Herrschaft der Jungen; Herbig

Verlagsbuchhandlung, München, Berlin, 1980.
Vischer Adolf Lukas, Das bernische Stöckli. Eine volkskundliche Studie zum Altersproblem; Francke Verlag Bern, Bern, 1959.
- Das Alter als Schicksal und Erfüllung; Benno Schwabe & Co., Verlag, Basel, 1942.
- und Guth Hans, Die alten Leute im Kanton Basel-Stadt. Ergebnisse einer stichprobenweisen Befragung der Betagten. Mitteilungen des Statistischen Amtes des Kantons Basel-Stadt, Nr. 77; Benno Schwabe & Co., Basel, 1963.
Vita Tertia 82, Ausstellungskatalog; Werner Druck AG, Basel, 1982.
Vogt Walter, Altern. Roman; Lizenzausgabe für den Buchclub Ex Libris, Zürich/Benziger Verlag, Zürich, Köln, (1981) 1983.
Vögtle Anton, Die Tugend- und Lasterkataloge im Neuen Testament. Exegetisch, religions- und formgeschichtlich untersucht; Verlag der Aschendorffschen Verlagsbuchhandlung, Münster i.W., 1936.
Vorgrimler Herbert, Wir werden auferstehen. Herder-Taschenbuch, Bd. 888; Verlag Herder, Freiburg im Breisgau, 1981.
- Hoffnunq auf Vollendung. Aufriss der Eschatologie; Verlag Herder, Freiburg i.B., 1980.
- Der Tod im Denken und Leben des Christen; Patmos Verlag, Düsseldorf, 1978.
Volkshochschule Biel und Umgebung, Programm 1983/84: Neues erfahren - Kontakte finden; Lebenshilfe, Kunst und Wissen, Praktische Kurse, Sprachkurse; Sekretariat der Volkshochschule, Biel, 1983.
Wächter Ludwig, Der Tod im Alten Testament. Reihe: Arbeiten zur Theologie. II. Reihe, Bd. 8; Calwer Verlag, Stuttgart, 1967.
Wagner H., Art. "Diakonie". In: RGG^3, Bd. 2, S. 162-167; J.C.B. Mohr (Paul Siebeck), Tübingen, 1958.
van de Walle Ambroos R., Bis zum Anbruch der Morgenröte. Grundriss einer christlichen Eschatologie; Patmos Verlag, Düsseldorf, 1983.
Weakland John H. und Herr John J., Beratung älterer Menschen und ihrer Familien: Die Praxis der angewandten Gerontologie. Vorwort von Paul Watzlawick; Verlag Hans Huber, Bern, Stuttgart, Wien, 1984.
Weber Hans-Ruedi, Jesus und die Kinder. "Jesus and the Children". Aus dem Englischen übersetzt von Helga und Geiko Müller-Fahrenholz; Lutherisches Verlagshaus, Hamburg, 1980.
Weber Max, Gesammelte Aufsätze zur Religionssoziologie III. Das antike Judentum; J.C.B. Mohr (Paul Siebeck), Tübingen, (1920) 1971.
- Wirtschaft und Gesellschaft. In: Grundriss der Sozialökonomik, III. Abteilung, 1. Halbband, 3. Aufl.; J.C.B. Mohr (Paul Siebeck), Tübingen, (1925) 1947^3.
Weber Otto, Grundlagen der Dogmatik. 1. Bd. (1955) 1972^4; 2. Bd. (1962) 1972^2; Neukirchener Verlag des Erziehungsvereins, Neukirchen-Vluyn, 1972.
Weder Dölf, Christliche Jugendarbeit - was ist das? Eine empirische praktisch-theologische Studie am Beispiel von 12 Jugendlagern des CVJM/F in der deutsch-sprachigen Schweiz; Schweizerischer CVJM-Verlag, St. Gallen, 1980.
Weiser Arthur, Einleitung in das Alte Testament; Vandenhoeck & Ruprecht,

Göttingen, (1957) 1966[6].
- Die Psalmen. ATD, 14/15; Vandenhoeck & Ruprecht, Göttingen, 1955[4].
Wendland Heinz-Dietrich, Einführung in die Sozialethik. In: Sammlung Göschen Bd. 4203; Walter de Gruyter & Co., Berlin, New York, 1971.
- Die Kirche in der modernen Gesellschaft. Entscheidungsfragen für das kirchliche Handeln im Zeitalter der Massenwelt; Furche-Verlag H. Rennebach KG., Hamburg, (1956) 1958[2].
- Ethik des Neuen Testaments. Eine Einführung. Grundrisse zum NT, NTD Ergänzungsreihe, Bd. 4; Vandenhoeck & Ruprecht, Göttingen, (1970) 1978[3].
Wenner Elisabeth Hg., Gruppenspiele für Betagte. Spielen mit Alterspatienten. Karten und Broschüre in Kassette; Blaukreuz-Verlag, Bern, 1979.
Werner Erich, Zentrum am Obertor. Eindrückliche Bilanz des einzigartigen "Winterthur"-Modells. In: Zeitlupe, Nr. 3, 1983, S. 4-13; Pro Senectute Schweiz, Zürich, 1983.
Wertheimer Jean, Problèmes psychologiques et psychiatriques de la personne agée. In: Dokumentation Vita tertia 82, Fachkongress; Vita tertia, Basel, 1982.
Werthmüller Hans, ab 1983 Margret Klauser-Barth Hg., Senioren-Jahrbuch 1978-1984; Friedrich Reinhardt Verlag, Basel, 1978ff..
Westermann Claus, Genesis. 1. Teilband, Genesis 1-11; BKAT I/1; Neukirchener Verlag des Erziehungsvereins, Neukirchen-Vluyn, (1974) 1976[2].
- Genesis. 2. Teilband, Genesis 12-36; BKAT I/2; Neukirchener Verlag, Neukirchen Vluyn, 1981.
- Genesis. 3. Teilband, Genesis 37-50; BKAT I/3; Neukirchener Verlag, Neukirchen Vluyn, 1982.
- Die Rolle der Klage in der Theologie des Alten Testaments. In: Forschung am Alten Testament. Gesammelte Studien III. Theol. Bücherei, Bd. 55; Chr. Kaiser Verlag, München, 1974.
Wibbing Siegfried, Die Tugend-und Lasterkataloge im Neuen Testament und ihre Traditionsgeschichte unter besonderer Berücksichtigung der Qumran-Texte; Verlag Alfred Töpelmann, Berlin, 1959.
Wilckens Ulrich, Rechtfertigung als Freiheit. Paulusstudien; Neukirchener Verlag des Erziehungsvereins, Neukirchen-Vluyn, 1974.
- Die Rechtfertigung Abrahams nach Römer 4. In: Rechtfertigung als Freiheit. Paulussstudien, S. 33-49; Neukirchener Verlag des Erziehungsvereins, Neukirchen-Vluyn, 1974.
- Zu Römer 3,21-4,25. Antwort an G. Klein. In- Rechtfertigung als Freiheit Paulusstudien, S. 50-76; Neukirchener Verlag des Erziehungsvereins, Neukirchen-Vluyn, 1974.
- Was heisst bei Paulus: "Aus Werken des Gesetzes wird kein Mensch gerecht"? In: Rechtfertigung als Freiheit. Paulusstudien, S. 77-109; Neukirchener Verlag des Erziehungsvereins, Neukirchen-Vluyn, 1974.
- Der Brief an die Römer. 1. Teilband, Röm. 1-5, EKK VI/1; Benziger Verlag, Zürich, Einsiedeln, Köln/Neukirchener Verlag des Erziehungsvereins, Neukirchen-Vluyn, 1978.
- Der Brief an die Römer. 2. Teilband, Röm. 6-11, EKK VI/2; Benziger Verlag, Zürich, Einsiedeln, Köln/Neukirchener Verlag des Erziehungs-

vereins, Neukirchen-Vluyn, 1979.
- Der Brief an die Römer. 3. Teilband, Röm. 12-16, EKK VI/3; Benziger Verlag, Zürich, Einsiedeln, Köln/Neukirchener Verlag des Erziehungsvereins, Neukirchen-Vluyn, 1982.
- Das Neue Testament, übersetzt und kommentiert von Ulrich Wilckens. Beraten von Werner Jetter, Ernst Lange und Rudolf Pesch; Furche-Verlag H. Rennebach KG, Hamburg, (1970) 1971[2].
- Auferstehung. Das biblische Auferstehungszeugnis historisch untersucht und erklärt. Reihe: Themen der Theologie, Bd. 4; Kreuz-Verlag, Stuttgart, 1970.

Wildberger Hans, Jesaia 1-12. 1. Teilband, BKAT X/1; Neukirchener Verlag des Erziehungsvereins, Neukirchen-Vluyn, 1972.

Winterthur-Versicherungen Hg., Modell Winterthur. Dokumentation; Winterthur-Versicherungen, Winterthur, 1975.

Wintzer Friedrich Hg., Praktische Theologie. Unter Mitarbeit von Josuttis Manfred, Rössler Dietrich, Steck Wolfgang. In: Neukirchener Arbeitsbücher; Neukirchener Verlag, Neukirchen-Vluyn, 1982.
- Hg., Seelsorge. Texte zum gewandelten Verständnis und zur Praxis der Seelsorge in der Neuzeit. Hg. und eingeführt von Friedrich Wintzer. In: Theologische Bücherei, Bd. 61; Chr. Kaiser Verlag, München, 1978.

Wirsing Kurt, Psychologisches Grundwissen für Altenpflegeberufe. Ein praktisches Lehrbuch; Beltz Verlag, Weinheim und Basel, 1984.

Wittkowski J. und Baumgartner I., Religiosität und Einstellung zu Tod und Sterben bei alten Menschen. In: Zeitschrift für Gerontologie; Bd. 10, Heft 1, Jan./Febr. 1977, S. 61-68; Dr. Dietrich Steinkopff Verlag, Darmstadt, 1977.

Wittmann Walter, Wohin treibt die Schweiz? Die Schweiz in den achtziger Jahren - verpasste Chancen oder Bewältigung der Zukunft. Ein politisch - wirtschaftlich - gesellschaftlicher Schweizer Spiegel; Scherz Verlag, Bern, München, (1979) 1979[2].

Wohlgschaft Hermann, Hoffnung angesichts des Todes. Das Todesproblem bei Karl Barth und in der zeitgenössischen Theologie des deutschen Sprachraums. In: Beiträge zur oekumenischen Theologie. Hg Heinrich Fries. Bd. 14; Verlag Ferdinand Schöningh, München, Paderborn, Wien, 1977.

Wolf Ernst, Sozialethik. Theologische Grundfragen. Hg. Theodor Strohm; Vandenhoeck & Ruprecht, Göttingen, 1975.

Wolf-Signer Ros, Krankenpflege bei Langzeitpatienten. Grundlagen für die Aus- und Weiterbildung im zwischenmenschlichen Bereich; Akademie für Erwachsenenbildung, Luzern, 1983.

Wolff Hans Walter, Anthropologie des Alten Testaments; Chr. Kaiser Verlag, München, 1973.
- Das Kerygma des deuteronomistischen Geschichtswerks. In: Gesammelte Studien zum Alten Testament; Theologische Bücherei, Bd. 20, S. 308-324; Chr. Kaiser Verlag, München, 1964.
- Problems between the generations in the Old Testament. In: Essays in Old Testament Ethics (J. Philip Hyatt in Memoriam); Ed. James L. Crenshaw and John T. Willis; KTAV Publishing House, New York, 1974.

Wunderli Jürg, Mensch und Altern. Eine allgemeinverständliche Einführung, insbesondere für das Pflegepersonal; S. Karger, Basel, (1971) 1979[3].

Wünsche August Hg., Der Midrasch Kohelet. In: Reihe: Bibliotheca Rabbinica, eine Sammlung alter Midraschim; Georg Olms Verlagsbuchhandlung, Hildesheim, 1967.

Württembergische Bibelanstalt Stuttgart Hg., Die Bibel oder die ganze Heilige Schrift des Alten und Neuen Testaments. Nach der deutschen Uebersetzung Martin Luthers; Württembergische Bibelanstalt, Stuttgart, 1963.

Zerfass Rolf und Greinacher Norbert Hg., Einführung in die praktische Theologie; Chr. Kaiser Verlag, München/Matthias-Grünewald-Verlag, Mainz, 1976.

Ziegler Jean, Die Lebenden und der Tod. Ullstein Materialen, Nr. 35154; Verlag Ullstein, Frankfurt a.M., Berlin, Wien, 1982.

Zimmerli Walther, Grundriss der alttestamentlichen Theologie. In. Theol. Wissenschaft, Bd. 3; Verlag W. Kohlhammer, Stuttgart, Berlin, Köln, Mainz, 1972.

- 1. Mose 1-11: Die Urgeschichte. ZBK AT 1.1; Zwingli Verlag, Zürich, (1943) 1967[3].

- 1. Mose 12-25: Abraham. ZBK AT 1.2; Theologischer Verlag, Zürich, 1976.

Zwingli Huldrych, Zwingli, der Prediger. I. Teil, Hg. Oskar Farner; Zwingli-Verlag, Zürich, 1940.

Zoom, Zoom Filmberater, Nr. 9, 5.5.1982. Alte Menschen und Medien; Stämpfli & Cie AG, Bern, 1982.

Zuckmayer Carl/Barth Karl, Späte Freundschaft. Carl Zuckmayer/Karl Barth in Briefen; Theologischer Verlag Zürich, Zürich, (1977) 1978[4].

Zulehner Paul M., Priestermangel praktisch. Von der versorgten zur sorgenden Pfarrgemeinde; Kösel-Verlag, München, 1983.

ERGAENZENDES LITERATURVERZEICHNIS

Bäumler Christof
Kommunikative Gemeindepraxis. Eine Untersuchung ihrer Bedingungen und Möglichkeiten; Chr. Kaiser Verlag, München, 1984.

Blasberg-Kuhnke Martina
Gerontologie und Praktische Theologie. Studien zu einer Neuorientierung der Altenpastoral. In: Themen und Thesen der Theologie; Patmos Verlag, Düsseldorf, 1985.

Juchli Liliane, Schwester
Alt werden - alt sein. Ein ABC für die Begleitung und Betreuung Betagter; RECOM, Fr. Reinhardt AG, Basel, 1985[2].

\- Pflegen - Begleiten - Leben. Kranke und Behinderte daheim - Ein ABC für alle Betroffenen; Fr. Reinhardt Verlag und Recom Verlag, Basel, 1985.

Kommission "Bevölkerungspolitik" Hg. (Schweizerische Gesellschaft für Statistik und Volkswirtschaft - Studiengruppe Demographie).
Sterben die Schweizer aus? Die Bevölkerung der Schweiz: Probleme, Perspektiven, Politik; Verlag Paul Haupt, Bern und Stuttgart, 1985.

Kraemer Hendrik, Theologie des Laientums. Die Laien in der Kirche; Zwingli Verlag, Zürich, 1959.

Petzold Hilarion Hg., Mit alten Menschen arbeiten. Bildungsarbeit, Psychotherapie, Soziotherapie. In: Reihe "Leben lernen", Nr.57; Verlag J. Pfeiffer, München, 1985.

Philippi Paul, Diaconica. Ueber die soziale Dimension kirchlicher Verantwortung. Hg. Jürgen Albert; Neukirchener Verlag des Erziehungsvereins, Neukirchen-Vluyn, 1984.

Ringeling Hermann, Der diakonische Auftrag der Kirche. Exposé, verfasst im Auftrag des Synodalrates. In: Evangelisch-reformierter Synodalverband Bern-Jura, Schriftenreihe des Synodalrates, Heft 13; Verlag Paul Haupt, Bern und Stuttgart, 1985.

Sporken Paul Hg., Was alte Menschen brauchen. Mit Beiträgen von Wolfgang Werner, Paul Sporken, Sigrun-Heide Filipp, Christian Müller, Peter Zeman; Verlag Herder, Freiburg im Breisgau, 1986.

Schwarz Fritz/Schwarz Christian A., Theologie des Gemeindeaufbaus. Ein Versuch; Aussaat- und Schriftenmissions-Verlag, Neukirchen-Vluyn, 1984.

Staehelin Ruth, Arbeit, die man nicht bezahlen kann. Vom freiwilligen Einsatz im sozialen Bereich; Theologischer Verlag Zürich, 1984.

Steinkamp Hermann, Diakonie - Kennzeichen der Gemeinde. Entwurf einer praktisch-theologischen Theorie; Lambertus-Verlag, Freiburg im Breisgau, 1985.

Theimer Walter, Das Rätsel des Alterns. In: dtv 10151; Deutscher Taschenbuch Verlag, München, 1983.

Willi Jürg/Heim Edgar, Psychosoziale Medizin. Gesundheit und Krankheit in bio-psycho-sozialer Sicht. Bd.1 Grundlagen. Bd.2 Klinik und Praxis; Springer Verlag Berlin, Heidelberg, 1986.

Zimmermann Robert, Leid und Abhängigkeit im Alter. In: Reformatio, Nr.3, Juni 1986, S.224-229; Benteli AG, Bern, 1986.

Lebenslauf von Bernhard Joss-Dubach

Bernhard Joss wurde am 1. Oktober 1952 in Bern geboren und ist heimatberechtigt in Worb (BE). Sein Vater Armin Joss ist gew. Verwalter der Universität Bern, seine Mutter Ruth Joss-Zurlinden arbeitete als halbamtliche Sekretärin am Gymnasium Bern-Kirchenfeld und ist Hausfrau. Er ist das jüngste von drei Geschwistern. Seine Schwester Annemarie ist ausgebildete Sozialarbeiterin, und sein Bruder Rudolf ist als Arzt für Onkologie tätig.

Bernhard Joss besuchte die Primarschule Kirchenfeld (1959-63), das Progymnasium/Untergymnasium Niklaus Manuel (1963-67) und das Literargymnasium Kirchenfeld (1967-71) in Bern und schloss seine Schulzeit mit der Maturität Typus B (Englisch) ab.

Anschliessend studierte er 1971 bis 1977 evangelische Theologie an den Universitäten Bern, Zürich (SS 1973) und Heidelberg (WS/SS 1974/75). Folgende Dozenten hörte er während seiner Studienzeit: Die Professoren/in J.J. Stamm, D. Scheuner, M. Klopfenstein, C. Westermann, H.W. Wolff (AT), H. Buchs, Chr. Maurer, H. Bietenhard, K. Stalder, V. Hasler (NT), K. Guggisberg, R. Dellsberger, F. Büsser, H.-D. Altendorf (KG), E. Zbinden (RG), U. Neuenschwander, H. Ringeling, G.W. Locher, H. Ruh, A. Rich, H.E. Tödt, W. Huber, Herr Dr. R. Bittner (Systematik und Ethik), die Professoren K. Wegenast, Th. Müller, R. Bohren, P. Philippi (PT) und H. Heimann (Psychiatrie). 1974 besuchte er das Industrieseminar der Fakultäten Zürich und Luzern.

1977 schloss er sein Studium mit dem theoretischen und praktischen Staatsexamen an der Evang.-theol. Fakultät der Universität Bern ab und wurde in den Dienst der Evangelisch-reformierten Kirche des Kantons Bern aufgenommen. Seit 1978 ist er in der Kirchgemeinde Nidau im Pfarrkreis Port/Bellmund als Pfarrer tätig. Auf Frühling 1987 wurde er in die Kirchgemeinde St. Leonhard, Basel Stadt, gewählt. Am 21. Juni 1986 heiratete er Anne Dubach.

Während dreier Semester (WS 1979 bis WS 1980) besuchte er Lehrveranstaltungen bei den Professoren E. Jenni und J.M. Lochman an der Theologischen Fakultät der Universität Basel.

Referenten seiner Dissertation waren die Herren Prof. Dr. Jan Milič Lochman, Basel, und Prof. Dr. Walter Neidhart, Basel. Am 4. Juli 1985 beendete Bernhard Joss sein Studium als Doktorand mit der mündlichen Doktoratsprüfung in Systematik/Ethik, Altem Testament und Praktischer Theologie.